O PODER
E OS
TRONOS

DAN JONES

O PODER E OS TRONOS

Uma nova história da Idade Média

Tradução
Claudio Carina

CRÍTICA

Direitos autorais © Dan Jones, 2021
Publicado pela primeira vez no Reino Unido em 2021 pela Head of Zeus Ltd.
O direito moral de Dan Jones de ser identificado como o autor desta obra foi afirmado de acordo com a Lei de Direitos Autorais, Designs e Patentes de 1988.
Nenhuma parte desta publicação pode ser armazenada em sistema de reprodução ou transmitida de qualquer forma ou por qualquer meio, seja eletrônico, mecânico, fotocópia, gravação ou outro, sem a permissão prévia do proprietário dos direitos autorais e da editora já citada.
Copyright © Editora Planeta do Brasil, 2023
Copyright da tradução © Claudio Carina
Todos os direitos reservados.
Título original: *Power e Thrones*

Coordenação editorial: *Sandra Espilotro*
Preparação de texto: *Tiago Ferro*
Revisão: *Ana Cecilia Agua de Melo e Carmen S. T. Costa*
Diagramação: *A2*
Capa: *Elmo Rosa*

DADOS INTERNACIONAIS DE CATALOGAÇÃO NA PUBLICAÇÃO (CIP)
ANGÉLICA ILACQUA CRB-8/7057

Jones, Dan
 O poder e os tronos: uma nova história da Idade Média / Dan Jones; tradução de Claudio Carina. - São Paulo: Planeta do Brasil, 2023.
 696 p.

Bibliografia
ISBN 978-85-422-2143-5
Título original: Power and Thrones: a New History of the Middle Ages

1. Europa - História 2. Idade Média I. Título II. Carina, Claudio

23-0677 CDD 909.07

Índice para catálogo sistemático:
1. Europa - História

Ao escolher este livro, você está apoiando o manejo responsável das florestas do mundo

2023
Todos os direitos desta edição reservados à
EDITORA PLANETA DO BRASIL LTDA.
Rua Bela Cintra, 986, 4º andar – Consolação
São Paulo – SP – CEP 01415-002
www.planetadelivros.com.br
faleconosco@editoraplaneta.com.br

Para Anthony,
que pensa em tudo

*O que foi, será, o que se fez, se tornará
a fazer: nada há de novo debaixo do sol!
Mesmo que alguém afirmasse de algo:
"Olha, isto é novo!", eis que já sucedeu em
outros tempos muito antes de nós.*
ECLESIASTES 1:9-10

SUMÁRIO

NOTA DO AUTOR 11
INTRODUÇÃO 13

PARTE I: IMPERIUM

1. ROMANOS 19
2. BÁRBAROS 53
3. BIZANTINOS 93
4. ÁRABES 127

PARTE II: DOMÍNIO

5. FRANCOS 173
6. MONGES 213
7. CAVALEIROS 247
8. CRUZADOS 287

PARTE III: RENASCIMENTO

9. MONGÓIS 335
10. COMERCIANTES 371

11. ACADÊMICOS 407

12. CONSTRUTORES 445

PARTE IV: REVOLUÇÃO

13. SOBREVIVENTES 479

14. RENOVADORES 511

15. NAVEGADORES 543

16. PROTESTANTES 573

BIBLIOGRAFIA DE OBRAS CITADAS NO TEXTO..........607

NOTAS..629

NOTA DO AUTOR

Este livro cobre mais de mil anos e seu escopo geográfico abrange todos os continentes exceto a Australásia e a Antártida. Você está prestes a se deparar com uma multitude de diferentes idiomas, moedas e culturas. Alguns serão conhecidos. Outros não. Por motivos de clareza e prazer da leitura, não tentei aplicar qualquer sistema rígido de conversão monetária ou ortográfica. Entre a familiaridade e a estrita exatidão, preferi ficar com a primeira, e com o senso comum acima de tudo.

INTRODUÇÃO

No século XVI, o historiador inglês John Foxe olhou por cima do ombro e examinou a grande planície do passado próximo e distante. A história, pensou Foxe (ou a história eclesiástica, a matéria que realmente importava para ele), poderia ser fatiada em três grandes pedaços.

Começava com "o tempo primitivo", que era como ele se referia aos tempos antigos, quando cristãos se escondiam em catacumbas para fugir à perseguição dos terríveis romanos pagãos, para não serem crucificados ou coisas piores. Culminava no que Foxe chamou de "nossos últimos tempos" — a era da Reforma, quando o domínio da Igreja Católica sobre a vida na Europa foi contestado, e os navegadores ocidentais começaram a explorar o Novo Mundo.

Entre esses dois períodos, havia um bloco esdrúxulo compreendendo cerca de mil anos. Foxe o chamou de "idade média". Não era, por definição, nem uma coisa nem outra.

Até hoje usamos o rótulo de Foxe, que só ganhou mais destaque pelas iniciais maiúsculas. Para nós, os anos entre a queda do Império Romano do Ocidente no século V e a Reforma Protestante são "a Idade Média". Qualquer coisa relacionada a esse período é "medieval" — um adjetivo do século XIX, que continua significando literalmente a mesma coisa.[1] Mas, apesar das iniciais maiúsculas, nossa periodização continua sendo basicamente a mesma. A Idade Média foi (como geralmente se supõe) o período em que o mundo clássico desapareceu, mas o mundo moderno ainda estava por começar; quando as pessoas construíam castelos e homens lutavam a cavalo trajando armaduras; quando o mundo era plano e tudo era muito distante. Apesar de alguns historiadores globais do século XXI terem tentado atualizar a terminologia, falando em Milênio Médio, e não em Idade Média, o termo não pegou.²

As palavras portam uma carga pesada. A Idade Média é muitas vezes alvo de uma grande piada histórica. "Medieval" costuma ser utilizado como um termo ofensivo, particularmente por editores de jornais, que o usam como metáfora para se referir à ignorância, a barbaridades e à violência gratuita. (Um nome popular alternativo para esse período é Idade das Trevas, que serve aos mesmos propósitos: caricaturizar o passado medieval como uma época de noite intelectual permanente.) Por razões óbvias, isso pode deixar os historiadores de hoje muito irritados.

O livro que você está prestes a ler conta a história da Idade Média. É um livro grande, por se tratar de uma grande tarefa. Vamos percorrer continentes e séculos, muitas vezes em um ritmo vertiginoso. Vamos conhecer centenas de homens e mulheres — de Átila, o Huno, a Joana d'Arc. E vamos mergulhar de cabeça em pelo menos uma dúzia de áreas da história — da guerra e da lei à arte e à literatura. Vou fazer grandes perguntas — e espero respondê-las. O que aconteceu na Idade Média? Quem governava? Como era o poder? Quais as grandes forças que orientavam a vida das pessoas? E como (se tal aconteceu) a Idade Média moldou o mundo que conhecemos hoje?

Haverá momentos em que tudo pode parecer um pouco excessivo.

Mas prometo que será divertido.

Dividi este livro em quatro grandes seções cronológicas. A Parte I enfoca o que um brilhante historiador moderno rotulou como o "legado de Roma".³ Começa com o Império Romano do Ocidente em estado de retração e colapso, abalado por uma mudança climática e várias gerações de migrações em massa, entre outros fatores. Em seguida analisa as superpotências secundárias surgidas na esteira de Roma: os chamados reinos "bárbaros", que lançaram as fundações dos reinados europeus; o super Estado romano oriental e remodelado de Bizâncio; e os primeiros impérios islâmicos. Abarca a história desde o início do século V d.C. até meados do século VIII.

A Parte II tem início na era dos francos, que reviveram um império cristão e pseudorromano no Ocidente. Aqui a história é em parte política, mas não exclusivamente: além de acompanhar a ascensão das dinastias que transformaram a Europa em monarquias cristãs, examinaremos as novas formas de poder cultural mais "leves" surgidas por volta da virada do primeiro milênio. Essa parte do livro questiona como monges e cavaleiros vieram a desempenhar um papel tão importante na sociedade ocidental durante a Idade Média — e como a fusão dessas duas mentalidades deu origem às Cruzadas.

A Parte III começa com o impressionante surgimento de uma nova superpotência global. A ascensão dos mongóis no século XII d.C. foi um episódio marcante e horrivelmente brutal, quando um império oriental — com sua capital na atual Pequim — chegou a dominar brevemente metade do mundo, ao custo de milhões de vidas. No contexto dessa mudança dramática na geopolítica global, a Parte III também destaca outras potências emergentes no período que às vezes é chamado de Alta Idade Média. Conheceremos comerciantes que inventaram novas técnicas financeiras extraordinárias para enriquecer e tornar o mundo mais rico; eruditos que reviveram a sabedoria antiga e fundaram algumas universidades que existem até hoje; e arquitetos e engenheiros que construíram cidades, catedrais e castelos que continuam de pé, quinhentos anos depois, como portais para o mundo medieval.

A Parte IV encerra a Idade Média. A seção começa com uma pandemia global que devastou o mundo, de leste a oeste, arrasando populações, remodelando economias e transformando o modo como as pessoas pensavam o mundo ao seu redor. Também analisa como o mundo foi reconstruído. Vamos conhecer os gênios da Renascença e viajar ao lado dos grandes navegadores que partiram em busca de novos mundos — e os encontraram. Por último, veremos como a mudança do dogma religioso, aliada a novas tecnologias de comunicação, deu origem à Reforma Protestante — um levante que (como reconheceu Foxe) fechou a cortina da "idade média".

Assim, esse é o formato básico deste livro. Devo dizer também algumas palavras sobre suas preocupações. Como o título sugere, trata-se de um livro sobre o poder. Não simplesmente o poder político ou até mesmo humano. Vamos encontrar muitos homens e mulheres poderosos (embora, por se tratar da Idade Média, é inevitável que os primeiros sejam em maior número). Mas também estou interessado em mapear as grandes forças além do controle humano. Alterações climáticas, migrações em massa, doenças pandêmicas, mudanças tecnológicas e redes globais: fatores que parecem muito modernos, ou mesmo pós-modernos. Mas eles também moldaram o mundo medieval. E já que todos somos, em certo sentido, filhos da Idade Média, é importante reconhecer o quanto nos assemelhamos aos povos medievais — bem como reconhecer nossas reais e profundas diferenças.

Este livro se concentra principalmente no Ocidente, ao observar a história de outras partes do mundo através de uma lente ocidental. Não me desculpo por isso. Sou fascinado pelas histórias da Ásia e da África, e tentei mostrar ao longo desta narrativa o quanto o Ocidente medieval se entrelaça com o Oriente e o Sul globais. Mas a própria noção de Idade Média é específica da história ocidental. Também estou escrevendo no Ocidente, onde vivi e estudei a maior parte da minha vida. Algum dia ainda vou escrever — ou provavelmente alguém mais — uma história complementar da Idade Média, que vire essa perspectiva de cabeça para baixo, ao analisar esse período pelo "lado de fora", por assim dizer.[4] Mas esse dia ainda não chegou.

Esse é o esquema geral do que vem pela frente. Como já disse, trata-se de um livro grande. Contudo, é também um livro irremediavelmente curto. Cobri aqui mais de mil anos de história em menos de mil páginas. Cada capítulo corresponde a uma área acadêmica diferente. (As notas finais e a bibliografia selecionada ajudarão os leitores a mergulhar ainda mais fundo nos temas que considerarem interessantes.) Apesar da enorme quantidade de informações reunidas aqui, muita coisa foi deixada de lado na sala de edição. Tudo o que posso dizer é que o objetivo de todos os meus livros é entreter, além de informar. Se este livro fizer um pouco das duas coisas, me sentirei gratificado.

Dan Jones
Staines-upon-Thames
Primavera de 2021.

Parte I
IMPERIUM
c. 410 d.C.–750 d.C.

1
ROMANOS

> *"Em toda parte [...] o nome do povo romano
> é objeto de reverência e temor."*
> Amiano Marcelino,
> historiador e soldado romano

Eles deixaram a segurança da estrada e entraram no descampado do deserto, carregando a pesada arca de madeira. Seus membros devem ter ficado doloridos na jornada de três quilômetros pelo terreno acidentado — pois a caixa, apesar de ter apenas um metro de comprimento, fora bem construída, estava bem cheia e trancada por uma grande trava de mola de prata. Transportá-la por qualquer distância exigia pelo menos duas pessoas, ou uma pequena carreta, pois a arca e seu conteúdo tinham a metade do peso de uma pessoa.[1] Mas o valor dos bens em seu interior excedia em muito o preço de um ser humano. Naquele tempo, um escravo importado da Gália, trazido pelo mar Bretão (*Oceanus Britannicus* — hoje o Canal da Mancha) e convertido em dinheiro nos mercados de Londres (*Londinium*) poderia chegar a seiscentos *denarii* — supondo que o escravo ou escrava fosse apto e jovem, e trabalhador ou bonito. Não era um preço baixo: cerca de duas vezes o salário anual de um soldado comum.[2] Mas, apesar de alto, não era nada para um membro da elite do Império Romano no início do século V. Dentro da arca de carvalho, que rangia ao ser levada pelo terreno levemente inclinado, havia uma fortuna suficiente para pagar uma casa cheia de escravos.

A carga preciosa da arca de carvalho incluía quase seiscentas moedas de ouro conhecidas como *solidi*, que tilintavam entre 15 mil *siliquae* de prata e um punhado de peças de bronze de diversos valores. As moedas eram estampadas com o perfil de imperadores de três dinastias, sendo a mais recente a do malfadado usurpador Constantino III (reinou de 407-411). Aninhados entre as moedas havia itens ainda mais valiosos: uma variedade de colares de ouro, anéis e correntes usadas para marcar as curvas do corpo de mulheres jovens e esbeltas; pulseiras lavradas com padrões geométricos e realistas cenas de caça; jogos de mesa que incluíam colheres de prata e potes de pimenta em forma de animais selvagens, de heróis e imperatrizes antigos; elegantes utensílios de toucador, como colherinhas de prata para tirar cera do ouvido e palitos de dentes na forma de íbis de pescoços compridos; tigelas, copos e jarros; e uma pequena píxide de marfim — o tipo de quinquilharia que homens ricos como Aurélio Ursicino, cujo nome estava gravado em muitos dos itens, gostavam de comprar para mulheres refinadas como a dama Juliane (*Iuliane*). Uma pulseira sob medida fora personalizada com uma mensagem de amor grafada com filetes de ouro: VTERE FELIX DOMINA IVLIANE (*Use isto com alegria, dama Juliane*). Dez colheres de prata demonstravam a devoção da família a uma religião jovem, porém muito difundida na época: todas gravadas com o símbolo conhecido como o Chi-Rho — monograma composto pelas duas primeiras letras gregas da palavra "Cristo". O símbolo teria sido imediatamente reconhecido pelos irmãos de fé — cristãos — que faziam parte de uma comunidade de fiéis que se estendia da Britânia e da Irlanda (*Hibernia*) ao Norte da África e ao Oriente Médio.[3]

Esse tesouro em moedas, joias e utensílios doméstico estava longe de ser a soma total dos bens da família, pois Aurélio e Juliane eram membros da pequena e fabulosamente rica elite cristã da Britânia — um conjunto de vilas onde viviam em conforto e esplendor semelhantes às demais elites de toda a Europa e do Mediterrâneo. Mas ainda assim tratava-se de uma reserva importante — e a família teve alguns problemas para selecionar o que incluir no baú. E com razão, pois na verdade aquele rico tesouro equivalia a uma apólice de seguro. A família deu instruções para que fosse enterrado em algum lugar discreto, por precaução, enquanto observavam se a situação política cada vez mais conturbada da Britânia levaria a um colapso governamental, à agitação civil ou algo pior. Só o tempo diria qual seria o destino da província. Enquanto isso, o melhor lugar para as riquezas de um clã abastado era embaixo da terra.

O percurso por aquela movimentada via — que ligava a cidade de Caister-by-Norwich no leste (*Venta Icenorum*) à rota Londres-Colchester (*Camulodunum*) — fora abandonado havia muito tempo, e o pequeno grupo que levava a arca estava sozinho. Eles tinham caminhado o suficiente para deixar Scole — a cidade mais próxima — mais três quilômetros para trás. Satisfeitos por terem encontrado um bom lugar, puseram a caixa no chão e talvez tenham descansado um pouco, até o anoitecer. Mas logo as pás começaram a escavar a terra, o solo — uma mistura de argila e cascalho arenoso em camadas — se acumulou num pequeno monte ao lado de buraco raso.[4] Não era preciso cavar muito — não havia necessidade de tanto esforço, pois do contrário só criariam mais trabalhos para si mesmos no futuro. Assim, quando o buraco chegou a alguns metros de profundidade, desceram a caixa cuidadosamente e recobriram o local. O reforçado baú de carvalho contendo as colheres e pratas de Aurélio, as delicadas joias lavradas de Juliane e as muitas moedas desapareceram: enterradas como num túmulo, as preciosas posses dos falecidos que descansavam com seus donos desde tempos imemoriais de gerações passadas. Os escavadores tomaram nota do local e partiram de volta à estrada, aliviados e sem fardos. Talvez tenham dito a si mesmos que voltariam. Quando? Era difícil dizer. Mas, com certeza, assim que as tempestades políticas que assolavam a Britânia amainassem, os invasores bárbaros que atacavam a costa leste com cansativa regularidade fossem finalmente rechaçados e os leais soldados retornassem de suas guerras na Gália, mestre Aurélio os mandaria de volta para desenterrar sua valiosa carga. Em 409 d.C. eles não sabiam — e nem poderiam sequer imaginar — que o baú do tesouro de Aurélio Ursicino continuaria enterrado por aproximadamente 1.600 anos.[*]

No início do século V d.C., a Britânia era a região mais remota do Império Romano, uma superpotência com uma gloriosa história que remontava há mais de um milênio. Roma teve início como uma monarquia da Idade do Ferro — a tradição data suas origens em 753 a.C. —, mas, após os reinados de sete monarcas (que, segundo a tradição romana,

---

[*] O baú é hoje conhecido como o Tesouro de Hoxne. Foi encontrado por detectores de metal à procura de um martelo perdido em 1992 e agora encontra-se em exibição no Museu Britânico.

tornaram-se cada vez mais tirânicos), transformou-se numa república em 509 a.C. Mais tarde, no século I a.C., a República também foi derrubada e Roma passou a ser governada por imperadores: a princípio por um só imperador, porém mais tarde até quatro imperadores governaram Roma simultaneamente de suas capitais, que incluíam Milão, Ravena e Constantinopla. O quarto imperador romano, Cláudio (41 a 54 a.C.), iniciou a conquista da Britânia em 43 d.C., atacando os povos nativos das ilhas com um exército de 20 mil destemidos legionários romanos e uma máquina de guerra equipada com elefantes encouraçados. No final do século I, grande parte do Sul da Britânia havia sido conquistada, e chegava até uma zona militarizada no norte, que acabou sendo marcada pela Muralha de Adriano. Desde então, a Britânia deixou de ser uma zona misteriosa nos limites do mundo conhecido, tornando-se um território em grande parte pacificado e incorporado a uma superpotência mediterrânea. Durante os três séculos e meio seguintes, a Britânia foi parte do Império Romano: um colosso político só comparável em tamanho, sofisticação, poderio militar e longevidade aos mega Estados persas da Pártia e da Sassânia e ao império da dinastia Han na China. Amiano Marcelino, um historiador de origem grega que viveu e escreveu no século IV d.C., definiu Roma como "uma cidade destinada a resistir enquanto a raça humana sobreviver". Enquanto isso, o Império Romano "pisava no pescoço de orgulhosos povos selvagens e lhes concedia leis para servir aos eternos pilares e garantias da liberdade".[5]

Aqui havia uma hipérbole — mas só uma pitada. Amiano Marcelino não foi o único escritor romano sério a ver Roma e seu império como uma série de triunfos que se estendiam da obscuridade da pré-história até o infinito no futuro.[6] Poetas e historiadores como Virgílio, Horácio, Ovídio e Lívio também deram voz à natureza superior do cidadão romano e ao caráter épico da história imperial da cidade. A *Eneida* de Virgílio, que enredou um mito mágico da origem dos romanos, falava de um "império que não terá fim" sob "o domínio do povo de Roma, os governantes do mundo, a raça que usa a toga".[7] "É o nosso modo romano de fazer e sofrer bravamente", escreveu Lívio.[8] Quatro séculos mais tarde, e mesmo depois de um período excepcionalmente problemático em que o império foi devastado por guerras civis, usurpações, assassinatos, invasões, cismas políticos, doenças epidêmicas e quase falência, Marcelino ainda poderia afirmar que "Roma é aceita em todas as regiões do mundo como amante e rainha [...]. Por toda parte a autoridade de seus senadores recebe o respeito devido aos seus cabelos grisalhos, e o nome do povo romano é objeto de reverência e temor".[9]

No entanto, uma geração depois de Marcelino ter escrito essa ode, a metade ocidental do império encontrava-se em colapso terminal: por toda parte, guarnições e governantes políticos romanos abandonavam territórios que eles e seus antepassados ocupavam e governavam desde o início do milênio. O domínio imperial dissolveu-se na Britânia em 409 e 410 d.C., para nunca mais ser restaurado; o choque da saída abrupta da Britânia daquela união pan-europeia foi exatamente o que levou famílias de elite como a de Aurélio Ursicino e Juliane a empacotar e enterrar suas riquezas, um fundo financeiro que acabou se tornando uma cintilante cápsula do tempo ao preservar o fim de uma era. No final do século V, o Império Romano do Ocidente não existia mais. Como escreveu o grande historiador do século XVIII, Edward Gibbon, "uma revolução que sempre será lembrada, e ainda é sentida pelas nações da Terra".[10]

O declínio e a queda do Império Romano do Ocidente são um fenômeno histórico que intriga historiadores modernos há séculos, pois o legado de Roma permanece conosco até hoje, estampado no idioma, na paisagem, nas leis e na cultura. E se Roma ainda fala conosco em pleno século XXI, sua voz ressoou ainda mais alto durante a Idade Média — o período que este livro pretende explorar. Examinaremos com detalhes o fim do Império Romano no próximo capítulo. Mas por ora vamos voltar nossos pensamentos para a sua *ascensão* (ou melhor, para quando deixou de ser uma república), por volta da virada do primeiro milênio, e mostrar como era o mundo pouco antes da Idade Média. Para avaliar corretamente o Ocidente medieval, devemos primeiro perguntar como e por que a Roma Eterna (*Roma aeterna*) conseguiu comandar um império ligando três continentes, um número incontável de povos com diversas religiões e tradições, e uma babel igualmente vasta de línguas; um império com itinerantes tribais, fazendeiros campesinos e elites metropolitanas; um império que se alastrou de centros criativos da cultura antiga aos confins do mundo conhecido.

Clima e conquista

Os romanos gostavam de dizer uns aos outros que eram favorecidos pelos deuses. De fato, durante grande parte de sua história eles foram abençoados por um bom clima. Mais ou menos entre os anos 200 a.C. e 150 d.C. — quando Roma floresceu como república e império —, uma combinação de condições climáticas agradáveis e vantajosas pairou sobre o Ocidente. Durante cerca de quatro séculos, não houve erupções vulcânicas maciças do tipo que ocasionalmente baixavam as temperaturas em todo o planeta; durante esse mesmo período, a atividade solar foi intensa e estável.[11] Como consequência, a Europa Ocidental e a grande faixa mediterrânea desfrutaram de um ciclo incomum de décadas cálidas e hospitaleiras, e também muito úmidas.[12] Plantas e animais prosperaram: elefantes vagavam pelas florestas da Cordilheira do Atlas, enquanto videiras e pomares de oliveiras podiam ser cultivados mais ao norte do que em qualquer outro momento. Extensões de terra que em outras eras se mostravam estéreis e hostis ao arado puderam ser cultivadas, e as colheitas em terras já tradicionalmente "boas" aumentaram. Esses anos favoráveis, durante os quais a natureza parecia oferecer suas maiores dádivas a qualquer civilização capaz de reconhecer a oportunidade, são agora chamados de Optimum Climático Romano (OCR) ou Período Quente Romano.

Roma tornou-se oficialmente um império em 16 de janeiro de 27 a.C., quando o Senado concedeu a Otaviano — um filho adotivo de Júlio César — o título de *Augustus*. Antes disso, a República fora torturada por duas décadas de guerras civis sangrentas; no decurso dessas guerras, em 49 a.C., César tomou o poder e governou como um ditador. Mas César era um autocrata, de acordo com parâmetros tanto de seu tempo como do futuro, e foi assassinado em 15 de março de 44 a.C. — os Idos de Março —, uma recompensa direta, disse o estudioso e burocrata Suetônio (c. 70-130 d.C.), por sua alardeada ambição, na qual muitos romanos perceberam o desejo de reviver a monarquia. "O constante exercício do poder deu a César um amor ao poder", escreveu Suetônio, que também espalhou o boato de que, quando jovem, César sonhava estuprar a própria mãe, uma visão que adivinhos interpretaram como um sinal claro de "estar destinado a conquistar o mundo".[13]

A fama foi o destino de César, mas a verdadeira grandeza foi de Otaviano. O semblante de Otaviano quase ostentava a palavra "Imperium": seus olhos brilhantes e traços bonitos e magnéticos eram de alguma forma acentuados por uma aparência desleixada e levemente desgrenhada, o que teria sugerido uma total falta de vaidade não fosse o fato de usar salto alto para se elevar acima de sua altura natural de 1,65 m.[14] Otaviano obteve sucesso onde César fracassara, vingando a morte do pai e derrotando seus inimigos em batalha, para finalmente emergir como o único e incontestado governante de Roma. Como Augusto, acumulou em si todos os poderes políticos meticulosamente diferenciados da República, atuando na verdade ao mesmo tempo como senador, cônsul e tribuno, *pontifex maximus* (sumo sacerdote) e comandante militar supremo. O caráter de Augusto dividia a opinião romana — seria um visionário e político-soldado incomparável, ou um tirano traiçoeiro, corrupto e sanguinário, ponderou o historiador Tácito (c. 58-116 d.C.), sem fazer nenhum julgamento.[15] Mas suas realizações como imperador — ou, como ele preferia, Primeiro Cidadão (*Princeps civitatis*)* — eram impossíveis de negar. Ao tomar o poder, ele apagou as brasas da mais recente e debilitante guerra civil da República. Transformou a cidade de Roma com grandiosos projetos de construção — alguns já iniciados sob César e outros idealizados por ele próprio. O Campo de Marte (*Campus Martius*), de quinhentos acres e repleto de templos e monumentos, foi radicalmente reconstruído. Foram encomendados novos anfiteatros, aquedutos e estradas. Só aceitava os melhores materiais de construção: em seu leito de morte, Augusto jactou-se de ter encontrado Roma como uma cidade de tijolos, mas a deixado como uma cidade de mármore.[16] Realizou grandes reformas no governo, concentrando poder nas próprias mãos às custas do Senado, e encorajando um culto de personalidade de magnificência imperial que evoluiu sob seus sucessores a ponto de alguns imperadores serem venerados como semideuses.

Quando Augusto morreu, em 19 de agosto de 14 d.C., com a avançada idade de 75 anos, o Império Romano havia sido vasta e radicalmente

---

* Os primeiros trezentos e poucos anos do Império Romano costumam ser conhecidos como Principado, título preferido de Augustus.

expandido, pacificado e extensivamente reformado. Apesar de a Britânia continuar sendo um deserto inexplorado (César recuou ante a perspectiva de uma invasão total quando visitou a região, em 55-54 a.C., e seu filho também deixou os bretões em paz), o Império Romano de início incluía toda a península Italiana e Ibérica; a Gália (atual França); a Europa transalpina até o Danúbio; a maior parte dos Bálcãs e da Ásia Menor; uma grande faixa da costa do Levante na Antioquia, ao norte, até Gaza, ao sul; a província imensamente rica do Egito (*Aegyptus*), conquistada por Augusto em uma famosa guerra contra a última faraó ptolemaica, Cleópatra, e seu amante Marco Antônio; e uma extensão de terra no Norte da África que chegava à Numídia (atual Argélia). E o cenário estava preparado para uma expansão ainda maior durante o século que se seguiu.

Roma foi a única potência na história a governar toda a orla da bacia do Mediterrâneo, além de um grande leque de territórios que se espalhavam muitos quilômetros adentro. Em seu auge, sob Trajano (98-117 d.C.), que conquistou a Dácia (atual Romênia), o Império cobria cerca de 13 milhões de quilômetros quadrados, da Muralha de Adriano às margens do rio Tigre. Um quarto da população de seres humanos da Terra vivia sob domínio dos romanos. Esse enorme conglomerado de território imperial não foi apenas confiscado, mas reorganizado e marcado com as características que definiam a civilização romana. Colossal, com um comando centralizado, ferozmente defendida na periferia e vigiada de perto (não exatamente livre ou tolerante) nos limites de suas fronteiras, tecnologicamente avançada e bem interligada ao mundo exterior. Foi o apogeu imperial de Roma.

***

"Produzem uma desolação e a chamam de paz"

Então, quais características definiam o Império Romano? A primeira e a mais impressionante para os estrangeiros era o extraordinário e resiliente poderio militar de Roma. A cultura guerreira inspirava a política. Os cargos públicos durante a República eram mais ou menos dependentes da conclusão de um turno de serviço e comando militares, que por sua vez era necessário para ser eleito para um cargo político. Assim, não surpreende que muitas das maiores conquistas históricas de Roma tenham se dado no campo de batalha. A maquinaria do Estado dependia de (e em grande parte existia para manter) um exército profissional permanente, que contava com cerca de 250 mil homens no final do reinado de Augusto, e que em seu auge, no início do século III d.C., chegava a 450 mil soldados em todo o império. As legiões, cada uma com 5 mil homens da infantaria pesada recrutados entre os cidadãos romanos, eram reforçadas por unidades auxiliares (*auxilia*) selecionadas na grande população de não cidadãos do império e mercenários (*numeri*) recrutados de grupos bárbaros fora das fronteiras do Império. (Como veremos, o contingente de bárbaros no exército romano foi predominante nos últimos anos do Império.) As frotas navais mobilizavam outros 50 mil homens. O custo de manter essa força, espalhada por milhões de quilômetros quadrados, desde o mar do Norte ao mar Cáspio, devorava entre 2% e 4% do PIB anual do império; bem mais da metade do orçamento do Estado era gasto em defesa.* Houve períodos — nos últimos dias da República, no século I a.C., e sob os muitos imperadores inglórios que governaram durante a chamada Crise do Terceiro Século — em que os militares romanos podiam trabalhar contra a causa da harmonia imperial. No entanto, sem o exército romano não poderia ter havido império algum.

"Lembra-te, romano, do que será a tua missão", escreveu Virgílio (70-19 a.C.). "Governar as nações, manter a paz sob a lei, poupar os vencidos e esmagar os soberbos."[17] O tamanho do exército imperial romano, a velocidade de movimentação, a proficiência tecnológica, a inteligência estratégica e a disciplina inclemente eram inigualáveis em relação a qualquer outra potência do seu tempo, tornando possível o grandioso objetivo de Virgílio.

---

* A título de comparação: no momento em que escrevo, os Estados Unidos têm de longe o maior orçamento de defesa e segurança do mundo e, como porcentagem do PIB, os gastos militares norte-americanos estão alinhados com os do Império Romano: cerca de 3,1%. No entanto, apesar de ser uma *enormidade* de dólares gastos em drones, tanques e tropas, 3,1% do PIB dos Estados Unidos mal chegam a 15% do orçamento anual federal. Em outras palavras, os imperadores de Roma gastavam três ou quatro vezes mais de seus rendimentos em defesa do que os presidentes norte-americanos recentes. Em termos de capacidade relativa de mobilização e potencial de escalada — a capacidade, se se preferir, de usar um lança-foguete numa briga de punhos —, os Estados Unidos da modernidade ocupam uma posição no mundo semelhante à do Império Romano no século I d.C. Ou seja, é melhor não mexer com eles.

O típico soldado romano se alistava para servir por pelo menos dez anos; até o século III d.C., a recompensa por servir nas unidades auxiliares por 25 anos era a cidadania romana plena. O pagamento regular era razoável, e os postos disponíveis eram muitos e variados. Além da infantaria, treinada para lutar com espadas curta, longa, escudos curvos e dardos, o exército romano empregava cavaleiros, artilheiros, paramédicos, músicos, escrivães e engenheiros. Havia uma forte cultura de recompensa e honra para serviços diferenciados, mas a disciplina era sempre brutalmente rigorosa, incluindo fome, açoitamento e ocasionalmente execução sumária. Segundo o escritor grego Políbio, autor de uma detalhada história de Roma no século II a.C., soldados que não se mantivessem firmes em batalha podiam ser punidos por *fustuarium supplicum*, sendo apunhalados e apedrejados por seus colegas até a morte.[18] Em casos de fracasso ou desobediência em massa, uma legião podia ser dizimada (*decimatio*): um soldado em cada dez era selecionado por sorteio e espancado até a morte pelos companheiros.

Nos tempos republicanos, as legiões implantaram a hegemonia de Roma no Mediterrâneo com uma série de guerras com efeitos de longo prazo — ao derrotar os macedônios, os selêucidas e os cartagineses (talvez os mais famosos), cujo grande general Aníbal atravessou os Alpes com seus elefantes em 218 a.C., mas não conseguiu acabar com a República, apesar de ter destruído o maior exército até então mobilizado por Roma na Batalha de Canas, em 216 a.C. Gerações futuras iriam lamentar o fracasso de Aníbal: a punição dos cartagineses por se atreverem a desafiar Roma foi a aniquilação de sua antiga capital, Cartago, depois da Terceira Guerra Púnica, em 146 a.C. (No mesmo ano, em outro conflito, a antiga cidade grega de Corinto também foi saqueada e arrasada.) Em conjunto, essas guerras demonstraram a superioridade de longo prazo dos exércitos romanos, que continuou na era imperial. A experiência de enfrentar um exército romano no campo de batalha era um desafio, para dizer o mínimo — como pode ser demonstrado com um único exemplo, no século I d.C., quando o exército imperial mostrou suas garras e dentes ao invadir e subjugar a Britânia.

Júlio César fez as primeiras expedições militares exploratórias na Britânia em 55 e 54 a.C. A Britânia era um alvo atraente para Roma, representado pelas férteis terras agrícolas no sudeste e as minas espalhadas pelas ilhas, ricas em estanho, cobre, chumbo, prata e ouro. Era também um lugar para onde os rebeldes da Gália costumavam fugir para escapar da autoridade romana; além disso, havia o puro prestígio da perspectiva de conquistar um arquipélago reconhecido por marcar o limite do mundo navegável. As invasões de César foram derrotadas pela beligerância nativa bretã e pelo mau tempo, mas um século depois, em 43 d.C., no reinado de Cláudio, quatro legiões lideraram uma invasão anfíbia, dando início a uma guerra de ocupação que durou quase meio século. Tribos como as dos icenos, que se rebelaram sob a rainha guerreira Boadicea em 60-61 d.C., foram radicalmente exterminadas. Outras fizeram acordos. A Britânia e os bretões nunca mais foram os mesmos. A crueldade com que o exército imperial conquistou e pacificou a Britânia foi uma questão de considerável orgulho para os romanos, como resumido ironicamente por Tácito no famoso discurso que pôs nos lábios de um malfadado chefe tribal, Cálgaco, quando se preparava para lutar contra um exército romano sob o comando de Cneu Júlio Agrícola (que por acaso era sogro de Tácito):

> Assaltantes do mundo, tendo esgotado a terra pelo seu saque universal, pilham as profundezas. Se o inimigo for rico, eles são vorazes; se for pobre, eles ambicionam a dominação; nem o Oriente nem o Ocidente conseguiram satisfazê-los. Só eles entre os homens cobiçam com igual avidez a pobreza e a riqueza. Ao roubo, à matança, à pilhagem eles dão o nome mentiroso de império; produzem uma desolação e a chamam de paz.[19]

Pouco depois de ouvir esse discurso, os homens de Cálgaco fugiram em debandada do exército de legionários, de auxiliares e da cavalaria de Agrícola — "um espetáculo horrível e hediondo", escreveu Tácito. Os guerreiros tribais "fugiram em batalhões inteiros [...] por toda parte havia armas espalhadas, cadáveres e membros mutilados, e a terra cheirava a sangue". Naquela noite o exército romano festejou, mas "os bretões, vagando entre gritos e lamentações de homens e mulheres, arrastavam seus feridos, chamavam os ilesos, deixaram para trás suas casas [...] o silêncio da desolação reinava em todo lugar: as colinas foram abandonadas, casas fumegavam ao longe...".[20] Cálgaco previu o destino de seus companheiros com absoluta precisão, revivendo assim a experiência de outros incontáveis líderes tribais nas orlas do Império Romano ao longo de séculos. Mesmo quando as legiões sofriam emboscadas ou derrotas — como acontecia de tempos em tempos na Britânia, na Gália, na Alemanha (Germânia), na Dácia, na Palestina e em outros lugares —, as perdas raramente chegavam a obliterar a presença romana; o fato subjacente da hegemonia militar romana era a capacidade do Império de absorver as derrotas, escalar o conflito e se vingar impiedosamente; Roma perdeu muitas batalhas, mas pouquíssimas guerras.

Apesar de tudo isso, o exército romano também conquistou belas vitórias sem nem sequer desembainhar a espada, sem lançar nenhum dardo e sem derramamento de sangue. A vantagem da superioridade incontestável no campo de batalha proporcionava — como tem acontecido regularmente ao longo da história — o luxo de vencer sem lutar. O poder do exército romano não era simplesmente uma força ativa, pois também agia como uma dissuasão *de facto* para potenciais rivais; como nenhuma outra potência no mundo ocidental poderia se igualar em recursos às forças imperiais, os imperadores podiam usar o mero fato de sua capacidade militar como uma ferramenta política para forçar rivais à submissão.[21] É uma lição que a maioria das superpotências na história do mundo veio a aprender.

A era de ouro do poder militar romano ocorreu durante os duzentos anos que se seguiram à ascensão de Augusto, em 27 a.C. Foi a era conhecida como da "*pax Romana*" — um período em que (pelos padrões da época) Roma conseguiu oferecer estabilidade, paz e oportunidades de prosperidade excepcionais para os que viviam sob sua égide. Foi capaz de fazer isso por ser coletivamente compensador estar sob a proteção do exército mais perigoso do mundo. A *pax Romana* esgarçou-se e começou a se desfazer após a morte do filósofo-imperador Marco Aurélio, em 180 d.C. Durante várias décadas no decorrer do século III o Império foi assolado por crises, com períodos em que se dividiu em três blocos, envolvendo dezenas de imperadores, quando quase entrou em colapso — uma situação que testou os limites da determinação e da capacidade do exército romano até o limiar da destruição. No entanto, por volta do século IV e do início do V d.C., os romanos ainda se orgulhavam de suas Forças Armadas, agora cada vez mais profissionalizadas e acantonadas na periferia do Império (o "*limes*", limite em latim), protegendo as fronteiras da civilização das incursões dos povos bárbaros; assegurando que no geral, apesar de suas fraturas e divisões, das lutas pelo poder e das disputas internas, o Império se mantinha firme.

Assim, em seu apogeu, Roma foi uma nação belicosa e incomparável, capaz de esmagar qualquer outro ator em sua esfera; mesmo após a crise do século III, quando foi ameaçada duramente pelos persas sassânidas pelo leste e pelos bárbaros no oeste, continuou sendo uma formidável potência. Contudo, seu avassalador poder militar e seu alcance não diferenciavam Roma de muitas outras superpotências contemporâneas do mundo clássico. No século IV a.C., o império macedônio de Alexandre, o Grande, estendeu-se das ilhas jônicas do Mediterrâneo central até o Himalaia. Os vários impérios persas da Antiguidade cobriram território equivalente. Por volta de 100 d.C., o império oriental da dinastia Han da China dominava mais de 6,5 milhões de quilômetros quadrados e 60 milhões de pessoas. O que tornou Roma tão dominante no mundo mediterrâneo e imediações foi o fato de sua esmagadora força armada se desenvolver em sintonia com uma sofisticada maquinaria cívica: uma malha de sistemas sociais, culturais e legais de vanguarda que os romanos consideravam virtuosos por si mesmos. Se estavam certos ou não — e hoje podemos muito bem alimentar dúvidas sobre uma sociedade que restringia severamente os direitos de milhões de mulheres e de pobres, perseguia cruelmente quem discordasse de suas normas, promovia esportes sangrentos e outras formas de violência cívica e dependia da escravidão em massa para sobreviver —, o modo de vida romano era altamente exportável e deixava marcas profundas e muitas vezes permanentes aonde quer que chegasse.

Cidadãos e estrangeiros

Poucos anos depois de ter levado seus elefantes à Britânia para subjugar as tribos do fim do mundo, o imperador Cláudio se viu diante do Senado discursando sobre assuntos de cidadania e poder político para um turbulento grupo formado pelos principais dignitários de Roma. O ano era 48 d.C. e a causa em questão era específica: se os cidadãos mais ricos e respeitáveis das províncias romanas da Gália poderiam ou não ser eleitos senadores. Cláudio — um erudito, apesar de ser um neto manco e míope de Augusto e ter nascido na Gália, em Lyon (*Lugdunum*) — acreditava que sim. Para enfatizar seu argumento, se referiu à antiga história de Roma, ao remontar aos dias em que seu fundador e primeiro rei, Rômulo, foi sucedido por um governante de fora da cidade: Numa, o Sabino. Roma, argumentou Cláudio, sempre fora um lugar que assimilava os forasteiros mais dignos. "Eu acho que os provinciais não devem ser rejeitados, pois serão úteis para o Senado", declarou.

Nem todos os senadores concordaram. Alguns rebateram de forma veemente, dizendo ser vergonhoso para Roma admitir "uma turba de estrangeiros [...] imposta a nós", principalmente porque os estrangeiros em questão — os gauleses — já haviam lutado de forma ressentida e sangrenta contra a conquista romana.[22] No cerne desse argumento encontravam-se dois debates antigos, que desafiam governantes de reinos poderosos desde o início dos tempos até os dias de hoje: como um Estado reabilita seus antigos inimigos; e permitir a cidadania de um Estado ou sociedade a não nativos pode fortalecer ou diluir o sangue e o caráter da nação? Essa discussão repercutiu durante os séculos de domínio imperial de Roma, deixando seu legado para a Idade Média e para o futuro.

Cláudio se mostrou bem preparado diante do Senado em 48 d.C. Contra as suspeitas levantadas contra a lealdade dos gauleses, respondeu: "Os que se atêm ao fato de os gauleses terem resistido por dez anos à guerra do divino Júlio [César] devem considerar que também há cem anos eles têm sido leais e confiáveis, com essa lealdade testada ao máximo quando estivemos em perigo". Quanto às objeções mais genéricas acerca de não italianos serem classificados como romanos, apresentou aos seus ouvintes exemplos dos gregos antigos. "O que foi a ruína de Esparta e de Atenas se não isso, de serem poderosos na guerra, mas desdenhosos com os estrangeiros que haviam conquistado?" Convencidos ou intimidados pela convicção do imperador, os senadores acabaram concordando. A partir desse ponto, os gauleses não só conseguiram a cidadania romana, como também poderiam aspirar ao mais alto cargo político do Império.

Uma das mais importantes diferenciações sociais de Roma — na própria cidade, na península Italiana e (finalmente) nos vastos territórios conquistados pelo exército — era entre os cidadãos e o resto da população. A sociedade romana era obcecada por classes e ordem, e as pequenas diferenças entre a classe alta dos senadores (*senatores*), os equestres (*equites*)

— a classe intermediária acima dos plebeus — e os pobres sem-terra, conhecidos como *proletarii*, eram levadas muito a sério. Mas a cidadania era o que mais contava. Ser um cidadão de Roma significava, no sentido mais profundo, liberdade. Para os homens, conferia um pacote invejável de direitos e responsabilidades: era permitido votar, exercer cargos políticos, usar os tribunais de direito para defender a si próprio e as suas propriedades, usar a toga em ocasiões cerimoniais, prestar serviço militar nas legiões e não entre os auxiliares, isenção de certos impostos e estar livre da maioria das formas de punição corporal e penas capitais, inclusive flagelação, tortura e crucificação. A cidadania não se limitava aos homens: embora muitos dos seus direitos fossem negados às mulheres, as cidadãs podiam passar o status aos filhos, e costumavam ter uma vida mais confortável e abastada como cidadãs do que se não o fossem. A cidadania era, portanto, um status valorizado, e essa era a razão por que o Estado romano reservava essa recompensa aos auxiliares que servissem por um quarto de século no exército romano e para escravos que trabalhassem sem reclamar, sabendo que, se seus senhores os libertassem, eles também poderiam reivindicar o direito de uma cidadania limitada como libertos. Perder a cidadania — punição imposta por crimes muito graves, como homicídio ou falsificação — era uma forma de desmembramento legal e de morte social.

Roma não foi a única nação a fomentar esse conceito de privilégio legal e social — cidadãos eram privilegiados na Grécia Antiga, em Cartago e em muitos outros Estados mediterrâneos da época. Mas Roma foi única na forma como desenvolveu e estendeu o conceito de cidadania no decorrer de sua longa história para aumentar a sustentação de seu domínio imperial. O objetivo principal do Império era arrecadar riquezas para ser gastas em Roma: nesse sentido, tratava-se de um esquema fraudulento baseado na exploração desenfreada. Contudo, com a promessa da cidadania — uma participação na pilhagem —, os aristocratas conquistados podiam ser assimilados. Assim, durante os dois primeiros séculos do Império, à medida que as províncias imperiais se expandiam, a cidadania foi gradualmente concedida a grupos de alto nível bem distantes da Itália. Nobres e magistrados, auxiliares que completavam seu serviço no exército, oficiais aposentados e seus escravos libertos poderiam adquirir a cidadania — fosse de status pleno ou de uma das inúmeras formas classificadas que implicavam uma série limitada de direitos, mas ainda assim desejáveis.²³ Finalmente, em 212 d.C., o imperador Caracala concluiu o que Cláudio começara, ao decretar que todos os povos livres de todas as províncias poderiam de alguma forma reivindicar a cidadania romana. Toda a população, anunciou Caracala, "deve participar da vitória. Este édito irá aprimorar a majestade do povo romano".²⁴

Muitos historiadores veem o Édito de Caracala (às vezes chamado de Constituição Antonina) como um ponto de virada na história do Império, por ter sido uma decisão que enfraqueceu o cerne do sistema imperial, diluindo o apelo a não romanos a entrar para o exército e erodindo o prestígio da cidadania. Talvez seja verdade. Mas também não é falso que essa abertura à assimilação pelo Império foi uma das principais vantagens históricas de Roma,* pois priorizou os valores do sistema romano acima de tudo, admitindo livremente e sem pendores a possibilidade de as pessoas poderem ter mais de uma identidade cultural. Um romano não precisava ter nascido à vista das sete colinas da Cidade Eterna: ele ou ela poderia ser norte-africano ou grego, gaulês, germano ou bretão, espanhol ou eslavo. Nem mesmo os imperadores precisavam mais ser etnicamente "romanos". Trajano e Adriano eram espanhóis. Septímio Severo, que tomou o poder em 193 d.C. e ocupou o posto até 211 d.C., nascera na Líbia (*Leptis Magna*), filho de pai norte-africano e mãe árabe da Síria; assim, seus sucessores (conhecidos como a dinastia Severa) compartilhavam essa herança afro-árabe. O segundo imperador dessa dinastia foi ninguém menos que Caracala. Por isso, apesar de suas boas razões políticas para decretar seu édito de 212 d.C. — inclusive para aumentar a base de arrecadação de impostos durante um período penoso para as finanças públicas —, talvez não seja muito anacrônico imaginar que o fato de ser um imperador de ascendência africana possa ter influenciado seu pensamento.

---

* Com essa política de braços abertos para a assimilação, o Império Romano superou até mesmo os Estados Unidos no pico de seu período de imigração, na virada do século XX. Historicamente, talvez só o Império Mongol dos séculos XII e XIII (ver capítulo 9) tenha demonstrado tal atitude descomplicada na integração de uma multitude de povos.

Almas à venda

Mas não foi só Caracala quem trouxe sua experiência africana para o governo imperial. Mais de um século antes de ele nascer, Roma foi governada durante dez anos por Vespasiano, fundador da dinastia flaviana. Vespasiano chegou ao poder em 69 d.C. após vencer uma breve e terrível guerra civil, durante a qual quatro homens governaram em um ano;* mas antes de ser imperador, teve uma curta carreira no Norte da África, quando ficou conhecido como um "condutor de mulas", eufemismo para comerciante de escravos. Nesse papel, Vespasiano ganhou fama por cortar os testículos de meninos jovens, para serem vendidos a um preço mais alto como eunucos.[25] Esse hábito deu a Vespasiano certo grau de notoriedade, mas não tanto quanto poderia ter ocorrido em outra época histórica. Em Roma, a escravidão e a brutalidade com povos escravizados não eram apenas algo comum, eram onipresentes.

A escravidão era um fato da vida em todo o mundo antigo. Escravos — pessoas definidas como propriedade, forçadas a trabalhar, despojadas de direitos e socialmente "mortas" — podiam ser encontradas em praticamente todos os reinos importantes da época. Na China, as dinastias Qin, Han e Xin praticavam várias formas de escravidão, assim como antigos governantes do Egito, da Assíria, da Babilônia e da Índia.[26] "Teus escravos e tuas escravas serão das nações que estão ao redor de vós; delas comprareis escravos e escravas", disse Deus aos israelitas, só pedindo que se abstivessem de escravizar uns aos outros.[27] Mas Roma era diferente. São poucos os exemplos na história de verdadeiros "Estados escravocratas", onde a escravidão permeava todas as facetas da sociedade e sobre a qual foram construídas toda uma economia e uma cultura. Roma foi um deles.**

Os historiadores podem não concordar, pois não existem registros confiáveis sobre o número exato de escravos em Roma. Uma estimativa aproximada é que na época de Augusto havia 2 milhões de escravos na península Italiana, representando talvez um quarto da população da região — com muitos outros escravos nas províncias no exterior.[28] Os escravos podiam ser vistos exercendo todos os papéis imagináveis na sociedade,

---

* O Ano dos Quatro Imperadores: foram Galba, Otão, Vitélio e Vespasiano.

** Historiadores costumam citar outros, como a Grécia Antiga; o Brasil e o Caribe durante a era colonialista; e a África do Sul nos tempos do apartheid.

exceto no governo. Trabalhavam em grandes fazendas produtoras conhecidas como *latifundia* e em pequenas propriedades onde uma família camponesa poderia ser dona de um ou mais escravos. As casas dos romanos ricos eram servidas por dezenas ou até mesmo centenas de escravos, que trabalhavam como faxineiros, cozinheiros, padeiros, garçons, porteiros, criados, amas de leite, governantas, jardineiros, guardas, professores, escrivães, músicos, declamadores de poesia, dançarinos, concubinas ou meros objetos sexuais.

Para alguns escravos que trabalhavam para os ricos, com a possibilidade de comprar sua liberdade na meia-idade ou na velhice, a vida podia ser confortável, até luxuosa. Quando Pompeia foi soterrada por cinzas vulcânicas em 79 d.C., um belo bracelete de ouro de uma escrava foi preservado: com o formato de uma cobra, tradicionalmente um animal guardião, com a seguinte inscrição: "DOM[I]NUS ANCILLAE SUAE" ("De um senhor a sua garota escrava"). Mas a perspectiva da oferta de presentes para suavizar o status de bens móveis estava longe de ser garantida. Um acessório contrastante usado nos escravos era o chamado colar de Zoninus, datado dos séculos IV ou V d.C., e hoje exibido nas Termas de Diocleciano, em Roma. Grosseiro e forjado em ferro, era um grande pingente — provavelmente irritante e doloroso — como os usados hoje para identificar cães perdidos. A inscrição informava a qualquer estranho que encontrasse o portador sozinho que se tratava de um fugitivo. Prometia uma recompensa de uma moeda de ouro (*solidus*) pela devolução do escravo.[29]

Fossem vendidos ou nascidos na escravidão, os escravos eram por definição degradados ao nível de bestas de carga. Não sabemos e não podemos saber como era realmente ser um escravo romano, já que a maioria não deixou absolutamente nenhum registro de sua própria vida. Mas tudo o que *sabemos* sobre a escravidão em outros períodos da história nos diz que era uma condição que geralmente consistia em anos de infelicidade, com abusos que variavam do incômodo ao totalmente infernal. Nos moinhos de cereais africanos ou nas minas espanholas, os escravos trabalhavam numa miséria hedionda, muitas vezes fatal. Apuleio, um escritor do século II d.C., incluiu várias imagens grotescas de escravos maltratados em seu romance *O asno de ouro* (*Asino aureus*, às vezes conhecido como *Metamorfoses*). Embora suas vinhetas sobre a vida dos escravos fossem fictícias, e sua história por vezes fantástica, obscena e satírica, Apuleio mostrava a verdade esquálida da escravidão. Apesar de seu personagem principal passar a primeira parte da história envolvido em uma agradável *menage à deux* com a bela escrava doméstica de um amigo, mais tarde ele encontra um grupo de pobres indigentes trabalhando em um moinho: "que homens havia ali [...] as costas negras das feridas do açoite, mais sombreadas que cobertas por seus farrapos, alguns somente em panos menores cobrindo suas vergonhas. Ferrados na fronte e argolas de ferro nos pés; as cabeças tosquiadas, os olhos cortados, comidas as pestanas da fumaça e fuligem da casa que os deixavam meio cegos...".[30]

***

Na época em que Apuleio escreveu, Roma já era uma sociedade de escravos havia meio milênio. A escravidão tornou-se um pilar vital da vida romana a partir do século II a.C., quando a República começou seu período de rápida expansão pelo Mediterrâneo. Com vitórias militares deslumbrantes — nos Bálcãs, nas ilhas gregas, no Norte da África e em outros lugares — surgiu a oportunidade de fazer grandes pilhagens, inclusive recompensas humanas. Um ano como o de 146 a.C., quando Cartago e Corinto foram reduzidas a pó, resultou num influxo de dezenas de milhares de cativos. Transportados pelo mar, impossibilitados de voltar às suas terras, os escravos tornaram-se facilmente disponíveis, e a força motriz para o rápido desenvolvimento econômico de Roma: mão de obra gratuita para a República (e depois para os imperadores) usada para construir templos, aquedutos, estradas e edifícios públicos, ou para trabalhar nas minas; e uma mercadoria que os romanos mais abastados podiam comprar para seu lazer e conveniência, servindo em suas espaçosas moradias urbanas ou em grandes fazendas. As vantagens do trabalho forçado eram óbvias. Os escravos podiam ser obrigados a labutar o quanto o proprietário precisasse, eram espancados o quanto seus donos ou donas quisessem, mantidos como porcos, reproduzidos como gado, depois libertados ou simplesmente abandonados quando se tornavam muito velhos ou doentes para qualquer uso. A milhares de quilômetros de suas casas, traumatizados e provavelmente sequer capazes de falar a língua local, sua presença em Roma transformou a cidade, a República e, mais tarde, o Império.

À medida que a implacável expansão de Roma continuou na era imperial, gauleses, bretões, tribos germânicas e outros povos foram sugados para o sistema da escravidão. A pirataria de escravos foi um flagelo em toda a Europa e no Mediterrâneo. O historiador e filósofo grego Strabo, do século I a.C., descreveu malfeitores escravocratas aterrorizando os territórios ao redor da Armênia e da Síria, capturando civis e embarcando-os para serem vendidos. "[Isso] se mostrou muito rentável", escreveu, "pois não só eles eram facilmente capturados como o mercado, que era grande e rico em propriedades, não ficava muito distante". O mercado em questão era o centro de escravos em Delos, nas ilhas Cíclades, onde Strabo afirmou que eram negociados 10 mil escravos por dia: todos enviados para labutar e morrer em terras estrangeiras.[31] A escravidão romana não era racista em si (um importante ponto de contraste com os escravos no Caribe ou na América do Sul), mas era tácito que os "bárbaros" de fora do Império eram infinitamente mais adequados para a escravidão que os próprios romanos. Portanto, à medida que o Império crescia, milhões de seres humanos passaram a sofrer a indignidade fundamental da escravidão, um ultraje resumido sucintamente pelo escritor Libânio, do século IV d.C.: "O escravo é alguém que em algum momento pertencerá a outra pessoa, cujo corpo pode ser vendido. E o que poderia ser mais humilhante [...] Pois na verdade esse corpo não foi mutilado, e a alma totalmente destruída?".[32]

No entanto, apesar de eventuais rebeliões de escravos — a mais famosa conhecida como a Revolta de Espártaco, de 73 a.C. —, não havia nenhum movimento para abolir a escravidão entre os romanos. Apenas ocasionalmente eram feitos esforços para proteger os escravos de abusos mais grosseiros: Adriano (117-138 d.C.) tentou sem sucesso impedir mercadores de escravos de castrar meninos africanos, enquanto Constantino I (306-337 d.C.) proibiu a prática da tatuagem facial — um édito muito provavelmente baixado tendo em mente o excesso de zelo dos proprietários de escravos. Porém, almejar mais do que isso — ou chegar a imaginar um mundo sem escravos — teria sido absurdo. Filosoficamente, a escravidão era considerada essencial para uma sociedade livre — um fenômeno natural sem o qual não poderia existir a liberdade para o verdadeiro e nobre romano. Economicamente, toda a estrutura de Roma e do Império dependia da escravidão em massa, facilitada pelas mesmas redes comerciais extensas e complexas que forneciam mercadorias essenciais e bens de luxo.

Em última instância, Roma era uma sociedade patriarcal na qual os escravos ocupavam uma posição de inferioridade que simplesmente era o seu destino. João Crisóstomo, um pregador cristão do final do século III d.C., resumiu essa hierarquia para o seu público. Mesmo na casa de um homem pobre, afirmou: "O homem domina sua mulher, a mulher domina os escravos, os escravos dominam suas próprias mulheres, e mais uma vez homens e mulheres dominam seus filhos".[33] Durante a Idade Média, a escravidão diminuiu em escala, mas continuou praticamente onipresente em todo o Ocidente. E mesmo em lugares onde a escravidão pareceu deixar de existir, seu papel como pilar da economia e da cultura foi muitas vezes substituído pela servidão — um sistema que agrilhoava os seres humanos à terra. Não era exatamente o mesmo que a escravidão do bem móvel, embora a diferença fosse muito pequena para os subjugados. E grande parte do apego ocidental à escravidão surgiu do fato de ela ter sido inseparavelmente relacionada à arrogante glória de Roma.

Romanização

Roma estendeu a cidadania e a escravidão às províncias, mas isso nem de longe foi a única marca de sua influência no mundo a adentrar a era medieval. Além do simples fato de suas legiões e suas instituições, Roma era dona de uma marca cultural poderosa. Aparentemente, em todos os lugares onde os romanos estiveram, as leis, a língua e a paisagem assumiram sabores de "romanismo". Assim como, a partir do século IV d.C., a religião, quando o Império se tornou um poderoso veículo para a propagação da primeira das duas grandes fés monoteístas surgidas no primeiro milênio: o cristianismo.

Esse não foi um processo homogêneo, e os diferentes produtos da mistura de costumes romanos com as práticas nativas da península Ibérica, do Norte da África, da Gália, da Britânia, dos Bálcãs, da Grécia e do Levante — entre outras localidades — produziram uma ampla gama de subculturas distintas, todas coexistindo sob a bandeira do Império. Ainda mais importante, a romanização influenciou muito mais as classes dominantes das províncias do que as massas, e concentrou-se em centros urbanos, e não no campo. Apesar dessas ressalvas, no entanto, a exportação das instituições, de valores, de tecnologias e visões de mundo romanos foi absolutamente fundamental nos séculos que se seguiram ao colapso do Império. Pois Roma era um Estado colossal e altamente interligado, cujos povos díspares comunicavam-se por estradas muito bem construídas, rotas marítimas policiadas de forma eficiente e redes comerciais que se estendiam até os confins da Terra. E as fibras conectivas do Império não eram apenas caminhos físicos, eram constantes culturais que tornaram o romanismo possível e reconhecível por dezenas de gerações e de muitos milhões de quilômetros quadrados de território imperial. Tudo isso garantiu um senso de interligação entre os antigos territórios romanos até bem depois de o próprio Império ter sido extinto.

***

Um viajante abastado que chegasse a uma cidade estranha dentro do Império em algum momento no final do século IV d.C. saberia muito bem o que esperar, apesar do estrangeirismo nos seus arredores. As ruas seriam dispostas em ângulos retos, haveria archotes queimando nos bairros mais nobres da cidade, nos quintais das grandes vilas ocupadas pelos moradores mais ricos: belas casas construídas de tijolo ou pedra, equipadas com aquecimento subterrâneo, abastecimento de água limpa e pisos e paredes decorados num estilo tipicamente mediterrâneo, com acenos à Grécia Clássica e à Roma Antiga. Nas proximidades do centro, um espaço aberto conhecido como fórum compreendia um mercado e um aglomerado de edifícios oficiais — escritórios governamentais, lojas e templos dedicados a vários deuses. Os lojistas e feirantes do mercado comerciavam bens adquiridos e embarcados de todo o Império e de locais ainda mais distantes: vinho, óleo, pimenta e outras especiarias, sal, cereais, peles, cerâmica, vidro e metais preciosos. Esses poderiam ser pagos com uma moeda imperial comum de ouro, prata ou bronze, geralmente com a imagem de um imperador romano. Os avançados sistemas de distribuição de água eram visíveis — e exalavam seus cheiros. Aquedutos traziam água fresca para a cidade, enquanto os lavatórios públicos eram ligados a um esgoto municipal. Pela limpeza, higiene e relaxamento, não seria demais esperar uma casa de banhos pública; as de cidades como Bath (*Aquae Sulis*), Trier (*Augusta Treverorum*) e Beirute (*Berytus*) eram complexos magníficos, com uma série de câmaras de banho aquecidas em diferentes graus e oferecendo uma gama invejável de mimos e relaxamento para os que apreciavam (e que podiam pagar) perfumes, óleos e rituais como parte de suas abluções.

Uma cidade grande poderia contar com um teatro e talvez uma arena para corridas de bigas ou esportes sangrentos com gladiadores. Nada disso seria na escala espantosa do poderoso Coliseu de Roma, inaugurado pelo imperador Tito em 80 d.C., capaz de acolher entre 50 mil e 85 mil espectadores, assim como as casas de banho de uma cidade provincial não poderiam se comparar às enormes Termas de Diocleciano, abertas ao público por volta do início de 306 d.C. A arquitetura de qualquer cidade imperial, mesmo as que incluíam colunas com elegantes traços romanos e mosaicos coloridos, também refletiria o gosto e os estilos locais. Também é importante notar que, fora das cidades, a influência de Roma no modo de vida diária era drasticamente reduzida. Roma foi predominantemente um império urbano, e as áreas rurais apresentavam muito menos de suas interferências e inovações. De qualquer forma, a questão é que, por todo o Império, os edifícios públicos continuaram evocando a vida cívica de Roma, e os homens e mulheres que trabalhavam, oravam e socializavam nesses locais reafirmavam seu lugar no Império Romano sempre que passavam por suas portas.

Como veremos, a notável influência de Roma na paisagem urbana do Ocidente ficou em suspenso após seu colapso político. Mas foi de grande importância a longo prazo, pois seria redescoberta e celebrada no período da Renascença, nos séculos XIV e XV, como símbolo de um ponto alto da civilização, se possível a ser ressuscitado. Porém, outra área em que Roma deixou uma marca indelével durante toda a Idade Média foi na língua. Na verdade, um dos legados mais duradouros de Roma, não só para a Idade Média, mas para crianças em idade escolar ainda hoje, foi seu idioma em comum.

A língua oficial usada por todo o Império Romano era o latim. Isso não significa que todos, de Antioquia a St. Albans, falavam uns com os outros nos epigramas de Marcial: o latim clássico dos grandes poetas, filósofos e historiadores romanos era de tão pouca valia para os falantes cotidianos, como a sintaxe e o vocabulário dos sonetos de Shakespeare o eram para um estalajadeiro ou um pastor de cabras na Inglaterra elisabetana. No leste do Império, o latim competia com o grego pela posição de idioma principal, admirável e útil, em especial depois que o Império foi formalmente dividido, no início do século IV. No Ocidente, o latim foi adotado, adaptado e mesclado com línguas locais de todo o Império — um processo que produziu o que acabariam se tornando as grandes línguas românicas do segundo milênio d.C. Mesmo não sendo exatamente uma língua universal, o latim sem dúvida era a primeira língua dos negócios oficiais imperiais, o que permitia que romanos educados em todos os lugares se comunicassem entre si e anunciassem seu status de indivíduos sofisticados.

Aprender latim — e os recursos da gramática e da retórica — era uma parte fundamental da educação da elite. Seria impossível contemplar uma carreira política ou burocrática sem um conhecimento prático da língua. E o latim também se tornaria uma ferramenta indispensável para os padres, abades, chanceleres, acadêmicos, advogados, xerifes, professores, nobres e reis da Idade Média.* Contudo, mesmo para alguém sem uma formação literária completa, um pouco de latim apanhado aqui e ali poderia levar mais longe. Inscrições murais recuperadas em Herculaneum — uma das cidades do Sul da Itália destruídas pela erupção do Vesúvio, em 79 d.C. — nos dão um retrato dos sentimentos mundanos e profanos que os romanos às vezes rabiscavam nas paredes, usando para isso o latim. Em uma estalagem ao lado dos banhos públicos, dois irmãos escreveram: "Apelles Mus e seu irmão Dexter fizeram sexo prazerosamente com duas garotas duas vezes". Em Pompeia, em uma coluna perto do alojamento dos gladiadores, um dos moradores se gabou: "Celadus, o gladiador trácio, é o deleite de todas as mulheres".

Além de servir para se gabar de proezas e conquistas sexuais, uma das aplicações mais práticas do latim como *língua franca* — que persistiria até a Idade Média — era sua relação com o direito romano. Os romanos tinham orgulho da história antiga de sua legislação, que supostamente datava do século V a.C., quando foram produzidas as chamadas Doze Tábuas. Elas reuniam as tradições e os costumes de Roma em relação a procedimentos legais, dívidas, heranças, família, propriedade de terras, práticas religiosas e crimes graves que iam desde homicídio e traição a roubo e perjúrio; as Doze Tábuas forneceram a base do direito romano por quase mil anos.

---

* O latim medieval diferia muito do latim clássico — tanto que o latim medieval é mais ou menos uma língua à parte. Ainda assim, a dívida com o mundo romano é óbvia e direta.

É claro que, durante esse período, o direito romano também se desenvolveu consideravelmente. As Doze Tábuas foram complementadas por estatutos e pronunciamentos de funcionários que vão desde magistrados a imperadores. Gerações de juristas e de reconhecidos estudiosos de direito dedicaram suas vidas a estudar essas diferentes partes da lei e dar sua opinião profissional sobre os casos. O resultado ao longo do tempo foi um enorme e sofisticado corpo de leis, preocupado principalmente com os interesses dos poderosos: propriedade, riqueza, titularidade, contratos e comércio. Em Roma, somente os cidadãos tinham permissão para abrir processos, mas o espetáculo de um julgamento romano podia ser eletrizante, pois os magistrados presidiam tribunais públicos em que dezenas de "juízes" (o que agora veríamos como um júri) ouviam os argumentos de retóricos qualificados, vestidos formalmente em suas togas, para depois determinarem seu veredicto distribuindo tabletes de votos inscritos com um C (*condemno*, para culpado) ou um A (*absolvo*, para inocente). Romanos cujos nomes continuam famosos para nós até hoje, como Cícero e Plínio, o Jovem, atuaram como advogados e magistrados em casos legais; Cícero fez um discurso de acusação muito famoso em 70 a.C. (e posteriormente publicou vários outros), em que condenou um magistrado rico e corrupto, Gaius Verres, por crimes cruéis e tirânicos enquanto era governador da Sicília. Mais tarde, na virada do século I para o II d.C., Plínio exerceu cargos judiciais importantes por todo o Império e sob uma sucessão de imperadores; seus escritos ainda nos abrem uma janela para o funcionamento do direito na era de ouro do Império Romano.

A forma mais "pura" do direito romano só existia, claro, na própria Roma, mas durante a era imperial o sistema legal foi exportado de várias formas para as províncias. Governadores provinciais visitavam as cidades de sua jurisdição ouvindo casos legais e julgando-os de acordo com o código de lei mais apropriado para a situação. Disputas entre cidadãos romanos — de soldados veteranos que se estabeleceram em províncias, por exemplo — estavam sujeitas às leis romanas. Casos entre não cidadãos podiam ser deixados para as leis preexistentes da região, permitindo que a comunidade mantivesse uma medida importante de autodeterminação.[34] A esse respeito, um dos mais famosos pronunciamentos sobre o alcance do direito romano foi feito por Cícero nos dias finais da República, no século I a.C. "Não haverá uma tal lei em Roma e outra em Atenas, uma agora e outra no futuro, mas todos os povos em todos os momentos serão abrangidos por uma única e eterna lei imutável", escreveu.[35] Seu argumento era tanto filosófico quanto pragmático, e devemos lembrar que Cícero, como um dos mais famosos romanos de seu tempo, falava às preocupações de outros homens ricos e poderosos, e não dos milhões de pessoas comuns que viviam em todo o Império, cuja única interação com a lei só poderia ocorrer se elas a desobedecessem e enfrentassem uma punição violenta por isso. No entanto, a influência do direito romano foi rica e duradoura. Prosperou não só na República em que Cícero viveu, mas também no Império, e sua influência seria sentida de forma muito intensa por toda a Idade Média e também na era moderna. Nisso, o direito romano foi muito parecido com o latim. Também foi semelhante, em sua robustez histórica, à religião romana — ou pelo menos a religião adotada em todo o Império durante o século IV d.C. Essa religião foi o cristianismo.

De deuses a Deus

Nos primeiros 250 anos após o nascimento, o ministério e a morte de Cristo, o Império Romano não era um lugar especialmente agradável para ser cristão. Os romanos eram colecionadores aficionados de deuses, que incluíam o panteão do Olimpo e vários cultos misteriosos do Oriente. Assim, para começar, houve pouco entusiasmo por essa estranha seita judaica, cujos membros procuravam manter viva a memória do filho de um carpinteiro que causou uma breve agitação em Jerusalém durante o governo de Pôncio Pilatos. As primeiras gerações de cristãos se disseminaram entre as cidades do Mediterrâneo, comunicando-se esporadicamente entre si, mas sem condições para aumentar o número de adeptos. Fiéis ardentes como o apóstolo Paulo viajaram longas distâncias, pregando e escrevendo cartas, que se tornaram famosas, para todos os interessados, descrevendo o milagre do sacrifício de Cristo. Mas em um império que fazia deuses de tudo, desde o Sol e os planetas até seus próprios imperadores, e assimilavam voluntariamente práticas religiosas dos povos que conquistava, homens como Paulo não eram nenhuma novidade; há poucas indicações em sua vida no século I d.C. de que suas andanças e escritos entusiastas acabariam por plantar o nome de Cristo no coração de literalmente bilhões de pessoas nos 2 mil anos seguintes da história do mundo. Em 112 d.C., Plínio, o Jovem, escreveu ao imperador Trajano relatando uma investigação legal que realizou na Bitínia (atual Turquia) sobre queixas contra os cristãos locais. Depois de torturar um bom número deles, inclusive garotas, Plínio escreveu que só conseguira estabelecer que eles seguiam uma "superstição má [...] e extravagante", que "está se espalhando como um contágio".[36]

Nesses primeiros anos, de vez em quando os cristãos eram maltratados dessa forma, mas isso não os tornava especiais. Os abusos também se abatiam ocasionalmente sobre adeptos de outras crenças novas e estranhas, como a dos maniqueístas, que seguiam os ensinamentos do profeta persa Mani, do século III a.C. Contudo, entre cerca de 200 d.C. e 350 d.C., o cristianismo foi transformado. Primeiro, os cristãos foram levados a sério como grupo. Depois, em meados do século III, foram perseguidos em massa. A perseguição realmente programática aos cristãos começou sob o imperador Décio (249-251 d.C.), que se sentiu ofendido com a recusa geral dos cristãos de participar de uma série de sacrifícios pagãos que ele havia ordenado para o bem do Império em meio à Crise do Terceiro Século. Sob Décio — e, mais tarde, sob Valeriano (253-260 d.C.) e Diocleciano (284-305 d.C.) —, os cristãos foram açoitados, esfolados, lançados a animais selvagens e martirizados de muitas maneiras inventivas. Diocleciano passou para a história como um sádico, e sua crueldade forneceu material lúgubre para escritores cristãos posteriores como Eusébio de Cesareia, que coletou e narrou as agonias sofridas pelos primeiros mártires cristãos. A seguir, uma passagem típica dos textos de Eusébio:

> As mulheres eram amarradas por um pé e içadas bem alto no ar, de cabeça para baixo, os corpos totalmente nus, sem uma peça de roupa, apresentando assim o mais vergonhoso, brutal e desumano de todos os espetáculos para os que assistiam. Outros eram amarrados a árvores e tocos e morriam horrivelmente; com a ajuda de maquinário, eles juntavam os galhos mais grossos, prendiam uma perna do mártir em cada um e depois soltavam os galhos para voltarem à posição normal; assim, conseguiam arrancar os membros de suas vítimas em um instante.[37]

Torturar, tosquiar, marcar e grelhar — todos esses horrores e outros foram sofridos pelos infelizes partidários de Cristo no final do século III. Contudo, no início do século IV, os problemas dos cristãos subitamente amenizaram. Primeiro, passaram a ser tolerados, depois foram aceitos, e, finalmente, suas crenças e sua presença começaram a ser defendidas. No momento em que o Império Romano do Ocidente sofreu seu colapso fatal, no começo do século V, o cristianismo era a religião imperial oficial, e seu futuro como um dos maiores credos do mundo estava assegurado. Grande parte disso deve-se ao imperador Constantino I.

Constantino — nascido em Nis (*Naissus*) — tornou-se imperador em 306 d.C. General de campo com algum talento, estava em York (*Eboracum*) quando seu pai, Constâncio, morreu — assim, foi nessa cidade bretã do norte que suas tropas o proclamaram imperador. Infelizmente — ou talvez não —, foi num momento de enorme discórdia no Império Romano, durante o qual o posto de imperador foi dividido em quatro — a chamada tetrarquia, estabelecida por Diocleciano, que previa dois pares de regentes governando harmoniosamente as partes oriental e ocidental do Império, dentro de um espírito de acordo e cooperação. Naturalmente, o resultado real da tetrarquia resultou em uma prolongada guerra civil; mas foi o que gerou o grande ponto de inflexão do cristianismo. No outono de 312 d.C., quando se preparava para lutar contra seu imperador rival, Maxêncio, na ponte Mílvia, sobre o rio Tibre, Constantino olhou para o céu e viu uma cruz flamejante acima do sol, acompanhada pelas palavras gregas "Ἐν Τούτῳ Νίκα" ("com este sinal vencerás"). Constantino viu aquilo como uma mensagem do deus dos cristãos: nitidamente, um deus que naquele momento pareceu mais interessado em batalhas e em política do que no projeto de caridade, perdão e reconciliação de seu filho Jesus Cristo. De todo modo, Constantino derrotou seus inimigos: Maxêncio se afogou no Tibre e foi postumamente decapitado. Constantino podia então abolir a tetrarquia e se estabelecer como único imperador. A partir desse momento, concedeu todas as benesses do patrocínio imperial a bispos e fiéis cristãos. Seus soldados entravam em batalha com o termo "Chi-Rho" pintado nos escudos. Funcionários governamentais de todo o Império foram orientados a fazer cumprir um novo édito imperial decretado em Milão em 313 d.C., que garantia a não discriminação dos cristãos. Em Roma, começaram os trabalhos de construção do que se tornariam as basílicas de São João de Latrão e São Pedro. Em Jerusalém foi encomendada a primeira igreja do Santo Sepulcro, para marcar o local onde Cristo teria sido crucificado e sepultado. (Boatos posteriores, que ganharam grande relevância na Idade Média, diziam que a mãe de Constantino, Helena, tinha encontrado a madeira da cruz de Cristo em uma visita realizada em 327 d.C.) E em 330 d.C., Constantino fundou formalmente Constantinopla: uma nova capital imperial no Oriente, em Bizâncio (*Byzantion*, atual Istambul), e a encheu de monumentais igrejas cristãs.

Agora o Deus cristão era promovido por todo o Império, e apesar de no início não ter exclusividade em relação a outras divindades romanas tradicionais, logo se tornou o primeiro entre seus equivalentes. Constantino foi batizado em seu leito de morte, e depois dele somente um imperador romano (Juliano, o Apóstata, 361-63 d.C.) não era cristão. No século V, o cristianismo era a religião oficial do Império, e os imperadores começaram a levar a sério suas minúcias teológicas — particularmente quando se tratava de perseguir hereges e cismáticos. Por sua vez, o cristianismo passou por sua primeira onda de romanização, desenvolvendo um tom militar distinto, a preferência pelo latim como língua de exegese, uma rede de "dioceses" (ironicamente, o nome foi inspirado em Diocleciano, um de seus maiores perseguidores, que em sua época dividiu o Império em dioceses seculares para facilitar a administração), o gosto pela arquitetura monumental e rituais espetaculares e — talvez esta tenha sido a contribuição mais longeva — uma incipiente divisão entre suas ramificações orientais e ocidentais, espelhando a ruptura que definiu o Império Romano a partir do reinado de Constantino.[38]

Constantino — um general cabeça-dura cujas tentativas de pregação a seus cortesãos foram na melhor das hipóteses empoladas e provavelmente totalmente ineptas — foi uma figura bastante improvável para abrir caminho para o cristianismo, e suas razões para ter subitamente aderido tão ferrenhamente à fé ainda são uma questão em debate. Durante gerações, os romanos comuns continuaram a equilibrar as crenças cristãs com sua antiga predileção por deuses e rituais tradicionais pagãos. Mas o poder da decisão de Constantino no início do século IV d.C. é inegável. Antes dele, os cristãos eram perseguidos, odiados e considerados como comida para animais selvagens na arena. Depois, o cristianismo ganhou força, deixando de ser um culto periférico impopular para se tornar o credo central de veneração no Império. Pode-se dizer — talvez apropriadamente — que foi um milagre.

Legado

"Algumas coisas estão surgindo depressa, e outras deixando rapidamente de existir", escreveu o filósofo estoico e imperador romano Marco Aurélio (161-180 d.C.).[39] Se quisermos identificar "pontos de virada" na história do Império governado por ele, há muitas opções. Um dos marcos foi o Édito de Caracala, de 212 d.C., quando a cidadania foi radicalmente redistribuída nas províncias. Outro foi a Crise do Terceiro Século, quando Roma estremeceu, dividiu-se e quase entrou em colapso antes de ser reformada. Um terceiro foi o reinado de Constantino, quando Roma adotou o cristianismo e fundou a nova capital, Constantinopla, assegurando que o coração e o futuro do Império estariam posteriormente no Mediterrâneo oriental e não no Ocidente. E um quarto ponto (como veremos no próximo capítulo) surgiu com a chegada à Europa de tribos de nômades das estepes, em 370 d.C., um evento que exerceu uma enorme e a longo prazo intolerável pressão sobre as instituições, fronteiras e estruturas de poder de Roma.

A maneira como atribuímos a responsabilidade pelo colapso do Império Romano a esses fatores — e outros — não é de importância imediata no contexto da história neste livro. O *importante* é que na virada do século V d.C., quando afinal se fragmentou, o Império Romano tinha sido uma força política, cultural, religiosa e militar no Ocidente por quase um milênio. Os proprietários do Tesouro de Hoxne, que enterraram suas riquezas nessa época, tiveram acesso a todos os frutos do romanismo: cristianismo, cidadania, conforto urbano, uma língua em comum, o Estado de direito e a liberdade de manter esses benefícios por meio do trabalho escravo. Assim como muitos outros como eles, da Britânia, no Ocidente, a territórios que faziam fronteira com o Império Persa sassânida no Oriente.

O que não estava claro no início do século V era o quanto desse romanismo iria sobreviver. A esse respeito, só o tempo diria. Em algumas regiões — mais notavelmente no velho mundo grego do Mediterrâneo oriental —, Roma estava destinada a continuar por muitos mais séculos, reformulada mas não radicalmente alterada. Em outros lugares — como na Britânia, onde começamos este capítulo —, os sinais mais óbvios da influência romana diminuíram drasticamente quando as legiões se retiraram; grande parte do legado de Roma foi enterrado, às vezes literalmente, com a chegada de novas ondas de colonos. Para alguns, o colapso do Império Romano do Ocidente foi um evento sísmico, que os levou a embalar suas posses para enterrá-las ou levá-las para uma nova vida em outra parte. No entanto, para outros, mal foi notado. Assim como não havia uma experiência específica que definia a vida sob o Império Romano, também não havia uma experiência característica da vida sem ele. Seria ingênuo imaginar o contrário.

Mas essa ambiguidade não significa que a queda de Roma no Ocidente não foi importante, ou que não deve ser levada a sério como uma fase crucial na história ocidental. A longevidade do domínio romano, sua sofisticação, sua extensão geográfica, sua capacidade de grandeza e crueldade abjeta — todos esses aspectos foram incorporados em diferentes graus no panorama cultural e político ocidental. Tudo continuaria vigente enquanto o mundo clássico evoluía para o medieval. Mesmo quando se desfez, Roma não foi esquecida. Foi a base histórica sobre a qual a Idade Média foi construída.

2
BÁRBAROS

"Quem acreditaria que Roma, construída pela conquista do mundo, havia entrado em colapso? Que a mãe das nações também havia se tornado seu túmulo?"
São Jerônimo, comentário sobre Ezequiel

Para quem estivesse atento aos sinais ocultos na tessitura do mundo, o colapso do Império Romano do Ocidente foi anunciado por uma série de presságios. Em Antioquia, cães uivavam como lobos, pássaros noturnos soltavam guinchos hediondos e o povo murmurava que o imperador deveria ser queimado vivo.[1] Na Trácia, um homem morto jazia na estrada, o olhar fixo e inquietante nos transeuntes como se estivesse vivo, até o corpo desaparecer depois de alguns dias.[2] E na própria cidade de Roma, cidadãos insistiam em ir ao teatro: um passatempo desatinado e insanamente pecaminoso que, segundo um escritor cristão, provocava a ira do Todo-poderoso.[3] Os seres humanos sempre tiveram suas superstições, em todas as épocas, e somos particularmente hábeis em interpretar presságios quando temos o benefício da visão retrospectiva. Daí a opinião do historiador Amiano Marcelino, que olhou para trás no final do século IV e refletiu que naquele momento a roda da fortuna, "que está perpetuamente alternando prosperidade e adversidade", estava girando rapidamente.[4]

Nos anos 370, quando a enfermidade fatal de Roma se impôs, o Estado romano — monarquia, república e império — existia há mais de um milênio. Contudo, em pouco mais de cem anos, no final do século V, todas as províncias a oeste dos Bálcãs haviam saído do controle romano. Nos antigos redutos do Império, instituições romanas, sistemas fiscais e redes de comércio desmoronavam. Os sinais físicos da cultura da elite romana — vilas palacianas, bens de consumo importados a preços baixos, água quente corrente — estavam desaparecendo da vida cotidiana. A Cidade Eterna fora saqueada diversas vezes, a Coroa ocidental tinha passado por uma sucessão de idiotas, usurpadores, tiranos e crianças, até ser finalmente abolida; e o território que outrora compreendia o coração de um poderoso mega Estado encontrava-se dividido entre povos que os orgulhosos cidadãos do auge de Roma imperial desdenhavam como selvagens sub-humanos. Eram os "bárbaros": uma palavra depreciativa que englobava uma enorme variedade de povos, desde tribos nômades itinerantes recém-chegadas ao Ocidente, ignorantes ou desdenhosas dos costumes romanos, até vizinhos próximos de longa data, cujas vidas eram fortemente influenciadas pelo romanismo, mas que não podiam usufruir das vantagens da cidadania.

A ascensão dos bárbaros foi um processo complexo, que envolveu migrações de longa e curta distâncias, uma colisão de culturas e sistemas políticos e um colapso geral das instituições imperiais. Enquanto Roma vivia em grande parte intocada no Oriente, onde prosperava na forma repaginada de Bizâncio, tendo o grego como idioma, o futuro do Ocidente romano encontrava-se agora nas mãos dos recém-chegados. Foi o alvorecer da era dos bárbaros.

"O mais terrível de todos os guerreiros"

Pode-se dizer que o mundo antigo desmoronou — e que a Idade Média começou — nas margens do rio Volga no ano de 370, quando ali chegou um grande grupo de nômades, conhecidos coletivamente como hunos, que haviam deixado suas terras de origem a milhares de quilômetros de distância, nas pastagens — ou "estepes" — no Norte da China. As origens dos hunos serão para sempre difusas, mas sua influência na história do Ocidente foi marcante. Quando apareceram pela primeira vez, eram o que hoje chamaríamos de migrantes climáticos, ou até mesmo de refugiados. Mas no século IV eles não vieram para o Ocidente em busca de ajuda ou solidariedade. Chegaram a cavalo, armados de arcos mais longos e poderosos que o normal, disparando flechas com um alcance de 150 metros e precisão excepcional, perfurando armaduras a uma distância de até cem metros. Eram armas além da capacidade artesanal de qualquer povo nômade contemporâneo, e a perícia dos hunos no uso do arco e flecha sobre cavalos lhes rendeu uma reputação de violência e brutalidade plenamente justificável. Era uma civilização nômade liderada por uma casta guerreira, com acesso a uma tecnologia militar revolucionária; um povo endurecido por incontáveis gerações vivendo nas implacáveis estepes eurasianas, para quem a migração representava o único modo de vida, tendo na violência um fator básico de sobrevivência. Os hunos abalariam o mundo romano até o âmago.

Os hunos relacionavam-se de alguma forma a um grupo nômade que povoou e dominou as estepes asiáticas como mandatários de um império tribal a partir do século III a.C.[5] Esses nômades lutaram contra os chineses das dinastias Qin e Han, e os escribas chineses os apelidaram de "Xiongnu", ou "escravos uivantes".[6] O nome pegou, sendo transliterado como Xwn ou Hun. Apesar de o império Xiongnu ter entrado em colapso no século II d.C., muitas tribos sobreviveram, e seus descendentes dispersos mantiveram o nome até duzentos anos depois. Xiongnu, Xwn ou Hun: quem os chamava de que, quando e onde é apenas vagamente conhecido, dadas as fontes fragmentadas da época. Mas seja lá como a palavra era proferida, evocava um sentimento de terror implícito: o medo e o ódio tradicionalmente nutridos por civilizações sedentárias em relação a nômades estrangeiros.

No final do ano 300 d.C., os hunos já não comandavam um império, mas ainda eram uma força política. E não foram só os observadores chineses que afiaram suas penas para escrever contra eles. Por volta de 313 d.C., um comerciante da Ásia Central chamado Nanaivande escreveu sobre os horríveis danos infligidos por um bando de hunos a cidades no Norte da China, inclusive Luoyang, onde "o palácio imperial foi queimado e a cidade destruída".[7] Uma geração depois — quando um grupo dissidente de tribos hunas partiu para novas partes do mundo, tomando a direção da Europa —, escritores ocidentais também produziram diatribes sobre os delitos dos hunos. Amiano Marcelino os chamou de "muito anormalmente selvagens". Também eram fisicamente diferentes, sendo comum enfaixarem o crânio dos filhos para as cabeças ficarem longas e cônicas. Encorpados, peludos, rudimentares e acostumados à vida sobre sela e sob a lona, escreveu Amiano Marcelino, os hunos "não eram sujeitos à autoridade de nenhum rei, pois destruíam qualquer obstáculo em seu caminho sob o comando improvisado de seus chefes tribais".[8]

O que levou os hunos a migrarem para a Europa no século IV ainda deixa os historiadores perplexos. Infelizmente, como a maioria dos nômades tribais da época, os hunos eram iletrados — um povo que não manteve registros nem crônicas culturais. Como não podem mais falar conosco em sua própria língua, nunca saberemos o seu lado da história, e a maior parte do que conhecemos sobre eles vem de povos que os odiavam. Figuras literatas como Amiano Marcelino consideravam os hunos um flagelo dos deuses; segundo sua narrativa, o surgimento deles no Ocidente era simplesmente uma manifestação da "ira de Marte". Não se interessou muito pelos fatores humanos que levaram à chegada daquele povo; como os hunos não tinham como opinar sobre essa questão, Amiano Marcelino disse apenas que eles eram "consumidos por uma paixão selvagem pela pilhagem da propriedade alheia".[9] Nem ele nem qualquer outro escritor da época pensou em investigar *por que* os hunos chegaram ao Volga em 370. O fato era simplesmente o de terem aparecido por lá.

No entanto, existe uma fonte que *pode* nos dar uma pista sobre o que levou os hunos a deixarem suas terras na estepe asiática para se voltarem para o oeste. Não é um cronista ou um mercador itinerante da Rota da Seda, mas sim uma árvore enrugada e espinhosa das montanhas chinesas conhecida como junípero de Qinghai, ou junípero de Przewalski (*Juniperus przewalskii*). É uma planta resistente, de crescimento lento, porém constante, que pode chegar a vinte metros de altura. Essas árvores costumam viver mais de mil anos, e enquanto se desenvolvem preservam nos anéis dos troncos informações preciosas sobre a história de seu mundo. Neste caso, o junípero da China nos fala sobre a quantidade de chuva que caiu no Oriente no decorrer do século IV d.C.[10]

De acordo com os dados fornecidos por anéis de amostras de junípero da província de Qinghai, no planalto tibetano, parece que entre 350 e 370 d.C. o Leste da Ásia sofreu uma enorme estiagem — que continua sendo a pior seca registrada nos últimos 2 mil anos. O céu simplesmente secou. O Norte da China passou por condições pelo menos tão severas quanto as do "Dust Bowl" dos anos 1930 nos Estados Unidos* ou a seca na China dos anos 1870 — quando entre 9 milhões e 13 milhões de pessoas morreram de fome. Durante essa seca do século XIX, um missionário chamado Timothy Richards escreveu um relato angustiante das condições enfrentadas pela população comum: "As pessoas derrubam as próprias casas, vendem as esposas e filhas, comem raízes e carniça, argila e folhas [...] Se isso não bastasse para evocar a piedade de alguém, a visão de homens e mulheres indefesos na beira da estrada, ou, se mortos, dilacerados por cães e corvos o faria, e as notícias [...] de crianças sendo cozidas e comidas são tão assustadoras a ponto de fazer qualquer um estremecer com o pensamento".[11] Provavelmente a situação foi semelhante entre os hunos nos anos 300. A relva e a vegetação da estepe devem ter se transformado numa poeira estéril e causticante. Para os hunos, que dependiam da carne de animais de pasto para comer, confeccionar roupas e transporte, foi um desastre existencial. E eles se viram diante de uma escolha drástica: migrar ou morrer. Escolheram migrar.

Em 370, vários bandos de hunos começaram a atravessar o Volga, que desemboca no mar Cáspio, na fronteira entre a atual Rússia e o Cazaquistão. O fato em si não foi uma ameaça imediata para Roma. Quando cruzou o Rubicão, em 49 a.C., Júlio César estava a cerca de 350 quilômetros da capital imperial; os hunos que atravessaram o Volga encontravam-se umas dez vezes mais distantes do centro da Itália, e a mais de 2 mil quilômetros da capital oriental, Constantinopla. Levaria décadas para que se afirmassem como um poder de primeiro nível no mundo romano. No entanto, nos anos 370, o problema não foram os hunos, mas os povos deslocados por eles.

Depois de cruzarem o Volga (chegando aos territórios mais ou menos equivalentes às atuais Ucrânia, Moldávia e Romênia), os hunos entraram em contato com outras civilizações tribais: primeiro os alanos de língua iraniana, em seguida com as tribos germânicas conhecidas como godos. O que exatamente ocorreu nos primeiros contatos entre esses dois grupos não foi registrado de forma confiável. Mas o escritor grego Zózimo nos dá uma imagem em termos gerais. Depois de derrotar os alanos, os hunos

---

* Fenômeno climático de tempestades de areia que ocorreu nos Estados Unidos nos anos 1930 e durou quase dez anos. (N.T.)

invadiram o território dos godos, relatou, "com suas mulheres, filhos, cavalos e carroças". Na visão de Zózimo, os hunos eram tão rudes e incivilizados que nem sequer andavam como humanos, mas "sobre rodas, atacando, recuando no momento certo e disparando de seus cavalos, promovendo uma grande matança" entre os godos, que foram obrigados a deixar suas casas em direção ao Império Romano, onde "imploraram para serem recebidos pelo imperador".[12] Em outras palavras, uma emergência climática na Ásia Central e Oriental provocou uma crise migratória decorrente na Europa Oriental. A seca deslocou os hunos, e os hunos deslocaram os godos, fazendo com que em 376 enormes bandos de aterrorizadas tribos góticas surgissem nas margens de outro grande rio fronteiriço de Roma: o Danúbio. Os refugiados podem ter chegado a 90 mil ou 100 mil no total, embora seja impossível calcular esses números com precisão. Alguns armados, muitos desesperados. E todos buscando um refúgio dentro do Império Romano — que representava, se não o paraíso, ao menos uma zona sem hunos, onde a estabilidade era a norma e os militares ofereciam proteção aos cidadãos e aos povos subjugados em momentos de crise.

As crises humanitárias nunca são belas, e 376 não foi exceção. A tarefa de lidar com um influxo de godos — decidir quem poderia entrar no Império, em que termos e onde se assentar — coube ao imperador oriental Valente (364-378 d.C.). Um tipo nervoso, que devia seu cargo de governante em Constantinopla ao irmão (e coimperador) Valentiniano I, Valente passou grande parte de seu reinado tentando conciliar suas obrigações militares aparentemente ilimitadas com seus limitados recursos. Esteve constantemente preocupado com rebeliões internas ou conflitos com os persas sassânidas nas fronteiras com a Armênia e em outras regiões. Até então os persas tinham sido a ameaça mais séria para a segurança oriental do Império Romano, com a rivalidade entre esses dois impérios dominando a política do Oriente Médio. Mesmo assim, Valente não podia ignorar a chegada de um grande bando de forasteiros indigentes. Criou-se um dilema prático e também moral. Seria melhor admitir os esfarrapados godos ou expulsá-los e deixar que fossem massacrados ou escravizados pelos hunos? Permitir que atravessassem o Danúbio implicaria grandes desafios: não seria tarefa fácil manter a ordem pública, um abastecimento alimentar regular e ainda controlar a propagação de doenças. Por outro lado, ao longo da história aqueles migrantes desesperados haviam sido uma fonte confiável de mão de obra barata, e o exército romano sempre precisava de novos contingentes. Se deixasse os godos entrarem no Império, talvez Valente conseguisse incorporar os homens aptos ao serviço militar para lutar contra a Pérsia, e cobrar impostos dos restantes. Era uma situação delicada — mas talvez promissora.

Em 376, enviados dos godos encontraram-se com Valente em Antioquia e pediram formalmente a admissão de seu povo. O imperador ponderou por um tempo, depois disse que permitiria que alguns deles atravessassem o Danúbio, após o que, eles poderiam assentar suas famílias na Trácia (atuais Bulgária e Leste da Grécia), desde que seus homens se alistassem no exército. Os que guardavam a fronteira receberam ordens de conceder a travessia do rio para a tribo gótica conhecida como tervingos; porém uma tribo rival, a dos grutungos, foi deixada de fora.* Evidentemente foi uma decisão que agradou a Valente, que, segundo algumas fontes, inclusive Amiano Marcelino, ficou encantado com o resultado: "O caso pareceu uma questão de comemoração, não de temor".[13] A impressão era de ter obtido vantagem de uma tragédia. No Danúbio, a frota romana começou um grande esforço de resgate, transportando algo entre 15 mil e 20 mil godos pelo rio "em barcos e jangadas e canoas feitas de troncos de árvore ocos".[14] Mas não demorou muito para a crise migratória gótica azedar. Em retrospectiva, é fácil argumentar que Valente cometeu um erro catastrófico com sua decisão. No entanto, era uma situação capaz de ter derrotado até mesmo um Augusto ou um Constantino I. E uma coisa foi certa: assim que a permissão de admitir um grande número de refugiados no Império ficou definida, essa política se mostrou irreversível.

Primeiro sangue

Havia uma história recente entre romanos e godos. Entre 367 e 369, Valente travou uma série de guerras contra tribos góticas. O conflito acabou sendo

---

* Existem discussões acadêmicas se esses nomes tribais significavam muita coisa para os próprios godos, ou se são apenas rótulos inadequados dados aos forasteiros pelos romanos. Um paralelo são as dificuldades que os colonos do século XIX no interior dos Estados Unidos tiveram para descrever as estruturas tribais dos povos ameríndios.

resolvido por meio de uma negociação, mas os danos causados pelas tropas romanas em terras góticas, combinados com sanções econômicas, deixaram um ressentimento amargo em ambos os lados. (É muito provável que a guerra contra Roma tenha desempenhado um papel significativo no enfraquecimento dos godos antes da chegada dos hunos.)[15] E assim, não foi preciso muito para um programa de assentamento de refugiados liderado pelo Estado se transformar num episódio de exploração sórdida, em que "crimes [foram] cometidos pelos piores motivos [...] contra os até então inocentes recém-chegados".[16]

Segundo Amiano Marcelino, os funcionários governamentais romanos encarregados das travessias do Danúbio — chamados Lupicino e Máximo — se aproveitaram da fome das famílias dos migrantes tervingos, forçando-as a entregar os filhos como escravos em troca de porções de carne de cachorro. Junto com a crueldade veio a inépcia. Além de abusar dos godos tervingos, Lupicino e Máximo também não conseguiram garantir que outros refugiados, os bárbaros *non grata*, ficassem de fora. As travessias clandestinas da fronteira, que evitavam as patrulhas fluviais romanas, fizeram com que entre 376 e 377 a Trácia lentamente se tornasse o lar de milhares de imigrantes godos descontentes e maltratados. Alguns tinham status legal, mas muitos não. A maioria era indiferente às suas terras de origem, mas sem nenhum amor por seu país anfitrião. Não existia infraestrutura para conter, reassentar e alimentar dezenas de milhares de recém-chegados. Como o foco principal da atenção imperial continuou nas fronteiras persas, Valente delegou a questão dos godos a homens que não estavam à altura da tarefa. Os Bálcãs se tornaram um barril de pólvora.

Em 377, os godos dentro do Império Romano iniciaram uma série de rebeliões. A pilhagem de ricos vilarejos e propriedades trácias logo se transformou numa guerra total, na qual os godos combateram destacamentos militares romanos com "uma combinação de desespero e fúria selvagem".[17] Em um dos confrontos, em uma região não muito longe da costa do mar Negro, os godos atacaram as tropas romanas com "enormes porretes endurecidos no fogo" e "mergulharam adagas no peito dos que opuseram uma forte resistência [...] O campo todo ficou juncado de cadáveres [...] alguns foram abatidos por bodoques ou atravessados por lanças com pontas de metal. Em alguns casos, a cabeça foi rachada em dois por um golpe de espada na testa, tombando sobre os dois ombros, uma visão escabrosa".[18]

O primeiro grande acerto de contas com os godos aconteceu no alto verão de 378. A essa altura as tribos góticas admitidas no Império tinham combinado suas forças. Ganharam a adesão de grupos de alanos e até de alguns mercenários hunos, que também haviam atravessado a mal vigiada fronteira do rio e estavam a fim de encrenca. Juntas, essas forças transformaram boa parte do grande corredor entre o Danúbio e o monte Hemo em uma planície calcinada e fumegante. A certa altura, uma expedição de guerra chegou a ser avistada nas proximidades das muralhas de Constantinopla. Já não era mais um problema marginal de migrantes na periferia do império, mas uma crise em grande escala que ameaçava tanto a integridade como a honra do Estado imperial.

Valente não teve outra escolha senão agir. Durante um breve período de trégua na frente persa, marchou pessoalmente para os Bálcãs à frente de um exército. Também mandou uma mensagem ao imperador no Ocidente, seu sobrinho de dezenove anos, Graciano, pedindo apoio. Foi uma atitude pertinente, pois, apesar de sua juventude, Graciano já havia conquistado uma série de impressionantes vitórias militares contra tribos germânicas à montante do Danúbio. Mas Valente teve dúvidas quanto a pedir auxílio ao seu coimperador muito mais jovem e bem-sucedido. Tanto seu orgulho quanto seus conselheiros o incitaram a realizar a campanha sem ajuda. Assim, Valente resolveu não esperar a chegada de Graciano. Depois de manter seu exército acantonado durante boa parte do verão, no início de agosto ele recebeu a notícia de que um grande número de godos estava se reunindo perto de Adrianópolis (atual Edirne, na Turquia), sob as ordens de um comandante chamado Fritigerno. Os batedores estimaram que eles contavam com aproximadamente 10 mil soldados. Valente decidiu atacá-los por conta própria.

No amanhecer de 9 de agosto, o exército foi posto em marcha acelerada.[19] Valente partiu com seus homens do acampamento fortificado em Adrianópolis, a treze quilômetros de distância, sob o sol escaldante do meio do dia. Quando alcançaram os godos, os encontraram ateando fogo no campo seco. "Nossos homens, já exaustos pelo calor do verão, [estavam agora] com muita sede", escreveu Amiano Marcelino. "Belona (a deusa romana da guerra), tomada por uma fúria maior que o normal, estava soando o gongo da morte da causa romana."[20]

Quando Valente chegou, emissários dos godos vieram até ele com a alegação de que desejavam negociar uma trégua. Na verdade, estavam ganhando tempo, enquanto os líderes dos godos preparavam uma armadilha. Depois de negociações inconclusas, no início da tarde, Valente perdeu o controle de seus cansados e sedentos soldados, que atacaram os godos. A batalha começou. "As fileiras oponentes entraram em choque como navios de guerra, empurrando-se umas contra as outras para a frente e para trás, ofegantes sob o movimento recíproco como o das ondas do mar", escreveu Amiano Marcelino. "A poeira subia em nuvens como que para esconder o céu, que reverberava com gritos terríveis [...] era impossível ver os projéteis inimigos em voo e esquivar-se deles; todos acertavam o alvo e matavam de todos os lados."[21] Mas as baixas foram muito mais pesadas nas fileiras romanas.

A inteligência romana, que informara que os godos eram apenas 10 mil, estava errada. Havia muitos mais: o suficiente para enfrentar facilmente um exército romano de talvez 30 mil soldados.[22] "Os bárbaros se despejavam em colunas enormes, atropelando cavalos e homens e rompendo nossas fileiras de modo a tornar impossível uma retirada ordenada", continuou Amiano. "Nossos homens estavam demasiado amontoados para ter esperança de escapar."[23] Enquanto isso, os godos tinham prudentemente escondido um grande destacamento de cavalaria fora da vista dos batedores romanos. Em um momento crucial, em meio à luta, esses cavaleiros apareceram com efeitos devastadores. Valente tinha sido enganado e seus homens, subjugados. "O campo inteiro era uma poça escura de sangue e [os sobreviventes] não podiam ver nada além de pilhas de mortos para onde voltassem os olhos", escreveu Amiano. "Finalmente, uma noite sem lua pôs fim a essas perdas irreparáveis, que custaram tão caro a Roma."[24]

A perda mais irreparável foi o próprio Valente. O que aconteceu exatamente com o imperador é um mistério: um dos relatórios afirma que foi atingido por uma flecha e morreu instantaneamente. Outros disseram que foi derrubado pelo cavalo e caiu num pântano, onde se afogou. Outros ainda contam que Valente fugiu perseguido do campo de batalha, com uns poucos guardas e alguns de seus eunucos, e se escondeu numa fazenda. Como não conseguiram derrubar as portas, os que os perseguiam "empilharam feixes de palha e galhos, atearam fogo e queimaram a casa com todos os que estavam dentro".[25] Seja o que for que tenha acontecido, o corpo de Valente nunca foi encontrado. Em Adrianópolis, os bárbaros mataram entre 10 mil e 20 mil romanos, inclusive o imperador oriental. Roma foi gravemente ferida — e, com o tempo, essas feridas começaram a supurar.

A tormenta retorna

Embora a crise de 376-378 tenha causado graves danos ao prestígio romano e aos efetivos do exército imperial no Oriente, não chegou a mergulhar o Império num desastre iminente. Muito do crédito por isso se deve a um líder que estabilizou as duas metades do Império nas últimas décadas do século IV. Com a morte de Valente, o imperador Teodósio I tomou o poder em Constantinopla, e em 392, depois de uma pouco edificante luta pelo poder no Ocidente, também assumiu o governo em Milão (*Mediolanum*) — capital do Império Romano Ocidental desde o final do século III. Teodósio chegou a um acordo pragmático com os godos, assentando-os formalmente na Trácia, empregando seus guerreiros para preencher as lacunas que eles próprios haviam aberto na máquina de guerra romana. Organizou movimentos em todo o Império para suprimir o paganismo romano tradicional e influenciou decisivamente um tortuoso cisma dentro da Igreja cristã ainda em evolução. Mais importante ainda, tomou medidas para que as fronteiras tradicionais do império na Europa — efetivamente os rios Reno e Danúbio — não fossem de novo gravemente violadas. O reinado de Teodósio não foi inteiramente tranquilo, mas em retrospectiva representaria uma curta era de ouro — não menos importante por ele estar destinado a ser o último imperador a governar as duas metades do Estado romano como um todo.

Mas Teodósio morreu em um dia sombrio e chuvoso de janeiro de 395, deixando o Estado romano para ser governado conjuntamente por seus filhos.[26] Em Constantinopla, o sucessor foi um jovem de dezessete anos chamado Arcádio. Em Milão, Honório, de nove anos, foi nomeado *Augustus*. Nenhum dos dois era considerado maduro o suficiente para exercer o poder de forma independente, e assim o governo foi terceirizado para dois homens fortes. O poder por trás do trono oriental ficou com um enérgico bruto da Gália chamado Rufino. No Ocidente a posição foi reivindicada por um general carismático chamado Estilicão. Embora os seus contemporâneos dessem muita importância ao fato de ele ser mestiço — seu pai era membro do grupo tribal bárbaro germânico conhecido como vândalos —, Estilicão se provaria um forte defensor de Roma, mesmo enquanto o Império se esgarçava e enfraquecia. Nesse sentido, ele foi a prova viva da porosidade das fronteiras entre romanos e bárbaros, cujos mundos se sobrepunham, por mais que se opusessem.

"Desde que o homem habitou este globo nunca a [qualquer outro] mortal foram concedidas todas as benesses da terra sem imperfeições", escreveu o poeta Claudiano, que serviu como propagandista pessoal de Estilicão.[27] Mas a aspiração de Estilicão de assumir o poder no Ocidente (que incluiu o casamento de sua filha Maria com o jovem imperador Honório) resultou num conflito com uma grande variedade de inimigos, dentro e fora do Império — e em uma ressurgente onda de migração em massa que levou o Ocidente romano à beira da destruição.

Na época da ascensão de Estilicão ao poder, em 395, a crise com os godos dos anos 370 era uma lembrança longínqua, pertencente à geração passada. Contudo, os fatos subjacentes que causaram a grande invasão gótica daquele ano mal tinham se alterado. Na verdade, estavam prestes a ser revividos de forma quase idêntica, pois nos anos 390 os hunos se puseram mais uma vez em movimento.

Embora as evidências não sejam muito claras e continuem abertas a múltiplas interpretações, o certo é que por alguma razão, entre meados de 380 e meados de 420, os hunos retomaram sua marcha para o Ocidente.[28] Sua jornada, que tinha começado na estepe atingida pela seca no Norte da China, agora os levou a percorrerem 1.700 quilômetros, do Cáucaso até a Grande Planície Húngara. Movimentando-se em grande número, como antes, foram dispersando outros grupos tribais pelo caminho.*

Quando chegaram ao norte do mar Negro, nos anos 370, os hunos deslocaram os godos. Agora, ao invadirem a Planície Húngara, desestabilizaram outros grupos bárbaros: alanos, vândalos, um povo germânico conhecido como os suevos e outro chamado de burgúndios, que os escritores

---

* Já nos anos 390, a simples menção do nome "huno" era suficiente para causar temor no coração dos romanos por toda parte; quando um bando de escravos foragidos e desertores do exército formaram uma quadrilha de assaltantes nos anos 390, eles se denominaram "os hunos", apesar de certamente não o serem. A imitação era uma forma letalmente sincera de elogio: esses bandidos estavam tirando vantagem do que poderíamos chamar de um emergente estilo de terrorismo no século IV.

romanos desprezavam particularmente por serem gordinhos e pelo hábito de untar os cabelos com manteiga rançosa. Houve contato entre alguns ou entre todos esses grupos com indivíduos hunos durante o final do século IV, quando guerreiros hunos empreendedores partiram para o Ocidente em busca de trabalho como mercenários. (Alguns hunos também começaram a ganhar fama por suas aptidões militares dentro do Império Romano: tanto Rufino em Constantinopla quanto Estilicão em Milão contavam com guarda-costas hunos entre seus séquitos pessoais, conhecidos como *bucellarii*.) Mas esses contatos pontuais e em pequena escala com recrutadores militares nada fizeram para preparar o Ocidente para os efeitos de uma segunda grande onda huna. Mais uma vez, à medida que se dirigiam à periferia do Império Romano, a chegada dos hunos gerou o pânico que resultou em ondas de migração descontrolada. Entre 405 e 410, isso culminou numa série de ataques devastadores nas fronteiras romanas.

Os problemas começaram a surgir no sopé dos Alpes orientais, quando na segunda metade de 405 um rei godo chamado Radagaiso chegou com uma vasta horda de talvez 100 mil pessoas (das quais 20 mil eram homens prontos para a luta) e abriu caminho à força para a Itália. De acordo com Zózimo (que tirou suas informações de um escritor chamado Olimpiodoro de Tebas), a notícia da chegada iminente de Radagaiso "confundiu a todos. As cidades se desesperaram e até Roma entrou em pânico ante esse perigo extremo".[29] Havia bons motivos para se preocupar. Estilicão, encarregado de repelir esses invasores, dispunha de efetivos mais que suficientes para cumprir a tarefa, mas não de imediato. Era preciso retirar as tropas da Renânia, convocar reforços mercenários entre alanos e hunos que se ofereciam como espadas de aluguel e reunir todas as forças armadas da Itália para uma grande operação militar. Quando afinal estava pronto para enfrentar Radagaiso, já avançava o ano de 406. Os godos tinham desfrutado de seis meses ou mais de pilhagens sem oposição, e Radagaiso ocupara uma faixa de terra que chegava ao sul de Florença, cidade que sitiou e reduziu ao limite da inanição.

Os godos e seu rei foram severamente punidos por essa impertinência. Estilicão "destruiu totalmente todas as suas forças", escreveu Zózimo, e "nenhum deles escapou, exceto uns poucos que foram acrescentados às forças auxiliares romanas". Radagaiso foi capturado e decapitado perto das muralhas de Florença em 23 de agosto. Estilicão, naturalmente, "ficou muito orgulhoso por essa vitória, e retornou com seu exército, universalmente honrado por libertar a Itália milagrosamente de tão inevitável perigo".[30] A batalha foi vencida de forma decisiva e em pouco tempo. Porém, ao retirar tantos soldados de toda a Europa, Estilicão deixou grandes regiões da parte ocidental do Império mal defendidas e vulneráveis. Tampouco chegara perto de abordar a fonte dos problemas de Roma. A guerra — que não era tanto contra um único rei ou um único povo, mas contra a demografia e a própria movimentação humana — havia apenas começado.

Os efeitos da diminuição das defesas romanas no Reno promovida por Estilicão foram vistos no decorrer de um ano. Em 31 de dezembro de 406, um enorme grupo misto de vândalos, alanos e suevos atravessou o rio e chegou à Gália.[31] Não sabemos se o rio estava congelado no meio do inverno ou simplesmente mal defendido — mas a travessia tumultuou a Gália e outras províncias, inclusive a Britânia. Segundo uma carta de São Jerônimo, estudioso bíblico e padre da Igreja, forasteiros violentos saquearam a cidade de Mainz, massacrando milhares de fiéis. Sitiaram e tomaram Worms, causando distúrbios em Reims, Amiens, Arrás, Thérouanne, Tournai, Espira, Estrasburgo, Lyon e Narbona. "Aqueles que a espada poupa lá fora, a fome devasta aqui dentro", escreveu São Jerônimo. "Quem doravante irá creditar o fato [...] de que Roma tem de lutar dentro de suas próprias fronteiras não pela glória, mas pela própria vida?"[32] O poeta cristão Orientius adotou o mesmo tom: "Toda a Gália queimou como uma só pira funerária".[33] Cerca de 30 mil guerreiros e 100 mil outros migrantes vagavam à solta na província. A fronteira do Reno fora rompida, e nunca mais se recuperaria apropriadamente.

A partir deste ponto, as coisas degeneraram rápido. As crises na Itália e na Gália disseminaram uma profunda incerteza nas periferias mais ocidentais do império. Na Britânia, o exército romano — que não era pago havia muitos meses — se amotinou de forma semipermanente. Em 406, dois oficiais de destaque, primeiro Marco, e depois Graciano, declararam-se imperadores. Os dois "reinaram" por uma questão de meses, antes de serem assassinados por seus próprios homens. No início de 407, um terceiro imperador-usurpador tentou a sorte. Constantino III assumiu o controle das legiões na Britânia, anunciou ser agora o líder do Império Ocidental e deu início a uma retirada fatídica de todas as unidades militares da Britânia. Nos meses que se seguiram, Constantino embarcou milhares de soldados da Britânia para a Gália para tentar salvar a fronteira do Reno. Os bretões foram deixados para cuidar de si mesmos — nominalmente ainda parte do Império Romano, mas efetivamente abandonados e terrivelmente vulneráveis a ataques de tribos germânicas que decidissem atravessar o mar do Norte. O momento em que a Britânia não seria mais romana avizinhava-se rapidamente.

Mas os ataques continuaram. Em 408, os hunos fizeram sua primeira investida direta contra o império, quando um guerreiro conhecido como Uld (ou Uldino), outrora um mercenário aliado de Estilicão, atravessou o baixo Danúbio perto de Castra Martis (hoje na fronteira entre a Sérvia e a Bulgária) e anunciou sua disposição de conquistar todos os lugares da Terra que fossem tocados pelos raios do sol. Porém, Uldino foi traído por seus próprios homens, derrotado e desapareceu — vendido como escravo ou mais provavelmente morto. Seja como for, o Império Romano encontrava-se sitiado.

***

Um dos mais perigosos líderes bárbaros — um rei insignificante que se provaria um tormento constante para Estilicão — era um oficial militar conhecido como Alarico. No início de sua carreira, Alarico era uma espécie de garoto-propaganda da integração dos godos no modo de vida romano. Era cristão. Foi comandante de um grupo de godos e de outros soldados não romanos que serviam no exército de Roma. Ao longo de sua carreira ele parecia não cobiçar nada além de um status legítimo no mundo político e militar romano. Contudo, por volta de 395, Alarico rompeu relações amigáveis com os líderes de Roma e proclamou-se rei de uma coalizão de godos então conhecida como a dos visigodos. Isso lhe proporcionou seguidores militares que chegavam a dezenas de milhares. Duas vezes, em 401-402 e em 403, Alarico usou esse efetivo para invadir a Itália. Nas duas ocasiões foi derrotado por Estilicão, que triunfou sobre os visigodos em batalhas em Pollenza (*Pollentia*) e em Verona. "Aprendei, povos presunçosos, a não menosprezar Roma", entoou Claudiano ao escrever sobre a primeira derrota de Alarico.[34] Mas quem riu por último não foram os romanos.

Apesar de supostamente reconciliado com o Império Romano do Ocidente após seus reveses no campo de batalha, em 406 Alarico se recusou a vir em auxílio dos romanos quando seu compatriota Radagaiso comandou uma maciça invasão de godos à Itália. Depois, em 408, quando a Gália foi tomada pelo caos e a Britânia pelas mãos dos usurpadores-imperadores, Alarico não hesitou em entrar na batalha. Ainda com dezenas de milhares de soldados à sua disposição, mandou uma mensagem à corte do imperador ocidental Honório — que havia se mudado de Milão para Ravena, para ficar mais perto do Oriente — dizendo que iria mais uma vez invadir a Itália, a menos que recebesse imediatamente 3 mil libras de prata. O Senado indeferiu, mas Estilicão — consciente de que o exército imperial já estava no limite de suas forças e incapaz de lutar em outras frentes — persuadiu os senadores a se submeterem às exigências de Alarico. Houve um mal-estar generalizado em relação a essa decisão, com um dos senadores, Lampádio, murmurando que "isso é escravidão, não paz".[35]

Esse desconforto logo descambou numa revolta política. No verão de 408, com incêndios ardendo por todo o Império e visigodos prontos para atacar, inimigos de Estilicão no Senado mobilizaram-se contra ele. Uma campanha de rumores sobre a herança vândala de Estilicão afirmava que o general tinha uma aliança secreta com Alarico, insinuando que seu objetivo final era colocar seu filho no trono imperial no Oriente, onde Arcádio havia morrido recentemente. Com sua autoridade pessoal se esgotando rápido, Estilicão se tornou incapaz de salvar a própria pele. Em maio de 408, vários de seus oficiais mais leais foram assassinados em um golpe. Honório cancelou sumariamente os pagamentos aos visigodos de Alarico. Três meses depois, Estilicão foi preso e encarcerado em Ravena. Em 22 de agosto, foi executado por traição, encarando a própria morte sem reclamar. De acordo com Zózimo, Estilicão calmamente "submeteu seu pescoço à espada. Era o mais moderado entre quase todos os que estavam no poder naquela época".[36] Sem levantar um dedo, Alarico havia se livrado de seu inimigo mais perigoso. E aproveitou ao máximo essa oportunidade.

Semanas após a execução de Estilicão, Alarico e os visigodos estavam em marcha através da Itália, com a intenção de arrebatar os despojos mais ricos dos territórios imperiais. O número de seguidores foi aumentando durante o percurso, pois as represálias mais genéricas que se seguiram à morte de Estilicão incluíram ondas de ataques xenófobos contra migrantes. Milhares de soldados bárbaros do exército romano foram tratados de forma hedionda, com suas famílias abusadas ou mortas. Agora, para muitos que se juntaram a Alarico, a campanha não era apenas uma questão de pilhagem. Era pessoal. Assim, eles se dirigiram para o lugar onde poderiam ferir os romanos mais gravemente: o coração simbólico do Império Romano, a própria cidade de Roma.

Em novembro, Alarico cercou a Cidade Eterna, impedindo a entrada de quaisquer suprimentos e exigindo como resgate todo o ouro que os cidadãos possuíam. Com cerca de 750 mil bocas para alimentar, Roma não poderia passar fome por muito tempo. Dois meses depois, Alarico recebeu da corte de Ravena uma promessa de 5 mil libras de ouro e 30 mil libras de prata, além de suprimentos para alimentar e vestir seu exército — se ele se retirasse. Era um preço alto, mas o imperador Honório — então com 24 anos — percebeu que não tinha outra opção a não ser se submeter à velha estratégia de Estilicão e pagar o suborno. Na Gália, o usurpador-imperador Constantino ganhava mais apoio a cada dia. As lavouras romanas estavam em frangalhos — economicamente inviáveis por muitos anos vindouros. As crises acumulavam-se por todos os lados.

Tendo se retirado de Roma, contudo, Alarico propôs novos termos para um acordo que o levaria a sair da Itália para sempre. Os termos do acordo remetiam à razão pela qual os godos haviam atravessado o Danúbio pela primeira vez: a falta de uma nação própria, agora que a Europa Oriental fora invadida pelos hunos. Alarico pediu ao imperador que permitisse a seus visigodos se estabelecerem no território que compreendia mais ou menos as atuais Áustria, Eslovênia e Croácia. Também solicitou um alto posto no exército romano — como sucessor do próprio Estilicão. Propôs "amizade e aliança entre ele e os romanos, contra quem pegasse em armas e se erguesse para entrar em guerra contra o imperador".[37] Não era uma oferta descabida. Mas Honório recuou, recusou-se a negociar e desafiou Alarico a tomar à força o que não podia conseguir com palavras.

Em 409, Alarico voltou com seu exército a Roma e sitiou a cidade pela segunda vez. Tentou ameaçar Honório com a deposição, incitando o Senado romano a nomear um imperador alternativo, Átalo, como uma espécie de fantoche dos godos. Alarico logo deixou Roma, conduzindo seu exército por várias outras cidades italianas e aconselhando os cidadãos a aceitar o império de Átalo ou enfrentar as lâminas afiadas das espadas góticas. Ainda assim, Honório se manteve em Ravena e recusou o acordo, esperando que as tropas de reforço vindas de Constantinopla pudessem fazer Alarico desistir. Foi um erro catastrófico. Em agosto de 410, Alarico cancelou o pseudorreinado de Átalo, retornando a Roma e ao seu plano original. No segundo aniversário da decapitação de Estilicão, os bárbaros estavam nos portões da cidade. Dois dias depois, em 24 de agosto de 410, os portões se abriram. Usando de algum truque ou simples intimidação, Alarico convenceu os cidadãos a deixar seus homens entrarem.

Assim começou o saque de Roma.

Oitocentos anos haviam se passado desde a última pilhagem a Roma — nessa ocasião, por celtas da Gália conhecidos como sênones, que saquearam a cidade depois de derrotar o exército romano em uma batalha a poucos quilômetros dos muros da cidade. A terrível memória desse dia, em julho de 387 a.C., ficou gravada no folclore e na história romanos, sendo descrita por Lívio, em um trecho borbulhante de melodrama. "Não houve clemência; casas foram saqueadas, e incendiadas como cascas vazias."[38] Na verdade, estudos arqueológicos não mostraram nenhuma evidência de um grande inferno naquele ano; o mais provável é que em 387 a.C. os sênones chegaram, pegaram o que podiam carregar, e pouco tempo depois foram afugentados por tropas de reforço.[39] Não obstante, era muito grave para os romanos que sua cidade tivesse sido saqueada uma vez — mas somente uma vez. Agora, muito tempo depois, a história estava prestes a se repetir.

O saque dos visigodos em 410 não foi de aniquilação; a adesão de Alarico e de muitos de seus seguidores à fé cristã foi uma garantia. Mas definitivamente tratou-se de uma onda de saques intensa. Tendo entrado em Roma pela Porta Salária, os godos invadiram santuários, monumentos, edifícios públicos e casas particulares de Roma, levando os objetos de valor, mas deixando boa parte das estruturas de pé e sem molestar a maioria das pessoas. Os civis comuns foram autorizados a se refugiar nas grandes basílicas de São Pedro e São Paulo, designadas como santuários cristãos. Os visigodos invadiram o Fórum, queimaram a sede do Senado e arruinaram várias mansões, mas deixaram intacta a maioria dos famosos marcos históricos de Roma. Alguns itens de grande valor, inclusive um tabernáculo de prata de 2 mil libras, foram roubados, e alguns cidadãos ricos sofreram ameaças.

Foram dias assustadores, e as histórias que circularam sobre a fúria dos bárbaros se tornaram mais apocalípticas a cada nova narrativa, cristalizando-se em relatos como o de São Jerônimo, escrito em Antioquia, que retratou o destino de Roma em termos inspirados no Velho Testamento, no qual o Salmo 79 lamentava a destruição de Jerusalém pelos babilônios: "Ó Deus, as nações invadiram tua herança, profanaram teu sagrado templo [...] deram os cadáveres dos teus servos como pasto às aves do céu, a carne dos teus fiéis às feras da terra [...] Uma cidade soberana e ancestral caiu e sem vida e em suas ruas e casas jazem incontáveis cadáveres de seus cidadão".[40] No Norte da África, Santo Agostinho usou o saque de Alarico como inspiração para uma série de sermões, que formaram a base para seu monumental *Cidade de Deus*, uma obra que derramava escárnio sobre as antigas pretensões de Roma, como império eterno, e argumentava que o único verdadeiro reino eterno só seria encontrado no céu.

Mas tudo isso era teologia, não reportagem. Na verdade, em termos de estratégia de grandiosidade, o saque de Roma pouco mudou: depois de três dias de pilhagem, Alarico convocou seus visigodos a saírem da cidade rumo ao sul, em direção à Sicília. No outono, Alarico estava morto, possivelmente vítima da malária, deixando o comando dos visigodos para seu cunhado Ataulfo. Depois disso, um general chamado Flávio Constâncio trouxe de volta uma atmosfera de tranquilidade ao Ocidente, convencendo Ataulfo, aos poucos porém com firmeza, a admitir os visigodos permanentemente ao rebanho romano e assentando-os como nação na Aquitânia, no sudoeste da Gália. Constâncio também capturou e matou o pretenso imperador Constantino III. Embora cerca de metade da população da cidade de Roma tivesse partido para nunca mais voltar, em 418 d.C., a situação da maior parte do Império Ocidental estava muito melhor.

Mesmo assim, as estrondosas reações de escritores como Jerônimo e Agostinho continuam transmitindo o profundo choque causado pelo saque de Roma por Alarico. Assim como a queda do Muro de Berlim ou os ataques terroristas do 11 de Setembro nos Estados Unidos, o terrível simbolismo de um ataque a uma superpotência mundial superou em muito os danos físicos imediatos. Os godos de Alarico atacaram o coração do

Império Romano, deixando cicatrizes que só se enrijeceram e se aprofundaram com o passar dos anos.

A chegada dos tiranos

Embora Alarico tivesse atingido o centro, o Império Ocidental começou a desmoronar pela periferia. Assim, ao examinarmos os reinos bárbaros que surgiram na sequência, devemos começar pelas fronteiras. E em nenhum lugar o colapso ocorreu tão rapidamente quanto na Britânia: a última das principais províncias romanas a ter sido conquistada e a primeira a ser perdida.

Durante os anos de crise de 406-411, as defesas romanas na Britânia esvaneceram. O exército lá postado chegou a produzir três pretensos usurpadores, Marco, Graciano e Constantino III. Porém, em meio a esse processo, as defesas militares da província foram sistematicamente enfraquecidas. No alvorecer do século V, os soldados na Britânia estavam com salários atrasados e presumivelmente bastante descontentes. Mas pouco depois não havia ninguém mais para reclamar da situação. Em 407, eles começaram a ser enviados para defender a Gália e a fronteira do Reno das incursões bárbaras e para reforçar as pretensões de Constantino ao trono. Logo em seguida, administradores civis romanos também estavam de saída.

Algumas evidências — contestadas — sugerem que em 410 o imperador Honório, sitiado por Alarico em Ravena, escreveu às principais cidades romanas na Britânia dizendo que elas seriam inteiramente responsáveis pela própria defesa. Se ele realmente enviou tal carta, não foi mais que uma admissão da realidade. Sem nenhum exército e sem ligações financeiras ou burocráticas com o centro imperial, os laços da Britânia com o Estado romano feneceram quase de imediato. Nos anos 440, a maioria dos sinais sociais óbvios de romanismo — vilas luxuosas, vida urbana sofisticada, alguma sensação de relacionamento da elite com a cultura internacional — encontravam-se em acentuado declínio na Britânia. Propriedades foram abandonadas. Redes de comércio murcharam e se dissolveram. As cidades encolheram. As unidades políticas — regiões fiscais e esferas de governo — se atrofiaram de forma alarmante à medida que a província se desfazia. As colheres de prata, as delicadas joias de ouro e as montanhas de moedas romanas enterradas no Tesouro de Hoxne atestam a retirada caótica da classe dominante romana da Britânia. Por todas as ilhas, famílias ricas evacuaram o Estado falido com tudo o que podiam carregar, abandonando ou enterrando o que não conseguiam levar.

O processo de separação da Britânia do Império Romano foi acelerado não só pela turbulência nos mares da Gália e da Itália, mas pela chegada à Britânia de um número significativo de guerreiros e suas famílias de outra parte da Europa, bem distante do Império. A costa leste da Britânia havia muito se mostrava um tentador ponto de entrada para grupos invasores de pictos, escotos e tribos germânicas conhecidas como (ainda que imprecisamente) anglo-saxões. Houve uma grave crise de invasões em 367-368, conhecida como a Grande Conspiração, em que um motim das tropas na Muralha de Adriano precedeu uma maciça série de incursões costeiras por tribos do norte bretão não alinhadas aos romanos, aparentemente em aliança com saxões e outros grupos de fora da província. A mesma rota se abria uma vez mais.

A partir do início do século V, a Britânia foi continuamente colonizada por bandos de guerreiros e grupos de migrantes da costa do mar do Norte. Não houve uma invasão militar coordenada, como o desembarque dos romanos na época de Cláudio, ou o que os normandos empreenderiam em 1066; as invasões foram fragmentadas e escalonadas ao longo de muitos anos. Alguns dos nomes aplicados mais tarde aos povos que chegaram incluíam os saxões, os anglos e os jutos. Mas a terminologia étnica seria muito menos importante para os bretões do século V do que a realidade visível: funcionários e soldados romanos tinham partido pelo mar em uma direção, enquanto colonos germânicos chegavam de outra, trazendo novas línguas, culturas e crenças.

Em algum momento por volta de 450, durante o reinado do imperador Valentiniano III, chefes tribais sitiados que tentavam resistir aos ataques dos saxões enviaram uma carta de súplica conhecida como o "gemido dos bretões" para Aécio, o *generalíssimo* romano do Ocidente. Aécio era um herói de guerra antiquado, especializado em combater bárbaros em lutas de retaguarda pela honra imperial. Claramente, era considerado a última esperança. "Os bárbaros nos empurram para o mar, o mar nos empurra para os bárbaros", choramingaram os bretões. "Entre esses dois modos de morte, seremos mortos ou pereceremos afogados."⁴¹ Mas Aécio se recusou a resgatá-los. A Britânia já estava havia muito perdida.

O escritor que preservou o "gemido dos bretões" foi um monge do século VI chamado Gildas, cujo relato desse período turbulento, *Sobre a ruína e a conquista da Britânia*, descreve uma luta épica pelo domínio entre invasores saxões e nativos bretões, culminando em um quase lendário conflito armado conhecido como a Batalha de Badon, talvez em algum momento no final do século V. Consta em vários relatos que o "Rei Artur" teve um papel decisivo nessa batalha, às vezes identificado como o sobrinho de um soldado chamado Ambrósio Aureliano — "um cavalheiro que talvez sozinho entre todos os romanos sobreviveu ao choque desta notável tempestade", escreveu Gildas.⁴²

Não vamos nos incomodar aqui com o fútil debate sobre a identidade do "verdadeiro" rei Artur. O importante é que, depois de Badon — ou pelo menos na época em que Gildas escreveu —, a Britânia foi dividida por uma linha diagonal de nordeste a sudoeste. Os reinos saxões que se uniram no lado oriental da linha eram muito ligados pelo mar do Norte ao comércio e às redes culturais, na direção da Escandinávia. Os que ficaram do outro lado tinham vistas para o Canal da Mancha, o mar da Irlanda e para si mesmos. "Tampouco até este dia as cidades do nosso país são habitadas como antes, mas sendo abandonadas e derrocadas, ainda jazem desoladas", escreveu Gildas. "Nossas guerras estrangeiras cessaram, mas nossos problemas civis ainda permanecem."⁴³

Em última análise, Gildas viu as agonias dos bretões depois da partida dos romanos como um justo castigo de Deus. Os governantes da Britânia, escreveu, mereciam tudo o que sofriam, pois "eles saqueiam e aterrorizam os inocentes, defendem e protegem os culpados e ladrões, têm muitas esposas, prostitutas e adúlteras, fazem juramentos falsos, dizem mentiras, recompensam ladrões, andam com homens assassinos [e] desprezam os humildes".⁴⁴ Os saxões, segundo ele, eram demônios. Claro que Gildas era um clérigo, portanto inclinado a ver a ira de Deus e o mal do homem por toda parte. (Seu aforismo mais conhecido é: "A Britânia tem reis, mas eles são tiranos; tem juízes, mas eles são homens injustos".⁴⁵) E seu relato histórico pode nos distrair do fato de os bárbaros saxões terem uma cultura rica e deslumbrante, como testemunha o famoso elmo desenterrado no sítio do navio funerário de Sutton Hoo, em Suffolk: um capacete em estilo romano, com uma máscara facial assustadora, forjado a ferro e bronze e decorado com cabeças de dragão, que pode ter pertencido ao rei Redualdo da Ânglia Oriental. É uma obra de arte de valor inestimável, da qual qualquer soldado romano se orgulharia. Mas é fácil entender o horror que Gildas sentiu ao viver em uma época de tantas e tão desconcertantes mudanças demográficas e remodelações políticas.* A migração em massa, com ou sem razão, provoca medo e aversão, pois, como a história do Império Romano do Ocidente deixa claro, tem o poder de virar mundos de cabeça para baixo.

Enquanto a Britânia se separava do Ocidente romano, em todas as outras partes do Império abria-se uma ruptura ainda mais grave. Nesse caso, os senhores do desgoverno eram os vândalos. Fustigados pelos hunos, muitos vândalos se juntaram às grandes travessias de bárbaros do rio Reno em 406-408. Mas esse foi apenas o começo de sua jornada. Da Renânia os vândalos rumaram para o sul através das províncias da Gália Romana em convulsão, atravessaram os Pireneus e se dirigiram à Ibéria. Enquanto viajavam, lutaram contra outras tribos bárbaras, inclusive com os visigodos e os suevos, até chegarem a um impasse na rica e poderosa cidade de Mérida, em 428. Pouco depois, partiram em direção ao extremo sul da península.

A essa altura os vândalos contavam com um total de cerca de 50 mil migrantes, dos quais talvez 10 mil eram combatentes experientes, comandados por um general extraordinariamente hábil e ambicioso chamado Genserico. Inteligente e de hábitos frugais, Genserico mancava, por ter caído de um cavalo na juventude. Muito importante para os vândalos, o general era um grande apreciador e conhecedor da navegação a vela e da guerra naval.

Em maio de 429, Genserico embarcou seus seguidores com suas posses em uma frota de navios e atravessou o estreito de Gibraltar. Suas razões para isso já foram amplamente debatidas, mas é provável que tenha sido autorizado a entrar no Norte da África romano pelo governador Bonifácio — um aliado próximo de Gala Placídia, mãe do imperador Valentiniano III

---

* Polemistas e políticos modernos tendem a adotar esse mesmo tipo de retórica, e vale lembrar que nos nossos tempos muitos definem migrantes que perturbam a ordem social e cultural estabelecida como baratas, vermes, estupradores ou doentes pervertidos.

e eminência parda por trás do trono de Ravena. Se assim aconteceu, foi um erro colossal de Bonifácio. Tendo chegado à margem sul do Mediterrâneo, os vândalos voltaram-se bruscamente para a esquerda, e partiram numa jornada de pilhagens pelo território romano, saqueando todas as cidades no caminho.

Segundo o estudioso grego Procópio, que tinha grande interesse pela história dos vândalos, Bonifácio percebeu seu erro e tentou se redimir: "Suplicou [aos vândalos] incessantemente, prometendo tudo a eles, para tirá-los da Líbia [...] [Contudo,] eles não entenderam suas palavras como um favor, e consideraram que estavam sendo insultados", escreveu.[46] Em junho de 430 eles chegaram à cidade portuária de Hippo Regius (Hipona, atual Annaba, na Argélia), e a puseram sob sítio.

Santo Agostinho, cidadão de Hipona, estava doente e acamado quando os vândalos chegaram. Sentiu-se duplamente desalentado com aquela presença, pois não só eram bárbaros como também cristãos da seita ariana, e não do credo niceno, ao qual Agostinho pertencia.* Escreveu a um colega argumentando que o melhor curso de ação para os que estivessem no caminho dos vândalos era fugir até a ameaça passar.[47] Mas Agostinho não chegou a seguir seu próprio conselho: morreu no verão de 430, com os bárbaros ainda acampados diante dos muros de Hipona. Em agosto de 431, a cidade caiu, e Genserico fez dela a capital do novo reino bárbaro que estava construindo a partir das colônias romanas ao longo do litoral das atuais Argélia, Tunísia e Líbia.[48]

Hipona foi a capital dos vândalos apenas por alguns anos, pois em 439 eles tomaram Cartago, a maior cidade da costa norte-africana. A conquista foi muito fácil. Em teoria, vândalos e romanos estavam em paz naquele ano. Mas em 19 de outubro, enquanto a maior parte da população de Cartago assistia aos espetáculos no hipódromo, Genserico entrou com seu exército na cidade. O ataque foi inesperado, imprevisível e não teve oposição. Foi de uma desfaçatez quase inacreditável. Mas funcionou. Em um único dia,

---

* A maioria dos bárbaros germânicos eram cristãos arianos. O arianismo rejeitava uma abordagem trinitária da natureza de Jesus Cristo — afirmando que o Filho de Deus era uma entidade distinta criada em um ponto singular do tempo. Os cristãos nicenos pensavam o contrário. O Credo Niceno afirma: "Eu acredito em um Deus, o Pai Todo-Poderoso, Criador do céu e da terra, de todas as coisas visíveis e invisíveis; e em um Senhor Jesus Cristo, Filho de Deus, o unigênito, nascido do Pai antes de todas as eras". Essa doutrina foi formulada no Concílio de Niceia em 325 — daí o nome.

a poderosa cidade pela qual a República romana tinha lutado as Guerras Púnicas, entre 264 a.C. e 146 a.C., foi amputada do Império.

Era mais do que apenas uma questão de orgulho ferido. Toda a economia romana dependia das exportações de grãos cartagineses, agora eliminadas. Ao tirar Cartago e muito mais do Norte da África do controle romano, os vândalos atingiram a raiz vital do Império Romano do Ocidente. E nos anos que se seguiram, conseguiram consolidar o domínio sobre seu reino ao sul do Mediterrâneo. Genserico aumentou e fortaleceu sua frota, e com seu domínio da costa sul do Mediterrâneo conseguiu implantar o equivalente a uma política pirata, predando a navegação local e desestabilizando as movimentadas redes de comércio essenciais para a saúde econômica da Europa Ocidental. Invadiu a Sicília e assumiu o controle de Malta, da Córsega, da Sardenha e das Ilhas Baleares. Em 455 d.C., ele próprio liderou um exército até Roma, emulando Alarico, comandando o segundo saque do século da Cidade Eterna. Voltou dessa aventura com os bolsos cheios. Segundo Procópio, Genserico embarcou "uma enorme quantidade de ouro e outros tesouros imperiais em seus navios e voltou a Cartago, não poupando nem bronze nem qualquer outro bem do palácio [...] Saqueou também o templo de Júpiter Capitolino, arrancando metade do telhado".[49] Talvez nada tenha superado o escândalo de o espólio ter incluído a imperatriz ocidental Licínia Eudóxia e suas duas filhas. Elas ficaram sete anos em Cartago como prisioneiras de honra, e nesse período uma das meninas se casou com o filho e herdeiro de Genserico, Hunerico.

Para Roma, isso foi nada menos que um desastre. Para os vândalos, um triunfo além de seus sonhos mais delirantes. Genserico estabeleceu um reino que, após sua morte, em 477, passou para Hunerico, e continuou com uma dinastia de reis vândalos. Os imperadores orientais tentaram ajudar, ao enviar várias frotas navais, em 460 e 468, para tentar recapturar Cartago e decepar a cabeça da serpente. Mas fracassaram. O Ocidente romano continuou abatido e crucialmente reduzido.

Sem nenhuma surpresa, os que estavam do lado errado da conquista dos vândalos deixaram contundentes relatos sobre esse período. Um crítico especialmente veemente foi um clérigo conhecido como Quodvultdeus, bispo de Cartago e correspondente de Santo Agostinho. Depois de expressar publicamente sua aversão ao arianismo, Quodvultdeus foi preso, posto em um barco frágil, sem velas ou remos e empurrado para o mar. Acabou chegando às praias de Nápoles, onde passaria sua vida no exílio. Em suas cartas, descreveu os vândalos como hereges, demônios e lobos.[50]

Mas será que Quodvultdeus estava sendo justo? Certamente os vândalos foram invasores ferozes e violentos e derramaram muito sangue em sua conquista do Norte da África. Por outro lado, violência e derramamento de sangue eram táticas normais das forças de ocupação. Em 146 a.C., o exército romano sob o comando de Cipião Emiliano não tratou Cartago com civilidade: queimaram tudo até a cidade ser transformada em cinzas, carbonizaram cidadãos em suas casas, confiscaram todas as terras vizinhas e fizeram 50 mil escravos. Da mesma forma, antes de se converterem ao cristianismo, os imperadores romanos patrocinaram uma rigorosa perseguição aos cristãos na província, cujas vítimas incluíram os chamados mártires scillitanos de 180 d.C., executados por sua fé e por se recusarem a jurar obediência ao então imperador Marco Aurélio. Os vândalos foram severos e inflexíveis na perseguição aos cristãos nicenos, mas não houve nada intrinsecamente bárbaro na violência que envolveu o Norte da África sob os vândalos; era simplesmente a forma como o mundo funcionava.

Poderíamos ir ainda mais longe, pois algumas evidências sugerem que o reino vândalo no Norte da África esteve longe de ser uma terra de piratas e demônios, quando na verdade foi um sistema de governo estável cujos mandatários não eram de forma alguma vistos como tiranos. Apesar de os vândalos terem cortado a cadeia vital de suprimento de grãos entre Cartago e Roma, não houve um bloqueio econômico total: os carregamentos de utensílios de cerâmica continuaram cruzando o Mediterrâneo. Os vândalos cunhavam suas próprias moedas em estilo imperial, e evidentemente se davam bem com a população local (que os superava numericamente) e não tiveram de enfrentar revoltas populares.[51] Tampouco parecem ter desorganizado os mecanismos internos do governo romano, e os mosaicos que sobreviveram da época dos vândalos sugerem uma cultura material requintada e luxuosa. Uma dessas peças, hoje em exibição no Museu Britânico, mas originalmente desenterrada em Bord-Djedid, retrata um cavaleiro norte-africano afastando-se a galope de uma grande cidade murada. Até mesmo Procópio, que escreveu em detalhes sobre os vândalos e suas relações com Roma, admitiu que aqueles bárbaros sabiam viver. Vale a pena reproduzir o seu relato:

De todas as nações que conhecemos, a dos vândalos é a mais exuberante [...] Pois os vândalos, desde o tempo em que tomaram posse da Líbia, costumavam tomar banhos, todos eles, todos os dias, e desfrutavam de uma mesa abundante em todas as coisas, as mais doces e melhores que a terra e o mar produzem. E usavam ouro com frequência, e se vestiam com [sedas] e passavam seu tempo, assim vestidos, em teatros e hipódromos e em outras atividades prazerosas, e acima de tudo na caça. E tinham dançarinos e mímicos e todas as outras coisas para ver e ouvir que são de natureza musical ou que merecem atenção entre os homens. E a maior parte deles habitava em parques, bem abastecidos de água e com árvores; e faziam um grande número de banquetes, e todos os prazeres sexuais eram muito em voga entre eles.[52]

Os vândalos não tiveram muito tempo para viver nesse estado de elevada sensualidade e liberdade sexual — como veremos. Mas enquanto viveram, pareciam ser mais romanos que os romanos, cujo império — para usar o idioma moderno — eles vandalizaram.

De Átila a Odoacro

Em qualquer momento desde o fim das Guerras Púnicas, perder Cartago e sofrer com o surgimento de um novo e desestabilizador reino no Norte da África teria sido um grave problema para o Ocidente romano. Em meados do século V foi ainda mais grave, pois exatamente nesse período os imperadores em Ravena se viram forçados a lidar com o surgimento de outro Estado rival em uma fronteira vulnerável. Foi o reino de curta duração, porém ameaçador, de Átila, o Huno. Personagem que foi de fato uma lenda viva, cujo nome permanece notório até hoje, Átila assumiu o comando dos hunos em meados dos anos 430, pouco antes de Cartago cair nas mãos dos vândalos. E nas duas décadas de seu reinado, encurtou ainda mais o longo caminho do Império Romano do Ocidente em direção à própria ruína.

Segundo o diplomata e historiador grego Prisco, Átila era um homem baixo, de nariz achatado e olhos puxados, com um rosto grande e moreno.

Tinha uma barba fina salpicada de cinza e uma postura altiva com seus cortesãos, "virando os olhos para aqui e ali, e o poder de seu espírito orgulhoso transparecia nos movimentos do seu corpo". Era considerado um líder com autocontrole, mas, se provocado, podia ser feroz. "Era um homem nascido para estremecer nações, o flagelo do mundo", considerou Prisco, observando que só a reputação de Átila era suficiente para aterrorizar a maioria dos homens.[53] O imperador ocidental Valentiniano III foi mais longe. Para ele, Átila era um "déspota universal que deseja escravizar toda a Terra [...] não precisa de motivo para uma batalha, mas acha que tudo o que faz é justificado [...] Merece o ódio de todos".[54]

Átila nasceu na primeira década do século V, filho de um líder huno chamado Rua, que morreu em 435, supostamente ao ser atingido por um raio. Na época, os hunos já estavam ativos do Cáucaso à Planície Húngara havia duas gerações, mas quando Átila chegou à idade adulta eles não eram mais apenas nômades itinerantes. Suas tribos haviam se estabelecido em uma área que se estendia da Renânia ao mar Negro. Começaram a seguir o governo de uma só dinastia, cuja corte real era quase sedentária, localizada em um aglomerado de construções e não ao redor da sela do rei, onde quer que o rei pudesse estar. O núcleo central do reino huno era a Grande Planície Húngara — a única pradaria na Europa com dimensões para alimentar o enorme número de cavalos que formavam a base da máquina de guerra huna.[55] Porém — como observou Valentiniano — aquela planície não bastava para os hunos. Seu sistema político era baseado em forçar outros grupos a se submeter ao seu domínio, não em adquirir lotes de território fixos. Assim, quando começaram a se expandir, dominar e exigir tributos de seus vizinhos, um grande número de povos germânicos teve de aceitar a autoridade dos hunos, inclusive os godos, os alanos, os sármatas, os suevos e os gépidas, bem como tribos como a dos sciri, dos hérulos e dos rugi. Em meados do século V, os hunos começaram a se tornar um sério incômodo para os romanos.

A ascensão original dos hunos no Oriente teve como base sua grande habilidade a cavalo e uma tecnologia militar superior, na forma do arco composto. Esses fatores representaram uma grande vantagem no campo tático ante os povos nômades que encontravam, mas foram de menor utilidade contra os poderes imperiais, cuja população vivia em cidades muradas e cujas tropas guarneciam fortalezas de madeira ou pedra. No entanto, na época da ascensão de Átila, os hunos acrescentaram ao seu arsenal uma nova e importante tática tecnológica — equipamentos de sítio. Embora não se igualassem em recursos às grandes potências de cujas terras eram vizinhos — principalmente os romanos e os persas sassânidas —, representavam um sério perigo. Podiam organizar campanhas muito mais devastadoras do que meras incursões a cavalo, pois, quando capturavam cidades, os hunos podiam fazer centenas ou milhares de cativos de cada vez e os levar para o território huno para serem escravizados ou devolvidos mediante um preço alto.

No início do século V, houve longos períodos em que os hunos firmaram parcerias com o exército romano, vendendo suas aptidões militares como mercenários. Mas, durante os anos 440, Átila começou a enviar missões contra cidades romanas orientais. Seus cavaleiros — e engenheiros de sítio — reduziram a cinzas cidades como Belgrado (*Singidunum*), Nis (*Naissus*) e Sófia (*Serdica*), deixando cadáveres amontoados nas ruas e conduzindo os sobreviventes em colunas de prisioneiros. Grandes áreas foram despovoadas, particularmente nos Bálcãs, onde é possível que Átila tenha feito entre 100 mil e 200 mil prisioneiros no total.[56] Seu preço pela paz era o ouro — muito ouro. Em anos especialmente lucrativos, Átila e suas tropas arrecadaram 9.100 libras de ouro dos romanos em resgates pessoais e de assentamentos oficiais para manter a paz — bem mais do que a receita fiscal de muitas províncias romanas em períodos de paz.[57] Também conseguiu extrair dos imperadores orientais um generalato honorário no exército romano, obtendo ainda um pagamento anual.[58]

Não muito tempo depois de se tornar o governante único dos hunos, Átila mudou seu foco de ataques ao Império Romano do Oriente para o do Ocidente. Em 450 d.C., rompeu suas relações cordiais com a corte de Valentiniano III em Ravena, atravessou o Reno e realizou investidas tão brutais nas imediações da Gália que ficariam gravadas como uma infâmia na memória popular por mais de 1.500 anos.* Mais tarde, alegou-se que o pretexto para essa invasão tinha sido um apelo direto enviado a Átila pela irmã de Valentiniano, Honória, pedindo ao líder huno para resgatá-la depois de ter sido presa desonrosamente e condenada por um caso

---

* Não à toa o imperador Guilherme II, quando os alemães saquearam a França na Primeira Guerra Mundial, elogiou publicamente Átila, apelidado de "o Huno".

com um de seus servos. Isso pode ou não ser verdade. De todo modo, no início de 451, Átila chegou ao Norte da França com um grande exército multiétnico, que incluía godos, alanos e burgúndios. Atravessaram o Reno e deixaram um rastro de destruição até o rio Loire. Uma crônica posterior registrou os hunos "chacinando o povo a fio de espada e matando até mesmo sacerdotes do Senhor diante dos altares sagrados". Quando chegaram a Orléans, "esforçaram-se para tomá-la com os poderosos impactos dos aríetes".[59]

O insulto à honra romana foi quase incalculável, e Átila só foi detido com um esforço monumental, quando um exército composto por romanos e visigodos aliados, comandado pelo grande general Aécio, conseguiu sair vitorioso numa batalha particularmente sangrenta contra os hunos em 20 de junho de 451, um conflito que ficou conhecido como a Batalha das Planícies da Catalunha. "A chacina de todos os que lá morreram foi incalculável — pois nenhum dos lados cedeu", escreveu Próspero.[60] Mas o exército dos romanos e godos prevaleceu por pouco, detendo o ímpeto da campanha de Átila e mandando-o de volta ao Oriente através do Reno. Não acostumado a tal humilhação, o líder huno pôs um fim à série de campanhas, supostamente depois de considerar o suicídio como forma de aplacar sua vergonha. Mas Átila ainda não tinha resolvido sua questão com o Ocidente. Em 452, lançou um novo ataque, dessa vez na península Italiana.

Enfraquecida por um grande período de fome, a Itália não estava em condições de resistir a Átila. As cidades de Friul, Pádua, Pavia e Milão caíram ante suas espadas e máquinas de sítio. Aquileia, uma das cidades mais ricas e prestigiadas da Itália, à beira do Adriático, foi tomada de assalto e arrasada — um saque que teve profundas e duradouras implicações para a localidade, proporcionando, a longo prazo, a ascensão da nova cidade de Veneza. Parecia que toda a Itália estava sendo subjugada pelos hunos, até que — segundo uma lenda posterior — o bispo de Roma, o papa Leão I, o Grande, usou de toda a sua santa majestade para convencer Átila a partir. Um dos relatos dessa reunião milagrosa diz que, quando Leão se encontrou com Átila, o huno examinou as esplêndidas vestes do papa em silêncio, "como que refletindo profundamente. E eis que, de repente, foram vistos os apóstolos Pedro e Paulo, vestidos como bispos, ao lado de Leão, um à direita, o outro à esquerda. Os dois empunhavam uma espada sobre a cabeça do huno, ameaçando Átila de morte se ele não obedecesse à ordem do papa".[61] Esta é a história que foi divulgada. Porém, o mais provável é que os diminutos recursos de uma Itália devastada, doenças entre os seguidores de Átila e a perspectiva de perdas de territórios hunos para o exército romano oriental o convenceram de que era hora de voltar para casa.

Átila morreu em 453, aparentemente sufocado no próprio sangue, resultado da combinação de uma grande bebedeira com uma grave hemorragia nasal na noite de seu casamento com uma bela mulher chamada Ildico. Seja qual for a verdade, o império huno liderado por Átila entrou em autocombustão num ritmo surpreendentemente rápido. Mas não foi exatamente uma boa notícia para Roma. É verdade que um tirano ameaçador que fora um flagelo para o Império do Ocidente estava morto. Contudo, o colapso dos hunos como Estado unificado teve graves repercussões, pois atraiu para a Europa grupos maiores de tribos germânicas então livres do domínio huno. A história se repetia. Por vinte anos depois de Átila, grupos de migrantes errantes e agitados puseram-se mais uma vez em movimento. Os hunos foram dispersos, deixando de operar como uma unidade política e militar distinta. Mas seu legado sobreviveu.

Lidar com as consequências da morte de Átila era uma perspectiva assustadora. E a tarefa tornou-se ainda mais difícil por coincidir com uma nova crise política em Ravena. Em setembro de 454, Aécio, o vitorioso das Planícies da Catalunha, foi assassinado: seu assassino não foi outro senão o imperador Valentiniano, encorajado por facções da corte a ver seu melhor general, um veterano com trinta anos de serviço, como um rival para o trono. Durante uma reunião financeira, Valentiniano cortou Aécio em tiras com sua espada. Mais tarde, em busca de elogios, perguntou se seus cortesãos achavam que ele havia feito a coisa certa. Um deles respondeu: "Se foi ou não eu não sei. Mas saiba que você cortou sua mão direita com a esquerda".[62]

A vingança veio em seguida. Em março de 455, Valentiniano foi assassinado por dois guarda-costas enlutados por Aécio, que o emboscaram em um concurso de arco e flecha. (Prisco ouviu dizer que um enxame de abelhas sugou o sangue que escorria dos ferimentos mortais do imperador.)[63] E assim começou um ciclo de golpes e contragolpes em que nove imperadores ocuparam o trono ocidental em vinte anos. Poucos deles morreram na cama, e a política na corte de Ravena foi dominada por lutas entre homens fortes — notavelmente Flávio Ricímero, nascido na Germânia — que se agarraram ao poder enquanto lidavam com incursões bárbaras que assolavam todo o império em colapso. Com vândalos na África, visigodos e suevos dividindo a Aquitânia, a Ibéria e o Sul da Gália, e novas potências como a dos francos* e burgúndios também em marcha, havia muito a fazer para generais como Ricímero. Mas foi também a definição de um jogo perdido. No Ocidente, Roma controlava menos território do que tivera por mais de mil anos: pouco mais que a península da Itália entre os Alpes e a Sicília, além de partes da Gália e da Dalmácia. As redes fiscais e de abastecimento estavam desarranjadas. O exército encolheu, subfinanciado e institucionalmente amotinado. Os laços mais fortes de lealdade política no Ocidente deixaram de ser entre povos díspares e seus imperadores ou o sistema imperial abstrato. Estavam agora com a tribo, o general e o senhor da guerra do momento. Proprietários de terras em todas as províncias haviam pagado tributos ao Império Romano (e exerciam cargos) por entender que ele oferecia poder militar para defender suas vidas, leis para resguardar suas propriedades e uma cultura aristocrática para vinculá-los aos seus vizinhos. Tudo isso desmoronava. O consenso em torno de Roma — sua identidade coletiva — tinha se esfacelado. O fim estava à vista.

O último dos imperadores do Império Romano do Ocidente é tradicionalmente considerado como sendo Rômulo Augusto — apelidado de Augústulo, ou "pequeno imperador". Era um governante fantoche, que com cerca de quinze anos foi elevado ao trono, em outubro de 475, como um avatar de seu pai, o general Orestes — que havia servido como secretário para ninguém menos que Átila. Em meio às convulsões de sua época, um jovem imperador como Rômulo era um alvo fácil. Além disso, tinha um rival para o título, representado por um ex-governador da Dalmácia, Júlio Nepos, que contava com o apoio do imperador oriental Zenão. O infeliz adolescente manteve sua posição por apenas onze meses, antes de ser derrubado por uma crise com os bárbaros.

---

* Ver capítulo 5.

Dessa vez, os instigadores foram uma coalizão de tribos góticas — os hérulos, os rugi e os sciri — libertados do império huno em colapso e absorvidos pelo exército romano. Ao decidirem que mereciam ser mais bem recompensados por seus serviços, em 476 rebelaram-se sob um líder chamado Odoacro, um oficial astuto e engenhoso que se destacava por sua altura, um bigode espesso e sua convicção de estar destinado a grandes feitos — fruto de um encontro na juventude com o santo homem católico Severino de Nórica.[64]

Em 476, Odoacro avançou com um considerável exército contra Ravena. Em 2 de setembro, derrotaram o pai de Rômulo Augusto, Orestes, numa batalha em Pavia, e o executaram. Dois dias depois, o imperador de dezesseis anos foi obrigado a abdicar e despachado para viver sua aposentadoria com familiares. Odoacro passou então a governar a Itália em seu lugar — não como imperador, mas como rei (*rex*). Reconheceu explicitamente que a suprema autoridade de Roma vinha de Constantinopla — embora o imperador oriental Zenão não tenha se impressionado, recusando-se a reconhecer o novo arranjo. Odoacro se mostrou um líder tenaz da Itália e de seus arredores, limitando seus horizontes a defender o que restava do Ocidente romano e conspirando com sucesso para o assassinato de Júlio Nepos, o único pretendente ao trono. Após a sua morte, Odoacro enviou as insígnias reais — a coroa e o manto — para Constantinopla, assinalando uma impossibilidade física de haver outro imperador ocidental. Com isso, o título caiu no esquecimento. Foi um marco histórico, mas apenas o resultado lógico do esfacelamento constante das redes, das estruturas de poder e das unidades políticas romanas ocorrido ao longo dos setenta anos anteriores.

Fim de jogo

Em 493, o rei Odoacro governara a Itália por mais de uma década e meia — mais do que qualquer um dos insignificantes imperadores ocidentais nos anos que precederam seu reinado. Mas não foi fácil manter o poder, e sua relação com Constantinopla sempre oscilou entre desconfortável e preocupante. Foi excepcionalmente habilidoso para sobreviver em meio a um momento de mudança implacável e de pressões entrelaçadas da migração

PICTOS
ESCOCESES
Muralha de Adriano
Mar do Norte
JUTOS
ANGLOS
BRITONS
ANGLO-SAXÕES
JUTOS
Londres
FRÍSIOS
SAXÕES
TURÍNGIOS
Reno
FRANCOS
SIÁGRIOS
Orléans
ALAMANOS
Danúbio
RÚGIOS
ALPES
BORGONHESES
Milão
ODOACROS
Ravena
Florença
Roma
NEPOS
Baía Biscayne
OCEANO ATLÂNTICO
Toulouse
PIRENEUS
VISIGODOS
SUÁBIOS
Mérida
VÂNDALOS
Hippo Regius
Cartago
Siracusa
0
200
400
600
Milhas

EUROPA E O MUNDO MEDITERRÂNEO
c. 476 d.C.

em massa e do colapso das certezas políticas. Mas acabou sendo vítima das forças que o criaram.

O golpe foi desferido, talvez inevitavelmente, por outro líder godo. No final do século V, godos de vários tipos podiam ser encontrados por toda a Europa. Os visigodos — o ramo que invadiu Roma em 410 sob o comando de Alarico — estabeleceram um reino enérgico com capital em Toulouse. Em sua máxima extensão, seus domínios se estendiam do rio Loire, no centro da França, até o extremo sul da Ibéria. No leste distante, nos Bálcãs, vagava outro ramo importante dos godos: uma frágil federação de várias tribos germânicas conhecida como ostrogodos. No final do século V, seu líder era Teodorico, o Grande.

Teodorico teve uma educação clássica convencional. Nasceu em uma destacada família gótica no império huno por volta da morte de Átila, em 454. No entanto, na época da implosão dos hunos, Teodorico, com cerca de sete anos, foi mandado para Constantinopla. Oficialmente, era um refém: uma garantia dos termos de paz entre o imperador oriental e os ostrogodos. Mas enquanto viveu na capital, teve uma educação de elite, que o tornou um jovem aristocrata culto e letrado — nascido bárbaro, porém totalmente romanizado.

O tempo de Teodorico em Constantinopla chegava ao fim quando ele tinha dezesseis anos. Retornou para o seu povo, e, no início dos anos 470, tornou-se seu rei. De início isso o fez entrar em conflito com um rival de outro grupo tribal gótico — Teodorico Estrabo, o "Estrábico" — a quem derrotou e matou. Em seguida, nos anos 480, liderou seu povo em um conflito contra o imperador oriental Zenão, que culminou em 487, quando Teodorico comandou um exército para sitiar Constantinopla, a cidade que tanto havia lhe dado. A essa altura Zenão estava cansado de Teodorico — mas também viu ali uma oportunidade. Na Itália, o rei Odoacro vinha fazendo investidas agressivas em território romano oriental. Zenão decidiu resolver seus dois problemas com um único golpe: fez as pazes com Teodorico e o despachou para o oeste, com a perspectiva de uma recompensa. Se conseguisse depor Odoacro, poderia ficar com a Itália. Eram bárbaros voltando-se contra bárbaros.

No verão de 489, uma violenta guerra eclodiu entre Teodorico e Odoacro. Em uma das batalhas iniciais, travada no final de agosto desse ano no rio Isonzo (local de uma dúzia de terríveis confrontos quase quinze séculos depois, na Primeira Guerra Mundial), o exército de Odoacro estava à espera dos homens de Teodorico, mas foram vencidos e debandaram para a Itália. Em 490, Odoacro sitiou Teodorico em Pavia. Os exércitos dos dois líderes se enfrentaram diversas vezes depois. Finalmente, num ritmo lento porém seguro, a guerra reverteu a favor de Teodorico. Em 493, rechaçou Odoacro de volta a Ravena, onde organizou seu cerco final. Depois de vários meses de forte resistência, o inverno chegou e um impasse foi criado. Incapaz de continuar lutando, Odoacro propôs um acordo de paz, e os líderes concordaram em um pacto pelo qual dividiriam o reino entre eles.

Em 15 de março de 493 foi organizado um grande banquete para celebrar aquele final feliz de uma guerra desgastante. Seria o último banquete de Odoacro. Assim que chegou ao festim, Odoacro foi capturado pelos homens de Teodorico. Acuado e em menor número, não conseguiu se defender e viu com horror quando Teodorico avançou contra ele com a espada desembainhada. "Teodorico saltou para a frente e golpeou [Odoacro] na clavícula com a espada, enquanto Odoacro gritou: 'Onde está Deus?'", registrou mais tarde o historiador grego João de Antioquia. "O golpe foi mortal, pois penetrou o corpo de Odoacro até a base das costas." Teodorico zombou de seu rival caído: "Esse canalha não tem nem sequer um osso no corpo".[65] Em seguida, partiu com seus asseclas para Ravena para caçar e matar a família de Odoacro e seus associados. Em questão de horas o golpe estava consumado. Demorou três anos e meio, mas Teodorico se tornara o rei da Itália.

A partir de 493, os ostrogodos se estabeleceram em torno de Ravena e de várias outras cidades do Norte da Itália, e nas três décadas seguintes Teodorico empreendeu um novo e audacioso programa de construção de um Estado, seguindo as mais grandiosas tradições romanas. Suas campanhas na Itália foram implacáveis e sua tomada final do trono foi sangrenta e impiedosa, mas Teodorico não tinha interesse em promover mais derramamentos de sangue em uma elite italiana já encurralada. Resistiu a expurgar os aristocratas e a burocracia de seu novo reino, ao enviar embaixadores a Constantinopla para confirmar sua legitimidade aos olhos do imperador, apelando à sua educação romana e chamando seu governo monárquico de "uma cópia do único império".[66] Por volta de 497, seu servilismo militante deu frutos quando o sucessor de Zenão, Anastácio I, cautelosamente reconheceu seu reinado.

Embora muitas disputas com Constantinopla ainda estivessem por vir, Teodorico conseguira momentaneamente ser reconhecido pelo Estado romano, e começou a imitar o romanismo ao máximo. Apesar de ser um cristão ariano, empreendeu árduos esforços para abrigar e respeitar os bispos nicenos e a Igreja de Roma. Enfatizou a obediência aos códigos do direito romano, em vez de decretar suas próprias leis, como era a prática em muitos Estados bárbaros nascentes do Ocidente, inclusive nos importantes reinos dos francos e dos burgúndios. Por meio de campanhas militares e alianças familiares, garantiu a paz com os vândalos do Norte da África e firmou laços políticos estreitos com o extenso reino dos visigodos, onde em 511 impôs seu próprio rei (o neto Amalrico), estabelecendo um enorme reino pangótico que se estendia do oceano Atlântico ao mar Adriático.

Teodorico estava destinado ao pseudônimo "o Grande", e viveu sua vida como se o soubesse. Em cidades de destaque, como sua capital, Ravena, gastou prodigiosamente em muralhas defensivas, grandes palácios, basílicas, mausoléus e obras públicas, tudo decorado por mestres artesãos. Até hoje uma visita a Ravena revela a deslumbrante visão artística do rei ostrogodo: os mosaicos da basílica de Sant'Apollinare Nuovo — muitos criados sob encomenda por Teodorico — são de tirar o fôlego. Esse e outros monumentos na cidade, inclusive o mausoléu de Teodorico, atestam a surpreendente glória da nova era dos bárbaros. Propositadamente, Teodorico estilizou sua realeza no modelo dos antigos imperadores romanos. Mas não, não era mais o Império Romano. As coisas tinham mudado para sempre em todo o Ocidente.

Apesar do comportamento magnificente e convencional de Teodorico, e mesmo tendo reinado por mais de trinta anos, no momento em que o rei ostrogodo morreu, em 526 d.C., o mundo havia mudado radicalmente. Não só as identidades étnicas dos governantes e proprietários de terras eram outras, como também seus horizontes políticos e sistemas de governo. O Império se manteve em Constantinopla, onde muitos novos desafios — novas religiões, novas tecnologias, novas redes e novas doenças — iriam remodelá-lo no decorrer dos séculos por vir. Porém, no Ocidente, reis e reinos estavam rapidamente suplantando impérios e imperadores, inaugurando uma era que, quando voltamos a ela, parecerá mais reconhecidamente "medieval" que o mundo dos bárbaros errantes e dos imperadores crianças.

Que época estranha e instável foi o período dos pouco mais de cem anos desde que os hunos atravessaram o Volga, em 370. Tudo foi virado de pernas para o ar, com ênfase no irresistível poder da flutuação climática e na migração humana, além dos habituais movimentos históricos aleatórios do acaso, da ambição de interferências individuais. Para os que viveram o período, a vida poderia parecer desconcertante, e talvez surpreenda que os escritores dos séculos IV, V e VI tenham se voltado a uma metáfora que se tornaria muito popular em todo o Ocidente medieval: a da roda da fortuna. Amiano Marcelino viu os eventos no século IV dessa forma, como também outro autor notável do final do período, que viveu e trabalhou sob Teodorico em Ravena. Anício Mânlio Severino Boécio — geralmente apenas Boécio — nasceu de uma família romana bem-educada na Itália um ano antes de o último imperador do Ocidente, o jovem Rômulo Augusto, ser destituído do cargo por Odoacro. Boécio tinha uma mente brilhante e credenciais impecavelmente aristocráticas, e aos 25 anos tornou-se senador no reino pseudorromano de Teodorico. Um quarto de século depois, em 522, Boécio, agora na meia-idade, ascendeu ao posto mais alto na burocracia do governo, o de *magister officiorum*. Porém, quanto maior a altura, maior a queda.

Em 523, Teodorico se aproximava do fim da vida e ainda enfrentava problemas em seu reino. A tensão havia surgido com o imperador oriental Justino I, e com rumores de que havia traidores no Senado, em contato com Constantinopla. Durante um debate acalorado sobre o assunto, Boécio foi acusado de proteger os inimigos do Estado. Por causa disso, foi capturado, encarcerado, julgado e condenado à morte.

Ao longo de sua vida, Boécio escreveu sobre uma ampla gama de assuntos: matemática, música, filosofia e teologia. Mas sua obra mais famosa foi criada na prisão, enquanto aguardava a execução por seus crimes. *A consolação da filosofia* tentou situar problemas terrenos em um contexto divino. Escrito em forma de um diálogo entre Boécio e Senhora Filosofia, pedia aos leitores para aceitar que havia poderes superiores operando por trás das vicissitudes da vida fugaz do homem. No curso de suas reflexões, voltou-se para a noção de roda da fortuna. "Então, agora que te comprometeste com o papel da Fortuna, deves aquiescer em seus caminhos", escreveu. "Se estiveres tentando impedir sua roda de girar, és de todos os homens o mais obtuso."[67]

Pouco depois de concluir seu trabalho, o grande filósofo foi horrivelmente torturado e espancado até a morte. Dois anos depois, o grande rei ostrogodo Teodorico também deu seu último suspiro.

À frente deles, um estranho mundo novo começava a se abrir.

3
BIZANTINOS

"Vaidade das vaidades, tudo é vaidade!"
Gelimero, rei dos vândalos

João de Éfeso foi enviado pelo imperador para batizar pagãos na Ásia Menor. Mas sua jornada o levou a uma zona de morte. Cidade após cidade, doentes e sofredores cambaleavam pelas ruas, com a barriga inchada, os olhos injetados de sangue e pus saindo pela boca. Mansões onde famílias inteiras e seus criados tinham morrido estavam em silêncio, com todos os cômodos ocupados por cadáveres. Corpos contorcidos jaziam insepultos, barrigas à mostra apodrecendo expostas no calor do dia, a carne meio comida por cães famintos. Estradas estavam vazias, com o burburinho usual de comércio e do tráfego interrompido. Nas aldeias desoladas, não sobrou ninguém para colher os grãos e os frutos das árvores; animais deixados sem pastoreio vagavam livremente pelos campos.

Os vivos caminhavam com medo. Parecia o fim do mundo. Em sua jornada, João encontrou viajantes com placas de identificação feitas em casa amarradas nos braços: "Eu sou fulano, filho de sicrano, de tal aldeia; se eu morrer, pelo amor de Deus, e para mostrar sua bondade e misericórdia, avisem os da minha casa, para a minha gente vir me enterrar".[1] Ouvia histórias de milhares — até dezenas de milhares — que morriam todos os dias nas maiores cidades, os corpos empilhados esperando serem enterrados em valas comuns. João manteve um registro dos horrores que testemunhou, nos moldes do Livro de Lamentações do profeta Jeremias, do Velho Testamento. "A morte subiu pelas nossas janelas, entrou nas nossas portas, e fez nossos palácios desolados", escreveu.² "Agora, todos pereceram, por não lembrarem o nome do Senhor."³

As cenas apocalípticas conjuradas por João em seus escritos formaram um livro de memórias da linha de frente da primeira pandemia global registrada na história. Uma forma de peste bubônica, causada pela bactéria *Yersinia pestis*, disseminada por pulgas que pulavam de pequenos mamíferos a ratos negros e seres humanos, e se espalhou pelos três continentes do mundo conhecido em meados do século VI d.C., devastando a África subsaariana e a Pérsia, o Oriente Médio e a China, a Ásia Central, a costa da bacia do Mediterrâneo e o noroeste da Europa. Segundo o escritor Procópio de Cesareia, a doença "não deixou nem ilha nem caverna nem cordilheira que tivessem habitantes humanos; e se passasse por qualquer território, mesmo se não afetasse os homens de lá ou o tocasse de maneira indiferente, em algum momento voltaria mais tarde".⁴ Estudos arqueológicos modernos confirmaram a presença da *Y. pestis* no Oeste da Britânia, na Gália, na Espanha e no Sul da Alemanha.⁵ Por onde se disseminasse, os sintomas incluíam grandes inchaços bubônicos negros dos gânglios linfáticos nas axilas e nas virilhas, delírio, coma, vômitos de sangue e, no caso de mulheres grávidas, aborto espontâneo.

Os números exatos nunca serão conhecidos, mas essa terrível doença — chamada de "Praga de Justiniano", nome do imperador oriental sob cujo reinado se deu a tragédia* — provavelmente matou milhões, ou até mesmo dezenas de milhões de pessoas, grande parte delas entre os anos 541 e 543. Recentemente, alguns historiadores têm argumentado que escritores como João de Éfeso exageraram na propagação, na mortalidade e na importância da pandemia. Estudiosos têm se posicionado com maior ceticismo sobre o número total de mortes.⁶ É uma questão discutível. Não obstante, muita gente no século VI d.C. acreditou estar vivendo numa era de importante trepidação histórica.

---

* Alguns historiadores modernos, ao preferir a justiça estrita à poesia e acreditando que a doença é mais bem compreendida sem referência a um só governante, referem-se à Praga de Justiniano como Primeira Pandemia Medieval (PEM, na sigla em inglês). Ver, por exemplo, Peregrine Horden, "Mediterranean Plague in the Age of Justinian" em Michael Maas (org.), *The Cambridge Companion to the Age of Justinian* (Cambridge, 2005), p. 134.

E estavam certos. A Praga de Justiniano não transformou o mundo por si só. Mas foi parte significativa de uma história mais abrangente de mudança, reforma, realinhamento de uma luta pela preeminência entre os anos 520, onde terminou nosso capítulo anterior, e os anos 620, onde começará o próximo. Foram cem anos formativos para o que restou do Império Romano; para as relações entre o Mediterrâneo oriental e ocidental; para o equilíbrio cultural entre as esferas "grega" e "latina"; para as relações regionais entre os Impérios Romano e Persa; para a legislação; para as grandes religiões; para os planejadores urbanos; para os grandes artistas. Durante uma época fustigada não só pela primeira pandemia mundial, mas também por um choque climático global, as realidades políticas e os padrões de pensamento estabelecidos afetariam o mundo mediterrâneo por quase mil anos.

Para entender tudo isso, devemos nos concentrar no nascimento — ou no renascimento — do Império Romano do Oriente no século VI. É o momento em que os historiadores geralmente param de falar de Roma e do Império Romano e começam a se referir a Bizâncio: o Estado herdeiro de língua grega que serviu como um amortecedor entre o Oriente e o Ocidente, sobrevivendo por séculos até ser devastado pelos cruzados e depois assimilado pelos otomanos — um evento que anunciou o fim da Idade Média. Não há melhor personagem para nos lançar nessa jornada que o próprio Justiniano.

Muitas vezes definido como o último verdadeiro romano, Justiniano tinha muitos detratores — pois ele passava por cima de quem fosse preciso ao tentar reconstruir seu império no rescaldo das conquistas bárbaras. O escritor Procópio chamava-o de demônio disfarçado, que tinha o sangue de "mil bilhões"* de homens nas mãos; que "não hesitou em banir a riqueza do solo romano e se tornou o arquiteto da pobreza para todos".[7] Muitos teriam concordado. Mas para outros, sobretudo os que não tiveram de lidar com ele pessoalmente, Justiniano foi um imperador totêmico que merecia ser mencionado ao lado de Augusto e Constantino. Para esses, Justiniano era um titã cuja magnificência terrível brilhou muito além dos confins do

---

* Literalmente, "dez mil vezes dez mil vezes dez mil". Desnecessário dizer que isso não deve ser levado a sério como um recenseamento da mortalidade. O talento de Procópio para inflar grandes números do implausível ao impossível era insuperável, mesmo na Idade Média, quando os cronistas fizeram do exagero poético uma forma de arte.

seu tempo — tão intensamente que, muitos séculos depois, Dante Alighieri colocou-o no Paraíso como o romano arquetípico: um legislador inigualável e um césar radiante, supremamente bem-dotado, que no pós-vida era envolto por uma luz tão brilhante e ofuscante quanto a do sol.[8]

Justiniano e Teodora

Em 1º de agosto de 527, o idoso imperador romano Justino morreu de uma úlcera infectada no pé, e depois de nove anos no cargo deixou o trono de Constantinopla para seu sobrinho e filho adotivo Justiniano. A transferência de poder foi tranquila, pois Justino havia nomeado Justiniano como seu coimperador, e este já começara a deixar sua marca nas províncias orientais, enviando ordens judiciais (*éditos*) para acalmar revoltas em cidades tumultuadas, fundando igrejas em Jerusalém e pagando reparos e prestando ajuda humanitária à cidade síria de Antioquia, arrasada por um gigantesco terremoto na primavera de 526. Antes disso, Justiniano ocupou o alto cargo de cônsul, patrocinando extravagantes jogos cívicos para marcar seu mandato. Mesmo antes de ascender oficialmente ao trono, muitos já viam em Justiniano o verdadeiro poder no Império. O que ele começou a ser a partir de 527.

Quando se tornou o único imperador, Justiniano tinha por volta de 45 anos. Em um famoso mosaico de ouro acima do altar-mor na basílica de São Vital, em Ravena, Justiniano é um homem de rosto redondo, levemente corado, com olhos castanhos de pálpebras pesadas, lábios naturalmente franzidos e pérolas entretecidas nas mechas do cabelo, aparado acima das orelhas. Soa como uma descrição do cronista grego João Malalas de Antioquia, que disse que Justiniano nasceu em Bederiana (hoje na Macedônia do Norte) e era bonito, ainda que um pouco baixo, com cabelos rareando na testa. Justiniano era falante nativo de língua latina e tinha a mesma origem camponesa balcânica que o tio, sendo adepto da forma calcedônia do cristianismo, em um momento em que o Império estava dilacerado pelo cisma religioso entre calcedônios e miafisitas (ou monofisitas),*

---

* Esse cisma, como muitos outros da história da Igreja, tinha a ver com a natureza de Cristo. Para simplificar uma história tortuosamente complexa: os calcedônios concordavam com a con-

e os imperadores eram incentivados a se alinhar agressivamente com um ou outro desses campos rivais. Malalas considerava Justiniano "magnânimo e cristão".[9] Mas muitos não concordariam com isso durante seu reinado de quase quatro décadas.

Um dos sicofantas mais terríveis do imperador — e também um dos mais ferozes detratores — foi o cronista Procópio de Cesareia. Membro confiável da administração imperial por muitos anos, Procópio escreveu relatos exagerados das realizações de Justiniano na guerra e na administração civil, que misturavam a narrativa histórica com propaganda indisfarçada. Porém, com o passar dos anos, o cronista se tornou inimigo do seu imperador, e em um coruscante panfleto intitulado "História secreta", escrito nos anos 550, Procópio mostrou que não há inimigo mais cruel que um ex-amigo. Ironizando, disse que, apesar de haver certa genialidade natural nas bochechas rechonchudas de Justiniano, na verdade ele se assemelhava a uma famosa estátua de Domiciano, feita após o assassinato do notório tirano do século I d.C. Além de ser politicamente prejudicial, a comparação era totalmente maldosa: Procópio passou a chamar Justiniano de "dissimulado, ardiloso, hipócrita, reticente por natureza, duas-caras [...] um amigo traiçoeiro e um inimigo inexorável [...] passionalmente adepto do assassinato e da pilhagem; briguento e acima de tudo um inovador [...] rápido na invenção e na execução de esquemas vis e com uma aversão instintiva à mera menção de qualquer coisa boa". Aparentemente, concluiu Procópio, "era como se a natureza tivesse removido toda tendência ao mal do resto da humanidade e a depositado na alma desse homem".[10]

Era um retrato contundente. Mas não era nada comparado às calúnias que Procópio acumulou sobre a esposa de Justiniano, a imperatriz Teodora.

Como Justiniano, Teodora percorreu um longo caminho na sociedade para chegar ao palácio imperial. Seu pai era um treinador de ursos no circo e a mãe, atriz. Teodora passou a juventude e a adolescência como uma artista de teatro e — a se acreditar em seus detratores — coisa muito pior. Em frente ao marido, no mosaico de São Vital, ela parece elegante e esbelta, com uma tez delicada, boca pequena e olhos escuros e serenos sob uma

---

clusão do Concílio da Calcedônia de 451 (a cidade é hoje um distrito de Istambul), segundo o qual Cristo tinha duas naturezas, humana e divina, reunidas em um ser. Os miafisitas achavam que Cristo tinha apenas uma natureza: a divina.

opulenta tiara cravejada de joias. Malalas a definia como devota e caridosa.[11] Mas Procópio tinha prazer em repetir os rumores de que Teodora já havia sido uma prostituta infantil especializada em sexo anal, uma adolescente de língua afiada que fazia piadas sujas e vendia o corpo a grandes grupos de homens, uma dançarina burlesca que treinava gansos para bicar grãos de cevada de suas calcinhas, e finalmente uma cortesã para funcionários imperiais depravados, condição de que Justiniano a tirou.[12]

Boa parte disso devia-se à misoginia, outra ao desagrado por Teodora ser adepta da seita miafisita e o resto a despeito pessoal. Justiniano tinha realmente sido forçado a mudar a lei imperial para se casar com Teodora, por causa de sua origem social humilde. No entanto, o cruel assassinato de reputação de Procópio ignorava o fato de Teodora ter desempenhado um papel vital no governo imperial ao longo da vida, em especial ao ajudar Justiniano a conciliar as lutas espirituais e às vezes físicas entre as facções teológicas em todo o Império. No entanto, como qualquer talentoso jornalista de tabloide dos tempos atuais, Procópio sabia que sexo, calúnia e zombaria sempre encontrariam uma audiência disposta para a qual a verdade importava menos que a lascívia. Justiniano e Teodora formavam um casal cujas realizações e celebridade eram simplesmente deliciosas demais para serem ignoradas.

Códigos legais e hereges

Quando Justiniano e Teodora chegaram ao poder, no verão de 527, o Império enfrentava muitos problemas. Apesar de Constantinopla ter sobrevivido à crise envolvendo os bárbaros que tomou conta do Ocidente, resistindo a ataques dos hunos e dos godos, e as finanças imperiais ainda estarem bastante robustas, na primeira década de seu reinado, Justiniano teve que lutar grandes guerras em duas frentes, acabar com uma rebelião doméstica que ameaçava derrubá-lo e reconstruir diversas partes da sua capital. No entanto, ao assumir o trono, Justiniano considerou que o assunto mais urgente de que deveria tratar era a reforma das leis. Era um legislador apaixonado, cuja atitude para governar resumia-se à máxima de um de seus textos legais: "A majestade imperial deve estar tanto armada por leis como glorificada pelas armas, de forma a haver um bom governo tanto em tempos de guerra como de paz".[13] Segundo seu pensamento, a ordem jurídica estava intimamente ligada à divindade, e à sanção divina ao seu governo. Assim, seis meses após o início do seu reinado, Justiniano ordenou a reforma e a recodificação de todo o corpo do direito romano.[14]

A comissão nomeada por Justiniano para realizar essa gigantesca tarefa foi montada sob a liderança de um advogado grego jovem e energético chamado Triboniano. Com ele trabalharam algumas das mentes jurídicas mais perspicazes de Constantinopla, e juntos revisaram milhões de linhas de constituições imperiais — postulações de leis feitas pelos imperadores desde Augusto. Vinte meses após o início do reinado de Justiniano, esses advogados já tinham digerido, editado e compilado esses postulados em um compêndio definitivo do direito romano conhecido como Código Justiniano (*Codex Justinianus*). O Codex foi decretado em 7 de abril de 529 e enviado para todas as províncias do Império, onde substituiu automaticamente todos os demais códigos legais. Não era perfeito: em dezembro de 534 foi necessária uma segunda edição, para eliminar inconsistências. Também não definia petreamente nenhuma lei romana, perfeitamente elaborada e imutável para a eternidade; por sua própria natureza, as leis estão em constante evolução, e Justiniano, por *sua* própria natureza, era obcecado em decretar novas ordens legais, que foram coletadas por estudiosos como as Novelas (*Novellae Constitutiones*). Mas mesmo assim, o Código foi uma proeza fenomenal. Contido em doze livros, abrangia direito civil, eclesiástico, penal e público. Foi um exercício de clarificação e racionalização burocrática que estabeleceu um "padrão--ouro" para a reforma constitucional na Idade Média. "Por considerar as leis obscuras por terem se tornado muito mais numerosas do que deveriam, e em óbvia confusão por discordarem umas das outras, ele as preservou limpando-as da massa de suas artimanhas verbais", escreveu Procópio.[15] Vindo de um cronista cuja especialidade era a artimanha verbal, foi um grande elogio.

O Código foi, contudo, somente uma das reformas legais do início do reinado de Justiniano. No ano seguinte a sua decretação, Triboniano recebeu outra tarefa gigantesca. Depois de ter lidado com as minúcias específicas das leis romanas, ele selecionou especialistas para dar sentido à jurisprudência, como contida no conjunto de textos dos grandes juristas clássicos. A maioria dos grandes juristas da era imperial — homens como

Gaio, Papiniano, Ulpiano e Paulo — tinha vivido e escrito nos tempos pré-cristãos. Assim, seus pronunciamentos muitas vezes não eram apenas contraditórios como também flertavam com a irreligião. Como eram pagãos, suas opiniões eram naturalmente desprovidas de sentimento cristão. E as impiedades não agradavam a Justiniano. Por isso, Triboniano foi encarregado de criar uma única declaração de jurisprudência romana, em que as grandes obras dos antigos foram racionalizadas e aperfeiçoadas com referências ao Deus Todo-Poderoso. Esse projeto foi lançado em duas fases: as chamadas Cinquenta Decisões (*Quinquaginta Decisiones*), seguidas pelo Digesto, ou Pandectas, de dezembro de 533. E mais uma vez Triboniano se saiu bem, proporcionando ao imperador uma solução elegante para uma confusão burocrática. Havia muitas gerações os romanos se queixavam da complexidade obsoleta, da lentidão e da corrupção das leis. Agora tudo estava bem estruturado.

A última das reformas legais de Justiniano, que veio logo em seguida à publicação do Digesto, foi a criação das Instituas (*Institutiones Justiniani*), que era efetivamente um índice para o Digesto, para ser usado por estudantes de direito nas escolas oficiais do Império em Beirute e em Constantinopla. O texto servia como uma cartilha prática das novas leis, garantindo que jovens advogados iniciantes aprendessem a pensar exatamente como Justiniano queria. Uma das constituições de Justiniano afirmava que "os nossos súditos estão sempre sob nossos cuidados, quer estejam vivos ou mortos". Foi o preâmbulo de uma lei que regulava os funerais, mas as palavras poderiam ser lidas como uma declaração geral da ambição do imperador: deixar sua marca em todos os aspectos da vida romana, passado, presente e futuro — e realizar isso pela palavra, não só pela espada.

É claro que as reformas do direito romano do século VI não aconteceram num vácuo. Nos reinos bárbaros do Ocidente — os reinos dos francos, dos burgúndios e dos visigodos —, outros governantes estavam implementando seus próprios códigos legais. Mas eram de pouca monta se comparados à bem-sucedida e duradoura revisão de todo o sistema romano. Em Constantinopla e no Império Romano do Oriente, as reformas legais de Justiniano marcaram o início de uma nova era na legislação e uma era particularmente "grega" na história jurídica. No Ocidente, o direito romano como estabelecido na era de Justiniano ganharia um estatuto fundamental. No século XII, foi adotado quase como um fetichismo pelas universidades medievais fundadas em Bolonha, Paris, Oxford e outros lugares.* Ainda no século XIX, o Código Napoleônico (*Code Napoléon*) — a grande reforma do direito civil francês de 1804 — foi explicitamente inspirado em Justiniano.[16] Na verdade, é possível argumentar que todos os países do mundo de hoje que se utilizam de um código de leis (diferentemente, por exemplo, do direito comum que rege o sistema jurídico do Reino Unido) devem isso a Justiniano e a Triboniano. Mesmo se não fosse essa a intenção original, foi uma realização incrível. Em pouco mais de cinco anos de intensa atividade administrativa, Justiniano reformulou o tecido legal e o pensamento jurídico do Império de uma forma que continuaria palpável quinze séculos depois. E ele estava só começando.

Enquanto Triboniano supervisionava o programa de reformas legais de Justiniano, o novo imperador também refletia sobre as questões interligadas da heresia, da heterodoxia, da falta de fé e das transgressões sexuais.

A esse respeito havia muito a ser feito. Uma de suas tarefas mais difíceis foi tentar negociar uma solução para a complexa questão do cisma e da heresia na Igreja imperial. Na época de sua ascensão, disputas entre cristãos arianos e nicenos, que atormentaram o Império Romano do Ocidente durante as invasões bárbaras do século V, se complicaram com outra disputa, entre calcedônios e miafisitas, que discordavam quanto à exata natureza de Cristo e ao equilíbrio entre suas características humanas e divinas.[17] Hoje as questões em jogo entre esses dois grupos podem parecer incompreensíveis a qualquer um que não seja um estudioso especializado em história da Igreja, mas, no século VI, eram causa de tumultos populares e crises diplomáticas internacionais. Bispos foram assassinados por turbas enfurecidas por professarem opiniões em desacordo com as de suas congregações; um cisma formal sobre a questão envolvendo as Igrejas de Roma e de Constantinopla perdurou de 484 a 518.** E apesar de a capital imperial ser resolutamente calcedônia, grandes áreas fora dela eram irredutivelmente miafisitas. Estas incluíam o Egito, o celeiro do império. A perspectiva de perder aquela província por causa de uma questão de fé não era nada atraente. Mas real.

---

* Ver capítulo 11.

** O Cisma "Acaciano", em nome do patriarca Acácio de Constantinopla.

À luz dessa questão, durante todo o seu reinado, Justiniano foi forçado a andar numa corda bamba entre calcedônios e miafisitas. Foi de certa forma beneficiado pelo fato de sua esposa Teodora ser uma miafisita convicta e de ter se desdobrado para abrigar membros da seita, dando assim uma impressão de imparcialidade imperial. Mas Justiniano nunca abordou de fato o problema com a firmeza que mostrou na reforma do direito romano. O melhor que pode ser dito é que ele evitou transformar a disputa em outro cisma oficial do mundo cristão.

Em outras regiões, contudo, o instinto supressor de Justiniano e sua busca pela ortodoxia seriam sentidos mais intensamente. Os desvios sexuais mereceram sua especial atenção. A torpeza moral afligia a mente pura de Justiniano — e havia muito com o que se preocupar. Os grandes problemas específicos do imperador incluíam a sodomia e a pedofilia, e ele não hesitava em punir seus praticantes. João Malalas registrou em detalhes uma campanha feroz para elevar os padrões morais do clero romano. No início de 528, escreveu: "Alguns bispos de várias províncias foram acusados de [...] práticas homossexuais. Entre eles estava Isaías, bispo de Rodes [...] e também [um bispo trácio] chamado Alexandre". Esses dois clérigos, e outros, foram levados a Constantinopla para serem interrogados pelo prefeito da cidade. Infelizmente, eles não tinham boas desculpas. Por isso o prefeito "torturou Isaías severamente e o exilou e amputou os genitais de Alexandre e os exibiu em uma liteira". Em outros suspeitos foram inseridas palhinhas afiadas no pênis, para depois serem humilhados publicamente no fórum. Não foi simplesmente um esporte romano cruel, mas uma política imperial. Justiniano decretou que em todo o império os homossexuais e os "detectados em pederastia" deveriam ser castrados. Muitos morreram em agonia. "Desde então, houve medo entre os afligidos pela luxúria homossexual", escreveu Malalas.[18] Foi a demonstração cruel de um preconceito que perduraria durante toda a Idade Média.

Finalmente, além dos desvios sexuais, havia também a questão preocupante da degeneração espiritual, especificamente o fato de que, em um império ostensivamente cristão (não obstante as disputas doutrinárias), ainda havia alguns postos avançados que insistiam no paganismo antiquado. Já fazia muito tempo que o Édito de Milão de Constantino, de 313, apregoara a tolerância religiosa, e o amor pelos antigos deuses vinha se tornando cada vez mais difícil de conciliar com a vida de um romano. Nenhum imperador adotara o paganismo desde Juliano, morto em 363. Os Jogos Olímpicos estavam banidos desde Teodósio II, nos anos 390. Os não cristãos foram proibidos de servir no exército ou ocupar cargos na administração imperial. Como visto, parte do objetivo de Triboniano na revisão das leis foi o de conferir aos textos dos juristas pagãos compendiados no Digesto um sabor explicitamente cristão. Não era apenas uma fachada. Logo chegaria o tempo em que as crenças pagãs não seriam apenas marginais, mas ilegais.[19]

Entre as diversas leis aprovadas na primeira década do reinado de Justiniano, havia um decreto que proibia os pagãos de serem professores. Em si, não se destacava de outras coletâneas de leis contra o paganismo dos códigos de lei de Justiniano. Mas seu efeito em uma importante instituição logo ficou claro. João Malalas explicitou seu significado. Em uma anotação referente ao ano de 529, escreveu: "O imperador baixou um decreto e o enviou para Atenas determinando que ninguém pode ensinar filosofia nem interpretar as leis".[20]

Outro cronista, Agátias, relatou que o último diretor da escola de Atenas foi obrigado a deixar não só o cargo como também a cidade. (Em 531, ele e vários colegas professores fugiram para a Pérsia.) E isso foi mais que mera realocação. De fato, o ditame de Justiniano determinou o fim da famosa escola na capital da Grécia Antiga — a cidade de Platão e de Aristóteles —, onde os alunos aprendiam os fundamentos da filosofia clássica e da ciência natural havia muitas gerações.

O fechamento da escola de Atenas foi importante. Não matou de um só golpe toda a aprendizagem não cristã no Império do Oriente.[21] Nem ergueu de imediato uma muralha intelectual entre a era clássica e o início da era da hegemonia cristã na Europa e no Ocidente. Mas foi significativo e simbólico. Pois enquanto os eruditos na Pérsia e em outras regiões orientais se desenvolviam, com bibliotecas em Bagdá e outras capitais do Oriente Médio, preservando e transmitindo cópias das obras de Aristóteles e outros grandes não cristãos, o reinado de Justiniano, e o século VI em geral, foi marcado por um auto-obscurecimento no mundo cristão. Minúcias dogmáticas assumiam importância cada vez maior e mais sangrenta, enquanto qualquer elemento não cristão era considerado com cada vez maior suspeita. O Império Romano já havia sido um grande propagador do aprendizado clássico nos seus vastos territórios. Mas depois de cair aos pedaços no Ocidente e se tornar cada vez mais doutrinariamente obcecado no Oriente, acabou sendo um empecilho ativo para as cadeias de conhecimento ao longo do tempo, com a transmissão do aprendizado do mundo antigo começando a rarear por todo o Império.

Uma das razões pelas quais o rótulo de "Idade das Trevas" tem se mostrado tão difícil de desatar do pescoço da Idade Média é que durante centenas de anos — entre o século VI e o início do Renascimento, no final do XIII — o conhecimento científico e racional do mundo antigo ficou esquecido ou suprimido no Ocidente. Não foi meramente o sintoma infeliz de uma insidiosa demência cultural. Brotou de políticas deliberadas de imperadores do Oriente como Justiniano, que decidiram expulsar de seu mundo os infelizes rotulados como não cristãos, que eram guardiões de um conhecimento inestimável.

Revoltas e renovação

Dada a escala das reformas no Império e o ritmo com que Justiniano implementou a mudança nos primeiros anos de seu reinado, não deve surpreender a grave série de revoltas populares contra o seu governo cinco anos depois de sua ascensão. Teve início nos primeiros dias do inverno de 532, nas ruas de Constantinopla. Ainda que as causas fossem específicas à política da cidade, suas consequências materiais foram duradouras, e ainda podem ser vistas na Istambul atual. Antes de deixarmos o primeiro período do reinado de Justiniano em Bizâncio, que moldou toda uma época, precisamos analisar a chamada Revolta de Nika: uma erupção de violência que levou o Império Bizantino à beira da anarquia.

No início do século VI, uma das formas mais populares de entretenimento em Constantinopla e outras grandes cidades do Império Romano do Oriente eram as corridas de bigas. Na capital, aconteciam no Hipódromo, uma enorme pista em forma de "U" no complexo de um estádio próximo ao Grande Palácio imperial. Quatro enormes estátuas equinas de bronze erguiam-se no alto de uma das arquibancadas, indicando o entretenimento ocorrendo abaixo, em que parelhas de cavalos trovejavam na pista em velocidades literalmente alucinantes.* As corridas eram competições empolgantes, perigosas, que transformavam os condutores mais rápidos e hábeis em celebridades e eletrizavam os aficionados.

Com o tempo, os mais fervorosos adeptos das corridas se organizaram em facções, e em Constantinopla havia quatro delas: os Verdes, os Azuis, os Vermelhos e os Brancos. De longe, os maiores e mais fortes eram os Verdes e os Azuis, cujos torcedores fanáticos ocupavam seções do Hipódromo e assumiam posições sobre assuntos religiosos e políticos como uma "equipe", na esperança de que suas vozes coletivas ganhassem peso na administração imperial. As facções do Hipódromo tinham em comum com o futebol europeu moderno um orgulho pomposo, um gosto pela violência e uma fixação coletiva em roupas e cortes de cabelo.** De pavio muito curto, podiam facilmente ser incitados à violência quando se sentiam desrespeitados ou ignorados.

Quando jovem, ao ascender no escalão do palácio a serviço do tio, Justiniano era um proeminente torcedor dos Azuis. Mas ao ser coroado imperador, começou a mudar de atitude e a tratar todas as facções com desdém.[22] As duas posturas eram problemáticas: imperadores muito entusiastas de uma facção insuflavam a rivalidade entre os grupos rivais; mas os que não apoiavam nenhuma delas jogavam as facções nos braços umas das outras. Foi o que Justiniano conseguiu no inverno de 531-532 d.C. E isso quase lhe custou o trono.

Os problemas surgiram em janeiro, quando o prefeito da cidade de Constantinopla não conseguiu levar a cabo o enforcamento de um grupo de torcedores dos Verdes e Azuis que se revoltaram após uma corrida e causaram várias mortes. Um Verde e um Azul foram considerados culpados de homicídio e condenados à morte, mas escaparam da justiça quando o cadafalso quebrou durante a execução. Os homens fugiram e logo se

---

* Essas estátuas estão agora em exibição na basílica de São Marcos, em Veneza, para onde foram levadas quando Constantinopla foi saqueada durante a Quarta Cruzada. Ver capítulo 8.

** O visual elegante para o torcedor de uma facção no Hipódromo nos anos 630 incluía barba, um longo bigode, cabelos curtos no cocuruto e compridos na nuca e roupas de grife aparentemente muito caras e vistosas para o seu estrato social, com túnicas justas nos pulsos e absurdamente largas nos ombros. Isso era conhecido como um visual "huno". Em espírito, era a mesma mentalidade dos *hooligans* ingleses dos anos 1990-2010, que iam aos estádios usando jaquetas Stone Island de oitocentas libras, com a cabeça raspada como um skinhead ou, mais recentemente, no estilo extrema direita.

refugiaram numa igreja próxima, mas pouco depois foram capturados pela guarda real e presos na casa do prefeito da cidade, conhecida como "pretório". Em outras circunstâncias, poderia ter sido um mero drama do dia da execução. Mas resultou no colapso total da ordem pública.

Segundo João Malalas, os prisioneiros foram mantidos três dias sob a guarda das autoridades da cidade. Enquanto isso, os Verdes e os Azuis fizeram manifestações exigindo que os acusados fossem perdoados e libertados. Na terça-feira, 13 de janeiro, Justiniano apareceu no camarote imperial do Hipódromo para assistir a uma série de corridas. Durante todo o dia, torcedores dos Azuis e dos Verdes cantaram juntos, pedindo para o imperador ter piedade. Justiniano — como de costume, um ferrenho defensor da lei e da ordem — não deu atenção. E assim — baseados na premissa de que a única coisa pior do que ser impedido de alguma coisa é ser ignorado —, quando as corridas chegaram ao fim, os *faccionistas* voltaram-se contra Justiniano. "O diabo provocou maus desígnios neles, e eles cantavam uns para os outros: 'Vivas para os misericordiosos Azuis e Verdes!'", escreveu Malalas. Em seguida, saíram pelas ruas ao redor do Hipódromo gritando a palavra grega "*nika*" ("vencer") — um canto popular nas corridas — e ateando fogo aos edifícios. Quando anoiteceu, as chamas chegaram ao pretório. Os dois prisioneiros foram libertados, desapareceram na multidão e nunca mais se ouviu falar neles. Os revoltosos de Nika conseguiram seu objetivo. Mas àquela altura, muitas outras queixas, mais gerais, somavam-se ao descontentamento original. A maioria se constituía de reclamações perenes de populações urbanas ao longo da história: impostos muito altos, corrupção e sectarismo religioso.[23] (Segundo Procópio, eles nutriam uma antipatia particular pelo prefeito João da Capadócia, que passava o dia envolvido em trapaças e as horas de almoço se banqueteando até vomitar.[24]) Porém, mesmo que não fossem originais, os manifestantes eram indubitavelmente perigosos. E de sangue quente.

Para Justiniano, a Revolta de Nika não poderia ter acontecido em pior momento. Além de suas grandes reformas das leis e das campanhas contra pagãos e hereges, o imperador estava também em meio a negociações altamente sensíveis com um novo rei da Pérsia, Cosroes I, para pôr fim a uma guerra sangrenta entre os dois impérios em territórios fronteiriços do Oriente Médio. Assim, a política externa encontrava-se numa conjuntura crítica, e não era um momento conveniente para a capital do Império ser incendiada por pessoas comuns irritadas com a mão pesada do governo. No entanto, era o que estava acontecendo. Na manhã de quarta-feira, 14 de janeiro, Justiniano anunciou outro dia de corridas, na esperança de distrair os manifestantes e acalmar os ânimos. Mas isso só fez atiçar ainda mais os tumultos. Em vez de comparecer para curtir as corridas, os manifestantes atearam fogo ao Hipódromo, e começaram a pedir a exoneração de vários funcionários imperiais, incluindo o senhor das leis, Triboniano. Justiniano concordou, relutante. Mas de nada adiantou. Àquela altura a revolta tinha ganhado vida própria, e a única saída seria bastante problemática.

Durante os cinco dias seguintes, Justiniano perdeu o controle da sua capital. Na quarta-feira, passou da anuência à vingança, enviando a estrela em ascensão do seu exército — um general linha-dura chamado Belisário, que se destacara nas recentes campanhas contra a Pérsia — para espancar os manifestantes, apoiado por um bando de mercenários góticos. "Houve luta e muitos membros da facção foram mortos", escreveu João Malalas. "[Mas] a multidão estava enfurecida e começou incêndios em outros locais e a matar indiscriminadamente."[25] Durante 72 horas, grande parte do centro de Constantinopla ficou em chamas. Dois sobrinhos de um ex-imperador — Hipácio e Pompeu — foram proclamados separadamente como substitutos de Justiniano. Apesar das tropas da Trácia deslocadas para a capital para apoiar Belisário, ao anoitecer de sábado, 17 de janeiro, a cidade continuava em polvorosa.

A situação chegou ao auge no dia seguinte. Pouco tempo depois do amanhecer, Justiniano apareceu no hipódromo carbonizado, os Evangelhos na mão. Mas foi vaiado e teve de voltar ao palácio, considerando fugir da cidade com uma frota de navios. Segundo Procópio, Teodora veio em seu socorro. E o repreendeu, ao argumentar que "para alguém que tinha sido imperador é intolerável ser um fugitivo", acrescentando que não gostaria de "viver o dia em que os que me encontrarem não se dirijam a mim como imperatriz".[26] Justiniano a ouviu. E percebeu que na verdade só havia uma última opção: somente a ação extrema faria seu povo se submeter. Milhares de revoltosos estavam reunidos dentro do Hipódromo, onde aplaudiam o nome de Hipácio. O campo estava preparado para a batalha, com Belisário pronto para liderar o ataque.

Quando as tropas imperiais invadiram o Hipódromo naquele domingo, encontraram dezenas de milhares de manifestantes encurralados. Os soldados tinham ordens para massacrá-los. E foi fácil. Os soldados entravam por dois lados do estádio, "alguns com flechas, outros com espadas".[27] Segundo Procópio, 30 mil civis foram mortos, e 2 mil foram feitos prisioneiros. Se esses números fossem exatos, cerca de 7% da população de Constantinopla foi morta em um único dia. E mesmo se for um exagero, ainda assim foi uma ocasião especialmente sangrenta, e uma terrível advertência do poder do imperador e da sua capacidade de crueldade. O candidato dos revoltosos, Hipácio, foi capturado e morto no dia seguinte, e seu corpo jogado ao mar. Durante quase toda a semana seguinte, Constantinopla ficou em estado de emergência, com todas as lojas fechadas, exceto as de alimentos essenciais. Enquanto isso, Justiniano, salvo da ignomínia, mandou uma mensagem às cidades vizinhas do Império anunciando sua vitória e prometendo reconstruir Constantinopla em uma escala ainda mais grandiosa. O imperador não tinha ganhado nenhum amigo. Mas conseguiu sobreviver.

Para distrair a atenção da horrorosa violência da Revolta de Nika, Justiniano fez o que muitos outros autocratas também fizeram ao longo da história: decidiu construir seu caminho de volta à glória.

Uma das perdas arquitetônicas mais lastimáveis nos tumultos de Nika foi a grande igreja da cidade, dedicada a Santa Sofia (Santa Sabedoria): um marco vital no centro imperial e cívico de Constantinopla, erguida ao redor da avenida conhecida como Mese (rua do Meio). A área, que incluía o Hipódromo, foi a mais afetada pelos incêndios dos manifestantes, e Justiniano decidiu que sua reconstrução era de extrema importância. A basílica era um belo edifício, grande, com telhado de madeira, a ocupar uma área oblonga de cerca de 5 mil metros quadrados. Mas o telhado de madeira estava totalmente destruído, e, segundo Procópio, a igreja inteira "era uma massa de escombros carbonizados". Contudo, havia uma grande oportunidade em meio àquelas cinzas. "O imperador", escreveu Procópio, "desconsiderando todas as questões dos gastos, pressionou para começar logo o trabalho de construção, reunindo todos os artesãos do mundo inteiro".[28] Seu plano era construir a maior igreja do mundo.

Os homens contratados por Justiniano para liderar esse projeto estavam entre os mais inteligentes do planeta. Um deles era Isidoro de Mileto, professor de geometria e mecânica que tinha trabalhado em edições dos textos de Arquimedes e inventado um compasso especial para desenhar parábolas, sendo comparado a gênios da Antiguidade como Euclides. O outro era Antêmio de Trales, um especialista em lentes, prismas e ferramentas mecânicas, de uma família de irmãos incríveis, que incluíam um professor de literatura, um advogado famoso e um grande físico. Juntos, Isidoro e Antêmio foram comparados por historiadores modernos a Christopher Wren e Leonardo da Vinci.[29] Sendo ou não justa a comparação, o envolvimento dos dois na nova basílica de Santa Sofia foi um golpe de mestre. Procópio escreveu que "pode-se admirar, com boas razões, o discernimento do imperador, por ter sido capaz de selecionar os homens mais aptos em todo o mundo para o mais importante de seus empreendimentos".[30] A Santa Sofia que Isidoro e Antêmio criaram em cinco anos, entre 532 e 537, é considerada um dos edifícios mais magnificentes já construídos.

A nova igreja se elevava acima do horizonte de Constantinopla. Ocupava mais ou menos a mesma área da basílica original, mas não era comprida e estreita; sua substituta foi construída sobre um plano central, formando quase um quadrado, com uma cúpula deslumbrante, incomensuravelmente enorme, maior até que a do Panteão de Roma. Procópio afirmava que a grande cúpula de Santa Sofia era tão graciosa que parecia "estar suspensa do Céu", e que sua beleza era ampliada pela relação com outras cúpulas menores entrelaçadas, criando uma maravilhosa variedade de formas interiores, todas banhadas por luz natural, que passava através de aberturas cuidadosamente posicionadas. "Todos esses detalhes, entrelaçados com incrível habilidade em pleno ar e flutuando uns a partir dos outros e apoiados somente nas partes mais próximas, produzem uma obra de harmonia única e extraordinária, sem deixar que o espectador se demore muito na observação de qualquer elemento, pois cada detalhe atrai o olhar de forma irresistível por si mesmo", escreveu.

Apesar de os textos de Procópio sobre arquitetura serem temperados por lisonjas a Justiniano (pois, ao contrário de sua cáustica e reveladora "História secreta", eram propaganda oficial), nesse caso a hipérbole se justifica. Dentro da igreja, as filigranas naturais do mármore proconesiano branco das pedreiras da Ilha de Mármara disputavam a atenção com as áreas decoradas por mosaicos. O interior da cúpula era densamente recoberto por um mosaico dourado — tesselas de vidro entretecidas com folhas de ouro batido —, o que dava a impressão de toda a superfície ter sido laqueada em metal precioso.³¹ "Quem poderia descrever a beleza das colunas e das pedras com que a igreja é adornada?", escreveu Procópio. "Seria possível se imaginar chegando a uma campina toda florida. Sempre que alguém entra nessa igreja para rezar [...] sua mente se eleva a Deus, se exalta, sentindo que Ele não pode estar longe."

Claro que toda essa transcendência não saiu barata. Só o santuário interno da Santa Sofia foi ornamentado com o equivalente a 40 mil libras em enfeites e adereços de prata. Mas o efeito era sensacional. A Santa Sofia foi a peça central de uma campanha de renovação urbana conduzida com a mesma energia e velocidade que caracterizaram as mudanças do imperador no direito romano. E a renovação de Constantinopla foi, por sua vez, apenas parte de um programa de construção monumental em todo o Império, que incluía maravilhas como quatro gigantes pilares em Éfeso, sustentando estátuas dos evangelistas, e uma cidade fundada no que é hoje a Sérvia, para homenagear o lugar de nascimento do imperador e propiciar um lar palaciano para o novo arcebispado de "Justiniana Prima".

A maravilha dessas obras reverberou por eras. Cerca de quatro séculos depois da conclusão da Santa Sofia (período em que a cúpula foi danificada por um terremoto e reconstruída com uma altura ainda mais magnífica), dois diplomatas de Kiev viajaram a Constantinopla a trabalho. Conseguiram permissão para uma turnê pela igreja, que abrigava então uma esplêndida coleção das melhores relíquias cristãs do mundo.³² E mal conseguiram acreditar no que viram. Os embaixadores escreveram para casa atônitos, elogiando os gregos como muito superiores em religião em comparação com os búlgaros ou alemães. Na Santa Sofia, disseram: "Nós não sabíamos se estávamos no céu ou na terra [...] é impossível esquecer essa beleza".³³

***

A destruição dos vândalos

A reconstrução da Santa Sofia foi a maneira mais direta e óbvia encontrada por Justiniano para se recuperar da ignomínia da Revolta de Nika. Mas não foi sua única resposta. Muito mais longe de casa, no início dos anos 530, o imperador conseguiu o que passou a considerar como a realização mais emblemática do seu longo reinado. Foi a conquista — ou melhor, a reconquista — do Norte da África, então ocupada pelos vândalos. A província e sua prestigiosa capital, Cartago, foram arrancadas das mãos dos romanos durante o tumulto das migrações bárbaras. Assim, a recaptura seria tanto uma empreitada lucrativa, dada a prosperidade da região sob o domínio vândalo, quanto um piparote no orgulho romano.

O projeto cartaginês de Justiniano se tornou possível em termos estratégicos e práticos em setembro de 532, quando o imperador fez um acordo com o rei da Pérsia, Cosroes I. O novo monarca tinha chegado ao poder no outono de 531, com cerca de dezoito anos. Como precisava de tempo para garantir sua instável situação doméstica, concordou em acabar com uma encarniçada guerra que já durava quatro anos, entre Roma e Pérsia, por causa da Armênia. O acordo que os embaixadores de Justiniano firmaram com Cosroes ficou conhecido como a Paz Eterna. Um título bombástico e impreciso, e seus termos obrigaram Justiniano a pagar 11 mil libras de ouro a Cosroes em troca de um cessar-fogo. Mas o imperador ficou livre para se concentrar em campanhas no Ocidente. E ele não perdeu tempo. Nove meses depois da cessação das hostilidades na Pérsia, no verão de 533, uma enorme frota armada reuniu-se nas águas de Constantinopla. As centenas de navios de transporte foram carregadas com 15 mil soldados de infantaria e cavalaria, acompanhados por 92 belonaves a remo conhecidas como drómons. No comando estava Belisário, o general que afiara as garras na Pérsia para depois cravá-las nos revoltosos no Hipódromo de Nika. Era uma armada temível.

No verão de 533, Belisário partiu de Constantinopla com sua frota em direção ao território vândalo, a cerca de 1.500 quilômetros de distância. Depois de duas semanas no mar, aportou na Sicília e fez um balanço das últimas informações sobre Cartago obtidas pela inteligência. As notícias foram promissoras. O rei vândalo naquele momento chamava-se Gelimero. Três anos antes havia assumido o trono ao depor seu primo Hilderico. Na época da usurpação, Justiniano escreveu para repreender Gelimero por sua impertinência; a resposta foi uma carta temperada de ironia, informando que Gelimero agira de acordo com seus direitos e aconselhando Justiniano a não se intrometer. "É melhor administrar o próprio cargo real e não se preocupar com questões alheias que não lhe concernem", escreveu Gelimero. "[Se você] se voltar contra nós, nos oporemos com todo o nosso poder."[34] Porém, em 533, os poderes de Gelimero eram ínfimos.

O rei vândalo foi pego desprevenido pela chegada de Belisário: estava ausente de Cartago, e com muitas de suas melhores tropas mobilizadas numa campanha na Sardenha. Informado sobre esses fatos na Sicília, Belisário cruzou o Mediterrâneo, desembarcou na Tunísia e marchou para Cartago no início de setembro. Derrotou um exército vândalo na batalha em Ad Decimum e matou seu comandante, Amita, irmão de Gelimero. Em 14 de setembro, Belisário entrou na capital vândala. O general invadiu o palácio de Gelimero, no alto do monte Byrsa, sentou no trono e desfrutou de um almoço preparado no dia anterior pelos cozinheiros de Gelimero.[35] "Coube a Belisário naquele dia ganhar tal fama que nenhum dos homens de seu tempo jamais teve, assim como nenhum dos homens de outrora", escreveu Procópio, que estava lá quando o almoço foi servido.[36]

Mesmo levando em conta o vício de Procópio em hipérboles, Belisário tinha conseguido uma grande vitória. Justiniano ficou tão entusiasmado quando a notícia da queda de Cartago chegou a Constantinopla que concedeu a si próprio os nomes *Vandalicus* e *Africanus*. E vitórias ainda maiores se seguiram. Por um curto período de tempo, Gelimero comandou uma campanha insurgente contra o exército imperial de ocupação, oferecendo um pagamento em ouro por cada cabeça romana que os agricultores e camponeses do interior do Norte da África trouxessem para ele. Mas a guerra de guerrilha não durou muito. Em dezembro, os vândalos foram derrotados pela segunda vez, na Batalha de Tricamaro. Gelimero conseguiu fugir e se esconder numa montanha perto da antiga cidade de Medeus, onde foi cercado pelas tropas de Belisário. Depois de alguns meses sitiado no inverno, foi obrigado a se entregar para não morrer de fome. Já prestes a ser capturado, o rei vândalo se mostrou num peculiar estado contemplativo. Durante as negociações finais para suspender o cerco da montanha, disse que seus únicos desejos eram um pedaço de pão, uma esponja para lavar os olhos e uma lira para compor um lamento. Mais tarde, quando ficou claro que não poderia mais evitar sua captura, escreveu: "Não consigo mais resistir à fortuna nem me rebelar contra o destino, mas vou seguir imediatamente para onde pareça melhor me levarem".[37] Com sua autoridade,

Belisário decidiu que a fortuna o levaria a Constantinopla, onde foi entregue a Justiniano como prisioneiro de guerra.

No verão de 534, houve uma celebração formal no Hipódromo para marcar a conclusão da campanha na África, que Procópio chamou de a mais grandiosa desde os dias de Tito e Trajano. O momento culminante veio quando Gelimero foi levado em um desfile pela cidade, junto com mais 2 mil prisioneiros vândalos, todos altos e bonitos. Conduzido ante os pés do imperador, Gelimero foi despido de suas vestes reais e obrigado a se prostrar. No entanto, mesmo nesse momento humilhante, o governante vândalo manteve a dignidade. "Quando Gelimero chegou ao Hipódromo e viu o imperador acomodado em um assento mais elevado e pessoas de pé dos dois lados e olhou ao redor e percebeu a má situação em que se encontrava, ele não chorou nem gritou", escreveu Procópio.[38] Recitou repetidas vezes as palavras do pregador no início do *Eclesiastes*, do Velho Testamento: "Vaidade das vaidades, tudo é vaidade".[39]

Essa atitude enigmática foi suficiente para convencer Justiniano a ser misericordioso. Gelimero havia cumprido corajosamente seu propósito de entreter o público, e por isso foi mandado com a família para viver na Ásia Menor recebendo uma pensão. Enquanto isso, seus companheiros guerreiros foram cooptados pelo exército bizantino e mandados para a fronteira oriental, onde a Paz Eterna com a Pérsia logo se mostrou menos eterna do que anunciada. E a imagem do bárbaro humilhado se tornou um dos pilares da propaganda do imperador — estampada em mosaicos brilhantes no teto da entrada principal do palácio imperial, e, muitos anos depois, literalmente costurada no tecido das decorações do seu funeral.

Havia uma boa razão para isso. A reconquista do Norte da África foi uma vitória importante. É verdade que acarretou consideráveis complexidades políticas para o governo de ocupação bizantino, pois o arianismo tinha de ser erradicado da província, e o equilíbrio entre calcedônios e os miafisitas precisava ser mantido. As incursões de tribos mouras no sul também exigiam uma constante vigilância militar. Porém, para compensar, a derrota dos vândalos reativou as redes comerciais entre o Norte da África e o leste do Mediterrâneo, cujo efeito foi duradouro: a presença bizantina em Cartago se manteve até o final do século VIII. E o efeito mais imediato foi que a campanha contra os vândalos representou um roteiro para mais conquistas no Mediterrâneo central. O alvo seguinte de Justiniano foi a Itália ostrogoda, onde a "outra" capital romana encontrava-se, como Cartago, em mãos bárbaras.

Mas a reconstrução do antigo Império Romano não seria tão fácil quanto uma mudança de regime em uma de suas antigas províncias. E isso não só porque os custos eram grandes. A visão de Justiniano da reconquista romana foi complicada pelo surgimento de um inimigo muito mais inflexível e mortal que qualquer horda de exércitos bárbaros.

Esse inimigo era a *Yersinia pestis*, a bactéria causadora da peste bubônica.

"Lição de Deus"

Na primeira década do seu reinado, Justiniano já havia reformado e reconstruído o Império Romano do Oriente de uma forma que sobreviveria por muitos séculos, montando a base para uma nova e diferenciada era "bizantina" da história imperial. E ainda não mostrava sinais de abrandar. Após a derrota de Gelimero e a ocupação dos territórios vândalos no Norte da África, o imperador mandou Belisário para o Ocidente. Dessa vez, para enfrentar os ostrogodos de Ravena, que agora governavam as terras de Rômulo, Júlio César e Augusto como reis da Itália. Como de costume, Belisário se saiu muito bem, tomando a Sicília antes de fixar seu olhar na Itália continental. Mas fez isso em meio a presságios sinistros, que pareciam sugerir que o próprio universo, e não apenas o Império Romano, estava se distorcendo em uma forma nova e estranha.

O primeiro sinal surgiu em 536, quando a atmosfera pareceu mudar sem nenhuma razão. O sol esmaeceu no mundo todo, o céu escureceu, assumindo uma tonalidade sombria, e as temperaturas caíram sensivelmente, mais ou menos como acontece durante um eclipse solar. Diferentemente de um eclipse, contudo, o estranho panorama não se dissipou em alguns minutos, pois persistiu por dezoito meses. Segundo Procópio, foi "um pavoroso presságio", pois "o sol emitiu sua luz sem brilho, como a lua, durante o ano todo".[40] A escuridão mortal deve ter sido resultado de uma enorme erupção vulcânica, talvez na América do Norte, talvez na Islândia, ou ainda no meio do Pacífico, que lançou ao céu gigantescas nuvens de cinza e poeira. E outra grande erupção vulcânica viria em 539-540, provavelmente em

Ilopango, na El Salvador dos dias de hoje.⁴¹ Juntas, essas explosões naturais expeliram muitas dezenas de quilômetros cúbicos de rocha e liberaram mais de 1 milhão de toneladas de enxofre e cinzas nos céus da Terra, inaugurando uma das crises ambientais globais mais agudas da história da humanidade. Como consequência desse fenômeno, o clima mudou por toda uma década. As temperaturas globais caíram pelo menos 2°C, e os verões praticamente deixaram de existir. Da Irlanda à China, as plantações murcharam e as colheitas secaram. A produção agrícola entrou em colapso. O crescimento das árvores ficou mais lento — em alguns casos elas apenas morriam. Procópio tinha certeza de que determinaria uma grande e histórica mudança no destino dos impérios. "A partir do momento em que isso aconteceu", ponderou, "os homens não estavam livres nem da guerra nem da pestilência e nem de qualquer outra coisa que levasse à morte".⁴²

A primeira onda de mortes foi provocada pelo homem. Sob o céu de chumbo, Belisário comandou as forças bizantinas numa furiosa invasão da Itália, tomando Reggio e Nápoles antes de entrar em Roma sem derramamento de sangue, pois os cidadãos optaram por não resistir. Em maio de 540, abriu caminho lutando para chegar à capital real em Ravena, quando uma trégua foi finalmente estabelecida. A Itália ficou dividida entre os ostrogodos ao norte do rio Pó e os bizantinos ao sul. Apesar de o rei dos ostrogodos, Vitiges, ter sido deposto e levado para Constantinopla, seu povo foi submetido a uma paz surpreendentemente amena. Mas a clemência era uma questão de necessidade, pois em junho do mesmo ano um exército persa comandado por Cosroes I invadiu a Síria bizantina e a grande cidade de Antioquia, queimando-a e saqueando-a com uma terrível perda de vidas. Foi o advento de um novo ciclo de guerras entre Roma e Pérsia. Embora isso só tenha ficado claro em retrospectiva, o Império Romano do Oriente estava prestes a entrar numa debilitante fase de conflitos em duas frentes: com as lutas na Itália se arrastando até os anos 560 e o conflito com os persas por mais duas gerações.

Então, em meio a isso tudo, surgiu a peste. Embora suas origens não possam ser estimadas com precisão, a doença pode ter se originado nas montanhas de Tian Shan (que hoje separam a China do Quirguistão e do Cazaquistão), para depois seguir pela Rota da Seda, por onde passava o grande fluxo de comércio com o Ocidente. A doença não era desconhecida no século VI — haviam ocorrido surtos no mundo romano pouco antes, nos anos 520. No entanto, a peste quase sempre era apenas um intenso fenômeno local. Até que, por alguma razão, entre os anos 520 e 540 — possivelmente no Sudeste da África, nos mercados de marfim da atual Zanzibar —, a doença se transmutou numa estirpe letal. E logo encontrou condições ambientais propícias para causar infecções — a crise climática de 536 contribuiu para isso ao enfraquecer as populações de humanos e ratos e forçá-los a uma coabitação mais próxima que a habitual.⁴³ Em seguida, disseminou-se rapidamente pelas redes comerciais havia muito estabelecidas e em expansão em todo o Mediterrâneo.

Em julho de 541, a população de uma cidadezinha egípcia no delta do Nilo chamada Pelusium (agora Tell el-Farama) começou a morrer em massa, com as axilas e virilhas inchadas e enegrecidas, febre e visões saídas de um pesadelo dançando diante dos olhos agonizantes. A partir dessa cidade, a doença se disseminou em duas direções: para o nordeste, com os navios mercantes e as caravanas que percorriam a costa palestina em direção à Síria e à Ásia Menor; e para o oeste, pelos movimentados portos do Norte da África. A doença continuou se disseminando por quase dois anos, de tal forma que aterrorizou os contemporâneos e confundiu historiadores por muitos anos.*

As cenas de horror presenciadas por escritores como Procópio, João de Éfeso e o estudioso sírio Evágrio Escolástico — ruas desertas e pilhas de cadáveres vazando fluidos corporais como suco de uva, lojas fechadas e crianças famintas, doentes delirando e vagando dementes como fantasmas, os desesperados tentando o suicídio se infectando, mães abortando e centenas de milhares de almas perdidas — assolaram o mundo, deflagradas em diferentes lugares e ocasiões.

Em Constantinopla, onde Procópio afirma que a pandemia matou 10 mil pessoas por dia durante um pico de quatro meses, o próprio Justiniano foi infectado, sofrendo um perigoso inchaço em uma mordida de pulga na coxa. Mas não demorou a se recuperar, e sua capital acabou retornando

---

* Há muitas perguntas sem respostas sobre como uma peste bubônica baseada em cadeias de transmissão rato-pulga-humano (que não parecia passar de forma eficaz de humano para humano) pode ter se espalhado pelo mundo a uma velocidade tão devastadora, especialmente numa era anterior ao transporte de massa motorizado. Esses fatores estão bem resumidos para leitores interessados em Peregrine Horden, "Mediterranean Plague in the Age of Justinian", Michael Maas (org.), *The Cambridge Companion to the Age of Justinian* (Cambridge, 2005), pp. 134-60.

a um aparente estado de normalidade; em 23 de março de 543, o imperador declarou que a "Lição de Deus" tinha acabado. Mas foi o mesmo pensamento positivo que tradicionalmente acompanhava qualquer declaração política das autoridades sobre a doença pandêmica. Na verdade, a peste bubônica continuou a transitar e assolar o mundo mediterrâneo pelo resto da década, ressurgindo de tempos em tempos no mundo todo até 749. Quantas pessoas morreram no total durante esses anos pestilentos é tema de um debate histórico até hoje — em grande parte especulativo, com opiniões que variam de quase ninguém a 100 milhões de pessoas. Mas a ruptura econômica foi real: com os preços do trigo oscilando descontroladamente, a inflação salarial acelerando com o desaparecimento da mão de obra, a sobrecarga no sistema de heranças e uma quase total interrupção das construções. Agravaram-se as pressões sobre o sistema fiscal de Justiniano, já sobrecarregado pelas aventuras militares do imperador. Os impostos subiram, e continuaram altos por muitos anos.[44] E tudo isso ao lado dos horrores que pulsavam nos relatos de testemunhas oculares como João de Antioquia. O testemunho estupefato desses sobreviventes nos diz muito sobre as cicatrizes deixadas pela pandemia na psique do povo.

As coisas se desfazem

Em 547, a basílica de São Vital em Ravena foi oficialmente consagrada. A igreja imponente, construída em terracota e mármore em forma octogonal, foi produto de mais de vinte anos de trabalho, com as fundações fincadas no início do reinado da filha de Teodorico, a rainha regente ostrogoda Amalasunta. Mas quando o arcebispo de Ravena, Maximiano, chegou para consagrar a São Vital, os ostrogodos já haviam sido expulsos de lá e pareciam estar em retirada em toda a Itália.

Assim, o lugar de honra entre os deslumbrantes mosaicos que decoraram a gloriosa nova basílica ganhou os retratos do imperador e da imperatriz bizantinos, Justiniano e Theodora. Justiniano é uma figura ameaçadora na parede, flanqueado por mercenários bárbaros e inúmeros clérigos de rosto severo, alguns de cabelos aparados e outros despenteados e barbados. Por sua vez, Theodora comanda o seu grupo específico — dois clérigos ajudando-a com um sofisticado frasco de ouro numa fonte jorrando, rodeada por mulheres recatadas, todas ricamente vestidas, com os cabelos cobertos. Até hoje quem visitar a basílica pode se sentir extasiado pela majestade dos retratos de Justiniano e Theodora, impressionado pela força da mensagem política, mesmo sabendo de toda a história.

O simples fato de essas imagens estarem expostas em Ravena em 547 já foi uma grande proeza. A capital romana ficou mais de cinquenta anos nas mãos dos ostrogodos, mas o imperador que se recusou a aceitar essa perda nunca mais voltaria. O grande guerreiro Belisário — retratado nos mosaicos da basílica ao lado de Justiniano — liderou o ataque, lutando desde a Sicília até Ravena, tomada dos bárbaros em 540. É verdade que a guerra pela Itália estava longe de terminar — pois, enquanto a basílica de São Vital era consagrada, Belisário estava do outro lado do país, guerreando pela cidade de Roma contra um rei ostrogodo tenaz e poderoso chamado Totila. Mesmo assim, foi um momento de celebração da reabilitação de Bizâncio na Europa, e talvez até um primeiro passo para restaurar algo do Império Romano no Ocidente.

Mas ainda que a consagração da basílica de São Vital tenha um ponto alto — e os mosaicos bizantinos em seu interior sejam até hoje um dos pontos turísticos mais deslumbrantes em toda a Itália —, não demorou muito para a tragédia se abater. No ano seguinte, em junho, Theodora morreu, provavelmente de câncer. Tinha cerca de cinquenta anos e sua morte abalou Justiniano profundamente — então ele estava com mais de 65 anos. Os dois eram verdadeiros parceiros políticos, e foi Theodora quem os salvou do esquecimento por ocasião da Revolta de Nika. Seu trajeto entre uma vida dissipada no entorno decadente do Hipódromo até a posição de *augusta* foi surpreendente. Eram os seus pés que os peticionários precisavam beijar antes de apresentar seus desejos à corte imperial.[45] Justiniano chorou em seu funeral, e não é difícil imaginar que suas lágrimas fossem de verdadeira tristeza e não só para exibição pública.

E isso foi mais do que uma mera tragédia pessoal. Em retrospecto, a morte de Theodora marcou um ponto de virada na sorte do imperador, ou pelo menos coincidiu com ele. As vitórias duramente conquistadas na primeira metade de seu reinado — as abrangentes reformas jurídicas, a sobrevivência em face da Revolta de Nika, a construção da basílica de Santa Sofia, as reconquistas na África e na Itália — ficaram no passado. Haveria mais problemas do que triunfos pela frente.

Alguns dos problemas mais marcantes e intratáveis que Justiniano enfrentou estavam relacionados à religião. Por mais que tentasse, nunca encontrou uma solução satisfatória para os violentos argumentos teológicos que atormentaram o Império e a Igreja no decorrer do século VI. Com a morte de Theodora, as discordâncias entre calcedônios e miafisitas tornaram-se ainda mais difíceis de serem reconciliadas, pois o forte apoio da imperatriz aos últimos mantinha o equilíbrio no palácio imperial, propiciando certa segurança à política religiosa de Justiniano. Sem ela, o imperador ficou perigosamente enfraquecido. Ademais, muitas de suas políticas aumentaram os problemas religiosos. Suas tentativas de recapturar antigos territórios romanos são um exemplo. Onde quer que as tropas bizantinas entrassem, o sectarismo aumentava. E, ao reivindicar territórios dos bárbaros — como Cartago —, Justiniano se expunha cada vez mais às ferrenhas divisões existentes entre arianos e católicos.

Justiniano sabia muito bem desses problemas. Mas não encontrava uma maneira de corrigi-los. Sua grande tentativa de um acordo religioso — uma reunião da Igreja conhecida como o Quinto Concílio Ecumênico, realizado em Constantinopla no início do verão de 553 — foi um enorme fracasso de público. Pouquíssimos bispos ocidentais compareceram, e, afinal, o concílio serviu mais para ressaltar as tristes fraturas da Igreja e a impossibilidade de se chegar a uma posição comum quanto à natureza exata de Cristo — insinuando um futuro em que as igrejas de Constantinopla e de Roma, a exemplo dos impérios romanos que as originaram, tomariam direções divergentes. Uma geração mais tarde, o ilustre acadêmico Isidoro de Sevilha anulou a validade do Quinto Concílio Ecumênico. Isidoro considerava Justiniano um tirano e herege. Na teologia do século VI, esforço e boas intenções não eram dignos de mérito por si sós.

As coisas também não estavam fáceis na política externa. Na Itália, a consagração de São Vital em Ravena não foi seguida por uma pacificação e reanexação total da península. Ao contrário, a violência e a resistência ostrogodas atingiram um pico. O rei Totila — que Procópio viu em pessoa e descreveu como extremamente habilidoso a cavalo, que costumava entrar em batalha com um elmo e uma proteção facial dourada, trocando um dardo de uma mão a outra e girando na montaria "como alguém instruído com precisão na arte da dança desde a infância" — se mostrou um osso duro de roer.[46] Em janeiro de 550, ele obteve uma vitória retumbante quando seus homens tomaram Roma de assalto, matando todos que atravessassem o seu caminho. "Houve uma grande matança", lembrou Procópio, que depois fala dos bloqueios montados por Totila em todas as principais saídas de Roma, utilizados para capturar e matar soldados bizantinos que tentavam escapar da derrota. Muitas e muitas vezes o ostrogodo levou a melhor sobre os generais de Justiniano, e foram necessárias várias hordas de dezenas de milhares de soldados mobilizados na Itália para impedir a ocupação do território.

Só em 552 Totila foi enfim derrotado. Em 554, Justiniano baixou um decreto conhecido como Pragmática Sanção, tornando a Itália uma província do Império com capital em Ravena. (Foram estabelecidos sistemas de governo separados para os Estados insulares da Sardenha, da Sicília e da Córsega.) Mesmo assim a Itália continuou instável. Os ostrogodos tinham sido destruídos, mas também a maior parte do interior da Itália. Milhares morreram durante a luta. Cidades foram arruinadas pelo cerco. Propriedades de aristocratas estavam devastadas. Escravos fugiram. A Itália estava consideravelmente mais pobre do que no início da guerra, pois o exército bizantino havia perseguido a vitória tão obstinadamente que acabou reduzindo o valor do resultado. Assim, embora a Itália fosse teoricamente deles, o controle bizantino do território era fragmentado, na melhor das hipóteses. O resultado, portanto, foi um governo tentando exercer seu poder a partir de Constantinopla em territórios quase 2 mil quilômetros distantes. Entrementes, nos Alpes, um grupo de bárbaros conhecido como lombardo — alguns dos quais haviam servido como mercenários no exército bizantino — começava a planejar sua própria invasão da Itália. Três décadas após a promulgação da Pragmática Sanção, muito do que Justiniano ganhara tão duramente na Itália havia sido perdido, pois a colônia era fraca demais para se defender da ameaça de outros grupos. Embora o Império Bizantino tenha mantido interesses na Itália e em suas ilhas até o século X, depois do reinado de Justiniano a perspectiva de reunir as duas antigas metades do Império Romano parecia diminuir a cada geração.

Uma das razões pelas quais Justiniano teve tanta dificuldade para derrotar os ostrogodos na Itália foi as investidas esporádicas dos persas ao seu reinado pelo Oriente. Seu principal algoz nessa questão foi Cosroes I. O rei persa era um governante inteligente e criterioso, com uma curiosidade omnívora, um interesse especial pela filosofia e uma abordagem rigorosa do que seria uma reforma jurídica. Embora a religião dominante na Pérsia fosse o zoroastrismo, ele entendia o valor de tornar seu império seguro para renegados — como os estudiosos pagãos da escola de filosofia de Atenas —, bem como para as crescentes populações cristãs em suas principais cidades. Assim como Justiniano, Cosroes também era um construtor contumaz, famoso por erguer enormes muralhas defensivas ao redor do seu reino. Sua obra-prima, tão gloriosa quanto a basílica de Santa Sofia, foi o Taq Kasra, um palácio cuja assinatura arquitetônica era a impressionante abóbada construída de tijolos, cujas ruínas solitárias são os únicos vestígios visíveis da outrora poderosa cidade de Ctesifonte, no Iraque atual. Os projetos de construção de Cosroes eram importantes, pois representavam uma extensão de sua percepção de si mesmo: ele se imaginava como um novo Ciro, o Grande.*

A história detalhada das guerras de Justiniano contra Cosroes está além do escopo deste capítulo. Basta dizer, no entanto, que, além da tendência histórica de longa data dos dois impérios vizinhos na disputa por posição e preeminência, tanto Bizâncio como a Pérsia acalentavam interesses econômicos no lucrativo comércio da Rota da Seda, que passava pelas suas fronteiras. Essa realidade econômica e geográfica foi a principal razão pela qual a "Paz Eterna" estabelecida nos anos 530 durou menos de dez anos. Em 540, Cosroes invadiu a Síria, capturou e deportou dezenas de milhares de prisioneiros e escravos. Depois disso ocorreu um ciclo de guerra e paz aparentemente incessante: uma trégua em 545, rompida em 548; outra trégua em 551, rompida em 554. Uma paz de "Cinquenta Anos" em 562, que acabou sendo tudo menos uma paz. E assim por diante. Os impérios patrocinaram guerras por procuração entre tribos árabes rivais em suas fronteiras e se enfrentaram diretamente por pontos de fronteira sensíveis, como um triângulo de território conhecido como Lázica, na costa leste do mar Negro. As tréguas eram raras e preciosas, e as exigências militares impostas pela guerra a Constantinopla não tinham fim.

---

* Construtor de impérios e fundador da dinastia aquemênida, Ciro II conglomerou o que na época foi o maior império já visto no mundo, estendendo-se do Norte da Índia à Ásia Menor. Quando morreu, em 530 a.C., ficou conhecido como o "Rei dos Quatro Cantos do Mundo".

Nos anos 540, Justiniano inaugurou uma enorme coluna monumental para si mesmo no centro de sua capital, na praça conhecida como Augusteu,* entre a Santa Sofia e o Grande Palácio. O imperador foi retratado a cavalo numa escultura de bronze sobre um pilar de tijolo e bronze com uma esfera na mão esquerda — o mundo encimado por uma cruz — e a mão direita erguida numa saudação ao Oriente, em direção à Pérsia. ("Apontando com os dedos, ele ordena que os bárbaros daquele lugar permaneçam em casa", escreveu Procópio.⁴⁷) O elmo ricamente emplumado foi uma tentativa imperceptível de evocar o herói Aquiles da Antiguidade. Mas, apesar de todo o alarido desse tipo de propaganda visual, o problema com os persas se mostrou tão insolúvel para Justiniano quanto suas querelas em relação à Igreja. Bizâncio e a Pérsia pareciam destinados a uma guerra sem fim — pelo menos até o surgimento de outro grande poder na região. Isso aconteceria — como veremos no próximo capítulo —, mas Justiniano não estaria vivo para ver.

Não surpreende que tudo isso tenha afetado Justiniano, que sofreu o infortúnio de muitos grandes governantes em vida de ver suas realizações desmoronarem. Em 557-558, uma série de terremotos e tremores demoliu a cúpula da basílica de Santa Sofia. Um ano depois, uma coalizão de bárbaros eslavos vindos do outro lado do Danúbio — a tribo dos cutrigures — rompeu as defesas imperiais e ameaçou as muralhas de Constantinopla. Apesar de terem sido repelidos, o terror na capital tornou-se palpável, e Justiniano foi forçado a chamar um idoso Belisário, já aposentado, para afugentar os cavaleiros cutrigures. Foi o canto do cisne do velho general: dois anos depois de salvar a cidade, Belisário foi implicado numa conspiração contra o imperador e obrigado a sofrer as humilhações de um julgamento público. Belisário foi perdoado por seus supostos crimes, mas morreu na primavera de 565 com a reputação destroçada.

O imperador morreu logo depois de Belisário, em 14 de novembro de 565, no esplendor imponente de seu palácio, depois de nomear como sucessor o seu sobrinho Justino II. Sua urna funerária foi decorada com imagens de sua pompa: esmagando Gelimero com os calcanhares sob o olhar amedrontado dos bárbaros. Lá estava o imperador dos anos 530,

---

* Hoje conhecida como praça de Santa Sofia (Ayasofya Meydani), em Istambul.

determinado a restaurar a glória de Roma e a reverter a maré da história. No entanto, como Gelimero havia alertado, para os reis terrenos, tudo era vaidade. E quando Justiniano morreu, muitas de suas realizações corriam o perigo de se esvanecer. Em meio à incerteza dos anos 560, o auge de Justiniano deve ter parecido algo muito distante no tempo.

Depois de Justiniano

Em qualquer época, o reinado de Justiniano teria sido algo difícil de seguir, e seus sucessores imediatos lutaram para lidar com o legado deixado por ele. Seu sobrinho Justino II reinou por treze anos, período em que reforçou as finanças imperiais, mas ganhou a reputação de tirano e avarento. Foi fustigado pelos lombardos na Itália, por ataques tribais vindos do Danúbio e dificuldades perpétuas na fronteira da Pérsia. Acabou enlouquecendo, talvez compreensivelmente, depois de um revés desastroso na frente persa em que Cosroes tomou a importante fortaleza bizantina de Dara. De 574 até sua morte, em 578, Justino teve surtos intermitentes de incoerência, e a contragosto teve de dividir o poder de Constantinopla com sua esposa Sofia e o comandante do palácio, Tibério, seu filho adotivo.

Tibério se tornou imperador por direito legítimo, mas sem muito mais sucesso que Justino. Talvez seu maior legado tenha sido ter o grego como língua nativa, para quem o latim era um idioma compreensível, porém estrangeiro. Depois dele, o grego se tornaria a língua do palácio e do Império, na medida em que Constantinopla se afastava cada vez mais de seus laços culturais com a antiga Roma e o mundo mediterrâneo ocidental. Outro fato notável foi a natureza bizarra da sua morte: ele morreu, ou assim diz a história, ao comer um prato de amoras envenenadas, em agosto de 582.

O sucessor de Tibério foi seu genro, Maurício, um general da mesma estirpe do falecido Belisário. Maurício foi autor de um texto militar seminal conhecido como *Strategikon*, que se tornou leitura obrigatória para aspirantes a oficiais em todo o Ocidente por quase mil anos. Foi bom para Maurício saber como planejar uma batalha, pois houve muitas delas em seu reinado de vinte anos. Na Pérsia, conseguiu uma vitória importante quando interferiu em uma disputa de sucessão para depor Hormisda IV e substituí-lo por seu filho Cosroes II. Maurício aderiu formalmente a Cosroes e acordou uma nova paz "perpétua" com a Pérsia. Mas as coisas não correram tão bem na Itália, onde os territórios bizantinos passaram a ser designados como o Exarcado de Ravena,* onde os lombardos mantiveram presença inabalável. Maurício se desentendeu várias vezes com o papa Gregório I, o Grande, que não gostou da reivindicação do patriarca de Constantinopla de ser o líder "ecumênico" de toda a Igreja. Nos Bálcãs, Maurício passou todo o seu reinado lutando para conter os ávaros. Em 602, parecia tê-los expulsado para o outro lado do Danúbio para sempre, mas nem isso foi tão bom quanto parecia. Sua insistência para que as tropas passassem o inverno no norte do Danúbio, combinada com seu hábito de reter o salário dos seus soldados, provocou um motim no exército, liderado por um oficial chamado Focas. Em novembro, os soldados rebelados marcharam contra Constantinopla, o povo se revoltou e Maurício fugiu. Mais tarde, foi capturado e morto, juntamente com os filhos. Seu cadáver foi profanado e exibido em público. Foi uma nova e assustadora inserção de violência na política imperial, que se tornaria uma especialidade bizantina: uma monarquia hereditária intercalada por assassinatos. Depois de oito anos de um governo notavelmente incompetente, em 610 Focas foi deposto e morto.

O assassino de Focas, Heráclio, em certo sentido era o verdadeiro herdeiro de Justiniano. Não só por ter se envolvido em um casamento um tanto escandaloso: sua segunda esposa era sua sobrinha, Martina, uma relação incestuosa que deveria ser ilegal. Heráclio reinou por mais de três décadas e pôs fim a muitas lutas exaustivas iniciadas quase um século antes. Sob seu governo, as ambições bizantinas na Itália foram gradualmente rebaixadas de sonhos de conquista à manutenção do que fora conseguido. A frente balcânica foi fortalecida. O Norte da África foi assegurado, mas a pequena presença bizantina na Espanha visigótica foi abandonada, finalmente encerrando os interesses romanos na antiga Hispânia. E a questão persa foi espetacularmente resolvida em favor do Império — embora o desfecho tenha tido um custo quase fatal para ambos os lados. Em outras palavras, depois do reinado de Heráclio, foi concluída a transformação territorial do

---

* As possessões bizantinas em torno de Cartago também foram organizadas como o Exarcado da África.

Império, de Roma para Bizâncio. Agora era um Estado de língua grega, focado em dominar o Mediterrâneo oriental, com o poder concentrado em Constantinopla, com seus rivais geopolíticos mais importantes no sul e no leste. E assim permaneceria por aproximadamente oito séculos e meio.

Mas houve uma última reviravolta na história. A luta que definiu o reinado de Heráclio foi a guerra com a Pérsia. Mas quando usurpou o trono, Bizâncio estava à beira da aniquilação. Durante os anos 610, Cosroes II — tendo convenientemente esquecido que fora Bizâncio que o alçara ao trono — mandou seus exércitos invadirem o território romano. A ofensiva tomou a Mesopotâmia, a Síria, a Palestina, o Egito e grande parte da Ásia Menor. Quando a cidade de Jerusalém caiu, em 614, os persas se apossaram da relíquia mais preciosa do cristianismo: um fragmento da Vera Cruz. Para piorar a situação, o caos semeado no leste permitiu que tribos como a dos ávaros invadisse os Bálcãs. No ano seguinte, os persas podiam ser vistos em feudos militares no Bósforo, enquanto Heráclio fazia planos desesperados para mudar a capital do Império para Cartago e abandonar Constantinopla ao seu destino. Nunca o Império Romano esteve tão perto da destruição. Se Heráclio não tivesse proposto uma paz custosa e desesperada, o ano 615 poderia muito bem ter marcado o fim da história.

Mas não marcou. Depois de salvar sua cidade, Heráclio passou os sete anos seguintes reconstruindo suas Forças Armadas, preparando-se para retomar a luta com Cosroes. E foi o que fez nos anos 620 — com resultados espetaculares. Sua política de fazer marchar seus exércitos atrás de bandeiras mostrando ícones de Cristo, conferindo um aspecto explicitamente santo à sua guerra de reconquista, reverberaria com força muitos séculos mais tarde, no período das Cruzadas. E assim como aconteceria durante as Cruzadas, Cristo parecia conceder ao seu povo um sucesso deslumbrante.

Em quatro campanhas, os soldados bizantinos destruíram seus adversários persas na Armênia e na Mesopotâmia. Depois de uma vitória estrondosa na Batalha de Nínive, em 628, Heráclio chegou perto de capturar Ctesifonte. Recuperou a Vera Cruz, que foi mandada de volta a Jerusalém em triunfo. No mesmo ano, Cosroes II foi deposto em um golpe palaciano e assassinado. Seu filho, Cavades II, que liderou a conspiração, imediatamente propôs um acordo de paz e devolveu todos os territórios tomados pelo pai. Finalmente ocorreria uma espécie de paz eterna. Seis séculos de guerras intermitentes entre os Impérios Romano e Persa morreram com Cosroes

II. Heráclio adotou um novo título: ele não seria mais *augustus*, mas *basileus* (βασιλεύς) — um termo grego que implica uma majestade equivalente ao rei dos reis da Pérsia. Todos os imperadores bizantinos seguiriam essa tradição.

No entanto, apesar de a vitória sobre os persas ter sido retumbante e total, não significava que o Império Bizantino estivesse livre para retomar sua supremacia regional. Pois, a despeito de tudo o que havia conseguido, Heráclio percebeu que era tão vulnerável à roda da fortuna quanto Justiniano. Vaidade, Gelimero havia avisado. Tudo era vaidade. Tão logo a Pérsia foi derrotada, um novo poder surgiu.

Os árabes estavam chegando.

4
ÁRABES

"Allahu Akbar!"
Exclamação e grito de guerra
islâmicos tradicionais

No alto verão, em algum ponto entre 634 e 636 d.C.,[*] a "Espada de Deus" (*Sayf Allah*) chegou ao portão leste de Damasco.[1] O nome da Espada era Khalid ibn Al-Walid, um general durão: veterano de muitas batalhas, altamente motivado por guerras no deserto e butins. Era um dos oficiais mais antigos de um exército que recentemente irrompera da península Arábica, equipado com nada mais que lâminas afiadas e a força de uma nova fé. Khalid era muçulmano — membro da tribo coraixita e um dos primeiros seguidores do islã. Seu apelido foi dado pelo próprio profeta Maomé, o homem a quem a palavra de Deus (*Alá*) havia sido revelada.

Maomé morrera em 8 de junho de 632, e Khalid devia seu alto comando militar ao sucessor terreno de Maomé (*khalifa*, ou califa), um

---

[*] Datar os eventos das primeiras conquistas árabes com exatidão é tão difícil que beira a futilidade. As fontes sobre as quais qualquer relato — inclusive este — devem se basear são por vezes contraditórias, inadequadas e indiferentes à sequência dos eventos esperada por um historiador moderno. Deve-se considerar que praticamente todas as sentenças na narrativa deste capítulo podem ser contestadas, e que em muitos casos diferentes conjecturas sobre datas e eventos têm profundas implicações teológicas, que até hoje estimulam discussões acadêmicas e religiosas. Não desanime. Os rancorosos conflitos de longa data sobre as origens do islã político e as conquistas árabes são, em muitos aspectos, o que torna hoje essa passagem da história medieval tão intrigante — e tão importante.

comerciante mais velho e franzino, com um rosto fino e uma barba rala e tingida, chamado Abu Baquir, líder dos Crentes (*Amir al-um'Minin*).² Ao promover Khalid, o califa estava reconhecendo os leais serviços do general na década anterior. Embora tenha se oposto a Maomé durante os primeiros dias do crescimento do islã como força política e movimento espiritual na Arábia ocidental — e até infligido uma dura derrota militar ao profeta —, Khalid se converteu nos anos 620, e desde então serviu com distinção. Na Arábia, lutou contra tribos rivais e outros potenciais califas, além de ter invadido o Iraque e derrotado o exército persa. Para chegar a Damasco, arrastou sua brigada em uma marcha infernal de seis dias através do árido deserto sírio. Seu único recurso para transportar água suficiente para essa marcha foi forçar aproximadamente vinte camelos velhos e gordos a beber enormes quantidades de água, amarrar a boca dos animais para impedi-los de ruminar e matar vários deles diariamente para retirar a água de seus estômagos.³ Agora, às portas de Damasco, Khalid se preparava para enfrentar seu inimigo mais perigoso até então.

Damasco era uma das principais cidades da Síria bizantina: um prestigiado reduto imperial na orla do deserto, uma cidade tão antiga quanto algumas das mais antigas histórias bíblicas, entrecruzada por ruas e canais estreitos e uma larga avenida conhecida como rua Chamada Direita, salpicada de igrejas e abrigando uma magnífica relíquia cristã: a cabeça de João Batista. As sólidas muralhas de pedra da cidade — construídas originalmente em forma retangular por sucessivos imperadores romanos dos séculos II e III d.C. — estendiam-se por 1.500 metros nos lados mais longos e metade disso nos mais curtos. Os sete portões ao redor eram fortemente guardados, e uma fortaleza no canto nordeste continha uma guarnição greco-armênia cujo dever era mantê-la em nome do imperador Heráclio. A cidade também abrigava os remanescentes de um exército bizantino derrotado recentemente pelos árabes no vale do Jordão, que haviam se refugiado lá para se reagrupar. Para tomar Damasco, o Khalid teria de ser tão forte quanto inteligente.

De início, a perspectiva de tomar a cidade não parecia boa. Os árabes tinham mobilizado alguns dos seus melhores generais e as tropas mais experientes em campo — inclusive Amr ibn al-As, tão veterano em batalhas quanto Khalid, posicionado a oeste de Damasco, em frente ao portão de São Tomás. A rota ao norte da cidade para um pequeno vilarejo chamado

Barza fora bloqueada. No entanto, os generais árabes não tinham grandes máquinas de sítio ou armamentos avançados — inclusive tiveram de invadir mosteiros próximos para obter escadas. Nessas circunstâncias, o único método plausível de tomar uma cidade era forçar os habitantes à submissão pelo medo, pela fome ou pelo tédio. Isso geralmente significava impor um bloqueio: armar barricadas em todos os portões da cidade e não permitir que ninguém além dos enviados entrasse ou saísse. Mais importante, encontrar uma maneira de entrar nas mentes dos sitiados, convencendo-os de que a chance de escapar com vida aumentaria se deixassem os agressores entrar, sem resistência.

Exatamente quanto tempo Khalid, Amr e seus companheiros passaram no cerco a Damasco é questão de algumas conjeturas: as estimativas variam de quatro meses a mais de um ano. Com certeza foi tempo suficiente para convencer os cidadãos de que não adiantava esperar qualquer alívio do imperador Heráclio. Depois de uma série de reveses para os árabes — inclusive a perda da magnífica cidade síria meridional de Bosra —, Heráclio se mostrava relutante em gastar energia com inimigos momentaneamente em ascensão, mas cujos recursos, dedicação e união poderiam logo entrar em colapso. Os árabes não eram os persas. Afinal, eles não estavam prestes a dominar o mundo.

Mas acontece que... eles estavam.

Como muitas das conquistas árabes dos séculos VII e VIII, os relatos contemporâneos (e os quase contemporâneos) do cerco de Damasco são emaranhados e difíceis de conciliar. Mas o que podemos dizer com alguma confiança é que, depois de uma longa espera, Khalid ibn Al-Walid e o exército árabe desgastaram a resistência dos damascenos até não restar nada. Em uma das versões, Khalid montou uma rede de espiões que o informou de que o governador bizantino da cidade estava organizando uma grande festa para celebrar o nascimento de um filho; no auge da festa, os homens de Khalid lançaram cordas com ganchos, escalaram as ameias ao redor do portão leste aos gritos de *Allahu Akbar* (Deus é grande), eliminaram uma pequena guarnição e invadiram. Em outra versão, os cidadãos, exauridos pelo cerco, previram essa invasão, abriram negociações no portão onde se encontrava Amr e concordaram em se render. Talvez as duas histórias sejam verdadeiras.[4] Seja o que for que tenha acontecido, em 635 (ou possivelmente em 636), a cidade foi formalmente entregue aos muçulmanos, sob termos financeiros extorsivos, numa conferência de paz em um mercado coberto no centro da cidade. "Damasco foi conquistada e seus habitantes pagaram a *jizyah*", escreveu o cronista Al-Tabari, autor de uma história monumental do islá no início do século X.[5] (Por *jeniyah*, ele quis dizer um "imposto por pessoa": o mesmo pago por judeus, cristãos e outros monoteístas para viver e venerar em paz.) Foi um enorme impulso ao moral árabe. O insulto ao orgulho bizantino foi palpável. E ainda havia muito mais por vir.

Quando percebeu que não poderia simplesmente ignorar a ameaça árabe e esperar que ela se extinguisse sozinha, Heráclio mandou um exército à Síria, que relatos posteriores estimaram em 150 mil soldados.[6] (O mais provável é que fossem cerca de 20 mil.) Era uma miscelânea formada por gregos, armênios e árabes cristãos, muitos dos quais não conseguiam ou se recusavam a falar uns com os outros por causa de diferenças de linguagem, seita religiosa ou opinião política. Os árabes rapidamente mobilizaram um número equivalente de homens na região, e os dois grandes exércitos se enfrentaram perto do vale do rio Jamurque, atualmente na fronteira sensível entre a Síria, a Jordânia e as Colinas de Golã. A longa batalha perdurou por várias semanas, talvez em agosto de 636, e, em um momento vital da luta, Khalid — que mais uma vez foi um dos principais oficiais no campo, apesar de ter caído em desgraça com o novo califa, Omar — fez um discurso inspirador para os soldados. Disse que aquela era "uma das batalhas de Deus", pediu para "se esforçarem sinceramente, em busca de Deus em suas ações" e aceitassem que talvez dessem suas vidas em nome de Alá.[7]

Esse apelo à fé inerente aos muçulmanos — em conjunção com as habilidosas táticas de cavalaria de Khalid, as dissensões internas crônicas entre os bizantinos, um surto de peste e uma violenta tempestade de areia — resultou na vitória dos árabes. Escrevendo a cerca de 4 mil quilômetros de distância e algumas décadas depois, um cronista franco, bem informado sobre assuntos orientais, lamentou que na Batalha de Jamurque "o exército de Heráclio fora golpeado pela espada do Senhor".[8] Deus tinha escolhido um lado, e parecia ter sido em favor dos exércitos do islá.

O cerco de Damasco e a Batalha de Jamurque lançaram as bases para uma rápida e surpreendente conquista árabe da Síria bizantina, da Palestina e do Egito. Em 638, Jerusalém foi rendida pelo patriarca Sofrônio, que entregou o controle da cidade de forma pacífica, mas depois lamentou seu destino em sermões, dizendo aos fiéis que a chegada dos "sarracenos vingativos que odiavam Deus" era evidência mais clara da irritação de Deus com a pecaminosidade cristã.[9] Mas parecia ser tarde demais para o rebanho de Cristo apaziguar seu senhor. Em 641, após uma série de sítios, os exércitos muçulmanos tomaram a cidade portuária estrategicamente vital de Cesareia. Muitos dos 7 mil defensores não conseguiram ser evacuados por navio para Constantinopla e foram executados depois da queda da cidade.[10] Heráclio morreu nesse mesmo ano. Na época da fatídica Batalha de Jamurque, ele proferiu palavras que se revelaram absolutamente proféticas: "*Sosou Syria*" ("Descanse em paz, Síria").[11]

A conquista árabe da Síria em 632-642 foi uma das realizações mais surpreendentes da época. Em primeiro lugar, cortou afinal e permanentemente a ala oriental do Império Bizantino, que fora território romano por quase setecentos anos; a fronteira de Bizâncio foi empurrada para as montanhas de Amanus, na divisa oriental da Ásia Menor, a qual raramente ultrapassaria durante o resto da Idade Média. Muito mais significativo, porém, é o fato de a Síria ter sido um dos primeiros grandes triunfos de uma nova potência que estava prestes a se espalhar pelo mundo todo, ramificando-se até as fronteiras da China e a costa atlântica da Europa, estabelecendo um Estado islâmico que cobriria mais de 12 milhões de quilômetros quadrados. Entre a morte de Maomé e o colapso do califado omíada, em 750, os exércitos árabes eram vistos em toda a Ásia Central, no Oriente Médio e no Norte da África, em toda a península Ibérica visigótica e até mesmo no Sul da França. Impuseram governos islâmicos e introduziram novos modos de vida e comércio, de aprendizado e pensamento, de arquitetura e orações. A capital do vasto califado seria a própria Damasco, coroada com sua Grande Mesquita — uma das obras-primas da arquitetura medieval em qualquer parte do mundo. Em Jerusalém, a Cúpula da Rocha foi construída sobre o local do antigo Segundo Templo judaico — e sua cúpula cintilante tornou-se um ícone no famoso horizonte da cidade. Em outros lugares, grandes cidades novas como o Cairo (Egito), Kairouan (Tunísia) e Bagdá (Iraque) se desenvolveram a partir de cidadelas militares árabes, enquanto outros assentamentos, como Merv (Turcomenistão), Samarcanda

(Uzbequistão), Lisboa (Portugal) e Córdoba (Espanha) tornaram-se grandes cidades mercantis e comerciais.

O califado estabelecido pelas conquistas árabes era mais do que apenas uma nova federação política. Era específica e explicitamente um império de fé — mais do que o Império Romano conseguiu ser, mesmo depois da conversão de Constantino e das reformas de Justiniano; mesmo depois de uma promulgação no final do reinado de Heráclio, que obrigava todos os judeus de Bizâncio a se converterem ao cristianismo. Dentro do califado, uma língua antiga — o árabe — e uma nova religião — o islamismo — foram cruciais para a identidade dos conquistadores, e com o passar do tempo tornaram-se cada vez mais centrais na vida dos conquistados.

A criação de uma *Dar al-Islam* (morada, ou casa do islã) global nos séculos VII e VIII teria profundas consequências durante o restante da Idade Média, e na verdade ainda no mundo de hoje. Com exceção da Espanha e de Portugal (e, mais tarde, a Sicília), quase todos os principais territórios capturados pelos exércitos islâmicos do início da Idade Média mantiveram, e mantêm até hoje, uma identidade e uma cultura islâmicas. O espírito de invenção científica e investigação intelectual que floresceu em algumas das maiores e mais cosmopolitas cidades islâmicas teria um papel fundamental no Renascimento, durante o final da Idade Média.

Os cismas surgidos nos anos de formação do islã medieval influenciaram o Oriente Próximo e o Oriente Médio, e continuaram norteando a política externa no mundo moderno. As raízes da divisão entre sunitas e xiitas remontam aos dias dos primeiros califas, enquanto a divisão entre árabes e persas surgida no século VIII continua no Oriente Médio moderno na rivalidade geopolítica entre a Arábia Saudita e o Irã. O legado complexo de conflito e coexistência entre muçulmanos, judeus e cristãos se origina em parte das primeiras conquistas árabes medievais. As batalhas refratadas pelas lentes da fé continuam ferozes, muitas vezes nos mesmos locais de mais de mil anos atrás: Palestina, Jerusalém, Síria, Egito, Iraque, Irã e Líbia. Para pinçar apenas um exemplo, a cidade de Damasco não só foi sitiada na década de 630; foi atacada pelos exércitos da Segunda Cruzada nos anos 1120, sitiada por mongóis muçulmanos e turcos em 1400, sofreu com massacres religiosos nos anos 1840 e 1860, foi bombardeada pelos franceses nos anos 1920 e tem sido obstinadamente disputada pelas várias facções da atual Guerra Civil Síria. Durante o último desses conflitos, uma notória batalha ocorreu em um bairro de Damasco conhecido como Campo de Jamurque.

Trata-se de um legado incrível. Mas ainda há mais. As conquistas árabes lançaram as bases para a ascensão do islã como uma das maiores religiões do mundo. Em 2015, foi estimado que havia 1,8 bilhão de muçulmanos no mundo — cerca de 80% a 85% sunitas e 15% a 20% xiitas. No Oriente Médio o islã é de longe a religião dominante, mas é também a principal religião no Norte e no Leste da África, a segunda maior na Grã-Bretanha e na Europa continental e a terceira maior nos Estados Unidos. Ao todo, um quarto da população mundial segue alguma versão da mesma fé professada por Khalid ibn Al-Walid, Amr Al-As e seus companheiros diante das muralhas de Damasco nos anos 630.

***

O nascimento de uma fé

A cidade de Meca fica em um vale quente, mais ou menos a meio caminho entre a península Arábica ocidental, na região conhecida como Hejaz. Localizada a cerca de oitenta quilômetros da costa, é protegida dos grandes areais do interior árabe pelas montanhas de Sirat (*Jibal al-Sirat* ou *Al-sirawat*).[12] Meca tem um clima temperado nos meses de inverno, mas é terrivelmente quente nos seus longos verões, quando as temperaturas diurnas muitas vezes sobem para mais de 45°C. Contudo, apesar do clima sufocante, que no início da Idade Média tornava impossível uma agricultura eficaz, a geografia e a espiritualidade fizeram de Meca uma cidade muito importante. No século VII d.C., Meca tinha uma economia próspera, por ser um ponto de parada em uma grande trilha de caravanas, percorrida por camelos e seus condutores transportando mercadorias desde os movimentados portos do mar Vermelho até os mercados mais ao norte. Perfumes, especiarias, escravos e peles de animais, tudo passava pelas grandes cidades-oásis árabes como Medina, e também pelos ricos mercados ricos da Pérsia e de Bizâncio. Os habitantes mais bem-sucedidos da Meca do século VII eram mais do que simples comerciantes: eram uma classe de comerciantes e investidores empreendedores — protocapitalistas que sabiam como explorar oportunidades que a geografia e o acesso a financiamento imediato ofereciam. Mas abaixo deles havia uma subclasse descontente, alijada dos lucros dos negócios e dos investimentos e cada vez mais consciente do abismo que se aprofundava entre ricos e pobres.[13]

Porém, ser uma passagem comercial não era a única vantagem de Meca. Era também um local de peregrinação à Caaba, um templo cúbico de rocha vulcânica negra construído pelo patriarca Abraão, do Velho Testamento, ou ao menos era o que dizia a tradição.[14] Os peregrinos vinham de muitos quilômetros de distância para prestar obediência aos deuses cujos ídolos ficavam alojados em torno da Caaba, e para ver, em seu canto oriental, a tão venerada Pedra Negra. Essa pedra sagrada — que algumas tradições supõem ser um meteorito lançado do céu para a Terra — era ainda mais antiga do que a própria Caaba. De todos os deuses e deusas venerados lá, o mais importante era Alá, mas no início do século VII outros nomes também foram reverenciados no local: Hubal se erguia imponente entre eles, assim como as três deusas, Monat, Al-lat e Al-Uzza.[15] Havia até uma imagem da Virgem Maria e de Jesus no interior da Caaba. A história tradicional sugere que havia um total de 360 ídolos dentro e ao redor do templo.

É impossível saber se esse número pode ser considerado literalmente. O que podemos dizer é que a Arábia medieval era um cadinho fértil para cultos e divindades. Em algumas cidades e regiões (particularmente a região que hoje chamamos de Iêmen) havia comunidades prósperas de judeus e cristãos árabes. Mas em muitos outros lugares o politeísmo pagão era a norma. Assim, havia o que poderíamos definir como monoteístas pagãos — que acreditavam em um só Deus, mas não o mesmo Deus das escrituras judaica ou cristã. Profetas do deserto, místicos, monges e eremitas abundavam, alguns seguindo as tradições dos primeiros "padres do deserto" cristãos, que buscavam a proximidade com Deus pela vida ascética nas areias calcinadas pelo sol.* Em suma, a religião árabe era diversificada, flexível e bem localizada, o que era natural. A sociedade era essencialmente tribal, e, apesar da proximidade com diversas superpotências regionais – Bizâncio e a Pérsia zoroastra, bem como a Etiópia cristã —, nenhuma delas

---

* Já foi diversas vezes notado que as três grandes religiões abraâmicas — o judaísmo, o cristianismo e o islamismo — têm ligações profundas com o deserto, na medida em que todas poderiam ser definidas como religiões do deserto. A noção de um Deus único pode ser rastreada até as areias do antigo Egito na época de Akhenaton (c. 1351-1335 a.C.).

jamais conseguiu dominar os árabes por tempo suficiente para apoiar ou reforçar a propagação de uma fé estabelecida por um Estado. O melhor que os bizantinos e persas conseguiram fazer foi cooptar dois grupos tribais do Norte da Arábia, os lacmidas e os gassânidas, para suas guerras por procuração. Isso era clientelismo, não colonialismo. Na Arábia, a mudança estava destinada a vir de dentro.

A partir de meados do século V d.C., a principal tribo em Meca era a dos coraixitas — e foi nessa tribo que Maomé nasceu, por volta de 570. Apesar de ter nascido em uma família razoavelmente rica do clã Banu Hashim, sua infância foi marcada por perdas pessoais. Aos oito anos, perdeu o pai, Abd Allah, e a mãe, Amina. Desde o final da infância foi criado pelo avô, e mais tarde por um tio, Abu Talib, o líder do clã Banu Hashim. Aos dois anos, Maomé passou algum tempo com beduínos no deserto como um filho adotivo.* Um dia, seu irmão de adoção viu anjos vestidos de branco aparecerem, retirarem o coração de Maomé, limpá-lo com neve e colocá-lo de volta, então purificado, em seu corpo.[16] Depois disso, durante toda a sua juventude, místicos e monges iriam prever que ele estava destinado à grandeza — ou ao menos estas foram as histórias contadas mais tarde, depois que assumiu seu estado de grandeza.

Mas a grandeza chegou relativamente tarde na sua vida. Maomé trabalhava como comerciante quando, por volta dos quarenta anos de idade (em c. 609-610), começou a ter sonhos, visões e receber visitas de seres celestiais. O ponto de inflexão aconteceu enquanto estava numa caverna no monte Hira, nos arredores de Meca, um lugar ao qual gostava de ir de vez em quando para meditar e refletir. Em um desses dias recebeu a visita do anjo Gabriel, que se dirigiu a ele diretamente e ordenou que repetisse suas palavras. Maomé entendeu que fora escolhido como profeta e mensageiro de Alá — o último de uma longa linhagem que remontava a Jesus, Salomão, David, Abraão, Noé e Moisés até chegar ao primeiro homem, Adão. Essa foi uma grande revelação, mas Maomé superou seu terror e confusão iniciais. A visita seguinte demorou três anos para acontecer, mas, quando aconteceu, Maomé começou a ouvir a palavra de Deus

---

* Era uma prática tradicional na época entre os coraixitas: as crianças eram temporariamente adotadas por nômades, para melhorar a saúde e se imbuir do espírito do deserto. Ver Lings, *Muhammad*, pp. 23-4.

regularmente, às vezes em forma falada e às vezes como um zumbido que precisava ser decifrado. O anjo mostrou a Maomé as abluções rituais e a melhor maneira de orar a Alá. Foram os ritos básicos de uma nova religião: o islamismo. As revelações de Maomé, como ele as recitou em árabe, acabaram por ser reunidas na forma do Corão. Mais tarde, fragmentos do discurso do profeta, juntamente com memórias orais de suas opiniões e ações, conhecidas como *hadith*, foram compilados como a *sunnah* — que contribuiu para a formação de um código jurídico e um quadro moral islâmicos.

***

Mas uma nova religião nada seria se não tivesse seguidores. Maomé estava longe de ser o único profeta da Arábia medieval, e a fé monoteísta, baseada em rituais, que passou a dedicar a vida a pregar era apenas um entre as centenas de sistemas de crenças e cultos vivos entre as tribos. Sua luta, portanto, era convencer os outros a segui-lo na veneração apropriada a Alá. Astuto e inteligente, com uma reputação de confiabilidade, prudência e autocontrole, Maomé teve pouca dificuldade em persuadir a família e os amigos de sua causa; os primeiros adeptos incluíam sua esposa Cadija, o sobrinho Ali, o querido amigo Abu Baquir e seu filho adotivo Zaid. Mas outros árabes — inclusive os coraixitas — demoraram um pouco mais para se convencerem. A mensagem de Maomé — de que todos os outros deuses e ídolos deviam ser rejeitados em favor de Alá — não era uma proposta comercial promissora numa cidade cuja economia dependia em grande parte de turistas peregrinos politeístas. Alguns anos antes, Maomé teve um papel importante na nova posição da Pedra Negra sagrada na Caaba recém-reformada. Pregava uma nova religião que ameaçava solapar tudo o que a Caaba representava.

A carreira de pregação pública de Maomé começou de fato em 613, causando reações distintas. Ainda que sua defesa da caridade, da oração e do monoteísmo tenha encontrado um público disposto a se converter entre os habitantes comuns de Meca, principalmente — mas não exclusivamente — os pobres indigentes que lutavam para sobreviver e os árabes da grande Hejaz, os grupos mais poderosos e influentes de Meca consideravam o profeta incômodo, na melhor das hipóteses, e talvez até francamente perigoso para a ordem pública. Como o outro grande profeta e pregador Jesus de Nazaré demonstrara seiscentos anos antes, qualquer indivíduo carismático e piedoso que tentasse construir um credo religioso em torno de temas como a pobreza e a desigualdade social chamaria a atenção de inimigos ricos e poderosos. Maomé logo se tornou um pária em sua própria tribo. A primeira crise ocorreu em 619 — o "Ano da Tristeza" —, com a morte de Cadija e Abu Talib. Essa dupla perda enfraqueceu muito a posição de Maomé no clã Banu Hashim e na tribo coraixita em geral. Nos três anos que se seguiram o perigo tornou-se existencial. De início, Maomé e os muçulmanos foram vítimas de escárnio e provocações, depois perseguidos ativamente. Vários morreram sob torturas, e muitos fugiram do Hejaz, atravessando o mar Vermelho em busca de refúgio na Etiópia.

Em 622 — o ano fundacional da história islâmica e a data que marca o início do calendário muçulmano —, Maomé também deixou Meca, depois de ser abordado por anciões tribais de Yathrib. Os anciões pediram que ele levasse a comunidade de muçulmanos em massa a sua cidade, onde lhe seria concedido um lugar de honra, e onde Maomé ficaria encarregado de resolver uma rixa de longa data entre as tribos pagãs e a considerável população judaica da cidade. Em junho, Maomé e seus seguidores saíram de Meca, escapando por pouco de um plano de assassinato. Depois de uma viagem de oito dias de cerca de trezentos quilômetros — conhecida como a hégira (*hijrah*) —, eles chegaram a Yathrib, que mais tarde seria renomeado como Medina.* Maomé elaborou um acordo, conhecido como a "Constituição de Medina", que uniu as facções em conflito em uma comunidade, ou *umma*, ligada pela fé — fé acima do sangue, acima de lealdades tribais, acima de tudo. Em pouco tempo tornou-se o líder da cidade, ao começar a desenvolver uma política espiritual e legal que era muito mais que uma simples federação de aliados tribais. Mesmo em sua forma emergente, pode ser considerado o primeiro Estado islâmico. Dentro dele, a solidariedade política, o monoteísmo e a obediência religiosa eram uma e a mesma coisa. O islamismo orientava tudo — era um modo de vida em si mesmo. Esse absolutismo, que se tornou cada vez mais proeminente no início da história

---

* Abreviação de Medinat an-Nabi (Cidade do Profeta), ou Medinah al-Manuwarra (Cidade Iluminada).

medieval do islã, viria a ser seu poder de atração, a força e a ameaça inerente aos que não se submetiam aos seus ensinamentos.

Quando chegaram a Medina, os muçulmanos tinham o hábito de orar voltados na direção de Jerusalém, mas pouco depois Maomé mudou o ponto de vista, e seus seguidores inauguraram a prática de orar na direção de Meca. Também se aproveitaram do comércio de Meca, ganhando a vida saqueando caravanas. Era uma forma precária de sobrevivência, e em março de 624 o assalto a uma grande caravana transformou-se numa batalha em grande escala — a Batalha de Badr — que resultou numa bela vitória contra todas as probabilidades ante uma força muito superior. Outras batalhas se sucederam. Nem todos adotaram o caminho dos muçulmanos: os seguidores de Maomé foram derrotados pelos habitantes de Meca na Batalha de Uhud em 625, e quase perderam Medina na Batalha da Trincheira em 627. Mas à medida que a década se aproximava do fim, Maomé já contava com seguidores, guerreiros e ímpeto suficientes para contemplar o retorno a Meca e se vingar dos insultos que havia sofrido no início de seu ministério. Em 630, apoiado por 10 mil homens, Maomé tomou de assalto sua cidade natal, destruiu os ídolos da Caaba e assumiu o controle político. Depois de muito tempo resistindo a Maomé, os coraixitas e os demais habitantes de Meca se converteram ao islã. Apenas alguns obstinados descrentes resistiram, e foram executados. Em pouco tempo, Maomé conseguiu trazer todas as tribos da Hejaz e de regiões mais distantes para a sua fé. O impulso e a perspicácia tática de sua campanha, a pureza e a clareza de sua mensagem religiosa e a compreensão pragmática de que os muçulmanos agora controlavam rotas comerciais e mercados essenciais em toda a Arábia ocidental foram os principais fatores que sustentaram o seu sucesso. Quando o profeta morreu, em 632, parecia ter realizado o impossível: os árabes estavam se unindo, espiritual e politicamente, na *umma*.

Essa unidade estava destinada a durar mais do que qualquer um poderia imaginar.

Califas "guiados pela correição"

Quando os árabes do deserto falavam uns com os outros sobre a história de suas origens, remontavam sua linhagem até Abraão. Eles eram os hagaritas:

descendentes da união de Abraão com a escrava da sua esposa Sara, Agar, que gerou um filho chamado Ismael. Já na época, a existência de Ismael fora um beneplácito conflitante, por ter despertado uma inimizade radical e duradoura de Sara. Mas tinha também gerado o povo árabe — assim as histórias diziam —, uma raça bem diferente dos filhos do segundo filho de Abraão, Isaac, reverenciado como patriarca das doze tribos de Israel. Em certo sentido tudo isso era história antiga — mas em outro, era de fundamental importância. O Velho Testamento profetizou a vida de Ismael em termos memoráveis: "Ele será como um jumento selvagem entre os homens; sua mão será contra todos, e a mão de todos contra ele...".[17] Essa definição poderia muito bem ser aplicada aos seus descendentes, os muçulmanos do século VII da Arábia, quando se uniram sob a bandeira do islã e partiram para subjugar os seus vizinhos.

Quando Maomé morreu, em 632, e foi enterrado em Medina, a força da *umma* que deixou como legado foi testada ao limite. O velho amigo do profeta, Abu Baquir, se declarou seu sucessor, mas um grande número de tribos árabes afirmava que sua lealdade era a Maomé como mensageiro de Deus, e não poderia ser automaticamente transferida a um substituto. Outros profetas, encorajados pelo exemplo de Maomé, também alegaram ter um relacionamento especial com Deus, o que naturalmente privilegiava seus grupos tribais. O resultado foi a eclosão de um breve, porém sangrento, conflito conhecido como as guerras Ridda, que obrigou Abu Baquir — um tanto relutantemente — a marchar com os exércitos do islã contra os apóstatas árabes para trazê-los à força de volta à fé e ao seu rebanho.

As guerras Ridda duraram cerca de nove meses, e durante as campanhas na península, comandantes como Khalid bin Al-Walid e Amir ibn Al-As mostraram sua têmpera. Em menos de um ano, os generais muçulmanos derrotaram as tribos rebeldes e impuseram a obediência nas cidades árabes insurgentes. A vitória garantiu que a unidade da *umma* estava além da liderança e da expectativa de vida do profeta. E também mobilizou uma máquina militar islâmica com uma motivação e autoconfiança extraordinárias, disposta a transbordar para as terras dos impérios decadentes do norte.*

---

* As guerras Ridda tiveram outra importante consequência para a história do islã. Em uma das

A geografia estabeleceu um caminho claro para as conquistas além das fronteiras da Arábia. Os locais naturais para a expansão muçulmana eram as regiões situadas na orla do grande deserto sírio: o Sul da Síria e o Iraque. Em 633, exércitos muçulmanos avançaram contra essas duas frentes. De início, enfrentaram a resistência dos representantes dos bizantinos e dos persas. Mas os dois impérios estavam estrutural e materialmente exaustos por longas décadas de guerra uns contra os outros. Os imperadores de Constantinopla contavam com tão poucos soldados que precisaram recrutar a maioria de suas tropas entre os turcos — um novo poder nômade das estepes surgido na região do entorno do mar Cáspio a partir do século VI.[18] Os muçulmanos, em contrapartida, não estavam cansados de guerra, mas muito bem afiados por ela. Numa rápida investida, seus exércitos romperam as linhas de defesa dos dois impérios. Na Síria, Damasco caiu em mãos muçulmanas em 635-636 d.C.; em 648, quase toda a costa levantina havia sido conquistada, bem como o interior desértico. E não parou por aí. Depois de conquistar o Sul da Síria, em 639, Amr ibn Al-As e seu exército atravessaram a península do Sinai e entraram no Egito, em direção ao delta do Nilo. Nos três anos seguintes, todas as principais cidades do Egito, inclusive a capital costeira de Alexandria, estavam em mãos muçulmanas. Em 641, Amir assentou uma nova cidadela chamada Al Fustat (que pode ser traduzido como "Cidade das Tendas") e lá construiu a primeira mesquita no Egito. A cidadela se tornou a capital muçulmana da província recém-conquistada; hoje é um bairro do Cairo. O Egito, celeiro do Mediterrâneo, não mais alimentava o Império Bizantino: respondia aos califas em Medina.

Entrementes, no Iraque, a invasão prosseguia mais ou menos no mesmo ritmo. Em 636 (ou talvez mais tarde — a cronologia é contestada) um exército muçulmano dilacerou em três dias uma grande força persa equipada com elefantes de guerra, na Batalha de Cadésia. No início do ano seguinte, investiram contra Ctesifonte, a grande capital da Pérsia. Enquanto se aproximavam da cidade, os soldados foram brevemente detidos

---

batalhas, travada em Yamana, na Arábia central, a matança atingiu muitas dezenas de *huffaz* — estudiosos que tinham memorizado cada palavra dos 114 suras do Alcorão, compreendendo mais de 6 mil versos. Por uma questão de necessidade, Abu Baquir autorizou a compilação de uma edição definitiva da revelação de Maomé, conhecida como *mushaf*. Nos anos subsequentes, sob os governos dos califas Omar e Uthman, o texto produzido foi copiado, e sua versão arábica, padronizada.

por um destacamento persa cujo mascote era um leão treinado chamado Al-Muqarrat; infelizmente para a fera, seus dentes e garras sucumbiram a um guerreiro muçulmano chamado Hashim ibn Utbah, que a matou com sua espada. (A espada depois recebeu o honroso nome de "A Forte".)[19]

Quando o leão caiu, o mesmo aconteceu com a cidade. Depois de um breve bombardeio de catapultas, de uma batalha campal com os defensores da cidade e de uma ousada incursão anfíbia através do rio Tigre, na primavera de 637 os dois centros de Ctesifonte estavam ocupados pelos muçulmanos. O tesouro que encontraram no grande Palácio Branco do rei dos reis sassânida beirava o inacreditável: enormes cestos repletos de ouro e prata, joias, coroas e vestes reais e armaduras que haviam pertencido ao imperador bizantino Heráclio, apreendidas na guerra bizantino-persa no começo do século. Mais uma vez, um butim voltou a ser um butim. O que havia de melhor foi mandado para o califa Omar em Medina, "para os muçulmanos verem e as tribos nômades ouvirem dizer".[20] O magnificente Taq Kasra de Ctesifonte se tornou uma mesquita. E a máquina de guerra árabe seguiu em frente. Na Batalha de Jalula, travada logo após a queda de Ctesifonte, o matador de leões Hashim ibn Utbah pôs o exército persa para correr mais uma vez.

A dinastia sassânida estava nas cordas. O golpe mortal foi desfechado em 642. Depois das terríveis derrotas dos anos 630, o novo rei dos reis, Isdigerdes III, reconstruiu meticulosamente suas forças militares. Mas seu novo exército teve o mesmo destino do anterior: dezenas de milhares de persas tombaram sob as espadas muçulmanas na Batalha de Nahavand, resultando no colapso do Estado de Isdigerdes. A notícia da vitória em Nahavand foi relatada em uma carta que começava assim: "Alegrai-vos, comandante dos fiéis, com uma vitória com a qual Deus honrou o islá e seus súditos e com a qual Ele desgraçou a irreligiosidade e seus defensores".[21] Ao ler a carta, e ao saber dos muitos muçulmanos que haviam tombado como mártires, Omar desatou a chorar.

Omar tornou-se o segundo califa "guiado pela correição" (*Rashidun*)* em 634, depois da morte de Abu Baquir. Com mais ou menos cinquenta

---

* O título "*Rashidun*", denominação-padrão para os primeiros califas pré-omíadas, não é usado por muitos muçulmanos xiitas, que consideram Abu Baquir, Omar e Otomão ilegítimos.

anos, era famoso por sua força física, teimosia e erudição. Apesar de não liderar pessoalmente os exércitos muçulmanos, era um comandante em chefe excepcionalmente competente, capaz de determinar a estratégia militar utilizada a centenas de quilômetros de Medina, confiando em seus generais para encontrar os meios mais eficazes para alcançar os objetivos mais abrangentes do Estado islâmico em expansão. Como califa, cuidou minuciosamente de sua imagem pública: ao entrar em Jerusalém para tomar posse da cidade do patriarca Sofrônio, apareceu vestindo roupas rasgadas, sujas de sua longa jornada, para que sua aparência humilde contrastasse drasticamente com o esplendor dos clérigos.

Mas o sucesso de Omar não se deveu apenas ao fato de ser carismático e capaz. Ele também foi o comandante em chefe e líder espiritual de uma máquina construída e alimentada pela conquista, e perfeitamente sintonizada com sua época. Enquanto os muçulmanos se expandiam e consolidavam seu domínio na Arábia, sob Maomé e Abu Baquir, a conversão ao islã era um pré-requisito nas conquistas. Mas quando se aventuraram fora do mundo de língua árabe, eles não tentaram repetir esse modelo. Em suas incursões por regiões povoadas por nômades do deserto, ou na preparação da cavalaria e de catapultas para sitiar grandes cidades bizantinas e persas, eles deixaram claro que não vieram como um exército dogmático, decidido a converter ou matar todos os homens, mulheres e crianças que encontrassem. Sua única exigência era que as comunidades se rendessem rapidamente e se submetessem ao governo de uma elite governante muçulmana. Ninguém esperava que cristãos, judeus e outros monoteístas se tornassem muçulmanos — e em alguns casos eram ativamente desencorajados de qualquer conversão, sob o fundamento de que poderiam contribuir com maiores rendimentos fiscais como infiéis do que como muçulmanos. Eles eram dispensados do serviço militar e só precisavam pagar um imposto individual, o *jizyah*, e administrar suas comunidades de forma ordenada e civilizada. Enquanto isso, quase todos os soldados muçulmanos que formavam os exércitos conquistadores se mantinham separados da população, aquartelados em cidades militares, e recebiam um estipêndio conhecido como *ata*, financiado pelos impostos. Mas nenhum soldado era recompensado com terras ou propriedades confiscadas: uma política que ajudava a reduzir as tensões civis no curto prazo, e que no longo prazo significava que os exércitos muçulmanos não se miscigenavam com a população em poucas gerações, no estilo romano.

As raízes dessa tolerância com povos conquistados que se submetiam sem resistência não eram originais: na essência, equivaliam ao pacote oferecido pelos generais da República romana e do início do Império.[22] A aceitação pragmática das práticas locais — pelo menos a curto prazo — sempre foi uma maneira eficaz de manter a expansão militar sem provocar longas insurgências. No entanto, no século VII, a prática da tolerância religiosa pode ter tido um apelo especial. Comparada à perniciosa violência sectária que assolara o mundo cristão de Bizâncio, o advento de um novo poder governante que pouco se importava com os tortuosos debates sobre a reconciliação das naturezas espiritual e humana de Cristo — que preferia tributar os incrédulos em vez de persegui-los — pode ter sido visto como alívio gratificante.

Mas isso não quer dizer que as conquistas árabes tenham sido totalmente cordiais e pacíficas. Cidades e tribos que resistiam aos exércitos muçulmanos perdiam o direito de serem admitidas ao rebanho de forma ordenada. Durante as guerras na Arábia, Maomé aprovou a decapitação de centenas de homens da tribo judaica Banu Curaiza e a escravização de todas as suas mulheres e filhos.[23] As muitas batalhas travadas entre os muçulmanos e seus diversos adversários imperiais também foram sangrentas, e os relatos transbordam de histórias de milhares, dezenas de milhares — ou até mesmo (improváveis) centenas de milhares de guerreiros mortos de uma só vez. Depois de uma batalha na Pérsia, segundo Al-Tabari, "os jovens do exército (muçulmano) foram inspecionar os mortos [...] eles deram água aos muçulmanos que ainda mantinham um sopro de vida e mataram os politeístas que ainda mantinham um sopro de vida [...] [Enquanto isso, outros] perseguiram os persas que haviam fugido [...] matando-os em todas as aldeias, em cada matagal e em cada margem do rio, e depois voltaram a tempo para as orações do meio-dia".[24] Eram as regras da guerra, e em parte as regras do islã. Apesar dos muitos exemplos de Maomé pregando tolerância e paz, a *hadith* compilada durante o califado de Omar também continha pronunciamentos marcantes em defesa da guerra e da violência. Em um deles, Maomé teria dito: "Alá garante que vai admitir o *mujahid* (guerreiro sagrado) de Sua causa no paraíso se ele for morto, caso contrário, Ele o retornará para sua casa em segurança, recompensado e com espólios de guerra".²⁵ O conceito de *jihad* (que significa luta) exigia de todos os muçulmanos esforços árduos pela causa do islã. Durante a Idade Média, muitas vezes isso significava pegar em armas e matar outros seres humanos na expectativa de recompensas na vida após a morte.

As *fitnas*

O lado violento e turbulento das conquistas árabes foi revelado em 644, quando o segundo califa, Omar, foi assassinado por um soldado persa escravizado chamado Piruz Nahavandi (também conhecido como Abu Lu'lu'ah). O homem entrou furioso com uma faca de dois gumes durante as orações da manhã na Mesquita do Profeta (*Al-Masjid an-Nabawi*) em Medina e feriu fatalmente sete pessoas, inclusive o próprio califa, a quem esfaqueou uma meia dúzia de vezes na barriga. Segundo um relato preservado na *hadith*, quando a lâmina penetrou em Omar, ele gemeu: "O cão me matou ou me comeu".²⁶ O califa sobreviveu quatro dias antes de morrer por causa dos ferimentos.

Durante esses quatro dias, no leito de morte, Omar convocou um conselho de emergência composto por seis dos muçulmanos mais antigos, todos companheiros do profeta — o seleto e cada vez menor grupo de pessoas que conhecera e seguira Maomé durante seu tempo de vida — e determinou que escolhessem um deles como seu sucessor. O escolhido foi Otomão, um comerciante do prestigiado clã omíada dos coraixitas.* Otomão tinha altura média, era atarracado e cabeludo, com pernas arqueadas e um rosto bonito, marcado por cicatrizes de varíola.²⁷ Fora um dos primeiros convertidos ao islã e tinha boa reputação entre os fiéis. Na casa dos sessenta anos e muito rico, não tinha a mesma reputação militar de Omar, mas era um candidato sério e confiável. Porém, ao eleger Otomão, o conselho passou por cima das reivindicações do primo de Maomé, Ali, e essa decisão acabaria por ter enormes consequências para a história do islã e do mundo.

---

* Os Banu omíadas eram um subclã dos Banu Abd-Shams, um grupo maior entre os coraixitas.

Durante o califado de doze anos de Otomão, os exércitos muçulmanos continuaram a pressionar cada vez mais o Oriente e a desenvolver sua capacidade de combate no Ocidente. No final dos anos 640, organizaram campanhas na Armênia e no Leste da Ásia Menor. No Oriente, continuaram se aproveitando da desintegração do Império Persa, e por volta de 651 quase todo o território estava sob controle muçulmano, até a fronteira do que é hoje o Afeganistão. Enquanto isso, no Ocidente, um exército de 40 mil homens começou a fustigar o Norte da África, tomando o território bizantino no Exarcado da África e chegando a poucos dias de marcha de Cartago.

Batalhas eram travadas em alto-mar e em terra firme. Um dos generais que se destacou durante as guerras contra o Império Bizantino e a Pérsia foi Moáuia ibne Abi Sufiane, um militar alto e calvo, que se distinguiu na conquista da Síria e depois governou o país por duas décadas. O domínio do extenso litoral da Síria deu a Moáuia acesso aos melhores portos navais do Mediterrâneo oriental, de Beirute, através da Palestina, até Alexandria, no Egito. Assim como o califa, Moáuia era um membro do clã omíada, e com o apoio de Otomão acelerou o desenvolvimento de uma Marinha muçulmana para se igualar à poderosa frota marítima bizantina. No final dos anos de 640 e 650, navios muçulmanos conquistaram Chipre e invadiram Creta e Rodes. Em 654, navegaram em direção a Constantinopla. Ao largo da costa da Lícia, na Ásia Menor, venceram uma feroz e sangrenta batalha naval contra uma frota bizantina comandada pelo imperador Constante II, um confronto hoje conhecido como a Batalha dos Mastros. Não fossem as tempestades terríveis ocorridas depois da vitória (e as severas baixas sofridas nos intensos combates), nada teria impedido os muçulmanos de fazer uma tentativa de atingir o coração pulsante do Império Bizantino.

Tudo isso resultou — ao menos superficialmente — em um período estável de crescimento. No entanto, bastava arranhar a superfície para ver que nem tudo estava bem no governo de Otomão. Embora o califa tenha comandado várias reformas espirituais e domésticas importantes, que incluíram a compilação de uma edição autorizada do Corão, o califado montado em alta velocidade começou a gerar sérias tensões e rivalidades entre facções. No verão de 656, essas tensões explodiram.

A oposição ao governo de Otomão era tanto pessoal como política, em partes iguais. À medida que o Estado islâmico crescia, surgiram rumores, mais nítidos no Egito e no Iraque, de que a influência e as recompensas estavam se concentrando indevidamente nas mãos dos coraixitas. Sem dúvida, uma questão delicada: os coraixitas foram a tribo e o povo que mais se opuseram a Maomé no começo. Deles saíram califas e generais da estirpe de Khalid ibn Al-Walid e do governador e almirante naval da Síria, Moáuia. Tratava-se, até onde poderia haver tal coisa, da aristocracia muçulmana. Mas outras tribos árabes, que haviam se envolvido para valer nas décadas de constantes conquistas militares, começaram a achar — com ou sem razão — que não recebiam um retorno justo de seu investimento. Também não gostavam da arrogância com que coraixitas de alto escalão se serviam do que desejassem nas terras conquistadas. As reclamações mais ressentidas a esse respeito foram levantadas por uma tribo conhecida como Qurra. Mas eles não estavam sozinhos.

Fosse por ignorância ou incapacidade, Otomão não percebeu os sinais de uma grande revolta se desenvolvendo em seu império nos anos 650. Quando começou a tomar medidas para responder a essas queixas e resolver as disputas, por volta de 655, era tarde demais. Na primavera de 656, manifestantes começaram a viajar do Egito a Medina e a protestar diante da casa de Otomão. Em junho, uma grande multidão cercou a residência, que ficou sitiada, e começou a atirar pedras pedindo a cabeça de Otomão.[28]

Em 17 de junho, eles conseguiram.[29] Um pequeno grupo de rebeldes evitou a guarda bem armada e invadiu os aposentos do califa. Otomão foi dominado, espancado e esfaqueado até a morte. Os invasores também atacaram uma de suas esposas, que perdeu dois dedos na luta e ainda foi apalpada nas nádegas enquanto fugia.[30] Em seguida os rebeldes saquearam a casa e atacaram seus servos e suas esposas. Vários dias depois, quando o corpo de Otomão foi levado para ser enterrado, Medina continuava em alvoroço, com uma multidão ameaçando apedrejar os enlutados. Fendas abertas que não podiam ser curadas.

O sucessor de Otomão como califa foi o primo de Maomé, Ali, íntegro e devoto, um guerreiro experiente e membro do círculo íntimo da família do profeta, criado com Maomé e casado com sua filha Fátima. Ali era uma figura amplamente respeitada, fiel e com um caráter impecável, que tivera a distinção de nascer na Caaba e com uma reputação de ser o mais muçulmano dos muçulmanos — um modelo de virtude antiquada que deixava seus partidários, conhecidos como xiitas, extasiados com sua capacidade de expor e aplicar os valores ensinados pelo profeta.

Ali fora ignorado na eleição de Otomão. No entanto, agora que seu momento finalmente chegara, ele se mostrou totalmente incapaz de recobrar a pureza inicial do mundo islâmico em sua era de ouro, nos anos 630 e 640. Apesar de não ter sido conivente com a morte de Otomão, Ali se tornou uma figura polarizadora, e não apaziguadora. A unidade da *umma* não demorou a se fraturar, eclodindo numa guerra civil conhecida como a Primeira *Fitna*. Nos breves quatro anos e meio do seu califado, Ali foi sugado por uma luta incessante contra os ressentidos partidários de Otomão, cujos líderes incluíam veneráveis muçulmanos como Aisha, viúva de Maomé (que chegou a comandar soldados pessoalmente numa batalha montada num camelo*), e Moáuia, o implacável e mundano governador da Síria. Muitos dos que participaram dessa guerra estavam no Iraque, e Ali foi obrigado a transferir o quartel-general do califado de Medina para Kufa, uma cidadela nas margens do Eufrates (no atual Iraque). Nos últimos dias de janeiro de 661, Ali foi assassinado na grande mesquita dessa cidade, quando um membro de uma seita radical fundamentalista conhecida como os carijitas, que consideram que o califa havia feito muitas concessões, o esfaqueou com uma espada com a ponta envenenada.

Mais tarde, circularam boatos de que Ali havia previsto a própria morte, ou que fora informado sobre a profecia por um companheiro próximo. Mas é difícil imaginar que ele ou qualquer outro pudessem ter previsto que o legado de seu assassinato ecoasse por mais de um milênio de história do mundo. Nos meses caóticos que se seguiram ao assassinato de Ali, Moáuia lutou contra as forças do falecido califa até chegar a um impasse, e acuou o filho mais velho de Ali, Hasan — um dos netos do profeta Maomé —, até ele aceitar uma grande soma de ouro para abrir mão de sua reivindicação do califado. Assim, Hasan foi forçado a deixar o poder, e no verão de 661, Moáuia exigiu juramentos de lealdade dos principais comandantes regionais do mundo islâmico, recebendo-os em locais sagrados de Jerusalém. Ele passou a ser o califa — o primeiro governante

---

* A "Batalha do Camelo", assim chamada pela montaria de Aisha, foi travada perto de Basra, no Iraque, em novembro de 656.

de uma dinastia que a história viria a chamar de os omíadas. Com a ascensão de Moáuia, de líder da Síria islâmica a comandante de todos os fiéis muçulmanos, a era dos califas "guiados pela correição" chegou ao fim, dando início ao período omíada.

Embora os omíadas tenham ficado no poder por menos de um século, foi uma época empolgante e transformadora. A capital do mundo islâmico foi transferida de Medina para Damasco, enquanto os limites da morada do islã adentraram o oeste bárbaro até o Sul da França. E nessa morada sempre em expansão, aconteceu uma revolução cultural. O arabismo e o islã permearam as sociedades dos territórios ocupados pelos muçulmanos, enquanto o califado se tornou mais mundano e menos teocrático. Os omíadas foram responsáveis por tornar as conquistas árabes permanentes, e por construir um verdadeiro império a partir de uma série de Estados conquistados. Porém, ao mesmo tempo, abriram fissuras que dividiriam o mundo islâmico.

Na raiz disso estava o fato de a ascensão dos omíadas ao poder e a subsequente consolidação dos seus domínios terem deixado marcas profundas no tecido da *umma*. Os partidários de Ali não podiam nem queriam esquecer o seu assassinato, e durante o reinado de Moáuia esses "alidas" fustigaram o que viam como um regime ilegítimo. No final do governo de Moáuia, em 680, eclodiu uma segunda *fitna*. Dessa vez, o poder foi disputado entre Iázide, filho de Moáuia e o herdeiro designado, e o filho mais novo de Ali, Hussein. Quando Moáuia anunciou sua intenção de passar o califado ao filho, Hussein se recusou a fazer um juramento de fidelidade. Partiu em uma longa marcha de protesto, da Arábia em direção ao Iraque, e foi morto no trajeto em uma escaramuça no deserto; decapitado, sua cabeça foi enviada como um troféu para Damasco. Mais uma vez, os omíadas triunfaram.

Essa sangrenta peça teatral garantiu a sobrevivência dos omíadas, mas também consolidou um cisma dentro do islã que sobreviveu por mais de 1.300 anos. As seitas e facções que se formaram durante a primeira e a segunda *fitnas* deram origem ao que hoje conhecemos como a divisão entre sunitas e xiitas.* Os muçulmanos xiitas se recusaram a aceitar

---

* Os muçulmanos sunitas consideram Ali como o quarto e último dos califas "guiados pela correição". Mas para os muçulmanos xiitas, ele é um homem cuja importância na história da fé é ainda maior — só perdendo para Maomé. Nessa interpretação do início da história islâmica, Ali deveria ter sido o sucessor direto do profeta; os reinados de Abu Baquir, de Omar e Otomão

a legitimidade do califado omíada, e até mesmo a legitimidade dos regimes de Abu Baquir, de Omar e de Otomão. Insistiram que Ali era o legítimo sucessor de Maomé: o primeiro imane. Isso por sua vez implicava uma sucessão alternativa que passava por Hasan e Hussein, então uma linhagem sanguínea de outros imanes descendentes de Maomé. Não se tratava mais de uma disputa dinástica apenas. A interpretação xiita da história islâmica propunha um modelo significativamente diferente de organização da *umma*, e um diferente conjunto de valores de liderança.

A divisão entre sunitas e xiitas veio a ser tremendamente importante na baixa Idade Média, particularmente (como veremos) na época das Cruzadas. Mas durou muito mais que isso. No século XX, um redivivo e venenoso sectarismo estabelecido em parte pelas vertentes sunitas e xiitas começou a dar as coordenadas da geopolítica mundial — tendo um papel importante nos conflitos interconectados da guerra Irã-Iraque, nas Guerras do Golfo lideradas pelos Estados Unidos e na longa "Guerra Fria Islâmica", que jogou a Arábia Saudita e o Irã numa disputa pela hegemonia regional no Oriente Médio desde 1979; além de outros conflitos dolorosos e mortais travados no Paquistão, no Iraque e na Síria.* Pode parecer surpreendente que tudo isso remonte às maquinações de homens poderosos no século VII — mas, como tantas vezes já foi demonstrado, a Idade Média continua conosco até hoje.

Os omíadas

Em 691, uma extraordinária construção foi erguida sobre uma enorme plataforma de pedra em Jerusalém, que séculos antes tinha sido o local do

---

são considerados ilegítimos. Ali é o primeiro sucessor da família imediata de Maomé, conhecido como o primeiro imane. (Ademais, quase todos os membros das ordens místicas sufistas consideram Ali como um patriarca fundador.)

* Nos últimos anos, alguns jornalistas influentes interpretaram a política norte-americana no Oriente Médio por volta de 2008 como explicitamente antixiita, como uma extensão da arraigada desconfiança que o governo nutria em relação ao Irã. Ver, por exemplo, Seymour Hersch, "The Redirection", *The New Yorker*, fev. 2007; Vali Nasr, "The War for Islam", *Foreign Policy*, jan. 2016; Erasmus, "Why Trump's pro-Sunni tilt worries human-rights campaigners", *The Economist*, maio 2017.

Segundo Templo judaico. Esse complexo famoso e sagrado foi reduzido a escombros depois de um cerco em 70 d.C., quando o general romano (e futuro imperador) Tito chegou a Jerusalém para acabar com uma rebelião local e instigou um choque armado que resultou em incêndios que arrasaram completamente a cidade. A perda do Templo foi um desastre quase apocalíptico para o povo judeu: sua destruição encerrou a rebelião, dispersou o povo judeu por todo o Oriente Médio e deixou uma marca indelével na memória cultural judaica. O Templo nunca foi reconstruído. No alvorecer da Idade Média, só o que restava era a grande plataforma, com a cidade velha de um lado e o Monte das Oliveiras do outro. As profecias judaicas afirmavam que um dia, quando um novo messias viesse à Terra e com o advento do fim dos dias, um Terceiro Templo seria afinal construído. Porém, no século VII o fim dos tempos parecia estar bem longe. Jerusalém estava sob domínio omíada, e a dinastia governante se mostrava prestes a deixar sua própria e espetacular marca no Monte do Templo. A estrutura construída lá foi a Cúpula da Rocha.

A Cúpula da Rocha era — e é até hoje — um santuário bonito, elegante, de oito lados, que divide o Monte do Templo (conhecido pelos muçulmanos como o Santuário Nobre ou *Haram Al-Sharif*) com duas outras edificações omíadas: a grande e oblonga mesquita de Al-Aqsa (*Masjid Al-Aqsa*) e uma pequena casa de orações conhecida como o Domo da Cadeia. A Cúpula da Rocha é a mais deslumbrante dessas três estruturas, e ganhou um status icônico nos tempos modernos — um símbolo da fraternidade árabe supranacional presente em bugigangas, bijuterias, cartões-postais e papel de parede barato em todo o mundo muçulmano e outras partes. É tão instantaneamente reconhecível quanto a Estátua da Liberdade ou a Torre Eiffel. A abóbada que a recobre é uma meia-esfera redonda, dourada, com 25 metros no seu ponto mais elevado, que brilha quando reflete o sol e pode ser vista a quilômetros de distância de Jerusalém por um viajante se aproximando pelas estradas que cortam as colinas judaicas.[31] O santuário foi construído para abrigar e reverenciar a pedra calcária amarela que veio a ser considerada o local de onde Maomé ascendeu ao céu, em 621, para uma turnê pelo paraíso na companhia do anjo Gabriel. Mosaicos com inscrições de fé e citações do Corão, escritas com o estilo "cúfico"* da caligrafia árabe do

---

* Nome inspirado em Kufa, a importante cidadela no Iraque já mencionada neste capítulo.

século VII, recobrem 240 metros do seu interior. No entanto, há mais que uma insinuação da influência artística bizantina nos mosaicos e nos temas decorativos que adornam a Cúpula, bem como uma referência na inscrição de "Jesus, filho de Maria", mencionado respeitosamente, ainda que ao lado de lembrete de que ele não deve ser considerado como o filho de Deus. A Cúpula costuma ser confundida com uma mesquita. Não é. Mas sem dúvida é um edifício estranho e misterioso, rico em evidências das correntes culturais presentes na Jerusalém do século VII.

Embora quase tudo o que vemos na Cúpula da Rocha hoje seja uma combinação da decoração otomana do século XVI e trabalhos de restauração realizados na segunda metade do século XX, a estrutura ainda é essencialmente a que foi encomendada por um califa omíada, Abdal Malique, nos anos 690.[32] O custo da construção do santuário foi calculado como o equivalente a sete vezes a receita anual da província do Egito. Mas isso não foi mera extravagância. A grande quantia esbanjada em um projeto tão monumental, o cuidado e o artesanato da sua decoração e o próprio impulso para construí-lo são marcas tangíveis do califado omíada, que contam uma história de noventa anos cruciais da história, durante os quais o *Dar Al-Islam* deixou de ser uma máquina militar para se tornar um império medieval plenamente desenvolvido, infundido com elementos das culturas que encontrou, mas altamente distinto em suas características.

Quando a Primeira *Fitna* terminou, com o triunfo de Moáuia, o centro do califado mudou das cidades sagradas de Medina e Meca para Damasco, a capital da Síria governada pelos muçulmanos. Esse movimento físico também representou uma importante mudança de mentalidade. Sob os califas "guiados pela correição", o líder supremo da *umma* era, por definição, um guia espiritual entrincheirado no coração histórico do islã, bem como um comandante em chefe político e militar. Mas quando os califas omíadas saíram da Arábia, esses dois papéis deixaram de ser tão facilmente combinados. O califa não foi subitamente despojado de sua dignidade religiosa — mas ficou muito mais parecido com um imperador do que antes.

Em parte, a adoção das feições de um império foi uma questão de osmose. Na Síria, os omíadas faziam fronteira com Bizâncio. Quando os califas omíadas se estabeleceram ao lado do antigo Estado romano, seu governo absorveu um sabor perceptível do império religioso romano. Mas não foi um processo pacífico. Os omíadas estavam tão empenhados em emular o Império Bizantino que entre os anos 660 e 710 tentaram por diversas vezes capturar todo o antigo Estado romano. O resultado foi uma guerra que se alastrou pelo Mediterrâneo oriental e meridional, com duração de mais de um século. As duas grandes potências se enfrentaram em diversas ocasiões no Norte da África, quando os exércitos árabes avançaram em direção ao Magrebe (atualmente Argélia e Marrocos). E também travaram uma série de batalhas em alto-mar em torno da Ásia Menor, culminando em dois espetaculares cercos a Constantinopla. Essas batalhas foram nada menos que uma guerra pelo mundo, com os omíadas se empenhando para anexar ao islã a cidade mais magnífica do hemisfério ocidental, e o coração pulsante de Bizâncio. Os resultados desses confrontos moldariam a geopolítica na Europa Oriental e nos Bálcãs durante séculos.

Moáuia lançou a primeira investida direta a Constantinopla no início dos anos 670. Vinte anos depois da Batalha dos Mastros, o general que se tornou califa estava tão determinado como sempre a provar que os navios árabes poderiam se equiparar aos navios gregos, notoriamente ágeis e perigosos. Assim, continuou mandando navios, ano após ano, tripulados por marinheiros cristãos lutando sob comandantes muçulmanos, para atacar ilhas e portos no mar Egeu, ameaçando as rotas marítimas em torno da capital bizantina e criando um centro de comando em Cízico, no mar de Mármara, em frente a Constantinopla. Segundo o cronista grego Teófanes, eles usaram esta base para lançar "ataques militares todos os dias da manhã até a noite", sempre fustigando as defesas bizantinas.[33]

Então, no outono de 677, teve início um ataque em grande escala.

Foi um confronto épico e furioso. O Império Bizantino era apenas uma sombra do outrora inexpugnável Estado romano, mas nos anos 670 eles tinham uma arma secreta. Técnicos militares a serviço do imperador Constantino IV (654-685), liderados por um cientista do Sul da Síria chamado Kallinikos, haviam aperfeiçoado uma resina mortal à base de óleo conhecida como fogo romano, fogo marinho, fogo artificial ou (o nome mais famoso) fogo grego.[34] Quando lançado sob pressão, como um lança-chamas, de canhões montados na proa de navios bizantinos especialmente equipados, esse líquido incendiário transformava tudo o que atingia numa bola de fogo oleosa. O fogo grego queimava no ar, queimava na água, só podia ser extinto se abafado com areia ou diluído com vinagre, podendo destruir frotas inteiras no curso de um combate. O fogo grego foi um armamento revolucionário, e um segredo militar que o Estado bizantino guardaria cuidadosamente por quase quinhentos anos — tão cuidadosamente, aliás, que a forma de manufatura e de lançamento acabou sendo esquecida. Porém, até então, ficou notório como um dos horrores mais hediondos das batalhas medievais, o equivalente ao gás venenoso na Primeira Guerra Mundial, o napalm lançado no Vietnã ou o fósforo branco usado contra civis na recente Guerra Civil da Síria. Seu campo de testes foi a guerra contra os omíadas. Em 678, o imperador disparou fogo grego contra navios muçulmanos, expulsando-os das defesas marítimas de Constantinopla com mastros fumegantes e velas em chamas. Enquanto se dispersavam, foram destruídos por fortes tempestades na costa da Ásia Menor. Mais de 30 mil homens se afogaram. A frota foi "despedaçada e pereceu totalmente", escreveu Teófanes.[35] Foi um triunfo para Bizâncio, um ponto crucial na história da guerra e uma grande humilhação para os muçulmanos.

A Segunda *Fitna*, de 680-692, interrompeu a queda de braço dos omíadas com Bizâncio, mas não para sempre. Uma geração depois, em 717, o califa Solimão tentou mais uma vez tomar Constantinopla. Encorajado pela instabilidade política e conspirando dentro do Império Bizantino, Solimão enviou um exército terrestre em direção às muralhas da cidade, enquanto uma frota muçulmana reconstruída tentava sua sorte e capacidade no mar. Relatos do segundo cerco de Constantinopla descrevem uma cena ainda mais dramática que a primeira. Em terra, a fome e a doença devastaram os exércitos árabes. Teófanes afirmou que "eles comeram todos os seus animais mortos, ou seja, cavalos, jumentos e camelos. Diz-se até que assaram em fornos e comeram homens mortos e o próprio esterco que fermentavam".[36] Provavelmente trata-se mais de uma calúnia poética que uma reportagem factual. Ainda assim, as condições foram claramente terríveis. E enquanto a fome dominava em terra, o fogo grego mais uma vez incendiava os mares. "Granizo de fogo caía [nos navios árabes] e fazia a água do mar ferver, e quando as quilhas se dissolviam os navios afundavam nas profundezas, com toda a tripulação", escreveu Teófanes.[37] A capital bizantina foi salva — mais uma vez.

E mais uma vez os omíadas tinham chegado perigosamente perto de exterminar Bizâncio; e mais uma vez tinham sido vencidos às portas de Constantinopla. Em vez de instalar um califa, o cerco de 717-718 só conseguiu ajudar um general bizantino, Leão, o Isauro, para depor o imperador Teodósio III e reivindicar o trono para si mesmo. A experiência pôs um fim para sempre às ambições omíadas na Ásia Menor. Em retrospecto, muitos historiadores viram o fracasso do segundo cerco como um ponto de virada na história ocidental: o momento em que o avanço dos primeiros exércitos islâmicos em direção aos Bálcãs foi detido. Constantinopla continuou em mãos cristãs até o final da Idade Média, e o islã só invadiu antigos territórios romanos na Europa Oriental com as conquistas otomanas dos séculos XV e XVI. O exercício contrafactual de perguntar: "e se" os omíadas tivessem levado os bizantinos a uma realidade alternativa em que minaretes e não torres de igrejas despontassem no horizonte da Europa medieval? Os eventos reais de 717-718 costumam ser vistos como algo que evitou que o mundo tivesse esse destino. Se tiveram ou não esse efeito é incognoscível — mas é incontestável que a forma do califado omíada, e do Oriente Próximo muçulmano, foi determinada pelo fracasso dos dois cercos de Constantinopla, em 677-678 e em 717-718.

Assim, em vez de se expandir pela Ásia Menor e os Bálcãs sob os califas omíadas do final do século VII e início do VIII, o islã se ramificou para o leste e o oeste. Depois de tomarem a Pérsia, os exércitos muçulmanos acabaram marchando para o que é agora o Paquistão, o Afeganistão e a "Transoxiana" (a Ásia Central: os Estados do Uzbequistão, Tajiquistão, Turquemenistão e Quirguistão). Também marcharam pelo Norte da África, invadindo a Cartago bizantina em 698, um golpe de morte no controle bizantino na região. Em seguida, atravessaram a Argélia até o atual Marrocos — a costa ocidental do continente. Em 711, cruzaram o estreito de Gibraltar e invadiram a península Ibérica. A chegada do islã ao que viria a ser a Espanha e Portugal criou o território conhecido há séculos como Al-Andalus.

Segundo Al-Tabari, o desafortunado califa Otomão certa vez disse que a única maneira de tomar Constantinopla era primeiro assumir o controle da Espanha.[38] Mas é pouco provável que esse grande pensamento estratégico tenha orientado a invasão omíada de 711. O mais provável é que, depois de abrir caminho pelo Norte da África, o Sul da Europa, fértil e de clima temperado, apresentava uma perspectiva melhor para se expandir que as impiedosas areias do Saara. E parecia uma tarefa simples. A antiga província romana da Hispânia estava nas mãos dos visigodos. Apesar de todo o sucesso durante a era das migrações bárbaras, eles não deram o salto para se tornar uma grande potência regional. Há muitas gerações os povos do Marrocos navegavam pelos estreitos para pilhar o território visigodo; e agora havia todas as razões para pensar que a máquina de guerra omíada, reforçada pelas tropas marroquinas, poderia seguir o mesmo caminho.

No caso, eles seguiram esse caminho como uma corrida a toda velocidade. Sob a liderança enérgica do general Musa ibn Nusair, em três anos as forças omíadas já tinham expulsado os visigodos da Espanha. Um traumatizado relato do autor da chamada "Crônica Moçárabe"* recorda que Musa "destruiu belas cidades com o fogo ardente, e condenou à crucificação os mais idosos e poderosos das gerações, enquanto chacinava jovens e crianças com adagas".[39] Na Batalha de Guadalete, em 711, o rei visigodo Roderick foi morto e seu reino ficou exposto aos invasores. "Mesmo se todos os membros fossem transformados em línguas, a natureza humana nunca será capaz de falar das ruínas da Espanha e nem dos grandes males que se abateram sobre tudo", lamentou a "Crônica Moçárabe".[40]

Em 714, o último rei visigodo, Ardo, assumiu o poder de um reino patético, reduzido a uma faixa de terra entre Béziers (hoje na França) e Barcelona. Manteve-se lá por cerca de sete anos e quando morreu, por volta de 720-1, os visigodos tinham acabado. Se essa rápida queda de um poder dominante de mais de trezentos anos resultou da fragilidade do seu governo ou da pura impetuosidade do ataque muçulmano é um ponto discutível — e difícil de responder, dada a escassez de crônicas registradas do século VIII. Mas não foi o único regime a se derreter ante as espadas árabes, e sua retirada marcou uma mudança radical na história da península Ibérica.

Assim, nos anos 720, os omíadas estavam no controle do maior conglomerado de territórios desde o colapso do grande Império Romano, no século V. E também deram início a uma transformação. A esse respeito, os grandes fatores de mudança foram a língua e a arquitetura. E as duas figuras mais influentes foram o quinto e o sexto califas omíadas, Abdal Malique (685-705) e seu filho, Ualide (705-715).

---

* Os moçárabes eram povos cristãos do Sul da Espanha que adotaram muitos costumes árabes, inclusive falavam árabe, mas não se converteram ao islã, preferindo pagar o *jizyah* e continuar a venerar Deus através de Cristo, embora com uma liturgia distintamente hispânica, que por vezes era reprovada pelos papas romanos medievais.

O mais velho deles, Abdal Malique, tornou-se califa em meio à Segunda *Fitna*, quando províncias se rebelavam abertamente em todo o mundo muçulmano. Sua primeira medida foi restaurar a unidade e a estabilidade do poder omíada em todo o mundo islâmico ainda em expansão. Conseguiu fazer isso centralizando e "imperializando" a autoridade, ao nomear poderosos governadores provinciais supervisionados de perto pela corte em Damasco, inclusive o muito competente Al-Hajjaj ibn Yusuf, que foi crucial para manter a autoridade omíada no Iraque, e o irmão de Malique, Abd al-Aziz, que conduziu os assuntos egípcios com mão firme em Fustat. Além de fazer boas escolhas pessoais, Abdal Malique também tomou medidas revolucionárias para imprimir a imagem e a realidade do poder omíada na vida diária das pessoas comuns em toda parte: não só dos fiéis muçulmanos, mas também dos não muçulmanos.

Uma das reformas mais importantes foi a introdução de uma cunhagem islâmica. Quando partiram da Arábia, os primeiros muçulmanos tiveram o cuidado de não perturbar os valiosos sistemas comerciais e monetários das terras que vieram a conquistar.[41] Mas nos anos 690, tudo mudara. Abdal Malique ordenou que as casas da moeda de todas as suas antigas províncias bizantinas e persas cunhassem uma série de moedas com um desenho que trombeteasse a natureza do novo império omíada. No lugar do *soldo* de ouro bizantino — a moeda corrente em uso em torno do Mediterrâneo desde a época de Constantino, o Grande —, as casas da moeda controladas pelos omíadas começaram a produzir uma moeda conhecida como *dinar*. O primeiro a ser projetado mostrava a imagem do califa em um esplendor quase imperial — um sinal de que Abdal Malique estava tentando superar o imperador de Constantinopla. Em 697, no entanto, essa iconografia — que pegou mal ante os pronunciamentos de Maomé contra imagens gravadas — foi abandonada, e os *dinares* produzidos pelas casas da moeda estampavam versos do Corão e outras frases na escrita cúfica, louvando o nome de Alá e celebrando sua misericórdia e compaixão.[42]

A produção de moedas sempre foi um instrumento de propaganda política, bem como de comércio, e a reforma monetária omíada não foi diferente. Em todo o mundo muçulmano, o antigo ouro era agora reivindicado por Damasco sob ameaças, para ser transformado em *dinares*. As moedas eram puras, religiosas e coerentes com a posição do Corão a respeito da numismática: "E dar a medida completa quando você medir, e pesar com uma balança equânime".[43] Ao mesmo tempo, embora com um pouco menos de urgência, as moedas de prata e cobre (*dirhams*) também foram redesenhadas, e voltaram à circulação. As moedas de prata eram cunhadas em todo o mundo muçulmano, enquanto o ouro era fortemente controlado por Damasco. Assim, os *dirhams* quase sempre correspondiam aos pesos e formatos das moedas correntes nas regiões onde circulavam. Mas em todos os lugares a mudança fundamental na aparência continuou a mesma. Lá se foram as imagens de velhos reis infiéis. Em seu lugar, mensagens de fé anunciando a revelação de Maomé logo estavam diariamente pelas mãos de comerciantes e mercadores, desde as margens do rio Tejo, na Espanha, até ao rio Indus, nos confins da Ásia.

Essa mudança não se deu no vácuo. Quando o califa Abdal Malique reformulou a cunhagem islâmica, o idioma que decorava suas moedas não era conhecido para a maioria das pessoas educadas que as usavam. Como visto, os primeiros califas mantiveram em vigor os sistemas monetários dos territórios conquistados; também não quiseram impor o islã para as massas. Os muçulmanos preferiram taxar os infiéis e manter seus colonizadores segregados em cidadelas recém-fundadas. O resultado foi a disseminação da *umma* por todo o mundo, mas não profundamente. Abdal Malique começou a mudar isso ao trabalhar as classes médias — de uma forma consagrada pelo tempo.

Por volta do ano 700, Abdal Malique ordenou aos funcionários públicos de todo o mundo omíada que usassem apenas uma língua: o árabe. As línguas mais comuns usadas pelos não árabes que compunham a grande maioria da população do califado eram o grego e o persa. Abdal Malique não fez nenhuma restrição às pessoas falarem como quisessem — mas decretou que não poderiam mais fazer isso enquanto trabalhassem para ele. Em uma penada, os cristãos, os judeus e os zoroastristas que tinham empregos bem remunerados como escribas, gerentes e burocratas do governo se viram diante de uma escolha difícil. Se já não soubessem ou aprendessem árabe rapidamente, estariam desempregados.

Essa simples mudança administrativa foi de fato um momento de grande importância cultural na história do mundo islâmico — pois garantiu que *haveria* um mundo islâmico perpétuo, e não uma federação de curta duração nos antigos territórios romanos e persas governados por uma pequena elite monoteísta. Como visto no primeiro capítulo, o Império Romano em sua pompa tinha aglomerado milhões de quilômetros quadrados em parte porque o latim era uma língua comum do discurso cultural, além de uma forma básica de comunicação. Abdal Malique introduzia o árabe num caminho semelhante. Ao impor o uso de uma língua universal em todo o califado, transformou-a em uma linguagem global de registro e estudos. O árabe tornou-se uma *língua franca* tão sólida quanto o latim e o grego. Consequentemente, passou a ser tão útil para estudiosos quanto para funcionários públicos. Durante a Idade Média, estudiosos árabes compilaram, traduziram e preservaram centenas de milhares de textos de todo o mundo clássico, e o mundo islâmico de língua árabe herdou a posição do mundo grego e latino como a sociedade intelectual e científica mais avançada do Ocidente. Isso não teria sido possível sem a decisão de Abdal Malique de impor a língua árabe aos burocratas do califado omíada nos anos 690.

Mas não foi só isso. O árabe foi mais que uma ferramenta de burocracia e estudo. Diferentemente do latim, por exemplo, o árabe era a língua em que o próprio Deus havia falado. O Corão foi revelado a Maomé em árabe; preservado em árabe; os primeiros muçulmanos eram árabes, que falavam árabe por definição; a chamada para a oração (*adhan*) soava nas mesquitas desde que foi cantada na Caaba em melodioso árabe quando Maomé capturou Meca. Era impossível imaginar o islã sem o idioma de seu primeiro povo, e quando esse idioma se tornou mandatório para todos os que quisessem interagir com o Estado, a fé não demoraria a seguir atrás. A partir do começo do século VIII, a arabização foi gradualmente acompanhada pela conversão nos territórios ocupados pelos muçulmanos — uma mudança que ainda pode ser vista, sentida e ouvida em quase todas as partes do antigo califado medieval no século XXI.*

---

* A notável exceção é o Irã, onde o persa se mostrou muito mais difícil de erradicar do que Al-Malik e seus sucessores omíadas imaginaram. Embora o Irã tenha passado por um longo processo de conversão ao islã no início da Idade Média, os iranianos aderiram firmemente à língua e à cultura persas, produzindo uma nova forma de islamismo não árabe que muito influenciou o desenvolvimento do islã em toda a região, que inclui os atuais Afeganistão, Paquistão, Índia e Turquia.

Abdal Malique morreu em 705, sendo sucedido por seu filho Ualide, que assumiu um tesouro recheado de novos *dinares* de ouro. Os esforços centralizadores de seu pai criaram um sistema financeiro eficiente para canalizar a Damasco as receitas fiscais e os espólios obtidos nas novas conquistas. É verdade que boa parte dessa receita era necessária para manter os grandes exércitos e marinhas que expandiam as fronteiras do *Dar al-Islam* a leste e a oeste e a combater os navios bizantinos equipados com fogo grego nas tempestuosas águas do Mediterrâneo. No entanto, mesmo levando em conta essas enormes despesas, Ualide ainda tinha um saudável superávit orçamental, e o usou para desenvolver a política do pai de enraizar o islã no tecido do mundo medieval. Abdal Malique indicou o caminho que seu filho seguiria quando construiu a Cúpula da Rocha em Jerusalém, nos anos 690, inaugurando o monumental edifício pseudoimperial com um distinto sabor islâmico. Ualide desenvolveu essa ideia, ao criar alguns dos edifícios mais extraordinários concebidos nos últimos 2 mil anos — muitos deles em pé até hoje, não só como relíquias históricas, mas como monumentos vivos onde fiéis muçulmanos comungam com Deus, uns com os outros e com seu passado medieval.

No cerne deste projeto épico havia um tríptico de mesquitas nas três cidades mais importantes do mundo omíada fora de Meca. Foram a Grande Mesquita de Damasco, a mesquita de Al-Aqsa em Jerusalém e a mesquita do Profeta (*Masjid al-nabawi*) em Medina, que foi renovada, ampliada e reformada para abrigar os túmulos de Maomé e dos califas Abu Baquir e Omar. Essas três enormes casas de culto congregacionais falavam de diferentes formas de estágios cruciais da história da expansão muçulmana, enquanto mostravam a riqueza e a autoconfiança imperiais dos califas omíadas. Das três, a Grande Mesquita de Damasco, construída em 706, é hoje a que sofreu menos alterações, em que os visitantes ainda podem ver como o plano, o propósito e os estilos decorativos únicos do mundo islâmico se desenvolveram nos primeiros anos do século VIII. A mesquita foi construída num local que foi originalmente um templo pagão para Hadad e Júpiter e depois uma igreja cristã para João Batista, que os omíadas compraram e demoliram. A mesquita erguida nesse local sagrado incluiu o primeiro *mihrab* côncavo conhecido — um detalhe na parede da mesquita indicando a direção de Meca, o qual é uma parte única e essencial em todas as mesquitas no mundo hoje —, só que está dentro de uma construção decorada com mosaicos reminiscentes das grandes igrejas de Bizâncio. Não há representações de pessoas, mas há muitas imagens intrincadas de casas, palácios, locais de veneração, árvores, rios e folhagem, que sugerem a terra e o paraíso de uma só vez, revelando um estilo de arte islâmico que se apropriou fortemente da tradição cristã da época.[44]

No entanto, se a Grande Mesquita de Damasco parece exótica e estranha nesse quesito, é também a primeira de muitas grandes mesquitas que ao longo dos séculos absorveram estilos locais e os mesclaram com elementos exclusivamente islâmicos: as sofisticadas mesquitas do Império Otomano do final da era medieval, coruscantes de elaboradas cúpulas que evocam as basílicas de igrejas cristãs ortodoxas do Oriente; construções como a magnífica mesquita de Badshahi da era mongol em Lahore, no Paquistão, feita de arenito vermelho em uma mistura perfeita de estilos indiano e persa; a ultramoderna mesquita de Istiqlal em Jacarta (Indonésia), erguida em 1987 no auge do movimento Novo Formalismo, que produziu edifícios notáveis nos Estados Unidos, como o World Trade Center em Nova York, o Centro John F. Kennedy de Artes Cênicas na cidade de Washington e The Forum em Los Angeles. A ousadia arquitetônica para criar mesquitas que falassem ao caráter exclusivo e excludente do islã, ao mesmo tempo que se inspiravam no mundo ao redor, remonta diretamente à época dos omíadas, particularmente ao califado de Ualide.

Quando Ualide morreu, em 715, os omíadas se encontravam no auge do poder. A conquista da Espanha visigótica estava bem encaminhada. Grandes casas de veneração haviam sido construídas. Um enorme esquema de obras públicas estava em andamento em todo o Estado islâmico, pois o califa investiu em novas estradas e canais, iluminação pública nas cidades e valas de irrigação no campo. O árabe foi instituído como a língua do comércio e da administração, bem como da oração, e estavam lançadas as bases para a influência do islã na vida de milhões de pessoas em todo o mundo medieval. A derrota no primeiro cerco de Constantinopla recuava celeremente no passado, enquanto o segundo cerco, de 717-718, pertencia ao futuro por vir. Foi um sólido conjunto de realizações, cujas consequências perdurariam por séculos. Mas que não resistiriam muito tempo sob os próprios omíadas. A dinastia seria destruída em 35 anos, com a expansão chegando a um limite. É para o ocaso dos omíadas que vamos nos voltar agora, para concluir a nossa história das conquistas árabes.

Sobe a bandeira negra

Em 732, exatamente cem anos depois da morte de Maomé, os guerreiros omíadas atravessaram os Pireneus e invadiram as terras dos francos. Destruíram palácios e saquearam igrejas no ducado da Aquitânia. Derrotaram um exército franco em batalha às margens do rio Garona. Realizaram grandes pilhagens, ao levar "escravos e escravas e setecentas das melhores moças, além de eunucos, cavalos, remédios, ouro, prata e vasos".[45]

Os muçulmanos que atravessaram as montanhas tinham se preparado para uma longa campanha. Seu comandante, Abderramão, tinha em vista uma grande basílica perto da cidade de Tours, cerca de 750 quilômetros no interior do território governado por uma dinastia franca conhecida como os merovíngios. A basílica fora batizada em homenagem ao herói cristão São Martinho, e também abrigava o seu túmulo. Durante sua vida no século IV, São Martinho deixou o exército romano para se tornar um soldado de Cristo, e posteriormente realizou milagres como exorcizar demônios de vacas raivosas e atear fogo às nádegas do imperador Valentiniano.[46] Agora seu manto era venerado como uma relíquia sagrada, seu santuário era um local de reverência cristã e a basílica, o repositório de muito butim transportável.[47]

Porém, antes de chegar às portas da basílica, Abderramão esbarrou num problema. Este se apresentou na figura de Carlos Martel.

Ainda que não fosse exatamente um rei, Martel era um dos aristocratas dominantes no reino franco. Como veremos em breve, um dia ele seria reconhecido como o fundador da dinastia carolíngia, que produziu governantes ilustres como Pepino, o Breve, e Carlos Magno. Mas em 732, quando os omíadas se aproximavam, Carlos Martel detinha o título ministerial de prefeito do palácio da Austrásia.* Seu apelido (*Martellus*) significava "o martelo". Nas palavras de um quase contemporâneo, "era um poderoso homem de guerra" que tinha "a ousadia como conselheira".[48] Nessa ocasião

---

* A Francia merovíngia (território que correspondia aproximadamente à Gália romana) foi dividida em três regiões principais: a Nêustria, a Austrásia e a Borgonha; várias outras terras estavam ligadas ao reino, inclusive o ducado da Aquitânia. Para mais detalhes, ver capítulo 5.

— um domingo de outubro — ele havia mobilizado um exército para defender Tours e proteger as regiões do sul do território franco.

Tendo se inteirado sobre as depredações dos árabes com o duque da Aquitânia, Martel foi ao encontro de Abderramão na estrada entre Tours e Poitiers. Depois de sete dias de uma guerra fingida, ele atraiu os muçulmanos para a batalha. Quando a luta eclodiu, Martel alinhou seus homens, deu suas ordens em pé atrás de uma parede de escudos imóvel e áspera como uma geleira e os conduziu de modo a que "com grandes golpes de suas espadas eles abatessem os árabes. Reunidos em bando ao redor do seu chefe, o povo da Austrásia derrubou tudo diante deles".[49] Cronistas que analisaram retrospectivamente a vitória de Carlos Martel (expressando a mistura usual de pensamento positivo, exagero poético e bravata, que caracterizavam estimativas medievais sobre exércitos e massacres) atribuíram ao prefeito a matança de 300 mil a 375 mil guerreiros muçulmanos, entre eles o próprio Abderramão. As perdas francas foram calculadas em apenas 1.500 homens.

A Batalha de Tours (também conhecida como a Batalha de Poitiers) se tornou célebre entre os seus contemporâneos e vem sendo celebrada por escritores ocidentais há mais de mil anos. Seus principais detalhes e a exemplar lição moral foram registrados menos de três anos após sua conclusão por autores como o Venerável Beda, que escreveu em sua *História eclesiástica do povo inglês* (concluída pouco antes de sua morte em Jarrow, na Inglaterra, em maio de 735) que "uma terrível praga de sarracenos devastou a França com uma miserável matança, mas não muito tempo depois de chegarem ao país receberam a punição devida à sua maldade".[50] Muitos outros seguiram o exemplo de Beda, tanto na Idade Média como nos dias de hoje. Para o monge de Saint-Denis — escrevendo mais de seiscentos anos depois, no apogeu da realeza sacral francesa, no século XIII —, Carlos Martel salvou "a igreja de São Martinho, a cidade e todo o país" dos "inimigos da fé cristã". Para Edward Gibbon, em seu *Declínio e queda do Império Romano*, escrito entre 1776 e 1789, a derrota de Abderramão salvou toda a Europa da islamização e impediu o desenrolar de uma história alternativa: em que as conquistas árabes chegariam à Polônia e às Terras Altas da Escócia; em que "a interpretação do Corão estaria agora sendo ensinada nas escolas de Oxford, e seus púlpitos poderiam demonstrar a um povo circuncidado a santidade e a verdade da revelação de Maomet [sic]".[51] Duzentos anos depois, nos anos 1970, o Grupo Carlos Martel foi formado na França como uma organização terrorista de direita que se manifestou contra a migração argelina para a França com uma série de atentados à bomba. Nos Estados Unidos do século XXI, uma organização chamada Sociedade Carlos Martel organiza nacionalistas brancos e publica um jornal ostensivamente racista, que fornece uma plataforma para artigos pseudoacadêmicos sobre assuntos que incluem a eugenia e a segregação racial.[52] Assim, até hoje a vitória de Martel é considerada um ponto de virada histórico: uma batalha que mudou o mundo; o momento em que as aparentemente inexoráveis conquistas árabes do século seguinte à morte de Maomé foram detidas.

No entanto, como visto, essa é uma interpretação muito simplista da história. Por um lado, não é absolutamente claro que Abderramão quisesse conquistar o reino dos francos: os portos mediterrâneos mais úteis entre os Pireneus e o Ródano já estavam em mãos muçulmanas nos anos 730, pacificados com um uso criterioso de violência exemplar (alguns bispos foram queimados vivos em suas igrejas, enquanto se espalharam rumores pela Espanha visigótica sobre tropas berberes cozinhando e comendo obstinados cristãos) como uma das rotinas na aplicação do *jizyah*. Tours e seus arredores eram campos de pilhagem interessantes, mas não é certo que nos anos 730 estivessem na mira de uma conquista muçulmana total.

Ademais, a Batalha de Tours em si não foi nada se comparada a duas derrotas anteriores que permanecem como exemplos muito mais convincentes de pontos de virada histórico na expansão do califado. A primeira foi no fracassado cerco de 717-718 a Constantinopla, descrito acima. A segunda foi na Batalha de Aksu, também em 717, em que um exército árabe, reforçado por tropas de origem turca e tibetana, foi dizimado pelos chineses da dinastia Tang na região de Xinjiang da China atual. Essa derrota anunciou uma gradual dissolução da marcha muçulmana para o Oriente; nos anos 750, foram estabelecidas as fronteiras entre o mundo islâmico e a China dos Tang na Ásia Central, onde as duas potências dividiram o controle das movimentações comerciais da Rota da Seda. O século VIII marcou o momento em que as conquistas islâmicas atingiram seus limites geopolíticos, não só na Europa mas em todo o mundo. A vitória de Carlos Martel em 732 foi só uma pequena parte desse processo muito mais amplo.

Na verdade, o incidente mais significativo que determinou o futuro medieval da Europa Ocidental, e o lugar do islã nesse futuro, aconteceu entre junho de 747 e agosto de 750, quando a dinastia omíada foi deposta em Damasco. As causas e o curso dessa revolução foram complexos, mas em resumo, vários grupos dissidentes dentro do califado — incluindo xiitas e muçulmanos não árabes convertidos (conhecidos como *mawali*), que eram excluídos de muitos privilégios legais da *umma* — se uniram sob a liderança de um personagem misterioso e discreto do Leste da Pérsia, conhecido como Abu Muslim al-Khorasani. A partir de uma rebelião local na cidade oriental de Merv, disseminaram o espírito da revolução total por todo o califado, dando início à Terceira *Fitna*, que terminou com a derrota militar do califa Maruane II na Batalha de Zabe (Iraque) em janeiro de 750. Três meses depois, Damasco caiu e os membros sobreviventes da dinastia foram perseguidos e mortos, um a um. Maruane foi assassinado quando fugia para o Egito, e substituído por um árabe jordaniano chamado Açafá — cuja alcunha se traduz como "derramamento de sangue". Açafá foi assim o fundador de uma nova dinastia chamada abássida, que alegava descender do tio de Maomé, al-Abbas, e cujo símbolo de identidade era uma bandeira toda preta.*

Os abássidas fizeram mudanças drásticas no império islâmico arrebatado dos omíadas. Mudaram a capital para oitocentos quilômetros a leste de Damasco, para uma nova cidade no Iraque chamada Bagdá, e atribuíram poderes legais e políticos radicais aos governantes locais por todo o califado, conhecidos como "emires". Os abássidas também se empenharam para integrar muçulmanos não árabes à *umma* em termos relativamente igualitários. O resultado foi um tempo de fraturamento político no mundo islâmico, quando os emires ganharam cada vez maior independência dos califas, com o surgimento das facções sunitas e xiitas, bem como dinastias rivais como os fatímidas no Egito e os almorávidas e almóadas no atual Marrocos. Nunca mais os califas tiveram tanto poder político e espiritual territorial quanto na época dos califas "guiados pela

---

* Hoje essa bandeira preta adquiriu conotações sinistras, pois foi imitada pelo breve califado de Abu Baquir al-Baghdadi, líder do Estado Islâmico (ISIS, EIIL ou Daesh), o grupo islâmico fundamentalista que se ramificou da al-Qaeda e controlou com brutalidade grande parte da Síria e do Iraque entre 2013 e 2019.

correição" e dos omíadas. No entanto, a época dos abássidas (que foi até 1258, quando o califado foi destruído pelos mongóis*) ficaria conhecida como a era de ouro do islã, com um grande desenvolvimento das artes, da arquitetura, da poesia, da filosofia, da medicina e da pesquisa científica. No século VIII, os abássidas roubaram o segredo da manufatura do papel dos chineses da dinastia Tang, e no século XIII aprenderam o segredo de produzir pólvora da dinastia Song. Construíram grandes bibliotecas, como a Casa da Sabedoria em Bagdá, onde milhões de páginas de livros foram traduzidas, copiadas e estudadas para o benefício da sociedade como um todo. Muitos dos posteriores avanços da Renascença europeia teriam sido praticamente impossíveis sem a preservação do conhecimento clássico e da tecnologia do mundo todo por instituições islâmicas como a Casa da Sabedoria.

Mas a era dos abássidas também representou o deslocamento do centro de gravidade do mundo muçulmano, bem como sua capital, para o Oriente. Os califas se estabeleceram geográfica e culturalmente distantes dos antigos territórios romanos que — assim como a Arábia — formavam o centro dos dois primeiros califados. Portanto, o desenvolvimento no *Dar al-Islam* afetou o mundo ocidental sob certos aspectos. Uma das mais ressaltadas e duradouras histórias da Idade Média é a do desconhecimento e da hostilidade cada vez maior entre o Oriente islâmico e o Ocidente cristão — uma diferenciação que teria feito muito pouco sentido nesse ponto da nossa história, quando os omíadas estavam interessados e envolvidos diretamente em questões do Mediterrâneo ocidental, bem como nas do Oriente Próximo e do Oriente Médio. Esse suposto conflito de civilizações é hoje um dos principais argumentos da extrema direita e de extremistas de várias facções no mundo todo — que deve pelo menos parte de sua gênese a eventos em vigência no começo do século VIII.

Dito isso, porém, devemos também nos lembrar que, apesar de o califado omíada ter sido deposto em 750, os omíadas continuaram vivos, e seu legado ainda é muito presente numa região específica do Ocidente atual: nas metades meridionais da Espanha e de Portugal, conquistadas e consolidadas no reinado de Ualide, em 711-714. Em meio ao tumulto

---

* Ver capítulo 9.

Mar do Norte

Mar Báltico

ESCOCES

PICTOS

ANGLO-SAXÕES

SAXÕES

ESLAVO

FRANCOS

AVAROS

Paris

Tours

LOMBARDOS

Béziers

IMPÉRIO BIZAN

Barcelona

AL-ANDALUZ

Roma

Constantinopla

Tagus

Lisboa

Córdoba

Cartago

Kairoan

Mar Mediterrâneo

MAGREBE

EGIT

Cai

DESERTO DO SAARA

0   400   800
Milhas

AS CONQUISTAS ÁRABES
ATÉ c. 750 d.C.

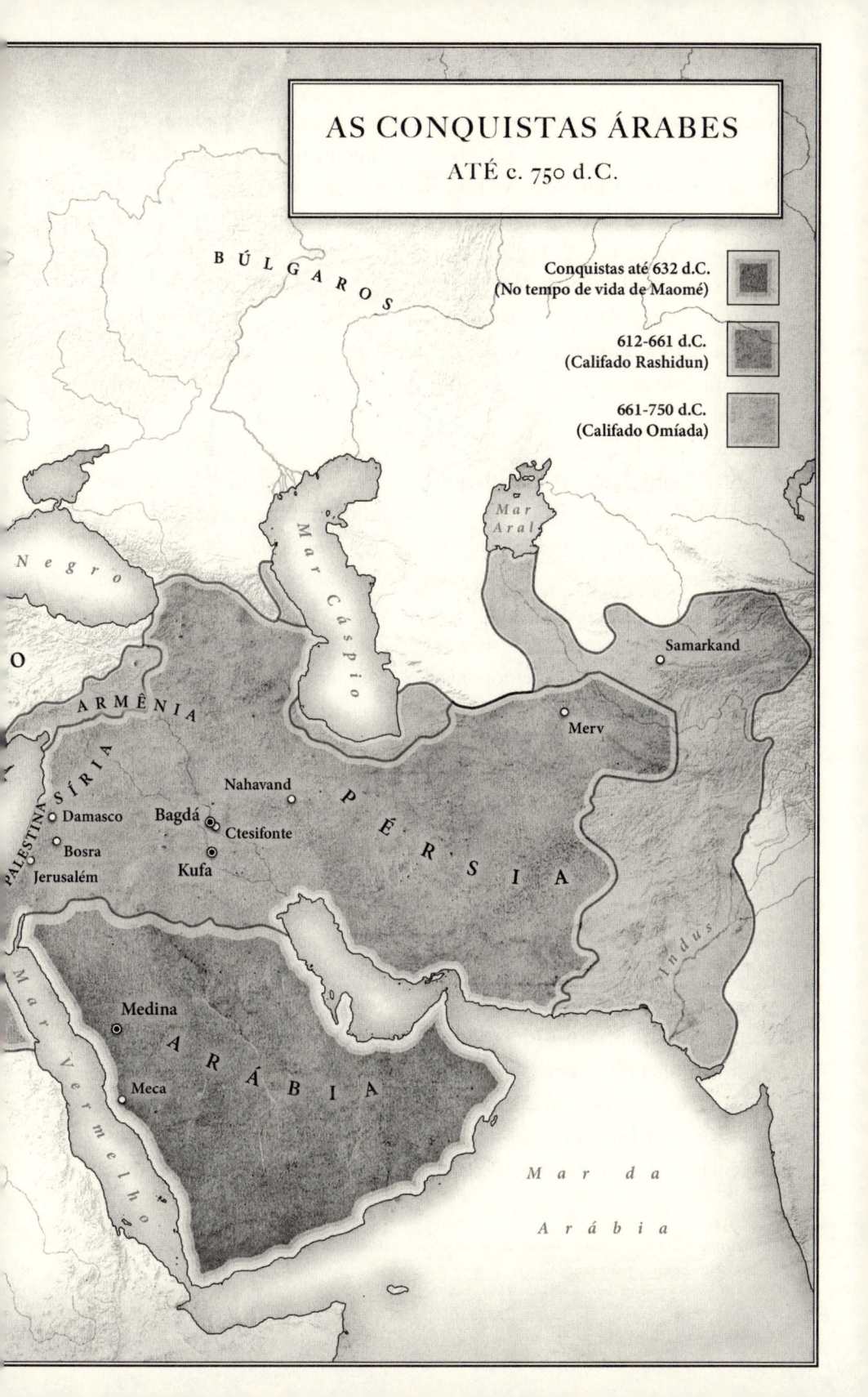

Conquistas até 632 d.C.
(No tempo de vida de Maomé)

612-661 d.C.
(Califado Rashidun)

661-750 d.C.
(Califado Omíada)

BÚLGAROS

Mar Negro

Mar Cáspio

Mar Aral

Samarkand

ARMÊNIA

Merv

PALESTINA

SÍRIA

Damasco

Bosra

Jerusalém

Nahavand

Bagdá

Ctesifonte

Kufa

PÉRSIA

Indus

Mar Vermelho

Medina

Meca

ARÁBIA

Mar da Arábia

da revolução abássida, um dos netos do velho califa Abdal Malique fugiu de Damasco, perseguido por assassinos empenhados em adicioná-lo à lista de omíadas chacinados. O fugitivo conseguiu se evadir e vagou seis anos no exílio, fazendo uma longa e clandestina viagem pelo Norte da África até chegar ao Sul da Espanha, onde se proclamou califa e estabeleceu uma capital independente na sufocante cidade de Córdoba — na região mais quente da Espanha, onde as temperaturas se comparavam ao calor da Arábia. Durante as duas décadas seguintes, ele agregou os territórios muçulmanos na Ibéria no que ficou conhecido como o Emirado de Córdoba.

A exemplo de Bagdá e da cidade de Kairouan na província de Ifríquia (na atual Tunísia), que continuaram sendo parte do califado abássida até o início do século XX, Córdoba ganhou grande renome na Idade Média como uma cidade de aprendizado e detentora de uma rica cultura. A população chegou a 400 mil habitantes — um número que alçou a cidade ao mesmo nível de Constantinopla ou até mesmo da antiga Roma. A vida religiosa da cidade pulsava ao redor da Grande Mesquita de Córdoba.* Construída numa escala comparável à joia do império omíada em Damasco, a cidade absorveu o estilo de alvenaria romano e influências decorativas mouras, pagas com as ricas pilhagens da conquista dos visigodos e de incursões em territórios francos adjacentes.

Durante um século, mais ou menos entre os anos 900 e 1000, a cidade de Córdoba e o que restou do emirado omíada podia se arrogar como o Estado mais avançado e sofisticado da Europa Ocidental, e o fabuloso legado daquela época continua profundamente incorporado à cultura espanhola e portuguesa. Os próprios nomes das regiões ainda demonstram uma nítida influência árabe: Lisboa (*Al-Usbuna*), Gibraltar (*Jabal Tariq*), Málaga (*Malaqa*), Ibiza (*Yabisa*), Alicante (*Al-Laqant*), assim como muitas outras cidades e destinações turísticas ibéricas bastante conhecidas. O glorioso palácio de Alhambra, em Granada, é o mais famoso, mas o Alcazar em Sevilha — um palácio real espanhol ainda em funcionamento — foi construído sobre as fundações de uma fortaleza medieval de um governante muçulmano. Os banhos árabes de Jaén, por sua vez, sinalizam uma flagrante

---

* Hoje uma catedral católica, apesar de os muçulmanos espanhóis do século XXI terem feito pressão, sem sucesso, para orar lá.

e sofisticada cultura cívica na Espanha islâmica que poderia ser facilmente comparada à da antiga Hispânia romana.

A presença muçulmana na Espanha continuou por toda a Idade Média, e apesar de a cultura islâmica ter sido continuamente despojada pelos cruzados a partir do século XI no que ficou conhecido como a Reconquista, só em janeiro de 1492 o último emir muçulmano foi expulso do continente para viver no exílio no Marrocos.* Significa que a península Ibérica esteve ao menos parcialmente ligada formalmente ao *Dar al-Islam* por mais de sete séculos, e que essa longa associação tem sido uma parte da história e da cultura espanholas na era moderna. Não é um motivo universal de comemoração: no que é hoje um país predominantemente católico, ainda há muitos que se sentem desconfortáveis com o legado da Espanha islâmica.

De modo algum dá para dizer que todos os governantes muçulmanos da Espanha medieval eram intelectuais esclarecidos dedicados à construção de bibliotecas e banhos públicos: as dinastias berberes conhecidas como almorávidas e almóadas, que controlaram Al-Andalus dos séculos XI ao XIII, foram fanáticos austeros responsáveis por muita opressão e violentas perseguições a não muçulmanos. Um certo grau de preconceito e desconfiança populares contra os moros — os mouros, ou muçulmanos espanhóis que supostamente se mantêm leais ao Norte da África — é um aspecto ainda vigente no discurso político espanhol. Memórias parciais do passado medieval se misturaram com recordações menos longínquas na Guerra Civil Espanhola do século XX, que começou no Marrocos e envolveu dezenas de milhares de soldados muçulmanos do Norte da África, lutando ao lado dos nacionalistas comandados pelo general Franco. Tudo isso resume uma situação complexa e delicada. A história continua acontecendo ao nosso redor, moldando atitudes, crenças, preconceitos e visões de mundo. É por essa razão que o mundo de Deus revelado numa caverna na Hejaz do século VII ainda afeta o cotidiano de homens e mulheres que vivem na era dos smartphones.

---

* Ver capítulo 15.

Parte II
DOMÍNIO

c. 750 d.C.–1215 d.C.

5
FRANCOS

"Oh, o ferro! Ai do ferro!"
Grito de desespero dos lombardos ante
o surgimento do exército franco

No segundo semestre do ano de 751, Childerico III foi submetido a um custoso corte de cabelo. Havia onze anos ele era o rei dos francos, o povo que governava as antigas províncias romanas da Gália desde que as migrações bárbaras haviam derrubado o império ocidental. Apesar de nunca ter exercido o poder na prática — um cronista desdenhoso achava que sua única função era "sentar-se no trono [...] satisfeito com o nome de rei e a aparência de reinar" —, Childerico era o homem de posse da majestade, simbolizada pelo cabelo e a barba tão longos quanto possível, na moda tradicional de sua dinastia real, a dos merovíngios.[1] Essa preferência por cachos desgrenhados tinha conferido aos merovíngios o nome de *reges criniti* ("reis de cabelos longos"), que era mais que uma simples marca registrada ou um mero apelido. Os cabelos eram um símbolo essencial do seu poder. Como Sansão no Velho Testamento, um merovíngio com um corte escovinha seria considerado despojado de todo seu poder. Assim, em 751 Childerico não estava simplesmente aderindo a um novo estilo, estava sendo cerimonialmente deposto. Seu reino estava em meio a uma revolução, e esse foi o seu clímax simbólico. O velho rei foi tonsurado e despachado para passar sua vida em prisão domiciliar num monastério em Saint-Omer, não longe da costa no extremo norte do reino franco. Childerico foi substituído pelo homem que ordenou sua desgraça: um guerreiro político chamado Pepino, o Breve.

Segundo um cronista, Pepino foi "escolhido rei por todos os francos, consagrado pelos bispos e recebeu a honraria dos grandes homens".² O autor registrou seu julgamento nos anais dos "Francos Reais", que, patrocinados por Pepino e seus descendentes, deviam naturalmente retratá-los sob a luz mais suave e lisonjeira. Seja como for, o ano de 751 ainda marcou um período formativo na história europeia, quando a Frância entrou na era carolíngia. Os carolíngios foram assim nomeados em honra a seu patriarca, o pai de Pepino, Carlos Martel (*Carolus Martellus*): o homem que derrotou os omíadas na Batalha de Tours. A linhagem produziu mais de um Carlos famoso, incluindo Carlos, o Calvo, Carlos, o Gordo e Carlos, o Simples. Mas o mais ilustre de todos foi Carlos Magno (*Carolus Magnus*). Durante um reinado que durou quarenta anos, Carlos Magno unificou os territórios que hoje conhecemos como França, Alemanha, Norte da Itália, Bélgica, Luxemburgo e Países Baixos em um super Estado europeu sob seu comando. Em 800 d.C., o papa concedeu a esse território europeu o status de império, e sua natureza militante, santificada e franconizada foi personificada por Carlos Magno, que seria lembrado como uma figura tão heroica e grandiosa quanto o rei Artur, o lendário monarca britânico.³ Carlos Magno foi um dos governantes mais poderosos e influentes de toda a Idade Média. E deixou um legado para a Europa que desde então continua presente.⁴ Seu nome em latim — *Carolus* — passou para muitos idiomas europeus modernos, como o polonês (*król*), o búlgaro (*kral*), o tcheco (*král*) e o húngaro (*király*), com o significado literal de "rei".⁵ E sua realização política foi igualmente duradoura. Unificar as terras dos dois lados do Reno em um Estado centralizado na atual França e na atual Alemanha exigiu um esforço monumental. Manter essa unidade se mostrou algo além da capacidade da maioria dos sucessores de Carlos Magno. E continuou além do talento da maioria dos estadistas desde então.*

No entanto, por mais poderoso que Carlos Magno fosse, e por mais que tenha expandido o seu império, os francos carolíngios não foram o único grande poder a ganhar proeminência nesse período. A partir do século VIII, grupos vigorosos de desbravadores, comerciantes e predadores pagãos da Escandinávia também estavam em movimento. Hoje conhecemos esse

---

* Com a possível exceção, ao menos no momento em que escrevo, da União Europeia.

povo coletivamente como os vikings. Inevitavelmente, francos e vikings tanto se confrontaram quanto cooperaram na disputa de recursos e poder nas regiões do Norte e Oeste da Europa. E no final, em um processo semelhante à fusão nuclear, o calor e a luz irradiados desse conflito deram origem a um terceiro povo, que também teria um papel importante na história medieval: os normandos, que ganharão uma grande dimensão na segunda parte deste livro.

Merovíngios e carolíngios

Quando nos encontramos pela primeira vez com os francos, no segundo capítulo, eles eram uma coalizão de pelo menos meia dúzia de bandos guerreiros germânicos que atravessaram o Reno na época das grandes migrações, abriram caminho ao redor da Gália romana e se juntaram num único grupo que se estabeleceu e gradualmente conquistou o pouco que restava do Estado romano. Os escritores romanos do século III, portanto, viram os francos como bárbaros peripatéticos comuns. No entanto, nos séculos seguintes, os francos surgiram para o mundo, e nesse processo seus bardos e escribas criaram um grande mito de origem. Segundo essa narrativa, eles teriam se estabelecido na Europa na Idade do Bronze; seus ancestrais eram um grupo de guerreiros egressos da Guerra de Troia que vagou para o oeste.[6] Seja como for, a partir de 460 eles se tornaram uma força a ser considerada. Uma vez assentados a oeste do Reno, se impuseram sobre seus vizinhos — mais notavelmente os visigodos e borgonheses — e no século VII já ocupavam todo o território da atual França moderna, exceto a península da Bretanha e o litoral costeiro entre Arles e Perpignan (hoje uma faixa balnear de Languedoc-Roussillon). Os francos também cobravam tributos de tribos germânicas do leste do Reno até a Baviera, a Turíngia e partes da Saxônia. Grande parte dessa expansão ocorreu nos dois séculos e meio em que os francos foram governados pela dinastia merovíngia dos cabelos longos.*

---

* Os merovíngios tinham uma fantasiosa história de sua origem: eles afirmavam ter descendido de uma rainha que foi estuprada por um "quinotauro" — um monstro fantástico semelhante a um leão-marinho gigante. O cronista Fredegar o definiu como a "fera de Netuno".

O primeiro rei merovíngio, sobre o qual não sabemos quase nada, foi outro Childerico — o primeiro. Este usou seus talentos militares para reunir um grande número de seguidores nas terras ao norte do Loire em meados dos anos 400. Lutou contra visigodos e saxões, morreu em 481 e foi enterrado em Tournai, juntamente com sua fabulosa coleção de joias. Quando o túmulo de Childerico foi aberto, no século XVII,* descobriu-se um nicho com ouro e moedas de prata, uma espada gloriosamente decorada com punho de ouro, dezenas de bugigangas de ouro, centenas de lindos enfeites de abelhas de ouro, um anel cerimonial gravado com a legenda "CHILIRICI REGIS", uma lança, um machado de arremesso, os restos de um escudo e pelo menos dois esqueletos humanos. Ficava no centro de um grande cemitério franco repleto de guerreiros, mulheres e valiosos cavalos de guerra, possivelmente sacrificados em cerimônias de sepultamento de elite.[7] Juntos, esses locais de descanso formavam um cemitério literalmente monumental, construído em torno de um túmulo real elevado visível por quilômetros ao redor. O túmulo de Childerico I nos diz que os francos eram mais do que senhores da guerra errantes. Já no final do século V, seus governantes tinham todos os apetites da realeza e se viam como comandantes de terras que se estendiam por muitos dias de viagem em todas as direções.

Os merovíngios estavam no auge de seus poderes nos séculos V e VI. Childerico I foi sucedido por um poderoso rei chamado Clóvis, que reuniu as tribos francas em uma unidade política e cultural coerente. Sua esposa, uma princesa da Borgonha de nome Clotilde,** o converteu ao catolicismo. Em 486, ele encerrou o que restava dos interesses romanos na antiga província na Batalha de Soissons. Em 507, derrotou os visigodos da Ibéria na Batalha de Vouillé, pondo um fim a sua influência na região do sudoeste da Gália conhecida como Aquitânia. Como resultado, Clóvis legou a todos os governantes francos subsequentes um senso de direito de governar toda

---

* O túmulo de Childerico I foi descoberto por acaso por um pedreiro surdo-mudo trabalhando em uma construção perto de uma igreja medieval. Infelizmente, os gloriosos bens encontrados na tumba foram quase todos perdidos — o tesouro foi roubado em Paris no século XIX e a maior parte do ouro, derretida.

** Agora Santa Clotilde, padroeira das noivas e filhos adotivos. Clotilde foi objeto de uma hagiografia do século X do abade beneditino Adso de Montier-en-Der, autor mais conhecido por seu respeitado trabalho sobre a natureza do Anticristo.

a região entre os Países Baixos e os Pireneus. Também decretou a Lei Sálica (ou Leis dos Francos Sálios) — um texto legal produzido entre 507 e 511. A Lei Sálica seria um componente central da lei franca durante o início da Idade Média, e continuaria a ser citada em disputas de sucessão real oitocentos anos depois, no século XIV.[8] O reinado de Clóvis marcou o verdadeiro início da identidade coletiva dos francos — que mais tarde se tornou o sentido da nacionalidade francesa. Clóvis costuma ser definido como o primeiro francês.

No entanto, depois de Clóvis a história dos francos merovíngios foi de grandeza crescente, mas inversamente proporcional ao seu poder político. Quando morreu, em 511, Clóvis dividiu o governo real na França entre quatro de seus filhos. Apesar de destinada a criar uma liderança forte em cada uma das principais partes constituintes do reino franco, essa divisão contribuiu para a sua desunião. Como resultado, enquanto a dinastia merovíngia usava a coroa dos francos — ou, mais precisamente, as coroas — por dois séculos e meio, poucos descendentes de Clóvis se igualaram em suas extraordinárias realizações. A partir do final do século VII, os francos passaram a ser definidos por sua impotência política. Os últimos e frágeis merovíngios ficaram pejorativamente conhecidos como *rois fainéants* (reis que nada fazem). Em cada uma das principais divisões reais do território franco (Austrásia, Nêustria, Aquitânia, Provença e Borgonha), o poder foi gradualmente passado a funcionários governamentais conhecidos como prefeitos do palácio (*maior palatii*). Esses prefeitos comandavam exércitos e controlavam a política e as estratégias militares, resolviam disputas e conduziam a política externa. Eram um cruzamento de magnatas e primeiros-ministros, que detinham toda a autoridade política outorgada pelos seus reis ao longo de gerações. Enquanto isso, os reis usavam coroas ocas. Segundo o cronista Einhard, um típico *roi fainéant* "ouvia embaixadores, de onde quer que viessem, e quando partiam ele dava respostas que lhe haviam ensinado ou ordenado a dizer. Além do título vazio de rei e um pequeno estipêndio [...] ele não tinha nada além de uma propriedade, e com uma pequena renda [...] Quando precisava viajar, era em uma carroça puxada por bois e conduzido por um vaqueiro como um campônio".[9]

Na primeira metade do século VIII, Carlos Martel assumiu um posto como prefeito franco e elevou o cargo à categoria de rei de pleno direito e reconhecido publicamente. Durante sua longa vida, Martel adquiriu o domínio político da Nêustria e da Austrásia, em seguida abarcou todas as outras regiões da Frância sob seu controle exclusivo como "Duque e Príncipe dos Francos". O cronista Einhard escreveu com admiração sobre as realizações de Martel: ele "dispensou de forma brilhante [seu] cargo civil [...] derrubou os tiranos que reivindicaram o domínio de toda a Frância e [...] derrotou totalmente os sarracenos, isto é, os omíadas".[10] Em comparação, o merovíngio de quem Martel teoricamente derivou seu poder, Teodorico IV, foi a própria definição de um *roi fainéant*. Martel determinou que ele passasse todo seu reinado de dezesseis anos em prisão domiciliar em mosteiros. O monarca de faz de conta morreu em 737. Martel não se preocupou em substituí-lo, preferindo exercer seu poder quase real adquirido de próprio direito. Assim, por vários anos os francos tecnicamente não tiveram um rei. Não foi exatamente o fim dos merovíngios, mas sim uma grande aceleração do seu declínio. Em 743, quando Carlos Martel morreu e enquanto seus filhos e familiares brigavam por seu legado e sua herança, o desafortunado Childerico III foi nomeado sucessor de Teodorico. Mas, como vimos, Childerico III acabou sendo o último dos merovíngios. Em 751, seus cabelos foram cortados por ordem do filho de Martel, Pepino, o Breve.

E foi assim que a dinastia caiu.

Ascender do cargo de prefeito do palácio para o de rei não foi muito fácil para Pepino, o Breve. Seus problemas foram dois. Em primeiro lugar, seu pai o instruiu a dividir o poder sobre as terras francas com seu irmão mais novo, Carlomano. Essa questão foi basicamente resolvida em 747, quando Carlomano se retirou da política e foi viver no famoso mosteiro beneditino de Monte Cassino, a meio caminho entre Roma e Nápoles. Mas ainda restava outro problema. Ao depor Childerico, Pepino tinha interferido no tecido do universo. Por mais inúteis que fossem os merovíngios, seu reinado havia durado séculos e era imbuído da aprovação implícita do divino. Havia certa falta de decoro em simplesmente eliminá-lo. Pepino precisava encontrar uma maneira de justificar seu regime aos olhos dos homens — e de Deus.

Buscou uma solução com o papa, em Roma. Antes de agir contra Childerico, escreveu ao papa Zacarias (741-752), pedindo apoio para o seu golpe. Pepino perguntou a Zacarias "se era bom naquele momento que houvesse reis na Frância que não tinham poder real". Era uma pergunta direcionada, e ele tinha uma boa ideia do que o papa iria dizer. Zacarias estava preocupado com os lombardos, cujas ambições territoriais na Itália eram uma ameaça ao papado e seus protetores seculares habituais: os exarca bizantinos de Ravena. Zacarias precisava de amigos para ajudá-lo se os lombardos se mobilizassem contra ele. Pepino estava bem posicionado para ser um desses amigos. Assim, a tendência de Zacarias era dar uma resposta positiva a perguntas inocentes sobre a Coroa franca, e escreveu a Pepino dizendo que seria muito melhor ter um governante ativo do que um inativo. E "por meio de sua autoridade apostólica, para que a ordem não pudesse gerar confusão, ele decretou que Pepino deveria se tornar rei".[11]

Com o apoio teórico do papa, Pepino decidiu que sua coroação como substituto de Childerico não deveria ser uma mera questão de aclamação política, mas também ter um sabor explicitamente teológico. Quando criança, fora educado por monges na abadia de Saint-Denis, em Paris, onde se imbuíra de um senso apurado da história bíblica. Assim, em 751, quando foi coroado como o novo rei dos francos pelo núncio papal Bonifácio, arcebispo de Metz, Pepino recorreu aos exemplos de reis do Velho Testamento. Bonifácio ungiu-o com óleo sagrado — besuntado na cabeça, nos ombros e nos braços — antes de ser alçado ao trono.

Não foi uma coroação comum. Parte batismo, parte ordenação sacerdotal, foi uma peça de teatro público sublime. Anunciava o apoio da Igreja à ascensão de Pepino, não só da aristocracia franca. E teria consequências duradouras. Desde então, os reis francos só seriam considerados "legítimos" quando ungidos por um bispo ou pelas mãos de um arcebispo. Assim como os imperadores romanos na era cristã e os primeiros califas islâmicos, os reis francos atribuíam então uma característica sacra ao seu papel. Estava preparado o cenário para que os reis começassem a se considerar em contato direto com Deus: aprovados e protegidos pelo Todo-Poderoso e com o direito a pensar em si mesmos como Seus representantes na Terra. Ao mesmo tempo, a Igreja ganhou o direito de julgar o desempenho dos reis franceses. As implicações desse novo pacto seriam sentidas por muito tempo na Idade Média — e, na verdade, até mesmo depois.[12]

Uma única unção sagrada poderia ter sido suficiente para muitos governantes. Mas Pepino tinha gosto pelo teatro. Assim, três anos após a cerimônia em Soissons, ele foi ainda mais longe. A essa altura o papa Zacarias já estava morto, mas seu substituto, Estêvão II, era igualmente flexível. No inverno de 753-754, o novo papa atravessou os Alpes e no dia da Epifania (6 de janeiro) adentrou em solene esplendor o palácio franco em Ponthion, para pedir ajuda militar: "para que pudesse assim se libertar das opressões [dos lombardos] e de suas duplicidades", como explicou um cronista.[13] Mantendo a dignidade papal, Estêvão chegou acompanhado de dúzias de padres, todos entoando hinos. Pepino os recebeu solenemente. "O homem generoso [ou seja, o papa] com todos seus companheiros louvando em voz alta e incessante a glória de Deus Todo-Poderoso", escreveu um cronista papal. "E com hinos e cantos espirituais, todos se dirigiram com o rei ao palácio."[14]

Após esse encontro melodramático, seguiu-se uma série de cerimônias igualmente coreografadas. Em todas, papa e rei se revezaram jogando-se ao chão e rastejando na poeira um diante do outro. Ao fundo seus embaixadores negociavam. E assim, de certo modo, foi discutido outro abrangente pacto entre papas romanos e reis francos. O papa adotaria os francos como seus defensores seculares e investiria sua influência legitimadora da nova monarquia carolíngia — em troca, Pepino incorreria em vastos custos e assumiria um considerável risco militar cavalgando para o sul, até os Alpes, para libertar o papado de seus inimigos. Foi um acordo de enormes riscos para ambos os lados. Mas, em retrospecto, representou um momento de importância seminal na história ocidental: aquele em que os bispos de Roma não mais buscavam apoio em Constantinopla no Oriente, mas sim com os povos descendentes de bárbaros do Ocidente.[15]

Foi também a primeira vez em que o filho de Pepino, Carlos — o futuro Carlos Magno —, encontrou-se com um papa. Ele tinha apenas seis anos em 754, mas foi destacado para funções essenciais para a pompa papal e real. Primeiro, foi mandado em pleno inverno inclemente, no início de janeiro, à frente de uma escolta diplomática para recepcionar o papa Estêvão durante os últimos 160 quilômetros de sua viagem até o palácio real. Pouco mais de seis meses depois, em 28 de julho de 754, esteve ao lado do pai quando o papa encerrou sua visita com mais uma unção e coroação, em Saint-Denis. Uma terceira cerimônia poderia ter parecido certo exagero, só que dessa vez não só Pepino foi ungido e abençoado pelo papa, mas também Carlos Magno, seu irmão Carlomano* e sua mãe Bertrada. Foi mais do que a coroação de um rei. Foi a legitimação sagrada de toda a dinastia carolíngia. Essas duas primeiras gerações de carolíngios redesenhariam o mapa da Europa Ocidental.

"Pai da Europa"

Pepino governou por dezessete anos após sua segunda coroação pelo papa. Durante esse tempo, empenhou-se em expandir os territórios carolíngios e cumprir diligentemente seu pacto com o papa. Nos anos seguintes à visita do papa Estêvão, o rei franco foi duas vezes à Itália, e nas duas ocasiões impôs severas derrotas aos lombardos e ao seu rei Astolfo. "Por toda parte e em todas as direções ele arrasou e queimou as terras da Itália até devastar toda aquela região, demoliu todas as fortalezas lombardas e capturou e tomou para si um grande tesouro de ouro e prata, bem como uma massa de equipamento e todas as suas tendas", escreveu o cronista Fredegar.[16]

Diante desses ataques, os lombardos recuaram. Astolfo foi obrigado a abandonar territórios que havia conquistado e a pagar um pesado subsídio anual ao rei carolíngio. Pepino se deleitou com seu triunfo, concedendo terras apreendidas dos lombardos para o papado, para que os papas governassem como senhores terrenos. Isso ficou conhecido como a "Doação de Pepino", a base para o advento dos "Estados Papais", uma região da Itália que sobreviveu até o século XIX. (Hoje o papa só governa o pequeno Estado soberano da Cidade do Vaticano, em Roma.) Humilhado, Astolfo não viveu muito tempo depois disso. Em 756, saiu para caçar, colidiu com o cavalo numa árvore e morreu. Enquanto isso, Pepino voltou sua atenção para a Frância.

Além da Lombardia, Pepino considerou duas outras áreas como alvos maduros para suas ambições: a Aquitânia e a Saxônia. No caso da primeira, foi frustrado por um duque truculento chamado Waifer, contra quem lutou por quase quinze anos. A Aquitânia não estava sujeita à supervisão dos reis francos, mas Pepino achou que deveria ser, e com esse objetivo lançou uma série de campanhas contra Waifer, consistindo basicamente de

---

* Não confundir com o Carlomano irmão de Pepino, já mencionado.

incêndios, sítios, pilhagens punitivas e combate campal. Foi uma guerra de atrito, e Pepino só triunfou em 766, quando as ondas de brutalidade que desencadeou na Aquitânia asseguraram que praticamente nenhum camponês estivesse disposto a arriscar sua vida a serviço de Waifer. Ademais, a maior parte da família do duque já tinha sido capturada e morta. Em 768, o próprio duque foi morto por assassinos que provavelmente estavam na folha de pagamento de Pepino.[17] O último duque da Aquitânia, que poderia se dizer independente de qualquer governante real, estava morto.

Na Saxônia, as coisas foram diferentes por causa dos desafios militares específicos a serem enfrentados por quaisquer exércitos invasores: o terreno pantanoso e sem estradas tornava difícil uma conquista sistemática, enquanto uma sociedade tribal e dispersa implicava não haver nenhum duque controlador como Waifer que pudesse simplesmente ser morto e substituído. Por essa razão, Pepino usou outra abordagem. Não tentou conquistar a Saxônia, mas a tratou como uma fonte de pilhagens acessível para seus seguidores. No início da era carolíngia, as guerras ainda se baseavam nas táticas dos senhores da guerra. Consistiam de campanhas anuais em zonas fronteiriças, e dependiam de um fluxo de apoiadores dispostos a pegar em armas na esperança de ganhar ouro, prata, bens e escravos. Pepino adotou essa tática, e ano após ano mandou suas tropas saquearem a Saxônia. Isso não expandiu muito as fronteiras do seu reino carolíngio para as selvas saxônicas, mas Pepino usou os habitantes e suas riquezas para seus próprios fins. E quando morreu, em 768, depois de uma breve doença que o matou quando estava com cerca de cinquenta anos, Pepino deixou uma máquina de guerra bem afinada para ser usada em diferentes terrenos, bem como fronteiras políticas e alianças que se estendiam por centenas e até milhares de quilômetros em todas as direções. Seu filho Carlos Magno soube se aproveitar desse legado.

Carlos Magno foi definido pelo cronista Einhard como grande e forte; quando seu túmulo foi exumado, no século XIX, seu corpo mediu pouco mais de 1,90 metro — uma altura prodigiosa para a época. "O cocuruto da cabeça era redondo, os olhos grandes e vivazes, o nariz um pouco maior que a média, com belos cabelos brancos e um rosto alegre e atraente", escreveu Einhard. Era um nadador forte e gostava de se manter limpo, cuidando de grande parte de seus negócios na banheira. Quando vestido, costumava usar "camisa e roupas de baixo de linho, uma túnica franjada de seda e meias compridas [...] e cobria os ombros e o peito no inverno com um agasalho de pele de lontra ou de arminho e um manto azul, e estava sempre armado com sua espada, com o punho e o cinto de ouro ou prata". Só usava vestes de ouro ou joias em dias de festa ou em visitas ao papa em Roma; "nos outros dias seu traje se diferenciava pouco do das pessoas comuns". Era um devoto fervoroso, leitor atento que também sabia escrever dentro dos padrões básicos, tinha um sono leve e comia bem, mas nunca se embebedava. Assim, pelo menos aos olhos benevolentes de Einhard, era a própria imagem de um rei poderoso.[18] Ao assumir o trono, em 768, não poderia ter recebido uma herança mais promissora — com uma exceção.

Essa exceção era o seu irmão: Carlomano. Ao preferir manter os antigos costumes merovíngios, Pepino se recusou a escolher um único rei entre seus filhos, e insistiu que Carlos Magno e Carlomano o sucedessem juntos como governantes. Como previsível, esse arranjo não durou muito tempo. Nem Carlomano, que em 771 morreu de uma suspeita e conveniente hemorragia nasal. Carlos Magno ficou livre para reinar sozinho e como bem quisesse. Foi incomodado pelos filhos do seu irmão, mas só por alguns anos. Talvez temendo que seus narizes também sangrassem, eles se refugiaram do tio na Lombardia, com um novo rei lombardo, Desidério. O plano de Desidério era obter apoio papal para torná-los governantes francos alternativos, que ele poderia controlar. Foi muita ingenuidade. Em vez de se preocupar, Carlos Magno terminou o trabalho que o pai havia começado. Em 773 e 774, invadiu a Itália e varreu os lombardos da face da Terra. O cronista com o memorável nome de Notker, o Gago, compôs uma vinheta descrevendo Carlos Magno à frente de seu exército:

> Então podia ser visto o Carlos de ferro, com um elmo de ferro, as mãos enluvadas por manoplas de ferro, o peito de ferro e os ombros platônicos protegidos com um peitoral de ferro: uma lança de ferro foi erguida na mão esquerda; a direita sempre repousada em sua inconquistável espada [...] Todos os que iam à sua frente, todos os que marchavam ao seu lado, todos os que o seguiam e todo o equipamento do exército o imitavam o máximo possível. Os campos e os locais abertos eram preenchidos com ferro; os raios do sol refletidos pelo brilho do ferro [...] o horror da masmorra parecia menor que

o coruscante brilho do ferro. "Oh, o ferro! Ai do ferro!" foi o grito confuso que se ergueu dos cidadãos...[19]

Em 776, Desidério foi capturado e preso, e os filhos de Carlomano desapareceram. Para tornar sua vitória absoluta, Carlos Magno declarou-se o novo governante da Lombardia. Substituiu os duques lombardos por condes francos, para quem a governança do dia a dia foi entregue.[20] Tratou-se de uma tomada de poder extraordinária. Havia dois séculos nenhum rei ocidental subia ao trono de outro rei pela força.[21] Mas o desejo de Carlos Magno de predominar sobre a maior parte do Ocidente nunca foi segredo, e ele gostava tanto de uma boa coroação quanto seu pai Pepino. No final de suas guerras na Lombardia, Carlos foi coroado com a famosa Coroa de Ferro dos lombardos. A deslumbrante coroa real, banhada a ouro e cravejada de granadas, safiras e ametistas, já tinha pelo menos 250 anos. Seu nome devia-se ao fato de ter também uma fina banda ferrosa supostamente feita com um dos pregos usados na crucificação de Jesus.* A coroa alegadamente remontava aos dias de Constantino, o Grande, cuja mãe, Helena, a teria encomendado. Assim, tudo somado, era um prêmio maravilhoso — um espólio que reforçou a riqueza de Carlos Magno, sua reputação de devoto e a extensão de seu poder. Mas não representou o fim de sua ambição.

Ao longo das duas décadas seguintes, Carlos Magno voltou-se para tribos pagãs da Saxônia, não apenas para saqueá-las, como fizera seu pai, mas para conquistar e converter. Entre 772 e 804, travou uma longa série de guerras contra essas tribos, a um alto custo e com muito sangue derramado. Mas as guerras terminaram com a sujeição quase total das tribos pagãs saxãs, que tiveram suas terras invadidas e colonizadas, com bispados e abadias estabelecidos onde até então a palavra de Cristo não havia sido ouvida.

Foi um empreendimento militar de grande porte, inclusive porque durante o mesmo período Carlos Magno também lutou contra lordes independentes na Baviera, contra o povo basco governado pelos muçulmanos

---

* A Coroa de Ferro encontra-se hoje na basílica de São João Batista, em Monza. Foi restaurada muitas vezes durante a Idade Média, inclusive por artesãos de Carlos Magno. Quando foi cientificamente examinada, nos anos 1990, constatou-se que a banda de "ferro" que seria uma relíquia da crucificação era na verdade uma fina camada de fibra.

do Nordeste da Espanha e contra os ávaros, eslavos e croatas da Europa Oriental. Ano após ano, mobilizou exércitos francos e os mandou para suas fronteiras sempre em expansão. E ano após ano eles voltavam para casa enriquecidos pelos despojos das batalhas. E raramente Carlos Magno tinha problemas em recrutar seguidores. Tinha um grande carisma pessoal e era um grande estrategista. Escolhia seus objetivos com cuidado. Os saxões foram atacados por serem pagãos; os ávaros, nômades das estepes semelhantes aos hunos, por serem ricos. E quando investiu contra os governantes muçulmanos da Hispânia, a partir de 795, Carlos Magno posou como construtor de um baluarte contra os supostos projetos do islá ao norte de Al-Andalus, organizando uma "Marcha Espanhola" através dos Pireneus.*

Isso não significa que Carlos Magno venceu todas as batalhas que lutou. Mas até mesmo suas derrotas de alguma forma acabaram representando estranhas vitórias. Em 778, Carlos Magno voltava com seu exército à Frância após uma temporada na Ibéria, onde tinha invadido Barcelona e Girona e organizado um longo cerco a Zaragoza. Enquanto atravessavam o desfiladeiro de Roncevaux (Roncesvalles), nos Pireneus, as hostes de Carlos Magno foram emboscadas por inimigos que as perseguiam em silêncio. Os francos foram surpreendidos e flanqueados. A caravana com a carga foi capturada. Sua retaguarda, cercada e isolada e — depois de uma longa luta — chacinada. Einhard escreveu que "os mortos não puderam ser vingados" porque os agressores fugiram muito rápido noite adentro.[22] Esse fato deveria ter sido lembrado como uma humilhação. Mas não foi. Pois entre os mortos do exército de Carlos Magno havia um oficial conhecido como Roland.

Apesar de Roland quase não ser mencionado nos relatos das crônicas da batalha, na Idade Média ganharia um status icônico. Seu nome tornou-se sinônimo e arquétipo do corajoso cavaleiro cristão que morria heroicamente por seu senhor e sua fé, lutando por uma causa perdida e emergindo recoberto com a maior das glórias. No século XI, uma das muitas versões de canções compostas por menestréis sobre Roland foi escrita em verso como

---

* É interessante notar que Carlos Magno não era anti-islâmico. Na verdade, cultivou relações cordiais com o califa abássida de Bagdá, que no início do século IX mandou de presente ao monarca um maravilhoso elefante asiático chamado Abul-Abbas, que foi transportado centenas de quilômetros por mar e por terra até a corte carolíngia por um diplomata conhecido como Isaac, o Judeu.

La Chanson de Roland (*A Canção de Rolando*). Hoje essa peça é reverenciada como a mais antiga obra da literatura francesa existente. Apesar de descrever um mundo pouco semelhante à Frância carolíngia (está muito mais próxima da França durante as Cruzadas), nem por isso a história se tornou menos popular. Ao descrever os momentos climáticos em Roncevaux, a *Canção* fala de Rolando tocando uma poderosa trompa para alertar Carlos Magno sobre sua desesperadora situação. O guerreiro soprou tão forte o instrumento que suas têmporas literalmente estouraram e seu sangue jorrou pela boca.[23] Mais adiante na *Canção*, quando todos os seus companheiros estavam mortos e ele próprio moribundo, Rolando reuniu suas últimas forças para derrotar um sarraceno que tentava roubar sua espada, esmagando seu crânio e o deixando morto no chão. Por fim, Rolando morreu, mas, antes de se arrepender de seus pecados e juntar as mãos com os arcanjos Gabriel e Miguel, seus últimos pensamentos foram sobre "as belas terras da França, os homens de sua linhagem [e] Carlos Magno, seu senhor, que o criou".[24]

Nem é preciso dizer que era tudo fantasia. Nem Carlos Magno nem o infeliz Rolando na vida real poderiam ter imaginado que uma triste derrota no desfiladeiro de Roncevaux acabaria inspirando uma cena tão dramática — muito menos um texto fundamental da literatura europeia. No entanto, para Carlos Magno, de alguma forma, mesmo um fracasso abjeto muitas vezes continha sementes de um triunfo.

À medida que o século VIII chegava ao fim, as implacáveis pilhagens anuais de Carlos Magno aos seus vizinhos conseguiram expandir as fronteiras do reino franco e o poder da Coroa franca a uma escala sem precedentes, tornando-o inquestionavelmente o governante mais poderoso da Europa Ocidental. Além de se corresponder e trocar presentes com o califa abássida de Bagdá,* Carlos também se manteve em bons termos (mas nem sempre amigáveis) com a corte imperial de Constantinopla. A certa altura, chegou a prometer sua filha Rotrude ao imperador bizantino Constantino VI. Infelizmente para todos, o

---

* Além do elefante, Notker, o Gago, relata que Carlos Magno ganhou dos abássidas macacos, um leão e um urso. Em troca, mandou cavalos e mulas espanholas, juntamente com cães de caça para assustar tigres.

casamento nunca aconteceu. (A política de Constantinopla continuou implacável como sempre: em 797 a mãe do imperador, Irene, depôs e cegou o próprio filho, inutilizando-o para se casar.)

Apesar das difíceis relações com o Império Bizantino, o prestígio doméstico de Carlos Magno estava em ascensão. Além de ter esmagado os lordes independentes de regiões autônomas como a Aquitânia, Carlos obrigou todos do mundo franco a aceitar uma nova realidade em que o velho e descentralizado sistema de governo merovíngio foi substituído por uma estrutura baseada em um único rei no centro do mundo político. Os que rejeitassem essa nova realidade de uma união europeia centralizada, ou que conspirassem contra o rei, corriam o risco de serem cruelmente castigados, com mutilação e execução sumária. Ao mesmo tempo, Carlos Magno também dominava os Países Baixos, a maioria da atual Alemanha, as passagens pelas montanhas até a Espanha muçulmana e grande parte da Itália. É verdade que não chegou a ser um Estado passível de ser comparado em tamanho aos primeiros califados islâmicos ou a Roma em seu auge. Mesmo assim, teoricamente, os habitantes de um território de cerca de 2,6 milhões de quilômetros quadrados obedeciam aos decretos de Carlos Magno. Dado o alcance de seu poder e sua dedicação pessoal a um reino explicitamente cristão, Carlos Magno começou a se ver como um novo Constantino, o Grande. E quando seu poder se aproximou do auge, ele começou a construir monumentos em comemoração. Sua obra mais duradoura foi um magnífico novo palácio real construído em Aachen, cujos remanescentes existem até hoje como testamento vívido da visão real de Carlos Magno.

A capela palatina de Aachen, cujos trabalhos começaram nos anos 790, foi construída sobre um plano octogonal. O telhado abobadado foi projetado pelo arquiteto Otão de Metz. E era o ponto central de um complexo palaciano que ofuscava qualquer uma das dezenas de complexos reais, catedrais e mosteiros carolíngios construídos em território franco nos séculos VIII e IX. (Algumas dessas fundações, visíveis até hoje, incluem as ruínas do palácio imperial em Ingelheim e os remanescentes da abadia de Lorsch — ambos na atual Alemanha.) Em seus projetos de Aachen, Otão imitou intencionalmente características de construções famosas do final do Império Romano. O formato octogonal das paredes da capela remetia à basílica de São Vital de Ravena; um salão de audiências de 125 metros de comprimento evocava o salão de audiências de Constantino, o Grande, em Trier. Uma longa passarela coberta ecoava o palácio real bizantino de Constantinopla. Embora a decoração interior visível hoje em Aachen seja uma reconstrução do século XX, o cronista Einhard registrou sua aparência na virada do século IX: "Uma igreja de grande beleza [...] adornada com ouro e prata e candeeiros e com grades e portais feitos de bronze maciço". Muito desse esplendor foi importado de muitos quilômetros de distância. "Como [Carlos Magno] não podia obter colunas e mármore de qualquer outro lugar, ele se deu ao trabalho de trazê-los de Roma e de Ravena."[25] Uma das grandes atrações de Aachen eram suas famosas fontes termais naturais, cujas águas havia muito tempo eram associadas à divindade pagã Grano — da qual Aachen, *Aquis Granum* em latim, derivou seu nome. Quando não estava relaxando nessas termas, Carlos Magno podia ser visto em sua bela igreja, no alto de um camarote real, a partir do qual tinha vista para o altar abaixo ou um belo mosaico com a imagem de Cristo no interior da grande cúpula.[26]

Mas Aachen não era apenas um lugar para se banhar, orar e personificar Constantino, o Grande. Sob o patrocínio erudito de Carlos Magno, tornou-se o centro de uma corte real na qual os aristocratas precisavam se mostrar. Nos anos 786-787, Carlos Magno viajou mais de 3.500 quilômetros para garantir que seu império fosse governado e defendido como ele bem entendesse. Foi um itinerário recorde, que talvez nunca tenha sido igualado por qualquer outro governante na Idade Média. Mas não era sustentável. Pouco depois, Carlos Magno decidiu, por assim dizer, que a montanha deveria vir a Maomé.[27] Teve muitos filhos (pelo menos nove com sua segunda esposa, Hildegard), e nos anos 790 seus filhos mais velhos eram homens adultos. Assim, Carlos Magno delegou a eles boa parte da responsabilidade militar de liderar campanhas, enquanto recebia visitantes em seus principais palácios, inclusive o de Aachen. A partir dessa posição mais estável, pôde se concentrar em outras importantes atividades da realeza: criar leis, patrocinar uma grande campanha de construção de igrejas e admoestar seus súditos para que levassem uma vida mais cristã, como fez muitas vezes em cartas aos fiéis francos, exortando-os a "amar a Deus Todo-Poderoso com toda a cabeça e com todas as suas orações, e tudo o que lhe agradar, e fazer isso sempre".[28]

As cartas não eram muito originais em seu conteúdo, mas o fato de Carlos Magno tê-las escrito era importante. Como governava por decreto em palácios como o de Aachen, estava assumindo a responsabilidade tanto pela política secular como pela reforma da Igreja nas terras francas. Foi um grande incremento nos deveres da realeza. Mas seguiu a lógica da relação estabelecida entre os carolíngios e a Igreja Romana durante o reinado do seu pai. Os reis francos chegaram a Deus através dos papas. Aos olhos de Carlos Magno, isso lhe dava o direito de falar com autoridade especial sobre assuntos que tocavam a alma de cada um dos seus súditos.

Como Carlos Magno era um emissor entusiástico de documentos, cartas e diretivas para todos os cantos de seus territórios e até mesmo além deles (muitas vezes contidos em documentos conhecidos pelos historiadores como "capitulares"), sua base palaciana em Aachen tornou-se também um centro de estudos intelectuais e produção de manuscritos. Um dos mais famosos associados do rei era um clérigo, poeta e erudito inglês conhecido como Alcuin de York, cujos conhecimentos abrangiam de tudo, desde dialética filosófica até poemas sobre o fedor das latrinas,* e foi considerado por um cronista como um dos homens mais inteligentes do mundo.[29] Sob sua supervisão, Aachen tornou-se uma escola de elite de retórica, religião e artes liberais, na qual o mestre incentivava todos os seus alunos a copiá-lo no uso do apelido "Rei Davi" para se referir a Carlos Magno.

Em Aachen, produzir manuscritos era tão importante como lê-los, e no início do século IX, escribas da escola começaram um grande programa de preservação do conhecimento, criando um superarquivo de informações originadas no mundo clássico. É provável que cerca de 100 mil manuscritos tenham sido produzidos em Aachen no decorrer do século IX, preservando o que hoje representam as primeiras cópias existentes de textos de escritores e pensadores que vão de Cícero e Júlio César a Boécio. Para realizar essa proeza épica de armazenar e organizar esse "big data" medieval, os escribas de Aachen desenvolveram um novo estilo de caligrafia, conhecido como

---

* Vale a pena citar a tabuleta de um lavatório escrita por Alcuin, triangulando o humor vulgar com a educação cristã. "Ó leitor, entende o cheiro de tua barriga devoradora, pois é o que sentes agora em tua merda pútrida. Portanto, deixa de alimentar a gula de tua barriga. E na hora certa deixa a vida sóbria voltar a ti."

minúscula carolíngia. Essa caligrafia — excepcionalmente legível e bem espaçada, com um uso generosamente raro na época de letras maiúsculas e minúsculas e sinais de pontuação — foi projetada para produzir manuscritos legíveis para pessoas alfabetizadas em qualquer lugar dos territórios carolíngios — da mesma forma que hoje certas fontes e linguagens de codificação são projetadas para ser universalmente inteligíveis para quaisquer computadores e smartphones.

Mas os copistas de manuscritos de Aachen não se dedicavam apenas a produzir textos úteis em fontes legíveis. Também trabalharam em obras-primas como os Evangelhos da Coroação — um pergaminho ilustrado com imagens de página inteira dos evangelistas vestidos em togas de estilo romano, com sandálias de couro nos pés. As ilustrações nos Evangelhos da Coroação foram muito influenciadas pela arte bizantina, e provavelmente pelo trabalho de um mestre grego chamado Demétrio, que foi para o oeste trabalhar para Carlos Magno. O volume foi tão lindamente produzido que se tornou uma das posses mais valorizadas do rei — tanto que, quando morreu, foi sepultado sentado, com o tomo no colo.* Não há dúvida de que Carlos Magno tinha especial apreço belos bens de consumo e a palavra de Deus. Mas além do gosto pelo artesanato de luxo, Carlos Magno tinha outra razão para considerar esse livro em particular como o seu tesouro mais precioso. Foi sobre esse tomo que fez um juramento sagrado no dia de Natal de 800 d.C., um dia que marcaria o zênite do reinado carolíngio e moldaria o curso da história da Europa pelo milênio seguinte. Foi a terceira grande coroação de sua vida, um ritual que alçou Carlos Magno do estatuto de rei poderoso ao de imperador de pleno direito.

De reis a imperadores

Na primavera de 799, o papa Leão III passou por maus bocados. Ele havia se tornado pontífice quatro anos antes, com o falecimento do independente

---

* Atualmente os Evangelhos da Coroação fazem parte do tesouro imperial do palácio de Hofburg em Viena, na Áustria. O livro foi retirado da tumba de Carlos Magno por volta do ano 1000, e no início do século XVI ganhou uma impressionante capa de ouro feita pelo grande ourives alemão Hans von Reutlingen.

Adriano I. Para dar as boas-vindas a Leão, Carlos Magno mandou um grande presente de ouro e prata confiscado dos ávaros. Mas a riqueza causou problemas. Todo esse metal precioso permitiu a Leão patrocinar obras de caridade e luxuosos projetos de construção em Roma, no entanto também despertou ciúme dos que tinham sido próximos de seu antecessor Adriano. Essa facção não gostava da ideia da forte influência dos francos em Roma. E resolveu fazer algo a respeito.

Em 25 de abril de 799, Leão conduzia uma procissão pelas ruas da cidade quando foi atacado por arruaceiros. Os agressores o dominaram, tiraram suas vestes, tentaram arrancar seus olhos e cortar sua língua. Em seguida, arrastaram o infeliz Leão até um mosteiro próximo onde, segundo diz um relato, "pela segunda vez eles cruelmente arrancaram seus olhos e a língua ainda mais. Bateram nele com paus e o mutilaram com diversos ferimentos e o deixaram semimorto e encharcado de sangue".[30] Anunciaram que Leão fora deposto e o prenderam em agonia por mais de 24 horas, até que alguns de seus aliados, liderados por embaixadores francos presentes em Roma, o resgataram.

A experiência deixou Leão gravemente ferido e muito assustado, mas por sorte (ou, como entenderam alguns, pela intervenção milagrosa de Deus), o papa não morreu nem ficou permanentemente cego. E assim que se recuperou o suficiente para viajar, fugiu para o norte através dos Alpes em busca de Carlos Magno, que estava em Paderborn, mais ou menos uma semana a leste de Aachen, em uma região conquistada dos saxões.[31] A escolha do defensor por Leão foi sensata. Não só Carlos Magno era bem conhecido por sua devoção e interesse na reforma da Igreja, como também era o governante mais poderoso do Ocidente, apelidado — segundo o autor do poema contemporâneo conhecido como o Épico de Paderborn (ou *Karolus Magnus et Leo Papa*) — de "farol" e "pai da Europa".[32] Assim como seus predecessores papais haviam procurado Pepino para salvá-los dos lombardos, Leão implorou ao filho de Pepino para restaurá-lo à sua dignidade — e ao seu cargo.

Quando Leão chegou a Paderborn houve uma grande celebração, do tipo que deve ter feito Carlos Magno lembrar sua infância, com a chegada do papa Estêvão para um encontro com seu pai, em 754. Carlos Magno hospedou Leão com "grande honra por algum tempo", escreveu um cronista.[33] O autor do Épico de Paderborn pintou um quadro mais vívido: "Carlos convida Leão para seu grande palácio. O maravilhoso pavilhão brilha por dentro com tapeçarias coloridas e as cadeiras são forradas de roxo e dourado [...] No meio do salão elevado eles celebram com um grande banquete. Taças douradas transbordam de vinho Falerno.* Rei Carlos e Leão, o mais alto prelado do mundo, jantam juntos e tomam vinho espumante de suas taças...".[34] Parece quase divertido. E Carlos Magno podia se dar ao luxo de estar alegre, pois tinha o papa ao seu dispor.

Além do bom vinho e das amabilidades, os registros da alta politicagem negociada entre Carlos Magno e Leão em Paderborn em 799 não são confiáveis. Mas um acordo foi fechado — que incrementou consideravelmente o pacto carolíngio-papal. O acordo reconhecia o fato de que desde os anos 750 os carolíngios se tornaram não apenas senhores da Frância, mas de uma enorme faixa da Europa Central e da Europa Ocidental. Determinou também que os francos e não os bizantinos eram agora os defensores seculares do papado. E recompensou Carlos Magno por usar os despojos de suas guerras contra os infiéis — os muçulmanos de Al-Andalus, os ávaros e os saxões — para patrocinar seu programa de construção de igrejas e mosteiros. Foi, em suma, um acordo que conferiu a Carlos Magno um status que havia muito ele desejava. Carlos Magno concordou em mandar Leão de volta a Roma acompanhado por tropas francas e eliminar seus inimigos. Em troca, o rei receberia mais uma coroação. Dessa vez como "Imperador e *Augustus*".[35]

Foi assim que, no final de novembro de 800, Carlos Magno foi recebido em Roma com a mais alta pompa papal. Quando chegou, Leão saiu para recepcioná-lo a vinte quilômetros dos limites da cidade, e depois deu-lhe as boas-vindas formais na escadaria da basílica de São Pedro. Durante várias semanas, Carlos Magno se ocupou em purgar a cidade dos oponentes do papa. Finalmente, no dia de Natal, compareceu a uma missa em São Pedro, vestido com trajes romanos completos, inclusive uma toga e sandálias.[36] Leão o coroou publicamente como imperador e se curvou a seus pés.

O cronista Einhard afirmou mais tarde — de forma não convincente — que Carlos Magno não sabia dos planos de Leão e que ficou surpreso ao receber tão alta homenagem.[37] Era um absurdo: a dissimulação de

---

* O vinho mais famoso da Roma Antiga. Provavelmente mencionado aqui alegoricamente para marcar o status imperial que o papa Leão concedia a Carlos Magno — embora seja possível que Leão realmente tenha trazido algumas das melhores safras de Roma para impressionar o rei franco.

Einhard visava aos leitores bizantinos que desaprovavam a usurpação do título de imperador por parte de Carlos Magno. Na verdade, longe de ser um incidente constrangedor, a nomeação foi intencional, meticulosamente planejada e revolucionária. Devolveu à Europa Ocidental e à Europa Central o fator "império", jogado por terra várias centenas de anos antes, e que parecia instável até mesmo em Constantinopla, onde — horror dos horrores — uma mulher, a imperatriz Irene (797-802), ocupava o trono bizantino. O que aconteceu na basílica de São Pedro naquele Natal era para ser a ressurreição do Império Romano do Ocidente.

Ou ao menos era como Carlos Magno entendia. Em fevereiro de 806, quando anunciou formalmente seus planos de passar seu império aos três filhos, Carlos, Pepino e Luís, declarou: "Em nome do Pai e do Filho e do Espírito Santo, Carlos, o mais sereno augusto, o grande e pacífico imperador coroado por Deus, governando o Império Romano, e também pela misericórdia de Deus rei dos francos e lombardos".[38] Quatro séculos depois, durante o reinado de Frederico I Barbarossa, surgiu uma tradição segundo a qual esses imperadores formalmente coroados por um papa poderiam se autodenominar como "sacros imperadores romanos". E esse título perdurou até as Guerras Napoleônicas na virada do século XIX.

***

A fragmentação do Império

À medida que Carlos Magno envelhecia, sua saúde piorarava e seus companheiros começaram a perceber presságios de sua morte. "Por três anos sucessivos [...] houve eclipses frequentes do sol e da lua, e uma mancha escura foi vista no sol por sete dias", lembrou Einhard. As madeiras do palácio de Aachen pareciam ranger de forma sinistra, como se soubessem que seu fundador estava doente e também sentissem sua dor; a igreja em que pretendia ser enterrado foi atingida por um raio. Embora Carlos Magno tenha ignorado os presságios e continuado a agir "como se nenhum deles tivesse qualquer relação com seus afazeres", para outros a morte do imperador parecia iminente.[39] E era. No final de janeiro de 814, no 47º ano do seu reinado, Carlos Magno sentiu febre, acompanhada por uma dor nas costas.

Lindisfarne
Mar do Norte
NORTÚMBRIA
York
Harrogate
Dublin
FRÍSIA
ÂNGLIA ORIENTAL
Londres
WESSEX
Canterbury
Winchester
Saint-Omer
Tournai
Rouen
Ponthion
NÊUSTRIA
Paris
BRITÂNIA
Sena
Tours
Loire
Noirmoutier
OCEANO ATLÂNTICO
Baía Biscayne
Saintes
AQUITÂNIA
BORGONHA
Ródano
Toulouse
Arles
Roncesvalles
Perpignan
BASCOS
MARCHA DA ESPANHA
Ebro
AL-ANDALUZ
ILHAS BALEARES
Córdoba
Mar

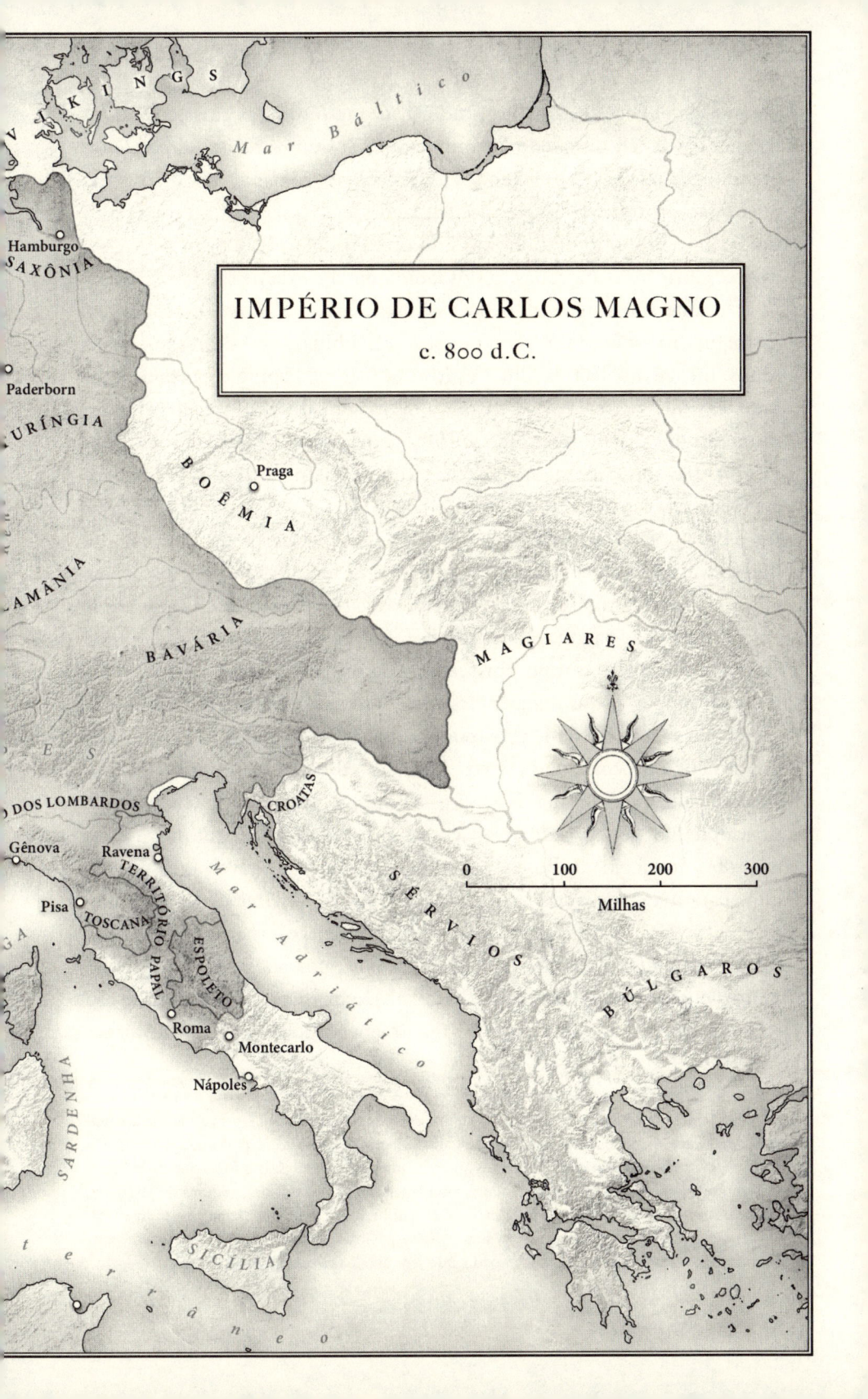

IMPÉRIO DE CARLOS MAGNO
c. 800 d.C.

Tentou se curar com um jejum radical, o que piorou as coisas. Às nove da manhã de 28 de janeiro o imperador morreu, e foi sepultado com grande solenidade em Aachen. "Os francos, os romanos, todos os cristãos estão atormentados por preocupações e de grande luto", escreveu um monge anônimo de Bobbio, no Norte da Itália. "Os jovens e velhos, nobres gloriosos e matronas, todos lamentam a perda de seu César."[40]

Durante sua longa vida, Carlos Magno gerou muitos descendentes. Entre quatro esposas e pelo menos seis concubinas, teve dezoito ou mais filhos, inclusive seus três filhos legítimos, Carlos, Pepino e Luís. O esperado era que os territórios carolíngios fossem divididos entre eles no momento de sua morte, com um filho assumindo a Coroa de Ferro da Lombardia, outro os grandes reinos central e do norte da Austrásia e da Nêustria, e o terceiro a Aquitânia e a Marcha Espanhola. A fantasia merovíngia antiquada de Carlos Magno ao fazer esses arranjos era que seus filhos governariam seu império cristão com um espírito de paz e harmonia, lidando severamente com os vários inimigos nas fronteiras em comum, mas pacificamente uns com os outros, unidos pelos laços de sangue e o respeito mútuo por seu grande projeto europeu. Não demorou muito para que as deficiências dessa visão aflorassem.*

Como se viu, em 814, Luís (conhecido como "o Piedoso") era o único dos irmãos que continuava vivo. Após ser coroado rei adjunto no ano anterior, antecipando sua ascensão, assumia o poder do extenso império carolíngio por atacado, com exceção da Lombardia, que ficou com um sobrinho chamado Bernard. Porém, como era inevitável, Luís teve de lutar para manter o que o pai havia estabelecido. Alguns de seus problemas decorriam da simples magnitude da tarefa: governar territórios tão vastos e defender 2,6 milhões de quilômetros quadrados de ataques. Mas muitos outros vinham da própria família. Desde os primeiros anos de seu reinado, Luís lutou para encontrar uma maneira de satisfazer as ambições

---

* Embora a analogia esteja longe de ser exata, o mapa da Europa às vésperas da Primeira Guerra Mundial vem à mente aqui: um grande número de reinos cujos reis eram em sua maioria aparentados (e, de fato, quase todos descendiam de Carlos Magno) estava iludido pela sensação de que as relações consanguíneas poderiam anular os antagonismos e rivalidades. Isso foi expresso de forma mais famosa e calamitosa na chamada "correspondência Willy-Nicky", de setembro de 1914, em que os primos czar Nicolau II da Rússia e o *Kaiser* Guilherme II da Alemanha tentaram dissuadir um ao outro da guerra baseando-se em suas ligações pessoais. ("Rogo, em nome da nossa velha amizade, que faça o que puder para impedir que seus aliados cheguem longe demais. Nicky.")

de seus parentes do sexo masculino, inclusive seus quatro filhos. Todos agora tinham como objetivo alguma participação no império, e não estavam dispostos a esperar pacientemente por isso.

Três anos após a ascensão de Luís, Bernard, rei da Lombardia, filho de um dos filhos ilegítimos de Carlos Magno, conhecido como Pepino, o Corcunda, começou a encrenca. O ponto crítico foi a publicação do documento constitucional conhecido como *Ordinatio Imperii*, em 817. Nele, Luís tentava esclarecer a hierarquia do império carolíngio e fazer planos preliminares para o reino após a sua morte. Luís deu a entender (embora não tenha afirmado) que, quando chegasse a hora, Bernard deveria reconhecer a soberania suprema do filho mais velho de Luís, Lothar. Não era algo particularmente irracional. Mas aguilhoou o orgulho de Bernard.[41] Contrariado, começou a achar que sua associação com o império pan-europeu não era uma parceria mutuamente benéfica, mas sim uma escolha binária entre independência e subserviência. Logo começaram os rumores de que Bernard estaria conspirando para romper os limites do seu reino italiano com o intuito de desfrutar de todas as supostas vantagens da plena soberania. Quando esses boatos chegaram aos seus ouvidos, Luís mandou prender Bernard, que foi julgado e condenado à morte. Apesar de Luís ter se mostrado supostamente misericordioso ao trocar a pena de morte pela cegueira, a punição foi tão brutal que Bernard morreu por causa das torturas sofridas — talvez por uma conjunção de perda de sangue, infecção e choque.

Além de ilustrar a fragilidade de um império europeu unificado apenas por supostos valores em comum e o que a *Ordinatio Imperii* chamou de "amor fraternal mútuo [...] bem-estar comum e paz perene", a trama e a morte de Bernard provocaram uma torrente de críticas a Luís.[42] No alto verão de 822, Luís confessou publicamente seus pecados e se penitenciou numa grande reunião da família carolíngia, com a presença do papa Pascoal I. Os anais francos pró-rei que descreveram a penitência se calaram sobre os detalhes do que aconteceu, mas enfatizaram que Luís se desculpou por mais atos do que ter matado Bernard. "Ele se deu ao trabalho de corrigir com o maior cuidado todas as coisas [...] que ele e seu pai haviam feito", relatou o escrivão.[43] Porém, pedidos de desculpas e rituais de contrição não resolveram o problema básico: o império herdado por Luís era grande demais para que ele o mantivesse unido.

Entre 830 e 840, houve uma sequência de três grandes rebeliões, nas quais os filhos de Luís se uniram em várias combinações para tentar aumentar suas porções do legado imperial. Mantendo o costume carolíngio, foram perpetrados inúmeros atos cruéis, criminosos e infames, inclusive mais cegueiras, afogamentos, exílios, acusações de bruxaria e adultério à imperatriz Judith, esposa de Luís, além de uma tendência geral à autopromoção descarada. Em junho de 833, em uma reunião em Rothfeld, na Alsácia, Luís foi confrontado por seu filho mais velho, Lothar, que se revelou um estudante atento da história da família carolíngia e persuadiu o papa Gregório IV a apoiá-lo como governante supremo. A jogada de Lothar para chegar ao poder assustou os apoiadores de Luís, e quase todos o abandonaram em prol de seu filho mais velho: um ato de covardia coletiva que rendeu a essa reunião o apelido de "O campo das mentiras". Luís tornou-se prisioneiro. Lothar usou a coroa imperial. E o filho passou a arrastar o pai pela Europa enquanto tentava governar por conta própria.

Mas todo esse arranjo farsesco desmoronou, talvez inevitavelmente, sob o peso da própria iniquidade. Um ano depois, Luís foi restaurado à Coroa em outro golpe de Estado familiar. Mas o destino estava escrito nas muralhas do império de Carlos Magno. Assim como Alexandre, o Grande, antes dele, Carlos Magno construiu um império que logo se mostrou só ser possível como uma extensão da verve política de um homem. Luís morreu em 840, quando três de seus filhos ainda estavam vivos. Depois de mais uma rodada de guerra civil, em 843 eles resolveram desistir do sonho europeu. O império carolíngio foi formalmente dividido sob o Tratado de Verdun, que deu origem a três reinos: a Frância Ocidental, a Frância Central e a Frância Oriental. (O que hoje seriam, respectiva e muito aproximadamente, a França, o Norte da Itália e a Borgonha e a Alemanha Ocidental.)

Outras divisões ainda ocorreriam no Oeste europeu durante o restante do século IX, bem como guerras intermitentes entre reinos cujos governantes carolíngios, como descendentes de Carlos Magno, se arvoravam como mais poderosos do que a natureza os dotara. Por um breve momento no final do século, o azarado, preguiçoso e infelizmente epiléptico bisneto de Carlos Magno, Carlos III, o Gordo, reivindicou todos os territórios dos francos. Mas assim que ele morreu, em 888, o império se desintegrou, fragmentando-se em partes: Frância Oriental e Frância Ocidental, Alemanha, Borgonha, Provença e Itália. Durante a Idade Média, muitos sonhariam em juntar todos esses fragmentos, mas levaria quase mil anos para um governante voltar a ter todo o legado carolíngio nas mãos. Esse foi Napoleão Bonaparte, cuja carreira só serviu para enfatizar o feito de Carlos Magno: só era possível unificar a Europa uma ou duas vezes em cada milênio, e mesmo assim não por muito tempo.

A chegada dos nórdicos

Na primavera de 845, quando Carlos, o Calvo — o filho mais novo de Luís, o Piedoso —, governava a Frância Ocidental, um líder guerreiro dinamarquês chamado Ragnar chegou com uma frota de 120 navios pelo rio Sena. Já foi dito algumas vezes que Ragnar foi o modelo para o lendário Ragnar Lodbrok ("Calças Felpudas"), estrela de crônicas dinamarquesas, sagas islandesas e de uma série de TV do século XXI de grande sucesso: um marinheiro fisicamente imenso, sexualmente potente e altamente habilidoso, que navegou em alto-mar e serpeou por rios até a Inglaterra e as terras bálticas de Kiev na Rússia.[44] É difícil saber ao certo se isso é ou não verdade. Mas, de qualquer forma, o Ragnar que atacou os francos em 845 era muito perigoso.

Depois de navegar cerca de 120 quilômetros rio acima, Ragnar e seus seguidores desembarcaram de seus navios esguios para atacar e saquear. "Navios passam rio acima pelo Sena, e por toda a região o mal fica mais forte", escreveu um cronista desesperado. "Rouen foi destruída, saqueada e queimada..."[45] Longe de estarem exaustos — na verdade, animados por mais emoções —, os homens de Ragnar seguiram rio acima até chegar a Paris, por volta da Páscoa. Uma cidade com apenas alguns milhares de almas, Paris ainda não era a potência que se tornaria no final da Idade Média. Mas era rica. Os tesouros da abadia real de Saint-Denis eram especialmente atraentes. E se havia uma coisa que Ragnar sabia fazer era roubar casas de Deus.

Como rei dos francos ocidentais, Carlos, o Calvo, não podia ficar de lado e permitir que aqueles valentões dinamarqueses enchessem os bolsos. Os dinamarqueses, além de outros "nórdicos" — ou vikings, significando piratas ou "moradores da baía" —, já vinham ameaçando os carolíngios havia décadas. Mas nos últimos anos, o escopo e a escala de seus ataques ao território franco vinham aumentando. Carlos, o Calvo, portanto, reuniu um exército, dividiu-o em dois — um para cada margem do Sena — e foi tratar de expulsar Ragnar.

O plano não deu muito certo. Muito tempo antes, os lombardos haviam gritado "ai" ante a visão dos francos, mas Ragnar e os nórdicos arreganharam os dentes. Isolaram um grupo de guerreiros francos, fizeram-nos prisioneiros e os levaram até uma ilha no meio do Sena, onde Carlos, o Calvo, e o resto de sua corte podiam vê-los, mas não ajudá-los. Assim que aportaram na ilha, Ragnar enforcou sumariamente 111 dos prisioneiros. Incapaz de expulsar os nórdicos e apavorado com a ideia de que restaria muito pouco de Paris se eles ficassem, Carlos, o Calvo, concordou em pagar 7 mil libras de prata e ouro para Ragnar partir. Era uma quantia astronômica, e por si só seu volume foi uma humilhante desgraça para o rei franco. O único consolo de Carlos foi o de não ter sido o único governante a sofrer a indignidade desses ataques. Naquele mesmo ano, as frotas escandinavas atacaram Hamburgo (na Frância Oriental da Alemanha de Luís), a Frísia (no Reino Médio de Lothar) e Saintes, na Aquitânia. O tempo em que os francos compunham a força militar mais temida do Ocidente havia passado. Chegara a vez dos nórdicos.

Consta que os nórdicos — ou vikings — saíram de seus assentamentos costeiros onde hoje é a Suécia, a Noruega e a Dinamarca no final do século VIII. O relato mais famoso de sua chegada aos reinos cristãos do Ocidente vem da Britânia. Em 793, guerreiros surgidos na costa da Nortúmbria desembarcaram de seus navios e saquearam a ilha de Lindisfarne, profanaram o mosteiro e assassinaram os monges. O ataque feroz difundiu ondas de choque a partir da Britânia. Quando a notícia chegou à corte de Carlos Magno em Aachen, Alcuin de York escreveu ao rei da Nortúmbria lamentando o fato de "a igreja de São Cuteberto estar salpicada com o sangue dos sacerdotes de Deus, despojada de todo seu mobiliário, exposta à pilhagem dos pagãos".[46] Sugeriu que o rei e seus nobres corrigissem seus hábitos, começando por adotar cortes de cabelo e estilos de roupas mais cristãos.

Mas era tarde demais. Os nórdicos se anunciavam como uma grande potência no mundo ocidental. No ano seguinte, 794, os invasores apareceram do outro lado das ilhas Britânicas, nas Hébridas. Em 799, atacaram a abadia de Saint-Philibert de Noirmoutier, ao sul do rio Loire. Sessenta anos depois, as incursões vikings seriam uma característica dolorosa da vida, não só nos mares do Norte e da Irlanda, mas também em lugares distantes como Lisboa, Sevilha e o Norte da África, quando os nórdicos investiram contra anglo-saxões, irlandeses, omíadas e francos. Em 860, um bando de guerreiros descendentes dos vikings, do que hoje é o Noroeste da Rússia, chegou a navegar até Constantinopla pelo rio Dnieper e o mar Negro e sitiou a cidade. Apesar de ter visto pouco de tudo isso, o cronista de Noirmoutier escreveu o que poderia ter sido um epigrama para toda a época: "O número de navios cresce, o fluxo interminável de vikings nunca para de aumentar [...] os vikings conquistam tudo em seu caminho e nada resiste a eles".[47]

O povo da Escandinávia não apareceu de repente no final do século VIII. Mais de um milênio antes, por volta de 325 a.C., o explorador grego Pytheas fez uma famosa jornada para o congelado noroeste do mundo então conhecido e entrou em contato com um lugar parcialmente povoado chamado "Thule", que poderia (ou não) ser a Noruega ou a Islândia.[48] Na mesma época, moradores dos arredores da Dinamarca sabiam construir barcos feitos de pranchas sobrepostas:* o chamado barco de Hjortspring, encontrado nos anos 1920 em um pântano na ilha de Als, na Dinamarca, mostra que esses antigos escandinavos saíram ao mar em navios com vinte tripulantes.

Ao longo dos séculos seguintes, os nórdicos continuaram presentes nos limites do mundo conhecido. Nos dias de Augusto, soldados romanos patrulhavam a Jutlândia. Em 515 d.C., um governante dinamarquês chamado Chochilaicus invadiu territórios francos nos Países Baixos. (Chochilaicus pode ter inspirado Hygelac, rei dos gautas e tio do herói homônimo do grande poema épico medieval *Beowulf*.) Contudo, até o século VIII, os vislumbres dos nórdicos foram poucos, distantes e fugazes. Embora as regiões setentrionais se comunicassem por rotas comerciais que desembocavam na Rota da Seda, as ligações eram relativamente frágeis e

---

* Embarcações nas quais pranchas são sobrepostas para formar o casco — um avanço considerável em relação às técnicas anteriores de construção de canoas, feitas de um tronco oco.

foram muito prejudicadas pelas migrações bárbaras dos séculos V e VI d.C. E a própria geografia era um fator de isolamento. É significativo que no início da Idade Média nem o cristianismo nem o islamismo tivessem comunicação com o mundo do extremo norte, que continuou resolutamente isolado dos monoteísmos do deserto e da veneração ao livro e à palavra até a virada do primeiro milênio. Por ter se desenvolvido de forma independente, a cultura viking era altamente idiossincrática, influenciada pela paisagem e pelas condições específicas das terras na orla do Ártico.

A visão de mundo dos vikings era fundamentada principalmente no clima. Talvez por causa do choque das grandes erupções vulcânicas que causaram a queda das temperaturas globais e das colheitas nos anos 530 e 540, as histórias de gênese e apocalipse dos vikings gravitavam em torno da vida das árvores e da chegada iminente do *Fimbulwinter*, quando a terra congelaria e toda a vida seria extinta. Os nórdicos celebravam um variado panteão de deuses, como Odin, Ullr, Balder, Thor e Loki. Acreditavam que suas vidas eram afetadas também por outros seres sobrenaturais, inclusive as mulheres conhecidas como Valquírias e *Fylgjas*, bem como elfos, anões e trolls. Identificavam o mágico e o místico em todos os aspectos de um mundo natural variado e quase sempre radical que era vívido e profundamente interconectado com o "outro".[49] E interagiram com esse reino invisível de uma maneira muito distante das formas litúrgicas e institucionalizadas seguidas pelos cristãos, pelos muçulmanos e pelos judeus da Europa e do Oriente Médio, com práticas que iam da oferta de alimentos a rituais de sacrifícios humanos.

Há muitas gerações os historiadores se perguntam, intrigados, por que os vikings subitamente, no decorrer de duas gerações, romperam seu relativo isolamento e surgiram para aterrorizar — e colonizar — o Ocidente. Turbulência política, revolução cultural, mudança climática e pressão demográfica já foram propostas como causas.[50] Como acontece com todas as grandes perguntas, esta também não tem uma resposta direta. Mas para os nossos propósitos, parece que no momento exato em que as condições econômicas e as tecnologias mudavam no mundo escandinavo, o mundo franco e sua ordem estabelecida se desintegravam.

Por volta do século V, a tecnologia das embarcações escandinavas estava bem avançada, talvez impulsionada pelas oportunidades de comércio no entorno do mar do Norte, que incluía os 1,6 mil quilômetro da grande costa

Oeste da Noruega e seus fiordes.⁵¹ Os barcos ficaram maiores e mais velozes, com quilhas resistentes, velas potentes, cascos fundos com mais de vinte metros de comprimento e tripulações em número suficiente para trabalhar 24 horas ininterruptas em sistema de rodízio.⁵² Ao mesmo tempo, houve uma pressão cultural cada vez maior para os jovens vikings viajarem e enriquecerem. Em uma sociedade que ainda permitia que os homens se casassem com mais de uma mulher (e possivelmente matassem filhos do sexo feminino), eles tinham de pagar um "preço pela noiva" para ter um casamento de prestígio e demonstrar seu status social. As melhores maneiras de conseguir isso eram o comércio e a pirataria — ou um pouco de cada um.

Nesse cenário ocorreram as mudanças radicais na Europa promovidas pelos carolíngios. Sob Carlos Magno, os francos se tornaram cada vez mais interessantes para os nórdicos. Por um lado, as campanhas de Carlos Magno contra os saxões expandiram suas fronteiras para o norte, até chegar aos territórios vikings. (A partir de 810-811, houve uma "marcha dinamarquesa" no norte do império, que serviu como uma zona-tampão militarizada contra os pagãos nórdicos.) Por outro lado, os carolíngios fundaram e enriqueceram mosteiros e outros locais sagrados cristãos. Muitas riquezas móveis foram entregues aos monges: os homens fisicamente mais fracos da sociedade. Além disso, muitos mosteiros — como o de Saint-Philibert em Noirmoutier, aninhado numa faixa de terra na foz do Loire — situavam-se na costa, à margem de rios ou em locais distantes da sociedade secular, onde os irmãos ficavam isolados da violência social — ou ao menos era o que imaginavam.

Tudo isso representava um alvo fácil e atraente para uma sociedade formada por bandos de guerreiros altamente móveis e equipados com os melhores navios fora do Mediterrâneo, cuja crueldade Alcuin de York comparava à dos antigos godos e hunos.⁵³ Quando os governantes francos se envolveram numa guerra civil mutuamente destrutiva, nos anos 830 e 840, que dividiu em três partes um império outrora impenetrável, os frutos estavam maduros para serem colhidos.

Dos vikings aos normandos

A partir de meados do século IX, os francos tiveram de lidar com o fato de serem quase vizinhos de uma sociedade móvel e voltada para o exterior, com ambições que se estendiam por todo o mundo ocidental. Havia poucos locais inacessíveis para os vikings, e, à medida que avançavam, a natureza de seus ataques começou a mudar. No lugar das pequenas incursões fulminantes contra alvos costeiros que caracterizavam suas investidas no final do século VIII, no século IX os ataques passaram a ser massivos e com equipamentos para cercos, subjugação e assentamento.

Por quase toda parte, potências estabelecidas lutaram para conter a ameaça dos vikings. Em 865, um "grande exército pagão" formado por vikings invadiu a Inglaterra, possivelmente comandado por quatro dos filhos de Ragnar Lodbrok, inclusive Ivar, o Desossado, que pode ter ganhado esse apelido por causa de uma deficiência nas pernas. As gerações anteriores de vikings atacavam mosteiros e cidades prósperas como Londres, Cantuária e Winchester. Mas o grande exército pagão era totalmente mobilizado para conquistas, empenhado em destruir o poder dos reis saxões que então governavam os pequenos reinos da Nortúmbria, da Mércia, de Wessex e da Ânglia Oriental. O exército era acompanhado por comunidades de colonos, inclusive muitas mulheres; eles vinham para se assentar, não apenas para pilhar. E conseguiram. Em 869, Edmundo, rei da Ânglia Oriental, foi executado pelos vikings.* Nos anos 880, cerca de metade da Inglaterra estava sob o controle ou o governo direto dos escandinavos; o avanço viking só foi detido após uma longa luta liderada heroicamente do lado saxão por Alfred, rei de Wessex. Um tratado firmado em algum momento entre 878 e 890 formalizou a divisão da Inglaterra, com grande parte do território "viking", no norte e no leste do país, conhecido como Danelaw. No âmbito do Danelaw, vigia um sistema legal diferente, circulava uma moeda anglo-escandinava (algumas estampadas com o martelo de Thor), falava-se outra língua e houve mudanças nos nomes dos lugares.** Deuses antigos e novos se misturaram, pois os colonos importaram o panteão nórdico, mas também adotaram

---

* Mais tarde, a lenda hagiográfica, entusiasticamente encorajada pelos monges que controlavam o acesso ao santuário real em Bury St. Edmunds, dizia que o rei se recusara a abrir mão do seu reino a menos que os nórdicos se convertessem ao cristianismo. Por isso, teria sido amarrado a uma árvore e crivado de flechas, antes de ter a cabeça decepada.

** Até hoje, uma cidade como York, que já foi um importante centro de assentamento viking na Inglaterra, ainda mantém o legado da ocupação escandinava em nomes de estradas: Coppergate, Stonegate e Micklegate descendem etimologicamente da antiga palavra nórdica "gata".

os ritos do cristianismo. Os escandinavos manteriam interesses em parte ou em toda a Inglaterra até 1042, quando Canuto, rei da Dinamarca e da Inglaterra, morreu.

Mas a Inglaterra era apenas parte do quadro. Os vikings fizeram comércio, lutaram e se assentaram nos reinos insulares da Escócia e no mar da Irlanda: em Orkney e nas ilhas de Man e Anglesey, no Oeste da Escócia. Na Irlanda, colonos vikings estabeleceram um grande reino em torno de Dublin, que perdurou até o início do século XI. (O reino de Dublin foi construído com um próspero mercado de escravos: conhecidos como "thralls", eram capturados no interior da Irlanda e podiam ser vendidos em terras tão distantes como a Islândia, ao lado de outros infelizes apreendidos por todo o mundo ocidental, do Norte da África ao Báltico.)

Enquanto isso, a milhares de quilômetros de distância na Europa Oriental, escandinavos (conhecidos como Rus) começaram a rumar em número cada vez maior em direção a Constantinopla. Em meados do século X, imperadores bizantinos invejavam as habilidades marciais dos nórdicos, que mantinham uma guarda pessoal conhecida como "guarda varangiana". (Inscrições rúnicas nórdicas ainda podem ser encontradas em Santa Sofia, possivelmente desenhadas pelos guardas Halfdan e Ari.) Partindo de Bizâncio, alguns intrépidos nórdicos chegaram até mesmo à Pérsia abássida; segundo o estudioso e geógrafo árabe Ibn Khurradadhbih, vikings Rus faziam negócios em Bagdá nos anos 840, trazendo mercadorias por terra em camelos e se passando por cristãos para tirar proveito de um regime de impostos com taxas preferenciais para os seguidores da Bíblia.[54] Logo, seda e escravos eram trocados entre o mundo viking e o califado abássida em uma taxa recorde, e os *dirhams* de prata abássidas inundavam o Oeste escandinavo.* Os vikings pareciam expandir incessantemente suas redes globais e as fronteiras de suas sociedades. Por volta do ano 1000, o Oeste escandinavo incluía assentamentos na Islândia, na Groenlândia e até

---

* Também se intercambiavam relatos sobre práticas da cultura viking, estranhas e muitas vezes sádicas. O embaixador abássida Ibn Fadlan, quase contemporâneo de Ibn Khurradadhbih, registrou numa prosa terrivelmente vívida um lado diferente dos vikings Rus, que presenciou realizando o funeral ritual de um de seus grandes homens — uma cerimônia que incluía drogas e o violento estupro e assassinato de uma escrava, enterrada com o cadáver do seu dono.

na "Vinlândia" — a Terra Nova no atual Canadá, onde um assentamento viking abandonado foi escavado em L'Anse aux Meadows.*

Voltemos, porém, àqueles nórdicos que invadiram o mundo dos francos. Apesar de Ragnar ter sido pago para deixar Paris em paz em 845, esse fato não pôs fim às ambições vikings nos reinos francos. Na verdade, muitos entre os francos acreditavam que os nórdicos logo seriam a maior potência da região: em 857, Pepino II da Aquitânia, que disputava aquele reino com seu tio Carlos, o Calvo, fez um pacto para empregar a força militar dos vikings em suas guerras pelo controle do vale do Loire; dizem até que trocou o cristianismo pelo paganismo antes de ser morto, em 864. Contudo, de maneira geral os governantes francos preferiram resistir aos vikings. No mesmo ano da morte de Pepino, o imperador franco Carlos, o Calvo, pôs em vigor o Édito de Pîtres. Em meio a uma série de pronunciamentos legais sobre questões como cunhagem de moedas, leis trabalhistas e a situação de refugiados, o édito também ordenava que súditos francos contribuíssem com medidas contra os vikings, inclusive com um programa de construção de pontes reais, onde cursos d'água vulneráveis como o Sena teriam pontos de travessia militarizados, protegidos por fortalezas e teoricamente capazes de bloquear barcos nórdicos.[55] O programa funcionou por um tempo, embora não tenha mandado os nórdicos para casa, mas simplesmente desviado sua atenção para outras regiões, tanto nos territórios francos como na Inglaterra.

Muitas partes do mundo franco que ficaram desprotegidas por pontes-barreiras devem ter se sentido permanentemente sob ataque. Um cronista monástico que escreveu por volta dessa época lamentou: "Os nórdicos não pararam de tomar cristãos cativos e matá-los, e destruir igrejas e casas e queimar aldeias. Por todas as ruas jaziam corpos de clérigos, de leigos, de nobres e outros, de mulheres, crianças e bebês. Não havia estradas nem lugares onde não houvesse mortos estirados; e todos os que viam cristãos chacinados se enchiam de tristeza e desespero".[56] Naturalmente, os monges se perguntavam por que Deus estaria zangado a ponto de ter enviado os vikings. Outro cronista refletiu que a causa seriam os seus pecados: "[A] nação franca [...] transbordava de indecências repugnantes [...] Traidores

---

* Ver capítulo 15.

e perjuros merecem ser condenados, e incrédulos e infiéis são justamente castigados".[57]

Nos anos 880, Carlos, o Calvo, estava morto, suas pontes defensivas tinham fracassado e os invasores vikings estavam de volta com força total. E dessa vez atingiram o coração simbólico do Estado carolíngio. Em 882, um exército viking que passara o inverno anterior saqueando a Frísia entrou no rio Reno e avançou em direção à cidade-palácio de Carlos Magno em Aachen. Tomaram o palácio e usaram a outrora adorada capela imperial de Carlos Magno como estábulo para os seus cavalos.[58] Em toda a Renânia, os invasores "levaram à morte servos de [Cristo] pela fome ou pela espada, ou os venderam além-mar".[59] Para os cronistas (quase todos morando em mosteiros e, portanto, na mira direta dos invasores), parecia que a devastação jamais teria fim. Mas para os aventureiros escandinavos, os negócios prosperavam. Um historiador moderno estimou que, durante o século IX, os vikings ativos nas terras francas saquearam ou extorquiram em pagamentos de resgate e proteção cerca de 7 milhões de *pence* de prata, aproximadamente 14% do total do que fora cunhado. Os carolíngios tinham se tornado ricos e poderosos, e patrocinado abadias bem fornidas, ao saquear os infiéis em suas fronteiras. Agora esse processo estava sendo ironicamente invertido, e de maneira muito desconfortável. Os caçadores se tornaram os caçados.

Em 885, um exército viking retornou a Paris, onde Ragnar se saíra tão bem quatro décadas antes. Dessa vez a cidade estava mais bem defendida, mas os nórdicos a sitiaram e atormentaram seus habitantes por quase um ano. Um famoso relato conhecido como as *Guerras da cidade de Paris*, de um monge chamado Abbo de St. Germain, descreveu o caos de quando "o medo tomou conta da cidade — pessoas gritavam, trombetas de batalha ressoavam [...] cristãos lutavam e se movimentavam, tentando resistir ao ataque".[60]

Os cidadãos de Paris resistiram por onze meses, muitas vezes com grande custo em vidas, em liberdade e bem-estar. Finalmente, em outubro de 886, o rei carolíngio da época, Carlos, o Gordo, veio em socorro da cidade com um exército. Contudo, para grande consternação e desgosto dos parisienses, Carlos não usou suas tropas para derrotar os vikings. O rei preferiu seguir o exemplo de seu antecessor, Carlos, o Calvo, e pagou para eles deixarem Paris em paz. Os ataques vikings aos reinos francos diminuíram na década seguinte, mas os acontecimentos dos anos 880 deixaram um legado importante na história de todas as partes envolvidas.

Para os carolíngios, meio século de ataques vikings acabou sendo fatal. Carlos, o Gordo, foi seriamente prejudicado por sua resposta medrosa ao cerco de Paris. Em comparação, o líder da cidade, Odo, conde de Paris, foi enaltecido como herói por sua disposição de resistir e lutar. E como resultado, quando Carlos, o Gordo, morreu em 888, Odo foi eleito rei da Frância Ocidental. Assim, Odo tornou-se o primeiro não carolíngio a governar um reino franco desde os tempos de Carlos Martel. E é lembrado hoje como o primeiro dos reis robertianos — o nome dinástico é uma referência a seu pai, Robert, o Forte. Embora tenha havido outro rei carolíngio depois dele — e os outros ramos da família carolíngia produziram pretendentes aos tronos francos ocidental e oriental até meados do século X —, nenhum governante jamais conseguiu fazer o que Carlos, o Gordo, havia feito por um breve período: governar todo o império construído por Pepino e Carlos Magno.

Desestruturadas por suas próprias rivalidades familiares e pelo desafio de manter unificado um aglomerado tão extenso e culturalmente diversificado de povos e territórios, as sucessivas gerações de carolíngios passaram da preeminência à irrelevância — sem mencionar as depredações dos nórdicos (e de outros inimigos em suas fronteiras orientais, inclusive grupos tribais magiares que começaram a lançar ataques maciços ao território imperial a partir do que hoje é a Hungria). Deixaram para a Idade Média vários reinos distintos. A Frância Ocidental tornou-se o reino da França. A Frância Oriental tornou-se um império centrado na Alemanha e no Norte da Itália, que com o tempo se tornaria conhecido como Alemanha, ou Sacro Império Romano. (A Frância Central, às vezes conhecida como Lotaríngia, foi gradualmente espremida até deixar de existir.) Por longos períodos do final da Idade Média e ainda no início da Era Moderna, a França e o Sacro Império Romano seriam as potências dominantes no continente europeu. Seus Estados sucessores, a França e a Alemanha, têm o mesmo status no início do século XXI.

Mas uma nova entidade política emergiu da era dos carolíngios e dos vikings. Com o tempo, os nórdicos evoluíram de invasores escandinavos a governantes de Estados cristãos mais convencionais do Ocidente. Entre eles, os principais incluíam os reinos da Suécia, da Noruega e da Dinamarca. Havia também reinos de destaque governados por vikings no entorno do mar do Norte e do mar da Irlanda (variando desde o pequeno reino insular de Orkney e o reino irlandês de Dublin até o enorme Danelaw, que abrangia grande parte da Inglaterra atual), bem como a Rus kieviana, uma grande colcha de retalhos de territórios nas atuais Rússia, Bielorrússia e Ucrânia, governada pela dinastia viking rurik, com raízes no Leste da Suécia. Mas nenhum foi tão influente no curso subsequente da história medieval como o formado a partir do desmembramento do Estado franco: o reino dos nórdicos, ou Nordmannia — conhecido como Normandia.

A criação da Normandia foi uma decorrência direta do dramático cerco de Paris de 885-886. Um dos líderes vikings daquela expedição era um homem chamado Rollo (ou *Hrolfr*), que provavelmente nasceu na Dinamarca e cuja carreira foi descrita por um biógrafo posterior, Dudo de St. Quentin, em termos idealizados, mas inegavelmente emocionantes. Dudo o definiu como um soldado sobrenaturalmente forte e obstinado, "treinado na arte da guerra e absolutamente implacável", que costumava ser visto "com um elmo maravilhosamente ornamentado de ouro e uma cota de malha".[61] Rollo foi um dos homens mais violentos de uma época particularmente sangrenta: em certa ocasião, venceu uma batalha ordenando a seus homens que matassem todos os animais, abrissem as carcaças ao meio e construíssem uma barricada improvisada com a carne recém-cortada. Mas também era um negociador astuto. Na segunda metade do século IX, Rollo ganhava a vida entre os francos fazendo o que todos os jovens nórdicos dinâmicos faziam: queimando e destruindo cidades e aldeias, saqueando e matando. Nos primeiros anos do século X, ele e seus companheiros vikings levaram os governantes dos francos ao desespero e seu povo a um estado abjeto de exaustão pela guerra. Segundo o relato de Dudo, em 911, depois de uma onda de ataques vikings, os súditos do então rei da Frância Ocidental, Carlos, o Simples,* fizeram uma petição ao governante, reclamando que a terra no reino franco "não era melhor que um deserto, pois sua população está morta pela fome ou pela espada,

---

* Carlos, o Simples, foi o último rei carolíngio da Frância Ocidental. Seu reinado foi emparedado entre o do primeiro rei robertiano, Odo (888-898), e o segundo, Robert I (922-923).

ou talvez em cativeiro". O pedido era para proteger o reino, "se não pelas armas, por um acordo".[62]

Carlos concordou. Por um tratado provavelmente selado em Saint-Clair-sur-Epte, a meio caminho entre Rouen e Paris, Rollo tomou jeito e firmou um "pacto de amor e amizade inextricáveis" com os francos. Sob os termos do acordo, Rollo se comprometeu a cessar as investidas, a se casar com a filha do rei, Gisela, e a se converter ao cristianismo. O casamento com Gisela é incerto — até porque ele já tinha sequestrado outra jovem chamada Poppa de Bayeux para ser sua concubina ou esposa. Mas Rollo aceitou ser batizado. Estava "imbuído da fé católica da sagrada Trindade", escreveu Dudo, "[e] fez com que seus próprios condes e guerreiros e todo o seu bando armado fossem batizados e instruídos por meio da pregação na fé da religião cristã". Também adotou o nome de seu novo padrinho, Robert, o futuro Robert I, rei dos francos.

Foi uma reviravolta e tanto para um homem que fez sua fama roubando igrejas. Mas valeu a pena. Em troca, Carlos, o Simples, deu a Rollo todos os territórios que se estendiam desde o vale do Sena, que viriam a ser conhecidos como Normandia. O viking recém-convertido controlava então a região ribeirinha perto de Paris, além de uma famosa faixa de paisagem fértil e uma costa repleta de portos estratégicos, de onde o tráfego marítimo e os navios com destino à vizinha Inglaterra podiam ser monitorados.

Ficou claro — ao menos para Dudo — quem tinha feito o melhor negócio, como o cronista ilustrou com uma historinha engraçada. Quando chegou o momento de se submeter formalmente para selar o acordo com Carlos, o Simples, Rollo declarou: "Nunca me ajoelharei ante joelhos de alguém, nem beijarei o pé de ninguém". Rollo pediu a um de seus capangas que fizesse aquilo em seu nome. O guerreiro, escreveu Dudo, "imediatamente agarrou o pé do rei e o levou à boca e plantou um beijo ainda em pé, [o que] fez o rei cair de costas no chão. Por isso, houve uma grande risada e um grande clamor em meio ao povo".[63]

Assim, sob a visão ridícula do infeliz rei franco Carlos, o Simples, deitado de costas no chão, o ducado viking da Normandia se tornara um fato. Rollo — ou Robert, como passou a ser conhecido — governou de 911 até a sua morte, em 928, quando se fez suceder por seu filho Guilherme "Espada Longa", que expandiu as fronteiras da Normandia com campanhas militares contra seus vizinhos até ser assassinado, em 942. A essa altura, duas gerações após a conversão de Rollo, seria de supor que a "vikinguidade" essencial dos novos líderes normandos teria diminuído. Mas não foi bem assim. Sob o governo dos vikings, colonos escandinavos inundaram a Normandia, e apesar de terem se miscigenado, casando-se e convivendo com os habitantes francos da Normandia, os normandos continuariam se vendo como um povo à parte por muito tempo na Idade Média.

A rivalidade entre duques da Normandia e reis da França seria uma característica acentuada e um aspecto importante no cenário político dos séculos XI e XII no Ocidente, particularmente após o ano de 1066, quando o tataraneto de Rollo, Guilherme "o Bastardo" da Normandia, invadiu a Inglaterra, atravessando o Canal da Mancha com uma flotilha de navios para matar seu rival Harold Godwinson e capturar a Coroa inglesa.* (Na famosa Tapeçaria de Bayeux, que conta a história da conquista normanda em formato de quadrinhos bordados, os navios de Guilherme têm uma aparência distintamente viking, com proas ornamentadas e esculpidas e grandes velas quadradas.) Os duques normandos governariam a Inglaterra até 1204, e com a riqueza e os recursos militares da Coroa inglesa conseguiram causar enormes problemas para os reis franceses, muitos dos quais lamentariam o dia em que Carlos, o Simples, inocentemente cedeu grande parte de seu reino a um bando de intransigentes homens do norte.

Dito isso, no entanto, se houve um aspecto em que os duques normandos se afastaram por completo de suas raízes vikings foi no cristianismo. Os francos tinham se convertido ao cristianismo séculos antes, e, como vimos, sua íntima relação política e ritual com a Igreja foi uma fonte de grande prestígio e *soft power*. Em comparação, o cristianismo demorou muito para chegar ao mundo escandinavo. No início dos anos 1100, as crenças pagãs ainda se misturavam livremente com o avanço dos ritos cristãos entre os povos tribais mais conservadores da Suécia.[64] Mas os vikings que colonizaram a Normandia eram diferentes. Converteram-se logo, e decididamente e nunca mais olharam para trás.

---

* Guilherme da Normandia foi um dos dois pretendentes "vikings" à Coroa da Inglaterra em 1066. O outro foi Haroldo, rei da Noruega — um ex-membro da Guarda Varangiana do imperador bizantino.

Talvez não haja exemplo mais intrigante que o do duque Ricardo II da Normandia, que governou entre 996 e 1026. A avó de Ricardo era uma bretã chamada Sprota, que o avô de Ricardo, Guilherme "Espada Longa", capturou em um ataque à Britânia e com quem se casou à força no que era eufemisticamente denominado como "o jeito dinamarquês". Ricardo cresceu mantendo contato regular com seus primos distantes do mundo escandinavo e nunca hesitou em empregar mercenários vikings em suas campanhas militares. Mas era um duque que olhava em ambas as direções. Por outro lado, viveu no mesmo século que Rollo: o sangue nórdico corria em suas veias. Mas Ricardo II também foi, inquestionavelmente, um homem do mundo franco: um cristão, o primeiro governante normando a usar o título de duque (*dux*), e o homem que contratou Dudo de St. Quentin para escrever a história de sua família, a partir da qual aprendemos sobre a conversão de Rollo e sua tomada de poder no mundo franco.

Portanto, em vez de roubar monges, Ricardo II os apoiou e patrocinou ativamente — e não apenas na Normandia. Esse filho do legado viking e do temperamento franco era tão conhecido por sua generosidade piedosa que todos os anos monges cristãos do deserto do Sinai, no Egito, viajavam quase 5 mil quilômetros até a Normandia para pedir doações a Ricardo.[65]

Os normandos iriam subir ainda mais alto em sua transformação de flagelos da Igreja a defensores ferozes — como veremos quando nos voltarmos às Cruzadas, no capítulo 8. Mas, antes disso, vejamos alguns poderes que surgiram para moldar o Ocidente entre os séculos X e XII. Diferentemente do que examinamos até aqui, não foram impérios ou dinastias, mas movimentos supranacionais centrados na experiência religiosa e militar. Os grupos examinados nos dois próximos capítulos talvez tenham produzido os arquétipos mais duradouros da Idade Média, cujas imagens vêm imediatamente à mente sempre que pensamos nesse período — e cujos trajes são o prato de resistência de qualquer loja de fantasias.

São os monges e os cavaleiros.

6
MONGES

"O mundo está cheio de monges."
Bernardo de Claraval, c. 1130

Em algum momento de 909 ou 910, o duque Guilherme da Aquitânia foi forçado a encontrar um novo lar para seus cães de caça. O duque tinha decidido fundar um novo monastério, e pediu conselho a um dos monges mais respeitados de sua época, um sujeito chamado Berno. Berno já fora um nobre, mas abandonou os refinamentos mundanos para se dedicar a louvar e a servir a Deus.[1] Construiu uma abadia própria (em Gigny, no Leste da França), e depois foi procurado para administrar outra, na cidade vizinha de Baume-les-Messieurs. Sob Berno, as duas casas ficaram famosas pela qualidade de sua administração e pelo estilo de vida correto — bem como pela rígida disciplina. Monges sob os cuidados de Berno eram regularmente açoitados, aprisionados em celas e passavam fome por pequenas infrações. Mas essas práticas não eram consideradas ruins; na verdade, aumentaram a reputação de Berno como um "CEO espiritual" intransigente e com um excelente histórico. Ao pedir conselhos a Berno, Guilherme abordava uma das principais autoridades em vida monástica de todo o território franco.

Porém, como a história foi contada mais tarde, assim que se envolveu nesse novo projeto, Berno criou um problema para o duque. O primeiro local que identificou para um novo mosteiro era uma cabana de caça em Cluny, em uma das extensas propriedades de Guilherme, na Borgonha. O duque gostava daquela parte do mundo e dos jardins ao redor de sua cabana; era onde mantinha grandes matilhas de cães para desfrutar as alegrias da caça. Mas então Berno dizia que Cluny era o único lugar que serviria para a abadia — e os cães teriam de ser realocados.

"Impossível", disse Guilherme, de acordo com uma crônica posterior que descreveu o diálogo entre os dois. "Eu não posso retirar meus cachorros."

"Expulse os cães e ponha monges no lugar", replicou o abade. "O senhor sabe muito bem qual recompensa terá de Deus pelos cães e qual terá pelos monges."[2]

Guilherme concordou com relutância. Consentiu em entregar sua cabana de caça em troca de uma instituição religiosa que poderia muito bem salvar sua alma imortal. Com a concordância de sua esposa Engelberga, redigiu documentos deixando a propriedade sob a guarda de São Pedro e São Paulo e, quando se ausentasse da terra, do papa em Roma. Berno supervisionaria na prática a transformação da residência em uma comunidade de monges. Os irmãos que viessem morar ali seriam sustentados por seus bosques e pastagens, pelas vinhas e viveiros de peixes, pelas aldeias e por servos — camponeses não livres que eram obrigados por lei a trabalhar na terra. Em troca, eles deveriam se dedicar a práticas constantes de preces e devoção, oferecer hospitalidade a viajantes e viver em castidade respeitável, em obediência à "Regra de São Bento" — um código de conduta monástica elaborado centenas de anos antes no Sul da Itália pelo monge Bento de Núrsia, que viveu no século VI. Os papas seriam seus guardiões. Berno seria o abade. Os benfeitores financeiros e protetores físicos seriam o duque Guilherme e seus descendentes.

E assim nasceu uma abadia, em um processo que não era, ao menos na aparência, muito incomum. Durante os anos carolíngios, muitos francos ricos fundaram mosteiros, e havia um bocado de pretendentes a monges e freiras para ocupá-los.[3] Mas se comparada a muitas instituições contemporâneas, o estranho em Cluny era o pouco controle que o duque Guilherme demandou para si mesmo e seus herdeiros. Guilherme poderia ter reivindicado o direito de nomear os futuros abades de Cluny e ter um papel prático na administração da casa. Mas ele não fez nada disso. O duque prometeu que Berno e todos os futuros monges de Cluny teriam autonomia para governar, livres da interferência dos poderes seculares e até mesmo dos bispos locais. Qualquer um que tentasse se intrometer nos assuntos da abadia de Cluny, segundo os documentos da fundação, estaria condenado a sofrer eternamente roído pelos vermes do inferno. E, de imediato, ainda teriam de pagar uma multa de cem libras.[4] Os irmãos de Cluny seriam tão independentes e ficariam tão a salvo dos perigos medievais quanto possível.

A construção começou por volta de 910. Foi um projeto grande e caro. Berno e os monges convidados para morar em Cluny precisavam de uma igreja, espaços comunitários, um dormitório, um refeitório e uma biblioteca, celas individuais e salas de estudo, além de cozinhas e abrigos para seus servos leigos. A construção levou muitos anos, e a obra estava longe de concluída quando Guilherme morreu em 918, e mesmo quando Berno o seguiu até o túmulo em 927.

No entanto, apesar de vagarosa e envolta não por glórias, mas em nuvens de poeira da obra, a construção de Cluny foi um evento muito importante na história do Ocidente medieval. O monasticismo aumentou muito nos duzentos anos seguintes. Muitas variantes de monasticismo se difundiram: além dos beneditinos havia ordens conhecidas como a dos cistercienses, dos cartuxos, dos premonstratenses, dos trinitários, dos gilbertinos, dos agostinianos, dos paulinos, dos celestinos, dos dominicanos e dos franciscanos, bem como ordens militares que incluíam os templários, os hospitalários e os cavaleiros teutônicos. Mas foi Cluny, localizado na Borgonha, com sua influência se estendendo por toda a França, a Inglaterra, a Itália, a península Ibérica e a Alemanha ocidental, que se tornaria o principal mosteiro na Europa. A partir de meados do século X, foi a sede de uma organização internacional que em seu auge incluía muitas centenas de casas subsidiárias, "filhas". Todas eram subordinadas ao abade de Cluny, que controlava recursos econômicos espantosos. No final do século XI, os abades de Cluny estavam em pé de igualdade com reis e papas, e participavam de conversações e dos conflitos mais importantes de sua época. Como filiais de um "McDonald's espiritual", as casas cluníacas podiam ser encontradas em quase todos os lugares a oeste do Reno, particularmente ao longo das estradas internacionais percorridas por peregrinos, que visitavam locais sagrados como Santiago de Compostela, no Noroeste da Espanha. É verdade que o alcance de Cluny não chegava a grande parte da Alemanha, nem se destacava nas regiões cristãs da Europa Oriental e da Europa Central, muito menos em Bizâncio, onde se desenvolveu uma forma distinta de monasticismo "oriental". Mesmo assim, por várias gerações, Cluny detete um raro grau de *soft power*, que ultrapassava jurisdições e fronteiras.* E o modelo de Cluny liderou uma explosão monástica mais genérica, que alterou as relações entre Igreja e Estado, recarregou e reformulou a vida cultural no mundo cristão, ao transformar não apenas a observância religiosa como também a educação, a arquitetura, as belas-artes e a música.

Tudo isso era exemplificado na própria Cluny. Embora hoje um visitante encontre pouco para ver no local além de um pequeno conjunto de edifícios que escapou de ser detonado por filisteus anticlericais na Revolução Francesa do século XVIII, em sua plenitude Cluny poderia ser considerada a maior igreja do mundo, comparável à basílica de São Pedro em Roma e à Santa Sofia em Constantinopla. De um chalé de caça e um canil, a igreja da abadia de Cluny, com 158 metros de comprimento, cresceu e se tornou o maior edifício da Europa: com uma biblioteca e um centro artístico de classe mundial, era a sede de uma comunidade prestigiosa formada pela elite de homens religiosos e o centro nervoso de uma era de ouro do monasticismo. Sua história nos leva a um período mais abrangente de intensa atividade monástica, de invenção e desenvolvimento. Sua influência, e a influência mais ampla de monges de várias ordens e estilos de vida, seria sentida em todo o mundo latino até o final da Idade Média.**

Do deserto ao alto da montanha

Nada resumia melhor a opção de ser monge do que as palavras de Cristo na parábola do jovem rico, como relatadas no Evangelho de São Mateus. "Respondeu Jesus: Se queres ser perfeito, vai, vende teus bens, dá-os aos pobres e terás um tesouro no céu. Depois, vem e segue-me."[5]

O jovem a quem Cristo dirigiu essas palavras não estava disposto a ouvir. Partiu lamentando que seria totalmente impossível abrir mão do seu dinheiro. (Cristo respondeu com sua famosa frase sobre camelos

---

* Uma comparação muito vaga nos tempos de hoje seria o poder de titãs corporativos não estatais e empreendedores de mídias sociais como Jeff Bezos da Amazon ou Mark Zuckerberg do Facebook.

** Por mundo latino, nos referimos à parte do mundo onde o latim era a língua comum dominante – em oposição ao grego, ao árabe ou a qualquer outra língua medieval comumente falada.

e agulhas.*) Porém, muitas centenas de anos depois, as mentes haviam mudado. A partir do século III d.C., homens devotos (e algumas mulheres) de todo o mundo cristão do Oriente Próximo romano chegaram à conclusão de que, para salvar suas almas, precisavam ter uma vida despojada de luxos, quinquilharias e tentações. Começaram a abrir mão de suas posses e partir para o deserto, para viver na miséria física, mas com pureza moral: orando, contemplando o mundo e sobrevivendo de sobras e doações.

Como muitos dos principais movimentos do monoteísmo ocidental no decorrer do primeiro milênio d.C., essa tendência, que os historiadores hoje chamam de "ascetismo", surgiu nos desertos do Oriente Próximo, especialmente no Egito. Um dos mais famosos ascetas cristãos no Egito foi Santo Antão, o Grande. Antão era literalmente um jovem rico — filho e herdeiro de uma família abastada que aos vinte anos foi a uma igreja, ouviu a exortação de Cristo à pobreza e prontamente "vendeu tudo o que tinha, deu os rendimentos aos pobres e desde então viveu a vida de um eremita".[6] Sua abnegação foi um modelo para gerações de monges. Contemporâneo de Antão, Atanásio, bispo de Alexandria, registrou as lutas e feitos do eremita em uma hagiografia divertida (e muito popular). Segundo o relato, Antão era regularmente perturbado em sua caverna por demônios disfarçados de criancinhas, por terríveis feras selvagens, por pilhas de tesouros ou monstros gigantescos.** Graças à força de sua paciência e fé, enfrentava a todos. Enquanto isso, dava um belo exemplo aos outros eremitas e discípulos que gravitavam em torno dele, inspirados por sua vida de árduo trabalho manual e de preces rigorosas e perscrutadoras. Apesar das vicissitudes de sua existência, Antão chegou — ou ao menos é o que foi dito — aos 105 anos de idade, e depois de sua morte tornou-se conhecido como o "Pai de Todos os Monges".[7] Mas Antão não foi de forma alguma o único asceta proeminente de sua época. O período formativo do cristianismo produziu uma série de "pais do deserto" e de "mães do deserto". Estes incluíam Macário, o principal discípulo de Antão; um soldado romano chamado Pacômio, um dos pioneiros do "cenobitismo", ou o costume de ascetas viverem juntos

---

* "Eu vos repito: é mais fácil um camelo passar pelo buraco de uma agulha do que um rico entrar no Reino de Deus." (Mateus 19:24)

** Os tormentos grotescos e bizarros de Santo Antão despertaram a imaginação de muitos artistas posteriores, desde mestres da Idade Média como Hieronymus Bosch e Michelangelo a figuras modernas como Dorothea Tanning e Salvador Dalí.

no que ficou conhecido como mosteiros; um bandido reformado chamado Moisés, o Negro; uma anacoreta chamada Sinclética de Alexandria; e uma Teodora, também de Alexandria, que se juntou a uma comunidade de ascetas homens e viveu sem ser identificada como mulher até a sua morte.

Juntos, esses primeiros ascetas formavam um grupo eclético e variado de pioneiros devotos — muitas vezes excêntricos (aos nossos olhos), mas relacionados por um desejo notável de vivenciar privações físicas extremas, em geral em lugares remotos e inóspitos. Juntos, indicaram a essência do que se tornou o monasticismo medieval, e gerações de monges e outros ascetas seguiriam seu exemplo ao longo dos onze séculos seguintes.

Depois de seu início no deserto, o movimento monástico continuou crescendo entre os séculos III e VI d.C., se alastrando do Egito para todas as partes do mundo cristão, com os primeiros centros mais notáveis em Cesareia de Capadócia (atual Kayseri, na Turquia), em Aquileia (Itália) e em Marmoutier (França) — este último a base de operações de um personagem particularmente sacralizado chamado Martinho, um oficial da cavalaria romana que viu a luz de Cristo e abandonou a vida de matanças na sela para se tornar o bispo eremita de Tours.[8]

Em termos gerais, havia dois tipos de monge. Os eremitas operavam individualmente. Alguns se retiraram para o meio do nada — os praticantes mais radicais do eremitismo podiam optar por se tornar "estilitas", o que implicava viver no topo de pilares, enquanto outros eremitas vagavam pelas cidades e pelo campo pregando, esmolando para viver e oferecendo orientação espiritual a leigos. Ainda havia os cenobitas, que formavam comunidades unissexuais, vivendo juntos, geralmente em uma residência fixa com áreas comuns e celas individuais, orando, estudando e trabalhando. Todas essas versões do monasticismo (a palavra deriva do grego μονος, sugerindo uma unidade com Deus) coexistiram durante a Idade Média, e ainda podem ser encontradas hoje. E todas causaram certa consternação para a Igreja oficial. Os ascetas incomodavam as hierarquias sociais tradicionais. Na maioria dos casos eram leigos devotos, não padres ordenados. Não estavam sob a jurisdição dos bispos e muitas vezes podiam drenar autoridade e fundos de caridade de representantes "oficiais" da Igreja. No Concílio de Calcedônia, realizado em Bizâncio em 451, houve uma tentativa de obrigar os monges a viver em mosteiros e deixar de perambular, mas gerou pouco efeito duradouro.⁹ Por um lado, na prática, era muito difícil policiar a devoção individual. Por outro, as redes culturais globais do início da Idade Média já eram amplas e fortes o suficiente para demonstrar que homens e mulheres viviam vidas monásticas muito além da disciplina de Constantinopla: no século V, eremitas cristãos já podiam ser encontrados em lugares distantes, como a Irlanda e a Pérsia. Onde quer que houvesse cristianismo, havia monges e eremitas, e por muito tempo parecia não existir meio de impor qualquer tipo de ordem ou disciplina em suas subculturas espontâneas, vigorosas e localizadas.

Inquestionavelmente, a figura mais importante a dar forma e consistência ao monasticismo — pelo menos no Ocidente — foi um italiano chamado Bento de Núrsia. Os detalhes de sua vida são imprecisos:* assim como Santo Antão, Bento foi tema de uma hagiografia tremendamente popular, nesse caso escrita pelo papa Gregório I, "o Grande", que não foi criada para satisfazer as verificações modernas de veracidade histórica. Mas até onde sabemos, Bento deve ter nascido por volta do ano 480. Tinha uma irmã gêmea chamada Escolástica e sua família era abastada. Bento viveu por algum tempo em Roma, mas saiu da cidade ainda jovem, "desistindo dos seus estudos e abandonando a casa e a riqueza do pai, com a mente resoluta a somente servir a Deus". Na narrativa de Gregório, Bento estava em busca de "algum lugar onde pudesse realizar o desejo de seu propósito sagrado". E o encontrou numa caverna perto de Subiaco, na região do Lácio.¹⁰ Lá, um asceta mais experiente, Romano de Subiaco, ensinou a Bento como ser um eremita. Mas o discípulo logo superou o mestre em reputação como homem santo e foi procurado para administrar um mosteiro próximo.

Apesar de relutar de início em trocar os rigores da caverna pela vida comunitária, logo se destacou. Segundo essa hagiografia Bento realizou muitos milagres. Escapou de inúmeras tentativas de envenenamento por monges descontentes com a rigidez de seu regime. Ressuscitou um garotinho esmagado pelo desabamento de uma muralha. Enganou um godo chamado Rigo que fingia ser o rei bárbaro Totila, e desconcertou o verdadeiro Totila ao prever o dia da sua morte. (A data exata, como se constatou.) Parecia ter um sexto sentido para saber se os monges sob seu encargo tinham

---

* Alguns historiadores acreditam que Bento pode nem mesmo ter sido uma só pessoa, mas sim representar um abade "ideal", criado por Gregório, o Grande, para seus propósitos didáticos.

escondido ilicitamente jarros de vinho, aceitado presentes (os monges eram proibidos de ter posses pessoais) ou mesmo acalentado pensamentos de orgulho. Exorcizou demônios, ressuscitou mortos e curou uma mulher da loucura. Uma vez por ano, se encontrava com a irmã Escolástica, que vivia num convento* e também era capaz de fazer milagres, que incluíam persuadir Deus a invocar tempestades sob encomenda.

Porém, o mais importante de tudo, Bento de Núrsia fundou doze mosteiros no Sul da Itália, um dos quais numa magnífica localização no topo de uma montanha em Monte Cassino, a meio caminho entre Roma e Nápoles, onde ficava um templo pagão ao deus romano Júpiter, então abandonado. Para garantir que seus padrões fossem mantidos em Monte Cassino e em outras instituições semelhantes, Bento "escreveu uma regra para seus monges, excelente na discrição e também eloquente no estilo".[11] A regra estabelecia os princípios pelos quais, nas palavras de Bento, os monges poderiam renunciar "à própria vontade, de uma vez por todas, e empunhando as fortes e nobres armas da obediência [...] lutar pelo verdadeiro Rei, Cristo, o Senhor".[12]

A Regra de São Bento (*Regula Sancti Benedicti*) não foi incomum. Nem foi a primeira regra monástica registrada: Santo Agostinho de Hipona já havia escrito uma no Norte da África por volta do ano 400, e Cesário de Arles criou outra especificamente para mulheres (a *regula virginum*) em 512. Nem mesmo era especialmente original, principalmente por causa dos escritos de um asceta do século V chamado João Cassiano, e de um texto apócrifo do século VI, a Regra do Mestre. Mas a Regra de Bento era simples, elegante e influente, e se tornaria o modelo para o monasticismo ocidental para outras gerações. Monges que viviam sob seus termos ficariam conhecidos como beneditinos ou, em referência à cor obrigatória de suas vestes, monges negros.

A Regra de São Bento, composta de 73 capítulos, estabeleceu a base da vida de um monge numa comunidade sob a orientação de um abade. Seus princípios essenciais eram a oração, o estudo e o trabalho manual, complementados por uma vida frugal, pobreza pessoal, castidade e dieta

---

* Ou seja, uma comunidade para mulheres que viviam uma vida cenobítica — com raízes tão antigas quanto os mosteiros exclusivamente masculinos. Diz a tradição que o convento de escolásticas ficava na atual Piumarola, mas ainda não há evidências arqueológicas disso.

restrita. A Regra previa a hierarquia do mosteiro. Especificava quais alimentos poderiam ser ingeridos (ou não) e quando. E determinava os arranjos de como dormir, as vestes, os termos em que os monges podiam vender seus produtos, a maneira como deveriam viajar e até o quanto deveriam sorrir. As punições por infrações à Regra variavam da repreensão à excomunhão, embora houvesse isenções para quem adoecesse. A Regra era suficientemente detalhada para ser adotada por abades que buscavam alguma orientação e segurança para administrar suas casas, mas suficientemente flexível para permitir certo grau de individualidade entre os mosteiros. Em suma, foi um trabalho elegante e bem pensado, motivo pelo qual Gregório, o Grande, o elogiou e o divulgou em sua narrativa da vida de Bento. Os que seguiam a Regra, escreveu Gregório, podiam "entender todo o modo de vida e a disciplina [de Bento]".[13] Também podiam aspirar à perfeição obedecendo aos comandos do que podemos hoje definir como um algoritmo sagrado. Assim como Santo Antão no deserto estabeleceu um exemplo a ser seguido pelos primeiros ascetas do Império Romano, Bento, no topo de sua montanha em Monte Cassino, formulou o passo a passo para o estilo de vida monástico. Tudo isso seria exportado para todo o Ocidente cristão pelas gerações posteriores.

Rumo à Era de Ouro

Na segunda metade do século VII, cerca de cem anos depois da morte de Bento de Núrsia, seus ossos, junto com os de sua irmã gêmea Escolástica, foram desenterrados e roubados de seu local de descanso em Monte Cassino. Na época, o mosteiro estava em ruínas, tendo sido saqueado pelos lombardos em 580 — e só seria reconstruído e reabitado em 718. Assim, os ladrões de túmulos, segundo um relato posterior, acreditaram estar fazendo uma boa ação. Eles próprios eram monges da França central, centenas de quilômetros ao norte, e foram guiados até o local exato da tumba por uma conjunção de visões sagradas evocadas por jejum e o conhecimento de um criador de porcos da região. Depois de algum esforço — pois tiveram de cortar duas grossas lajes de mármore —, encontraram os restos mortais de Bento e Escolástica, lavaram e "puseram tudo sobre um linho fino e limpo [...] para serem levados ao seu país".¹⁴ Mais especificamente, para o mosteiro que habitavam em Fleury (posteriormente conhecido como Saint Benoît-sur-Loire, cerca de 150 quilômetros ao sul de Paris). O abade de Fleury, Mommolus, sabia reconhecer coisas de valor. O linho em que estavam embrulhados parecia ensopado de um sangue sagrado e milagroso, que Mommolus entendeu como um sinal inequívoco de sua autenticidade. Os restos mortais foram reenterrados com honra em um santuário, o que alçou a abadia de Fleury a um novo patamar de fama.*

A remoção póstuma de São Bento da Itália para as terras dos francos não foi só uma travessura emocionante. O roubo teria repercussões duradouras, pois no século seguinte deu origem a uma nova onda de empolgação por Bento e sua Regra ao norte dos Alpes. Havia uma ampla gama de práticas monásticas na Gália merovíngia no início da Idade Média. A influência do monasticismo irlandês — que enfatizava rigores na vida pessoal e a peregrinação missionária, como exemplificado pelos santos missionários Columba e Columbano** — era particularmente forte.¹⁵ Mas havia muitas opiniões diferentes sobre como administrar um mosteiro, sem um consenso geral a respeito de qual era a melhor maneira. Assim, monges e freiras que viviam juntos em comunidades obedeciam a uma miscelânea de regras "mistas", criadas ou compiladas aleatoriamente por seus abades. Muitas vezes era difícil saber a diferença entre uma casa de monges e um grupo de cônegos — padres e clérigos que viviam juntos sob uma regra própria acordada, mas com permissão para manter propriedades pessoais e interagir naturalmente com o mundo e as pessoas ao redor. A chegada de Bento estava destinada a mudar tudo isso.¹⁶

---

* Até hoje um santuário é mantido pela comunidade de monges beneditinos em Fleury. Mas os atuais monges de Monte Cassino discordam de quase tudo que está escrito aqui. Eles contestam toda a história da remoção das relíquias de Bento e de Escolástica e mantêm seu próprio santuário, marcado com uma laje de mármore preto. A inscrição na laje afirma que os gêmeos estão sob o altar-mor de sua catedral, reconstruída no século XX após ter sido destruída por pesados bombardeios dos Aliados durante a Segunda Guerra Mundial.

** São Columba levou a palavra de Cristo da Irlanda para a Escócia, onde, entre outras impressionantes proezas, teria expulsado uma criatura feroz que aterrorizava o rio Ness até as profundezas do lago Ness — uma história que parece marcar o início da lenda do monstro de Loch Ness. Columba foi enterrado em 597 na ilha de Iona, mas seus restos mortais foram removidos durante as invasões vikings e levados para diversos lugares nos dois lados do mar da Irlanda. Seu contemporâneo, São Columbano, foi muito mais longe, ao viajar pelos territórios dos francos merovíngios e atravessar os Alpes até a Lombardia.

Os agentes da mudança, como tantos outros nos primórdios da França medieval, foram os carolíngios. Como visto no capítulo 5, Carlos Magno expandiu e centralizou a autoridade franca, revivendo a noção de um poder imperial cristão no Ocidente, ao mesmo tempo que se interessava pelo estudo, pela educação e por obras de cunho religioso. Não surpreende que também tenha gostado da ideia de impor uniformidade aos monges nos seus territórios. Tanto Carlos Magno quanto seu filho Luís, o Piedoso, viam a Regra de Bento como uma maneira de estabelecer uma ordem à prática cristã e exercer um poder imperial significativo na vida comum de seus súditos. Essa era uma questão particularmente urgente no caso dos monges, que ocupavam uma posição incômoda, fora do controle eclesiástico direto, não respondendo nem aos bispos nem aos governantes seculares. Ademais, fundar mosteiros beneditinos em territórios pagãos recém-conquistados também era uma maneira confiável de promover a boa prática cristã nas fronteiras do império — reunindo uma forma de colonização e atividade missionária. Finalmente, os carolíngios reconheceram que os mosteiros eram a única maneira eficaz de prover uma educação séria, onde homens jovens (e mulheres) inteligentes podiam aprender a analisar as escrituras cristãs enquanto estudavam textos latinos e pagãos preservados do mundo antigo.[17] Assim, Carlos Magno e Luís decidiram basear seus governos na Regra de Bento. Foi um momento decisivo na história da Igreja ocidental.

O responsável prático por essa política religiosa foi outro Bento — de Aniane. Ele recebeu amplos poderes para impor reformas nas terras francas, uma tarefa que empreendeu com muita energia, culminando no final de sua vida com uma série de concílios da Igreja realizados no glorioso palácio de Aachen, entre 816 e 819. Nessas reuniões, Luís e Bento de Aniane ordenaram que todos os mosteiros francos passassem a observar práticas padronizadas. Deveria haver processos fixos de iniciação, ênfase na obediência ao abade, um estilo de vida centrado na oração, no trabalho e no estudo e, acima de tudo, a adesão à Regra de São Bento, que só poderia ser acrescida com regulamentações adicionais que estivessem em conformidade com seu espírito. Qualquer monge que acreditasse não estar à altura dos rigores dessa vida deveria buscar ordenação como clérigo — ingressando nas fileiras da Igreja institucional e se submetendo à jurisdição de um bispo local.

Havia, portanto, duas maneiras de entrar no império franco: ingressando na Igreja propriamente dita ou obedecendo à Regra Beneditina imperialmente aprovada. Isso não depurou instantaneamente todos os aspectos da vida religiosa cristã nas vastas terras carolíngias, mas garantiu que a prática beneditina se tornasse a norma em grandes regiões da Europa. A partir desse momento, qualquer movimento monástico dominante se basearia no padrão beneditino — inclusive as casas cluníacas do século X, às quais agora podemos retornar.

Quando o duque Guilherme da Aquitânia cedeu sua casa de caça em Cluny para que o abade Berno a transformasse em mosteiro, já imaginava o tipo de lugar que se tornaria: um estabelecimento beneditino bem administrado, rigidamente supervisionado por um abade rigoroso, mas protegido de influências terrenas de qualquer um menos o papa. Ao mesmo tempo, Guilherme pode não ter percebido o quanto Cluny cresceria — e o quanto se tornaria poderoso.

Quando Berno morreu, em 927, passou o comando de Cluny a um novo abade chamado Odo, treinado desde menino como guerreiro na casa do duque Guilherme, mas que passara por uma crise de fé no final da adolescência e fugira para viver como um eremita nas cavernas. Mais tarde, Odo tornara-se monge sob o regime estrito de Berno em Baume, onde era conhecido por sua humildade impecável. Quando finalmente foi escolhido como sucessor de Berno em Cluny, concluiu a primeira fase de obras de construção do mosteiro. Obteve a confirmação real e papal para os termos da carta de fundação do duque Guilherme, solicitou e conseguiu terras e dinheiro de outros nobres que o apoiavam e manteve a tradição de Berno na aplicação estrita da Regra Beneditina. E nem sempre era muito querido por isso: os irmãos em Cluny eram severamente castigados por erros simples, como não recolher e comer as migalhas do prato na hora das refeições.

Mais importante, contudo, foi que Odo começou a exportar os altos padrões de Cluny para outros mosteiros. Fazia visitas a casas beneditinas na França central, agindo como uma espécie de inspetor de padrões autônomo, dando conselhos sobre como melhorar a vida comunitária. Quase sempre isso significava voltar aos princípios originais de trabalho físico árduo e orações constantes. Odo era um defensor do silêncio, a não ser que fosse absolutamente necessário rompê-lo, e insistia em uma dieta rigorosamente policiada, isenta de quaisquer carnes. Era meticuloso quanto ao código de vestuário. Seus principais interesses, nas palavras de seu biógrafo, Giovanni de Salerno, eram "o desdém pelo mundo, e depois disso, o zelo pelas almas, pela reforma de mosteiros e as roupas e o que os monges comiam".[18]

As medidas de Odo podem parecer duras para os padrões atuais, mas a necessidade de tal reforma parecia urgente. Apesar das repetidas exigências dos governantes carolíngios — e também de outros — de que os mosteiros fossem bem administrados e à Regra Beneditina observada, fontes da época abundam de exemplos sinistros do afrouxamento de padrões monásticos quando irmãos e irmãs resolviam relaxar um pouco e desfrutar seu isolamento do mundo. O monge e historiador do Norte da Inglaterra do século VIII conhecido como "Venerável" Beda deixou um relato típico e pouco lisonjeiro de um mosteiro duplo (uma casa administrada por um abade ou abadessa com comunidades de monges e freiras) em Coldingham (hoje Berwickshire, na Escócia). Beda afirmou que ali os monges e freiras passavam metade do tempo na cama, às vezes juntos. Suas celas foram "convertidas em locais para comer, beber e fofocar", e as freiras passavam "todo seu tempo tecendo roupas finas [...] para se enfeitar como noivas ou para atrair a atenção de forasteiros".[19] Mesmo levando em consideração a hostilidade natural de Beda às mulheres e a alta probabilidade de confirmação a qualquer um que procurasse exemplos de imperfeições em mosteiros, sua historinha pinta uma imagem colorida da lassidão moral entre os chamados ascetas.* Odo nunca chegou às ilhas britânicas — onde a reforma foi conduzida uma geração depois, por dentro da Igreja inglesa oficial, por Dunstan, arcebispo da Cantuária, por Aethelwold, bispo de Winchester e por Oswald, arcebispo de York.

---

* É sempre bom ter cuidado com as representações literárias de imoralidades monásticas, pois o "mau monge" foi um motivo de queixas e inspirações para textos humorísticos do fim da Idade Média. Escrevendo muito depois de Beda, no século XIV, Geoffrey Chaucer e Giovanni Boccaccio se divertiriam imensamente com o estereótipo do "asceta" ganancioso, preguiçoso e sexualmente incontinente. *Decameron* de Boccaccio inclui uma história muito divertida sobre um leigo que finge ser surdo-mudo para pedir estadia em um convento, mas acaba se tornando o servo sexual de todas as nove irmãs, inclusive da abadessa. O enredo dessa história (e as caricaturas que promove) não está muito distante do de um típico filme farsesco-sexual dos anos 1970 como *Confissões de um limpador de janelas*. Sobre Boccaccio, ver Sita Steckel, "Satirical Depictions of Monastic Life", Alison I. Beach e Isabelle Cochelin (orgs.), *The Cambridge History of Medieval Monasticism in the Latin West II* (Cambridge, 2020), pp. 1154-1170.

Mas era exatamente o tipo de mau comportamento caracterizado por Beda que Odo estava determinado a eliminar.

O exemplo de Coldingham pode ter servido como um alerta fatídico para monges e freiras desencaminhados, pois na narrativa de Beda, Deus permitiu que a abadia pegasse fogo e se incendiasse "por causa da iniquidade de seus membros".[20] Mas conforme Odo viajava pela Europa, propagando o modelo monástico de Cluny, foi percebendo que havia muito a fazer. Naturalmente, nem todos os monges que visitava ficavam muito felizes em recebê-lo. Quando chegou para reformar Fleury — o local de descanso das relíquias de Bento e Escolástica —, os monges o ameaçaram com lanças e espadas. Depois alegaram que estavam traumatizados por ataques vikings, e, portanto, desconfiados de quaisquer forasteiros; mas Odo sempre conseguia acalmá-los, distribuir suas tarefas, melhorar sua observância e seguir em frente. Durante a década seguinte, Odo levou sua reforma cluníaca a casas distantes, na Normandia e no Sul da Itália, onde seus projetos incluíam até mesmo a reforma de Monte Cassino. Uma das especialidades de Odo era devolver monges a monastérios que haviam sido devastados por ataques de não cristãos — particularmente de vikings, de muçulmanos no Norte da Espanha, de invasores eslavos da Europa Central e da Europa Oriental. Quando chegava para reformar um mosteiro, em geral deixava um colega experiente e de confiança para garantir que seus padrões fossem mantidos.[21] Em muitos casos, esses homens não atuavam como abades, mas como priores, respondendo diretamente a Odo em Cluny. Essa prática logo se tornou um sistema, e a cada reforma empreendida o abade de Cluny expandia sua autoridade. Começou a ser mais do que o chefe de uma casa e alguém que soluciona os problemas para as outras: passou a integrar mosteiros recém-reformados na comunidade espiritual de Cluny. Quando morreu, em 942, Odo já tinha difundido o nome e a marca da reforma cluníaca por toda a Europa Ocidental.

Em meados do século X, Cluny estava se tornando famoso. Melhor ainda, estava se tornando famoso exatamente no momento certo, pois dinheiro e propriedades inundavam o mundo monástico, particularmente no Ocidente, e a espiritualidade comunal era um negócio florescente. Mosteiros beneditinos, como a gloriosa abadia de Gorze, perto de Metz, no Nordeste da França, começavam a se transformar de forma independente nas mesmas linhas de Cluny, operando como centros para a renovação monástica em suas regiões. Os governantes reais da Alemanha lideravam o estabelecimento e o patrocínio de casas beneditinas em seus reinos. Ao mesmo tempo, o cristianismo voltou a avançar em novas partes da Europa, levando junto a vida ascética. Os governantes da Boêmia (na atual República Tcheca), da Hungria, da Polônia e da Dinamarca se converteram nos séculos X e XI, e muitas vezes estabeleciam mosteiros em seus reinos para marcar a ocasião. (Alguns dos primeiros monges poloneses chegaram dos arredores de Ravena como colonos-missionários e fundaram um mosteiro sob a proteção do duque polonês Bolesław, o Bravo. Infelizmente, todos foram assassinados por salteadores.)[22] Pouco depois, durante as Cruzadas, conventos beneditinos no modelo ocidental seriam construídos na Palestina e na Síria, em locais sagrados em Jerusalém e na cidade costeira de Antioquia.[23] Mas foi Cluny — a lépida startup com planos de se tornar uma marca internacional — que melhor explorou a riqueza que inundou o mercado.

As razões para essa explosão do monasticismo na virada do primeiro milênio têm sido calorosamente debatidas pelos historiadores. Muitos fatores influenciaram. Uma causa natural pode ter sido a mudança climática. Entre 950 e 1250 as temperaturas globais no hemisfério norte aumentaram, e, apesar de essa elevação não ter sido sentida em todo o planeta, resultou no período mais longo e sustentável de condições climáticas favoráveis no Ocidente desde o Optimum Climático Romano.[24] Como veremos, o chamado "Período Quente Medieval" não perduraria por toda a Idade Média, mas tornou as condições na Europa relativamente favoráveis à agricultura. Essa vantagem natural coincidiu com o desenvolvimento de novos arreios para cavalos e grandes arados de ferro (arados "pesados"), que possibilitaram uma agricultura em grande escala muito mais eficiente.[25] Com essa tecnologia, em conjunção com os efeitos de um clima flutuante, a posse de terras tornou-se cada vez mais lucrativa, e os proprietários de terras tinham cada vez mais rendimentos para gastar.

Mas rendimentos para gastar em quê? Uma das melhores respostas era: salvação. Como vimos, a ascensão dos carolíngios mudou a constituição política da Europa Ocidental. A reunião de várias políticas "bárbaras" fragmentadas e pós-romanas num império cristão revivido resultou em um governo central mais firme e direcionou as principais esferas da guerra para as periferias do Ocidente cristão — a Europa Central pagã, a Espanha muçulmana e (por último) a Escandinávia. Mas também estabeleceu condições para mais conflitos em pequena escala no próprio Ocidente. As elites francas ligaram-se cada vez mais a seus governantes e eram recompensadas com doações de terras pela lealdade. Defendiam seus territórios lutando uns contra os outros. Mais adiante, exploraremos com detalhes como isso mudou a cultura do guerreiro aristocrático. Porém, em termos simples, a consequência foi um aumento acentuado da violência letal dos guerreiros cristãos, acompanhado por um desejo entre eles de garantir que não fossem para o inferno por seus pecados.

Os mosteiros forneciam uma bela solução. Para expiar os pecados, a Igreja recomendava penitência e oração. Isso consumia tempo, era desconfortável e impraticável para pessoas cujas funções eram lutar e matar uns aos outros. Felizmente, a Igreja tinha uma mente aberta sobre como a penitência deveria ser feita, e as autoridades clericais não viam problema na prática de ricos pagando terceiros para fazerem penitências em seu lugar. Ao fundar mosteiros — como fez o duque Guilherme em Cluny —, os proprietários de terras, as classes guerreiras da Europa, podiam compensar efetivamente seus pecados ao pagar os monges para que pedissem perdão em seu nome por meio de missas.* O resultado foi que, a partir do século IX, fundar, fazer doações para ou patrocinar mosteiros tornou-se um passatempo popular para homens e mulheres ricos. E como todos os passatempos dos ricos ao longo da história, logo se tornou moda, com competição pela distinção. Mosteiros que mostrassem os melhores padrões de observância, as maiores igrejas e bibliotecas, as maiores e mais devotas comunidades e tivessem melhor reputação internacional eram altamente valorizados. Os super-ricos fundavam os mosteiros. Os ricos doavam para eles. E os afluentes e quase ricos, por sua vez, seguiam o exemplo.[26] Mosteiros surgiam às centenas. Em retrospecto, nesse momento de crescimento explosivo, os séculos de X a XII foram a "era de ouro" do monasticismo.

---

* Pense no sistema de compensação de carbono entre empresas modernas e indivíduos interessados em compensar os danos que causaram ao meio ambiente com viagens de longa distância, transportes, uso excessivo de aquecimento central etc.

Caminhos para o céu

Quando era menino, Odilo, o quinto abade de Cluny, sofreu uma doença incapacitante que deixou suas pernas paralisadas. Sua família era rica, e seus pais bem conhecidos na região de Auvergne, no Sul da França. Quando viajavam, os criados transportavam o pequeno Odilo numa liteira. Era um luxo que a maioria das crianças nessas condições jamais poderia desfrutar. Mas era um sofrimento para Odilo, que parecia destinado a nunca mais andar.

Um dia, porém, aconteceu uma coisa muito estranha. A família estava viajando, e, ao passarem por uma igreja, os homens que carregavam Odilo pararam para descansar. Puseram a liteira perto da porta e o deixaram sozinho por um momento. Quando voltaram, ficaram atônitos ao ver que o menino havia saído, se arrastado para dentro da igreja, se apoiado no altar e estava andando de um lado para o outro. Foi um milagre, e moldaria o curso da longa vida de Odilo. Seus pais ficaram maravilhados, e em sinal de gratidão entregaram o menino a uma casa de cônegos local em Auvergne, para ser criado e seguir carreira para servir a Deus. Oferecer os filhos a casas religiosas dessa maneira — como "oblatos", que significa literalmente "ofertas" — era uma prática comum na aristocracia, pois não só garantia uma boa educação à criança como também reduzia o número de herdeiros em potencial de uma grande família. Mesmo que hoje isso nos pareça uma crueldade, alguns oblatos se deram muito bem. Odilo desabrochou entre os clérigos, e ao se aproximar dos trinta anos de idade mudou-se para Cluny para se tornar monge. Destacou-se tanto entre os irmãos do mosteiro que em 994, com a morte do quarto abade, Majolus, foi eleito para liderá-los.[27] Conduziu a casa durante a periclitante virada do primeiro milênio, quando muitos temiam que o mundo poderia acabar. E administrou Cluny com grande distinção pelos cinquenta anos seguintes, durante os quais o prestígio, a presença e os recursos do movimento cluníaco aumentaram tremendamente.

Odilo foi definido por um cronista como um "arcanjo dos monges". Foi confidente não só de uma sucessão de papas, mas também de vários reis e imperadores francos, que o recebiam como convidado do palácio na época do Natal e em outras importantes ocasiões cerimoniais. Quando Henrique II, rei dos francos orientais (ou como agora podemos chamá-los, dos alemães), foi coroado imperador, em 1004, ele deu seu presente de coroação papal

— uma maçã dourada com uma cruz no topo — ao abade Odilo. O presente foi despachado para Cluny para ser guardado num cofre cada vez mais bem fornido de quinquilharias e joias preciosas. Mas Odilo não era apenas um caça-fortunas ou um aproveitador de príncipes. Convenceu seus amigos poderosos a proteger Cluny e suas casas-filhas das tentativas inescrupulosas de vizinhos que queriam tirar suas terras ou interferir em sua independência. E usou a riqueza acumulada dos fabulosos presentes que recebia para reformar e ampliar Cluny. A igreja da abadia foi repaginada nos seus primeiros anos como monge (arqueólogos modernos referem-se a essa segunda igreja como "Cluny II"). Odilo começou então a reconstruir os espaços comunitários dos monges com alto custo — ordenando que as obras fossem feitas em mármore e decorando os edifícios com esculturas extraordinárias. Odilo gostava de se comparar a Augusto no apogeu de Roma, afirmando que encontrou Cluny construído em madeira e o deixou em mármore.[28]

Não foi só a estrutura das construções de Cluny que se tornou grandiosa na época de Odilo. Elas também abrigavam sessões diárias de louvor cada vez mais espetaculares, na forma de orações comunitárias, salmos, leituras e hinos, que ficaram conhecidas como ofícios (ou horas canônicas). Os ofícios eram realizados oito vezes por dia, tendo início antes do amanhecer com *matinas* e *laudes*, passando a *prime* por volta do amanhecer, a *terça* no meio da manhã e a *nona* ao meio-dia, *vésperas* no meio da tarde e *compline* e *completas* no final do dia. (A duração das horas canônicas variava com a estação, de acordo com o tempo de luz do dia.) Havia também uma missa diária. A prática dessas cerimônias era conhecida como *opus Dei* (obra de Deus), um ponto fulcral do monasticismo: era a contribuição dos monges à sociedade e a uma economia que dava grande valor ao sustento tanto dos corpos como das almas. Por essa razão, esses ofícios ocupavam a maior parte do tempo dos monges beneditinos. Era conveniente cumprir seus deveres da melhor maneira possível.

Tudo isso incluía muitos cantos. A Regra Beneditina era entusiasta da música, que, segundo São Bento, assegurava que "nossa mente pudesse estar em harmonia com nossa voz".[29] Exigia que os monges se organizassem num coro, no qual só os melhores cantores tinham uma parte proeminente na apresentação.[30] Bento recomendava que aprendessem o estilo melódico de cantochão, que fora popular na sua época nas basílicas de Roma: era comumente chamado de canto gregoriano, em homenagem ao amigo e admirador de Bento, o papa Gregório I, o Grande, considerado o seu inventor (erroneamente, é provável). Mas Bento não forneceu muitos detalhes além disso. Havia, portanto, muito espaço para a criatividade musical no período do grande desenvolvimento monástico dos séculos X e XI.

Em Cluny, a música era uma parte central da vida. Embora a destruição da abadia-mãe e de seus arquivos tenha impossibilitado a recriação do som dos irmãos de lá em plena voz, a importância da música ficou literalmente marcada na estrutura dos edifícios. As colunas remanescentes contêm gravuras de músicos e versos sobre a importância da música no louvor a Deus.[31] Pelo menos nos tempos de Odilo, parece ter havido muitos experimentos com diferentes estilos de salmos cantados, em que se buscava um equilíbrio delicado e harmonioso entre a execução de um solista e o coro como um todo.[32] E num regime de regras tão estritas, havia muitas oportunidades para ensaiar. Em um dia comum, um monge beneditino típico de uma das centenas de mosteiros em toda a Europa podia ficar acordado dezenove horas, das quais catorze eram dedicadas a alguma forma de dever litúrgico. Mas Cluny foi ainda mais longe. Praticamente cada segundo era relacionado a alguma forma de ofício, desde os dedicados a dias de festa específicos ou às almas dos mortos a cerimônias de humildade como o ritual de lavar os pés de indigentes. No século XI, quando o famoso monge, reformador e cardeal Petrus Damiani fez uma visita a Cluny, ficou surpreso ao descobrir que havia tanto da obra de Deus a ser feita lá, que os irmãos tinham menos de meia hora de descanso por dia.[33]

Gerações posteriores de reformadores monásticos resmungaram que São Bento não aprovaria pilares de mármore no refeitório dos monges, nem cantar o dia inteiro em vez de se dedicar ao trabalho manual pesado. Mas em Cluny considerava-se que a opulência dos arredores aumentava o poder das preces divinas realizadas por lá.

Compostela e Cluny III

Na alta Idade Média[*] os mosteiros assumiram a maior parte do que hoje consideramos como as funções básicas do Estado de Bem-estar

---

[*] Em termos gerais, o período do século XI a meados do século XIII.

Social liberal. Eram centros de alfabetização, educação, hospitalidade, tratamento médico, informação turística, assistência social a idosos e aconselhamento espiritual — além do seu papel principal como retiro para os devotos. Assim, percorreram um longo caminho desde suas origens como locais de retiro depauperados para então manter relações próximas e estreitas, e lucrativas, com o mundo exterior.

Cluny e suas casas afiliadas se integraram na sociedade secular de muitas maneiras, entre as quais uma das mais visíveis foi a monopolização das rotas de peregrinação que levavam aos locais mais sagrados da Europa Ocidental. A mais famosa dessas supervias espirituais convergia para a região mais a noroeste da península Ibérica, ao santuário de Santiago de Compostela, na Galiza. Lá, em 814 d.C., um eremita chamado Pelágio viu luzes dançando no céu, que o levaram a descobrir milagrosamente os restos mortais do apóstolo Tiago.* Quando São Tiago foi descoberto, sua presença foi assiduamente publicitada em todo o mundo ocidental. Uma igreja foi construída para marcar o local de seu túmulo; ainda é o local de uma das catedrais mais espetaculares do mundo, combinando sucessivas características românicas, góticas e barrocas em um conjunto monumental. Para os peregrinos cristãos em condições de viajar longas distâncias, Compostela era (e ainda é) uma atração irresistível. Fora da Terra Santa, só a basílica de São Pedro em Roma também pode se orgulhar por abrigar restos mortais de um dos apóstolos. A obrigação de orar em um santuário tão venerável pelo menos uma vez na vida não era tão essencial para os fiéis de Cristo como a realização do *hajj* para os muçulmanos. Mas ainda assim era importante.

Desenhar um mapa com as principais estradas medievais que levavam a Compostela é traçar um sistema arterial, com caminhos que começam na Itália, na Borgonha, na Renânia, no Norte da França e em Flandres, convergindo lenta mas continuamente para alguns desfiladeiros nas montanhas dos Pireneus, antes uma supervia religiosa seguindo de leste a oeste em paralelo com a costa norte da península Ibérica, até chegar afinal a Santiago. No século XII, foi escrito um manual medieval para peregrinos que pretendiam viajar por essa estrada. Fornecia muitos conselhos práticos

---

* De acordo com várias tradições cristãs, depois da morte e ressurreição de Cristo, Tiago pregou o Evangelho por todo o caminho até a Hispânia. Quando voltou ao Oriente, foi assassinado por ordem do rei da Judeia, Herodes Agripa, em seguida levado de volta à península espanhola para ser sepultado.

aos intrépidos viajantes, indicando os pontos ao longo do caminho onde o vinho era bom e a população local, honrada. Mas também alertava sobre os perigos da viagem: vespas e mutucas gigantes nos arredores de Bordeaux, a ganância e a embriaguez dos gascões, os riscos de ser enganado ou mesmo afogado por barqueiros desonestos na travessia de rios e a barbárie absoluta dos navarros, que falavam como cães latindo e copulavam com mulas e éguas durante a noite.[34]

Claro que os perigos e os desconfortos de viajar longas distâncias como essa faziam parte do propósito penitencial. Ganhar o perdão de Deus não poderia ser fácil. Mas também implicavam uma valiosa oportunidade para fazer negócios. Muitos séculos antes, quando Roma estava no auge do seu poder imperial, as estradas romanas que atravessavam o império eram repletas de *mansiones* — na prática, postos de serviço para funcionários imperiais, equipados com estábulos, instalações para pernoite e hospitalidade. Agora surgia uma necessidade semelhante ao longo dessas rotas de peregrinos.[35] Os cluníacos perceberam a oportunidade e a exploraram. Os mosteiros se tornaram as novas *mansiones*, atendendo aos fiéis em busca de salvação no Norte da Espanha.

O gênio dessa fase do desenvolvimento de Cluny foi o abade Hugo, "o Grande", que sucedeu Odilo depois da sua morte, com a idade avançada de 87 anos, no dia 1º de janeiro de 1049. Assim como Odilo, Hugo era um personagem sacro — tornou-se monge aos catorze anos, foi ordenado como padre aos vinte e eleito abade aos 24. Segundo um de seus contemporâneos, Arnold de Soissons (santo padroeiro dos cervejeiros belgas), Hugo era "o mais puro em pensamentos e ações [...] o promotor e guardião perfeito da disciplina monástica e da vida regrada [...] [e] o vigoroso campeão e defensor da Santa Igreja".[36] A exemplo de Odilo, Hugo também foi um abade surpreendentemente longevo, tendo ocupado o cargo por sessenta anos. Nesse período, continuou de onde Odilo havia parado: reforçando a sensação de que o abade de Cluny posicionava-se em pé de igualdade com reis e papas, exercendo seu poder político em toda a Europa e cuidando para que Cluny continuasse institucionalmente rica. Era um administrador brilhante, com um olhar arguto para os negócios. Sob a liderança de Hugo, a rede cluníaca chegou ao auge, com aproximadamente 1.500 casas.

Sob Hugo, casas monásticas controladas diretamente por Cluny, ou influenciadas por suas observâncias, despontaram ao longo das estradas

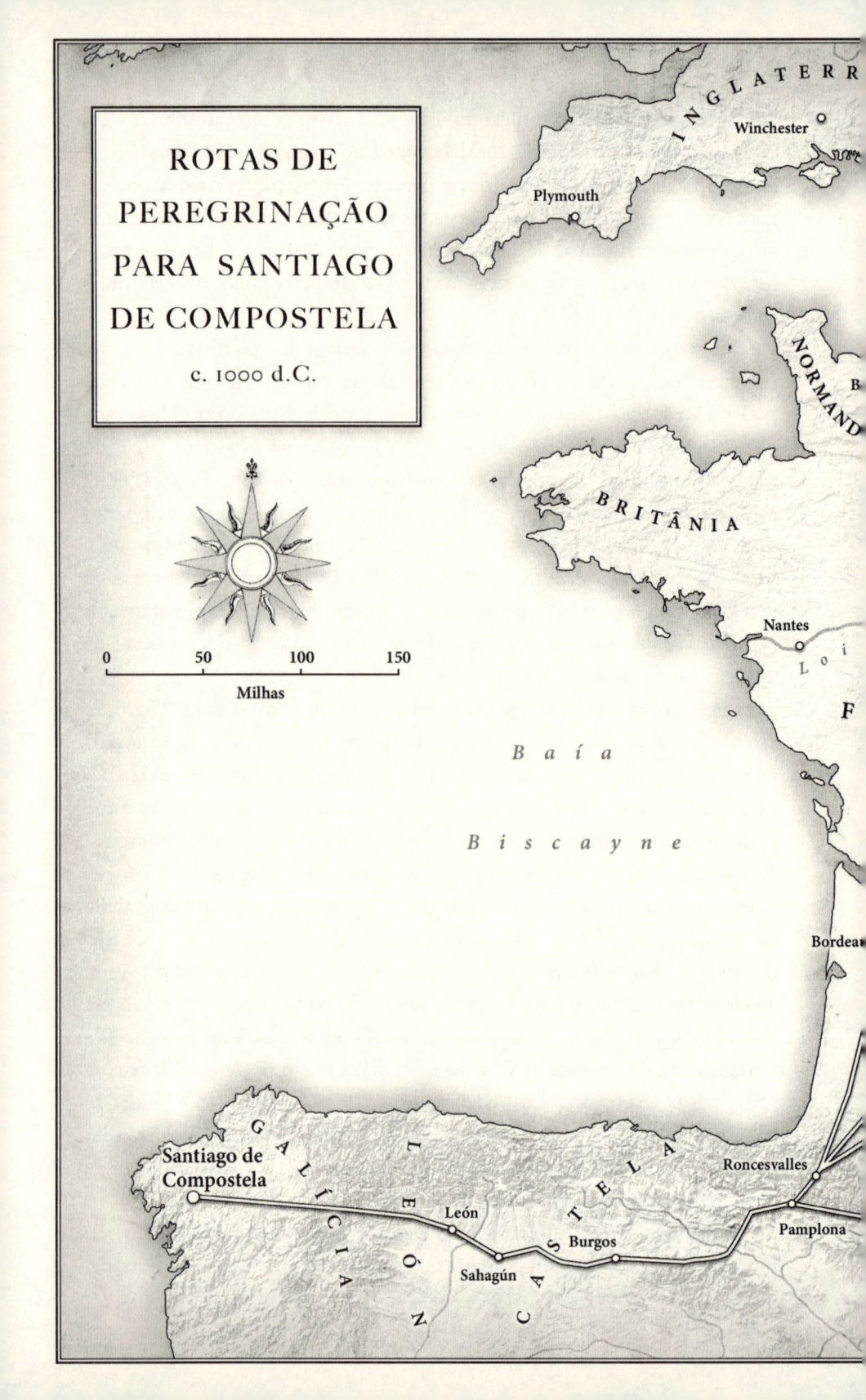

ROTAS DE PEREGRINAÇÃO PARA SANTIAGO DE COMPOSTELA

c. 1000 d.C.

0 — 50 — 100 — 150
Milhas

INGLATERRA
Winchester
Plymouth
NORMAND...
BRITÂNIA
Nantes
Loi...
F...
Baía Biscayne
Bordea...
Santiago de Compostela
GALÍCIA
LEÓN
CASTELA
León
Sahagún
Burgos
Roncesvalles
Pamplona

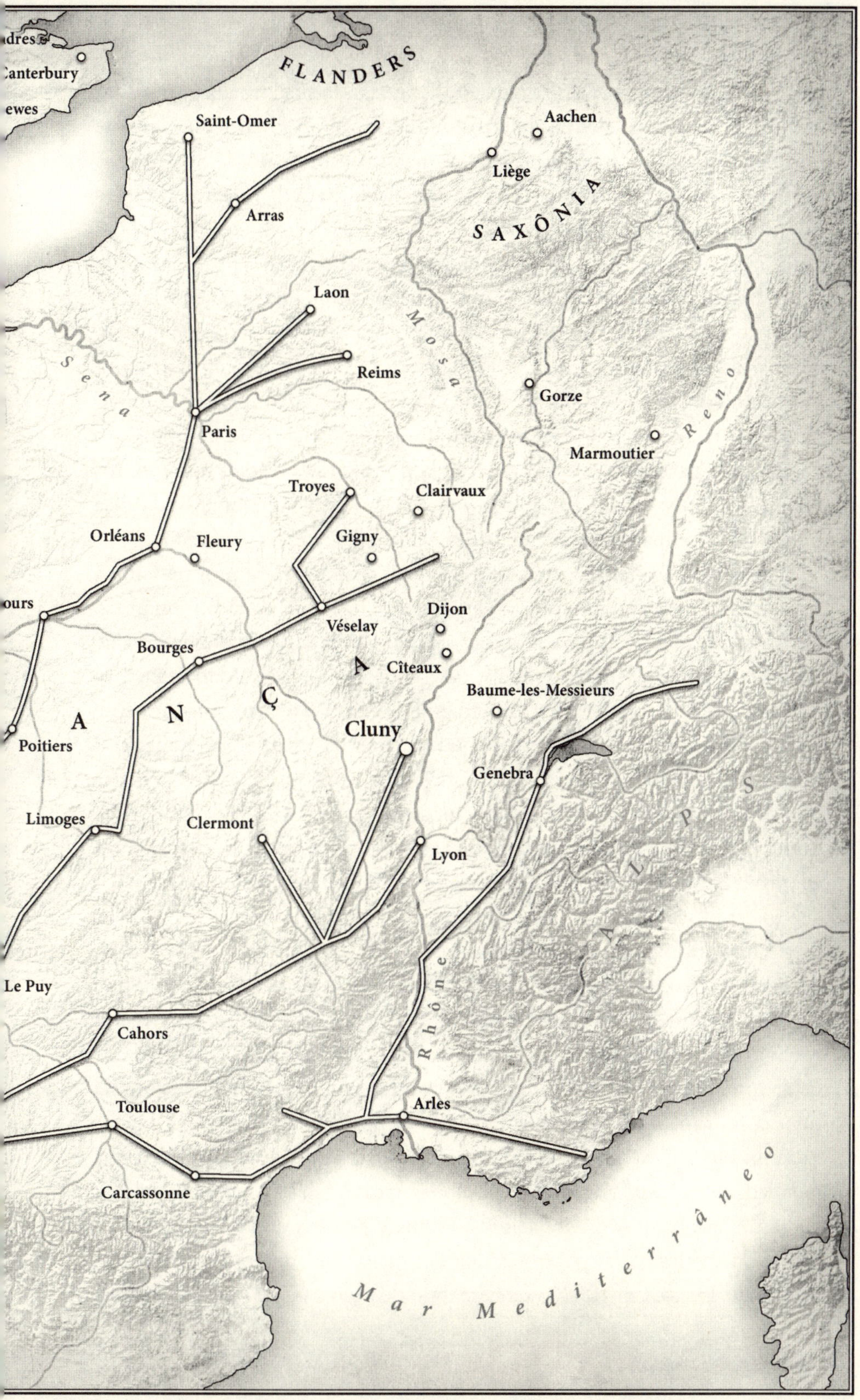

FLANDERS
Canterbury
Saint-Omer
Aachen
Liège
SAXÔNIA
Arras
Laon
Mosa
Sena
Reims
Gorze
Reno
Paris
Marmoutier
Troyes
Clairvaux
Orléans
Fleury
Gigny
Dijon
Véselay
Bourges
Cîteaux
A
Ç
N
A
Baume-les-Messieurs
Poitiers
Cluny
Genebra
ALPES
Limoges
Clermont
Lyon
Le Puy
Rhône
Cahors
Toulouse
Arles
Carcassonne
Mar Mediterrâneo

para Santiago. Um peregrino do século XI iniciando sua jornada para visitar St. James, a centenas de quilômetros de distância, no interior suavemente ondulado do Sul da Inglaterra, poderia partir do priorado de St. Pancras, perto de Lewes, em Sussex, a primeira abadia cluníaca da Inglaterra. Lewes foi fundada pelo conde de Surrey, William de Warenne, e sua esposa Gundrada, e se tornou um dos maiores e mais suntuosos mosteiros do reino. Tivesse nosso peregrino atravessado em seguida o Canal da Mancha e pegado a estrada de peregrinos saindo do Sul de Paris, teria encontrado dezenas de outras casas cluníacas ao longo do caminho, em pontos urbanos importantes como Tours, Poitiers ou Bordeaux, ou em locais menos movimentados na zona rural. Então, passando os desfiladeiros da montanha, o peregrino pegaria uma estrada espanhola pontilhada por outros mosteiros filiados a Cluny — em Pamplona, em Burgos, Sahagún (uma linda casa muito bem equipada, conhecida como "Cluny Espanhola") e León.

As casas mais grandiosas eram projetadas para evocar a própria Cluny, tanto arquitetonicamente como na atmosfera e na rotina da vida monástica. Muitas eram repositórios de relíquias sagradas. A grande abadia de Vézelay afirmava, surpreendentemente, abrigar o corpo de Maria Madalena. Em Poitiers, as freiras guardavam um fragmento da Vera Cruz, um presente do imperador bizantino Justiniano feito à rainha merovíngia Radegund muito tempo antes; Sahagún se arvorava dos restos mortais dos mártires locais Facundus e Primitivus, decapitados por sua fé por volta de 300 d.C.[37] Todos esses restos mortais podiam ser venerados por peregrinos, como um aperitivo antes de chegar ao santuário de São Tiago de Compostela.

É estranho afirmar que a própria casa matriz de Cluny não abrigava relíquias de magnificência comparável. Contudo, durante o período em que esteve no topo de uma pirâmide tão imensa de mosteiros reformados, nos séculos X e XI, Cluny tornou-se tremendamente rica. Além das vultosas doações de benfeitores diretos e do dinheiro gerado por suas grandes propriedades, muita riqueza foi canalizada pelo seu investimento nos caminhos de peregrinação a Compostela. Parte disso vinha de contribuições de algumas libras de prata mandadas para "casa" anualmente por todas as casas filhas. Porém, muito mais vinha de pagamentos diretos feitos a Cluny pelos reis cristãos do norte da península Ibérica, cujas generosas doações eram cuidadosamente cultivadas pelo abade Hugo. Em 1062, o rei Fernando de Leão e Castela prometeu dar a

Hugo mil libras em ouro todos os anos para o bem do movimento cluníaco. Em 1077, seu filho, Alfonso VI, aumentou a contribuição para 2 mil libras.

Eram somas enormes, muito maiores que toda a receita gerada pela abadia de Cluny com suas propriedades de terra.[38] Mas também eram uma prova da grande consideração que os reis espanhóis tinham por Hugo — e de quanto valorizavam o que ele podia oferecer em troca. As casas cluníacas não só azeitavam o valioso comércio turístico nos reinos espanhóis, como também ofereciam o que Fernando e Alfonso consideravam o serviço de lavagem de almas mais elitista do planeta. O século XI marcou o início da Reconquista — as guerras entre potências cristãs no norte da península Ibérica e potências muçulmanas no sul (Al-Andalus). Intensamente envolvidos nessas guerras, os reis de Leão e Castela foram compelidos a derramar muito sangue, mas ganhavam muito ouro, tanto em pilhagens como em impostos, obtidos com a conquista de cidades muçulmanas cujos governantes às vezes concordavam em pagar tributos anuais em troca da paz.

Esses valiosos insumos permitiam aos reis cristãos reparar os graves pecados incorridos nas campanhas militares, o que eles faziam injetando dinheiro em Cluny. Em troca das generosas doações, Hugo concordou que as casas cluníacas cantassem literalmente sem parar pelas almas dos reis espanhóis, de seus ancestrais e — o mais impressionante — de seus descendentes, ainda por nascer. Um altar especial chegou a ser montado em Cluny para missas voltadas especificamente à salvação do rei Alfonso.* Era um investimento de risco, sem dúvida, mas Hugo de Cluny usou-o para dotar sua casa matriz e o movimento cluníaco com uma igreja que seria por vários séculos uma verdadeira maravilha do mundo ocidental.

***

Cluny III, para dar à nova igreja da abadia de Hugo o nome nada romântico preferido pelos historiadores modernos, foi iniciada no início dos anos 1080. Segundo a tradição posterior, o planejamento teria sido

---

* Uma das características da angústia capitalista atual é a preocupação com uma economia digital na qual o dinheiro é esbanjado em serviços e produtos que não têm absolutamente nenhuma existência tangível fora do reino dos servidores de computadores, enriquecendo imensamente um pequeno grupo de empresas e seus executivos. Talvez seja reconfortante pensar que na Idade Média houve uma economia comparável.

elaborado por ninguém menos que os santos Pedro, Paulo e Estêvão, que apareceram juntos nos sonhos de um monge aleijado chamado Gunzo, um ex-abade de Baume. No sonho de Gunzo, os santos traçaram seus planos para a nova igreja, inclusive com dimensões arquitetônicas precisas. Instruíram Gunzo a passar os detalhes ao abade Hugo e disseram que, se transmitisse a mensagem, ele voltaria a usar as pernas. (Também ameaçaram deixar Hugo paralisado se ele não cumprisse as ordens.)[39] Nem Gunzo nem Hugo precisaram de mais recomendações. Hugo confiou a tarefa de realizar os planos dos santos a um brilhante matemático de Liège, não muito longe da velha corte imperial de Aachen. Seu nome era Hezelo, que parece ter sido bem versado nas proporções matemáticas definidas pelo grande engenheiro romano Vitrúvio — cuja obra intrigou muitos outros gênios medievais, inclusive Leonardo da Vinci.[40] O projeto de Hezelo era para uma igreja de quase duzentos metros de comprimento, teoricamente grande o bastante para acomodar não apenas os trezentos monges que habitavam Cluny, como também todos os monges e freiras do mundo cluníaco — ou ao menos era o que se dizia. Cluny III tinha mais que o dobro do tamanho da Santa Sofia de Justiniano, e também era bem maior que a gloriosa Grande Mesquita de Damasco dos omíadas. Nenhuma construção de qualquer religião no Ocidente medieval se comparava em tamanho — nem mesmo Santiago de Compostela ou a "velha" basílica de São Pedro em Roma.*

A igreja foi construída num plano longo e em forma de cruz, com uma nave extraordinariamente longa, dividida em duas naves laterais, com onze vãos ao longo de sua extensão, com três andares de altura.[41] Do lado de fora, um bosque de torres quadradas e octogonais erguia-se acima da abside e do transepto, e outros edifícios e torres seriam acrescentados às obras centrais ao longo dos séculos. No lado sul da igreja, claustros, pátios, dormitórios, uma enfermaria e outras dependências ocupavam pelo menos a mesma área. O desenho cruciforme e alongado da igreja, com paredes grossas e grandes colunas e arcos arredondados, a diferenciava de construções monumentais anteriores, como a catedral do palácio de Carlos Magno em Aachen

---

* A "velha" São Pedro, demolida no começo do século XVI, tinha mais ou menos 110 metros de comprimento. A atual basílica, que a substituiu e é hoje a maior igreja cristã do mundo, tem 186 metros de comprimento — quase igual à Cluny III.

ou as basílicas medievais de Ravena e de outros lugares. Cluny III foi uma obra-prima de um estilo arquitetônico que viria a ser conhecido como romanesco, assim chamado porque se baseava em elementos da arquitetura romana antiga e nas teorias de engenharia que os tornaram possíveis. Era uma expressão arrogante da riqueza capitalista que circulava pelo Ocidente por volta da virada do primeiro milênio — e da disposição de homens como o abade Hugo e seus patronos de investi-la em projetos de construção de longo prazo. Construída em estágios, em parte por ter sido cerceada por um colapso no financiamento devido a uma reviravolta nas guerras da Reconquista, Cluny III só foi consagrada em 1130 — quase meio século depois do assentamento das fundações. A essa altura, todos os que conceberam o projeto estavam mortos, e as tendências do monasticismo começavam a mudar. Mas a visão de Hugo não foi abandonada.

Embora apenas uma pequena parte de Cluny III continue de pé hoje — uma pequena seção do transepto —, os indícios ainda sugerem a admiração que essa gigantesca construção inspirava. Dez quilômetros ao sul de Cluny fica a capela de Berzé-la-Ville, onde as paredes são literalmente forradas do chão ao teto com afrescos deslumbrantes de cores vivas ilustrando cenas dos Evangelhos e da vida dos santos. É quase certo que essas imagens foram encomendadas pelo abade Hugo, e uma estética semelhante teria sido visível em escala muito maior em Cluny III.* Registros do início do século XII também sugerem a opulência dos acessórios e do mobiliário da abadia: a família de Henrique I da Inglaterra doou candelabros de prata e lindos sinos. Cluny III foi uma realização fabulosa, e sua marca na arqueologia pode ser vista nos edifícios romanescos ainda existentes na Inglaterra, na Polônia e na Hungria.

No entanto, apesar de ser uma maravilha do novo mundo monástico, Cluny estava muito longe do ideal original da prática de despojamento beneditina. Os monges generosamente pagos por clientes com altos patrimônios para cantar missas perpétuas por suas almas usavam roupas de linho fino e comiam bem. A liturgia era complexa, altamente estruturada e lindamente executada. A garganta dos irmãos devia doer de tanto cantar, mas suas mãos não eram calejadas pelo trabalho manual, que era feito por servos. Dentro dos edifícios da abadia encontravam-se bibliotecas bem fornidas,

---

* Ver páginas de fotos.

adegas e enormes coleções de relíquias religiosas em relicários bem esculpidos e pintados e cravejados de joias preciosas.

Os monges de Cluny eram estudiosos. Os abades eram santos. Mas o povo começou a resmungar. A história estava fechando um círculo.

Novos puritanos

Houve momentos durante o auge do poder de Hugo de Cluny em que grande parte da Europa parecia dançar ao som da música do abade. A influência de Cluny — e de Hugo — estava por toda parte. Em 1050, o rei e imperador alemão Henrique III pediu a Hugo para que fosse padrinho de seu filho e pediu uma sugestão para o nome do menino. (Hugo atendeu o pedido, mesmo sem exercer muita imaginação: o menino cresceu e se tornou o imperador Henrique IV.) Quando Guilherme, o Bastardo, duque da Normandia, invadiu e conquistou a Inglaterra, em 1066, iniciou uma correspondência com Hugo e perguntou sobre enviar monges de Cluny para estabelecer priorados em seu novo reino. Quando o rei francês Filipe I — um homem cujo estilo de vida o deixou em extrema necessidade de ajuda espiritual — começou a envelhecer, entrou em contato com Hugo para sondá-lo sobre a possibilidade de se aposentar numa vida monástica.[42] Em dado momento, Hugo chegou a visitar pessoalmente o rei André I da Hungria. E o abade tinha laços particularmente estreitos com Roma, onde o instinto reformador de Cluny estava sendo adotado, adaptado e difundido por uma série de "papas reformadores".

O primeiro deles foi um monge chamado Hildebrando, que cresceu na Toscana e na Renânia, iniciou sua carreira na administração papal e — em grande parte devido à sua insaciável capacidade para o trabalho árduo e forte personalidade — tornou-se o aclamado papa Gregório VII, em 1073. Apesar de muito diferentes em temperamento, Gregório e Hugo tornaram-se amigos, o que amenizava suas ocasionais discordâncias políticas. O que tinham em comum era um desejo ferrenho de melhorar e organizar as instituições da fé cristã e arranjar para a Igreja um lugar implantado diretamente no cerne da vida cotidiana dos reinos do Ocidente.

O irrefreável desejo de Gregório de limpar a Igreja e impor a autoridade papal em todos os reinos cristãos causou uma grave inquietação política na Europa. E quando Gregório foi à guerra contra o afilhado de Hugo, o imperador Henrique IV, num conflito conhecido como a "Controvérsia da Investidura" — que dizia respeito ao direito dos governantes seculares de nomear, ou "investir" bispos —, Hugo se viu em meio ao fogo cruzado. Apesar de simpático a Gregório, Hugo foi amigável, tanto pessoal quanto politicamente, com querelantes importantes de ambos os lados. Fez o possível para permanecer imparcial, e em várias ocasiões ofereceu seus serviços como mediador. Contudo, o melhor que pôde fazer foi se manter afastado das sérias disputas entre seus pares e esperar que, com o tempo, uma mudança de personagens pudesse aliviar os problemas.[43] E foi o que aconteceu. Em 1088, um monge cluníaco chamado Odo de Châtillon — que já fora suplente de Hugo em Cluny — foi eleito papa, com o nome de Urbano II. Seu papado redirecionou a violenta disputa sobre a Controvérsia da Investidura para um novo experimento que teria um grande peso nos dois séculos seguintes, tanto para o monasticismo como para a história ocidental como um todo: as Cruzadas. Mas essa é uma história que será retomada no capítulo 8. Antes disso, Hugo e Cluny enfrentariam desafios mais próximos de casa.

Em 1098, quase quarenta anos depois da construção da abadia de Hugo, um pequeno grupo de monges e eremitas descontentes de Molesme, na Borgonha, resolveu retornar aos princípios originais do ascetismo e encontrar um lugar para viver em comunidade, seguindo uma versão mais despojada da Regra Beneditina. O lugar escolhido foi Cîteaux, um pedaço de terra pantanosa e pouco promissor aproximadamente 130 quilômetros ao norte de Cluny, perto de Dijon. E ali fundaram um novo mosteiro, projetado para ser o mais desconfortável possível — e, portanto, o mais religioso. Sob seu primeiro abade, Roberto de Molesme, e um reformador inglês conhecido como Stephen Harding, os monges de Cîteaux voltaram ao básico: trabalho duro, dieta frugal, ambiente austero, isolamento social, muita oração e nenhuma diversão.

Em retrospecto, parece natural que esse pequeno bando de guerreiros espirituais reunidos em Cîteaux — e que por isso ficaram conhecidos como cistercienses — tivessem chegado para roubar a tocha de Cluny. Assim é a história atemporal dos movimentos radicais. Mas os cistercienses, assim como os cluníacos, jamais teriam transformado austeridade em popularidade sem a influência de um líder carismático. Nesse caso, a luz-guia seria um jovem e rico borgonhês chamado Bernard. Nascido por volta de 1090, Bernard ingressou na ordem ainda adolescente, junto com algumas dezenas de amigos abastados, e tornou-se uma nova estrela na vida e no pensamento religiosos. Em 1115, Bernardo fundou sua própria abadia cisterciense em Claraval, de onde se correspondia assiduamente com várias pessoas a quem Hugo de Cluny fizera alguma petição, e com muitas outras. Papas, imperadores, reis, rainhas e duques, todos constavam de sua lista de contatos; mas havia também jovens clérigos desgarrados e freiras fugitivas.

Como veremos, Bernardo teve um papel importante na Segunda Cruzada, que apregoou nos anos 1140. Também foi uma força-motriz na instituição da Ordem do Templo — os templários. E assim como Hugo de Cluny vira um forte aliado ser eleito papa Urbano II, Bernardo também veria um de seus protegidos ser coroado papa: Eugênio III. Mas enquanto Hugo de Cluny usava o hábito negro dos beneditinos, Bernardo de Claraval adotou o branco cisterciense, a cor escolhida para simbolizar a pureza. E enquanto Hugo presidia uma forma palaciana, sensorial e aristocrática de monasticismo beneditino, Bernardo insistia em uma total falta de adornos e na dedicação a uma vida o mais simples possível, despida de arte, filosofia, ritos complexos e dispendiosos projetos arquitetônicos. Eram abordagens incompatíveis, e em última análise só uma delas poderia triunfar.

Por muitos anos, Bernardo trocou cartas com o sucessor de Hugo em Cluny, um abade estudioso, famoso e excepcionalmente talentoso conhecido como o Venerável Pierre. Os dois discutiam constantemente, e era um embate de um asceta contra um esteta: de um radical raivoso contra um tradicionalista sensato. Os dois assumiram posições contrárias em muitos dos maiores temas e escândalos da época — inclusive o notório caso do romance entre um brilhante acadêmico parisiense chamado Pedro Abelardo e uma jovem aluna, Heloise.[*] Bernardo de Claraval criticou Abelardo por sua imoralidade — e pelo que também via como uma erudição herética. O Venerável Pierre, por seu lado, era simpático a Abelardo, e levou-o a Cluny quando ele estava velho e fraco, cuidando dele pelos últimos meses de sua vida em diversas confortáveis casas cluníacas, até sua morte em 1142.[44]

---

[*] Ver capítulo 11.

Ao acolher e defender Abelardo de julgamento por suas opiniões eruditas, o Venerável Pierre estava explicitamente contrariando Bernardo de Claraval. Mas, em certo sentido, nada disso era pessoal. Bernardo e Pierre batiam de frente como rivais, mas não como inimigos. Podiam ser cortantes, condescendentes, desdenhosos, pedantes, sarcásticos e francamente rudes no pergaminho. Mas sempre se respeitaram, e até passaram juntos o Natal de 1150 — no conforto de Cluny, é claro, não em meio à austeridade fria de Claraval. O que os ligava — o monasticismo, a contemplação, regras, ordem, pecados terrenos, redenção celestial e alta política — era mais forte do que aquilo que os separava.

De todo modo, a correspondência entre os dois parecia ilustrar o giro da roda da fortuna. A fortuna de Cluny atingiu o pico com Hugo, o Grande. Mas começou a diminuir com a aproximação de meados do século XII. Na sequência, os abades Odilo e Hugo predominaram por um século, num período em que houve vinte papas (e vários "antipapas" rivais). Mas nos cinquenta anos que se seguiram à morte do Venerável Pierre, em 1156, nove abades assumiram e se foram.[45] Papas e governantes seculares começaram a libertar priorados cluníacos da obediência à casa matriz. Não havia mais enormes fundos de financiamento. O mundo havia mudado.

Em comparação, o poder da ordem cisterciense, inspirado pela liderança fervorosa de Bernardo de Claraval, não parou de aumentar, e sobreviveu muito tempo à sua morte, em 1153. A essa altura, mais de trezentas casas cistercienses tinham sido fundadas ou reformadas seguindo suas diretrizes. Estas incluíam a abadia de Melrose, na Escócia, e a impressionante abadia de Fountains, em Yorkshire, na Inglaterra. Houve uma série de novas casas estabelecidas na Irlanda, onde o monasticismo beneditino era lamentavelmente sub-representado. Na França, o movimento ganhou o apoio da Coroa, quando Luís VI, "o Gordo", mandou seu filho Henrique seguir carreira na igreja de Bernardo. Os cistercienses foram atraídos, assim como os cluníacos, para as guerras da Reconquista, criando raízes nos reinos cristãos em expansão da península Ibérica. E a ordem avançou também na Europa Central, com sedes na Alemanha, Boêmia, Polônia, Hungria, Itália, Sicília e nos Bálcãs Ocidentais. Em 1215, os cistercienses eram uma cultura em ascensão: o Quarto Concílio de Latrão reconheceu seus membros como exemplo da vida ascética, determinando que os cistercienses assumissem a liderança na organização de concílios monásticos, que se reuniriam a cada três anos em todas as províncias sujeitas à autoridade religiosa de Roma.[46]

E assim foi estabelecida uma nova era no monasticismo ocidental. Em seu auge, os cistercienses podiam se orgulhar por terem mais de setecentas casas em toda a Europa. Mas, apesar de serem então a principal ordem monástica do Ocidente, os cistercienses não desfrutavam de uma posição inconteste, como Cluny em sua época. Pois em sua esteira surgiu uma miríade de "ordens" monásticas distintas — grupos que seguiam regras, modos de vida e códigos de vestimenta diferentes — que se consideravam mais adequadas para uma economia em mudança e ao novo clima religioso. Entre elas estavam ordens militares internacionais, como os templários, os hospitalários e os cavaleiros teutônicos, que voltaremos a encontrar no capítulo 8, junto com ordens militares menores e locais na Espanha e em Portugal, como as ordens de Calatrava e de Santiago.

Enquanto isso, as ordens monásticas mais pacíficas e tradicionais para homens e mulheres também abundavam. Os premonstratenses (ou norbertinos) surgiram no início do século XII como uma ordem reformada e austera de cânones, que obedecia à Regra de Santo Agostinho em vez da Regra de São Bento, mas cuja inspiração de vida era o modelo ascético adotado pelos cistercienses. Na mesma época, os cartuxos — uma ordem originalmente fundada em 1080 por São Bruno de Colônia — começaram a se expandir. Homens e mulheres cartuxos adotavam uma vida simples e solitária, morando, comendo e rezando em comunidade, mas passando a maior parte do tempo em contemplação nas suas celas. Em seguida, no alvorecer do século XIII, apareceram as ordens mendicantes* — os franciscanos e os dominicanos, cujos membros (muitas vezes chamados de frades) saíram do claustro e, como as primeiras gerações de ascetas, começaram a vagar pelas cidades e pelo campo, ministrando, pregando e pedindo esmola. De certa forma, o monasticismo voltava às suas raízes — com uma miscelânea de abordagens diferentes, adequadas aos gostos locais e ao capricho de indivíduos devotos e às vezes excêntricos que buscavam seu próprio e idiossincrático relacionamento com Deus, sem necessidade de se inscrever em uma corporação espiritual multinacional gigante, como Cluny foi em seu apogeu.

---

* O termo mendicante vem do latim *mendico* – mendigar.

A explosão do monasticismo ocidental entre os séculos XI e XIII é uma história que deveria nos parecer tão familiar quanto estranha. Hoje, poucas pessoas no mundo cristão ocidental buscam um retiro permanente numa ordem monástica. Uma vida de tantas e tão intensas privações voluntárias, castidade, pobreza e repetitiva veneração tem pouco apelo para homens e mulheres jovens e ricos do século XXI. Mas o que podemos indubitavelmente ver hoje é a ascensão de instituições e corporações internacionais muito ricas e poderosas, que exercem um enorme *soft power* e cujos líderes têm a atenção dos figurões políticos do mundo. Vivemos à vontade com a ideia de "ordens" para a vida, voluntariamente adotadas, destinadas a melhorar nossas virtudes individuais e coletivas: o veganismo é uma das mais populares do Ocidente de hoje. Também aceitamos sem refletir que instituições na nossa vida que garantam educação, cuidados pastorais, remédios e casas de repouso para idosos aposentados sejam administradas pelo Estado ou pela comunidade. Nesse sentido, talvez não estejamos tão distantes quanto poderíamos imaginar de um mundo governado por monges.

Voltaremos ao monasticismo ao longo deste livro, principalmente no capítulo final, quando discutiremos as convulsões religiosas da Reforma, no final do século XV e no século XVI. Também reencontraremos monges novamente quando analisarmos as Cruzadas. Mas, por enquanto, é hora de deixar a segurança do claustro e olhar para outro movimento cultural que influenciou o mundo ocidental em conjunção com o monasticismo. Vamos voltar nosso olhar para o grupo social que Bernardo de Claraval desdenhava — na prosa cáustica que era sua marca registrada — como os que "lutam com tanta pompa e dores [...] sem nenhum propósito a não ser a morte e o pecado".[47] Assim eram os cavaleiros: homens em nome dos quais os mosteiros foram em parte criados, para salvá-los da perdição, mas que representavam um modo de vida oposto ao monasticismo; seu poder era exercido não por meio de palavras e cânticos, mas pela ponta de uma lança ou de uma espada.

7
CAVALEIROS

"O senhor é Deus?"
Percival, Chrétien de Troyes

Em meados de agosto de 955, época do ano em que partículas de poeira estelar sempre pareciam cintilar no céu noturno, Otto I, rei dos germanos, mobilizou um exército pouco a oeste da cidade de Augsburg.[1] Era um rei experiente e veterano de muitas escaramuças e batalhas. Já governava a Germânia havia quase vinte anos, trabalhando duro para unificar os territórios do que antes fora a Frância Ocidental carolíngia sob seu controle direto, fortalecendo a autoridade da Coroa e reprimindo nobres rebeldes que tentavam resistir. A experiência o endureceu. Como disse um cronista de nome Widukind de Corvey, Otto aprendeu a desempenhar "os papéis duplos de guerreiro mais poderoso e comandante supremo".[2] E em Augsburg ele precisaria aproveitar cada grama do seu talento, pois a cidade representava um sério perigo vindo de um temido inimigo conhecido como os magiares.

Os magiares tinham uma longa história de invasões da esfera de interesse germânico. Era um povo pagão tribal que migrara do leste para a Europa Central, no intuito de colonizar as vastas planícies que se estendiam ao pé das montanhas dos Cárpatos. Os guerreiros magiares eram cavaleiros habilidosos que lutavam com arcos e flechas montados a cavalo. Eram hábeis, velozes e mortais. Escritores cristãos do reino germânico difundiram histórias exageradas sobre sua ferocidade. Afirmaram que eles "destruíram fortificações, atearam fogo em igrejas e mataram as pessoas", e que "para espalhar medo eles beberam o sangue de suas vítimas" e juraram que a primeira coisa que as mães magiares faziam ao dar à luz era "usar uma faca afiada para mutilar o rosto [dos bebês], para eles poderem aguentar ferimentos".[3] Nem é preciso dizer que tudo isso era pouco mais que boatos e difamação. Mas falava de um medo dos magiares profundamente arraigado no povo da Germânia; um medo muito semelhante ao terror dos francos ocidentais pelos vikings. Assim, em meados do verão de 955, quando Otto da Germânia soube que um exército se voltava para Augsburg, era seu dever como rei detê-lo.

Deveria ter sido possível, ou até fácil, defender Augsburg. Aninhada entre os ducados da Suábia e da Baviera, a cidade era a residência fortificada de um bispo proeminente. As muralhas eram baixas e sem torres defensivas, mas a cidade ocupava um ponto geográfico razoavelmente seguro na junção de dois cursos d'água, o que impedia o acesso à cidade por três lados. Ao norte das muralhas o rio Wertach se juntava ao Lech, e os dois corriam por algumas dezenas de quilômetros até desaguar no Danúbio. Muitos outros afluentes atravessavam as planícies do lado oriental, formando grandes áreas pantanosas quase intransponíveis por exércitos convencionais.

Mas os magiares não eram um exército convencional. Assim como as tribos "bárbaras" que invadiram a Europa nos anos crepusculares do Império Romano do Ocidente, eles se destacavam na luta em terreno aberto e matagais, pois seus ancestrais aprenderam a arte da guerra nas estepes da Eurásia. Conheciam bem as planícies e a eficácia de suas táticas de batalha havia sido comprovada por gerações anteriores. Em 910, o rei carolíngio Luís, a Criança, de dezesseis anos, lutou contra uma força magiar em Augsburg e foi humilhado quando os cavaleiros magiares fingiram recuar, atraíram suas tropas e eliminaram-nas sem piedade. Foi a ruína de Luís, que morreu aproximadamente um ano depois, atormentado por seu fracasso militar. Otto não poderia se dar ao luxo de uma derrota semelhante. Por isso abordou a questão de Augsburg com cuidado.

Otto chegou em 10 de agosto e encontrou a cidade totalmente cercada. Um analista monástico estimou que havia 100 mil magiares ao redor, um número muito improvável. Fossem quais fossem os números reais, esses guerreiros, sob líderes chamados Bultzus, Lél e Taksony, eram inquestionavelmente experientes em batalhas, tendo saqueado a Baviera, "que devastaram e ocuparam desde o Danúbio até as florestas sombreadas na orla das montanhas".[4] Além disso, estavam equipados com torres de cerco e catapultas, com as quais estavam atacando a cidade fazia vários dias. Os cidadãos de Augsburg guarneceram as muralhas, onde foram corajosamente comandados por seu bispo, Ulrich, montado a cavalo em suas vestes episcopais, "protegido nem por escudo, nem cota de malha nem elmo, enquanto projéteis e pedras zumbiam ao seu redor".[5] Mas estava claro que não conseguiriam resistir por muito tempo. O bispo estava comprometido com sua causa, mas tinha poucos recursos. Além dos esforços para organizar os cidadãos, não podia fazer mais que rezar, celebrar a missa e instruir um grupo de freiras a desfilar pela cidade carregando uma cruz.

Otto tinha armas melhores. Chegou a Augsburg vindo da Saxônia, onde no início daquele verão lutara contra os eslavos. Embora suas tropas fossem menores que as dos magiares, eram disciplinadas, comandadas por nobres capazes, incluindo Conrad, o Vermelho, duque de Lorena, e treinadas para lutar de maneira bem diferente dos magiares. Em vez de cavalgar leves em suas selas, disparando flechas e confiando na agilidade e velocidade, as tropas germânicas eram organizadas em torno de um núcleo de cavalaria pesada. Eram guerreiros equipados com armaduras espessas e elmos e lutavam com espadas e lanças, derrubando os inimigos e fazendo-os em pedaços. Cavalgando numa boa formação e tendo chance de lutar de perto, normalmente se esperava que a cavalaria pesada derrotasse a cavalaria leve de arqueiros. A única questão era se os magiares se disporiam ao tipo de batalha que os homens de Otto desejavam.

Mas foi o que fizeram. Ao chegar a Augsburg, em 10 de agosto, Otto ordenou que seus homens atacassem os magiares. Para manter a cidade, os magiares resistiram e lutaram. No início, a batalha foi equilibrada, particularmente quando os magiares miraram no comboio de carga de Otto e tentaram explorar as dificuldades de comunicação ao longo das linhas germânicas. Mas a organização das forças de Otto acabou prevalecendo. Ao perceber que não poderiam romper as fileiras de seus oponentes, os magiares voltaram à sua tática favorita: a falsa retirada. Deram meia-volta e fugiram para o leste, atravessaram o Lech e esperaram que os homens de Otto fizessem como Luís, a Criança, em 910. Mas Otto era um guerreiro mais experiente e mais astuto que Luís. Em vez de enviar sua cavalaria para uma armadilha, ordenou que avançassem com cautela para atravessar o Lech, mas sem ir além, detendo-se, ao invés, para capturar o acampamento dos magiares na margem do rio e libertar os germânicos feitos prisioneiros durante a luta. Enquanto isso, Otto enviou mensageiros para ultrapassar os magiares em retirada e pedir aos cristãos bávaros mais a leste que bloqueassem as pontes para impedir a fuga do inimigo.

Isso feito, no decorrer dos dois ou três dias seguintes Otto comandou destacamentos de suas tropas montadas para cercar as agora fragmentadas forças magiares. O cronista Widukind deixou um relato sangrento do que aconteceu: "Alguns [dos magiares], cujos cavalos estavam exaustos, buscaram refúgio em aldeias próximas, onde foram cercados por homens armados e queimados junto com as casas", escreveu. "Outros nadaram pelo rio próximo, mas [...] foram arrastados pela correnteza e morreram [...] Três líderes do povo húngaro [isto é, os magiares] foram capturados [...] e enforcados, sofrendo a morte vergonhosa que tanto mereciam."[6]

A vitória foi completa. O exército de Otto derrotou os magiares, salvou Augsburg e, pelo menos aos olhos dos escritores monásticos, forneceu a prova viva de que Deus concede a vitória aos justos. O próprio Otto foi aclamado como um grande rei e formalmente coroado imperador em Roma em 962, como Carlos Magno em 800. Sua dinastia — a otoniana — governou a Germânia por mais sessenta anos. E o confronto, que ficou conhecido como a Batalha de Lechfeld, ganhou um status quase lendário. Suas vítimas — como o duque Conrad, o Vermelho, morto na luta quando afrouxava a armadura para se refrescar, atingido por uma flecha no pescoço — foram saudadas como heróis e até mártires. E o resultado da batalha passou a ser visto como um momento crucial na história dos germânicos e dos magiares. Depois de Lechfeld, as ondas de ataques dos temidos húngaros que desfiguravam os próprios bebês cessaram quase que abruptamente. Uma cortina caiu sobre as ondas das chamadas migrações "bárbaras" que foram uma característica da vida da Europa Ocidental por quase cinco séculos. Uma geração depois, um líder magiar chamado Vajk se converteria ao cristianismo, mudaria seu nome para Stefano e governaria como rei (de 1001 a 1038) na órbita da Igreja Romana.

Tudo isso podia ser rastreado — ou assim diz a teoria — até o ponto de inflexão de Lechfeld. No entanto, Lechfeld também foi notável por outra razão. Apesar de hoje a batalha ser pouco conhecida fora da Europa Central, ela pode ser vista como um momento simbólico na grande marcha da história medieval. Pois o triunfo da cavalaria pesada sobre os arqueiros montados coincidiu com o alvorecer de uma era em que cavaleiros de armadura empunhando lanças como os comandados por Otto começaram a ocupar o centro do palco de guerra no Ocidente. Pelos dois séculos seguintes, os poderosos guerreiros montados dominaram os campos de batalha, ao mesmo tempo que começaram a lustrar seu status na sociedade em geral. A Batalha de Lechfeld não foi a causa dessa mudança. Mas mostrou em que direção o vento soprava.[7] O cavaleiro europeu começava a chegar à sua maioridade.

A partir do século X, o status e a importância dos cavaleiros dispararam no Ocidente medieval. Em algumas gerações, a cavalaria pesada ao estilo franco evoluiu para se tornar preeminente nos campos de batalha das Ilhas Britânicas ao Egito e ao Oriente Médio. Nesse processo, o prestígio social de saber lutar sobre uma sela aumentou. No século XII, o cavaleiro era um homem cuja importância em tempos de guerra era recompensada com riquezas fundiárias, e com elevadas posições em tempos de paz. E assim surgiu o culto diferenciado a uma fidalguia de cavaleiros, que influenciaria a arte, a literatura e a alta cultura até bem depois do fim da Idade Média. Os rituais e alegorias da fidalguia dos cavaleiros persistem em muitos países ocidentais até os dias de hoje. Em termos de percepção popular, o cavaleiro talvez seja o legado mais característico que a Idade Média deixou. O surgimento da cavalaria, e o que ocorreu durante a alta Idade Média para torná-la uma instituição internacional tão poderosa e duradoura, é a questão central deste capítulo.

Lanças e estribos

Humanos e cavalos cooperam nos campos de batalha pelo menos desde a Idade do Bronze. O estandarte de Ur, uma caixa magnificamente decorada, criada em meados do século III a.C. (hoje um tesouro do Museu Britânico em Londres), retrata uma detalhada procissão de homens em trajes de guerra.* Em belos mosaicos de conchas brilhantes

---

* Estandarte de Ur é um nome um pouco enganador. Ur está correto: a caixa foi retirada da terra aos pedaços por arqueólogos que estudavam uma tumba real naquela antiga cidade suméria, no Sul do atual Iraque, nos anos 1920, e depois restaurada. O termo "estandarte" — uma espécie de bandeira de batalha — é mais impreciso. O objeto pode ser visto no Museu Britânico (localização G56/dc17) ou on-line em: www.britishmuseum.org/collection/object/W_1928-1010-3.

e pedras coloridas, o estandarte mostra alguns soldados marchando a pé, enquanto outros seguem em carroças puxadas por cavalos. Homem e animal trabalham juntos numa sincronicidade sangrenta: os que estão nas carroças brandem lanças e machados de guerra; os cavalos, de olhos arregalados, orgulhosos e ornamentados com belos arreios cerimoniais, atropelam os corpos tombados das tropas inimigas. É uma cena assustadora, e está longe de ser a única fonte que enfatiza a importância do papel desempenhado pelos cavalos na guerra nos últimos 4.500 anos.

Os antigos dominavam a arte de usar cavalos em batalha. Em Atenas, no século IV a.C., o historiador Xenofonte escreveu extensivamente sobre a equitação militar, aconselhando seus leitores sobre as melhores maneiras de escolher, domar e treinar um cavalo de guerra e recomendando armaduras corpóreas para proteger o ventre, "quando o [cavaleiro] pretende arremessar seu dardo ou desfechar um golpe".[8] Muitas centenas de anos depois, a Roma republicana institucionalizou o conceito de cavalaria militar: os cavaleiros eram a segunda classe mais alta da sociedade, abaixo dos senadores. E ainda que durante a maior parte da era imperial romana os cavaleiros não fossem guerreiros, mas sim delicados financistas e burocratas, havia um lugar para a verdadeira cavalaria no exército romano, dominado pela infantaria. Durante o século IV d.C., Vegécio — o principal autor de manuais militares do final do Império Romano — escreveu em detalhes sobre os melhores cavalos para uso em batalha. (Eram os criados e usados pelos hunos, pelos borgonheses e pelos frísios.)[9] Mais tarde, em Bizâncio, quando Belisário, o grande general de Justiniano, lutou contra persas e godos, implantou catafractários (*kataphraktoi*): homens e cavalos protegidos por armadura de metal que chegava ao chão. Esses catafractários investiam contra os inimigos em formação de choque, atacando frontalmente com lanças e clavas. E eles não eram os únicos. Persas e partas, árabes e bárbaros, as antigas classes de guerreiros da China, do Japão e da Índia: de uma forma ou de outra, todos desenvolveram o uso de cavalos em batalha.*

---

* Só nas Américas e na Australásia os cavalos não fizeram parte da cultura de guerra medieval. Nas Américas, os cavalos foram extintos por volta do século VI a.C., sendo reintroduzidos no século XV d.C., quando passaram a fazer parte da cultura guerreira, principalmente em confrontos entre nativos americanos e colonos europeus. Os cavalos só chegaram à Austrália no século XVIII d.C.

Contudo, mesmo sem ser original, a cavalaria medieval foi revolucionária. Quando o Império Romano do Ocidente entrou em colapso, as únicas potências estabelecidas na Europa que usavam cavalos num grau significativo no campo de batalha eram os árabes e os visigodos. Os francos sabiam como negociar, criar e posicionar cavalos de guerra. Mas por muito tempo, quando se tratava de grandes confrontos entre seus exércitos e os de potências estrangeiras, os francos recorriam a soldados de infantaria. Quando Carlos Martel derrotou o grande exército árabe na batalha de Poitiers, em 732 d.C., o exército franco se postou como uma muralha imóvel para rechaçar a cavalaria árabe. No entanto, apenas duas gerações depois, os métodos francos no campo de batalha haviam mudado.

Não foi a primeira vez que os carolíngios chacoalharam as tradições. Lutas e escaramuças eram parte integrante do mundo carolíngio, mas muitas das lutas mais duras aconteciam nas fronteiras contra saxões, eslavos, dinamarqueses e muçulmanos espanhóis. Consequentemente, a política externa carolíngia exigia exércitos muito grandes e altamente móveis, que pudessem percorrer longas distâncias em ritmo acelerado. Para atender a essa necessidade, Carlos Magno exigiu que todos os proprietários de terras importantes se disponibilizassem ou tivessem um representante para o seu exército. Também instituiu corpos de cavalaria que pudessem cavalgar até o local da batalha e entrar na batalha. Em 792-793, Carlos Magno decretou uma lei ordenando que todos os cavaleiros portassem uma lança para que fosse arremessada e cravada no inimigo, e não só lançada como dardos. Isso se provou tão eficaz que nos dois séculos seguintes cavaleiros empunhando lanças tornaram-se uma parte cada vez mais importante dos exércitos medievais ocidentais. O termo latino para esses homens era *miles* (plural: *milites*); o termo *kneht* do alemão antigo. No século XI a palavra entrou para o inglês antigo como *cnihtas*, que derivou no termo atual *knight*.

Até a virada do milênio, contudo, os guerreiros a cavalo ocidentais ainda não tinham a aparência dos futuros cavaleiros, pois uma das peças cruciais da tecnologia militar — ou melhor, uma combinação de tecnologias militares — ainda não existia. O cavaleiro da alta Idade Média era definido não apenas por seu cavalo, mas também pelas armas específicas que empunhava, que incluíam armas cortantes e perfurantes, como espadas e punhais. Mas a mais importante foi um novo tipo de lança: uma arma longa e forte, de três ou mais metros de comprimento, com a ponta de metal e uma empunhadura na extremidade posterior para o cavaleiro. A lança foi projetada para ser apoiada no braço direito e apontada diretamente ao inimigo com o impulso do cavalo a galope. Era uma manobra difícil, mas quando dominada representava uma proposta bem diferente das anteriores. Na Tapeçaria de Bayeux, bordada no Sul da Inglaterra para narrar e comemorar a conquista normanda de 1066, ainda podemos ver o velho estilo da cavalaria em uso: a maioria dos cavaleiros de William da Normandia arremete contra os anglo-saxões de Harold segurando as lanças como dardos na mão direita erguida, prontas para serem cravadas ou arremessadas, mas não para servir como um aríete contra os oponentes. A diferença entre essa abordagem e o ataque com a lança medieval foi marcante. Com a lança normal, um cavaleiro podia ser perigoso, ágil, chocante e assustador. Mas não fazia muito mais que o soldado de infantaria que corria ao seu lado. Com a lança medieval, no entanto, o cavaleiro deixou de ser um infante a cavalo para se tornar o equivalente medieval de um míssil teleguiado.* Galopando em conjunto com meia dúzia ou mais de outros mísseis teleguiados, era quase imbatível. Como escreveu a princesa bizantina Ana Comnena no século XII, um franco lutando a pé era uma presa fácil, mas a cavalo poderia abrir um buraco nas muralhas de Babilônia.[10]

Mas a lança não se desenvolveu sozinha. Foram necessários outros avanços tecnológicos para torná-la eficaz: o estribo e a sela com patilha. Ambos serviam ao mesmo propósito: contrabalançar as leis da física, protegendo o cavaleiro do impulso da arremetida e transferir toda a aceleração e a força da carga transmitida da ponta ao cabo da lança. A patilha era um encosto alto na parte traseira da sela, que mantinha o cavaleiro no lugar no momento do impacto. Os estribos permitiam manter o equilíbrio e se posicionar com mais firmeza na montaria. A lança fez dele uma máquina de matar. Sem essas inovações tecnológicas, os cavaleiros não teriam existido.[11]

Exatamente quando a combinação tecnológica lança-estribo-sela se difundiu pelo Ocidente, e quais foram as suas consequências, tem sido uma questão de intenso escrutínio histórico e discussões acadêmicas. (Às

---

* A força de um impacto direto na ponta da lança de um cavaleiro arremetendo a toda velocidade foi estimada em cerca de cinco KJ. Isso é comparável à energia de um disparo na boca do cano de um fuzil militar padrão do século XX.

vezes é conhecido como a "Grande Controvérsia do Estribo".) O que parece razoavelmente certo é o seguinte: talvez no século IV d.C., e certamente no século V, os estribos foram inventados no Extremo Oriente por nômades da Sibéria e do que hoje é a Mongólia.[12] Foram entusiasticamente adotados pelos chineses, japoneses, coreanos e indianos, mas demorou um pouco para chegarem ao Ocidente. Entretanto, o conhecimento acabou sendo transmitido via Pérsia e os reinos árabes aos impérios cristãos pós-romanos do Oriente Próximo e do Ocidente, de modo que por volta do século VIII os estribos chegaram à Europa. Nos anos 780, esse equipamento era considerado tão comum que o autor de um comentário bíblico espanhol ricamente ilustrado, conhecido como *Beatus*, já pôde imaginar os Quatro Cavaleiros do Apocalipse com seus pés diabólicos apoiados em estribos.[13]

Embora tenha levado algum tempo para se tornarem comuns em todos os lugares — só no final do século XI eles se tornaram onipresentes —, os estribos acabaram transformando a maneira de cavalgar e lutar.[14] É verdade que o aumento da popularidade do estribo no Ocidente coincidiu com um período de invenções militares mais genéricas: as máquinas de cerco estavam se aperfeiçoando e a construção de castelos seguia o exemplo; a partir do século XII, tornou-se cada vez mais comum em toda a Europa as fortalezas de pedra, em vez de madeira e aterro.[15] Mas os estribos não foram menos importantes por fazerem parte do aperfeiçoamento de um equipamento militar. Mais firmes na sela, em maior velocidade e lutando com mais ferocidade, o resultado foi o domínio dos cavaleiros no campo de batalha — e altamente valorizados por imperadores, reis e outros aristocratas. O aumento da demanda por cavaleiros fez com que sua posição social, seu status e presença também começassem a se alterar.

A parte mais controversa da história da origem do cavaleiro, contudo, não é a maneira como a tecnologia de estribo se disseminou. Diz respeito à proporção em que a preferência cada vez maior por guerreiros montados e fortemente armados foi causa direta de uma revolução social na Europa e deu início ao "feudalismo": um sistema de organização social abrangente e piramidal, em que senhores concediam terras a vassalos em troca de promessas formais de serviço militar, e os vassalos subcontratavam os mais pobres em troca de serviços adicionais, fossem na forma de assistência militar ou de trabalho agrícola, ou ambas.[16] Hoje, a maioria dos historiadores hesitaria em estabelecer uma relação direta entre esses dois fenômenos, e alguns argumentam que o conceito de "feudalismo" é um modelo demasiado simplista para explicar como a sociedade medieval funcionava. Mas restam poucas dúvidas de que, no mesmo período em que guerreiros montados ficavam cada vez mais firmes na sela, a estrutura da propriedade de terras por toda a Europa também mudava.

Do ponto de vista do cavaleiro, pelo menos, a principal causa da mudança foi o custo do ofício. Lutar na sela era muito caro. Na virada do primeiro milênio, para estar totalmente equipado, um guerreiro montado precisaria de pelo menos três cavalos, cota de malha, um elmo, armas que incluíam lanças, espada, adaga, machado ou maça, roupas de baixo, várias tendas e bandeiras e um ou mais assistentes que precisavam de ferramentas específicas, utensílios de cozinha, comida e bebida. Não era pouco. Os suprimentos e a manutenção de um cavaleiro por um ano custavam mais ou mesmo o mesmo que sustentar dez famílias de camponeses no mesmo período.[17] Era uma carreira absurdamente cara, que só poderia ser contemplada pelos que nasciam ricos ou que pudessem enriquecer.

Uma das maneiras de sustento de um cavaleiro era se arriscar: as batalhas ofereciam oportunidade de se apoderar de pilhagens, equipamento e prisioneiros para cobrar um resgate. Mas era uma forma precária de financiar uma carreira. Um caminho mais confiável era encontrar um patrono e se tornar um proprietário de terras. Assim, do século IX em diante, em todo o Ocidente, homens que lutavam a cavalo receberam centenas de hectares de terras cultiváveis, que mantinham em troca da disponibilidade para lutar pela pessoa — um rei ou alguém da alta nobreza — que havia doado a terra. Nos reinos francos, algumas dessas terras eram obtidas pelo método bruto do confisco; sob os carolíngios, muitas terras da Igreja foram simplesmente apreendidas, loteadas e entregues a retentores militares. Em posse dessa terra para administrar e cultivar, os guerreiros podiam se sustentar e também ser vinculados a um sistema de obrigações para com o rei ou nobre que lhes permitia manter a terra. O vínculo foi aprofundado pela necessidade de aspirantes a cavaleiros aprenderem seu ofício: isso geralmente acontecia quando os pais deixavam seus filhos desde a meia-infância na casa de senhores ricos, que assumiam a responsabilidade por sua educação e treinamento físico, na expectativa de que os meninos, quando crescidos, ingressassem em seu séquito militar.

Em linhas gerais, essa era a base de uma forma complexa, porém eficaz de organizar a sociedade política. E não se limitou aos territórios dos francos carolíngios. Estruturas feudais se desenvolveram fora dos domínios francos (ou, se quisermos evitar a palavra feudal, o pacto social terra-por-armas). Elas podiam ser encontradas, adaptadas aos costumes e tradições locais, na Normandia, na Inglaterra, na Escócia, na Itália, nos reinos cristãos do norte da península Ibérica, nos Estados cruzados estabelecidos na Palestina e na Síria no século XII* e posteriormente nos Estados agora cristianizados da Hungria e da Escandinávia.[18] Mesmo quando a metade ocidental do império carolíngio se enfraqueceu após a morte de Carlos Magno e seus sucessores imediatos, os mecanismos sociais de senhorio e serviço militar continuaram os mesmos. Na verdade, tornaram-se ainda mais importantes quando duques, condes e outros nobres — inclusive clérigos de alto escalão — começaram a lutar uns contra os outros pela segurança de suas terras, no momento em que a monarquia francesa declinou do auge do carolíngio.

Os resultados de longo prazo foram três. Em primeiro lugar, o surgimento de um conjunto cada vez mais complexo de leis e procedimentos para definir as relações entre doadores e proprietários de terras: rituais quase sagrados de reverência obrigavam as pessoas a servir e proteger umas às outras (ao menos em teoria), e desenvolveu-se toda uma série de direitos, obrigações, pagamentos e impostos legalmente exigíveis envolvendo os títulos de concessões de terras. (Se o "feudalismo" existiu, era isso que compreendia: um complexo de relações pessoais interligadas que, quando consideradas como um todo, representavam um sistema de governo aleatório, mas específico.) Em segundo lugar, o sucesso de um sistema pelo qual um grande número de guerreiros poderia ser sustentado contribuiu para uma sensação, em parte real e em parte imaginária, de que a sociedade no Ocidente estava se tornando mais violenta e perigosa. E, finalmente, o fato de os guerreiros passarem a ser dotados de propriedades que podiam sustentar um estilo de vida aristocrático ajudou a criar uma consciência da classe alta que louvava — na verdade, fetichizava — supostas virtudes dos cavaleiros. O código de honra e conduta, que mais tarde veio a ser conhecido como característico dos cavaleiros, no final da Idade Média se tornaria algo semelhante a uma religião secular.

---

* Ver capítulo 8.

Ao menos é essa a teoria. Mas a teoria é algo difícil de visualizar. Para entender melhor as características do "novo" guerreiro do início do segundo milênio, de que forma operava no turbulento mundo medieval, o que poderia alcançar na vida pela simples força das armas e como viria a ser celebrizado pelas gerações posteriores, é melhor passarmos das generalidades às particularidades, e observarmos a carreira de um dos personagens mais famosos dessa primeira era da cavalaria: Rodrigo Díaz de Vivar. Rodrigo não era franco, mas um homem da península Ibérica, onde a guerra era endêmica, a autoridade estava fragmentada e abundavam as oportunidades de progresso com a força do braço armado. Os que o conheceram em vida o chamavam de Campeão (*El Campeador*). Mas ele é mais lembrado por um apelido coloquial árabe-espanhol que lhe foi dado por bardos que o cantaram depois que morreu. Eles o conheciam como *Al-Sayyid*, ou El Cid.

El Cid

Rodrigo Díaz nasceu no início dos anos 1040 em uma família de nobres guerreiros na cidade de Vivar, no reino de Castela, onde hoje é o Norte da Espanha. Seu pai era um seguidor fiel do rei castelhano Fernando I, e em troca de sua participação em batalhas contra o povo cristão no reino vizinho de Navarra, o velho ganhou grandes propriedades e um castelo chamado Luna.[19] Também apresentou seu filho Rodrigo à geração seguinte da realeza castelhana. Rodrigo foi enviado para ser criado, educado e treinado nas artes da guerra na corte real de Castela. Lá, foi posto sob a proteção do filho e sucessor de Fernando, Sancho II de Castela. À medida que Rodrigo crescia e se destacava nas artes de combate, Sancho preparou-o para ser um oficial comandante do exército real. Quando se tornou um jovem adulto e foi considerado pronto para desempenhar seu papel nas guerras da Coroa castelhana, Sancho "cingiu-o com o cinto da cavalaria".[20] Essa cerimônia, na qual uma espada era presa com um cinto ao corpo de um jovem guerreiro, era praticada em meados do século XI e representava um importante reconhecimento público da competência e status elevado de um lutador. Os aristocratas do século XI eram, quase por definição, membros de uma casta militar, e por isso cingir-se com uma espada era um grande momento na vida de um homem: era a passagem da adolescência, da inexperiência e da vida civil a uma vida em que os combates e o comando de tropas seriam a norma.[21]

Para Rodrigo, a cerimônia de iniciação foi o primeiro passo de um ilustre início de carreira. Em pouco tempo ascendeu ao alto-comando. "O rei Sancho valorizava tanto Rodrigo Díaz, com grande estima e afeto, que o nomeou comandante de todos os seus seguidores militares", relatou uma biografia quase contemporânea. "Assim, Rodrigo prosperou e se tornou o mais poderoso homem de guerra."[22] Além de ser mantido financeiramente pelo rei, Rodrigo recebeu a honra de portar o estandarte real de Sancho em batalha. E os relatos de suas proezas militares dão uma ideia do quanto um único cavaleiro devidamente treinado e bem armado poderia ser perigoso no campo de batalha. Em um cerco em Zamora (hoje uma pitoresca cidade a meio caminho entre Leão e Madri, com uma catedral abobadada da era bizantina), consta que Rodrigo lutou contra quinze soldados inimigos, sete dos quais protegidos por cotas de malha. "Um ele matou, dois ele feriu e desmontou, e o restante pôs em fuga com sua coragem", escreveu seu biógrafo.[23] São números impressionantes. Repetindo um velho clichê, mas ainda apropriado, sob muitos aspectos o cavaleiro era o tanque de guerra do campo de batalha medieval.

Aos trinta e poucos anos de idade, Rodrigo já era famoso. E também estava subindo na vida. Quando o rei Sancho foi assassinado, seu filho Alfonso VI (muito provavelmente seu assassino) assumiu a nova potência no Norte da Espanha, tornando-se rei de Castela, Leão e Galícia. Rodrigo juntou-se à corte do novo rei no início dos anos 1070. Em troca de sua lealdade, casou-se com uma parente de Alfonso, uma jovem chamada Jimena. Como parte de seus deveres, foi enviado a um novo teatro de intriga política e combate marcial: Alfonso o designou como embaixador na corte islâmica de Al-Mutamid, o inescrupuloso, porém carismático poeta-emir de Sevilha e Córdoba. Em teoria, tratava-se de um posto amigável: Al-Mutamid era um rei vassalo, que pagava tributos anuais à Coroa castelhana por causa de derrotas militares anteriores.* Enquanto esteve em Sevilha, Rodrigo ajudou Al-Mutamid a rechaçar os ataques de um governante islâmico rival — uma vitória que resultou em "grandes

---

* Como visto no capítulo 6, Alfonso VI mandava grande parte desse tributo para o norte, para a abadia de Cluny, onde pagava por orações perpétuas por sua alma.

baixas e carnificina", mas que lhe rendeu muitas pilhagens, que foram despachadas para os cofres de Alfonso. Infelizmente, o sucesso de Rodrigo o tornou impopular, assim como sua tendência a empreender campanhas por iniciativa própria. (Em um ataque não autorizado a terras dominadas por muçulmanos perto de Toledo, Rodrigo e seus amigos fizeram milhares de prisioneiros e promoveram uma grande pilhagem.) Rodrigo não demorou a provocar o ciúme de uma facção de nobres da corte, e em meados de 1080 caiu em desgraça com Alfonso e foi exilado do reino. Foi um dos maiores erros registrados em todo o sistema de cavalaria. Enquanto um matador capaz e altamente treinado era obrigado por dever e recompensas a servir a um governante, ele podia ser contido e controlado. Porém, sem freios, esse guerreiro poderia ser imprevisível e perigoso para a ordem estabelecida.

No começo dos anos 1080, Rodrigo Díaz estava livre para vender seus talentos militares pela melhor oferta. Depois de oferecer seus serviços ao conde de Barcelona e ser rejeitado, encontrou novos clientes entre governantes islâmicos da Taifa* de Saragoça, membros de um clã conhecido como Banu Hud. Em nome deles, Rodrigo se lançou em uma campanha de invasão ao reino cristão de Aragão, que ele "arrasou" e "despojou de suas riquezas, levando muitos habitantes como cativos".[24] Quando o rei de Aragão aliou-se a um membro dissidente do clã Banu Hud para tentar atacar Rodrigo, ele os enfrentou e venceu a batalha, capturando um grande número de prisioneiros de alto valor e arrebatando "um butim descabido", um evento que provocou violentas manifestações nas ruas de Saragoça.[25] Rodrigo continuou agindo dessa forma por mais de cinco anos, acumulando um grande número de seguidores militares, que teriam chegado a 7 mil homens, e a reputação de ser um dos mais talentosos guerreiros da península Ibérica, ainda que imprevisível. Provavelmente foi nessa época que ganhou o apelido de El Cid.

Logo, porém, os acontecimentos na península sofreram uma mudança radical. No início do século, uma dinastia berbere de muçulmanos austeros e conservadores, conhecidos como almorávidas, conquistou o Marrocos,

---

* Os reinos *taifas* eram as regiões independentes, governadas por muçulmanos, nas quais a Espanha islâmica — Al-Andalus — se dividiu após o colapso do califado omíada em 1031.

e em 1085 voltaram seus olhos para Al-Andalus. Invadiram o território e iniciaram o equivalente a uma tomada de controle total de todos os pequenos reinos da taifa islâmica, cujos governantes consideravam decadentes, fracos de vontade e prontos para serem removidos. Os almorávidas tampouco tinham grande consideração pelos reis cristãos dos reinos do norte. Em 1086, investiram contra Alfonso de Castela: em outubro, um exército almorávida destruiu um exército castelhano na Batalha de Zalaca. Em estado de choque, Alfonso percebeu que precisava engolir seu orgulho e chamar Rodrigo de volta para o seu lado. Sem condições de pechinchar, Alfonso rogou para que ele viesse, prometendo "que todas as terras ou castelos que ele conseguisse adquirir dos sarracenos [isto é, os almorávidas] seriam integralmente de sua propriedade, não só sua como também de seus filhos e filhas e todos os seus descendentes".[26] Essa era a medida do poder que um cavaleiro habilidoso e engenhoso poderia exercer. Poderia estabelecer seu próprio valor.

No entanto, como Alfonso logo descobriu, Rodrigo não se contentava apenas com riqueza. Embora tenha ajudado a expulsar os almorávidas do território castelhano de Alfonso, o rei suspeitou — com razão — que Rodrigo tinha planos de se tornar um grande lorde. Assim, não demorou muito para que antigas queixas ressurgissem. Por volta de 1090, Rodrigo voltou a se desentender com o rei e se viu acusado na corte real de ser "um homem maligno e um traidor" que planejava fazer com que Alfonso fosse preso e assassinado pelos almorávidas. Furioso, Rodrigo afirmou sua inocência, apelando para o rei com referência explícita ao código da cavalaria: disse a Alfonso que era um "vassalo altamente fiel" e se ofereceu para lutar contra um campeão real para provar sua inocência.[27] Mas o rei não atendeu aos seus apelos. Rodrigo foi mais uma vez exilado e voltou para o mundo — não mais como uma lança de aluguel, mas como aspirante a conquistador. Seu objetivo era tomar a cidade de Valência, controlada por muçulmanos, a meio caminho da costa leste da atual Espanha. O ato final de sua carreira estava prestes a começar.

A conquista total de Valência e arredores por Rodrigo Díaz levou quase quatro anos e o fez entrar em conflito com inimigos muçulmanos e cristãos em igual medida. No decorrer da campanha, travou uma batalha memorável contra Ramon Berenguer, conde de Barcelona, em que seu acampamento foi totalmente saqueado e o conde capturado em troca de um enorme resgate. Rodrigo também invadiu as terras de Alfonso, queimando aldeias com "fogo implacável, destrutivo e irreligioso".[28] Quando o líder dos almorávidas, Yusuf ibn Tashfin, "mandou cartas a [Rodrigo] proibindo-o estritamente de ousar entrar no território de Valência", Rodrigo "referiu-se a Yusuf com o mais forte desprezo", e enviou cartas por toda a região, anunciando sua disposição de enfrentar um exército almorávida de qualquer modo.[29] Persistiu inabalavelmente com seus princípios de agressão violenta dentro do campo de batalha e um apego meticuloso a um código de honra fora dele. Seus esforços foram recompensados. Valência caiu em 15 de junho de 1094. Os homens de Rodrigo saquearam a cidade com entusiasmo, apossando-se de grandes quantidades de ouro e prata dos cidadãos, de modo que "ele e seus seguidores ficaram mais ricos do que é possível dizer".[30] Rodrigo tornou-se afinal o senhor indiscutível de sua própria terra. Não chegava a ser um reino, mas era uma senhoria rica e estrategicamente importante, e Rodrigo teria de lutar com unhas e dentes para defendê-la. Em 1094, Yusuf ibn Tashfin mobilizou um grande exército para despejá-lo. Segundo os cronistas, a força almorávida era de 150 mil homens. Era um exagero de pelo menos 600%.[31] Mas o tamanho da crise era real.

O que aconteceu a seguir foi um dos enfrentamentos mais extraordinários da Reconquista, e as histórias seriam justificadamente romantizadas nos anos posteriores. Em vez de esperar que Yusuf sitiasse Valência, Rodrigo colocou a cidade em estado de emergência, confiscando todos os utensílios de ferro disponíveis para derreter para a fabricação de armas. Em seguida, reuniu a maior força que pôde e a levou para fora da cidade, com a intenção de flanquear e rechaçar o exército almorávida.

Uma das crônicas mais sóbrias da época fez um relato conciso da batalha que se seguiu, ocorrida na planície de Cuarte. Rodrigo e seus homens se aproximaram do exército de Yusuf, "gritaram com o inimigo e o aterrorizaram com palavras ameaçadoras. Caíram sobre eles e um grande encontro se seguiu. Pela clemência de Deus, Rodrigo derrotou todos os moabitas [isto é, os almorávidas]. Assim, obteve vitória e triunfo sobre eles, concedidos a ele por Deus".[32] Um antigo poema épico espanhol conhecido como *El Cantar de mio Cid*, originalmente interpretado por bardos narrando os feitos heroicos de Rodrigo, descreve a batalha com tonalidades de sangue e trovão:

> El Cid hiere con la lanza, luego a la espada echa mano,
> A tantos moros mató que no pueden ser contados,
> Le va por el codo abajo mucha sangre chorreando.
> Al rey Yusuf de Marruecos tres golpes le ha descargado,
> Pero el moro se le escapa a todo andar del caballo...[33*]

Na verdade, o que parece ter acontecido é que Rodrigo se valeu de um clássico truque militar: mandou um pequeno grupo contra o exército almorávida como chamariz, antes de comandar sua força principal num ataque ao inimigo desprotegido no campo de batalha, desbaratando seus soldados, fazendo muitos prisioneiros e disseminando o pânico. Quer a vitória tenha sido por heroísmo pessoal ou pela astúcia, o resultado foi o mesmo. Rodrigo desferiu um golpe contra os almorávidas que mostrou que aquele exército invasor islâmico estava longe de ser invencível. Trouxe ecos da vitória de Carlos Martel contra os omíadas em Poitiers em 732. Haveria muito mais pela frente, mas, em retrospecto, o confronto em Cuarte pode ser identificado como um ponto de virada na Reconquista: um ponto a partir do qual os ventos mudaram a favor dos Estados cristãos do Norte da Espanha.[34]

***

Rodrigo Díaz, o cavaleiro que se tornou um senhor de terras, viveu e governou em Valência por cinco anos depois que a tomou, e lá morreu em 1099. Ao escrever seu obituário, até mesmo seus detratores tiveram de reconhecer que ele fora "o flagelo de seu tempo", que "por seu apetite pela glória, pela firmeza prudente de seu caráter e por sua bravura heroica foi um dos milagres de Deus".[35] O autor desse elogio surpreendentemente generoso foi um poeta árabe de Santarém (agora em Portugal) chamado Ibn Bassam. Como muçulmano e admirador dos almorávidas, Ibn Bassam estava culturalmente muito distante dos reinos francos que haviam incubado a cultura da cavalaria, uma cultura que Rodrigo Díaz subscreveu de todo o coração.

---

* El Cid fere com a lança, logo empunha a espada,
Tantos mouros matou que não podem ser contados,
Muito sangue escorre pelo cotovelo.
No rei Yusuf de Marrocos desferiu três golpes,
Mas o mouro lhe escapa a passos rápidos do cavalo.

É surpreendente que tenha identificado em El Cid todas as características paradigmáticas do cavaleiro do século XI: orgulhoso, constante, corajoso e perigoso. E Ibn Bassam não estava sozinho. Enquanto outros escreveram, reescreveram, romantizaram e embelezaram a vida e a carreira de El Cid, seus feitos cantados e mitificados se tornaram um veículo não só para emocionantes histórias de bravura, mas também para explorar todo o etos da cavalaria. Relíquias a ele associadas eram guardadas com reverência: uma bela espada conhecida como Tizón (ou Tizona), que teria sido arrebatada do líder almorávida Yusuf quando El Cid o derrotou em Valência, hoje pode ser vista no Museu Municipal de Burgos, no Norte da Espanha. A espada é considerada uma preciosidade desde o século XIV, ligando seus vários proprietários a uma figura que se tornou um herói nacional na cultura espanhola, cooptado (de forma um tanto duvidosa) como soldado cristão e até revivido por Hollywood.

Assim, logo após sua morte, El Cid se juntaria a um novo panteão de imortais. Da mesma forma que a Igreja tinha seus santos para dar aos mortais uma lição de boa conduta moral, o mundo secular desenvolvia seus próprios semideuses, tanto reais quanto míticos. Ao lado de El Cid podemos citar Roland, o rei Artur, Percival e Lancelot, heróis que exemplificavam um modo de vida e um código de honra que se fundiram na figura do cavaleiro. No final da Idade Média, a estirpe do cavaleiro, assim como a santidade cristã, tornou-se uma instituição psicológica poderosa, que foi disseminada pela cultura literária e influenciou o comportamento na vida real de homens e mulheres em todo o mundo ocidental.

Rolando e Artur

O desejo, talvez até a necessidade, de glamourizar a violência e de romantizar os guerreiros tem sido parte da psicologia humana desde o início da civilização. Uma das pinturas rupestres mais antigas é um mural descoberto na ilha de Sulawesi, na Indonésia, em 2017. Pintada com pigmento vermelho nas paredes de calcário, uma cena semelhante a um desenho animado mostra figuras humanas atacando javalis e búfalos com lanças. Tem pelo menos 44 mil anos: na época em que foi pintada, o *Homo sapiens* ainda dividia a Terra com os neandertais e o fim da mais recente Idade do Gelo estava a 20 mil anos no futuro. No entanto, um olhar para a imagem nos mostra uma linha temática direta ligando os humanos pré-históricos que decoraram a caverna em Sulawesi a temas de histórias de guerra como a *Ilíada* e *O resgate do soldado Ryan*. A compulsão de representar a brutalidade é o tema mais antigo da arte.

Sendo assim, não é de surpreender que, quando a Idade Média forjou uma nova forma de luta, surgiu um novo e correspondente gênero artístico. A realidade de ir para a guerra a cavalo na Idade Média era objetivamente terrível. Era não apenas caro, cansativo e assustador, mas também doloroso. Um esqueleto encontrado nos anos 1990 no Sul da Inglaterra, recentemente datado por radiocarbono como remanescente da Batalha de Hastings, mostra a horrível degradação física que a cavalaria implicava. Os ossos dos pulsos, dos ombros e da coluna vertebral revelam as marcas do desgaste dos dolorosos esforços ao longo da vida: articulações e vértebras erodidas por árduos dias e meses treinando, cavalgando e lutando sobre a sela. A lateral e a parte posterior do crânio mostram seis ferimentos graves e distintos, causados por espadas, quando o homem tinha aproximadamente 45 anos. Esses golpes mortais foram a recompensa por uma vida de labuta.[36] E era algo absolutamente normal. A realidade para os guerreiros medievais era uma vida difícil que culminava em uma morte desagradável, seguida pela possibilidade de ser castigado no inferno por todas as matanças e mutilações cometidas. No entanto, o impulso entre os guerreiros medievais e os poetas que escreveram sobre eles não era relatar essa realidade esquecida por Deus em prosa simples, mas substituí-la por uma nova literatura heroica, que retratava os cavaleiros como amantes e aventureiros, cujo código ético embelezava a realidade duvidosa de suas proezas. Como escreveu T. S. Eliot no século XX, a espécie humana não consegue suportar muita realidade.

A primeira grande obra escrita a que temos acesso e que enaltecia e santificava os feitos dos cavaleiros já foi mencionada no capítulo 5. *A canção de Rolando*, cujo manuscrito mais antigo conhecido data de 1098, fala sobre o guerreiro que lutou por Carlos Magno na marcha contra a Espanha. Ele morreu cercado por "sarracenos" tocando uma trompa até perder a cabeça no passo de Roncevalles, nas montanhas dos Pireneus, em 778. *A canção de Rolando* é um registro histórico vago, e não se presta a uma análise sóbria ou a um escrutínio meticuloso de evidências de feitos antigos. Utiliza o cenário das guerras de Carlos Magno contra os omíadas para demonstrar a natureza da bravura, do amor, da amizade, da sabedoria, da fé e da justiça. Faz parte de um amplo gênero de poemas narrativos épicos e históricos chamados de *chansons de geste* ("canções de gesta").

A canção de Rolando ocupa hoje um lugar fundamental na literatura francesa, tanto quanto *Beowulf* em inglês e *El cantar de mio Cid* em espanhol. E não é de admirar. É muito divertida, melodramática e, às vezes, ultraviolenta. Os personagens principais — o próprio Rolando, seu sensato amigo Oliveiros, seu fraco e ambíguo padrasto Ganelão, o rei muçulmano Marsílio — são vívidos e memoráveis. As cenas de batalha são impregnadas de sangue. Há uma tensão dramática extraordinária no auge do grande confronto em Roncevalles, quando Rolando evita tocar a trombeta para pedir ajuda, argumentando que isso trairia os mais elevados ideais de coragem do cavaleiro. Assim, existe um páthos assombroso nos últimos momentos de Rolando, quando ele leva a trompa aos lábios, para conclamar seu rei e sua própria morte. Finalmente, há uma justiça equívoca. Poucos dos que ouviram a *Canção* no século XI, tarde da noite diante da lareira de algum grande lorde, teriam esquecido a cena funesta no final do poema, quando, depois da morte de Rolando, os cavaleiros Thierry e Pinabel se engajam num combate mortal para determinar a culpa ou inocência de Ganelão. Quando Pinabel atinge o elmo de Thierry, sua espada dispara uma constelação de faíscas que incendeia a grama ao redor dos homens em duelo; Thierry reage ao golpe quase fatal e atinge com sua lâmina a cabeça de Pinabel com tanta força que o crânio se abre ao meio, até o nariz. O cérebro escorre.

"Com este golpe o combate está vencido", diz o poeta. "Deus realizou um milagre!", dizem os francos.[37] Mas esse não é bem o fim da questão, pois Pinabel luta para limpar o nome do traidor Ganelão. Mas ele perde e trinta reféns que também serviam como testemunhas do caráter de Ganelão são enforcados, e o próprio Ganelão é sentenciado a ser amarrado membro por membro a quatro garanhões e esquartejado. "Um final terrível para Ganelão", pondera o poeta, em um raro momento de eufemismo.[38]

Como devemos entender tudo isso? Em sua essência, a *Canção* é um épico de guerra atemporal, em que heróis e vilões batalham, lutam, vivem e morrem. Mas o que diferencia *A canção de Rolando* é sua defesa pungente dos valores da cavalaria. A história é elaborada para transmitir ao seu público a imagem mais lisonjeira possível do mundo marcial: um mundo em que a melhor vida é definida por fiéis obrigações juramentadas entre vassalos e senhores e pela devoção quase patológica do cavaleiro em manter sua palavra e aceitar o desafio de uma luta, por mais escassas que sejam as probabilidades de vitória. E é claro que, no fim, a derradeira recompensa para o soldado — como para o santo — é uma boa morte.

A canção de Rolando é ótima. Mas não é única. Centenas, talvez milhares de outras *chansons de geste* foram compostas a partir do início do século XII. As poucas dezenas que sobreviveram até hoje em manuscritos podem representar apenas uma fração de todas as canções, e uma fração ainda menor daquelas cantadas, mas nunca registradas em pergaminhos. Outra *chanson* famosa é *La Chanson de Guillaume* (*Canção de Guilherme*), que narra os feitos do conde do Sul da França, Guilherme d'Orange, na luta contra os muçulmanos no final do século VIII. Uma terceira é *Gormond et Isembart*, uma interessante subversão da história de Rolando em que o herói, um cavaleiro da França chamado Isembart, é maltratado por seu rei, renuncia a seu monarca e à fé cristã e se alia aos infiéis, conduzido pelo rei Gormond. Diferentemente das canções de Rolando e Guilherme, *Gormond et Isembart* lida com o dilema do cavaleiro que deve se rebelar contra um senhor injusto. Tem ligações óbvias com a história de El Cid e pinta em cores vivas uma imagem simpática da cavalaria, cujos valores de honra e coragem pessoal são virtuosos por definição. Mesmo quando retira seu juramento a um lorde, o cavaleiro prova mais uma vez ser bom demais para o mundo. O cavaleiro, assim como a pureza, está ao lado da piedade. Juntas, as histórias de Rolando, de Guilherme e de Isembart não são apenas evidências de um gênero literário que floresceu no século XII, mas sim um guia para a autoimagem complexa das classes aristocráticas e dos cavaleiros do Ocidente medieval — particularmente de territórios que falavam dialetos do francês e do italiano.

Como franquias de filmes de super-heróis modernos, as *chansons de geste* geraram sequências, *remakes* e *spin-offs* com os personagens, conforme sucessivos poetas e escribas remodelavam as histórias para sua época. E assim como acontece com as franquias de super-heróis, havia uma série de "mundos" dominantes, com seus próprios elencos de personagens. Aqueles que foram ambientados na época de Carlos Magno, como as canções de Rolando e de Guilherme, foram descritos a partir do século XIV como se referindo à "Questão da França". Outros, que usaram como cenário eventos da Guerra de Troia, a fundação de Roma e outros tópicos clássicos, tratavam da "Questão de Roma": trabalharam heróis como Teseu, Aquiles ou Alexandre, o Grande, nos moldes dos cavaleiros medievais.* O terceiro grande "mundo", que até hoje talvez seja o mais famoso e duradouro de todos, era o dos romances, ambientados na corte do lendário rei Artur e relacionados à "Questão da Bretanha".

As aventuras do rei Artur ainda são um material fértil para contadores de histórias na era da Netflix. E por boas razões.[39] Mesmo em suas primeiras formas conhecidas, representadas pela pseudoacadêmica *História dos reis da Bretanha*, de Geoffrey de Monmouth, e os romances fantásticos do escritor francês Chrétien de Troyes, são histórias maravilhosas e divertidas, que juntam personagens memoráveis como o próprio Artur, o mago Merlin, a ambígua rainha Guinevere e os cavaleiros Percival, Gawain e Lancelot em um vasto universo repleto de aventura e surpresas. Os temas do amor, da luxúria, lealdade, infidelidade, traição, buscas, crenças e fraternidade pulsam sob a superfície de histórias apresentando reis místicos e belas donzelas, gigantes e o santo graal. Estendidos, reimaginados e reescritos ao longo da Idade Média e depois, os romances arturianos há muito funcionam como veículos para a exploração de valores aristocráticos e cortesãos, que mudaram e evoluíram ao longo do tempo. Sempre comum aos contos, no entanto, é a sensação de que a humanidade pode ser engrandecida por meio de feitos de cavaleiros. Alguns desses cavaleiros exemplificam seu código. Muitos mostram o quanto é difícil ser um verdadeiro cavaleiro. Mas ser um cavaleiro é sempre, por definição, a vocação mais elevada de um homem. No início da história *Percival* de Chrétien de Troyes, o personagem-título é apresentado como um menino disparando lanças na floresta, aprendendo a guerrear sozinho e desfrutando dos prazeres simples da natureza. Percival

---

* O interesse pelo mundo clássico e seus heróis foi um tema que permeou muitos gêneros da literatura durante esse período da Idade Média; inclusive histórias monásticas. Era comum uma tentativa consciente de retroceder as instituições e valores da cavalaria ao passado antigo e meio imaginário. A crônica anglo-saxônica (*Sachsische Weltkronik*) do século XIII — a mais antiga obra alemã escrita em prosa — conta a história de Rômulo fundando a Roma Antiga e selecionando cem conselheiros para serem conhecidos como senadores e mil guerreiros para serem chamados de cavaleiros. Notoriamente, no século XIV, Geoffrey Chaucer escolheu Atenas na era de Teseu como cenário para o "Conto do cavaleiro", a primeira história propriamente dita de seus *Contos de Canterbury*.

ouve, e depois vê, "cinco cavaleiros armados, de armaduras da cabeça aos pés, chegando pela floresta [...] as cotas de malha cintilantes e os elmos brilhando, as lanças e os escudos [...] o verde e o púrpura coruscando sob a luz do sol...".

Convencido de que deve estar vendo anjos, ele pergunta ao líder do grupo: "O senhor é Deus?".

"Pelos céus, não", responde o homem. "Eu sou um cavaleiro."[40]

***

Mais estranho que a ficção

Chansons de geste, romances e histórias semelhantes nos deixaram uma rica impressão da grandiosa autoimagem do cavaleiro medieval. Mas eram apenas uma parte de uma literatura mais ampla, que explora a cultura do cavaleiro, à qual podemos nos referir pelo termo abrangente, porém impreciso, de "fidalguia dos cavaleiros". Os escritores do século XIII produziram textos que eram efetivamente manuais de conduta do cavaleiro: o mais antigo é um poema alegórico de cerca de 1220, conhecido como *Ordene de Chevalerie*, e o mais famoso é o *Libre del Ordre de Cavalleria* (*O livro da ordem da cavalaria*), do filósofo maiorquino Ramon Llull. Mais tarde, no século XIV, o nobre francês Geoffroi de Charny escreveu outro *Libre de Cavalleria*. Por meio de histórias alegóricas e recomendações no estilo das colunas de autoajuda de jornais, todos esses livros (e muitos outros) expuseram sua visão da vida dos cavaleiros, que com o passar do tempo se tornou muito mais do que lutar sobre a sela. À medida que os cavaleiros ganharam status elevado nas cortes e boa posição na sociedade como proprietários e membros da elite aristocrática, escritos sobre a cavalaria passaram a privilegiar seus aspectos espirituais e emocionais. Os cavaleiros eram exortados a demonstrar coragem, honestidade, caridade, piedade, preocupação com os pobres e oprimidos, comportamento gracioso nos salões dos grandes nobres, pureza de coração e devoção imaculada à sua dama — que podia não ser sua dama, mas sim a esposa inalcançável de alguém em melhor posição social.

Vários desses manuais de cavalaria descreviam a cerimônia de honra pela qual alguém se tornava um cavaleiro. Enquanto na época de El Cid um aspirante a guerreiro era cingido com um cinto e uma espada e despachado para matar, nos séculos XIII e XIV, uma elaborada cerimônia de purificação, banho, juramento e genuflexão tornou-se o rito de passagem ideal para um cavaleiro: um processo não muito distante da ordenação de um sacerdote ou da unção a um rei. Uma vez iniciado nessa vida, um cavaleiro dos séculos XIII e XIV tinha muito mais em que pensar do que simplesmente de onde viria sua próxima refeição e luta. É difícil dizer quantos cavaleiros viveram de acordo — ou mesmo tentaram viver — com os padrões meticulosos dos tratados sobre cavalaria. A resposta mais provável é que não muitos. Mas houve os que tentaram, e talvez nenhum tenha levado uma vida mais extraordinária do que a de William Marshal, um cavaleiro cuja longa vida pontificou os séculos XII e XIII, e que se esforçou para transformar o ideal da cavalaria em realidade. Marshal costuma ser definido como "o maior cavaleiro" de todos os tempos.[41] Sua carreira vale a pena ser considerada por um momento como um exemplo do que poderia acontecer quando os ideais literários da cavalaria colidiam com a realidade de vida, da guerra e da política medievais.

Segundo a longa biografia em verso em francês arcaico de Marshal, encomendada por sua família logo após sua morte, sua primeira experiência na guerra aconteceu quando ele tinha cinco anos e o rei Stephen da Inglaterra o colocou na tipoia de uma catapulta de cerco. O plano do rei era jogar o menino por cima das muralhas de um castelo mantido por seu pai, John Marshal.[42] Porém, demonstrando uma ingenuidade infantil que prenunciaria sua bravura instintiva na vida adulta, William escapou da morte certa pulando alegremente na tipoia e balançando-se para a frente e para trás como se estivesse em um parquinho.[*] A visão do jovem William se divertindo tocou o coração do rei. Embora o menino fosse um refém e seu pai estivesse desafiando Stephen ao se recusar a render seu castelo, o que dava ao rei todo o direito de catapultar seu filho para a morte, Stephen acabou salvando a sua vida. Nos meses

---

[*] O estilo de catapulta descrito aqui é um trabuco de braços longos com um contrapeso numa extremidade do braço de arremesso e uma tipoia para projéteis na outra. Quando "disparado", o braço arqueava cerca de setenta graus e chicoteava a tipoia. Isso dava um impulso adicional ao projétil: geralmente uma pedra pesada, mas de vez em quando alguma outra coisa, como uma colmeia, uma vaca morta, um mensageiro azarado ou, nesse caso, uma criança indefesa.

seguintes, John manteve William como companheiro pessoal, permitindo que brincasse, jogasse e aprontasse suas travessuras.

Assim foi estabelecido o padrão de vida de William Marshal. A guerra civil em que esteve preso quando criança foi a Anarquia — uma luta pela Coroa inglesa entre o rei Stephen e sua prima Matilda, a viúva e ex-imperatriz da Germânia. A guerra já durava uma década quando William nasceu, em 1146-1147, mas foi resolvida em 1154, quando Stephen morreu e o filho de Matilda, Henrique II, tornou-se o primeiro Plantageneta rei da Inglaterra. A chegada da dinastia Plantageneta marcou a formação de William. Além da Inglaterra, o novo rei também controlava a Normandia e os condados de Anjou, Maine e Touraine da Frância Central. Também reivindicou o domínio da Irlanda e nutriu ambições militares no País de Gales. Entrementes, sua esposa, Eleanor, foi a duquesa da Aquitânia, que constituía boa parte do Sudoeste da França atual. O casal gerou uma grande família, com quatro filhos e três filhas que viveram até a idade adulta. E, o mais importante, lutaram contra vassalos rebeldes, governantes vizinhos e entre si. Tudo isso significava que havia uma abundância de patronos entre os Plantagenetas para um jovem cavaleiro servir, e poucos anos sem oportunidades em alguma guerra.

Desde o momento em que foi devolvido à família pela corte real, por volta dos oito anos, William começou a treinar para o título de cavaleiro. Seu pai o mandou à Normandia para estudar oito anos na casa de um primo, escolhido por sua reputação como cavaleiro: um homem que "nunca envergonhou sua linhagem familiar em qualquer momento".[43] Apesar de William não ter impressionado de imediato os outros integrantes da casa, seu primo acreditou nele. Segundo sua biografia, o homem responderia a qualquer reclamação sobre o menino com uma advertência tranquila: "Você vai ver, ele ainda colocará o mundo em chamas...".[44]

Era mais fácil falar do que fazer. William foi o quarto filho de seus pais. Foi nomeado cavaleiro por volta dos vinte anos, mas não herdou nada quando o pai morreu, em 1166. Portanto, precisou abrir seu caminho no mundo com a própria força. Houve algumas lições difíceis de aprender. Em sua primeira batalha, travada na Normandia no final dos anos 1160, William lutou bravamente (golpeando seus inimigos "como um ferreiro [martelando] o ferro"), mas com uma ousadia excessiva, e acabou perdendo seus cavalos, inclusive o que montava, o melhor de todos.[45] Isso era um desastre para um cavaleiro, cuja sorte aumentava e diminuía de acordo com quantos prisioneiros, cavalos, selas e armas conseguisse apreender durante a luta para depois trocar por resgate. No banquete da vitória, William foi criticado por ter lutado de forma imprudente, em vez de com o objetivo de lucrar. Não tendo conseguido encher os bolsos, teve de vender as roupas para comprar um novo cavalo para montar e implorar ao primo um animal de carga. William ainda tinha muito a aprender.[46]

Felizmente tinha um cérebro ágil e absorveu muitas de suas lições sobre a guerra nos campos de torneios. No século XII, os torneios não tinham nenhuma semelhança com as lutas coreografadas em frente a arquibancadas como as de futebol populares entre os séculos XIV e XVI, que se tornaram um dos pilares do atual retrato hollywoodiano da Idade Média.* Um torneio nos tempos de William era uma batalha simulada, disputada por dezenas ou até centenas de cavaleiros que percorriam quilômetros de campo aberto, lutando em equipes ou em combates um a um, com o objetivo de capturar, não de mutilar ou matar, o que nem sempre era possível garantir.

Esses torneios começaram por volta dos anos 1090 e eram anunciados com antecedência, para que os possíveis participantes pudessem viajar — às vezes centenas de quilômetros — para entrar em ação. Os frequentadores incluíam multidões de espectadores, artistas, vendedores ambulantes, feirantes, ferreiros, treinadores de cavalos, adivinhos, músicos, vigaristas, ladrões e vagabundos. Os principais locais dos torneios eram Flandres e Holanda e os territórios entre o reino da França e o de seu primo carolíngio, o Império Germânico.[47] Mas, à medida que se tornaram mais populares, os torneios difundiram-se também para outras regiões; as fronteiras entre os ducados sempre foram locais populares, pois davam aos cavaleiros a oportunidade de representar rivais locais em um contexto quase seguro. No tempo de vida de William os torneios se tornaram extremamente populares. E não é de admirar. Eram um esporte glamouroso e perigoso de gente rica, praticado por reis, grandes nobres e seu entourage, em campos inóspitos e com apostas altas.** No circuito dos torneios, um cavaleiro podia apri-

---

* Ver, por exemplo, o excelente filme de Brian Helgeland, ainda que não muito preciso historicamente, *Coração de cavaleiro* (2001).

** Para uma comparação moderna, imagine um esporte com o prestígio de alta sociedade do polo, a emoção dos jogos de azar, a aspereza do rúgbi e as exigências técnicas das lutas marciais.

morar sua habilidade para a guerra e impressionar potenciais patronos (ou amantes) com sua habilidade na sela. Quando entrava no corpo a corpo, o cavaleiro apostava sua fortuna, sua reputação e a própria vida. A Igreja tentou em várias ocasiões proibir esses torneios, e de vez em quando alguns governantes os declaravam ilegais, como uma ameaça à ordem pública. Mas na maioria das vezes essas tentativas eram inúteis. Como as raves do século XXI, os torneios faziam parte de uma cultura irreprimível, que celebrava e satisfazia os impulsos entusiastas da juventude. Como escreveu o autor de um romance alemão do século XII chamado *Lanzelet*, o torneio era uma chance de ganhar "fama e honra: lá se pode golpear e cortar à vontade; todas as celebridades participarão; e lá pode-se conhecer damas e cavaleiros de destaque. Estar longe seria uma desgraça".[48]

Durante os primeiros anos de William Marshal como cavaleiro, uma das figuras mais ricas e famosas nos palcos dos torneios era Henrique, o jovem rei, filho mais velho e herdeiro de Henrique II e Eleonor de Aquitânia.[*] O jovem Henrique era rico, bonito e generoso. Era sete ou oito anos mais novo que William; os dois se conheceram quando a mãe de Henrique recrutou Marshal em 1170 como uma espécie de tutor pessoal para ensinar seu filho de quinze anos a lutar e a montar. William logo se tornou a pedra angular da casa do jovem Henrique. Introduziu-o nos torneios, o acompanhava e cuidava dele. E em 1173-1174, quando o jovem Henrique se rebelou contra o Henrique mais velho, no conflito familiar Plantageneta conhecido como "Guerra sem Amor", William aliou-se ao seu senhor contra a velha ordem e — segundo sua biografia — nomeou o "Jovem Rei" de dezoito anos cavaleiro, no início da rebelião, para marcar sua adequação formal para ser o líder de uma guerra.

Da forma narrada pelo biógrafo de Marshal, os dois partilharam uma amizade impecável entre cavaleiros: o jovem Henrique, "tão digno e cortês, mais generoso que qualquer outro cristão [...] que superava todos os príncipes da terra em sua pura beleza, conduta honrada e lealdade"; e William,

---

[*] Henrique, o Jovem Rei, foi coroado rei da Inglaterra em 1170 e, portanto, instituído como um rei "júnior" para governar ao lado do pai, "o Velho Rei". Esse arranjo se mostrou insatisfatório para todas as partes, e as ambições frustradas do rei mais jovem por um governo total durante a vida do pai foram um fator na guerra civil Plantageneta de 1173-1174. Como Henrique, o Jovem Rei, faleceu antes do pai, ele é ignorado pelo sistema de números régios em uso para os reis ingleses — apesar de que, como foi ungido e coroado, deveria de fato ser conhecido como Henrique III. (O que faria do famoso rei Tudor com seis esposas o Henrique IX.)

"o melhor instrutor em armas que existiu em seu tempo ou de todos os tempos [...] que se dedicou totalmente ao rei e nunca falhou com ele".⁴⁹ Essa descrição de rei e cavaleiro como camaradas inseparáveis poderia ter saído das páginas de uma *chanson de geste* ou de romances arturianos. E, de fato, eram as histórias que refletiam e reforçavam o meio cultural em que Marshal e o jovem atuavam. Ambos cavalgavam juntos, viajavam juntos pela Europa e lutavam lado a lado — eram o lorde e o professor, o aluno e o mestre, e irmãos de armas.

Mas a vida imitou a arte de várias maneiras. No romance arturiano de Chrétien de Troyes, *Lancelot, o cavaleiro da carroça*, o cavaleiro trágico-heroico Lancelot trai Artur ao permitir que seu desejo pela rainha Guinevere* se transformasse num caso de amor consumado.⁵⁰ Um tema recorrente desses romances era exatamente a dificuldade em policiar a linha entre o amor cortês e casto e a fornicação e o adultério. Por volta do ano 1182, William Marshal sofreu o mesmo problema. Tendo estabelecido um vínculo próximo com o Jovem Rei, William também conheceu sua jovem rainha, Margaret da França.** Esse relacionamento se tornou assunto para fofocas obscenas no círculo do Jovem Rei, o que resultou em ressentimentos quanto às proezas de William nos torneios de campo, onde ele parecia estar levando a maior parte das recompensas e dos resgates. Rumores de um "caso tórrido" foram relatados ao Jovem Rei, que ficou furioso, "e tão indignado com Marshal a ponto de não falar com ele".⁵¹

O rancor causado por essa suposta infidelidade foi muito real. William foi forçado a se afastar da corte e tirar alguns meses sabáticos como cavaleiro: visitou locais de peregrinação na Germânia e passou algum tempo na corte de Flandres. Acabou se reconciliando com o Jovem Rei, mas por pouco tempo. No início de 1183, o Jovem Rei adoeceu e morreu. Antes,

---

* Isso ocorre no curso de uma história deliciosamente complicada, na qual Lancelot assume a tarefa de resgatar Guinevere da prisão do vilão Meleagant. Tendo montado dois cavalos até a morte em perseguição da rainha, ele aceita um passeio em uma carroça conduzida por um anão taciturno. Esta é considerada a forma mais indigna de transporte para um cavaleiro; a história que se desenrola é uma narrativa dupla de Lancelot lutando para superar a vergonha de ter sido carregado na carroça, enquanto também tenta realizar seu amor desamparado por Guinevere, que às vezes leva os dois à beira do suicídio.

** Nascida em 1158, Margaret era a filha mais velha de Luís VII da França (com quem a mãe do Jovem Rei, Eleanor de Aquitânia, fora casada). Após a morte do Jovem Rei, Margaret casou-se com Bela III, rei da Hungria. Margaret morreu na Terra Santa em 1197.

William montou vigília ao lado do leito, os dois fizeram as pazes e William prometeu cumprir por procuração uma promessa de Henrique de visitar o túmulo de Cristo em Jerusalém. Não era uma promessa fácil de cumprir. Mas para um cavaleiro como Marshal, cujo objetivo de vida era personificar o ideal de sua fidalguia, a palavra era um compromisso. Passou dois anos no reino dos cruzados de Jerusalém antes de voltar, então com aproximadamente quarenta anos, para iniciar a segunda metade de sua carreira no serviço dos Plantagenetas. Seria tão agitada quanto a primeira.

Tendo servido ao jovem rei Henrique, Marshal foi trabalhar para o mais velho. Henrique II estava chegando ao fim da vida e do seu reinado, e cercado de inimigos por todos os lados, sendo o principal deles o novo rei da França, Filipe II Augusto, da dinastia dos Capeto. Em 1189, Filipe atraiu os dois filhos sobreviventes de Henrique, Ricardo e João, para o seu lado numa guerra contra o pai, já doente e fraco. Teria sido compreensível se William tivesse transferido sua lealdade à nova geração de príncipes Plantagenetas, pois estava claro que em pouco tempo Ricardo seria o governante do reino inglês e João seu barão mais poderoso. Mas William valorizava muito sua reputação de lealdade, acima de todas as outras virtudes. Ficou ao lado de Henrique II até o fim e por isso estava no leito de morte de outro rei quando Henrique morreu em Chinon, em 6 de julho. No decorrer da luta contra os filhos de Henrique antes da morte do pai, William ficou frente a frente num combate com Ricardo — um príncipe-soldado famoso em toda a Europa por sua perícia marcial, que viria a ser conhecido como "Coração de Leão". Coração de leão ou não, Marshal derrotou Ricardo, mas poupou a vida do jovem. "Que o Diabo o mate", disse a Ricardo. "Não serei eu quem fará isso."[52]

Essa combinação de decoro com uma letalidade sangrenta rendeu a William um alto posto na estima do Coração de Leão, e quando Ricardo foi coroado rei, Marshal transferiu seus serviços de um Plantageneta para outro. Dessa vez, porém, seria para prestar mais do que apenas um serviço como cavaleiro. Ricardo promoveu William generosamente, concedendo grandes propriedades aristocráticas na Inglaterra, no País de Gales e na Normandia e arranjando um casamento com a rica herdeira adolescente Isabel de Clare, uma união que perdurou até a morte de William. Isabel concebeu muitos filhos e garantiu direitos de propriedade na Irlanda. Em troca dessa generosidade, Ricardo pôs William para trabalhar. Entre 1190 e 1194, Ricardo deixou suas terras para comandar a Terceira Cruzada, uma longa ausência, agravada pelo fato de ter sido sequestrado e aprisionado pelo imperador germânico Henrique VI quando voltava para casa. Durante esse tempo, William foi um dos lordes encarregados de supervisionar os administradores ingleses que tocavam o dia a dia no governo. Também teve que agir para conter João, o irmão de Ricardo, que muito tumultuou (sem seguir o decoro de um cavaleiro) para assumir o controle do reino.

Como El Cid antes dele, William deixou o mundo de aventuras dos cavaleiros para assumir a linha de frente da política regional e internacional. Mas continuou pronto a se lançar de cabeça em batalhas quando a situação exigisse. Em um confronto entre as tropas inglesas e francesas no castelo de Milly, no Norte da França, Marshal subiu uma escada do leito do fosso vazio até o alto das muralhas usando uma armadura completa e de espada na mão. No alto das ameias, agarrou o condestável de Milly e "desferiu um golpe tão forte que atravessou seu elmo [fazendo o condestável] [...] tombar inconsciente, espancado e atordoado...". "Agora exausto", Marshal sentou em cima do condestável derrotado para impedi-lo de despertar e escapar.[53]

Dessa vez, William Marshal não estava presente na morte do rei, em 1199, quando Ricardo I sucumbiu à gangrena após ser atingido pelo disparo casual de uma besta durante o sítio de um castelo em Chalus-Chabrol. Mas William se envolveu na politicagem que colocou o irmão de Ricardo, João, no trono dos Plantagenetas, em detrimento de seu jovem sobrinho Artur da Bretanha — uma decisão que acabaria sendo fatal para Artur, que foi capturado e morto por João. Por apoiar João, William foi recompensado com prêmios ainda mais valiosos, que incluíam o condado de Pembroke, no Oeste do País de Gales, que passou a ligar suas já grandes propriedades inglesas e galesas às da Irlanda. Mais uma vez, seus valores de cavaleiro — o principal entre eles a lealdade — pareciam ter lhe servido bem.

Mesmo assim, William não conseguia se dar bem com João. O caráter do novo rei foi perfeitamente resumido por um cronista conhecido como o Anônimo de Bethune. Embora fosse hospitaleiro, pródigo e generoso, observou o escritor — acrescentando que distribuía lindas capas para seus cavaleiros da corte —, João era "um homem muito malvado, mais cruel que todos os outros, que cobiçava mulheres bonitas e por causa disso envergonhava os nobres da terra, razão pela qual era muito odiado. Sempre que podia, dizia mentiras ao invés da verdade [...] Odiava e tinha ciúme de todos os homens honrados; ficava muito contrariado quando via alguém agindo bem. Era repleto de características malignas".[54]

Esse foi apenas um dos muitos julgamentos condenatórios do rei João, que entre 1199 e 1216 exerceu um dos reinados menos bem-sucedidos da história da Inglaterra. Até mesmo uma lista resumida de seus fracassos é bem longa: João perdeu a maioria dos territórios dos Plantagenetas na França (inclusive o ducado da Normandia); assassinou Artur da Bretanha; irritou o papa Inocêncio III a ponto de ser excomungado; extorquiu tanto dinheiro de seus barões em impostos e multas semilegais que deixou muitos deles à beira da falência ou de uma rebelião; desperdiçou todo o dinheiro saqueado de seu povo em uma guerra desesperada para recuperar suas terras na França; provocou uma guerra civil no reino, durante a qual foi obrigado a assinar um tratado de paz que limitava seus poderes reais, mais tarde conhecido como Magna Carta; reavivou a guerra civil ao renunciar à Magna Carta, e assim sofreu uma invasão total de seu reino pelo herdeiro da Coroa francesa, o príncipe Luís; no fim, morreu abandonado pela maioria de seus aliados, tendo perdido muitas joias da Coroa nos pântanos do Leste da Inglaterra conhecidos como Wash.

Até que ponto exatamente tudo isso foi culpa de João não é nossa preocupação aqui.* É significativo, porém, que o Anônimo de Bethune, que provavelmente estava a serviço de um aristocrata flamengo da cidade, perto de Calais, viu as falhas de João pelo prisma inconfundível de um cavaleiro. João não era só incompetente, um líder desqualificado, azarado ou pouco diplomático, era também mentiroso, desonroso, lascivo, inconfiável e rancoroso. Por mais que o biógrafo de William Marshal tenha retratado sua ascensão ao longo da vida como uma recompensa por sua dedicação às virtudes como cavaleiro, cronistas como Anônimo de Bethune atribuíram a queda livre de João na realeza a sua abordagem pouco cavaleiresca da vida. Os valores da cavalaria — ou a percepção deles — poderiam fazer ou destruir um homem nos séculos XII e XIII. Eles fizeram William Marshal. E desfizeram o rei João.

---

* Os leitores interessados podem querer ver meus livros anteriores *The Plantagenets* (Londres, 2009), *Magna Carta* (Londres, 2015) e *In the Reign of King John* (Londres, 2020).

William se desentendeu com João no início de seu reinado e passou sete anos num exílio autoimposto na Irlanda. João o chamou de volta à Inglaterra em 1213, quando seu regime começou a perder o rumo — Marshal usou isso como mais uma oportunidade para demonstrar sua fidelidade inabalável, prestando serviço a um senhor que dificilmente o merecia por qualquer outro motivo senão o juramento de apoiá-lo que Marshal fizera ao se tornar conde de Pembroke. Tomou ostensivamente o lado do rei na rebelião que resultou na Magna Carta — assim como fez durante o último ano da vida de Henrique II, quando homens (inclusive João) abandonaram o velho rei e buscaram um novo regime. Mesmo quando a Inglaterra entrou em colapso na guerra civil, Marshal se recusou a abandonar seu monarca — embora tenha permitido que seus filhos aderissem ao lado rebelde, para não pôr todos os ovos da família no mesmo cesto e garantir que alguém apoiaria o partido vencedor. Quando João finalmente morreu, em outubro de 1216, Marshal não estava muito longe, como sempre. Assumiu pessoalmente uma série de responsabilidades por Henrique, filho de nove anos de João: nomeou-o cavaleiro, acompanhou-o em sua coroação como Henrique III na abadia de Gloucester e liderou o esforço de guerra que expulsou as tropas francesas do solo inglês e unificou o reino sob o domínio do novo governo do jovem rei. Sua participação final numa batalha ocorreu em Lincoln em 1216, quando ele tinha aproximadamente setenta anos e teve de ser lembrado de colocar o elmo antes de esporear seu cavalo em direção ao inimigo.

Lincoln foi uma vitória dramática, que mudou o curso da guerra. Além disso, cimentou a reputação de William Marshal como o maior cavaleiro já existente. Quando morreu, alguns anos depois, em 1219, chamou o jovem rei Henrique até seu leito de morte e fez um solene sermão. "Eu imploro ao Senhor nosso Deus que [...] Ele permita que você cresça e seja um homem digno", sussurrou William. "E se você seguir os passos de algum ancestral perverso e quiser ser como ele, rogo a Deus, filho de Maria, para que não lhe dê muito tempo de vida."

"Amém", respondeu o rei, e deixou Marshal morrer em paz.[55]

O exemplo de William Marshal é importante. Viveu o apogeu da cavalaria medieval, quando o poder da cavalaria pesada dos francos no campo de batalha estava no auge e os valores da cavalaria eram marcantes tanto no mundo literário quanto no político. A biografia que seu filho William e o amigo John de Earley encomendaram para comemorar a vida extraordinária de Marshal é um dos mais grandiosos registros existentes de toda a história medieval no Ocidente, pois representa a fusão perfeita da literatura de cavalaria com a reportagem política. Claro que muitos trechos são de propaganda pessoal disfarçada de história lírica: raramente vemos William se comportando mal, reclamando de sua má sorte ou tendo um dia ruim nos campos de torneios. Mas o relato não sai prejudicado por suas tendências hagiográficas, pois nos mostra melhor que qualquer outra obra como a vida do cavaleiro idealizado podia se desenrolar na prática. Embora nem sempre possamos tomar suas afirmações e a versão dos eventos como verdade objetiva, a biografia de Marshal é inigualável como demonstração aplicada do quanto a cultura da cavalaria influenciou os acontecimentos políticos. Cristaliza o significado de ser um cavaleiro e mostra como um homem cujos ombros eram largos o suficiente para suportar o peso de um código moral exigente podia moldar materialmente o seu tempo. Qualquer um interessado nos eventos e no espírito dos anos 1939-1945 deve em algum momento se voltar para *Memórias da Segunda Guerra Mundial* de Winston Churchill, uma obra majestosa, ainda que favoreça bastante o autor. Da mesma forma, em algum momento todos os interessados, mesmo que de forma passageira, no início da dinastia Plantageneta, nas guerras de Henrique II, de Ricardo I e João com os reis da França e o mundo intelectual da Europa dos cavaleiros devem ler a história de William Marshal.

O legado da cavalaria

Em 1184, por volta da época em que William Marshal estava voltando de uma peregrinação a Jerusalém para sua casa na Inglaterra, a abadia beneditina de Glastonbury, no Sudoeste da Inglaterra, foi totalmente destruída por um incêndio. Foi um desastre — mas também uma grande oportunidade que o então abade de Glastonbury, Henry de Sully, aproveitou. Nos anos 1180, o culto a Artur e as ideias românticas e fantásticas de cavalaria floresciam. Havia um apetite aparentemente ilimitado entre os abastados da Inglaterra e da Europa Ocidental por sagas arturianas. Assim, o abade Henry encomendou uma escavação nas ruínas carbonizadas da abadia. E os escavadores "encontraram" exatamente o que procuravam: uma tumba dupla com os esqueletos de um casal real. Os dois foram identificados (com base em uma suposta cruz de chumbo com seus nomes) como os restos mortais do rei Artur e da rainha Guinevere. O irascível escriba galês Gerald de Gales e uma série de outros eruditos respeitados pelos ricos e poderosos — o equivalente medieval do que hoje chamaríamos de "influenciadores" — foram convidados a examinar os restos mortais. Eles concordaram que o achado era genuíno. Assim foram localizados Artur e Guinevere. Glastonbury entrou no mapa. E os elementos arturianos ali vendidos pelos monges guardiães da tumba teriam consequências importantes para as gerações futuras.

Com o passar do tempo, os romances arturianos continuaram firmes na imaginação da classe alta medieval. Quando Ricardo Coração de Leão deixou a Inglaterra, nos anos 1190, para comandar sua cruzada na Terra Santa, levou consigo uma espada que identificou como a "Excalibur" de Artur. Nos anos 1230, o irmão mais novo de Henrique III da Inglaterra, Ricardo, conde da Cornualha, assumiu a ilha de Tintagel, uma península na costa norte da Cornualha, onde construiu um castelo que promoveu como o local onde o rei Artur fora concebido.[56] E talvez o mais significativo de tudo, na Páscoa de 1278, quando o filho de Henrique III, Eduardo I "Pernas Longas", era rei da Inglaterra, ele viajou com toda sua corte a Glastonbury para fazer uma visita pessoal ao suposto túmulo de Artur. Acompanhado por sua rainha de doze anos, Eleanor de Castela, ordenou que as tumbas reais fossem abertas e examinou os restos mortais do casal lendário: consta que ele era muito alto e ela, belíssima. Eduardo e Eleanor envolveram pessoalmente os ossos em um pano fino antes de colocá-los na tumba: uma urna de mármore preto com um leão em cada extremidade (que não mais existe, tendo sido destruída quando a abadia foi dissolvida nos anos Tudor).[57]

Sob certo aspecto, tudo isso era apenas um disparate real: uma peregrinação secular animada por um teatro ritualístico. Contudo, no contexto do reinado de Eduardo, era mais que isso. Pois os romances de cavalaria arturianos também tinham um contexto político: a Questão da Bretanha. A suposta realização duradoura de Artur era o fato de ter lutado para unificar as políticas fragmentadas das ilhas britânicas sob seu governo. No final do século XIII isso não era mais uma questão obsoleta perdida em um passado quase esquecido. Era uma política pública que estava na ordem do dia. O objetivo central do reinado de Eduardo I foi o ímpeto de impor o poder real inglês na Escócia e no País de Gales, de forma a ser o único rei dos britânicos — prevalecendo sobre os da Escócia e os príncipes nativos de Gales. Em teoria, eram os galeses que tinham a reivindicação histórica mais forte de parentesco com Artur, como descendentes dos romanos-bretões, que foram empurrados para o oeste e encurralados além do rio Severn durante as invasões saxãs dos séculos V e VI. Mas, ao cooptar Artur, Eduardo privava os galeses de sua reivindicação de parentesco e da legitimidade de sua independência. Eduardo, um guerreiro renomado e um rei seguidor dos preceitos dos cavaleiros, evocava o direito arturiano de ser o rei de todos os bretões. Mais uma vez, a literatura cavaleiresca colidiu com a política, e gerou efeitos duradouros na vida real.

Em 1277, um ano antes de visitar a abadia de Glastonbury, Eduardo lançou uma grande invasão anfíbia a Gwynedd, o coração do poder galês nativo no norte do país. Seu enorme exército contava com centenas de cavaleiros fortemente armados, muito mais bem equipados que a resistência galesa. A escala do ataque foi aterrorizante. E em 1282-1284 o rei organizou outra grande campanha militar, que culminou com a morte do último príncipe independente do País de Gales, Llywelyn ap Gruffudd (também conhecido, apropriadamente, como Llywelyn, o Último). Eduardo e seus sucessores passaram então a governar o País de Gales, além da Inglaterra. Para tornar esse estado de coisas permanente, engenheiros do rei inglês ergueram uma sequência de enormes castelos de pedra no Norte do País de Gales, projetados para abrigar cavaleiros, lordes e colonos. Os mais grandiosos — em Caernarfon, Beaumaris, Flint, Rhuddlan e Conwy — se impõem na paisagem íngreme até hoje.* Percorrendo de carro a estrada costeira entre Chester e Bangor, ainda se pode apreciar (ou lamentar) a escala do ataque feroz de Eduardo ao País de Gales livre: uma guerra impiedosa de conquista, que teve como tema uma manifestação arturiana na vida real.

Porém, no momento em que Eduardo I vivia sua fantasia romântica, o papel do cavaleiro estava começando a mudar. Por um lado, sua ação no campo de batalha teve de se adaptar às inovações nas táticas e aos aperfeiçoamentos das armaduras. Nas Ilhas Britânicas, um dos dias mais

---

* Ver capítulo 12.

catastróficos da história dos combates de cavaleiros aconteceu em 24 de junho de 1314. Foi no segundo dia da Batalha de Bannockburn, quando centenas de cavaleiros ingleses sob o comando do azarado Eduardo II (1307-1327), filho de Eduardo I, foram trespassados por lanceiros da infantaria escocesa liderados pelo heroico rei Roberto de Bruce. No século que se seguiu, os cavaleiros ingleses começaram a mudar radicalmente seus métodos de luta, trocando os arremessos com lança montados a cavalo pela luta em pé, o que os historiadores militares chamam de "homens em armas desmontados". Eram protegidos por uma armadura cada vez mais pesada, não mais uma cota de malha metálica, mas uma armadura de "placas", com chapas sobrepostas de aço batido que proporcionavam melhor proteção contra golpes de espada, lança e machado. A barreira de mísseis da antiga carga de cavalaria "franca" deixou de ser a arma principal no arsenal dos generais medievais. Além dos cavaleiros que lutavam a pé, os reis ingleses empregavam arqueiros com arcos longos (muitas vezes recrutados do País de Gales), enquanto suas contrapartes continentais usavam besteiros — entre os quais os genoveses eram os mais renomados por sua perícia.

Além disso, nos séculos XIII e XIV a formação dos exércitos também estava mudando. Os reis não eram mais completamente dependentes do sistema "feudal" de concessões de terras em troca do serviço militar quando iam para a guerra. Em vez disso, os impostos cobrados de toda a sociedade eram usados para pagar soldados e mercenários, que concordavam em lutar por um período determinado, normalmente de quarenta dias. Os cavaleiros continuaram sendo parte importante de qualquer exército por muitos anos — na verdade, podemos lembrar que ainda na Primeira Guerra Mundial houve cargas de cavalaria nos campos de batalha da Europa Ocidental, mesmo sob a explosão de obuses e o fogo de metralhadoras fustigando o arame farpado da terra de ninguém. Porém, no século XIV o momento da supremacia militar do cavaleiro já havia passado.

Estranhamente, contudo, isso não diminuiu o fascínio pela cavalaria. Longe disso. Enquanto os cavaleiros se tornavam relativamente menos importantes no campo de batalha, sua posição na sociedade ascendia. A partir de meados do século XIII, cavaleiros ingleses começaram a ser convocados para os parlamentos, onde se estabeleceram no que se tornaria a Câmara dos Comuns — a segunda (hoje em dia a mais importante) das duas câmaras parlamentares inglesas. Esse movimento se refletiu nos reinos espanhóis (onde os *caballeros* tinham direito a ser convocados para os órgãos parlamentares conhecidos como Cortes) e na França (onde Luís IX convocou dezenove cavaleiros para o seu primeiro *parlament*). À medida que a cavalaria assumia novas funções sociais fora dos tempos de guerra, ela se tornou o emblema de uma classe social de base muito mais ampla — conhecida como a aristocracia.[58] Os nobres continuaram sendo nomeados cavaleiros por uma questão de praxe — pois a cavalaria continuava ligada ao espírito da arte marcial da casta baronial e a suas alegorias de masculinidade. Mas ela também se estendia às famílias abastadas mas não ricas, que controlavam propriedades mas não regiões inteiras, que lutavam nas guerras mas não comandavam divisões, e cujos empregos em tempos de paz incluíam servir como membros do parlamento, como juízes, xerifes, legistas e coletores de impostos. Aos poucos, essas tarefas superaram os deveres militares dos cavaleiros, a ponto de se tornarem um tanto relutantes em buscar um título de cavaleiro. (Na Inglaterra, às vezes eram obrigados a fazer isso por questões fiscais, um processo conhecido como penhora de cavalaria.)

Existem muitos outros aspectos a serem abordados sobre o assunto. Por enquanto, porém, vale a pena considerar brevemente a surpreendente longevidade da cavalaria, que sobreviveu à existência real de cavaleiros por cerca de quinhentos anos. No século XVI, bem depois do advento de armas de fogo, canhões e exércitos profissionais, e do desaparecimento de quaisquer vestígios de governos feudais, o fascínio da cavalaria blindada, do cavaleiro e do cavaleirismo continuava irresistível para as classes altas europeias. Ainda era possível para os cavaleiros ganhar o tipo de renome internacional desfrutado por El Cid e William Marshal: um deles era o mercenário freelance e poeta alemão Gottfried von Berlichingen — mais conhecido como "Götz da Mão de Ferro". Em um episódio que resume a redundância iminente das habilidades de combate dos cavaleiros, Von Berlichingen perdeu a mão com que empunhava a espada em um tiro de canhão em 1504, quando ajudava a sitiar uma cidade na Baviera. Mas continuou sua carreira militar graças a uma prótese no braço direito, e passou a vida farejando problemas por todo o império alemão, onde se especializou em rixas de sangue. (Nos anos 1520, liderou também uma milícia rebelde na Guerra dos Camponeses

Alemães.) Por algum milagre, Von Berlichingen viveu até 1560. Morreu em casa na cama aos oitenta anos.

Von Berlichingen não foi o único arauto dos perigos físicos da vida cavaleiresca no crepúsculo da Idade Média. Em 1524, um contemporâneo de Götz, o rei Henrique VIII da Inglaterra, foi gravemente ferido numa justa de um torneio. Inabalável, continuou participando de justas até o fato se repetir. Em 1536, uma queda ainda mais séria prejudicou permanentemente sua saúde e quase lhe custou a vida, para terror de sua corte e da então rainha Ana Bolena. Mas nem isso diminuiu seu entusiasmo pelas pompas da cavalaria, que eram parte essencial de sua autoimagem. Quem visitar a Torre de Londres ou o castelo de Windsor pode ver as gigantescas armaduras que Henrique encomendou na época de suas últimas campanhas militares na França nos anos 1540 — armaduras que teriam sido totalmente inúteis se o rei fosse atingido por uma bala de canhão, mas que propagavam sua imagem como soldado cavaleiresco numa tradição romântica que remonta a séculos antes de seu nascimento.

Henrique não foi o último rei inglês a se entregar a fantasias medievais. A Torre de Londres também exibe armaduras belas e ricamente decoradas feitas para Charles I e James II. Mas apesar dos problemas de seus reinados, nem um nem outro tiveram muito uso para armaduras medievais senão em espetáculos cerimoniais. Mesmo assim, ainda naquela época os acessórios da cavalaria continuavam firmemente entrelaçados na estrutura da monarquia e da aristocracia. Na verdade, continuam até hoje. Atualmente, uma das maiores e mais exclusivas homenagens públicas no Reino Unido é o prêmio de cavaleiro; mais exclusiva ainda é a adesão à Ordem da Jarreteira — um clube em estilo arturiano originalmente fundado em 1348 para duas dúzias de parceiros de justas de Eduardo III. Os atuais componentes da Ordem da Jarreteira incluem membros proeminentes da família real, ex-primeiros-ministros, altos funcionários públicos, espiões, banqueiros, generais e cortesãos; membros conhecidos como "cavaleiros estrangeiros", selecionados da realeza estrangeira, incluem os monarcas da Dinamarca, da Espanha, do Japão, da Suécia e da Holanda.

Mas o Reino Unido não tem o monopólio da cavalaria moderna. Instituições desse tipo ainda existem em todo o mundo, inclusive na Áustria,

Dinamarca, Alemanha, Itália, Polônia, Escócia, Espanha e Suécia.[59] Mesmo nos Estados Unidos é possível encontrar cavaleiros e instituições cavaleirescas. Durante a escrita deste livro, participei da cerimônia de investidura de uma ordem cavaleiresca norte-americana moderna, realizada em uma igreja em Nashville, Tennessee. Os novos cavaleiros e damas foram formalmente nomeados com uma espada, numa cerimônia elaborada com base numa história da dinastia Plantageneta escrita no século XX, em vários volumes e bastante romantizada, do autor francês Thomas Costain. Os iniciados se tornaram membros de um clube particular de cavaleiros que tem entre seus membros generais militares de duas e três estrelas, agentes de serviços de segurança dos Estados Unidos, juízes, advogados e financistas de Wall Street.[60] Ocorreu-me então que a cavalaria é hoje o que sempre foi: um assunto declaradamente de elite e de assuntos internacionais; em parte fantástico e às vezes simplesmente tolo; menos uma forma de lutar e muito mais um conjunto de suposições compartilhadas; mas uma instituição que já influenciou a visão de mundo das pessoas mais poderosas do Ocidente e as levou a moldar o mundo ao seu redor.

8
CRUZADOS

"Os pagãos estão errados e os cristãos estão certos."
A canção de Rolando

Na última semana de agosto de 1071, o imperador bizantino Romano IV Diógenes via o sultão seljúcida Alparslano de uma posição meio desconfortável e de total desvantagem, com o pescoço embaixo da bota dele. A mão de Romano doía onde ele havia se ferido no dia anterior. Estava enlameado e ensanguentado. Ele precisara se esforçar muito para convencer o sultão de que era de fato líder de qualquer coisa, sem falar que era o herdeiro do Estado romano. E assim que convenceu o sultão, o líder seljúcida insistiu em realizar um ritual de humilhação pisando no seu pescoço. Romano não estava tendo um dia maravilhoso.

Os eventos que o trouxeram àquela posição tão lamentável foram os seguintes: no início daquele verão, Romano mobilizara um enorme exército, com aproximadamente 40 mil homens, vindos de uma vasta área. Além de guerreiros de língua grega do interior do império, contava com francos e vikings de Rus, pechenegues e oguzes da Ásia Central e georgianos do Cáucaso. Romano marchara com eles para o leste do Império Bizantino, onde Alparslano havia invadido o território imperial vindo da Armênia e do Norte da Síria. O objetivo de Romano era rechaçar o sultão e seu grande exército de cavalaria leve (arqueiros montados) e impedir que fizessem novas investidas em suas províncias da Ásia Menor. Mas as coisas não tinham acontecido como previsto. Em 26 de agosto ele tentara atrair os seljúcidas para uma batalha em Manzikert, perto do lago Van (atualmente no Leste da Turquia). Mas Alparslano fora mais esperto. A cavalaria ligeira se recusara a entrar em conflito, recuara e forçara o exército bizantino a segui-la. Então, no cair da noite, os seljúcidas deram meia-volta e atacaram, criando confusão, pânico e até mesmo deserções entre as fileiras de Romano. Com uma facilidade constrangedora, as tropas bizantinas foram postas em fuga, e apesar de ter lutado bastante, Romano perdera seu cavalo, tivera a mão que empunhava a espada cortada em tiras — entre outros ferimentos — e acabara capturado.[1] Depois de passar uma noite horrível, sangrando, fora arrastado até Alparslano. E então jazia sob o calcanhar do sultão.

Felizmente para Romano, esse estranho estado de coisas não durou muito. Depois de deixar as coisas bem claras, o sultão levantou o imperador e disse a ele que não se preocupasse. Apesar de ser um prisioneiro, dali em diante ele seria tratado com decência, bem alimentado, receberia cuidados médicos e sua honra seria mantida. Depois de mais ou menos uma semana, teria permissão para voltar a Constantinopla, onde poderia recuperar as forças e cumprir seus deveres como quisesse. Foi uma demonstração de magnanimidade calculada, que enfatizou a nobreza do sultão. E salvou a vida de Romano Diógenes — por algum tempo.

Os seljúcidas liderados por Alparslano eram turcos. Muçulmanos sunitas originalmente descendentes de tribos nômades que viviam no entorno do mar de Aral (hoje entre o Cazaquistão e o Uzbequistão). Mas desde o final do século X, eles haviam se tornado a potência dominante do mundo islâmico, tendo marchado da Ásia Central para a Pérsia e assumido o controle de Bagdá em 1055, com a aprovação do califa abássida, depois ramificando-se para a Síria, a Armênia, a Geórgia e os limites orientais de Bizâncio. Na época em que o imperador Romano os enfrentou, os seljúcidas estavam em ascensão em uma grande faixa do Oriente Médio, com cerca de 3 mil quilômetros de largura. E ambicionavam avançar ainda mais: para o Egito, governado desde 909 por califas xiitas da dinastia fatímida; para o norte através do Cáucaso em direção às terras dos Rus; e por todo o caminho desde a Ásia Menor até o estreito do Bósforo, onde ficava Constantinopla. Foi essa a razão de Romano ter sido levado a enfrentá-los. E por isso seu fracasso, concretizado pela derrota e pelo constrangimento em Manzikert, foi tão importante.

Quando Romano voltou para Constantinopla, as coisas não correram bem, pois Alparslano sabia que devolver um imperador derrotado poderia semear ainda mais discórdia em Bizâncio do que matar um imperador. Além do revés no campo de batalha, Romano tinha perdido as cidades de Antioquia e Edessa, no Norte da Síria, além da própria Manzikert. O imperador concordou em pagar a Alparslano um oneroso tributo anual e prometeu casar uma de suas filhas com um dos filhos do sultão. Ficou claro que não se poderia mais confiar nele para defender a Ásia Menor de ataques futuros — e havia dúvidas óbvias sobre sua capacidade de impedir que rivais europeus da outra extremidade do império se apoderassem de territórios imperiais também nos Bálcãs. Em resumo, era um imperador debilitado. E isso Bizâncio não tolerava.

A rebelião começou assim que a notícia da derrota de Romano chegou à capital. Foi proclamado um imperador rival, Miguel VII Ducas, um oficial de alta patente na Batalha de Manzikert que escapara ileso da luta. Miguel mandou seu filho Andrônico Ducas para interceptar e capturar Romano antes que chegasse a Constantinopla. Para torná-lo politicamente morto, Andrônico cegou Romano e o levou para a ilha de Proti, perto da costa do Peloponeso. Infelizmente, a cegueira também acabou matando Romano. Segundo um cronista, os ferimentos de Romano infeccionaram, fazendo "seu rosto e a cabeça [ficarem] cheios de vermes". Não surpreende que tenha morrido logo depois, no verão de 1072. Cabia então ao clã Ducas salvar Bizâncio do desmembramento pelos turcos seljúcidas.

Mas nisso o clã fracassou. Farejando fraqueza e dissidência no coração de Bizâncio, os seljúcidas invadiram a Ásia Menor, tomando territórios bizantinos. Miguel Ducas VII não se mostrou à altura da tarefa, tendo enfrentado uma série de revoltas contra seu governo até renunciar ao trono, em 1078. Quando os anos 1080 começaram, um grande reordenamento do Oriente Próximo e do Oriente Médio estava em andamento, ameaçando sufocar Bizâncio. Os bizantinos não foram apenas excluídos da Ásia Menor: sua reputação como baluarte regional do cristianismo no Mediterrâneo oriental também sofreu um duro golpe. Em 1009, mostraram-se impotentes quando um califa fatímida do Egito, Al-Hakim, ordenou a destruição da igreja do Santo Sepulcro, que abrigava o túmulo de Cristo. Bizâncio ficou ainda mais fraca. Em seu lugar, os poderes emergentes no Oriente passaram a ser os seljúcidas e, em menor grau, os fatímidas do Egito.

Fatímidas e seljúcidas tinham discordâncias, é claro: estavam divididos por um cisma religioso e pela rivalidade econômica na Síria e na Palestina. Mas ainda assim estavam ameaçando a potência espiritual e territorial de Bizâncio — e sem um imperador capaz de tomar medidas urgentes, em breve poderia restar muito pouco do antigo Império Romano. Era difícil ver de onde viria a salvação.

No entanto, em 1081, um novo imperador, Aleixo I Comneno, subiu ao trono. Um brilhante oficial militar e veterano da Batalha de Manzikert, Aleixo teve uma visão de como o destino de Bizâncio poderia ser revertido. A salvação, pensou, estava em uma parte do Império Romano que se separara de Constantinopla cerca de setecentos anos antes. Na segunda década de seu reinado, Aleixo mandou um pedido de socorro que mudaria a história. Embaixadores bizantinos foram despachados para os reinos do Ocidente para pedir apoio militar e moral da "outra" metade da cristandade: a Europa Ocidental e os territórios dos francos. Isso resultou numa cadeia de eventos que se consolidaria como um dos acontecimentos mais extraordinários da história medieval — a Primeira Cruzada.

Urbano II

Em 12 de março de 1088, um bispo francês de meia-idade chamado Odo de Châtillon foi consagrado como papa Urbano II. Odo já havia feito uma carreira notável na Igreja. Quando jovem, realizou os votos como monge beneditino e provou ser uma estrela no sistema cluníaco, tornando-se o segundo funcionário mais graduado quando era prior da abadia de Cluny durante o mandato do grande abade Hugo. Como visto no capítulo 6, os dignitários de Cluny em sua era de ouro tendiam a ficar à vontade em companhia de figuras de destaque, e Odo não era diferente. Assim como o abade Hugo, conquistou as boas graças de líderes de toda a Europa e tornou-se particularmente próximo do grande papa reformista Gregório VII. Por volta de 1080, Gregório tirou Odo de Cluny para nomeá-lo cardeal-bispo de Ostia. Foi o seu trampolim para o papado.

As circunstâncias políticas sob as quais Odo se tornou o papa Urbano eram muito pouco promissoras. Para começar, a Igreja estava envolvida num duplo cisma. O primeiro era doutrinário e datava de pouco mais de três décadas, de 1054. Nesse ano, as divergências entre as Igrejas de Constantinopla e de Roma (sobre questões como a duração apropriada dos jejuns e que espécie de pão usar para a Eucaristia) deflagraram uma troca de cartas mutuamente desdenhosas, seguidas de excomunhões de parte a parte. As relações entre as metades oriental e ocidental da cristandade eram delicadas, e Urbano teve de buscar maneiras de amenizá-las onde pudesse.

O segundo cisma teve sua origem nos Alpes. Em 1076, a chamada "Controvérsia das Investiduras" eclodiu entre Gregório VII e o rei germânico Henrique IV. Embora fosse uma discordância sobre o poder dos governantes seculares de nomear (ou "investir") bispos sem a aprovação papal, a disputa acabou chegando ao cerne de uma questão muito maior, cujas raízes estavam no reinado de Carlos Magno, quando os governantes francos da Germânia tiveram permissão para estabelecer noções sobre o poder imperial. Isso levantou profundas questões constitucionais. Os papas eram a única autoridade máxima do Ocidente, como Gregório afirmou em 1075 em um documento conhecido como *Dictatus Papae*? Ou os reis eram supremos em seus reinos, obedecendo apenas às ordens de Deus? Essa era a posição de Henrique.[2] Com tanto em jogo, as discussões se tornaram rancorosas, e depois violentas. Quando Urbano foi eleito, um antipapa patrocinado pela Alemanha, Clemente III, estava em liberdade, e Roma havia sido recentemente atacada pelos normandos do Sul da Itália.

Somadas a tudo isso, havia outras questões urgentes de governança. Urbano era um reformador gregoriano, que compartilhava da ambição de seu falecido mentor de impor altos padrões de comportamento clerical e estender o controle papal por todo o Ocidente cristão. Não se tratava apenas de prestar atenção à moralidade dentro dos mosteiros. Havia também uma dimensão secular.

Desde o final do século X, clérigos europeus vinham se preocupando com o que poderiam fazer para conter a violência perpetrada por cavaleiros envolvidos em rixas locais. Os papas tinham experiência direta no assunto por causa dos normandos do Sul da Itália. Mas o problema era — ou parecia ser — endêmico. As duas primeiras tentativas de impor a disciplina da Igreja sobre cavaleiros indisciplinados ficaram conhecidas como "movimentos de paz": a Paz de Deus (*Pax Dei*) e a Trégua de Deus (*Tregua Dei*). Eram programas de divulgação em massa, por meio dos quais o clero tentava convencer os homens de guerra a não saquear igrejas, não matar, não estuprar, não mutilar ou roubar civis. Os bispos tentaram impor a Paz de Deus ao colocar cidades e regiões sob a proteção explícita da Igreja e ameaçando com a maldição de Deus os invasores que prejudicassem seus habitantes. A Trégua, por sua vez, indicava os dias e épocas do ano em que as lutas eram proibidas.[3] Tanto a Paz quanto a Trégua de Deus se mostraram tremendamente populares em meio à população comum, mas não foram muito eficazes. Portanto, uma das muitas questões que incomodavam Urbano no início de seu papado era como apoiar a censura moral com ações positivas.

Então, em 1095, surgiu uma solução intrigante. Na primeira semana de março, embaixadores da corte de Aleixo I Comneno de Constantinopla apareceram no Ocidente.[4] Localizaram Urbano na cidade de Piacenza, onde estava realizando um conselho eclesiástico conhecido como sínodo. E fizeram uma proposta. Segundo o cronista alemão Bernold de Saint Blaisen, eles "imploraram humildemente ao senhor papa e a todo o povo fiel de Cristo que ajudassem [os bizantinos] contra os pagãos em defesa da santa Igreja, que os pagãos tinham quase destruído naquela região, tendo apreendido aquele território até as muralhas da cidade de Constantinopla".[5] Foi um grande pedido. Mas seus apelos caíram em ouvidos cordatos. Não era a primeira vez que um assunto semelhante chegava de Bizâncio: depois da catástrofe de Manzikert, uma carta anônima enviada ao conde de Flandres pedia ajuda militar do Ocidente contra os turcos; o papa Gregório também pressionou os príncipes seculares a "levar ajuda aos cristãos que são gravemente afetados pelas violências mais frequentes dos sarracenos".[6] Até então, não houvera muito interesse. Mas nos anos 1090 foi uma outra história.

A partir da primavera de 1095, o papa Urbano se lançou em uma excursão extraordinária de reuniões, concentrada no Sul da França e na Borgonha. Cortejou nobres e bispos poderosos — homens influentes como o conde Raymond de Toulouse, o duque Odo de Borgonha e Adhemar, bispo de Le Puy — e entusiasmou pregadores oficiais e não oficiais a divulgar sua mensagem por toda parte. Foi uma mensagem verdadeiramente explosiva. Urbano exortou os guerreiros da Igreja Romana a pegar em armas e marchar para o Oriente, onde ajudariam o imperador bizantino a expulsar os pérfidos turcos de suas terras. E esse seria apenas o primeiro passo. O objetivo final não era Constantinopla, mas o sepulcro de Cristo na Jerusalém em poder dos muçulmanos. Se os imperadores bizantinos não conseguiam proteger os interesses cristãos na região, raciocinou Urbano, os papas deveriam intervir. Eles não só salvariam Bizâncio. Usurpariam o papel dos imperadores romanos como guardiões dos locais mais sagrados do mundo cristão.

Urbano só foi capaz de conceber um plano tão grandioso por causa dos anos que passara nos claustros de Cluny. Como vimos, sob a liderança do abade Hugo, Cluny infiltrara-se na economia da guerra contra potências não cristãs graças ao seu relacionamento com reis como Alfonso VI de Castela, um entusiástico guerreiro da Reconquista. O poder financeiro e a expansão regional de Cluny se deveram em grande parte aos lucros da Reconquista, e a missão da Igreja Romana na península Ibérica também havia sido impulsionada pelos triunfos conquistados nos anos 1080 e 1090 por homens como El Cid. Será que o que funcionara no Ocidente poderia ser transferido em escala para o Oriente? Não seria fácil. A visão de Urbano de conquistar Jerusalém era o equivalente medieval de uma viagem à Lua. Mas o papa estava confiante. Em outubro de 1095, ele foi a Cluny, onde a maior igreja do mundo estava em construção. Abençoou o altar-mor de Cluny e ficou uma semana entre seus ex-colegas e amigos. Depois, em novembro, convocou outro conselho da Igreja, a 140 quilômetros de distância, em Clermont. E em 27 de novembro proferiu um sermão destinado a ser citado por mil anos. O texto exato foi perdido, mas, segundo um cronista conhecido como Foucher de Chartres, Urbano implorou ao seu público para:

> [...] apressar-se em levar ajuda aos seus irmãos que moram no Oriente, que precisam da sua ajuda, pela qual há muito vêm suplicando.
> Pois os turcos, um povo persa [sic] os atacou [...] e avançou em território romano até [Constantinopla]. Eles vêm tomando cada vez mais territórios dos cristãos, já os derrotaram sete vezes em número igual de batalhas, mataram ou capturaram muita gente, destruíram igrejas e devastaram o reino de Deus.
> Portanto, com uma fervorosa oração [...] Deus os exorta, como arautos de Cristo, a instar homens de todas as classes, cavaleiros e soldados de infantaria, ricos e pobres, a se apressarem para exterminar essa raça vil de nossas terras e ajudar os habitantes cristãos a tempo [...][7]

A essa exortação — um apelo à violência, como se pode notar —, Urbano acrescentou um incentivo. Todos os que participassem de sua campanha de extermínio e morressem no processo seriam recompensados com a "remissão dos pecados". Suas más ações terrestres seriam perdoadas e a passagem para o céu, suavizada. Em uma época em que expiar os pecados havia se tornado uma séria preocupação moral e financeira para os povos do Ocidente, tratava-se de uma oferta altamente atraente. Urbano produziu uma lógica espiritual nova e duradoura. Os que se comprometessem a sair de suas casas para chacinar outros seres humanos a milhares de quilômetros de distância ganhariam o céu como pagamento. Foi uma tempestade. Assim como o plano do papa de mandar seus exércitos de Bizâncio para a Terra Santa. Em um relato do sermão de Urbano registrado por um cronista conhecido como Roberto, o Monge, quando o papa mencionou seu plano para libertar Jerusalém — a "cidade real no centro do mundo [que] implora e anseia por ser livre" —, a plateia tombou a cabeça para trás e rugiu.[8]

"*Deus vult! Deus vult!*" — Deus quer! Deus quer!*

Como um político moderno num comício eleitoral, Urbano criou um bordão convocatório que motivaria seus apoiadores por muito tempo. Também inventou uma bela peça teatral. No clímax da manifestação de Clermont, os correligionários mais comprometidos com o papa, começando pelo bispo Adhemar, se ajoelharam, implorando para se juntar à gloriosa expedição. Urbano ordenou a todos os que desejassem participar que se diferenciassem de seus vizinhos afixando uma imagem da cruz nos ombros ou no peito, antes de sair pelo mundo para divulgar a mensagem e se preparar para a partida. Embora o termo "cruzada" ainda não tivesse sido cunhado, foi Urbano quem criou os primeiros cruzados.** Um fenômeno conhecido primeiro como a "grande exortação", e depois como a "Primeira Cruzada".

---

* Hoje "*Deus Vult*" foi adotado como uma palavra de ordem e um meme, notadamente pelos supremacistas brancos e terroristas anti-islâmicos. Tenha cuidado antes de dar esse brado em companhia de pessoas educadas.

** Como já observei em outros textos, a palavra "cruzado" (*crucesignati*), denotando um indivíduo que se comprometeu a lutar pela Igreja, é muito anterior ao termo "cruzada". Ver a introdução do meu livro *Crusaders* (Londres, 2019).

A Primeira Cruzada

Os primeiros a sentir a ira dos cruzados de Urbano II não foram os turcos nos portões de Constantinopla, nem os seljúcidas na Síria ou os fatímidas em Jerusalém. Foram homens, mulheres e crianças judeus comuns nas cidades da Renânia, que no final da primavera de 1096 foram vítimas dos instintos assassinos de turbas cristãs levadas ao frenesi por pregadores que prometiam um caminho rápido para o céu. Em cidades como Worms, Mainz, Speyer e Colônia, bandos itinerantes percorriam as ruas incendiando sinagogas, espancando e matando famílias judias e obrigando judeus a se converter ao cristianismo ou cometer suicídio. Os relatos das atrocidades daquela época são uma lembrança deprimente da longa e insistente história do antissemitismo europeu, que chegou ao auge no século XX. Em 1096, judeus foram arrastados pelas ruas enlaçados pelo pescoço, forçados a entrar em suas casas e queimados, ou decapitados nas ruas sob aplausos da multidão.[9] "Desta matança cruel de judeus [só] alguns escaparam", escreveu o cronista Alberto de Aquisgrão. Assim, "aquela companhia intolerável de homens e mulheres [isto é, os cruzados] continuaram seu caminho em direção a Jerusalém".[10]

Não era exatamente o que Urbano II pretendia. Sua visão da Primeira Cruzada era a de nobres poderosos liderando grandes divisões militares em direção à Terra Santa, de forma razoavelmente organizada. No entanto, a primeira onda de cruzados consistia em fanáticos mal treinados e quase incontroláveis incitados por demagogos populistas, inclusive um asceta miserável mas carismático chamado Pedro, o Eremita, e um conde alemão rico mas inescrupuloso chamado Emicho de Flonheim. A "Cruzada do Povo", como essa vanguarda amadora ficou conhecida mais tarde, atravessou a Europa em direção ao Oriente no verão de 1096, seguiu o Danúbio através da Hungria até os Bálcãs e acampou nos portões de Constantinopla no início de agosto. O imperador Aleixo Comneno não gostou de vê-los. Eles haviam anunciado sua chegada por tumultos e escaramuças nas cidades bizantinas ao longo da rota percorrida, e sua falta de perícia militar e disciplina os tornava inúteis para a tarefa em questão: expulsar da Ásia Menor de uma vez por todas os exércitos turcos comandados por um senhor da guerra e autoproclamado "sultão de Rum"* chamado Quilije Arslã I.

---

* Isto é, Roma. O fascínio do Império Romano continuava irresistível.

A filha culta e erudita de Aleixo, Anna Comnena, lembrou-se da consternação em Constantinopla quando a notícia da aproximação dos cruzados se espalhou. Ela considerava Pedro, o Eremita, um completo louco. Desprezava seus seguidores: um mero punhado de guerreiros, rodeados por "uma hoste de civis, em maior número que a areia da praia ou as estrelas do céu, levando palmas e cruzes nos ombros".[11] Esse bando caótico acampou do outro lado do Bósforo, em frente à capital bizantina, esperando a chegada de mais cruzados. Ficaram farreando e tentando algumas incursões precárias para o interior contra os seljúcidas de Quilije Arslã. Muitos deles foram mortos nessas escaramuças. Não foi um começo auspicioso.

Em 1097, no entanto, as coisas pareciam mais promissoras para os cruzados, à medida que exércitos mais bem organizados, comandados por lordes e cavaleiros, começaram a chegar ao território bizantino. Esses, pelo menos, eram guerreiros sérios. Entre os líderes dessa chamada "Cruzada de Príncipes" estava Raymond, conde de Toulouse; o irmão do rei francês, Hugo de Vermandois; Robert Curthose, filho de Guilherme, o Conquistador, duque da Normandia; Robert, conde de Flandres; e dois irmãos ambiciosos chamados Godofredo e Balduíno de Boulogne.

O bispo Adhemar de Le Puy viajou como representante de Urbano e núncio papal. Os normandos da Itália foram representados por Boemundo de Taranto: um dos homens mais polêmicos — e carismáticos — de sua época. O pai de Boemundo, Roberto Guiscardo, foi um espinho para Aleixo Comneno por muitos anos, usando sua base no Sul da Itália para lançar incursões ao oeste de Bizâncio. Portanto, Boemundo já era conhecido em Constantinopla: Anna Comnena o definiu como rancoroso, malévolo e totalmente indigno de confiança, um vilão que desejava destruir Bizâncio sob o pretexto de resgatá-la. (Anna, no entanto, admirava a contragosto o charme machista de Boemundo, descrevendo-o como alto, bonito, de tórax musculoso, de cabelo curto e faces escanhoadas e olhos azuis cintilantes.)[12] Boemundo foi uma presença divergente entre os exércitos que chegaram para salvar Constantinopla. Porém, ele e seus companheiros, aproximadamente 80 mil peregrinos armados, estavam prestes a efetuar um reordenamento radical do Oriente Próximo.

Tendo chegado a Constantinopla nos primeiros meses de 1097, e desfrutado da suntuosa hospitalidade do imperador Aleixo por algumas semanas durante a Páscoa, no final da primavera, Boemundo e os outros "príncipes" finalmente começaram a trabalhar. Sua tarefa era enorme: rechaçar Quilije Arslá e quaisquer outros senhores da guerra turcos de volta à Ásia Menor e devolver as cidades capturadas ao controle do imperador bizantino, antes de seguirem pela Síria em direção a Jerusalém. Seria muito difícil, mesmo para um exército com um núcleo de 7.500 cavaleiros peritos na guerra letal de lanças dos francos. Eles teriam de lutar em um país desconhecido, contando com conselheiros militares fornecidos por Constantinopla, como Tatikios, um eunuco greco-árabe que fora privado não só das partes usuais como também do nariz, no lugar do qual usava uma prótese de ouro. Para sobreviver, os cruzados teriam que marchar centenas de quilômetros, sob temperaturas extremamente altas e terrenos íngremes e irregulares, rechaçar o assédio constante dos cavaleiros turcos e até mesmo evitar a ameaça da vida selvagem hostil. (Isso não era brincadeira: no verão de 1097, Godofredo de Boulogne foi atacado por um urso gigante, que quase o matou.[13]) Acima de tudo, teriam de lutar contra um inimigo que todo o poderio de Bizâncio até então não conseguira conter.

O que aconteceu em 1097 e no início de 1098, portanto, foi quase um milagre. Um apostador sensato teria previsto que os cruzados morreriam de fome, de sede ou seriam esquartejados poucas semanas após a partida de Constantinopla; com certeza Aleixo os despachara naquela missão imaginando que nunca mais ouviria falar da maioria deles. Mas os ocidentais empreenderam uma das maiores marchas da Idade Média, ao atravessar toda a Ásia Menor e descer as montanhas de Amanus (Nur) até a Síria. Sobreviveram a privações quase indescritíveis, avançando com dificuldade, independentemente das adversidades. E quando paravam a intervalos para lutar, registravam vitórias no campo de batalha que os deixavam — e as gerações futuras — sem dúvidas de que Deus estava ao seu lado, protegendo-os enquanto marchavam em nome de Cristo.

A primeira parada foi na cidade de Niceia, onde no final de maio e início de junho o exército cruzado organizou um cerco bem-sucedido de várias semanas, durante o qual cabeças cortadas foram usadas como munição para catapultas e muitos cavaleiros francos saíram empunhando alegremente cimitarras turcas arrebatadas das mãos dos mortos da cavalaria leve de Arslá. Em seguida, em 1º de julho, os cruzados derrotaram "uma massa inumerável, terrível e quase esmagadora de turcos" na Batalha de

Dorylaeum. Enquanto atacavam, os turcos soltavam um grito de guerra terrível, bradando o que o autor de uma crônica conhecida como *Gesta Francorum* chamou de "uma palavra diabólica que não entendo"; era quase certo que fosse "*Allahu Akbar!*". Em resposta, os cruzados transmitiam seu próprio lema por suas fileiras. "Mantenham-se firmes e juntos, confiando em Cristo e na vitória da Santa Cruz", gritavam. "Hoje, por favor de Deus, todos ganharão muito butim!"[14] Não era exatamente conciso. Mas resumia com precisão as razões pelas quais as pessoas na Idade Média saíam tão regularmente para lutar em nome do Senhor: as terríveis adversidades da missão ofereciam a perspectiva de riquezas espirituais e terrenas em medidas mais ou menos equivalentes.

No outono de 1097, o exército cruzado havia marchado por toda a extensão da Ásia Menor e descido pelas passagens nas montanhas até a Síria. Estavam então exaustos e desfalcados, com seus líderes brigando entre si. Mas o espírito coletivo não tinha sido abalado. Pelo contrário, estavam prontos para combates mais duros. E felizmente, pois ainda enfrentariam muitas dificuldades. Em outubro, os cruzados sitiaram a antiga cidade romana de Antioquia, governada por um líder de barba branca chamado Yaghi-Siyan. Yaghi-Siyan era um governante competente e Antioquia era favorecida por extraordinárias defesas, tanto naturais como construídas pelo homem. Mas não resistiu aos cruzados. Eles ficaram nove meses acampados perto das muralhas, durante um dos invernos mais rigorosos que muitos deles já haviam passado, e afinal conseguiram invadir uma Antioquia levada à fome por artimanhas em junho de 1098. Àquela altura todos estavam doentes, cansados e irascíveis, e quando entraram na cidade aliviaram suas misérias realizando um horrendo massacre: uma orgia de assassinatos em massa tão terrível que, como disse um cronista, "a terra ficou coberta de sangue e de cadáveres dos chacinados [...] os corpos de cristãos, gauleses, gregos, sírios e armênios se misturaram".[15] Quando a cidade caiu, Boemundo de Taranto instalou-se como novo governante — assumindo o título de príncipe de Antioquia e, no processo, estendendo o território dos normandos desde a Muralha de Adriano, no Norte da Inglaterra, até as margens do rio Orontes. Ao mesmo tempo, outro líder da cruzada, Balduíno de Boulogne, comandou um pequeno destacamento que capturou a cidade de Edessa, no Norte da Síria, onde se instalou como conde de Edessa. Assim foram instituídos os dois primeiros domínios do que viriam a ser os quatro "Estados cruzados" no Oriente Próximo.* E o objetivo final da Primeira Cruzada — Jerusalém — começava a despontar lentamente no horizonte.

Esse objetivo final começou quase um ano após a queda de Antioquia. Depois de muitos meses ainda mais difíceis lutando para abrir caminho para o sul ao longo da costa levantina, em junho de 1099 os exércitos cruzados foram vistos levantando nuvens de poeira nas montanhas da Judeia, com seus soldados cantando hinos e chorando de alegria ao marchar pela terra sagrada. A tarefa de evitar que os cruzados entrassem na cidade sagrada coube a um governador xiita chamado Ifeticar Adaulá, que respondia ao califa fatímida e seu vizir (o equivalente a um primeiro-ministro) no Cairo. Seu trabalho deveria ter sido simples: como qualquer pessoa que visita Jerusalém hoje logo percebe, a cidade está localizada muito longe de qualquer grande fonte de água natural, protegida de um lado pelo profundo vale de Jeosafá (vale do Cédron) e cercada por muralhas ligadas às edificações de pedra da enorme plataforma do Templo.** No entanto, Adaulá não tirou proveito das estruturas defensivas naturais ou feitas pelo homem de Jerusalém. Também foi impedido de receber reforços do Egito. Por outro lado, os cruzados foram auxiliados pela chegada oportuna de reforços e equipamento de cerco a bordo de uma pequena frota de galeras genovesas no início do verão. Tudo isso combinado com o fervor irresistível dos sitiantes foi o suficiente para desequilibrar a balança.

Depois de sitiar Jerusalém por cerca de um mês, na sexta-feira, 15 de julho, o exército cruzado rompeu as muralhas da cidade em dois pontos. Assim como em Antioquia um ano antes, invadiram e passaram a cidade na espada. Nem mesmo os cronistas pró-cristãos conseguiram disfarçar o horror, descrevendo cenas que pareciam prenunciar o apocalipse. Adaulá fez um acordo e fugiu. Atrás dele, os peregrinos-guerreiros, que haviam aguentado tanto nos quatro anos de campanha, arrasaram Jerusalém, saqueando e matando com fúria bestial. "Alguns dos pagãos foram misericordiosamente decapitados, outros perfurados por flechas, lançados de torres e outros,

---

* Os quatro Estados Cruzados — todos de vida breve — foram o principado de Antioquia, o condado de Edessa, o condado de Trípoli e o reino de Jerusalém.

** Observe, no entanto, que as atuais muralhas ao redor da Cidade Velha de Jerusalém datam principalmente da época dos otomanos, assim como a cidadela (Torre de David) que guarda o Portão de Jaffa, por onde entra e sai a maioria dos turistas ocidentais.

torturados por um longo tempo, morreram queimados em chamas abrasadoras", escreveu Raimundo d'Aguilers. "Pilhas de cabeças, mãos e pés dentro das casas e nas ruas, com uma correria de homens e cavaleiros sobre os cadáveres."¹⁶ Ecoando uma das profecias funestas do Apocalipse de São João, cronistas escreveram sobre cavalos galopando com sangue até os freios. Eles exageraram, mas não muito. Centenas de judeus foram incinerados em uma sinagoga. Milhares de muçulmanos ficaram presos no precinto do Templo (*Haram al-Sharif*), perto da mesquita de Al-Aqsa. Alguns foram trucidados; outros se suicidaram pulando das encostas íngremes da plataforma. Quando a notícia chegou ao califa abássida em Bagdá, "trouxe lágrimas aos olhos e doeu no coração".¹⁷ Muitos na corte do califa amaldiçoaram o mundo, e pelo menos um culpou a cisão sectária do islamismo entre sunitas e xiitas por ter enfraquecido a unidade da *umma* a tal ponto que os francos (*ifranj*, como os ocidentais eram genericamente conhecidos pelos muçulmanos eruditos dessa época) tinham conseguido conquistar suas terras sagradas. Mas havia pouco mais a fazer do que ranger os dentes e reclamar. Contra todas as probabilidades, o audacioso plano de Urbano II de atacar Bizâncio e Jerusalém havia funcionado. Os "francos" haviam chegado ao Oriente. E lá permaneceriam por quase duzentos anos.*

O Reino dos Céus

Escrevendo com o benefício de uma longa retrospectiva, o cronista iraquiano Ibn al-Athir** identificou um intrigante — e para ele um tanto deprimente — padrão de eventos em todo o mundo mediterrâneo no final do século XI. Na península Ibérica, reis como Alfonso VI obtiveram ganhos territoriais às custas de potências muçulmanas que governavam Al-Andalus desde os tempos dos omíadas. Na Sicília, entre os anos de 1060 e 1080, os normandos conquistaram a ilha e expulsaram os governantes árabes; no início do século XII, a Sicília tornou-se uma monarquia cristã sob o rei

---

* Infelizmente para Urbano II, ele nunca soube da queda de Jerusalém. Morreu em 29 de julho de 1099, antes que a notícia chegasse à Itália.

** A vida de Ibn al-Athir presenciou a virada do século XII para o XIII. Sua monumental história do mundo em vários volumes, fonte essencial para todos os historiadores das cruzadas, é conhecida como *"Al-Kamil fi'l Ta'rikh"* ("A obra histórica perfeita").

normando Roger II (1130-1154). Ao mesmo tempo, os portos da província muçulmana de Ifriqiya, no Norte da África (a antiga Cartago), sofreram ataques esporádicos de piratas cristãos. E, claro, na Palestina e na Síria, os guerreiros da Primeira Cruzada de Urbano II venceram suas sensacionais batalhas contra turcos e árabes. Naquele exato momento da história do mundo, pensou Ibn al-Athir, os cristãos estavam avançando, e os muçulmanos estavam em retirada.

Ele estava certo. Mas devemos ser cautelosos quanto a um observador daquela época. Várias gerações de historiadores têm tentado lutar contra a ideia de que as cruzadas medievais foram em sua origem um "choque de civilizações" entre os mundos cristão e islâmico. Por um lado, uma interpretação tão rígida e binária da história medieval favorece de forma incômoda as narrativas das facções extremistas de hoje, que vão desde os supremacistas brancos e neofascistas nos Estados Unidos e na Europa até os fanáticos islâmicos seguidores da Al-Qaeda e do Estado Islâmico.* Por outro lado, caracterizar as cruzadas como uma simples guerra de fé entre o islamismo e o cristianismo é ignorar as complexidades da política regional e local que inspirou ondas sucessivas de cruzadas a partir do final do século XI. O movimento cruzadista foi mais do que uma luta entre monoteísmos ascendentes. Foi uma mudança da forma do mundo ocidental como um todo. Desde a Primeira Cruzada até o final da Idade Média, os papas ordenaram ou sancionaram campanhas militares em três continentes, contra inimigos que incluíam senhores da guerra turcos, sultões árabes, generais curdos e emires árabe-hispanos, além de pagãos bálticos, hereges franceses, chefes mongóis, reis cristãos ocidentais desobedientes e até mesmo imperadores do Sacro Império Romano.

Em outras palavras, o islã não detinha o monopólio da vitimização quando se tratava de guerra santa; mesmo se ignorarmos as muitas diferenças entre os muçulmanos da Espanha, do Egito e da Síria, ainda assim os chamados "sarracenos" eram um inimigo entre muitos. E, tão importante quanto, nem sempre cristãos e muçulmanos do período das cruzadas foram inimigos automáticos e implacáveis. Houve momentos em que eles

---

* A caracterização de todos os ocidentais como judeus ou cruzados tem sido uma nota marcante na propaganda islâmica desde o início do século XXI. Da mesma forma, é raro um manifesto de qualquer matança em massa perpetrada por supremacistas brancos nos dias atuais não fazer menção às batalhas de cruzados, aos cavaleiros templários, a *Deus Vult* etc.

se despedaçaram. Mas houve muitos outros momentos e lugares em que cruzados e muçulmanos conviveram e interagiram sem sentir a menor necessidade de decapitar ou queimar uns aos outros. Isso não significa que as cruzadas não existiram — só mostra que a sua importância na história medieval e seu legado para o mundo atual são muitas vezes mal interpretados, como se se tratasse apenas de relações entre cristãos e muçulmanos — e nada mais. Como veremos no restante deste capítulo, o movimento cruzadista foi importante precisamente por ser um fenômeno extremamente variado, um conceito maleável. Não definia simplesmente as relações entre o cristianismo e o islã. O fenômeno estabeleceu um modelo para a projeção do poder militar contra os inimigos da Igreja Romana onde quer que fossem percebidos.

Como, então, esse mundo cruzadista evoluiu? Para começar, na Terra Santa, onde os cruzados de 1096-1099 chegaram com uma força tão espetacular, houve um período de colonização lenta, mas em pequena escala, por "francos" ou "latinos", que vieram de todo o Ocidente, mas principalmente da França, de Flandres e do Norte da Itália. Alguns dos primeiros cruzados permaneceram na Terra Santa: Godofredo de Boulogne tornou-se o primeiro governante do reino de Jerusalém, e com sua morte em 1100 foi sucedido por seu irmão Balduíno, antes conde de Edessa.* Alguns voltaram para casa. Outros chegaram tarde à festa, em minicruzadas gradativas que proporcionavam reforços anuais vitais de homens e material. Isso permitiu que os francos de Jerusalém expandissem suas propriedades para além das cidades que haviam conquistado em 1098. Concentraram-se nas cidades costeiras: Beirute, Tiro, Acre, Antioquia, Ascalão e Trípoli. Uma por uma, foram sitiadas por terra e mar e finalmente capturadas.

Os participantes das batalhas por essas cidades situadas no lugar que os cristãos ocidentais chamavam de "*outremer*" ("ultramar") chegaram de fontes distantes, espalhadas e às vezes improváveis. Em 1110, a cidade de Sidon, a meio caminho entre Beirute e Tiro, foi tomada de seus governantes muçulmanos por um exército que incluía um grupo de vikings noruegueses, que

---

* Godofredo declinou do título de rei, preferindo ser denominado "defensor do Santo Sepulcro". Assim, Balduíno foi o primeiro "rei" oficial de Jerusalém, reinando de 1100 a 1118, quando foi sucedido por outro veterano da Primeira Cruzada, Balduíno de Bourcq, que se tornou Balduíno II (1118-1131).

navegaram da Escandinávia até a Terra Santa sob o comando de seu intrépido rei adolescente, Sigurd I "Jorsalfar" ("Navegante para Jerusalém").[18] Sigurd ajudou a subjugar Sidon e voltou para a Escandinávia com uma lasca da Vera Cruz de Cristo, a relíquia mais sagrada de Jerusalém, como recompensa por seus serviços. Isso criou um vínculo muito importante entre a Noruega e a Terra Santa, numa época em que os territórios vikings estavam em transição do paganismo para os caminhos de Cristo. E Sigurd também colaborou com os Estados cruzados. Graças a conquistas como Sidon, nos anos 1130 a costa levantina abrigava quatro Estados militarizados interconectados com o reino de Jerusalém e sob sua liderança. Na verdade, eram pequenos e cercados por forças hostis. Ademais, o território era sujeito a tormentos bíblicos: pragas de gafanhotos, terremotos e outros desastres naturais. Mas os colonos latinos sobreviveram e fincaram raízes na Terra Santa, ao mesmo tempo que continuaram ligados ao Ocidente por laços alternadamente espirituais, emocionais, dinásticos e econômicos.

Desde os primeiros anos da existência dos Estados cruzados, peregrinos entusiastas chegavam para conhecer e venerar. As peregrinações cristãs não foram impossibilitadas pelo domínio muçulmano, mas sob a ocupação latina, Jerusalém tornou-se um destino nitidamente mais atraente. Diários de peregrinos do início do século XII descrevem uma terra cativante e mortal em igual medida. Um peregrino britânico chamado Saewulf, que visitou Jerusalém por volta de 1103, sofreu naufrágio e ataques de piratas em suas longas viagens marítimas de ida e volta do Oriente, e se queixou de que as estradas ao redor de Jerusalém, de Belém e de Nazaré estavam infestadas de bandidos que se escondiam em cavernas, "acordados dia e noite, sempre em busca de alguém para atacar". (Na beira da estrada, escreveu, jaziam "incontáveis cadáveres que foram dilacerados por feras".)[19] Mesmo assim, passou meses visitando santuários que o ligavam a personagens bíblicos, que iam de Adão e Eva a Cristo e os apóstolos.

Outro peregrino, um abade chamado Daniel, das imediações de Kiev (que ele chamava de "terra russa" — hoje a Ucrânia), passou dezesseis meses fortuitos visitando cada canto da Terra Santa e foi embora com um pequeno fragmento da lápide de Cristo, que ganhou de presente do monge que guardava a chave do santuário.[20] Ao voltar para casa, gabou-se para dezenas de amigos, familiares e nobres locais de ter celebrado missas por suas almas nos locais mais sagrados do mundo cristão; além disso, deixou os nomes de príncipes russos especialmente eminentes, e de suas esposas e filhos, com os monges de um mosteiro no deserto perto de Jerusalém, para receberem as graças de orações regulares no local. Foram mais do que simples presentes amáveis — o abade Daniel criou um vínculo espiritual significativo entre seu país natal e o reino de Jerusalém, a mais de 3 mil quilômetros de distância.

E não eram apenas laços religiosos que ligavam os novos Estados cruzados ao mundo em geral. À medida que se estabilizou sob a nova monarquia, o reino começou a se assemelhar a um Estado "feudal" ocidental — com barões e cavaleiros recebendo propriedades e aldeias em troca de serviço militar juramentado à Coroa. Jerusalém nunca foi um reino fabulosamente rico, nem uma potência imperial na escala de qualquer um dos primeiros impérios medievais que reivindicaram o mesmo território. Mas era um lugar aonde jovens cavaleiros podiam ir em busca de fortuna. Um número significativo de famílias nobres e até mesmo reais criaram raízes no Oriente, estabelecendo laços de sangue de uma extremidade à outra do Mediterrâneo. Para algumas famílias — como os clãs inter-relacionados Montlhéry e Le Puiset da região de Champagne, na França — enviar homens para participar da defesa militar de Jerusalém e das regiões vizinhas, ou para assumir domínios de senhorio e permanecer no Oriente, tornou-se um distintivo de honra.[21]

Para outros, era uma questão de dever. No final de 1129, o conde Foulques de Anjou, no centro da França, foi persuadido a entregar suas terras ao seu filho e ir a Jerusalém para se casar com a filha e herdeira do idoso rei Balduíno II, Melisenda. Dois anos depois, Balduíno morreu: Melisenda tornou-se a rainha de Jerusalém e Foulques o rei. Ele continuou no Oriente até a morte, em 1143. Isso significou que os descendentes de Foulques no Ocidente sabiam que tinham uma família na Terra Santa. Nos anos 1180, o neto de Foulques, Henrique II da Inglaterra, recebeu uma petição para homenagear a história da família assumindo a Coroa de Jerusalém durante uma crise de sucessão. Henrique recusou, mas desde então os Plantagenetas tornaram-se partidários das cruzadas: todos os reis Plantagenetas até o início do século XIV fizeram votos como cruzados, e dois deles (Ricardo Coração de Leão e Eduardo I) lutaram na Terra Santa com distinção — como veremos.*

---

* Ricardo comandou um dos contingentes da Terceira Cruzada. Eduardo visitou o reino de Jerusalém antes de assumir a Coroa, em 1272.

Assim como a realeza e os nobres se envolveram com as cruzadas e os Estados cruzados, o mesmo ocorreu com homens de negócios ocidentais. Para os mercadores europeus, o mundo dos cruzados oferecia uma oportunidade de negócios tentadora, graças às suas inúmeras cidades costeiras, que serviam como entrepostos comerciais, conectando o tráfego marítimo do Mediterrâneo oriental com as caravanas que percorriam a Rota da Seda por terra até a Ásia Central e a China. Eram centros comerciais movimentados: no século XIII, dizia-se que a receita anual da cidade de Acre era maior que a do reino da Inglaterra. Assim, todas as grandes cidades conquistadas pelos cruzados logo se tornaram a base de uma colônia ou de colônias de comerciantes expatriados comercializando mercadorias como frutas, mel e geleia, açúcar de cana, algodão, linho, tecidos de pelo de camelo e lã, vidros e itens exóticos vendidos em países longínquos, como pimenta indiana e sedas chinesas.[22] (Um navio cruzado resgatado na costa de Israel em 2019 continha quatro toneladas de lingotes de chumbo, usados para a fabricação de armas.[23])

Os mercadores mais empreendedores e implacáveis vinham das poderosas cidades comerciais do Norte da Itália: Gênova, Pisa e Veneza. Eram mercadores com longa experiência na operação de centros mercantis no exterior — há muitos anos colônias italianas operavam em Constantinopla, entre outros lugares.* E tal era a importância desses postos avançados que genoveses, pisanos e venezianos usaram seu poder econômico para financiar e defender seus ativos financeiros quando eram ameaçados. Em 1122-1125, o doge de Veneza comandou pessoalmente uma frota de 120 navios para ajudar a proteger os mares para os mercadores e participou da captura da cidade de Tiro (atual Líbano). A recompensa foi um terço das receitas daquela cidade, em perpetuidade, bem como grandes incentivos fiscais em seus negócios na região. E isso não foi exceção. Diversas vezes, durante os dois séculos em que houve Estados latinos no Ocidente, pisanos, genoveses e venezianos chegavam em elegantes galeras de combate e navios de transporte de tropas, às vezes para reforçar as defesas de suas cidades comercialmente valiosas, outras para lutar uns contra os outros por vantagens econômicas.

---

* Ver capítulo 10.

OS ESTADO CRUZADOS
c. 1160

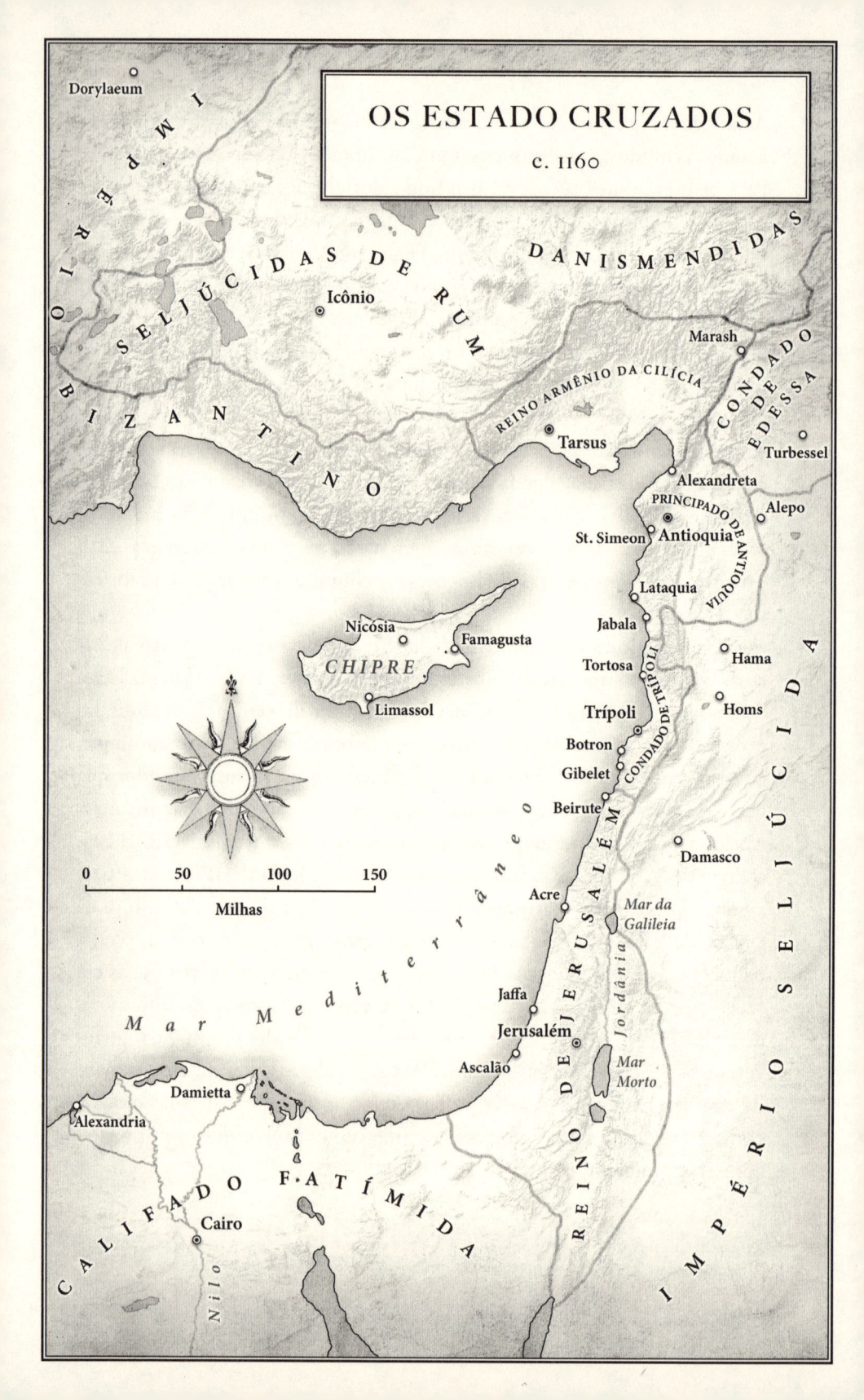

Finalmente, havia as ordens militares, instituições cruzadas criadas nas primeiras décadas do século XII, que incluíam os famosos cavaleiros hospitalários e os cavaleiros templários. Ambas as organizações surgiram em Jerusalém logo após a Primeira Cruzada, quando foram concebidas como irmandades juramentadas de cavaleiros devotos, cujos membros concordavam em abandonar suas posses e viver de acordo com uma regra quase monástica, que enfatizava a castidade, a pobreza e a obediência, e se dedicar ao tratamento médico de peregrinos feridos ou doentes (os hospitalários) ou à sua defesa nas estradas (os templários). O que diferenciava as ordens militares dos monges tradicionais era que, para cumprir seus deveres em terras perigosas, as ordens militares eram treinadas no uso de armas, utilizando espadas e lanças para atacar os inimigos de Cristo e servir, se necessário, como unidades de forças especiais nos exércitos reais de Jerusalém.

O conceito de uma ordem militar, que parecia fundir os dois papéis até então distintos de cavaleiros e monges, era claramente paradoxal. Mas ganhou aceitação na Igreja graças em grande parte aos argumentos de Bernardo de Claraval — o enérgico abade cisterciense que conhecemos no capítulo 6. Bernardo e seu protegido, o papa Eugênio III, que se tornou pontífice em 1145, ficaram fascinados com a ideia de reformar a decadente instituição da cavalaria, assim como os cistercienses haviam tentado reformar o corpus dilatado e indulgente do monasticismo beneditino. Assim, os dois patrocinaram os templários, em particular seu primeiro grão-mestre, Hugo de Payns; nos anos 1120 e 1130, Eugênio concebeu para os templários sua primeira Regra oficial, um uniforme diferenciado composto de mantos brancos estampados com uma cruz vermelha e grandes incentivos fiscais e outras liberdades no rebanho da Igreja. Amparados pela aprovação papal, uma base financeira promissora para solicitar doações e renda, e sem falta de trabalho no patrulhamento da Terra Santa, os templários prosperaram. O número de membros aumentou. Receberam belas recompensas em propriedades fundiárias, receitas e outros patrocínios de apoiadores ricos em toda a Europa e no Oriente Próximo. E construíram uma rede de casas de estilo monástico em quase todos os territórios cristãos do Ocidente, onde irmãos não guerreiros trabalhavam para financiar a ala militar no Oriente.

Os templários foram seguidos de perto em tudo isso pelos hospitalários, e mais tarde imitados pelos cavaleiros teutônicos alemães e várias ordens militares menores, espanholas e portuguesas. Coletivamente, essas ordens tornaram-se o núcleo de um exército permanente de cruzados na Terra Santa e na península Ibérica. Tornaram-se especialistas em construir e guarnecer enormes castelos — como as gigantescas fortalezas de Crac des Chevaliers e do Château Pèlerin (hoje na Síria e em Israel, respectivamente) ou as fortalezas quase impenetráveis em Monzón (Espanha) ou Tomar (Portugal). Com o passar dos anos, as ordens militares assumiram cada vez mais responsabilidade nos negócios cotidianos das cruzadas, até que no século XIV tornaram-se quase uma empresa privada. Antes disso, porém, foram chamadas diversas vezes à ação, quando os Estados cruzados sofriam forte pressão de vizinhos hostis em suas fronteiras.

Segundas chegadas

Muito antes de Ibn al-Athir diagnosticar o sucesso dos cruzados como resultado da desunião no mundo islâmico, o clérigo cristão Foucher de Chartres fez quase a mesma coisa. Foucher participou da Primeira Cruzada e foi um dos que continuou no Oriente por muito tempo ainda, servindo como capelão do rei Balduíno I. Em sua história oficial da Cruzada, conhecida como *Feitos dos francos* (*Gesta Francorum*), Foucher ficou maravilhado com o fato de os cruzados terem sobrevivido. "Foi um milagre maravilhoso termos vivido entre tantos milhares de milhares e, como seus conquistadores, fazer de alguns deles nossos tributários e arruinar outros, saqueando-os e tornando-os cativos", escreveu.[24] Foucher fez as últimas revisões de sua crônica em 1128, e aparentemente morreu logo depois. A essa altura, os Estados cruzados ainda eram jovens e estavam em expansão. Se Foucher tivesse vivido muito mais, teria visto a maré começar a mudar.

Os problemas tiveram início nos anos 1140, quando um soldado turco e político de carreira conhecido como Imad al-Din Zengui atacou a cidade de Edessa — capital do menor e mais vulnerável dos Estados cruzados. Edessa ficava muito longe da costa, a meio caminho entre as cidades de Antioquia, dominada pelos latinos, e Alepo, onde Zengui era governador, e esse fato por si só a tornava vulnerável. Zengui tinha reputação de ser beberrão e extremamente cruel com as próprias tropas e com os inimigos, mas era um estrategista brilhante, com ambições de unificar o maior número possível de cidades sírias sob sua liderança. Tirar Edessa dos governantes cruzados não era uma questão de dever religioso, mas sim parte de um plano consciente de criar um reino que pudesse chamar de seu a partir dos pedaços fragmentados da Síria seljúcida.

Em 1144, Zengui surgiu às portas de Edessa com tropas, torres de sítio e escavadores profissionais. Os mineiros cavaram túneis sob as muralhas da cidade, enquanto os artilheiros usavam catapultas gigantes, conhecidas como mangonelas, para bombardear os cidadãos. Não demorou muito para os turcos vencerem a resistência de Edessa. Quando invadiram, civis entraram em pânico e mulheres e crianças morreram esmagadas no atropelo da fuga. Para Zengui, foi uma vitória vantajosa. Mas para os cruzados foi um desastre. A perda territorial era uma coisa. Muito pior foi a sensação de que, quase meio século depois das vitórias de 1096-1099, Deus não mais sorria para eles.

Quando a notícia da capitulação de Edessa chegou à Europa, houve consternação geral. Mas também surgiu uma oportunidade. O papado de Eugênio III estava longe de ser pacífico. Vinha lutando contra um cisma contínuo e ameaças de antipapas. Havia rebeliões nas ruas de Roma. Pregadores hereges insuflavam o sentimento anticlerical na França. Era um conjunto de problemas preocupantes e, assim como Urbano II antes dele, Eugênio sentiu que precisava de uma causa em torno da qual fortalecer seu papado e angariar apoio político. Ele a encontrou na Segunda Cruzada.

A Segunda Cruzada seguiu estritamente o modelo da Primeira. Dessa vez, no entanto, a força-motriz intelectual e retórica foi o mentor de Eugênio, Bernardo de Claraval. Juntos, Eugênio e Bernardo elaboraram uma brilhante declaração da missão de seu projeto. Já se passara uma geração desde a queda de Jerusalém, eles argumentaram, e durante esse tempo cristãos de todos os cantos se desviaram do caminho da retidão e do sacrifício que outrora resultara em vitórias maravilhosas. Era hora de voltar ao básico. Chegara o momento para os nobres e cavaleiros de toda a Europa provarem que "a bravura dos pais não terá diminuído nos filhos".[25] A melhor maneira de fazer isso era repetir os feitos de seus pais — tanto quanto possível. Na Páscoa de 1146, Bernardo pregou essa mensagem em um conselho cruzadista em Vézelay, elaborado para emular o de Urbano em Clermont. Embora nessa fase da vida Bernardo fosse magro e dolorosamente frágil devido a um jejum implacável, ainda era intensamente carismático. Como um cronista descreveu, Bernardo "verteu o orvalho da palavra divina [e] com um alto clamor de todos os lados, as pessoas começaram a demandar cruzes".[26] Em um gesto teatral de bravura para o público, Bernardo rasgou sua capa em tiras e as passou para a plateia. A multidão gritou "*Deus Vult*" — é claro. Nas semanas seguintes, uma popular canção francesa assegurava que participar das cruzadas era um caminho certo para o paraíso, pois "Deus organizou um torneio entre o céu e o inferno".[27] Mais uma vez, uma grande proclamação acendeu a febre das cruzadas no Ocidente, com todos os ingredientes habituais presentes. O anúncio da cruzada de Bernardo (apoiado por uma bula papal conhecida como *Quantum Praedecessores*) foi seguido por uma intensa onda de pregação e negociação com possíveis líderes militares. Cavaleiros e civis sem experiência se alistaram em massa. E, assim como antes, o entusiasmo popular transbordou em fanatismo, intolerância e ataques antissemitas, nos quais uma nova geração de judeus na Renânia foi espancada, roubada, mutilada, cegada, assassinada ou perseguida até cometer suicídio. Foi uma repetição histórica em escala grotesca, que teria outras consequências trágicas.

Um dos poucos pontos inevitáveis de diferença entre a Primeira Cruzada e a Segunda foi sua liderança secular. Enquanto em 1096 Urbano só conseguira persuadir condes e bispos a comandar seus exércitos, nos anos 1140, Bernardo de Claraval e Eugênio III conseguiram convencer dois dos mais fortes reis da Europa a assumir o comando.* Quando Bernardo pregou em Vézelay, um deles estava ao seu lado no palco: Luís VII da França (1137-1180). Não muito tempo depois, o rei dos alemães, Conrado III (1138-1152**), também sucumbiu à pressão diplomática de Bernardo e aderiu à causa. O envolvimento de dois príncipes tão poderosos representou um benefício considerável. Eles seriam os primeiros reis a partir numa cruzada desde Sigurd da Noruega — e tinham à sua disposição o poder financeiro e militar de todos os antigos territórios francos. Era difícil imaginar como poderiam fracassar.[28]

---

* Apesar da proeminência de Bernardo na pregação da Cruzada e de seus longos textos sobre a luta na Terra Santa, ele nunca saiu da Europa na vida, preferindo considerar sua abadia cisterciense em Claraval como sua Jerusalém pessoal.

** Conrado nunca foi coroado imperador, embora muitas vezes se autodenominasse "rei dos romanos".

Mas eles fracassaram. Depois de um início promissor, a Segunda Cruzada foi um desastre em praticamente todas as fases. Os reis partiram em grande estilo na Páscoa de 1147: Conrado montou um espetáculo para coroar seu filho Henrique como rei caso ele não voltasse; Luís partiu de Paris, após grandes e solenes celebrações na abadia de Saint Denis, flanqueando sua esposa, Eleanor de Aquitânia, uma companhia de cavaleiros templários e dezenas de milhares de peregrinos. Mas logo enfrentaram dificuldades catastróficas. Eles decidiram seguir literalmente os passos dos primeiros cruzados: navegar pelo Danúbio, atravessar os Bálcãs até Constantinopla e seguir por terra pela Ásia Menor até o Norte da Síria. Além de certo apelo poético, isso atendia às demandas de Bernardo e de Eugênio por uma repetição da expedição de 1096-1099. Mas os tempos haviam mudado. E o que fora uma jornada improvável nos anos 1090 tornou-se impossível. O novo imperador bizantino de Constantinopla, Manuel I Comneno (1143-1180), não convocou os cruzados, não os queria à sua porta e fez apenas o mínimo para ajudá-los em seu caminho. Um novo "sultão de Rum" — Mesud, filho de Quilije Arslã — tinha um controle ainda mais firme da Ásia Menor que seu pai. Os exércitos de Conrado e de Luís foram duramente fustigados por guerreiros turcos em sua trajetória pela Ásia Menor: em outubro de 1147, Conrado lutou contra os turcos em Dorylaeum. Mas dessa vez os cruzados foram derrotados e Conrado perdeu grande parte de seu comboio de mantimentos. Vários meses depois, em janeiro de 1148, Luís VII por pouco escapou com vida quando seu exército foi emboscado no monte Cadmo (Honaz).

Quando todos chegaram à Síria, Luís estava praticamente falido e os dois exércitos tinham perdido milhares de homens. Além disso, teriam de enfrentar um novo inimigo. Zengui estava morto, apunhalado por um servo descontente depois de desmaiar bêbado em sua tenda. Seu lugar como força motriz por trás da unificação da Síria foi ocupado por seu brilhante filho, Nur al-Din, que não tinha intenção de deixar os cruzados atrapalharem seus planos de restaurar a ordem no Oriente Próximo muçulmano. Por essas razões, Edessa era uma causa perdida, e havia pouca esperança de se obter ganhos em qualquer outro lugar.

Conrado e Luís ficaram vários meses na Terra Santa, tentando desesperadamente elaborar um plano para salvar as aparências e que fizesse valer a pena a grande despesa e o desconforto da Segunda Cruzada. Possivelmente, o que decidiram fazer foi pior do que não fazer nada. Em julho, os dois e o rei de Jerusalém, Balduíno III (1143-1163), tentaram sitiar a poderosa cidade de Damasco. Foi um fiasco. Os cruzados não conseguiram nem sequer passar pelos pomares nos subúrbios de Damasco: a falta de disciplina fez com que fossem expulsos. O cerco acabou em uma semana. Sem mais nada a fazer, Conrado logo embarcou em seu navio e voltou para a Alemanha. Luís ficou seis meses em Jerusalém, fazendo passeios turísticos e orações, e partiu na Páscoa de 1149. Mas nessa época ele não estava se entendendo bem com a esposa, Eleanor de Aquitânia, cujas experiências durante a cruzada haviam sido de tédio e aflição, animadas apenas pela companhia do tio, o príncipe Raimundo de Antioquia, com quem foi depois acusada de ter um caso incestuoso.[29] No ano seguinte ela e Luís se divorciaram, e Eleanor casou-se com o futuro rei Plantageneta da Inglaterra, Henrique II, uma união que foi desastrosa para Luís e provocou um estado de guerras esporádicas entre ingleses e franceses que só foi resolvido em 1453.* Foi a humilhação final da Segunda Cruzada, que foi não só uma sombra pálida como também uma paródia terrível da primeira. E ainda não era o fim da história.

Previsivelmente, depois do fracasso da Segunda Cruzada o interesse do Ocidente em quaisquer outras grandes campanhas cruzadistas no Oriente arrefeceu por várias décadas. As ordens militares continuaram a aumentar sua força, e pequenos grupos de combatentes autônomos continuaram a viajar em peregrinações armadas à Síria e à Palestina. Enquanto isso, os reis de Jerusalém começaram a planejar uma expansão para o Egito, onde os califas xiitas e seus vizires presidiam um governo cada vez mais corrupto e fragilizado no Cairo. No entanto, para muitos na Europa Ocidental, havia melhores oportunidades de lutar por Cristo, muito mais perto de casa.

Na Espanha e em Portugal, a Reconquista seguia seu ritmo. Em 1147, um bando de cruzados ingleses e frísios viajando de navio para se juntar aos franceses e alemães na Segunda Cruzada fez uma pausa em sua longa jornada

---

* Ao se casar com Henrique II, Eleanor unificou a Aquitânia com os ingleses, e não com a Coroa francesa. A disputa sobre quem realmente "possuía" o ducado (e seu posterior sucessor medieval, a Gasconha) ficou irresoluta até a culminação da Guerra dos Cem Anos na Batalha de Castillon, em 17 de julho de 1453.

para tomar Lisboa de seus governantes muçulmanos — um marco importante na conquista do oeste da península Ibérica e na criação de um reino de Portugal. Além disso, os almorávidas que haviam tomado Al-Andalus no século XI estavam agora em estado de colapso prolongado: depostos por uma revolução no Marrocos e substituídos por uma seita muçulmana ainda mais puritana conhecida como os almóadas. Essa instabilidade tornou a península Ibérica um campo propício para a guerra, e os guerreiros que se dirigiam para lutar em nome de Cristo recebiam explicitamente o status de cruzados do papa Eugênio III (e o consequente perdão pelos seus pecados).

Enquanto isso, abria-se uma terceira frente cruzadista. Quando Bernardo de Claraval apregoou a Segunda Cruzada na Alemanha, grupos de nobres saxões pediram sua permissão para organizar cruzadas nos seus quintais, ignorando a Terra Santa e lutando para colonizar terras no que hoje é o Norte da Alemanha e o Oeste da Polônia, que na época eram habitadas por povos eslavos pagãos conhecidos coletivamente como vendos. Bernardo deu sua aprovação, chamando os vendos de inimigos de Deus e exigindo abertamente que fossem convertidos ou exterminados. Isso teve consequências limitadas na época, mas um significado enorme para as gerações posteriores. Embora a cruzada contra os vendos tenha sido pequena e com pouca participação em comparação à missão liderada pela realeza na Síria ou às batalhas da Reconquista, sua classificação como uma cruzada foi um evento crucial na história medieval, que enquadrou a colonização e a conversão no nordeste da Europa como uma guerra santa. Depois dos anos 1140, as "Cruzadas do Norte" continuaram até o século XV, com o objetivo de converter os pagãos à Igreja, batizar seu povo e roubar suas terras.[30]

Em vista de tudo isso, talvez seja de estranhar que as cruzadas para o Oriente não tenham cessado depois da segunda tentativa. Mas isso se deveu muito a um político e general curdo chamado Salah al-Din Yusuf ibn Ayyub — mais conhecido hoje como Saladino.

Até hoje, Saladino continua sendo um dos personagens mais famosos, notórios e controversos de toda a história medieval.[31] Nascido por volta de 1138 em uma família curda abastada, Saladino cresceu e serviu Nur al-Din como um funcionário público confiável, assimilando muitas das opiniões do seu chefe quanto à natureza da política no turbulento Levante, onde Nur al-Din passou os anos 1150 e 1160 montando um reino coeso a partir das cidades-Estados autossuficientes do mundo turco seljúcida. Nos anos

1160, Saladino foi mandado ao Egito. Ficou lá por vários anos, lutando para resistir ao rei cruzado Amalrico I, que tinha planos de expandir o reino de Jerusalém no delta do Nilo. Porém, ao mesmo tempo, Saladino fazia parte de um grupo no âmbito do mundo muçulmano egípcio que planejava a destruição do califado fatímida, a autoridade xiita que governava o Egito desde 969. Em 1171, Saladino tramou um golpe palaciano que depôs o último califa fatímida. A aliança política do Egito foi transferida para Nur al-Din, na Síria. A obediência religiosa foi transferida para o califa abássida sunita de Bagdá. Isso por si só foi uma grande conquista (e que rendeu a Saladino o eterno opróbrio no mundo xiita). Mas Saladino não iria parar por aí.

Quando Nur al-Din morreu, em 1174, deixou uma situação delicada no Oriente Próximo. Durante um quarto de século, ele tinha meticulosamente montado algo semelhante a uma Síria unificada. Mas, sem sua liderança pessoal, tudo corria o risco de entrar em colapso. Foi quando Saladino decidiu se tornar o herdeiro efetivo de Nur al-Din. E por meio de uma combinação de manobras militares audaciosas e astúcia diplomática, conseguiu exatamente isso — e mais. No final dos anos 1180 ele já tinha estabelecido um reino em que grande parte da Síria e todo o Egito estavam unificados sob sua liderança. O califa abássida o reconheceu como sultão. Sua família assumiu cargos importantes no governo. E, conforme aumentava em estatura, Saladino começou a se apresentar como o salvador do islã: um guerreiro *jihadi* que lutava não por ganhos pessoais, mas para benefício dos muçulmanos do mundo todo. Em grande parte, isso era uma manobra para encobrir o fato de Saladino na verdade ter passado muitos anos da sua vida lutando e matando outros muçulmanos. No entanto, ao obter um sucesso atrás do outro, o sultão foi imbuído do que um escritor islâmico chamou de "zelo por travar uma guerra santa contra os inimigos de Deus".[32] Na prática, isso significava voltar sua atenção e suas campanhas militares contra a principal potência infiel na região: o reino dos cruzados de Jerusalém.

Ao longo dos anos 1180, Saladino e os governantes de Jerusalém se entreolharam com desconfiança. Durante esse período, o reino dos cruzados foi acossado por uma série de crises de sucessão e disputas internas, enquanto Saladino estava ocupado consolidando seu domínio sobre a

Síria.* Portanto, por um tempo, ninguém estava disposto a se arriscar em uma guerra total, e uma série de tréguas manteve uma paz delicada. Porém, em 1187 Saladino se sentiu confiante o suficiente para agir. Usando como pretexto um ataque a uma caravana muçulmana por um lorde cruzado chamado Reinaldo de Châtillon, na primavera desse mesmo ano Saladino atacou o reino de Jerusalém com "um exército cujos números não podiam ser calculados".[33]

O acerto de contas aconteceu nos dias 3 a 4 de julho, quando Saladino atraiu o desafortunado e pouco prestigiado rei Guido I de Jerusalém, seguido por um exército que compreendia quase toda a força militar do seu reino, para os picos gêmeos de um vulcão extinto conhecido como chifres de Hattin, perto do mar da Galileia. Uma vez lá, os homens de Saladino isolaram o exército de Guido de qualquer fonte de água, incendiaram o matagal da paisagem quente e ressecada e os atacaram. No decorrer de uma batalha cataclísmica, o exército dos cruzados foi aniquilado, Guido foi capturado e a Vera Cruz — a relíquia mais preciosa do mundo cristão — foi confiscada, para nunca mais ser vista. Após a batalha, duzentos cavaleiros templários e hospitalários — os soldados de elite do exército — foram capturados e ritualmente decapitados pelos cortesãos e clérigos de Saladino.

Nos meses seguintes, Saladino conquistou quase todas as cidades dos cruzados na costa levantina, inclusive o porto comercial mais importante, em Acre. Em outubro, sitiou Jerusalém, defendida basicamente por mulheres e jovens, já que a guarnição estava entre o exército aniquilado em Hattin. Depois de alguma resistência simbólica, se renderam. Saladino recusou-se ostensivamente a permitir que suas tropas tivessem o prazer de um massacre. Mas o choque reverberou no mundo ocidental. E foi o que desencadeou a última cruzada realmente séria para o reino latino: a Terceira Cruzada. Apregoada com uma urgência resultante de uma humilhação abjeta que beirava uma crise existencial, foi liderada por uma nova geração de reis guerreiros: Filipe II da França e Ricardo Coração de Leão.

---

* Isso resultou da ascensão em 1174 do rei Balduíno IV de Jerusalém, que sofria de uma lepra dolorosa e debilitante que acabou por matá-lo. Apesar de Balduíno ser fisicamente forte e muito corajoso, seu reinado sofreu um desgaste inevitável de liderança real. Em 1185, ele morreu e foi sucedido por uma criança de seis anos, Balduíno V. No ano seguinte, o menino-rei também morreu, deixando a Coroa para sua mãe, Sibila, e seu detestado marido, Guido. Como se podia prever, essa desastrosa confusão dinástica encorajou os inimigos dos cruzados, Saladino entre eles.

Os dois prepararam seus reinos para a guerra em ritmo acelerado, com Ricardo leiloando cargos públicos, cobrando um imposto de renda de 10% conhecido como o "Dízimo de Saladino" e estocando enormes quantidades de armas e mantimentos em preparação para sua ida ao Oriente. Dezenas de nobres e clérigos começaram a ajudar na guerra para salvar o reino de Deus. Mas dessa vez não houve compulsão para seguir fielmente os passos dos antigos cruzados. O governante alemão e imperador do Sacro Império Romano, Frederico Barbarossa, que tentou uma rota terrestre, morreu afogado enquanto se banhava em um rio na Ásia Menor. Nesse ínterim, Ricardo e Filipe navegaram para o Oriente, parando na Sicília e em Chipre, discutindo enquanto avançavam, mas não sobre a importância de sua missão. Para ter boa sorte e evocar o valor marcial do rei Artur, Ricardo levou consigo uma espada chamada Excalibur.

Filipe e Ricardo chegaram à Terra Santa em 1191. Em uma expedição que durou dois anos, eles retomaram Acre. Em seguida Ricardo comandou um grande exército pela costa levantina, massacrando prisioneiros, travando escaramuças com as tropas de Saladino e recapturando cidades enquanto avançava. Mas até mesmo Ricardo — o maior general de sua época — hesitou diante da cidade de Jerusalém. Chegou a se aproximar duas vezes, mas em ambas recuou, desencorajado com a escala que o cerco exigia. O mais perto que chegou de tomar Jerusalém foi quando tentou negociar uma solução notavelmente progressista de dois Estados para a Palestina como um todo, governados conjuntamente por sua irmã Joana e o irmão de Saladino, Al-Adil (também conhecido como Safadino). O processo estancou quando o casal não conseguiu chegar a um acordo sobre os termos religiosos do casamento, e afinal o projeto — e a cruzada — definhou. Jerusalém continuou nas mãos de Saladino. E os cruzados, como sempre faziam, se assentaram ou partiram.*

Em 1192, o reino dos cruzados foi resgatado — porém remodelado. Graças à intervenção da Terceira Cruzada, não foi aniquilado. Mas a Cidade Santa foi perdida, e o próprio regime consistia então de uma série

---

* Filipe Augusto, cujo relacionamento com Ricardo piorou progressivamente durante a jornada para o Oriente, abandonou a Cruzada muito ressentido logo depois do cerco de Acre. Quando partiu da Terra Santa no final de 1192, Ricardo naufragou na Ístria (atual Croácia). Tentou voltar para casa por terra, mas foi capturado e preso pelo rei alemão e imperador do Sacro Império Romano Henrique VI.

de portos dominados por facções mercantis e castelos no interior, mantidos por templários e hospitalários. O condado de Trípoli e o principado de Antioquia sobreviveram, mas também foram reduzidos em tamanho e poder. Todos resistiriam por quase cem anos. Mas a era das cruzadas em massa para a Síria e a Palestina estava acabada. Uma mudança significativa no movimento cruzadista estava em andamento. Na passagem do século XII para o XIII, a guerra santa cristã estava prestes a tomar novas e extraordinárias direções.

"Uma atitude detestável"

O papa Inocêncio III, de rosto comprido e mente afiada, foi eleito pontífice em 1198, excepcionalmente jovem, com cerca de 37 anos. Inocêncio era um aristocrata italiano, nascido Lottario dei Conte di Segni, e em sua curta porém bem-sucedida carreira como advogado canônico e cardeal desenvolveu uma visão de mundo grandiosa e cósmica, resultado de muita reflexão sobre a natureza fundamental da existência do homem e os sistemas mais profundos de poder que sustentavam o universo cristão. Sobre o primeiro tópico, Inocêncio produziu uma polêmica filosófica chamada *De Miseria Humanae Conditionis* (Sobre a miséria da condição humana),[*] que explicitava o terror e a esqualidez incessantes de toda a humanidade. Apesar do título sombrio e do conteúdo pessimista, *De Miseria* se tornou um best-seller medieval, copiado muitas centenas de vezes e passado por gerações em todo o Ocidente.[34]

---

[*] *De Miseria Humanae Conditionis* foi um levantamento do horror geral da humanidade, na longa tradição que também informou a virada para as ordens monásticas ou ascéticas. Em um texto amplamente derivado, mas habilmente construído, Inocêncio descreveu a dor e a decadência que acompanham a existência física da humanidade, a repugnância moral de quase todos e o tormento humilhante inevitável do julgamento do homem após a morte e as torturas do inferno. Uma passagem típica da primeira parte do livro descreve a hediondez do envelhecimento: "Se, no entanto, alguém atinge a velhice, seu coração enfraquece imediatamente e sua cabeça balança, seu espírito falha e seu hálito fede, seu rosto se enruga e suas costas curvam-se, os olhos escurecem e as articulações vacilam, o nariz escorre e os cabelos caem, o toque treme e a competência falha, os dentes apodrecem e as orelhas sujam... Mas o velho não deve vangloriar-se do jovem nem o jovem ser insolente com o velho, pois nós somos o que ele foi, um dia seremos o que ele é".

No segundo assunto, o da hierarquia do poder ocidental, Inocêncio adotou de coração a teoria política do sol e da lua: uma alegoria astronômica que afirmava a supremacia papal em todos os reinos cristãos. Nessa visão, o papa era o sol, emitindo luz; governantes reais (particularmente o imperador do Sacro Império Romano) eram como a lua, que só refletiam a luz do sol. Eles não eram iguais. Em 1198, no início de seu papado, Inocêncio escreveu: "Assim como Deus, fundador do universo, constituiu duas grandes luminárias no firmamento do Céu, uma principal para dominar o dia e uma menor para dominar a noite, Ele estabeleceu no firmamento da Igreja Universal, que é representado pelo nome de Céu, duas grandes dignidades, uma principal para presidir [...] sobre os dias das almas, e uma menor para presidir sobre as noites dos corpos. Elas são a autoridade pontifícia e o poder real".[35] Não era uma ideia nova: na época da ascensão de Inocêncio ao papado, os papas lutavam com os reis pela preeminência há quase quatrocentos anos. Mas Inocêncio foi mais longe que quase qualquer outro papa na história ao transformar a alta filosofia em realidade política. Seu papado, que durou de 1198 até sua morte em 1216, foi um *tour de force* de estadista papal legalista, no qual Inocêncio tentou imprimir o poder de Roma sobre tudo e todos, com alguns resultados extraordinários.

Em termos de cruzadas, o pano de fundo imediato para a eleição de Inocêncio foi o fracasso da Terceira Cruzada em tomar Jerusalém. Por essa razão, os reis europeus não estavam dispostos a contemplar outra investida na cidade sagrada, apesar da morte de Saladino em março de 1193 — pois a Terceira Cruzada parecia ter demonstrado a extraordinária dificuldade de repetir o milagre de 1099. Mas isso não fez Inocêncio mudar de ideia a respeito de uma cruzada enquanto tal. Na verdade, nenhum papa depois de Urbano II seria mais importante na história das cruzadas, pois Inocêncio agarrou o conceito vacilante de "guerra santa cristã" e o refez para um novo século. Assim como Urbano e Eugênio III haviam feito antes dele, Inocêncio compreendeu como a cruzada poderia ser útil como um reforço para o poder do papado. Mas enquanto seus predecessores dirigiram suas armas contra inimigos fora do mundo cristão, Inocêncio decidiu apontá-las também para dentro. Além de usar a cruzada para perseguir muçulmanos e pagãos, Inocêncio iria implantá-la (ou permitir que fosse implantada) contra hereges e dissidentes dentro do mundo cristão. Foi uma reviravolta importante nos acontecimentos. Graças a Inocêncio, o século

XIII veria uma explosão da pregação cruzadista em todo o mundo ocidental. No entanto — em parte como resultado da reformulação de Inocêncio do objetivo de uma cruzada —, também veria o declínio e o colapso dos Estados cruzados do Oriente Próximo.

A primeira das cruzadas de Inocêncio começou de forma previsível, embora não tenha permanecido previsível por muito tempo. Pouco depois de sua eleição, o papa emitiu uma bula (conhecida como *Post Miserabile*) que desafiava os jovens cavaleiros do Ocidente a vingarem a perda de Jerusalém e da Vera Cruz: "A deplorável invasão daquela terra em que os pés de Cristo pisaram".[36] Essa afirmação condizia com os rumores de que o diabo havia nascido recentemente no Cairo, o que empolgou as pessoas comuns da Europa e convenceu muitas delas da proximidade do apocalipse. E isso levou um pequeno grupo de nobres ocidentais (principalmente os condes de Flandres, de Champagne e de Blois) e seus associados a planejar uma nova invasão da Terra Santa. Essa Quarta Cruzada seria um ousado ataque anfíbio, no qual uma enorme frota de navios de guerra atacaria Alexandria, a oeste do delta do Nilo, no Egito. Lá, desembarcaria um exército que poderia abrir caminho até a Palestina e libertar Jerusalém a partir do sul, e não pelo norte. Era um plano ousado, até visionário. No entanto, foram necessárias cerca de duzentas galés de guerra e uma frota de navios de transporte com tripulação completa, além de um exército de cerca de 30 mil homens para o combate. Esse obstáculo logístico seria a ruína da Quarta Cruzada.[37]

Para construir sua frota de galés, os franceses se voltaram para os cidadãos da República de Veneza, que prezavam sua reputação de cruzados de longa data, com um orgulhoso registro cívico por atos piedosos e um forte interesse pecuniário em manter os Estados cruzados como entrepostos comerciais. Após difíceis negociações, o governante de Veneza — o *doge* cego Enrico Dandolo, de noventa anos — assinou o contrato de construção naval no início de 1201. Os estaleiros de Veneza produziram a frota em apenas um ano, abastecida de alimentos, vinho e forragem para cavalos e prontos para uma cruzada. Inocêncio acompanhou esses acontecimentos e se declarou satisfeito. Infelizmente, os condes franceses o deixaram na mão — e a todos os outros. No início do verão de 1202, eles deveriam ter provido 30 mil homens e 85 mil marcos de prata para abastecer e pagar pelos navios. Mas quando chegou o início do verão, ficou claro que os franceses não tinham nem uma coisa nem outra. Só haviam conseguido mobilizar menos de um terço do exército prometido e metade dos fundos. Não foi apenas um desastre diplomático — pois ameaçou levar à falência a cidade de Veneza.

Em resposta, Enrico Dandolo tomou uma decisão fatídica. Em vez de recuar, deu um passo à frente — efetivamente assumindo o comando da cruzada. Em outubro de 1202, fez seus votos como cruzado, tendo sua cruz de pano presa no chapéu, não no ombro. Poucos dias depois, a frota zarpou do porto, com sua galera pessoal liderando o caminho. A intenção era compensar as perdas da cidade. Em vez de se dirigir a Alexandria, os venezianos, com os aliados franceses que apareceram para lutar, navegaram ao longo da costa do Adriático, onde hoje fica a Croácia. Levantaram âncora ao largo da cidade cristã de Zara (Zadar), que ofendera Veneza alguns anos antes ao se recusar a pagar o tributo dos cidadãos, preferindo se aliar ao rei cristão da Hungria. Apesar dos gritos de protesto dos cidadãos, que penduraram faixas com cruzes nas muralhas da cidade para anunciar que muitos deles também haviam feito os votos dos cruzados, os venezianos e os franceses começaram uma barragem de catapulta que os forçou a abrir os portões. Os invasores entraram, viveram às custas dos cidadãos durante o inverno e partiram na primavera de 1203, deixando a cidade saqueada, com as paredes demolidas e todos os prédios queimados, exceto as igrejas. O escritor Gunther de Pairis chamou isso de "uma atitude detestável".[38] Quando ouviu a notícia, Inocêncio III concordou, e, depois de ameaçar excomungar todos os envolvidos, cedeu e libertou os cruzados com um aviso para não repetirem aquele truque. Infelizmente, uma repetição era exatamente o que estava por vir — e numa escala difícil de imaginar. A próxima cidade a que chegaram também era uma fortaleza cristã. Na verdade, era a maior cidade cristã do mundo: Constantinopla.

Os cruzados foram inicialmente atraídos para Constantinopla pelos apelos de um jovem tolo, o príncipe Aleixo, filho do ex-imperador bizantino Isaac II Angelos. Isaac assumiu o poder em Constantinopla após um golpe em 1185, e passou os dez anos seguintes de seu reinado desperdiçando-o cordialmente. Por sua vez, Isaac foi deposto por seu irmão (Aleixo III Angelos), depois cegado, preso e largado para apodrecer na prisão. O irmão estava então no poder e o príncipe Aleixo, de dezenove anos, só queria se vingar. Nenhuma promessa seria inconcebível para ele, e foi com uma expressão séria que abordou os líderes da Quarta Cruzada com uma oferta de pagar 200 mil marcos de prata, prover uma guarnição permanente de quinhentos cavaleiros ao reino de Jerusalém e submeter a cidade de Constantinopla à autoridade religiosa do papa em Roma — se apenas eles o pusessem no trono do qual seu pai fora deposto. Era claramente uma oferta boa demais para ser verdade, mas os cruzados a engoliram. Em junho de 1203, a frota liderada pelos venezianos surgiu à vista da "Rainha das Cidades". E lá permaneceria por quase um ano.

Durante esse tempo, os eventos ocorreram de forma caótica — e muitas vezes rapidamente. No verão de 1203, Aleixo III abandonou Constantinopla. Isaac foi tirado de sua cela e posto de volta no trono, com seu filho bancando o coimperador como Aleixo IV. Com isso, a missão dos cruzados em Constantinopla estava teoricamente cumprida. Porém, mais uma vez, os venezianos se viram diante de um governante que não podia pagar pelos serviços prestados. A compensação pelos prejuízos foi inclemente, com saques de igrejas por toda a cidade. O que resultou em tumultos e brigas de rua entre gregos e ocidentais e em um grande incêndio em agosto. As chamas atingiram cerca de quatrocentos hectares do velho centro da cidade, ameaçando destruir até a basílica de Santa Sofia e o Hipódromo. Por fim, foi estabelecida uma frágil paz, na qual Aleixo IV prometeu pagar sua dívida em prestações e ofereceu aos venezianos mais trabalho lutando contra seus inimigos na Trácia e em outras partes do império. Mas em dezembro de 1203 o dinheiro secou mais uma vez, e o velho *doge* de Veneza ameaçou depor o jovem imperador.

No fim, Dandolo não precisou levantar um dedo. No final de janeiro de 1204, o velho Isaac morreu, e, em mais um golpe palaciano de Bizâncio, Aleixo foi estrangulado por ordem de um rival chamado Aleixo Doukas "Mourtzouphlos" — um apelido que se referia a suas sobrancelhas muito grossas. No início da primavera, Mourtzouphlos tentou ser duro com os venezianos, exigindo que partissem se não quisessem ser massacrados. Os venezianos deram risada. E em 9 de abril começaram a bombardear a cidade do mar. Três dias depois, seus homens subiram às ameias com pontes suspensas dos mastros dos seus navios. Com as muralhas rompidas, todo o exército cruzado invadiu e deu início a uma terrível pilhagem. Casas, igrejas e oficinas foram saqueadas. Estupro e assassinato eram comuns. Nada ficou fora do alcance dos saqueadores, nem mesmo os quatro antigos cavalos esculpidos em bronze que adornavam o Hipódromo, que foram retirados e levados aos navios venezianos. (Eles ainda podem ser vistos hoje em Veneza, na basílica de São Marcos.) Dentro da basílica de Santa Sofia, uma prostituta do acampamento dos cruzados dançava ao redor do trono sagrado do patriarca de Constantinopla. Mourtzouphlos fugiu da cidade, mas foi perseguido e levado de volta à sua capital, onde foi torturado e arremessado do topo da coluna de Teodósio. Enquanto se despedaçava no chão, o império bizantino sofria uma espécie de morte. Nenhum grego assumiu seu lugar: o cruzado Balduíno, conde de Flandres, foi aclamado imperador latino de Constantinopla. Entrementes, os venezianos, tendo recuperado seus gastos com a cruzada, se recusaram a ir para Alexandria ou a qualquer outro lugar. Levantaram âncora e foram para casa contar seus ganhos. O cronista grego Nicetas Choniates chamou a coisa toda de "ultrajante".[39] E não estava de todo errado. A Quarta Cruzada foi uma das travessuras mais vergonhosas e notórias de toda a Idade Média, e Inocêncio III se enfureceu e se queixou amargamente. Contudo, apesar de todos os horrores e a corrupção, os venezianos mostraram o que era possível fazer sob a bandeira das cruzadas. E apesar de toda sua gritaria após o saque e a queda de Constantinopla, Inocêncio faria pleno uso das conclusões a que chegou.

Durante os dezoito anos de seu papado, Inocêncio apregoou cinco outras cruzadas, preparou uma sexta e inspirou uma sétima. Nenhuma delas foi para Jerusalém. Mas sua visão cruzadista englobou todos os pontos cardeais. Na Espanha e em Portugal, Inocêncio exortou os reis cristãos da região a se unirem e lutarem contra os almóadas. Seu desejo foi devidamente cumprido, e em 1212, reforçados por membros dos templários e dos hospitalários, além de outros cruzados dos Pireneus, derrotaram o califa almóada Al-Nasir na Batalha de Las Navas de Tolosa — um marco na Reconquista que deu início a um rápido avanço das potências cristãs para o sul, expulsando os almóadas de volta ao Mediterrâneo. Enquanto isso, bem longe no Norte da Europa, Inocêncio também encorajava dinamarqueses, alemães e outros nobres escandinavos a atacar pagãos no nordeste não convertido da

Europa — uma campanha conhecida como "Cruzada da Livônia", na qual todos os guerreiros cristãos, inclusive os recém-criados cavaleiros teutônicos, poderiam ser perdoados por seus pecados em troca de colonizar novas terras ao redor do Báltico. Essas campanhas militares tiveram consequências funestas, tanto para os muçulmanos espanhóis quanto para os pagãos livônios. Porém, mais revolucionário ainda foi o uso de cruzadas por Inocêncio no coração da Europa Ocidental. Durante uma disputa com o rei João da Inglaterra sobre a nomeação de um arcebispo da Cantuária chamado Stephen Langton, Inocêncio preparou (mas não publicou) documentos que autorizavam uma cruzada contra João, que ele excomungou por desobediência e impertinência geral. E por volta da mesma época, em 1209, Inocêncio pregou uma cruzada contra uma seita cristã herética no Sul da França conhecida como os cátaros. Essa campanha, geralmente chamada de "Cruzada Albigense", pois parte das atividades ocorreu em torno da cidade de Albi, no Sul da França, duraria vinte anos.

Inimigos dentro

Os cátaros, os desafortunados alvos da Cruzada Albigense de Inocêncio, eram conhecidos na Europa pelo menos desde os anos 1170, quando uma grande assembleia de líderes da Igreja, o Terceiro Conselho de Latrão, definiu suas crenças como "uma heresia abominável". Era verdade que se tratava de pessoas heterodoxas, que levaram a tradição do ascetismo cristão muito além do apregoado até mesmo pelos cistercienses de Bernardo de Claraval. Seus princípios fundamentais eram incontroversos: os cátaros consideravam a carne humana pecaminosa e detestável por natureza — uma visão que, como visto, Inocêncio certa vez professou compartilhar de todo coração. Acreditavam que o único meio para escapar da corrupção mortal era viver de acordo com uma doutrina estrita de abnegação: abstinência sexual, vegetarianismo e simplicidade de vida. Nisso não eram muito diferentes, digamos, das ordens de frades mendicantes surgidas na Europa mais ou menos na mesma época. Mas os cátaros passaram do ascetismo cristão para a heresia ao rejeitarem a hierarquia da Igreja ocidental em favor de seu próprio sacerdócio específico e recusando a Eucaristia, o batismo e outros ritos da Igreja. Isso os tornou bastante inaceitáveis — especialmente para um papa como Inocêncio, tão fixado em impor sua autoridade de comando e controle sobre toda a Igreja.

O catarismo também estava preocupantemente perto de casa, pois tinha seguidores entre os moradores de cidades no Sul da França e no Norte da Itália. Um assentamento tipicamente favorável aos cátaros foi a cidade de Viterbo, que sofreu todo o impacto da ira de Inocêncio em 1205, quando os cidadãos elegeram vários cátaros para o conselho municipal. "Vocês apodrecerão em seus pecados como um animal em seu esterco", declarou o papa, furioso.[40] Mas Inocêncio descobriu que não poderia erradicar o catarismo com cartas venenosas. Tratava-se de algo excêntrico e radical, mas inspirava grande devoção e lealdade em seus adeptos. Além disso, vários nobres do Sul da França — principalmente Raimundo, conde de Toulouse — contentaram-se em fechar os olhos à heresia que, apesar de sua estranheza, causava muito poucos danos tangíveis ao tecido moral e religioso da sociedade. Assim, o papa decidiu agir. Como escreveu a Filipe II Augusto da França em 1205: "Feridas que não respondem à cura de cataplasmas devem ser lancetadas com uma lâmina".[41]

Em 1208, o papa teve seu *casus belli* quando um de seus principais diplomatas, Pedro de Castelnau, foi assassinado após uma reunião infrutífera para discutir o catarismo com Raimundo de Toulouse. Em poucas semanas, Pedro foi declarado mártir. Ao mesmo tempo, Inocêncio mandou cartas aos principais lordes e príncipes do Ocidente, difamando os cátaros como "mais perigosos que os sarracenos" e pedindo um esforço geral para eliminá-los da face da Terra.[42] Convocou uma força cruzada para se reunir em Lyon no verão de 1209 e liquidar os inimigos de Deus de uma vez por todas.

Embora a convocação de uma cruzada em solo cristão fosse uma medida drástica e sem precedentes, foi bem recebida de imediato pelo rei e a nobreza do Norte da França. O Sul da França era para eles um reino quase estrangeiro. Quente e sensual, e linguisticamente diferente do norte com seu dialeto occitano, por muito tempo esteve fora de alcance do governo real. Isso desagradava muito a Filipe Augusto, cujo objetivo ao longo de seu reinado era o de estabelecer a autoridade de sua Coroa sobre uma parte maior do reino do que até pouco tempo antes.* Filipe não tinha muito

---

* Uma meta que já havia sido alcançada de forma espetacular na Normandia, onde em 1203-1204

interesse em fazer uma cruzada — sua experiência na Terceira Cruzada, quando era mais jovem, já fora suficiente —, mas de qualquer forma ofereceu seu apoio tácito à cruzada contra os cátaros em seu reino, calculando que seria um meio útil de romper a autonomia de homens como o conde de Toulouse. O comando do exército anticátaro foi confiado a um cruzado experiente: Simon de Montfort, veterano da Quarta Cruzada e um fanático implacável e obstinado, movido pela paixão de matar infiéis onde os encontrasse.* Na Cruzada Albigense ele encontrou o pretexto perfeito para saciar sua sede de sangue.

A partir de junho de 1209, durante dois anos, Simon de Montfort e seus companheiros cruzados assolaram o Sul da França, sitiando cidades suspeitas de abrigar cátaros e queimando, mutilando e torturando pessoas até a morte. Montfort perseguiu hereges em lugares como Béziers e Carcassonne, Minerve e Castelnaudary, e quando os encontrava não tinha misericórdia. Segundo um dos autores de uma crônica conhecida como *A canção das guerras cátaras*, "houve uma matança tão grande que [...] será falada até o fim do mundo". Os cruzados incendiaram e bombardearam tudo por onde passaram no país cátaro, massacrando cidadãos aos milhares para garantir que nenhum herege escapasse de sua punição. Cantavam hinos religiosos como "Veni Creator Spiritus" e jogaram mulheres em poços. Em 1210, suas vítimas somavam dezenas de milhares. E Montfort não queria parar. Na verdade, estava tendo tanto sucesso que começou a demarcar um grande ducado para si mesmo no sul, criado a partir de terras confiscadas de nobres que se recusaram a apoiar suas ações contra os hereges. No final de 1212, Montfort dominava uma porção considerável do Sul da França, que governava de acordo com um conjunto de leis estritas e discriminatórias chamadas Estatutos de Pamiers. Também estava totalmente fora de controle. Em 1213, tentou expandir seu Estado cruzado ao território pertencente a Pedro II, rei de Aragão e conde de Barcelona,

---

Filipe expulsou o duque inglês da Normandia, o rei João, anexando o ducado ao controle real francês pela primeira vez em muitos séculos.

* Esse é Simon IV de Montfort, às vezes conhecido como Simon de Montfort, o ancião, para diferenciá-lo de seu filho Simon V de Montfort, conde de Leicester, líder de uma grande rebelião na Inglaterra que em 1264-1265 depôs temporariamente o rei Henrique III. Simon, o ancião, abandonou a Quarta Cruzada depois do desastre em Zara e foi lutar por conta própria por um tempo na Síria — uma decisão que o deixou isento de associação com o saque de Constantinopla de 1204.

cujos domínios se estendiam até o norte dos Pireneus. Pedro era um herói da Reconquista, coroado rei pelo próprio Inocêncio, que em 1212 participara da grande batalha contra os almóadas em Las Navas de Tolosa. Não fez diferença: em 12 de setembro de 1213, Montfort atraiu Pedro para uma batalha em Muret, não muito longe de Toulouse, derrotou seu exército e matou o rei aragonês. Fosse qual fosse a ameaça representada pelo catarismo à unidade da Igreja, nenhum cátaro foi responsável pelo massacre de monarcas cruzados. Agora era Montfort quem parecia representar a maior ameaça à ordem no Sul da França.

Inocêncio, porém, não se incomodou ou não conseguiu controlar o seu homem. O papa havia então começado a planejar uma Quinta Cruzada, que seria anunciada no Quarto Concílio de Latrão em 1215, tendo como alvo a cidade de Damieta, no delta do Nilo. E embora Montfort certamente fosse uma presença perturbadora durante os preparativos para essa missão, não chegou a convencer Inocêncio da necessidade de interromper a perseguição aos inimigos de Cristo. Assim, o papa permitiu que as perseguições continuassem, e Montfort ainda estava vivo e ativo em junho de 1216, quando Inocêncio adoeceu e morreu em Perugia, com aproximadamente 55 anos. Montfort continuou a exercer seu papel de flagelo dos cátaros por mais dois anos até também morrer no sítio de Toulouse, onde foi atingido por uma pedra lançada por uma catapulta operada por um grupo de mulheres da cidade. Foi um golpe de sorte. Mas o estrago já estava feito. Depois da morte de Montfort, as guerras cátaras foram travadas pelo filho de Filipe Augusto, Luís "o Leão", que em 1223 sucedeu a seu pai como Luís VIII da França. Luís continuou a guerra contra os hereges do sul até o final dos anos 1220, época em que conseguiu despojar o condado de Toulouse dos últimos vestígios de independência. Se isso resolvia o problema fundamental da heresia era muito menos certo. O catarismo permaneceu vivo no sul até o século XIV, nem mais nem menos perigoso do que jamais fora para o tecido moral da sociedade ocidental. Portanto, seja o que for que tenha realizado em termos de reorganização política, a Cruzada Albigense não foi capaz de obliterar o espírito dos hereges.* Mas tornou normal a noção de

---

* Um dos muitos exemplos históricos da futilidade das guerras contra abstrações. Ver, em nossos tempos, a Guerra ao Terror, a Guerra às Drogas etc.

cruzados lutando nos reinos cristãos do Ocidente. Durante os séculos XIII e XIV isso se tornaria uma visão cada vez mais comum.

Cruzados por toda parte

A Quinta Cruzada planejada por Inocêncio e promulgada no Quarto Concílio de Latrão de 1215 acabou sendo supervisionada por seu sucessor, Honório III, com sucesso muito limitado. Apesar da mobilização de um grande exército para atacar Damieta, composto basicamente por franceses e alemães, quatro anos de guerra, entre 1217 e 1221, não produziram ganhos duradouros. Damieta foi tomada e perdida, e uma tentativa de invadir a capital egípcia, Cairo, foi facilmente rechaçada pelo sultão Al-Kamil, sobrinho de Saladino, que inundou o vale do Nilo e afundou o exército dos cruzados nos lamaçais. Essa cruzada, além de uma quase idêntica, a Damieta, comandada por Luís IX da França em 1248-1254, foi os últimos farsescos ataques em massa ao Oriente, posteriormente deixado cada vez mais à defesa das ordens militares, ocasionalmente apoiadas por expedições independentes realizadas por grandes senhores.

Mas isso não significou o fim das cruzadas. À medida que a era das grandes campanhas definhava, muitas lutas mais localizadas da guerra dos cruzados surgiram em seu lugar. Na Espanha, a vitória sobre os almóadas em Las Navas de Tolosa em 1212 deu início a uma nova fase da Reconquista, na qual as potências cristãs ganharam cada vez mais poder, expandindo-se progressivamente para o sul até 1252, quando somente o emirado de Granada, no extremo sul da península, continuava sob domínio islâmico. Enquanto isso, no Norte da Europa, as cruzadas tornaram-se permanentes, à medida que os cavaleiros teutônicos fincavam raízes em países fronteiriços e empreendiam incursões anuais em terras pagãs ao redor das regiões do Báltico — conhecidas genericamente como Prússia — para converter incréus à força e abrir novas propriedades para cristãos seculares, nobres e bispos. Foi um processo lento, mas bem-sucedido, que por um tempo criou um Estado militar cruzado no Báltico, estendendo-se desde o que hoje é o Norte da Polônia até a Estônia. Ao mesmo tempo, como veremos no capítulo 9, o movimento cruzadista tornou-se um meio de defender as fronteiras da cristandade na Europa oriental de uma nova superpotência mundial — os mongóis.

Mas apesar de esses e outros cruzados estarem pelo menos lutando contra não cristãos, a partir do século XIII muitos outros fizeram votos de lutar em nome de Cristo e acabaram se envolvendo em guerras contra seus correligionários. Aliás, um dos mais notórios líderes cruzadistas que depois se tornou alvo nessa época foi o imperador do Sacro Império Romano, Frederico II Hohenstaufen. Um dos homens mais marcantes de sua época, Frederico tinha o apelido de "a maravilha do mundo" (*estupor mundi*) por sua argúcia intelectual, seu gênio político e sua insaciável curiosidade. Criado na Sicília, onde se tornou rei aos três anos em 1198, Frederico tinha afinidade natural com a língua árabe e a cultura islâmica, apesar de manter sua fé cristã. Também nutria uma obsessão perene pela investigação científica, a filosofia natural, a matemática e a zoologia, e escreveu um livro muito conceituado sobre a arte de caçar com aves de rapina. Em 1220, foi coroado imperador do Sacro Império Romano, estendendo sua autoridade de Siracusa, no sul, às fronteiras da Alemanha com a Dinamarca ao norte. Mesmo sem levar em conta a força de sua personalidade, era o governante secular destacado no mundo cristão. E quando voltou sua atenção para as cruzadas, conseguiu resultados espetaculares.

Embora nunca tenha liderado uma cruzada massiva para o Oriente, Frederico viajou para o reino de Jerusalém no final de 1220, onde usou seu relacionamento com o sultão Al-Kamil para conseguir o que muitos haviam desistido por considerar impossível: o retorno de um governo cristão na Cidade Santa. Em um acordo entre ele e o sultão negociado por meio da diplomacia pessoal, Frederico garantiu o reconhecimento de uma supervisão cristã, desde que os muçulmanos tivessem permissão para chegar ao Haram al-Sharif sem ser molestados, para venerar na Cúpula da Rocha e na Mesquita de Al-Aqsa. Frederico reivindicou o título e a coroa de rei de Jerusalém, mas deixou o governo do dia a dia nas mãos de representantes nomeados quando voltou à Europa. Apesar de esse feliz equilíbrio de poderes ter durado apenas dezesseis anos, foi uma revolução milagrosa de equanimidade sem derramamento de sangue, pela qual Frederico esperava o agradecimento e a adulação de toda a cristandade. Infelizmente, não foi o que aconteceu.

No decorrer de sua vida, Frederico Hohenstaufen teve diversas desavenças com papas e foi excomungado quatro vezes. Na verdade, no exato momento em que era coroado rei de Jerusalém na igreja do Santo Sepulcro, em 1229, estava tecnicamente proibido de comungar na Igreja Romana. Teve no papa Gregório IX (1227-1241) um inimigo mortal, um indivíduo imperioso e beligerante nos moldes de Inocêncio III, cuja missão principal era erradicar a heresia, perseguir descrentes em toda parte e conscientizar todos os príncipes terrestres de que seus poderes não eram nada comparados à majestade papal. Temendo que o poder de Frederico na Sicília, no Sul da Itália, na Alemanha e na Lombardia permitisse à dinastia Hohenstaufen cercar e dominar os papas nos Estados papais, Gregório acusou várias vezes Frederico de heresia e encorajou outros governantes a invadir as terras dos Hohenstaufen. Essa inimizade sobreviveu a ambos: dos anos 1240 até os anos 1260, sucessivos papas pregaram a guerra contra Frederico e seus sucessores, instando os beligerantes a usar cruzes de cruzados, obter a remissão de seus pecados e isentá-los de peregrinações à Terra Santa se ficassem no Ocidente para lutar contra o Sacro Império Romano. Os Hohenstaufen acabaram sendo derrotados em 1268, quando o neto de Frederico, Conradino, de dezesseis anos e rei titular de Jerusalém, foi capturado por aliados papais durante a luta pelo governo da Sicília, levado para Nápoles e decapitado. Seria difícil pensar em uma inversão — ou mesmo perversão — maior da missão original das cruzadas do que um rei latino de Jerusalém perdendo a cabeça numa guerra contra o papa. Mas era essa a situação do mundo.

A partir de meados do século XIII, os Estados cruzados do Oriente entraram em decadência terminal. A geopolítica na Síria e na Palestina estava mudando radicalmente, em parte por causa das instabilidades causadas pela ascensão dos mongóis. Em 1244, a cidade de Jerusalém foi invadida e saqueada pelos turcos corásmios, desalojados e expulsos da Ásia Central pelo avanço mongol. Assim, a partir dos anos 1260, uma nova dinastia governante no Egito — uma casta de soldados-escravos turcos conhecida como mamelucos — começou a destruir os redutos e fortalezas costeiras restantes do reino de Jerusalém, o condado de Trípoli e o principado de Antioquia. Ao longo de três décadas, reduziram a pó as vulneráveis e cada vez mais negligenciadas cidades dos cruzados, culminando em um grande cerco a Acre em maio de 1291, que terminou com uma evacuação forçada por mar. Depois disso, o reino latino de Jerusalém mudou-se para Chipre, onde definhou até a extinção.

O movimento cruzadista para o Oriente estava morrendo, bem como suas instituições. No início do século XIV, os cavaleiros templários foram destruídos em um ataque cínico e sistemático liderado pelo governo francês de Filipe IV, "o Belo",* cujos ministros acusaram os líderes templários de blasfêmia, desvios sexuais e má conduta grave.[43] Embora muitos escritores do século XIV ao XVI tenham fantasiado sobre uma nova era em que o espírito de 1096-1099 ressurgiria e toda a cristandade recuperaria Jerusalém, só em 1917 um general ocidental entrou pelos portões da Cidade Santa como conquistador, quando Edmund Allenby chegou para assumir o comando em nome dos Aliados depois da expulsão dos otomanos na Primeira Guerra Mundial.

Mas entrementes as cruzadas continuaram, em alguns casos até em sua forma original, contra os "infiéis" não cristãos. Os cavaleiros teutônicos seguiram com sua guerra contra os pagãos no Báltico até meados do século XV. Os hospitalários estabeleceram um quartel-general internacional em Rodes, onde travaram contínuas batalhas marítimas, policiando o Mediterrâneo contra piratas muçulmanos da Ásia Menor e do Norte da África, sob o pretexto de uma guerra santa. E quando o Império Otomano começou a se expandir em direção à Europa Oriental, os cavaleiros cristãos se uniram à causa com cruzes estampadas em suas armaduras. O movimento cruzadista continuou como um emblema a ser usado para dar um verniz adicional de legitimidade a qualquer guerra travada por uma potência cristã. Em 1258, quando o papa Alexandre IV quis que seus aliados (inclusive a República de Veneza) entrassem em guerra com Alberico da Romano, governante de Treviso, designou um representante papal para pregar uma cruzada na praça de São Marcos — um desfile em que o representante papal apresentou um bando de mulheres nuas que alegou terem sido abusadas sexualmente pelos trevisanos. Logo depois, nos anos 1260, o jovem Simon de Montfort, filho do inimigo dos cátaros de mesmo nome, declarou que sua rebelião contra o rei Henrique III da Inglaterra era uma cruzada.** Um século depois, o tataraneto de Henrique III, John de Gaunt,

---

* Ver capítulo 11.

** A rebelião de Montfort foi na verdade motivada pela tola promessa de Henrique III de liderar uma cruzada contra os Hohenstaufen na Sicília, onde imaginou que poderia destituir o governante cristão e empossar seu filho, Edmund.

duque de Lancaster, afirmou ser um cruzado quando foi lutar na península Ibérica na esperança de se apoderar da Coroa de Castela em nome de sua esposa, filha do rei assassinado Pedro, "o Cruel". Nos anos 1380, o bispo inglês de Norwich, Henry Despenser, liderou uma cruzada a Flandres, que supostamente eliminaria os partidários de um antipapa, Clemente VII, mas era na verdade uma campanha secundária no longo conflito anglo-francês conhecido como a Guerra dos Cem Anos. No século XV, foram mobilizadas cinco cruzadas contra os hussitas — seguidores de um herege da Boêmia chamado Jan Hus, um dos primeiros teólogos dissidentes do que viria a ser conhecido como a Reforma.* E em 1493, o explorador genovês Cristóvão Colombo retornou de seu primeiro encontro com as Américas anunciando — em termos que lembram muito a retórica dos cruzados — sua descoberta de uma terra de grandes riquezas e muitos pagãos, que poderia ser reivindicada em nome de toda a cristandade.

E isso estava longe de ser a última menção da palavra iniciada com C. O conceito de cruzada sobreviveu à Idade Média e até hoje é uma das metáforas favoritas da extrema direita, de neonazistas e de terroristas islâmicos, todos aderentes à tênue ideia de que as cruzadas definiram as relações entre cristãos e muçulmanos por um milênio. Eles não estão certos, mas tampouco são originais em seus erros. O movimento cruzadista — um híbrido bastardo de religião e violência, adotado como um veículo para as ambições papais que acabou ganhando vida própria como quisesse, onde quisesse e contra quem quisesse — foi uma das ideias mais venenosas e duradouras da Idade Média. Sua persistência é um sinal de sua genialidade e da disposição das pessoas, tanto naquela época como hoje, de entrar em conflito em nome de uma causa superior.

---

* Ver capítulo 16.

Parte III
RENASCIMENTO
c. 1215 d.C.–1347 d.C.

9
MONGÓIS

"Eles chegaram, solaparam, queimaram, mataram, saquearam e partiram..."
Ata-Malik Juvaini sobre os mongóis

Na grande cidade de Damieta, no delta do Nilo, estranhas notícias chegaram do Oriente nos primeiros meses frios de 1221. Na época, Damieta estava nas mãos de um exército cruzado internacional. Há quatro anos eles vinham conduzindo uma tediosa campanha militar contra o sultão do Egito e, apesar de terem tomado a cidade, não conseguiam fazer muito mais que isso. A luta no Egito estava se revelando cara, desconfortável e insalubre. O sultão aiúbida Al-Kamil mantinha-se inabalável no Cairo, e quaisquer ganhos adicionais às suas custas pareciam difíceis, até impossíveis. Muito dinheiro foi gasto e muitas vidas perdidas para se chegar a uma posição de impasse geral. Mas cartas chegaram a Damieta e pareciam mudar tudo.

As cartas foram encaminhadas ao exército dos cruzados por Boemundo IV, príncipe de Antioquia, com rumores que haviam chegado aos Estados cruzados, diretamente de mercadores de especiarias que trabalhavam nas rotas comerciais que iam da Pérsia à costa ocidental da Índia. De acordo com os documentos explosivos fornecidos por esses comerciantes, um governante tremendamente poderoso chamado "David, Rei das Índias" estava invadindo reinos islâmicos da Ásia Central e destruindo tudo no caminho. Dizia-se que o rei Davi já havia derrotado o xá da Pérsia e capturado cidades grandes e ricas, que incluíam Samarkand, Bukhara (ambas no atual Uzbequistão) e Ghaza (no atual Afeganistão). E o invasor ainda não estava satisfeito. Continuava seu inclemente avanço para o oeste, chacinando infiéis pelo caminho. "Não há poder na terra que possa resistir a ele", ouviu um cronista. "Acredita-se que seja o executor da vingança divina, o martelo da Ásia."[1]

O homem que recebeu essa espantosa informação da inteligência militar em Damieta foi Jacques de Vitry, bispo de Acre, um engenhoso erudito eclesial cujo amor por cartas se estendia ao uso de uma mitra episcopal feita de pergaminho.* De Vitry tinha todos os motivos para acreditar no que lia. Na mesma época, um pequeno grupo de cruzados que fora capturado meses antes em combates perto de Damieta voltou à cidade contando histórias semelhantes de uma incrível aventura. Aprisionados no Egito pelas forças do sultão, foram encaminhados como prisioneiros de guerra ao tribunal do califa abássida em Bagdá. De lá, foram dados como presentes humanos a diplomatas que serviam a um poderoso rei de terras em um país muito mais ao leste. Esse mesmo monarca poderoso, por sua vez, os mandou de volta a Damieta para demonstrar sua força e magnanimidade. Era uma história intrigante, e como as aventuras desses cruzados os levaram para muito longe das terras onde as línguas europeias eram faladas, eles não entenderam muito bem o que viram nem todos que conheceram. Mas, pelo contexto, parecia razoável supor que seu salvador era ninguém menos que o rei David.

O arcebispo Jacques de Vitry espalhou a notícia por todo o Ocidente, escrevendo pessoalmente para altos dignitários como o papa, o duque da Áustria e o reitor da Universidade de Paris.[2] A cruzada foi salva, anunciou: o rei David estava a caminho para ajudar a destruir o sultão egípcio. Confundindo várias profecias cristãs com relatos testemunhais, sem dúvida emocionantes, dos prisioneiros de guerra, De Vitry e outros religiosos decidiram que aquele rei David deveria ser um descendente do guerreiro-governante cristão mítico chamado Preste João. Na época de seus antepassados, os homens falavam desse Preste João, governante de um lugar difuso chamado "as Três Índias", a quem supostamente dezenas de reis prestavam obediência — e previam que ele iria a Jerusalém "com um enorme exército condizente com a glória de nossa Majestade, para infligir uma derrota humilhante aos inimigos da Cruz".[3] Infelizmente para eles, isso nunca aconteceu, pela simples razão de

---

* Hoje em exposição no Musée Provincial des Arts Anciens em Namur, na Bélgica.

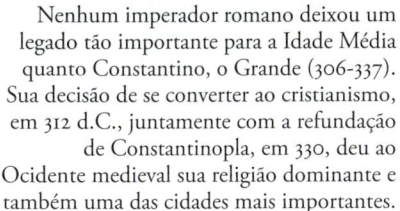

Nenhum imperador romano deixou um legado tão importante para a Idade Média quanto Constantino, o Grande (306-337). Sua decisão de se converter ao cristianismo, em 312 d.C., juntamente com a refundação de Constantinopla, em 330, deu ao Ocidente medieval sua religião dominante e também uma das cidades mais importantes.

O Tesouro de Hoxne, em exposição no Museu Britânico, é um glorioso baú de joias, ornamentos e moedas, enterrado por precaução quando o domínio romano na Britânia entrou em colapso, no final do século V d.C. Esta armadura de cota de ouro, um de seus tesouros, indica a rica cultura material da Britânia quando a era clássica deu lugar à medieval.

O saque de Roma, 410 d.C., retratado por Thomas Cole, pintor do século XIX. O quadro sugere um mundo destruído numa voragem em que os migrantes bárbaros são uma força da natureza. Apesar de Roma não ser a capital de seu próprio império em 410, o saque de Alarico e os godos simbolizaram uma superpotência no fim da vida.

O impressionante mosaico na Basílica de Sant'Apollinare Nuovo em Ravena data da época de Teodorico, o Grande, rei ostrogodo da Itália no início do século VI d.C. Teodorico pode ter sido um bárbaro, mas foi um governante sofisticado e magnificente, com um autêntico gosto romano pelas belas-artes e a arquitetura.

Átila, o Huno (morto em 453 d.C.), é uma das figuras mais famosas da história ocidental, que ascendeu ao poder quando o Império Romano do Ocidente entrou em colapso. Seu nome se tornaria sinônimo de ferocidade, conquista e crueldade, mas ele está longe de ter sido um mero senhor da guerra sanguinário. Esta xilogravura foi feita na Alemanha, mais de mil anos após sua morte.

Justiniano reformulou totalmente as leis romanas. Esta página de manuscrito do seu Digesto data de final do século XIII. O texto jurídico no centro da página está ladeado por densos comentários, mostrando o quanto as gerações dos juristas medievais pensavam sobre o direito romano.

Hagia Sophia, recentemente convertida em uma mesquita, foi originalmente construída como a maior igreja de Constantinopla, em Bizâncio. Seu enorme domo foi encomendado pelo imperador Justiniano no rescaldo da Revolta de Nika de 532 d.C., que quase o depôs do trono.

A Cúpula da Rocha de Jerusalém foi construída pelo califa omíada Abdal Malique no século VII, e depois muitas vezes reformada pelos otomanos. É uma das construções mais antigas e mais imediatamente reconhecidas do mundo, e um símbolo do poder ostensivo e da sofisticação das potências islâmicas na Idade Média.

Uma dançarina burlesca que se tornou imperatriz de Bizâncio é uma das figuras mais fascinantes do início da história medieval. Seu casamento com Justiniano foi um encontro de pensadores e personalidades, e ela o salvou de uma derrota por ocasião da Revolta de Nika de 532 d.C. Esta imagem em mosaico dela está na Basílica de San Vitale, Ravena.

Esta ilustração de um manuscrito persa do final da Idade Média mostra a Batalha do Camelo, de 656 d.C. A luta aconteceu em Basra, no Iraque, entre Ali e Aisha, respectivamente o primo e a viúva do profeta Maomé. Aisha é a mulher montada no camelo no canto superior esquerdo da cena. O resultado do conflito reverbera até hoje na cisão do islã entre sunitas e xiitas.

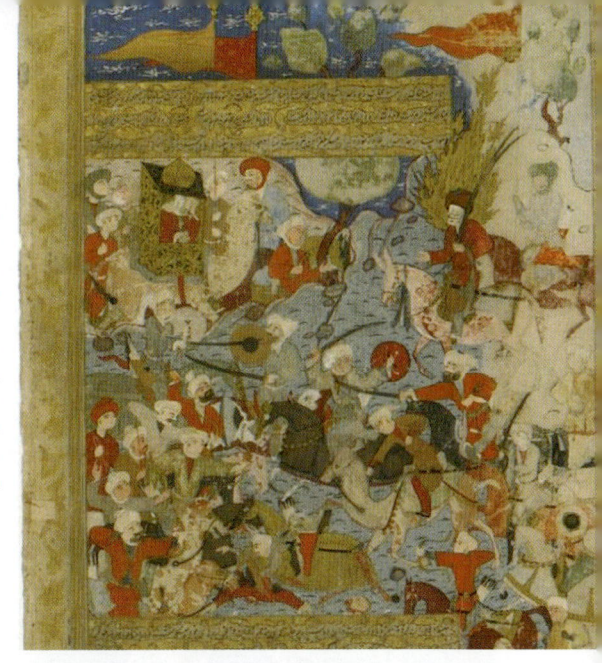

Carlos Magno, como imaginado muito tempo depois da sua morte por Albrecht Dürer, é conhecido meritoriamente como o "pai da Europa". O legado de suas conquistas, que unificaram a França, a Alemanha, a Bélgica, Luxemburgo e o Norte da Itália, deu forma aos sonhos dos políticos europeus desde Napoleão aos arquitetos da União Europeia.

A Coroa de Ferro da Lombardia, confiscada por Carlos Magno quando conquistou o reino, que incorporaria um prego achatado da crucificação de Cristo. Infelizmente, as análises modernas provaram que isso era um mito.

A grande horda viking que invadiu a Inglaterra no século IX assassinou o rei Edmundo, da Ânglia Oriental, que depois foi considerado um santo cristão. A história que os vikings o amarraram a uma árvore e o mataram a flechadas pode ter sido uma lenda, mas expressava o temor que gerações de povos medievais sentiam desses ferozes guerreiros escandinavos.

Uma amostra da opulenta decoração de Cluny III de outrora; estes afrescos, encomendados pelo abade Hugo de Cluny, foram descobertos na capela de Berzé-la-Ville no final do século XIX. O monasticismo cluníaco inspirou algumas das melhores pinturas e músicas do período anterior à Renascença.

Apenas uma pequena parte da capela da Borgonha conhecida como Cluny III continua de pé. Porém, na Alta Idade Média, ela era a maior construção da Europa, e um símbolo da imensa riqueza e da influência dos monges cluníacos.

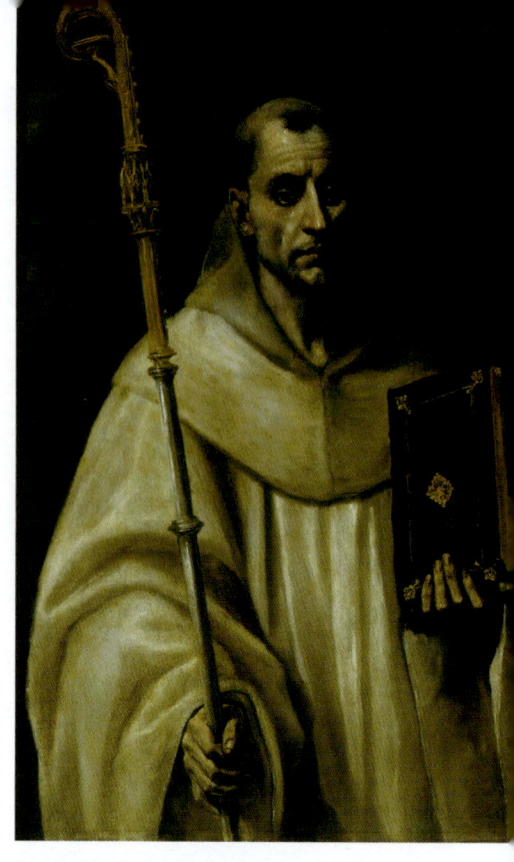

São Bernardo de Claraval — imaginado aqui por El Greco, pintor do século XVI — foi a força motriz por trás da ordem cisterciense, e no século XII teve um papel crucial na obtenção da aprovação papal para os cavaleiros templários.

William Marshal, duque de Pembroke, era reconhecido por si mesmo como o maior cavaleiro de sua época. Serviu a cinco reis Plantageneta da Inglaterra, e ainda lutava em acirradas batalhas aos setenta anos de idade. A efígie de seu túmulo, aqui retratada, encontra-se na Igreja dos Templários em Londres.

Este manuscrito do final da Idade Média mostra a Batalha de Roncevalles, de 778 d.C., e a morte de Rolando. Baseada em uma campanha militar do reino de Carlos Magno, *A canção de Rolando* transformou o personagem do título em um heroico cavaleiro. Foi uma das histórias mais populares da Idade Média.

Eleanor de Aquitânia se casa com o rei da França, Luís VII, enquanto um navio espera para transportá-los para o Oriente, na Segunda Cruzada. A visita de Eleanor à Terra Santa não foi muito bem, e ela se divorciou do marido quando os dois voltaram para a Europa.

Temujin, o senhor da guerra mongol do século XIII, mais conhecido como Gengis Khan, fundou na Idade Média o maior império do mundo. Hoje é reverenciado como um herói nacional: esta gigantesca estátua se impõe na paisagem de Ulan Bator, capital da Mongólia.

Estas deslumbrantes lajotas, feitas na abadia de Chertsey, em Surrey, na Inglaterra, mostram Ricardo Coração de Leão em confronto com Saladino na Terceira Cruzada. Esta luta nunca aconteceu, mas no final do século XIII a rivalidade entre estes grandes governantes se tornou lendária.

Os mongóis praticavam a guerra total na era medieval. Quando o descendente de Gengis Khan, Hulagu, sitiou Bagdá, em 1258, seus soldados mataram o califa abássida e jogaram tantos inestimáveis manuscritos no rio Tigre que as águas ficaram pretas de tinta.

A família Polo é presenteada com um tablete de ouro por Kublai Khan, o líder supremo do Império Mongol. Marco Polo foi um comerciante e diplomata desbravador, e seu livro *Viagens* é um dos mais conhecidos da Idade Média.

Meticulosamente reconstruído depois de bombardeado na Primeira Guerra Mundial, o salão de tecidos de Ypres demonstra a vasta riqueza dos mercadores europeus no final da Idade Média — particularmente os envolvidos no comércio da lã inglesa.

Abelardo e Heloísa foram dois dos mais famosos amantes da história medieval. Abelardo foi o mais brilhante acadêmico da sua época, mas o caso de amor com Heloísa levou ambos à desgraça pública. Abelardo foi brutalmente castrado e Heloísa, confinada em um convento.

O papiro original detalhando as confissões dos cavaleiros templários na França em 1307. As confissões foram ouvidas na íntegra por renomados acadêmicos da Universidade de Paris, cujas opiniões sobre a culpa dos templários foram listadas para ajudar a condená-los por crimes terríveis.

A Sainte-Chapelle de Paris é uma das obras mais deslumbrantes da arquitetura gótica. Encomendada por Luís IX como repositório de suas relíquias, entre elas a coroa de espinhos de Cristo. Os imensos vitrais e o teto elevado evocam de se alçar da terra ao céu.

O castelo de Caernarfon, no Norte do País de Gales, foi construído para o rei inglês Eduardo I pelo grande engenheiro-arquiteto Mestre James de St. George. Misturava um projeto de fortificação de última geração com laivos das muralhas de Constantinopla, e foi projetado para cooptar os mitos nacionais galeses à colonização da Coroa inglesa.

Eleanor de Castela, rainha da Inglaterra, morreu perto de Lincoln, por isso seus intestinos foram removidos e ela foi enterrada na catedral gótica do local. Esta é a reconstrução da efígie de sua tumba. Qualquer ligação com a realeza podia ser inestimável para uma catedral medieval, atraindo patrocínios e turismo para financiar sua administração e os custos de manutenção.

Foram usados 4 milhões de tijolos na construção do "Duomo" da catedral de Santa Maria di Fiori em Florença, no século XV. A maneira como o domo foi construído tornou-se um enigma arquitetônico que perpassou gerações, solucionado afinal por Filippo Brunelleschi.

O primeiro surto da Peste Negra matou pelo menos 40% da população da Europa entre 1347 e 1351. A terrível mortalidade resultou em décadas de agitações e rebeliões populares. Mas também gerou uma empolgante nova era de invenções e explorações na era medieval.

Na Inglaterra, surtos da peste, uma longa e dispendiosa guerra com a França e impostos punitivos desencadearam a Revolta dos Camponeses de 1381. Nas rebeliões populistas em Londres, o arcebispo de Canterbury e o tesoureiro real foram mortos, e o governo quase caiu.

Uma das mais famosas obras de arte inspiradas pela Peste Negra foi *Decameron*, uma coletânea de histórias contadas por personagens que fugiram de Florença para escapar da pestilência. Seu autor foi Giovanni Boccaccio, mostrado aqui numa estátua do século XIX na parte externa da Galeria Uffizi.

O poeta italiano Petrarca costuma ser citado como o primeiro escritor da Renascença. A musa de seus sonetos foi Laura de Noves, retratada aqui em quadro feito após sua morte, no primeiro surto da Peste Negra na Europa.

O "retrato de Arnolfini", de Jan van Eyck, mostra um rico comerciante com a noiva muito mais jovem. O jocoso uso da perspectiva e o reflexo no espelho ilustram Van Eyck no auge de seus poderes. Costuma-se dizer que Van Eyck foi o homem que inventou a pintura.

Salvator Mundi é (enquanto escrevo) o quadro mais caro do mundo já vendido em um leilão. Muito do seu valor deve-se ao fato de ter sido firmemente identificado como uma obra de Leonardo da Vinci, o gênio polímata da Renascença, cujo trabalho remete à Idade Média aos tempos atuais.

Em 1453, o sultão otomano Mehmed II sitiou Constantinopla. Esta ilustração francesa mostra o enorme canhão com que bombardeou as antigas muralhas da cidade. A queda da capital de Bizâncio dificultou o comércio no Mediterrâneo oriental, estimulando assim as explorações do Atlântico.

A viagem de Cristóvão Colombo ao Caribe, em 1492-3, é lembrada como um momento fundamental na história dos contatos transatlânticos medievais. Mas Colombo não teria chegado a parte alguma sem o apoio de Isabel de Castela, uma das "monarcas católicas" da Espanha, que patrocinou o navegador quando outros o rejeitaram.

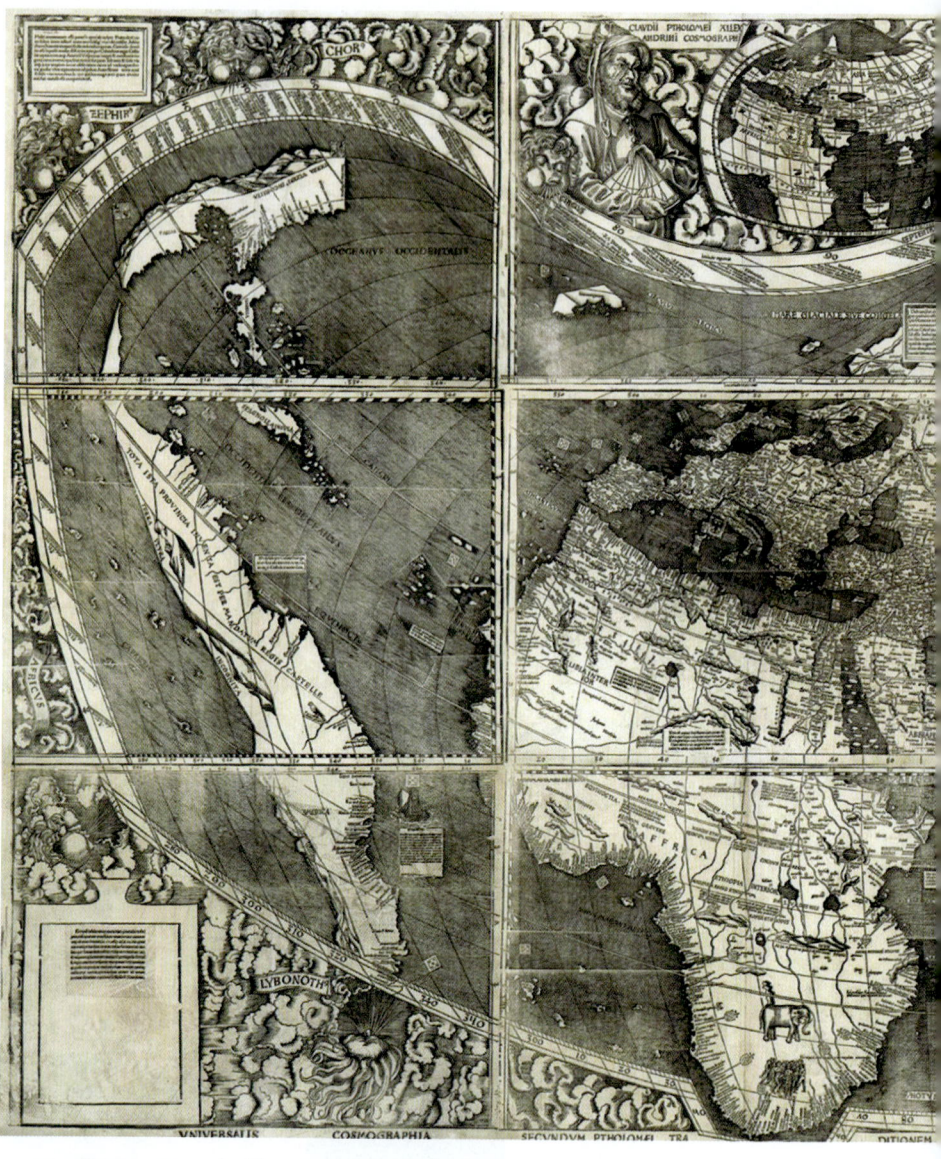

Este mapa, produzido por um cartógrafo alemão em 1507, mostra uma massa de terra no Atlântico ocidental, chamada de "América". Mostra também o oceano Índico como navegável a partir do sul. Ambas foram descobertas geográficas recentes da Europa no final da Idade Média.

Em 1527, Roma foi saqueada por um exército mobilizado pelo futuro imperador do Sacro Império Romano, Carlos V. Esta panorâmica de Peter Bruegel, o Velho, é apenas uma pequena amostra do terrível banho de sangue causado pelas tropas imperiais amotinadas. Foi realmente o fim do mundo medieval.

ET AMERICI VESPVCII ALIORVQVE LVSTRATIONES

Martinho Lutero foi o arquiteto intelectual do que se tornou a Reforma Protestante. Suas críticas arrasadoras à doutrina católica e à corrupção institucional causaram um dano irreparável à Igreja Romana medieval.

A Bíblia de Gutenberg, produzida em 1455, foi o primeiro grande livro impresso na história do Ocidente. A invenção da prensa transformou a política, a cultura e a religião europeias. Foi particularmente importante na divulgação de novas ideias religiosas por ocasião da Reforma.

que Preste João não existia. Mas supunha-se que seu filho — ou possivelmente seu neto — estava a caminho para cumprir a tarefa. A se acreditar na combinação de relatórios de inteligência e profecias, logo os cruzados poderiam capturar Alexandria e depois Damasco, antes de se juntar ao rei David para entrar triunfantemente em Jerusalém.

Finalmente, as coisas estavam começando a melhorar.

Só que, é claro, aquilo não era verdade. Animados com a notícia do iminente reforço do rei David, os cruzados de Damieta partiram para atacar o sultão e conseguir sua vitória. Mas foram facilmente derrotados e afogados nas cheias do Nilo. E quando outros grupos de cruzados foram para a Terra Santa nos anos seguintes, não viram sinal nenhum do rei David. As profecias de vitória iminente mostraram-se fantasiosas, e logo o nome do rei David deixou de ser mencionado.

Mas os rumores sobre tal figura não eram inteiramente fictícios. Pois os mercadores de especiarias indianas e os prisioneiros de guerra cruzados não estavam mentindo quando falaram de um governante conquistador invencível avançando do leste. Eles simplesmente não sabiam o que estavam vendo.[4]

O que eles pensaram ser o "Rei David", neto de Preste João e salvador do Ocidente cristão, era na verdade Gengis Khan (ou, como muitos estudiosos agora preferem, *Chinggis Qan*), um garoto nômade pobre e desamparado das estepes da Mongólia que se tornou o maior conquistador da sua época. Em duas décadas, Gengis Khan montou uma máquina de guerra mongol impiedosa e aparentemente invencível e investiu contra o mundo ao redor, da Coreia à Mesopotâmia. Ao fazer isso, destruiu as estruturas políticas da Ásia Central e do Oriente Médio, causando o desaparecimento de duas das maiores dinastias imperiais do mundo oriental: a dos Jin na China e a dos Corásmios na Pérsia. E ainda havia mais por vir.

Desde a ascensão de Gengis Khan no início dos anos 1200 até 1259, quando o super Estado que conquistou foi formalmente dividido em quatro enormes partes, os mongóis controlaram o maior império de territórios contíguos do mundo. E apesar de seu período de preeminência global ter durado apenas 150 anos, suas realizações na época foram comparáveis às dos antigos macedônios, dos persas ou dos romanos. Seus métodos eram mais brutais que os de qualquer outro império global antes da era moderna: os mongóis não hesitavam em arrasar cidades, exterminar populações inteiras, arruinar vastas regiões e deixar metrópoles, outrora movimentadas, fumegantes e desoladas, para serem reconstruídas a seu próprio gosto ou simplesmente eliminadas do mapa.[5] Contudo, como contraparte ao seu terrível legado de massacres, destruição e genocídios, os mongóis repaginaram toda a estrutura de comércio e interação na Ásia e no Oriente Médio. A ordem rigidamente policiada que impuseram aos territórios conquistados criou um relativo período de paz, às vezes conhecido pelos historiadores como *Pax Mongolica*. Deu margem a jornadas épicas de exploração terrestre e a uma transferência mais fácil de tecnologias, conhecimento e pessoas entre o Oriente e o Ocidente. Também pode ter sido responsável, como veremos no capítulo 13, pela transmissão da pior pandemia da história do mundo.

Os mongóis foram pioneiros em ferramentas administrativas de um império global: um sistema postal de eficiência mundial, um código universal de leis, uma reforma militar racional e uma abordagem extremamente dura mas eficiente de planejamento metropolitano. Seus sistemas imperiais estabeleceram um padrão-ouro que não se via em tal escala desde a queda de Roma e que talvez só seria visto novamente no século XIX. Mais do que qualquer império desde os romanos pré-cristãos, foram muito liberais quanto aos dogmas religiosos (embora Gengis Khan proibisse o abate halal de animais em rituais islâmicos), relativamente flexíveis em relação a costumes locais sob a égide do governo mongol e respeitosos com os líderes religiosos, sem preferência por qualquer seita ou fé.

Como consequência dessas realizações e de muitas outras, os historiadores atribuíram aos cãs mongóis desenvolvimentos que vão desde a revolução dos bancos medievais até a formação da visão de mundo dos pais fundadores dos Estados Unidos. Em sua época, eles inspiravam uma admiração invejosa e um terror absoluto. É impossível contar a história da Idade Média e da formação do Ocidente sem os mongóis. Por isso, é com seu patriarca fundador que devemos começar: Temujin, o garoto pobre e desamparado das estepes que se tornou Gengis Khan.

Gengis Khan

De acordo com *A história secreta dos mongóis* — o relato mais contemporâneo (ainda que não inteiramente confiável) da vida de Gengis Khan —, o grande conquistador descendia originalmente de um "lobo cinza-azulado com seu destino ordenado pelo Céu acima", que era casado com uma corça desgarrada.[6] Seus ancestrais humanos também incluíam um ciclope capaz de enxergar por dezenas de quilômetros e um número incontável de guerreiros tribais nômades que habitavam as planícies ondulantes do que hoje é o Norte da Mongólia, vivendo em tendas, mudando-se de acordo com as estações e caçando ou saqueando para sobreviver. Em algum momento, por volta de 1160, perto da montanha sagrada de Burkhan Khaldun, o bebê que se tornaria Gengis Khan nasceu neste mundo, supostamente "segurando na mão direita um coágulo de sangue do tamanho da junta de um dedo".[7] Foi chamado de Temujin porque seu pai, um famoso guerreiro do clã Borjigin, havia lutado contra os inimigos mortais dos mongóis, os tártaros, e capturado um valioso prisioneiro com esse nome. Mas quando Temujin tinha nove anos os tártaros envenenaram seu pai. O menino e seus seis irmãos foram deixados para serem criados pela mãe, Hoelun — uma situação já difícil que piorou quando a família foi rejeitada por sua tribo e abandonada para sobreviver sozinha. Eles foram obrigados a se alimentar de frutas silvestres e pequenos animais como os esquilos terrestres chamados marmotas, nativos da estepe da Mongólia. Não foi um bom começo de vida.

Felizmente, no período em que Temujin e sua família passaram por tempos difíceis, as condições na estepe eram incomumente amenas. Estudos de árvores antigas das florestas de pinheiros da Mongólia central mostraram que, na época exata em que Temujin estava crescendo, a região passou por quinze anos consecutivos de clima ameno e chuvas abundantes.[8] Foi o período climático mais hospitaleiro da região em 1.100 anos. As pastagens prosperaram, assim como as pessoas e animais que lá viviam. Temujin e sua família sobreviveram aos anos difíceis na natureza, e já na adolescência o menino aprendeu a cavalgar, lutar, caçar e sobreviver. A família acabou sendo aceita de volta no sistema tribal. Temujin adquiriu animais para pastar e ordenhar e se casou com uma garota chamada Borte, a primeira de pelo menos uma dúzia de esposas e concubinas que frequentaram sua *ger* (a tradicional iurte mongol, ou tenda feita com peles de animais) ao longo de sua vida, muitas vezes simultaneamente. De porte físico forte e enérgico, com olhos dardejantes como os de um gato, Temujin começou a trilhar seu caminho na sociedade nômade. Mas a rejeição o moldou de uma forma que influenciaria sua liderança para sempre. Temujin se tornou resistente e autodisciplinado, valorizando a lealdade acima de qualquer outra coisa: nunca tolerava o menor bafejo de traição ou desonestidade e reagia ferozmente quando rejeitado, contrariado ou frustrado.

A vida tribal nas estepes girava em torno do pastoreio e da caça de animais, e a política era organizada de acordo com alianças complexas e mutáveis entre as tribos. Guerras entre essas tribos eram comuns, e Temujin se destacou nisso. Por volta dos vinte anos, sua reputação era tal que foi aclamado como líder (*khan*) de uma confederação tribal conhecida como Camague Mongol. Era uma posição proeminente, que permitia a Temujin convocar dezenas de milhares de guerreiros montados quando partia para a guerra com tribos vizinhas — inclusive, a mais dramática, uma coalizão rival liderada por seu amigo de infância e irmão de sangue jurado Jamukha, a quem derrotou e matou como castigo pela traição. À medida que o século XII chegava ao fim, Temujin ia se firmando como um dos líderes mais competentes de sua região.

As razões de seu sucesso foram simples, mas eficazes. Além do talento pessoal para lutar e se casar, ambos instrumentos essenciais na diplomacia das estepes, também realizou algumas reformas radicais na tradicional organização tribal e militar mongol. Assim como Maomé unificou as tribos beligerantes da Arábia no século VII d.C., Temujin percebeu que os laços de clã e sangue repeliam com a mesma frequência com que atraíam, e que ao enfraquecê-los em favor de um vínculo direto consigo mesmo ele poderia criar um todo muito mais poderoso que as partes constituintes.

Isso exigiu alguns passos práticos simples, porém importantes. Um deles foi introduzir um forte elemento de meritocracia em sua organização militar. A sociedade mongol costumava ser organizada de acordo com hierarquias tribais baseadas na ancestralidade e na riqueza. Temujin rompeu essa tradição. Escolhia seus aliados e oficiais militares com base estrita no talento e na lealdade, e dava aos oficiais unidades regulares de guerreiros para comandar. A unidade básica era uma companhia de dez homens chamada *Arban*, composta por seis arqueiros leves montados e quatro lanceiros com armaduras pesadas. Dez dessas companhias formavam uma *Zuun*. Dez *Zuuns*, uma *Mingghan*. E a maior das unidades, com 10 mil homens, era uma *Tumen*. Cruciais para a unidade dos militares como um todo, as unidades não eram formadas a partir de agrupamentos tribais. Elas permeavam as linhas de família e de clãs.[9] Quando eram posicionados em uma unidade, os soldados não podiam ser transferidos — sob pena de morte. Mas se batalhassem e vencessem juntos, podiam acumular moedas, mulheres e cavalos — as três coisas mais valorizadas nas estepes.

Além da nova organização de seu exército, Temujin também se concentrou em formas de unir a sociedade sob seu governo. Nesse caso teve alguma semelhança com o grande imperador bizantino Justiniano. Um código legal conhecido como *Jasaq*, ou *Yassa*, previa que todos sob o domínio mongol deviam se abster de roubar ou escravizar uns aos outros, seguir protocolos estritos de generosidade e hospitalidade, obedecer à autoridade do cã acima de qualquer coisa e menosprezar o estupro, a sodomia, lavar roupas em tempestades e urinar em fontes de água. Punições severas e em geral mortais eram aplicadas sem piedade a quem ofendesse Temujin ou seu código: cidadãos comuns considerados culpados por crimes eram decapitados com uma espada, enquanto oficiais ou líderes ilustres tinham as costas quebradas para morrer sem derramar o próprio sangue.

A severidade era uma marca registrada da conduta mongol sob todos os aspectos. No curso de suas campanhas e conquistas, Temujin e seus generais também operavam de acordo com regras de combate estritas e horrivelmente sangrentas. Qualquer povo ou cidade que se submetesse de imediato ao domínio mongol seria bem-vindo ao grupo. Mas o mais leve indício de resistência ou insubordinação resultava em massacres, destruição e terra arrasada. Rivais que maltratassem enviados mongóis eram perseguidos e mortos. Comunidades que mentissem sobre a riqueza que possuíam ficavam sujeitas a serem mortas em massa, muitas vezes de maneira grotesca e exemplar. Isso servia a duas finalidades. Primeiro, era uma forma de guerra psicológica: Temujin percebeu que os inimigos se mostravam mais propensos a desmoronar antecipadamente se suspeitassem que a alternativa para a rendição imediata era a morte imediata. Em segundo lugar, aniquilar todos os oponentes a não ser os totalmente subservientes permitia a Temujin ganhar guerras com exércitos relativamente pequenos, por não ter de deixar muitos homens para policiar as comunidades conquistadas.

Contudo, para contrabalançar o domínio do terror, havia um grau surpreendente de tolerância. Clãs e tribos que se rendiam aos mongóis eram ativamente integrados à sociedade mongol. Os homens deveriam se alistar no exército e as mulheres e crianças eram incorporadas ao restante da comunidade. Também a maioria das crenças religiosas era tolerada — um fato que se tornaria cada vez mais importante quando o mundo mongol começou a se expandir. (Temujin era fascinado por religiões em geral e costumava considerá-las como acréscimos úteis ao paganismo xamânico mongol, em vez de concorrentes.)[10] Desde o início de sua carreira, concebeu um mundo mongol caracterizado por uma força militar esmagadora, mas também pela imposição de um forte grau de coesão social. Muitos ditadores na história do mundo depois dele teriam ideias semelhantes. Poucos realizariam seus objetivos com um sucesso tão arrasador quanto Temujin.

Por volta de 1201, o Camague Mongol de Temujin era a coalizão mais poderosa em sua região das estepes. Cinco anos depois, derrotou todas as outras potências vizinhas, que incluíam os merkits, os naimans, os tártaros e os uigures. Todos se curvaram diante de seu nome — que em 1206 se tornou Gengis Khan (vagamente, "governante feroz"), quando um conselho de altos chefes tribais conhecido como *quriltai* concedeu esse título em reconhecimento às suas extraordinárias proezas e conquistas. Como relatou *A história secreta dos mongóis*: "Quando o povo das tendas com paredes de feltro jurou lealdade no Ano do Tigre (1206), todos se reuniram na nascente do rio Onon.* Eles hastearam o estandarte branco [de Temujin] com nove caudas e deram [a ele] o título de *qan*".[11] Gengis Khan merecia o apelido, pois os mongóis que comandava eram o terror das estepes. Como disse um inimigo desesperado: "Se os enfrentarmos e lutarmos até o fim, eles não piscarão seus olhos negros. É aconselhável que lutemos contra esses inclementes mongóis, que não vacilam nem mesmo se suas faces forem perfuradas e seu sangue negro jorrar?".[12] Muitos milhões fariam a mesma pergunta no século seguinte.

A marcha dos Khan

Depois dos triunfos de 1206, Genghis Khan expandiu seus domínios para muito além das planícies da Mongólia. Atacou as dinastias Xia e Jin ocidentais no Norte da China, derrotando os exércitos chineses em batalha

---

* O rio Onon flui do Norte da Mongólia ao Norte da atual Rússia, onde se torna o rio Shilka.

e massacrando centenas de milhares de combatentes e não combatentes. Em 1213, suas tropas atacaram a Grande Muralha da China em três pontos diferentes, antes de rumar para Zhongdu, capital da dinastia Jin, que foi sitiada, tomada e saqueada em 1215. O imperador Xuanzong foi forçado a se submeter aos mongóis e abandonou a capital e a metade norte do seu reino, fugindo para Bianjing (atual Kaifeng), a mais de 560 quilômetros de distância. Foi uma humilhação abjeta da qual a dinastia Jin jamais se recuperaria. Mas para Gengis Khan e os mongóis foi apenas mais uma vitória. Em seguida eles se dirigiram para o oeste visando o canato de Kara Kitai (também conhecido como Liao ocidental). Segundo *A história secreta dos mongóis*, Gengis Khan "matou [os Kara Kitai] até eles ficarem como montes de toras podres".[13] Em 1218, os exércitos mongóis tomaram o rumo leste em direção à Coreia, já com vistas à Ásia Central e aos territórios persas.

Naquela época, os governantes da Pérsia e de muitos territórios vizinhos eram os corásmios: turcos que já haviam sido mamelucos, mas que se tornaram donos de seu imenso império, situado entre as ricas cidades e as Rotas da Seda da Ásia Central. Em 1218, Gengis Khan tentou negociar um acordo comercial com seu líder, o xá dos corásmios, e despachou uma delegação diplomática de cem funcionários mongóis. Infelizmente, a caminho da corte do xá, os enviados foram parados na cidade de Otrar (no atual Cazaquistão). Todos foram sumariamente executados sob suspeita de espionagem. Desnecessário dizer que Gengis Khan não gostou nada disso. Jurou "vingar-se para retribuir o erro", uma política que executava com zelo mortal.

Sua campanha contra os corásmios foi a que acabou reverberando nos ouvidos dos integrantes da Quinta Cruzada, reformulada como as conquistas do "Rei David". Em 1219, um exército estimado em 700 mil homens[*] atravessou as montanhas Alai (que abrangem os atuais Tajiquistão e Quirguistão) e deu início a uma campanha de dois anos que destruiu o império corásmio e fez o xá fugir pela Ásia Central em direção à Índia, onde se refugiou dos mongóis, para nunca mais voltar. Algumas das maiores cidades da Ásia Central foram passadas à espada, inclusive Merv (hoje

---

[*] Essa estimativa, do cronista persa Rashid al-Din, é obviamente um exagero absurdo; as forças armadas mongóis nessa época somavam menos de 150 mil homens. O minimalismo das forças armadas mongóis era de fato uma de suas principais vantagens táticas.

no Turcomenistão), Herat (Afeganistão), Samarcanda (Uzbequistão), a capital dos turcos corásmios e Nishapur (Irã). "Eles chegaram, solaparam, queimaram, mataram, saquearam e partiram", escreveu o estudioso persa Ata-Malik Juvayni, uma das poucas almas afortunadas a escapar do ataque mongol.[14]

O saque de Merv foi particularmente hediondo. Uma metrópole cosmopolita com cerca de 200 mil habitantes, era um belo oásis em meio a um árido platô, situada no cruzamento de várias rotas comerciais internacionais importantes, com muitas indústrias manufatureiras e uma próspera agricultura mantida por um sistema de irrigação artificial de última geração.[15] Gengis Khan enviou seu filho Tolui para exigir a rendição da cidade. As instruções de Tolui eram as de costume: se não se submetesse imediatamente à autoridade mongol, Merv seria arrasada. Tolui não decepcionou o pai. Quando Merv resistiu, Tolui dispôs suas tropas ao redor da cidade e convidou os cidadãos a partir em paz com todas as suas posses, prometendo que estariam seguros. Mas ninguém estava seguro: milhares saíram da cidade, e todos foram roubados e assassinados. A cidade foi saqueada, despojada de tudo que tivesse algum valor. O sistema de irrigação foi estudado para ser copiado, e depois demolido. Assim como as muralhas de Merv. Alguns cidadãos que se esconderam em porões e esgotos foram localizados e trucidados. Quando se convenceram de que não havia mais ninguém para resistir, os mongóis seguiram em frente.

Esse desempenho foi repetido com pequenas variações em todo o território corásmio, destruindo cidades e organizando cercos metódicos a fortalezas nas montanhas, até afinal todo o império estar à sua mercê. Governadores mongóis foram empossados em toda parte. Rebeliões contra sua autoridade eram reprimidas de maneiras chocantes. Decapitações em massa eram comuns, e muitas cidades eram decoradas com montanhas de cabeças e torsos deixadas para apodrecer a céu aberto. Centenas de milhares — talvez milhões — de pessoas, a maioria civis, foram mortas. Muitos outros foram alistados à força para o exército mongol ou mandados para a Mongólia como escravos, para trabalho ou exploração sexual. Sem um líder e indefeso, o povo corásmio foi subjugado pelo terror e seu Estado, destruído. Mesmo levando em conta as fraquezas estruturais do Estado corásmio, dividido pelo partidarismo e cisões sectárias entre as etnias iraniana e turca, foi um castigo exagerado.

Em 1221, Gengis Khan já havia deixado claro seu ponto de vista e estava pronto para levar suas tropas de volta à Mongólia. Contudo, apesar de tudo que havia conquistado do império corásmio, ainda relutava em partir. Para predadores, tudo parece uma presa, e ainda havia muito para os generais mongóis se apossarem. Depois de subjugar a Pérsia, Gengis Khan dividiu suas forças. Marchou lentamente para o leste, em direção a sua terra natal, invadindo e saqueando o Afeganistão e o Norte da Índia. Enquanto isso, seus dois melhores generais, Jebe e Subedei, seguiram mais para o oeste e o norte, contornando o mar Cáspio e avançando para o Cáucaso e os reinos cristãos da Armênia e da Geórgia. Lá chegando, procederam da maneira costumeira: massacraram cidades inteiras e infligiram destinos horríveis a suas populações. Jebe e Subedei ordenaram estupros coletivos, mutilaram mulheres grávidas e dilaceraram seus filhos não nascidos, torturaram e decapitaram à vontade. Durante o verão de 1222, derrotaram duas vezes George IV da Geórgia em batalha, que morreu em decorrência dos ferimentos. Pouco depois, a irmã e sucessora de George, a rainha Rusudan, escreveu ao papa Honório III apresentando um corretivo enérgico às histórias truncadas do "Rei David" de que o papa soubera por tipos como Jacques de Vitry. Longe de ser um povo devoto, disse a Honório, os mongóis eram pagãos que meramente se faziam passar por cristãos para enganar seus inimigos. Afirmou que eram "um povo selvagem de tártaros, de aspecto infernal, tão vorazes quanto lobos [...] [e] valentes como leões".[16] Era praticamente impossível resistir. A essa altura os mongóis já haviam passado pelo seu reino. Nessa ocasião, não pararam para conquistar — mas voltariam para concluir a tarefa uma geração depois.

Da Geórgia, os generais Jebe e Subedei partiram para as estepes da Rússia. Ao se aproximarem da Crimeia, foram recebidos por enviados da República de Veneza — que poucos anos antes haviam mostrado com a Quarta Cruzada em Constantinopla que eram quase tão cruéis quanto os mongóis na busca de lucros. Os venezianos fizeram um acordo pelo qual os mongóis concordaram em atacar seus rivais comerciais, os genoveses, na lucrativa colônia de Soldaia, na península da Crimeia, no mar Negro. Foi o início de uma parceria duradoura entre os *doges* de Veneza e os cãs mongóis, que perdurou até o século XIV, abrindo caminho para as famosas aventuras de Marco Polo (ver capítulo 10) e deixando a República de Veneza muito rica. Ao que parecia, demônios se davam bem cavalgando juntos.

Depois de passar o inverno na Crimeia, Jebe e Subedei começaram uma longa e tortuosa viagem de volta para se encontrar com Gengis Khan. No caminho, enfrentaram e derrotaram várias tribos turcas das estepes, inclusive os cumanos e os kipchaks. Em seguida tomaram o rumo norte em direção a Kiev (atual Ucrânia). Notícias de seu progresso ao longo do rio Dniester chegaram aos rus de Kiev por cumanos aflitos, apesar da grande confusão sobre quem exatamente eram os mongóis. O bem informado autor da *Crônica de Novgorod* só sabia que tinham sido enviados como um flagelo divino "por nossos pecados". Fora isso, ele só soube dizer que eram "tribos desconhecidas [...] ninguém sabe exatamente quem são, nem de onde vieram, nem qual é sua língua, nem de que raça são, nem qual é sua fé; mas eles os chamam de tártaros".[17] De qualquer forma, estava claro que aqueles misteriosos visitantes significavam problemas. Uma coalizão de príncipes russos que incluía Mstislav, o Ousado, príncipe de Novgorod, Mstislav III, príncipe de Kiev, e Daniel, príncipe da Galícia-Volínia, mobilizou um exército para tentar rechaçá-los. Nem precisamos dizer que era uma temeridade. Mas quando os príncipes executaram dez embaixadores mongóis enviados para negociar, a idiotice tornou-se suicídio.

No final de maio de 1223, os príncipes da Rus alcançaram os mongóis perto do rio Kalka. Apesar de terem conseguido matar cerca de mil guerreiros da retaguarda mongol, foram derrotados quando encontraram a força principal de Jebe e Subedei. Cerca de 90% dos soldados russos foram mortos na batalha, e três dos príncipes capturados. Os mongóis não esqueceram a impertinência dos russos em executar seus embaixadores e se vingaram de forma macabra. Mstislav III de Kiev e dois de seus genros foram enrolados em tapetes e postos embaixo do piso de madeira da *ger* dos comandantes mongóis. Um jantar comemorativo foi realizado em cima deles, e todos morreram esmagados e sufocados com o som de um banquete triunfal ecoando nos ouvidos.[18] Nessa ocasião, os mongóis não ficaram tempo suficiente para anexar as terras dos Rus ao seu império já bem expandido. Mas as avistaram, junto com as pastagens no lado europeu da estepe. Assim como na Geórgia, eles voltariam.

Entrementes, foi uma longa viagem de volta à Mongólia de Gengis Khan, de seus generais e seus exércitos, prolongada pela predileção de lutar contra quase todos que encontravam e organizar banquetes suntuosos e regados a bebidas para anunciar seu sucesso. Finalmente, em 1225 se reuniram em suas terras natais, onde puderam avaliar o novo mundo que haviam criado. A essa altura, Gengis Khan estava com sessenta e poucos anos e dominava uma região que se estendia do mar Amarelo a leste ao mar Cáspio a oeste. A dimensão da coisa era quase surreal. O cronista iraquiano Ibn al-Athir, escrevendo no final do século, afirmou que "esses Tártaros fizeram algo inédito nos tempos antigos ou modernos", conjecturando se seus leitores acreditariam em seus olhos. "Por Deus, não há dúvida de que qualquer um que venha depois de nós, depois de se passar muito tempo, e vir o registro desse evento se recusará a aceitá-lo."[19] Junto com a mera vastidão da conquista vieram os frutos suculentos do imperialismo. A riqueza da Mongólia foi além dos sonhos mais delirantes do seu povo. Os exércitos conquistadores trouxeram milhares de cavalos roubados. Ouro e prata, escravos e artesãos, novas comidas exóticas e fortes bebidas alcoólicas, tudo despachado das terras subjugadas muitos meses antes. Nunca dogmáticos em demasia em termos culturais, os mongóis colheram avidamente tecnologias e costumes dos territórios que haviam percorrido. Construtores de navios chineses e engenheiros de cerco persas foram cooptados para o exército. Os escribas uigures foram convocados para a administração do governo e um novo roteiro oficial foi adotado para a burocracia em todo o império. Em 1227, Gengis Khan emitiu um papel-moeda, copiado da dinastia Jin derrotada na China, lastreado em prata e seda.

No mesmo ano — 1227 — o feroz conquistador morreu, na segunda quinzena de agosto. A causa de sua morte é desconhecida, mas foram criadas diversas explicações fantasiosas durante a Idade Média: houve versões de que fora atingido por um raio, envenenado por uma flecha ou mortalmente ferido por uma rainha cativa que foi para sua cama com uma navalha escondida na vagina.[20] Seja qual for o caso, foi na cama que ele morreu, e suas últimas ordens foram bem apropriadas: exigiu que seus sucessores construíssem uma nova cidade chamada Karakorum para servir como a capital do Império Mongol, e deu instruções para a execução em massa do imperador Modi, de Tangut e da família real da Xia Ocidental, contra quem seus exércitos haviam lutado recentemente. Todos foram amarrados a estacas e cortados em pedaços.

Onde o corpo de Gengis Khan está é tão obscuro quanto a causa de sua morte, pois ele manteve seu túmulo secreto: cavalos pisotearam o local até não poder ser mais identificado, após o que os que fizeram o enterro teriam sido mortos, assim como os que os mataram, bem como os coveiros. A essa altura, o número de vidas perdidas pelo desejo de Gengis Khan de governar o mundo era incalculável. Em retrospecto, várias gerações depois, Marco Polo afirmaria que Gengis Khan era um homem de "integridade louvável, grande sabedoria, eloquência imponente e eminente por seu valor".[21] Nessa avaliação os aspectos considerados foram tantos quanto os ignorados. Mas depois da expansão territorial e dos saltos culturais vertiginosos do reinado de Gengis Khan, o futuro dos mongóis como a única superpotência mundial do século XIII parecia garantido. Só restava saber quem comandaria o próximo estágio de sua dominação — e até onde eles conseguiriam ir.

Entre os "tártaros"

Pouco depois da Páscoa de 1241, catorze anos após a morte de Gengis Khan, os exércitos mongóis estavam de volta ao Ocidente. Obtiveram duas vitórias impressionantes no campo de batalha na Europa Central e na Europa Oriental, com um intervalo de apenas 72 horas entre uma e outra. Parecia o preparativo para o domínio de todo o continente. Em 9 de abril, os generais mongóis Baidar e Kaidan derrotaram uma força combinada de soldados poloneses, tchecos e templários perto de Legnica (hoje no Sul da Polônia). Mataram Henrique II, duque da Baixa Silésia, fincaram sua cabeça numa estaca e a exibiram diante dos horrorizados habitantes locais. Quando a luta foi concluída, um destacamento de soldados mongóis cortou a orelha direita de cada combatente inimigo morto, como um troféu a ser mandado de volta à Mongólia. (As orelhas foram suficientes para encher nove sacos grandes.) Dois dias depois, em 11 de abril, outro enorme exército mongol impôs na Hungria uma derrota igualmente severa ao rei Bela IV na Batalha de Mohi (Muhi), na Transilvânia. Bela perdeu a maior parte de seu exército e foi obrigado a fugir para a Dalmácia para salvar a própria vida. O cronista polonês Jan Długosz estremeceu ao ver os exércitos mongóis em ação. "Eles queimam, matam e torturam como quiserem, pois ninguém ousa enfrentá-los."[22]

Enquanto líderes como Bela fugiam em pânico, os mongóis invadiam todo o Leste da Europa. As notícias dos terrores infligidos logo se espalharam. Horrorizado com a invasão do mundo "latino" pelos "tártaros" (o nome já impreciso dos tártaros fora transformado num trocadilho com *tartarus*, o termo em latim para inferno), o papa Gregório IX decidiu que era preciso agir. Embora viesse tentando havia quase dois anos conseguir apoio político para uma cruzada contra Frederico Hohenstaufen, imperador do Sacro Império Romano, o papa mudou de alvo.[23] Em junho, emitiu uma bula pedindo aos cruzados que haviam prometido ir para a Terra Santa, ao Báltico, ao reino latino de Constantinopla ou às terras do Hohenstaufen para transferir seus votos e ir à Hungria enfrentar os mongóis. Infelizmente para Bela e os húngaros, o número de cruzadas em movimento em 1241 significou que praticamente ninguém deu ouvidos ao apelo do papa. O Natal veio e se foi; em março os mongóis estavam se aproximando da Dalmácia para tentar capturar o próprio Bela. As coisas pareciam realmente muito ruins.

Porém — de repente —, os mongóis cessaram sua perseguição. Deram meia-volta com os cavalos e começaram a voltar aos seus centros imperiais. À beira de uma aparente aniquilação, subitamente a Europa Oriental estava livre dos mongóis. Foi como se Deus tivesse se apiedado, se abaixado e arrancado da terra os algozes de Seu povo. Segundo o cronista croata Thomas, o Arquidiácono, a razão para essa partida abrupta foi que a estepe húngara, embora extensa, não fornecia pastagem suficiente para alimentar o grande número de cavalos exigido pelos mongóis numa longa campanha.[24] Mas a política mongol também havia sofrido uma guinada brusca: Ogodei Khan, terceiro filho de Gengis Khan e sucessor como cã supremo, morreu no final de dezembro de 1241, criando um vácuo momentâneo de poder na Mongólia. Precavidos, generais e funcionários voltaram para casa para testemunhar a transição para um novo líder. Os mongóis não estavam desistindo do Ocidente — as riquezas da Itália e da Alemanha continuavam tão tentadoras quanto as do império corásmio ou as cidades do Norte da China. Mas naquele momento, era preciso fazer uma pausa.

Apesar desse estranho hiato, nos anos 1240 os mongóis ainda governavam uma área gigantesca de territórios do mundo. Durante os catorze anos do reinado de Ogodei, continuaram expandindo implacavelmente seus domínios, utilizando uma nova tecnologia de cerco adotada de seus súditos chineses e muçulmanos.²⁵ O Azerbaijão, o Norte do Iraque, a Geórgia e a Armênia encontravam-se sob o domínio mongol, assim como a Caxemira. A Ásia Menor seljúcida estava na fila para ser invadida. As tribos nômades da estepe central e os príncipes da Rus se refugiaram da melhor forma possível. Praticamente todas as cidades da Rus kievana, inclusive Kiev, com seu duplo anel de muralhas defensivas, foram saqueadas. Uma crônica da destruição de Riazan (ou Riazá, cerca de 250 quilômetros a sudeste de Moscou) descreve como os mongóis "queimaram esta cidade sagrada com toda sua beleza e riqueza [...] E igrejas de Deus foram destruídas [...] e nenhum homem continuou vivo na cidade. Todos estavam mortos [...] E não havia ninguém para prantear os mortos".²⁶ O Império Mongol estava agora maior do que nunca. E ligando regiões do mundo que havia muito tempo viviam isoladas umas das outras. Assim, a partir de meados do século XIII, exploradores intrépidos começaram a chegar a novos e estranhos territórios, documentando o que viam e descrevendo as condições exóticas existentes sob o domínio de uma superpotência de dimensões jamais vistas em toda a Idade Média.

Por maior que tenha sido a destruição causada pelos mongóis, eles também abriram novas terras a serem exploradas. Mesmo nos tempos de Roma, o Extremo Oriente estava além do horizonte de qualquer viajante — a seda e outras mercadorias comercializadas da China só chegavam por via indireta, e a Índia mal era conhecida. Mas sob a hegemonia mongol tudo isso mudaria — ao menos por um tempo.

Alguns dos viajantes medievais que partiram para novas terras no século XIII fizeram relatos de suas viagens. Portanto, até hoje ainda podemos vislumbrar a vida nos reinos mongóis através dos seus olhos. Entre eles um franciscano flamengo chamado Guilherme de Rubruck, que foi para o leste a partir de Constantinopla em 1253, visitou a Mongólia e retornou ao Estado cruzado de Trípoli em 1255. Uma geração depois foi a vez do comerciante veneziano Marco Polo, que vagou por muito mais tempo, passando um quarto de século na terra dos cãs. Mas o pioneiro desse intrépido grupo — o viajante que escreveu o primeiro relato ocidental da vida entre os mongóis — foi um frade italiano que se tornou clérigo: Giovanni da Pian del Carpine.

Giovanni del Carpine partiu da corte papal para a Mongólia em 1245, com uma parada temporária em Lyon, na França. Levava cartas do papa Inocêncio IV pedindo ao grande cã que desistisse de atacar as terras cristãs e considerasse se converter ao cristianismo, pois "Deus estava seriamente zangado" com suas ações.[27] Era uma missão alentadora, e talvez fútil. Mas Del Carpine tentou cumpri-la apesar das grandes dificuldades ao longo do caminho, e sua recompensa foi uma história que sobreviveu por eras.

Para chegar à Mongólia, Del Carpine passou por Praga e pela Polônia e seguiu pelas terras da Rus em direção a Kiev. Cinco anos antes, os mongóis tinham destruído a cidade: aproximadamente 90% de seus habitantes foram mortos e a maioria de suas construções importantes totalmente queimada. Era a mera sombra de um lugar quando Del Carpine chegou. Mas não havia dúvida quanto ao poder dominante na região. Todos os príncipes da Rus em cujo território Del Carpine entrava o conduziam nervosamente à corte itinerante do comandante militar supremo dos mongóis no Ocidente, Batu, neto de Gengis Khan, de cuja aprovação ele precisaria para seguir viagem. Ele também foi informado de que a única maneira de se dar bem no mundo mongol era apelando para o amor inato daquela gente por presentes e bens de consumo. Ele e seus assistentes traziam consigo grandes sacos de pele de castor polonês, com que obsequiavam a todos que exigiam tributo.

Del Carpine conheceu Batu na Páscoa de 1246. O encontro foi uma experiência de aprendizado, para dizer o mínimo. Antes mesmo de entrarem no acampamento, os ocidentais tiveram de passar pelo equivalente do século XIII à segurança de um aeroporto: Del Carpine e seus companheiros precisaram caminhar entre duas grandes fogueiras, pois "se você planejar qualquer mal para nosso governante, ou se trouxer qualquer veneno, o fogo os afastará".[28] Foram advertidos com extrema severidade a não pisarem diretamente na soleira da tenda de audiência de Batu, uma vez que os mongóis consideravam isso tal sinal de má sorte que executariam qualquer um que o fizesse. Quando apresentado a Batu, Del Carpine o considerou sábio e criterioso, mas assustador. "Esse Batu é muito bom para o seu povo, mas eles o temem muito", escreveu.[29] Essa era a essência do governo mongol: tolerância policiada pelo terror.

Depois de uma curta estadia no acampamento, Del Carpine e seus companheiros foram informados de que deveriam continuar em direção a Karakorum, onde o novo cã, o filho de Ogodei, Guyuk, logo seria

Map

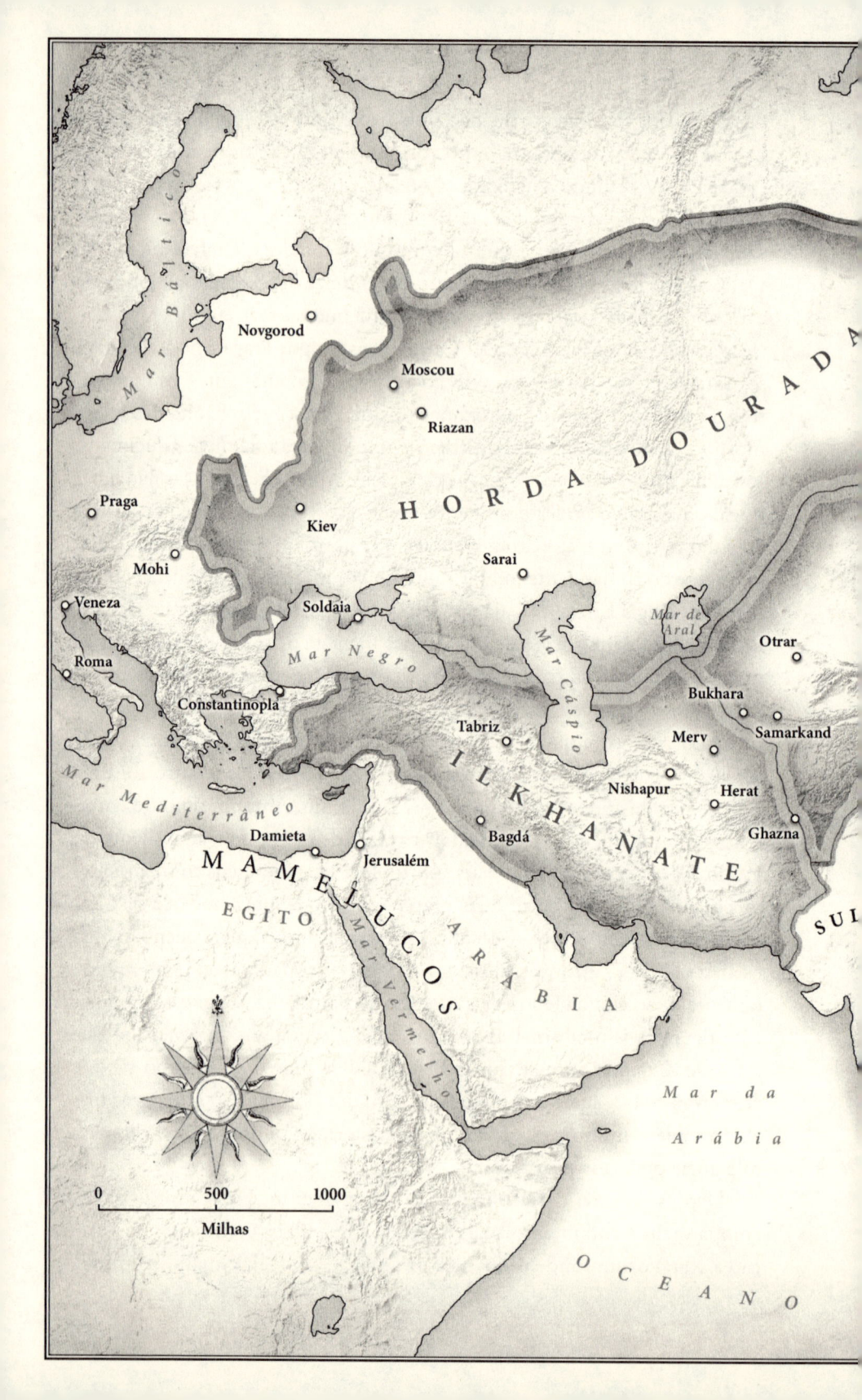

Mar Báltico

Novgorod

Moscou

Riazan

HORDA DOURADA

Praga

Kiev

Mohi

Sarai

Veneza

Soldaia

Mar de Aral

Roma

Mar Negro

Mar Cáspio

Otrar

Constantinopla

Bukhara

Tabriz

Merv

Samarkand

Mar Mediterrâneo

Nishapur

Herat

ILKHANATE

Damieta

Bagdá

Ghazna

Jerusalém

MAMELUCOS

SUL

EGITO

Mar Vermelho

ARÁBIA

Mar da Arábia

0 500 1000
Milhas

OCEANO

O IMPÉRIO MONGOL EM SUA MAIOR EXTENSÃO

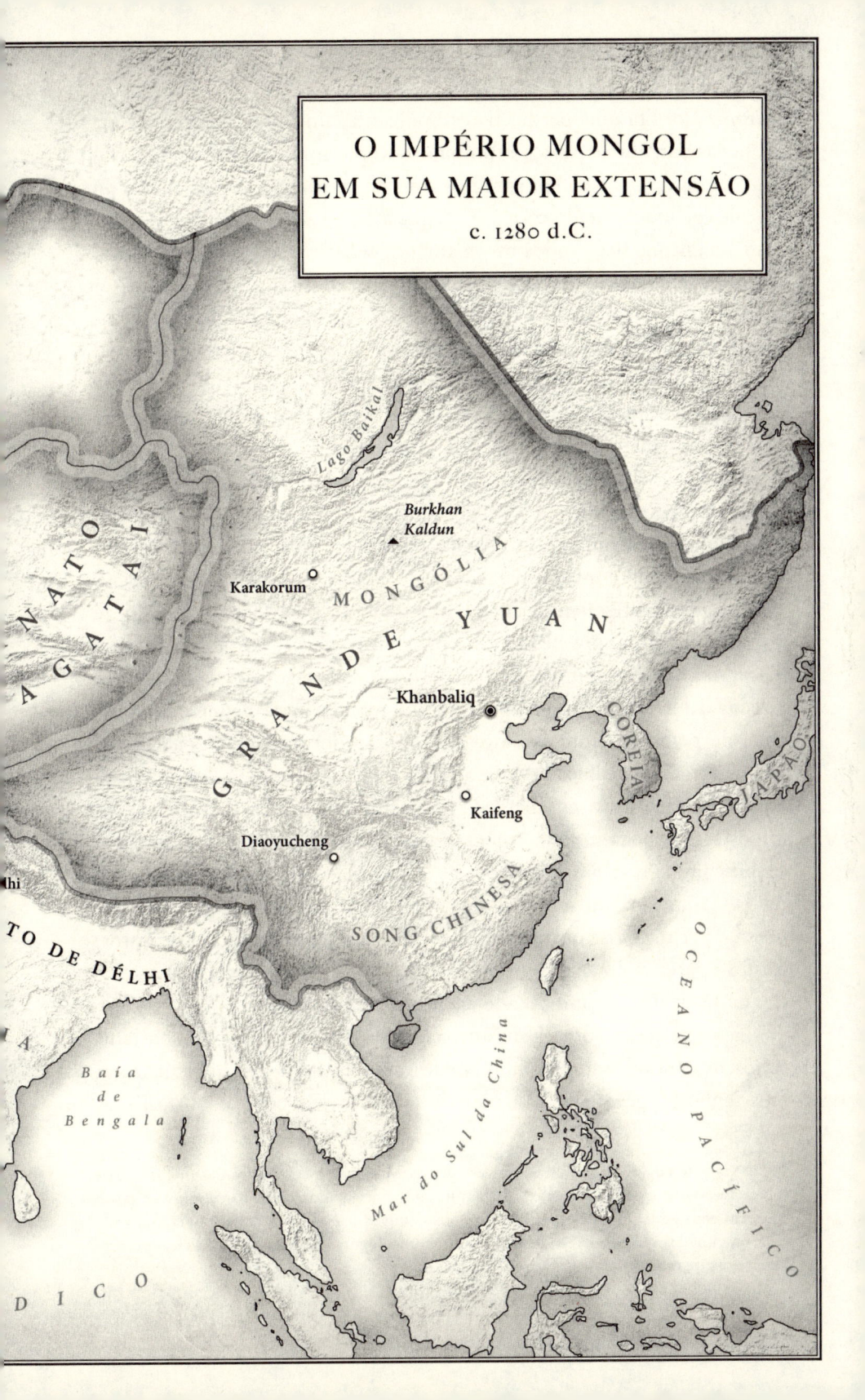

c. 1280 d.C.

entronizado. Era uma perspectiva empolgante, ainda que assustadora. As pequenas porções de painço acompanhadas por muito álcool servidas aos convidados na corte não os agradaram — em particular, não gostaram do leite de égua fermentado com álcool, que até hoje é um lubrificante social básico na Mongólia.* Todos os viajantes adoeceram em algum momento, sentindo-se desconfortáveis e com muito frio. E a viagem durou muitos meses, mesmo levando em conta o notável sistema de postos de revezamento de cavalos estabelecido por Ogodei como parte do serviço postal imperial, sob o qual cavalos cansados podiam ser trocados até sete vezes por dia, de forma que os funcionários pudessem viajar o mais rápido que seus corpos aguentassem: o dia todo, todos os dias.

A viagem pode ter sido longa, mas também foi cheia de maravilhas. Del Carpine ficou fascinado pelos mongóis como povo, e sua aparência, seus hábitos e costumes o impressionaram particularmente. "Os tártaros têm olhos e malares mais separados que a maioria dos homens", escreveu. "Os malares sobressaem da mandíbula e eles têm um nariz achatado de tamanho médio, olhos pequenos e pálpebras levantadas até as sobrancelhas. Em geral têm a cintura fina [...] e quase todos são de altura mediana. Poucos deles têm barba, embora alguns tenham uma pequena quantidade de pelos no lábio superior e na barba que raramente aparam."[30] Ficou intrigado e chocado com a religião mongol, que era monoteísta, mas xamanista, idólatra, obcecada pela astrologia e cheia de superstições impostas por pena capital: colocar intencionalmente uma faca no fogo, cuspir comida no chão, bater com os ossos uns nos outros ou mijar numa tenda resultavam em sentença de morte. "No entanto, matar homens, invadir territórios de outros, adquirir bens alheios por métodos injustos, fornicar, fazer mal a outros homens, agir contra os mandamentos recebidos de Deus não são um pecado entre eles", escreveu.[31]

Ficou perplexo com os muitos traços de caráter curiosos e contraditórios dos mongóis que conheceu: fisicamente resilientes, obedientes a seus senhores, generosos, amistosos e pacíficos uns com os outros; mas

---

* Um viajante ocidental que escalou as estepes da Mongólia a cavalo nos últimos anos fala sobre essa muito apreciada iguaria: "As famílias nômades guardam um barril em suas *gers* e o bebem em tigelas. Elas mantêm éguas e potros com as patas amarradas em uma longa fila para ordenhá-las quando necessário. O leite é como iogurte de leite cremoso efervescente. Terrivelmente rançoso".

orgulhosos e arrogantes, hostis e falsos com forasteiros, insensíveis à sujeira e à miséria, irremediavelmente bêbados e dispostos a comer literalmente qualquer coisa, fossem ratos, piolhos, cachorros, raposas, lobos, cavalos ou até mesmo seres humanos. Considerava as mulheres mongóis especialmente fascinantes: "Meninas e mulheres montam e galopam tão habilmente quanto os homens. Nós até as vimos portando aljavas e arcos, e as mulheres conseguem andar a cavalo tanto tempo quanto os homens; elas usam estribos mais curtos, lidam muito bem com os cavalos e cuidam de todas as propriedades. As mulheres tártaras fazem de tudo: roupas de pele, sapatos, calças e qualquer utensílio de couro. Conduzem e consertam carroças, carregam camelos e são rápidas e vigorosas em todas as suas tarefas. Todas usam calças, e algumas atiram como homens".[32]

Del Carpine e seus companheiros viajaram por muitas semanas pelas terras subjugadas por aquele povo, observando à medida que avançavam "inúmeras cidades destruídas, fortes destruídos e muitas aldeias desertas".[33] Era verão quando eles chegaram à Mongólia — e chegaram à corte imperial, conforme planejado, a tempo de presenciar a aclamação de Guyuk como cã. Foram recebidos no acampamento do novo cã como convidados de honra — onde afinal lhes foi oferecida cerveja, em vez de leite de égua — e acharam seus anfitriões animados, porém nervosos. O lugar fervilhava de visitantes de todo o mundo, inclusive um grande contingente de ocidentais — russos, húngaros, falantes de francês e latim e muitos outros. No centro de tudo ficava a tenda de Guyuk. Era forrada de seda fina e apoiada em pilares dourados, mas era difícil vê-la bem, pois qualquer um que se aproximasse demais poderia ser despido e espancado pelos guardas do cã. Del Carpine se sentiu envergonhado por não ter em sua posse algo mais valioso do que peles de castor; a montanha de presentes preciosos trazidos por outros convidados enchia cerca de cinquenta carroças de madeira. Também se sentiu temeroso por sua vida, pois um príncipe russo que viera prestar seus respeitos ao cã foi encontrado morto em sua tenda, com o rosto pálido esticado como se tivesse sido envenenado. Depois de uma longa espera de vários dias, Del Carpine finalmente conseguiu sua audiência com Guyuk.

Descobriu que o novo cã tinha "quarenta ou quarenta e cinco anos ou mais [...] de altura média, muito sábio e extremamente inteligente e muito sério e rígido em sua moral, de modo que não é fácil vê-lo rir ou fazer uma piada".[34] Por meio de intérpretes, o cã perguntou sobre o senhor de Del

Carpine, o papa, desejando saber quem ele era e se falava mongol, árabe ou ruteno (uma língua eslava comum entre os rus). O latim soava a Guyuk como irremediavelmente paroquial. Mas Del Carpine teve a nítida impressão de que o cã cobiçava os domínios do papa, se não o seu léxico, pois Guyuk insistiu em prover companheiros mongóis para voltar com ele ao Ocidente no papel que Del Carpine teve a certeza de ser de espiões ou batedores militares. Mas havia pouco que ele pudesse fazer a respeito. Guyuk ditou cartas a serem entregues ao papa, declinando da oferta de ser batizado e ordenando secamente que o líder da Igreja Romana se curvasse diante dele se não quisesse sofrer consequências desagradáveis. Quando as cartas foram traduzidas para o latim e para o árabe, Del Carpine foi dispensado. Ele e seus companheiros receberam mantos de pele de raposa forrados de seda e foram despachados na direção de onde tinham vindo. Outra longa jornada em estágios postais os aguardava, e Del Carpine passou muitas outras noites geladas dormindo na neve. Quando voltou a Kiev, os russos ficaram atônitos — era como se ele tivesse voltado dos mortos, disseram. Mas Del Carpine não estava morto. Suportara — e às vezes apreciara — a viagem da sua vida, para uma terra que se abria para os europeus de sua era. Em meados de 1247, ele estava de volta à Europa para entregar as cartas do cã ao papa em Lyon, contar sua história e receber sua recompensa: a promoção aos cargos de arcebispo de Antivari em Montenegro, de representante papal e de embaixador do rei Luís IX da França, que por sua vez tinha grande interesse por todos os assuntos mongóis. Del Carpine só viveu mais cinco anos — talvez com a vida truncada pelas dificuldades de sua aventura. Mas antes de morrer descreveu o que havia visto, como uma ilustração do novo mundo que evoluía — e do perigo à espreita — representado pelo novo império no Oriente. Seu único temor era que as pessoas o chamassem de fantasista e mentiroso, pois o que escreveu sobre suas aventuras às vezes era literalmente inacreditável.

O império se divide

Uma série de diplomatas e missionários aventureiros seguiram os passos de Del Carpine. Mais ou menos na mesma época, um certo Lourenço de Portugal foi contratado para ir ao Oriente, embora pouco se tenha ouvido a seu respeito depois disso. Em 1247, os frades dominicanos Simon de Saint-Quentin e Ascelin da Lombardia visitaram o comandante regional mongol Baiju na Pérsia. Em 1249, os irmãos André e Jacques de Longjumeau foram a Karakorum levando presentes e cartas do papa e do rei francês.[35] E, em 1253, outro frade franciscano partiu para a Mongólia, dessa vez com o objetivo de converter pagãos, um dos deveres fundamentais dos seguidores de São Francisco.*

Esse último frade era um flamengo chamado Guilherme de Rubruck, que a exemplo de Del Carpine manteve um diário vívido sobre o que viu, compilado na forma de um relatório a Luís IX da França. Frei Guilherme fez um caminho um pouco diferente do de Del Carpine: partiu de Constantinopla e atravessou o mar Negro até o porto comercial de Soldaia, a ex-colônia comercial genovesa então sob controle mongol, mas com grupos prósperos de mercadores italianos fazendo negócios na cidade. Também conheceu o cã Batu do Ocidente, passou cinco semanas em sua companhia e viajou pelo rio Volga antes de seguir para a Mongólia.

No caminho, Guilherme notou muitos dos mesmos costumes mongóis desconhecidos que chamaram a atenção de Del Carpine: a sujeira e a imundície, a força e a habilidade das mulheres mongóis, a superstição complexa, a violência social e o recurso fácil a sentenças de morte, a vileza do leite de égua (que àquela altura muitos cristãos no Império Mongol se recusavam a tomar por motivos religiosos), a obsessão por presentes, a ignorância temperada pelo interesse lascivo pelo Ocidente (um dos entrevistados de Guilherme tinha ouvido dizer que o papa tinha quinhentos anos de idade), o medo geral de tempestades, a prática onívora asquerosa que se estendia a comer ratos e os estranhos cortes de cabelo preferidos por ambos os sexos. Assim como Del Carpine, Guilherme às vezes sofria a tortura dos desconfortos das viagens de longa distância e também passou grande parte do tempo doente, com frio, com sede ou faminto. Mas, também como Del Carpine, ele nunca desistiu.

Dois dias depois do Natal de 1253, Guilherme chegou ao acampamento do cã, perto das muralhas da cidade de Karakorum, que considerou

---

* São Francisco era comprometido pessoalmente com a conversão dos infiéis ao caminho de Cristo e deu um exemplo memorável quando tentou converter ninguém menos que al-Kamil, o sultão aiúbida do Egito, durante uma visita à linha de frente da Quinta Cruzada em 1219.

um tanto pobre em comparação com maravilhas europeias como a abadia de Saint-Denis, mas ainda assim extremamente cosmopolita e multicultural, com doze templos, duas mesquitas e uma igreja. Guyuk morrera, sendo sucedido por seu primo Mongke. Fora isso, os bons tempos ainda estavam em pleno andamento. A capital mongol continuava muito rica e era um centro para mercadores e enviados de todos os cantos do globo; não era incomum ver um dignitário indiano desfilando na rua com uma fila de cavalos transportando galgos ou leopardos no lombo. Também abrigava um punhado de expatriados ocidentais e cristãos: um cristão nestoriano que servia como secretário particular de Mongke, um parisiense chamado Guilherme Buchier, que trabalhava como ourives da corte, um inglês chamado Basil, um poliglota muito viajado, mas que parecia não ter nenhum propósito óbvio nas profundezas da Mongólia, e uma gentil garota francesa chamada Pacha, capturada pelos mongóis na Hungria e transportada para seu reino para trabalhar como cozinheira.

Apesar de se sentir confortado pela companhia desses estrangeiros, Guilherme não teve uma viagem muito bem-sucedida no que diz respeito à missão de converter incréus. Ficou por lá muitos meses e fez o possível para pregar a palavra de Cristo ao grande Mongke em pessoa. Mas foi iludido várias vezes e acabou recompensado apenas com um sermão do cã, que bebeu bastante enquanto falava sobre a decadência geral dos ocidentais, que eram indisciplinados demais para corresponder aos padrões do Oriente.* Como todos os inteligentes governantes mongóis, Mongke gostava de adotar e adaptar os melhores aspectos das culturas subjugadas por seus exércitos. Mas não iria se converter a uma fé que parecia oferecer poucas evidências de sua autoproclamada superioridade. "Deus deu a vocês as Escrituras, e vocês não as observam", argumentou Mongke, "ao passo que para nós ele deu adivinhos, e nós fazemos o que eles dizem e vivemos em paz".[36]

Frustrado, Guilherme acabou partindo da corte real em julho de 1254, após uma rodada de banquetes regados com muita bebida. Foi despachado com uma carta de Mongke a Luís IX, aconselhando o rei francês a se submeter imediatamente ao cã, pois era inevitável que em algum momento os mongóis fossem atrás dele. Mongke disse a Luís que só descansaria "quando

---

* Um tema comum até hoje.

no poder do Deus eterno o mundo inteiro, desde o nascer do sol até o pôr do sol, se tornasse uno na alegria e na paz". A geografia não seria nenhuma proteção contra a máquina de guerra mongol, advertiu, pois, "se ao ouvir e compreender a ordem do Deus eterno, você não estiver disposto a observá--la [...] e dizer: 'Nosso país está longe, nossas montanhas são fortes, nosso mar é largo' [...] como podemos saber o que vai acontecer?".[37]

Como ficou claro, apesar da ameaça passivo-agressiva de Mongke, os mongóis nunca chegaram ao reino dos francos. No entanto, Guilherme de Rubruck fez a longa jornada de volta para o Ocidente e acompanhou Luís IX em uma cruzada à Terra Santa no final de 1254. Sugeriu que seria mais sensato Luís dissuadir quaisquer outros frades de fazer a mesma viagem que ele, pois os perigos eram muito evidentes. Mas acrescentou que ainda havia muito para todos aprenderem com suas experiências no Oriente — particularmente no que dizia respeito às cruzadas. "Digo-vos com confiança que se nossos camponeses — para não falar de reis e cavaleiros — estivessem dispostos a viajar da mesma forma que os príncipes tártaros se movimentam e a se contentar com uma dieta semelhante, poderiam conquistar o mundo todo", escreveu.[38] Mas isso nunca aconteceu, pois o mundo dos cruzados no Oriente estava à beira do colapso. E, mais importante, o mundo dos mongóis também estava prestes a passar por uma transformação radical.

Em 1258, um exército mongol saqueou Bagdá. Uma das maiores cidades do mundo islâmico foi arrasada da maneira monstruosa de sempre. Um exército comandado pelo irmão de Mongke, Hulagu, e um general chinês chamado Guo Kan rompeu as defesas da cidade e massacrou dezenas — talvez centenas — de milhares de civis. A Casa da Sabedoria de Bagdá, que podia ser definida como a melhor biblioteca do mundo, foi saqueada. Milhares de tratados e livros sobre filosofia, medicina, astronomia e muito mais — traduzidos ao longo dos séculos das línguas grega, siríaca, indiana e persa para o árabe — foram jogados no rio Tigre. Foram tantos livros perdidos que dizem que a água do rio ficou preta de tinta.

Então, ainda mais chocante, Hulagu condenou à morte o califa abássida Al-Musta'sim. O califa cometeu o erro de se recusar a capitular quando os mongóis se aproximaram, por isso não houve como salvá-lo. O líder espiritual supremo do mundo muçulmano sunita foi enrolado em um tapete e pisoteado por cavalos. Dessa forma, apagou-se a luz em uma dinastia cuja história remontava à revolução contra os omíadas em 750 d.C.* Parecia não haver limites para a crueldade mongol — e nada no mundo suficientemente sagrado para não ser destruído.

No ano seguinte, porém, o invencível e insaciável Império Mongol foi gravemente abalado. Quando os exércitos mongóis pareciam ensaiar um novo avanço — alguns invadindo a Síria e a Palestina e assustando os cristãos dos Estados cruzados, e outros voltando à Europa Oriental para saquear a Cracóvia na Polônia —, aconteceu um desastre no Oriente. Em agosto de 1259, Mongke morreu durante um cerco à fortaleza de Diaoyucheng, no alto da montanha de Sichuan, pertencente à dinastia Song do Sul da China. Historiadores ainda discutem se morreu de disenteria, cólera, por uma flechada ou ao cair de uma escada de sítio. Provavelmente nunca se saberá com certeza.³⁹ Seja qual for o caso, Mongke estava morto. As consequências de sua morte causaram confusão, guerra civil e afinal a divisão do império em quatro potências regionais separadas conhecidas como canatos, com cada uma desenvolvendo seu caráter distinto e objetivos políticos próprios.

Não foi absolutamente um processo curto e preciso. Logo após a morte de Mongke, eclodiu no Extremo Oriente um conflito entre seus supostos sucessores como cã supremo. Por quatro anos, os irmãos de Mongke, Kublai e Ariq Boke, lutaram pelo direito de governar.** Em 1264, Kublai Khan venceu. Mas os problemas estavam longe de terminar. Assim que se estabeleceu no governo, Kublai foi desafiado por seu sobrinho Kaidu (filho do falecido Ogodei), gerando um conflito que se prolongou por quase quarenta anos. Entrementes, nesse vácuo de poder, eclodiu uma disputa regional entre o governante de Bagdá, Hulagu Khan, e Berke, irmão mais novo do comandante Batu, presença destacada nos textos de Giovanni del Carpine e de Guilherme de Rubruck, morto em 1255.

Não precisamos nos deter aqui nos detalhes desses conflitos, nem nas dezenas de netos e bisnetos de Gengis Khan envolvidos. O fato é que o Império Mongol, que funcionou de maneira tão eficaz numa extensão tão grande na primeira metade do século XIII, se mostrou incapaz

---

* Ver capítulo 4.
** Esse conflito é conhecido como "Guerra Civil Toluida", por ter sido um conflito entre dois filhos de Tolui, que, por sua vez, era o quarto filho de Gengis Khan com sua esposa Borte.

de manter a união quando sua principal diretriz — a lealdade inabalável à autoridade de um líder indiscutível — foi contestada. O extraordinário sistema de comunicações postais estabelecido sob Ogodei, com o qual os comandantes se mantinham em contato enquanto lutavam a milhares de quilômetros de distância, seria inútil se esses comandantes decidissem que estavam interessados mais em seus próprios ganhos do que naqueles do cã supremo e no bem do próprio império. Além disso, em certo sentido, os mongóis foram vítimas de sua própria adaptabilidade. Os comandantes regionais enviados para a China, a Ásia Central, a Pérsia e a estepe russa começaram, ao longo de algumas gerações, a sentir um grau mais forte de afinidade com suas partes do império do que com o conceito de domínios mongóis como um todo. Alguns adquiriram gosto pela vida urbana, em vez de viver sob o feltro da *ger*. Outros adotaram religiões locais, o budismo tibetano ou o islamismo sunita, e abandonaram o paganismo professado pelos xamãs do velho país. Talvez fosse algo natural: nem mesmo o poderoso Império Romano conseguiu impedir seus comandantes regionais de se tornarem nativos mais cedo ou mais tarde. Mas, no século XIII, tratava-se de uma demonstração de que o Império Mongol não poderia continuar sendo mongol para sempre.

Os quatro canatos surgidos da crise por volta de 1260 eram, no entanto, blocos de poder massivos em qualquer padrão. O primeiro, e teoricamente o mais antigo, centrou-se na China e era conhecido como Grande Yuan (ou dinastia Yuan). Foi estabelecido por Kublai Khan em 1271 e era — ou logo se tornou — explicitamente chinês em características e cultura, adotando o confucionismo e a aptidão chinesa nativa para invenções tecnológicas. Kublai mudou sua capital de Karakorum para uma cidade construída para esse fim ao lado da velha fortaleza Jin de Zhongdu. Essa nova metrópole foi chamada de Khanbaliq, ou Dadu, e a partir dali Kublai e seus descendentes da dinastia Yuan pretendiam projetar seu poder imperial da China em direção ao Tibete, à Coreia, à Rússia oriental e ao Sudeste da Ásia. A cidade ainda existe até hoje, radicalmente alterada, mas com parte do mesmo papel político. Nós a chamamos de Pequim.

A oeste do Grande Yuan ficavam os outros três Estados sucessores dos mongóis. O Canato Chagatai, assim chamado por seus governantes serem descendentes do segundo filho de Gengis Khan, Chagatai, ocupava a Ásia Central desde as montanhas Altai a leste até o rio Oxus a oeste. Esse canato permaneceu nômade, tribal e altamente instável, com repetidas alternâncias entre governantes rivais. (No século XIV, o canato se dividiu, se contraiu e se transformou em uma entidade conhecida como Mogulistão.) Por várias gerações, seus governantes entraram em confronto com os do Ilcanato mongol, fundado por Hulagu e sua linhagem no que fora o império persa do xá corásmio.

Depois de terem destruído o califado abássida, arrasado Bagdá e assumido o comando da Pérsia, do Iraque, da Síria, da Armênia e da metade ocidental da Ásia Menor, os governantes do Ilcanato foram, ao menos por um curto período, os personagens dominantes no Oriente Médio. Isso os tornou particularmente interessantes para os ocidentais, pois eles naturalmente se envolveram na política do mundo dos cruzados. Foi por isso que muita gente no Ocidente reviveu suas antigas fantasias sobre o Rei David, tentando se iludir com a possibilidade de os mongóis se transformarem em servos de Cristo. Em 1262, depois de ler o relato de Guilherme de Rubruck sobre sua viagem a Karakorum, Luís IX da França tentou passar ao Ilcanato Hulagu a visão improvável de uma aliança cristã-mongol contra os novos governantes islâmicos do Egito, os mamelucos. Hulagu cedeu um pouco ao sonho, jactando-se de ter recentemente livrado a Síria da seita dos Assassinos — uma seita xiita reclusa que vivia nas montanhas e era conhecida por lançar ataques terroristas de surpresa contra líderes políticos de todas as religiões na região. Ainda se definiu como o "ávido destruidor dos pérfidos povos sarracenos, amigo e apoiador da religião cristã, enérgico combatente de inimigos e fiel amigo de amigos", jurando a Luís que realmente destruiria os mamelucos, que definia pejorativamente como "ratos-cães da Babilônia".[40]

Porém, como se viu, Hulagu e seus sucessores tiveram pouco sucesso contra os mamelucos. Descendentes dos próprios nômades das estepes, altamente disciplinados e habilidosos na guerra, os mamelucos provaram ser o baluarte que estabeleceu os limites da expansão mongol no Levante. Dominaram o Egito, a Palestina e grande parte da Síria, e no final do século XIII impediram qualquer investida mongol ao Norte da África ou à Arábia. Isso significava que os mongóis do Ilcanato se tornaram efetivamente os últimos governantes do antigo Império Persa, e, à medida que se acomodaram nesse papel, começaram a parecer e a se manifestar como todos os demais governantes recentes daquela parte do mundo. Em 1295, o Ilcanato Ghazan converteu-se do budismo ao islamismo sunita — uma decisão e tanto para o bisneto de Hulagu, o homem que literalmente matara o califa abássida em 1258. À parte essa ironia paralela, Ghazan era um governante culto e perspicaz. Mas depois de sua morte, na primeira metade do século XIV, a autoridade do Ilcanato aos poucos começou a se fragmentar, e pequenos emires regionais passaram a exercer o poder; em meados do século, o Ilcanato mal era reconhecível como um Estado mongol.

Restava ainda mais um canato, o da Horda Dourada.* Como vimos, viajantes como Giovanni Pian del Carpini e Guilherme de Rubruck, que visitaram o Império Mongol, encontraram a porção ocidental, que se sobrepõe à estepe russa, sob controle de um comandante regional, Batu. À medida que o século XIII avançava, essa região tornou-se um canato independente sob seu próprio cã, descendente de Gengis Khan pelo lado de seu filho mais velho, Jochi. Assim como no Canato Chagatai, a casta dominante mongol vivia um estilo de vida nômade por longos períodos do ano. Mas não abandonou totalmente a vida urbana.[41] Algumas das grandes cidades russas saqueadas durante os anos de conquista foram reconstruídas, mas outras construídas do zero. Assim como os ditadores soviéticos que dominariam essa parte do mundo no século XX, os líderes mongóis da Horda Dourada preferiam os assentamentos construídos para algum propósito, entre os quais os mais famosos eram a Velha Sarai e a Nova Sarai.

Nova Sarai, que ficava no rio Akhtuba entre o mar Negro e o mar Cáspio, era uma capital próspera e elegante, visitada no final do século XIV pelo viajante muçulmano Ibn Battuta, que a descreveu com alguns detalhes: "Uma das mais lindas cidades, de grande extensão e abarrotada de habitantes, com belos bazares e ruas largas". Estimou ter levado meio dia para percorrer toda a cidade e notou que havia "treze catedrais e um grande número de outras mesquitas", condizentes com uma população altamente cosmopolita. "Os habitantes pertencem a diversas nações; entre eles estão os mongóis, que são os habitantes e governantes do país e são em parte muçulmanos; ossétios, que são muçulmanos; e kipchaks, circassianos, russos e gregos, todos cristãos. Cada grupo vive em um bairro separado com seus próprios bazares. Comerciantes e estrangeiros do Iraque, do Egito, da Síria

---

* Esse nome foi aplicado posteriormente ao canato da estepe russa do século XVI. Mas não está claro se o nome foi derivado da tenda dourada do cã ocidental ou era uma fusão híbrida da palavra turca *orda* (quartel-general) com a palavra latina *aurum* (ouro).

e de outros locais vivem em um bairro cercado por um muro, para proteger suas propriedades."[42]

Era um cenário cosmopolita, como convinha a uma cidade que controlava uma das principais vias da Rota da Seda. Como veremos no próximo capítulo, os mongóis foram em grande parte responsáveis pelo aumento do comércio global ao longo dessas rotas ocorrido a partir do século XIII, e a Horda Dourada era um grande mercado intermediário para produtos comerciais que iam desde seda, especiarias, pedras até metais preciosos, peles, sal, couros e escravos. Foi também um cadinho de religiões e culturas. Como ibn Battuta observou, os cãs mongóis haviam se convertido ao islamismo. Mas eram muito indulgentes com o cristianismo, isentando a Igreja Ortodoxa de seus países de impostos e desobrigando os clérigos a servir no exército mongol. Na verdade, até pediam orações por suas almas aos clérigos russos. Da mesma forma, os cãs da Horda Dourada se dispunham a lidar pacificamente com os príncipes da Rus que reconhecessem sua soberania e pagassem tributos.

Um deles foi o herói russo Alexander Nevsky, grão-príncipe de Kiev e Vladimir (morto em 1263) e hoje um santo da Igreja Ortodoxa. Nevsky cultivou excelentes relações com o cã Sartaq da Horda Dourada, a quem via como um aliado vital em sua tentativa de impedir que os exércitos cristãos da Suécia e da Alemanha invadissem seu território e o empurrassem à órbita da Igreja Romana. Essa amizade punha o pragmatismo político acima da solidariedade religiosa numa época cruzadista, que nem sempre facilitava a convivência entre cristãos e muçulmanos. E nem era tão incomum. Quando o choque das invasões mongóis diminuiu, a partir de meados do século XIII, a Horda Dourada e os príncipes nativos da Rus se relacionaram com relativa facilidade: os mongóis recebiam tributos e serviço militar, e em troca mantinham a paz entre os príncipes, incluindo-os em suas lucrativas redes de comércio e protegendo-os dos inimigos do Ocidente. Em compensação, os cãs da Horda Dourada passaram boa parte do mesmo período em rixas e lutas com seus primos mongóis do Ilcanato, que representavam uma séria ameaça às suas ambições territoriais no Cáucaso e eram concorrentes no tráfego mercantil em diferentes trechos da Rota da Seda.

Esse curioso estado de coisas — em que mongóis lutaram contra mongóis e eram tolerantes com príncipes do mundo exterior — foi sob muitos aspectos uma inversão total de tudo aquilo que Gengis Khan representava. De forma lenta e firme, a violência de mongóis contra mongóis acabaria descendo a cortina sobre o império que um dia foi o flagelo do mundo.

O último dos cãs

Cerca de cem anos depois da morte de Gengis Khan, em 1336 (ou um pouco antes), nasceu o último dos grandes conquistadores mongóis, em uma sociedade nômade turca no que hoje é o Uzbequistão. Cresceu e se tornou incrivelmente inteligente, militarmente talentoso e fisicamente forte, apesar de ter ficado permanentemente aleijado durante uma aventura juvenil em que foi atingido por flechas na perna e na mão direitas. Seu nome era Timur — às vezes chamado de Timur, o Manco (*Temüri lang*) ou Tamerlão. Embora não fosse parente de Gengis Khan, foi o homem que, desde o velho guerreiro, chegou mais perto de trazer o mundo de volta ao jugo mongol.

Quando Timur se tornou adulto, nos anos 1360, o que um dia fora o Império Mongol era um conjunto tremendamente fragmentado de entidades em vários estágios de decadência. Como veremos no capítulo 13, surtos de peste, começando com a Peste Negra, não devastaram menos as terras mongóis que qualquer outra parte do mundo. E esse não foi o único problema a afligir os vários canatos. No Extremo Oriente, a dinastia Yuan completou sua transformação de uma cultura nômade rústica e agressiva da estepe para um estereótipo de autocracia imperial chinesa: tirânica, paranoica e assolada por alegações de sordidez irrecuperável e sodomia endêmica entre as paredes do palácio. Uma insurreição de longa duração e muito violenta, conhecida como "Rebelião dos Turbantes Vermelhos", ocorrida entre 1351 e 1367, finalmente destruiu a dinastia Yuan como força regional. Em 1368, uma nova dinastia — os Ming — chegou ao poder, e os sobreviventes entre os Yuan voltaram como foragidos à estepe mongol, onde formaram um pequeno e rudimentar Estado conhecido como Yuan do Norte, que durou até o século XVII. E a podridão não se limitou ao Extremo Oriente. Na Pérsia, nos anos 1330, o Ilcanato mongol se dissolveu em uma colcha de retalhos de feudos de senhores da guerra mesquinhos, com o último cã autêntico morrendo em 1335 — mais ou menos na época em que Timur nasceu.[43] A Horda Dourada fragmentava-se cada vez mais em facções e lutas internas, e assim o Canato Chagatai, onde Timur nasceu, foi efetivamente dividido. Para Gengis, Ogodei ou mesmo Kublai Khan, tudo isso seria irreconhecível. Os Estados sucessores mongóis não se pareciam nem remotamente com a superpotência que outrora constituíram.

Porém, de maneira espetacular, ainda que momentânea, Timur conseguiu fazer o tempo voltar. Entre 1360, quando foi ao campo de batalha pela primeira vez, e sua morte no início do século XV, Timur arrebanhou os fragmentos irregulares do grande Império Mongol e os unificou sob seu governo carismático. Seu caminho para a preeminência seguiu a rotina. Tendo ascendido na sociedade tribal da Ásia Central graças à sua habilidade em batalha e ao talento para a diplomacia, Timur se voltou para o exterior. Mobilizou e motivou um grande exército multiétnico que avançou por toda parte, aterrorizando os que se recusavam a se submeter. Justificava sua agressividade com referências diretas à história: apesar de não descender de Gengis Khan, duas de suas quatro dúzias de esposas ou concubinas eram da linhagem do velho cã. Timur insistiu que isso lhe dava o direito de restaurar o que o velho havia montado. Autodenominou-se genro (*küregen*) de Gengis, e, mesmo não sendo um cã (apenas afirmando agir em nome dos cãs fantoches na Ásia Central), adotou o título de Grande Amir com o porte imperioso de um nobre mongol.[44]

Portanto, Timur tinha plena consciência de seu lugar na história mongol. E usou métodos históricos para conseguir o que a história exigia. Sob Timur, massacres e torturas voltaram a ser as palavras de ordem. Cidades eram arrasadas. Cabeças decepadas. Corpos apodreciam ao sol como carniça. Multidões de escravos eram tirados de suas casas e despachados para a terra natal de Timur, para nunca mais voltar. Muitas centenas de milhares, se não milhões, de civis morreram para satisfazer a ambição de Timur e confirmar sua convicção de que um improvável conglomerado de metade do mundo sob domínio mongol era um sucesso político.

Décadas de campanhas expansionistas por toda a Ásia, no Sul da Rússia e no Oriente Médio impuseram o domínio de Timur sobre três dos quatro antigos canatos — o Chagatai, o Ilcanato e a Horda Dourada; somente os imperadores Ming conseguiram resistir. Timur abriu seu caminho para o oeste, pelas profundezas da Ásia Menor, e por um tempo parecia estar avançando em direção à Europa, onde as notícias de suas grandes conquistas preocuparam e entusiasmaram os reis cristãos em proporções quase iguais.

Ainda iludidos por versões atualizadas da fantasia de Preste João, muitos se perguntaram se seria melhor tremer ao ouvir o nome de Timur ou tentar convertê-lo ao cristianismo e tê-lo como aliado para destruir seus inimigos comuns — particularmente os turcos otomanos começavam a assumir o controle de muitas das antigas províncias bizantinas no Mediterrâneo oriental. Não surpreende que, como tantas vezes antes, suas esperanças foram frustradas, pois Timur não era mais amigo dos cristãos do que de qualquer um além dele próprio. Às vezes deixava comunidades cristãs em paz nas províncias que governava, exigindo apenas que pagassem impostos e tributos por esse privilégio. Em outras ocasiões, no entanto, gostava de se passar por um muçulmano sunita *jihadista* (apesar da absoluta facilidade em matar outros muçulmanos quando convinha). Perseguiu os cristãos nestorianos da Pérsia e da Ásia Central até praticamente a extinção.

Quando morreu, em 1405, Timur havia seguido os passos de Gengis de forma notável, mas superficial. Aterrorizou mais ou menos todo o continente asiático e o Oriente Médio, unificou um vasto império que se submeteu ao seu comando pessoal e efetuou uma redistribuição tão rápida de riquezas e talentos artísticos que deixou o cenário armado para uma era de ouro cultural e intelectual na Ásia Central, onde sua capital, Samarcanda — a exemplo de Karakorum antes dela —, cresceu e enriqueceu gloriosa com os despojos de guerra. A cidade foi resgatada do estado de esgotamento em que definhara após os ataques de Gengis no século XIII: foi replanejada, reconstruída e repovoada. Artesãos e artistas sequestrados de outros países foram levados para lá e encarregados dessa grande reforma imperial, criando em Samarcanda uma arquitetura monumental e ostensiva, com palácios e jardins públicos, muralhas, portões, mesquitas e estátuas.[45]

No entanto, assim como ocorrera no século XIII, o império sangrento de Timur não foi construído para durar. Na época em que a Idade Média chegava ao fim, no ocaso do século XV, tudo havia desmoronado. Os timúridas, como eram conhecidos os membros da dinastia de Timur pelo povo mongol, mal conseguiam manter o que haviam conquistado. A dinastia Ming governava a China. Uma confederação tribal sunita turca conhecida como Aq Qoyunlu invadiu a Pérsia e a Mesopotâmia. Tribos uzbeques invadiram a Ásia Central. Gravemente abalada pela invasão de Timur nos anos 1390, a Horda Dourada caiu aos pedaços no século XV, deixando para trás um punhado de canatos "tártaros" independentes. Dois deles — o Estado da Crimeia, às vezes chamado de Pequena Tartária, e o Canato Cazaque, que corresponde mais ou menos ao atual Cazaquistão — sobreviveram à Idade Média. Timur deixou um importante legado imperial no Afeganistão e no Norte da Índia, por meio de seu descendente Babur, que fundou o Império Mongol em Cabul no início do século XVI. No entanto, apesar de parecerem destinados a ser uma grande potência no Oriente no início da era moderna, os mongóis pareciam quase irreconhecíveis como herdeiros de suas origens. A exemplo de Gengis, o maior talento de Timur era a conquista e a expansão. Mas construir um super Estado estável e unificado que pudesse sobreviver a ele por gerações não era o seu forte. Tampouco, para ser justo, seu objetivo principal.

Assim, num período de menos de dois séculos, os mongóis saíram da estepe oriental para exercer sua supremacia sobre todo o mundo eurasiático, para depois implodir, se reunificar por um breve período e voltar a se desintegrar. A história deles foi realmente estranha, e talvez a mais sangrenta de toda a Idade Média. Os métodos mongóis de conquista, inaugurados e aperfeiçoados por Gengis Khan e imitados habilmente por Timur, prefiguraram as autocracias do terror do século XX, segundo as quais milhões de civis podem ser assassinados para servir às ambições pessoais dementes de governantes carismáticos e difundir uma ideologia pelo mundo todo. Contudo, apesar da grande sede de sangue e de uma crueldade que não pode ser relevada por um mero relativismo histórico, os mongóis também mudaram radicalmente o mundo — para melhor e para pior.

Em alguns casos as mudanças foram na geografia política básica. A tendência dos mongóis de queimar cidades e substituí-las ou eliminá-las totalmente reorientou regiões inteiras. No Extremo Oriente, suas conquistas criaram o conceito duradouro de uma Grande China, com um poder imperial (ou quase imperial) dominante sobre uma enorme área territorial, governada a partir do que hoje é Pequim, estendendo-se até as estepes e incluindo um grande número de diferentes grupos étnicos. No Oriente Médio, a pobre e arruinada Bagdá decaiu, para ser ultrapassada em importância por Tabriz, no Azerbaijão. Na Ásia Central, Samarcanda foi catapultada para o status de potência pelas pilhagens de Timur. Na Rússia, um remanso comercial chamado Moscou cresceu e se tornou um centro comercial regionalmente dominante — de início como um posto onde os mercadores podiam operar a uma distância segura dos mongóis da Horda Dourada, mas depois como aliado dos cãs da Horda Dourada. No século XVI, se tornaria o Estado dominante na Ásia ocidental, cujo governante reivindicou o domínio de toda a Rússia com o título de czar.[46]

E, claro, também houve o fator religioso. A atitude inicial de *laissez faire* dos mongóis em relação ao dogma religioso parece revigorante quando comparada ao preconceito da época das cruzadas — um estudioso moderno chegou a argumentar que isso deu um exemplo histórico tão positivo que o princípio da liberdade religiosa consagrado no Ocidente em geral e na Constituição dos Estados Unidos em particular deve suas origens à filosofia de Gengis Khan.[47] Os mongóis também fizeram mudanças radicais na composição religiosa da Eurásia. Ao se converterem ao islã, os governantes mongóis do Ilcanato, do Canato Chagatai e da Horda Dourada criaram uma grande zona islâmica que se estendia desde as montanhas Tian Shan até o Cáucaso, onde se conectava com os reinos turco e árabe do Mediterrâneo oriental e do Norte da África. O forte caráter islâmico atual da Ásia Central e do Sul da Rússia deve muito aos mongóis. E isso não é observável só em retrospecto. Os príncipes cristãos e frades franciscanos do Ocidente que rogaram aos sucessivos cãs mongóis para se tornarem o "Rei David" e se converterem ao cristianismo perceberam que a identidade religiosa daquele imenso poder imperial dominante teria um efeito duradouro no equilíbrio das religiões mundiais. Se tivessem conseguido convencer homens como Mongke Khan a serem batizados, poderia haver muito mais torres de igrejas do que minaretes na Ásia de hoje. E as relações entre Estados modernos como os Estados Unidos e o Irã, ou a Rússia e a Turquia, poderiam ser muito diferentes.

Mas tudo isso é especulação. O que é certo, e o que merece uma análise mais detalhada, é a maneira como os mongóis remodelaram o comércio global e as redes de viagens. Na raiz estava o fato de a ambição territorial desenfreada dos mongóis e a escala de suas conquistas terem possibilitado viagens de milhares de quilômetros para além do horizonte e retornos para contar a história. Seu rearranjo da Ásia Central, da Pérsia e da Rússia keviana foi tão cruel quanto qualquer expansão imperial do século XIX. Mas, assim como o terremoto colonial do século XIX, a violência sangrenta dos mongóis em todo o mapa mundial abriu o comércio global e as redes de informação que inauguraram uma nova era na história do Ocidente. Por mais terríveis que tenham sido seus meios, as mudanças realizadas foram surpreendentes e mudaram a época. Na verdade, essa transformação do comércio talvez seja o maior legado dos mongóis para a história que estamos contando neste livro. Portanto, é para essa parte de seu legado que iremos nos voltar agora, procurando entender como intrépidos mercadores, estudiosos e exploradores do Oriente e do Ocidente floresceram após as conquistas mongóis, trocando ideias, bens e riquezas e remodelando o mundo e as mentes ocidentais no processo.

10

COMERCIANTES

"Por Deus e pelo lucro"
Lema pessoal do comerciante toscano
Francesco di Marco Datini

No início de setembro de 1298, duas frotas, enfeitadas para a guerra, confrontaram-se no mar Adriático, no estreito entre o continente onde hoje é a Croácia e a maior das ilhas da Dalmácia então conhecida como Curzola (Korčula). Dezenas de galés elegantes, lotadas de tropas, ostentavam as bandeiras de dois dos principais Estados marítimos da Europa: a República de Veneza e a República de Gênova. Localizadas em lados opostos da península Italiana — Veneza no nordeste e Gênova no noroeste —, essas cidades ambiciosas e autônomas (além de uma terceira rival, a República de Pisa) estavam em conflito havia quase cinquenta anos. Já tinham lutado na Terra Santa e em Constantinopla, nos portos do mar Negro e ao redor das ilhas do Egeu e do Adriático. Era uma disputa pela supremacia nos mares, e um jogo pesado, pois a vitória poderia resultar em mais do que o simples direito de se jactar ou pilhagens. Venezianos, genoveses e pisanos competiam para se tornar a principal potência mercantil do Ocidente. Na virada do século XIV, isso não era pouca coisa. O comércio mundial estava crescendo. Mercadorias e produtos de luxo transitavam ao redor do planeta em um ritmo raramente visto em toda a história da humanidade. O domínio comercial nessa época era algo pelo qual valia a pena lutar — e morrer.

O confronto no estreito de Curzola foi sangrento e assimétrico. O brilhante almirante genovês, Lamba Doria, membro de uma família nobre, tinha bem menos navios que seu oponente, Andrea Dandolo — um parente do velho *doge* Enrico Dandolo, que incendiou Constantinopla com a Quarta Cruzada. Mas Doria teve sorte e as marés a seu favor. Enquanto as galés entrelaçavam seus remos, os capitães atraíram os navios venezianos para águas rasas, onde muitos encalharam. Os genoveses abordaram as naves inimigas avariadas, matando e fazendo prisioneiros antes de afundar quase toda a frota veneziana. Cerca de 7 mil marinheiros venezianos foram mortos na luta. O almirante Dandolo foi capturado e se suicidou na prisão, para evitar a vergonha da derrota. Quando a notícia de sua humilhação chegou aos canais de Veneza, autoridades da cidade foram obrigadas a pedir um acordo de paz. A Batalha de Curzola não seria lembrada como o melhor momento de Veneza.

No entanto, estranhamente, também não seria lembrada como um triunfo de Gênova. Essa escaramuça sangrenta nas águas azuis da costa da Dalmácia seria associada principalmente a um dos prisioneiros de guerra venezianos. Era um aventureiro veterano de uma família de mercadores, que havia chegado mais longe ao redor do mundo que qualquer pessoa viva, tendo visto muitas coisas extraordinárias e conhecido povos surpreendentes. Um sobrevivente encantador com histórias fascinantes para contar. E ao ser capturado na batalha, teve a oportunidade de relatá-las. Foi encarcerado ao lado de um escritor profissional, talentoso e simpático, chamado Rustichello de Pisa, que ouviu as memórias de seu colega de cela e as escreveu para a posteridade. O resultado foi um grande diário de viagem popular, que ainda vende milhares de cópias todos os anos. O comerciante era Marco Polo — e sua história é com justiça uma das mais célebres de toda a Idade Média.

Nascido em Veneza em 1253 de uma família de empresários, Marco Polo tinha 45 anos quando lutou na Batalha de Curzola. Passou a maior parte de sua vida adulta longe da Europa. O pai, Niccolo Polo, e o tio Maffeo Polo fizeram parte da vanguarda de viajantes europeus na corte do Império Mongol, tendo visitado Kublai Khan em 1260, depois de liquidar empreendimentos comerciais anteriores em Constantinopla para escapar da restauração de um imperador bizantino.[*] Ao viajarem para o Extremo Oriente, encon-

---

[*] Em 1261, Manuel Palaiologos, cogovernante do pequeno império grego de Niceia, baseado

traram os mongóis receptivos ao comércio com o Ocidente e interessados em trocar cartas diplomáticas com reis e papas europeus. Assim, na década seguinte, Niccolo e Maffeo trafegaram várias vezes entre o Ocidente e o Oriente. Quando partiram de Veneza em uma viagem em 1271, levaram o então adolescente Marco com eles. Foi o início de uma jornada maravilhosa. A introdução às memórias de Marco Polo (hoje conhecidas como *Viagens*, mas originalmente chamadas de *Uma descrição do mundo*) afirmava que "desde o tempo em que Deus fez Adão [...] até hoje não houve nenhum homem, cristão ou pagão, tártaro ou indiano, ou de qualquer raça, que conheceu ou explorou tantas das várias partes do mundo e tantas grandes maravilhas como [...] Marco Polo".[1] Era uma hipérbole — habilmente injetada por Rustichello, cujo talento para escrever histórias de sucesso havia sido aprimorado na criação de romances arturianos para o rei inglês Eduardo I. Mas não estava longe da verdade.

Como visto no capítulo 9, a família Polo não esteve entre os primeiros viajantes europeus a fazer uma expedição à terra dos cãs no século XIII. A partir dos anos 1240, houve ondas regulares de enviados e missionários partindo para o Oriente. Já conhecemos Giovanni Pian del Carpini e Guilherme de Rubruck. Houve muitos outros. Giovanni da Montecorvino foi mandado pelo papa a Khanbaliq (Pequim) nos anos 1290 para ser o primeiro arcebispo da cidade; administrou uma missão bem-sucedida na China mongol por quase vinte anos, pregando e convertendo pessoas nas igrejas que fundou e traduzindo o Novo Testamento para a língua mongol. Na mesma época, Thomas de Tolentino viajou pela Armênia, Pérsia, Índia e China, pregando incansavelmente, até ser julgado e executado por blasfêmia em Thane (hoje parte da grande área metropolitana de Mumbai) por ter dito a autoridades muçulmanas que acreditava que Maomé estava queimando no inferno. Tempos depois, entre 1318 e 1329, Odorico de Pordenone embarcaria em uma maratona de pregação pela China e pelo

---

principalmente na Ásia Menor ocidental, depôs o último imperador latino de Constantinopla, Balduíno II. Manuel VIII, como se chamou depois, procurou fazer o relógio voltar ao tempo anterior à Quarta Cruzada em Constantinopla, reformando edifícios, restaurando o rito ortodoxo nas igrejas e se vingando violentamente dos venezianos, em particular por suas ações vergonhosas no início do século. Os irmãos Polo previram essa revolução, venderam seus ativos antes que ocorresse, evitando assim o confisco e a ruína.

Oeste da Índia. Giovanni de Marignolli foi enviado como conselheiro espiritual do último imperador da dinastia Yuan, entre 1338 e 1353.

Mas havia uma diferença significativa entre Marco Polo e esses outros viajantes. Quase sem exceção, todos eram frades — dominicanos ou franciscanos cuja principal responsabilidade era com a palavra de Deus e a presença da Igreja latina, para os quais as adversidades da jornada faziam parte de sua vocação espiritual. Embora fossem cristãos, os Polo não eram clérigos. Não se aventuraram a milhares de quilômetros de casa para salvar almas. Eram mercadores: comerciantes em busca de lucro, principalmente vendendo pedras preciosas a príncipes mongóis ricos e operando como intermediários em negócios e na diplomacia internacional. Além do mais, eram venezianos — cidadãos de um dos Estados mercantis mais implacáveis e expansionistas do Ocidente. As aventuras de Marco Polo no Oriente foram algo bem diferente da dos frades. Ele não foi para o Oriente em busca de salvação, mas de ouro.

A jornada dos Polo para o Oriente percorreu uma rota amplamente conhecida. Em 1271, navegaram de Veneza a Constantinopla e atravessaram o mar Negro, desembarcando em Trebizonda, na Armênia. Uma longa jornada terrestre no lombo de camelos pela Pérsia os levou à Ásia Central e, mais adiante, até o palácio de verão do cã de Shangdu (às vezes chamado de Xanadu), aonde chegaram após três anos e meio de viagem. O opulento palácio, construído em mármore e decorado com ouro, abrigava muitos parasitas bizarros e exóticos, inclusive feiticeiros que sacrificavam animais vivos, comiam a carne de criminosos condenados e conjuravam truques de mágica na hora das refeições, além de milhares de monges carecas ascéticos que veneravam o fogo e dormiam no chão.[2] Era também a residência sazonal do próprio Kublai Khan, neto de Gengis Khan, "o homem mais poderoso, seja em relação a súditos, territórios ou riqueza, que está no mundo hoje ou dos que já estiveram".[3] Essas foram as palavras de Marco Polo, que fez bem em ter cantado louvores ao velho Kublai. Pois foi ele, o último dos grandes cãs, que deu a Marco as oportunidades que mudariam sua vida para sempre.

Jovem, tenaz, inteligente, culturalmente sensível e confiante em meio a ambientes estranhos, Marco chamou a atenção de Kublai Khan assim que foi apresentado à corte e ganhou um lugar entre os ajudantes de honra do Khan. Foi um grande passo para o desconhecido, mas Marco progrediu, principalmente graças à sua facilidade em aprender novas línguas: "Ele adquiriu um conhecimento notável dos costumes dos tártaros e dominou quatro línguas com seus modos de escrever", segundo *As viagens*.* Enquanto Niccolo e Maffeo negociavam joias e ouro, Marco trabalhava como funcionário público itinerante, a quem o Khan confiava "todas as missões mais interessantes e distantes", transacionando negócios diplomáticos oficiais, mas mantendo um olhar arguto para as excentricidades e pecadilhos de povos nos confins do Império Mongol, sobre os quais Kublai Khan sempre o questionava quando ele voltava para a corte.[4]

As histórias vívidas que Marco coletou para Kublai proveram a maior parte de seu livro, e, assim como entretiveram o cã, também deslumbraram os europeus, com descrições de muitas grandes cidades do Leste da China, da Birmânia, da Malásia, do Sri Lanka, do oeste da Índia e da Pérsia, além de relatos sobre a Rússia e a "Região das Trevas" — um lugar onde tribos de rostos pálidos viviam em noites semipermanentes, capturando animais selvagens por suas peles. Marco era especialmente atento a práticas religiosas e alimentos incomuns, hábitos sexuais, doenças estranhas e características físicas exóticas. Também tinha um olhar arguto para a flora, a fauna e a topografia. Mas nada chamava tanto a sua atenção quanto o comércio. Embora seu pai e seu tio estivessem mais diretamente envolvidos nos empreendimentos comerciais no Império Mongol, Marco nunca perdeu a verve veneziana para o lucro.

Em quase todos os lugares, Marco atentava às oportunidades de negócios. Descobriu que Sheberghan, no Afeganistão, exportava os melhores doces de melão seco.[5] As terras no entorno de Balkh (também no Afeganistão) produziam rubis incríveis, cuja produção e venda no exterior eram estritamente limitadas para manter os preços altos.[6] Em Caxemira, disse Marco, o coral era vendido "a um preço mais alto que em qualquer outra parte do mundo".[7] Hami, no Noroeste da China, tinha uma economia em expansão baseada no proxenetismo e na prostituição.[8] Um lugar que ele conheceu como "Su-chau" (na atual província de Gansu, na China) era abundante em uma variedade deliciosa de ruibarbo, "e os mercadores

---

* Os jovens alunos do Ocidente de hoje, pressionados por pais ansiosos da classe média a ter aulas de mandarim a fim de se preparar para um século XXI dominado pelos chineses, podem se consolar ao saber que estão seguindo uma tradição que remonta pelo menos aos tempos de Marco Polo.

que compram seus carregamentos [...] os transportam para todas as partes do mundo".⁹ Gouza produzia maravilhosos tecidos diáfanos e dourados.¹⁰ A melhor cânfora era de Java.¹¹ As melhores pérolas eram tiradas de ostras por mergulhadores profissionais no estreito de Palk, entre a Índia e o Sri Lanka.¹² Kollam (no estado indiano de Kerala) produzia excelentes corantes índigo, que poderiam ser vendidos a peso de ouro na Europa.¹³ A visão para negócios de Marco era tão arguta que ele registrou inclusive vantagens comerciais de lugares que não chegou a ver: explicou que os melhores dentes de elefante e melhor âmbar-gris cruzavam o Oceano Índico saindo de Madagascar e de Zanzibar, enquanto Aden, no Iêmen, era o local mais lucrativo para o comércio de cavalos, especiarias e drogas.¹⁴

Marco reservou seu maior elogio, no entanto, para Kin-sai (atual Hangzhou, perto de Xangai, no Leste da China), que considerou o lugar mais lindo do mundo: um labirinto de ruas, canais, mercados, praças e "inúmeras" lojas. Marco adorou Kin-sai. Amou os mercados abertos, onde animais vivos eram vendidos por quase nada e mortos na hora. Apreciou frutas, peixes, vinhos locais, "especiarias, quinquilharias, drogas e pérolas" vendidas em lojas que ocupavam o andar térreo de edifícios altos. Maravilhou-se com o burburinho diário de multidões de compradores e comerciantes, que estimou em 40 mil ou 50 mil. Admirou a governança municipal eficiente, sob a qual uma força policial cívica monitorava o crime, a fraude e reuniões tumultuadas, com gongos soando para assinalar o passar das horas, onde as ruas não eram pavimentadas com ouro, mas com uma superfície prática de tijolo e pedra que permitia mensageiros, carruagens e pedestres transitarem com eficiência e rapidez pela cidade, facilitando e agilizando negócios a qualquer hora do dia. Kin-sai era um centro mercantil de papel-moeda, cortesãs perfumadas, oficinas movimentadas e comércio sem atrito: uma Veneza fora de Veneza, onde 1,6 milhão de famílias (ou assim disse Marco) viviam em "grandiosidade e beleza [...] o que poderia fazer um morador se imaginar no paraíso".¹⁵ Mesmo encarcerado numa prisão genovesa ditando suas memórias, Marco parecia ser capaz de fechar os olhos e voltar para lá.

As cores vívidas e os detalhes exóticos das histórias de Marco Polo por si só já valiam (e ainda valem) a leitura de *Viagens*. Contudo, no alvorecer do século XIV, sua obra ganhou uma importância que a tornou mais que uma mera reunião de curiosidades orientais: era um tratado repleto de valiosas revelações comerciais. Encontramos exemplos de orientações específicas para um empreendedor interessado no comércio de joias, marfim ou ruibarbo. Todavia, Marco também observou meticulosamente as condições mais gerais sob as quais os mercadores poderiam operar. Na Pérsia, notou ele, onde havia um mercado movimentado de transporte de cavalos para venda na Índia, em muitos distritos havia pessoas "brutais e sedentas de sangue [...] sempre se matando mutuamente", mas que deixavam os mercadores e viajantes em paz, pois elas próprias viviam com medo dos mongóis, que impunham "severas penalidades a elas".[16] Na China, onde se usava o papel-moeda, a atitude avançada em relação à macroeconomia demonstrava que o Grande Khan "tem mais riquezas que qualquer outra pessoa no mundo".[17] Ao longo das ruas principais de todo o império, constatou, foram plantadas árvores dos dois lados para melhorar a segurança e a aparência estética da via pública.[18] Tudo isso era significativo, pois mostrava como um mundo novo, focado no comércio e globalmente conectado, ganhava vida sob a *Pax Mongolica* — a grande zona comercial pacificada e policiada pelos cãs.

Marco foi um evangelista do regime mongol, que, apesar de toda a sua severidade e intolerância, manteve a paz e permitiu que o comércio prosperasse com segurança em uma extensão de território até então inimaginável, ligando o Ocidente cristão diretamente com o Oriente chinês e indiano, tornando as viagens por terra pela Pérsia islâmica seguras e confiáveis. Não foi um julgamento imparcial: para milhões de civis massacrados e suas famílias, o avanço mongol no século XIII não foi um milagre econômico, mas uma tragédia cataclísmica. Contudo, na visão de mundo amoral de um comerciante ávido por lucros os cãs haviam aquecido um grande mercado. E segundo o pensamento de Marco Polo, o comércio no Oriente estava lá para ser açambarcado por empresários aventureiros da Europa, particularmente pelos mercadores das cidades-Estados italianas mais avançadas.

Marco Polo se apegou a um ponto importante. E em certo sentido estava certo sobre os mongóis. Mas ele não contou toda a história, pois não foi só o comércio de longa distância que começou a decolar no século XIII. Mudanças importantes estavam acontecendo perto de casa. No tempo de vida de Marco e no século seguinte, o mundo ocidental passou por mudanças econômicas radicais, com a invenção de formas cada vez mais sofisticadas de negociação e financiamentos e a abertura de novos mercados.

O nome que os historiadores deram às mudanças ocorridas nesse período foi Revolução Comercial, uma expressão merecidamente grandiosa. O que aconteceu nos séculos XIII e XIV foi tão importante em termos econômicos quanto a Revolução Industrial do século XIX e a Revolução Digital que vivemos atualmente. A Revolução Comercial deslocou o poder para as mãos de novos agentes, além de imperadores, papas e reis. Isso permitiu ao comerciante assumir um lugar de destaque na sociedade e na cultura medievais. Deu origem a cidades nas quais os mercadores dominaram o status político e a independência recém-adquiridos. O gosto pela arte e pela literatura passou a ser influenciado pelos costumes da classe mercantil, que podia se dar ao luxo de atuar como mecenas e criadores. Regimes políticos e guerras eram subscritos pelo dinheiro mercantilista. É um clichê muito repetido pelos historiadores o de que o mundo medieval era composto por três grupos de pessoas: os que rezavam, os que lutavam e os que trabalhavam. Mas a partir do século XIII, devemos também levar em consideração os que contavam, aplicavam, poupavam e gastavam. A ascensão dos mercadores e suas contribuições, tanto para a Idade Média quanto para o mundo de hoje, serão o foco do restante deste capítulo.

Explosão e expansão

O comércio é quase tão antigo quanto a própria sociedade humana. Mais de 200 mil anos atrás, povos da Idade da Pedra na África Oriental (atual Quênia) transportavam e trocavam obsidiana, o resistente vidro vulcânico que podia ser transformado em ferramentas e armas, por distâncias superiores a 150 quilômetros.[19] Na Idade do Bronze, comerciantes empreendedores da Assíria negociavam mercadorias como estanho, prata, ouro, tecidos de luxo e lã transportadas por centenas de quilômetros, pelos territórios do atual Iraque, Síria e Turquia, registrando suas transações em tabuletas de argila e pagando por proteção e passagem segura de suas caravanas a governantes pelos territórios que percorriam.[20] No século V a.C., o historiador grego Heródoto descreveu várias expedições comerciais de longa distância bem-sucedidas: incluiu em seu *História* a aventura de um navio capitaneado por um homem chamado Colaeus e sua tripulação, que foram os primeiros gregos a irem da Grécia a "Tartessus" (no Sul da Espanha) e voltarem.

"Os lucros obtidos [...] com sua carga, quando voltaram para casa, foram maiores que os de qualquer outro comerciante grego de quem temos informações confiáveis", escreveu Heródoto.[21]

Meio milênio depois, no apogeu do Império Romano, o mundo mediterrâneo fervilhava de comércio, unificado em um nível sem precedentes como um mercado político e econômico sob supervisão imperial. Dentro dessa zona comercial, mercadorias e pessoas eram transferidas "sem atrito" e em grandes quantidades entre lugares tão distantes como a Síria e as terras baixas da Escócia, o Norte da África e as florestas das Ardenas. O Império oferecia enormes vantagens para o comércio: estradas seguras e de boa qualidade nas quais a chance de ser preso e roubado era baixa, havia moedas confiáveis e um sistema legal capaz de resolver disputas comerciais. E que permitia a participação de pessoas comuns, pois os fazendeiros produziam grãos para alimentar os exércitos, os ricos das cidades gostavam de cerâmicas caras e especiarias importadas, e as oficinas e famílias precisavam de escravos para fazer trabalho pesado.

Curiosamente, apesar da grande movimentação comercial por terra e por mar, sobretudo nos dois primeiros séculos do Império de Roma, os romanos não tinham muita consideração pelos mercadores. Comprar e vender não era uma profissão considerada adequada para um patrício, e a vida econômica das classes altas em geral se concentrava na administração de suas propriedades rurais.[22] À parte a cobrança de impostos e a cunhagem de moedas, os instrumentos financeiros do Estado romano continuaram relativamente pouco desenvolvidos. Ainda assim, como ficaria muito claro em retrospecto, os imperadores romanos supervisionavam um bloco comercial excepcionalmente poderoso e diverso na época, e que faria muita falta quando o império se desintegrou. Pois o comércio romano dependia da unidade romana. Quando Roma se esfacelou e sua autoridade diminuiu, as condições básicas para o comércio de longa distância e de alta frequência pioraram drasticamente.

É claro que os Estados "bárbaros" sucessores de Roma não ficaram totalmente sem comércio. Mas quando as cidades romanas e os horizontes políticos se contraíram, a outrora movimentada economia mediterrânea desacelerou. O comércio encolheu ao nível de aldeia a aldeia. O intercâmbio de longa distância entre o Ocidente pós-romano e a Índia e a China foi complicado por turbulências políticas e religiosas no Oriente Médio e na

Ásia Central — e, não menos importante, pelas guerras bizantino-persas, a ascensão do islamismo e as depredações dos magiares na Europa Oriental. Os bens de luxo tornaram-se mais difíceis de importar. O comércio global praticamente estagnou, assim como o comércio regional em torno do Mediterrâneo e das antigas províncias romanas. Em comparação com o resto do mundo conhecido, do século VI em diante a Europa regrediu em termos comerciais, com pouco para exportar além de peles do Báltico, espadas francas e escravos.[23] Embora não se possa definir todo o início da Idade Média como um período "sombrio", em que todos os negócios se reduziram a nada e o progresso humano entrou em hibernação, no grande esquema da história ocidental foi um período de estagnação do desenvolvimento econômico que perdurou por centenas de anos.

Lentamente, no entanto, os negócios se recuperaram. Por volta do ano 1000, a população da Europa cresceu rapidamente, junto com um aumento na produção agrícola. O período medieval do "clima ideal" foi bom para os agricultores, e enormes novas áreas de terra foram aradas abrindo clareiras na floresta e drenando pântanos. Territórios foram confiscados de eslavos pagãos itinerantes e submetidos a arados cristãos — um processo que começou com os carolíngios e continuou sob os cruzados.[24] Novas tecnologias agrícolas foram desenvolvidas, com arados pesados melhorando a qualidade do solo e o sistema de rotação de culturas de "três campos" evitando a exaustão do solo. A construção naval também melhorou, tornando as longas viagens marítimas mais rápidas e seguras — fossem para captura de escravos e pilhagens de mosteiros no estilo viking ou para comprar e vender artigos em mercados estrangeiros. E desde a época de Carlos Magno, os monarcas cristãos ocidentais aos poucos começaram a assumir reinos cada vez maiores, sujeitando-os a mecanismos mais abrangentes de controle e governança real que (pelo menos em teoria) tornavam as viagens comerciais terrestres mais seguras e protegidas.

À medida que as redes de comércio começaram a se estender para mais longe, as instituições também ajudaram a tornar os negócios mais fáceis. No século XI, os mercados começaram a crescer e se expandir em cidades de toda a Europa, com cronogramas previsíveis da semana, do mês ou do ano. O grão excedente podia ser trocado por vinho, couro, metal trabalhado ou gado, que eram distribuídos por mercadores itinerantes. Nos duzentos anos seguintes, os mercados e feiras (originalmente mercados associados a festivais religiosos ou feriados) tornaram-se parte cada vez mais importante da vida econômica na Europa. Com a ascensão do mercado houve um aumento na produção de moedas, seguido pela mineração de prata e cobre necessária para cunhar moedas.[25] Enquanto isso, serviços financeiros básicos passaram a ser oferecidos nas cidades em desenvolvimento do Ocidente, principalmente por redes comerciais judaicas. Entre os séculos IX e XI, o povo judeu em todo o Ocidente ganhou destaque no empréstimo de dinheiro, bem como no comércio de longa distância, transportando mercadorias como sal, tecidos, vinho e escravos por todo o antigo mundo romano.[26] Claro que os judeus da Europa não foram agradecidos por essa contribuição pioneira para a tessitura macroeconômica do mundo: ao contrário, foram objeto de suspeita, escárnio e explosões de perseguições violentas, que aceleraram durante as cruzadas e aumentaram no final do século XIII com ondas de massacres e expulsões em toda a Europa Ocidental.* Não obstante, a contribuição judaica para o grande renascimento econômico medieval foi significativa.

De maneira lenta, porém segura, por volta da virada do milênio as economias ocidentais começaram a ganhar vida de forma perceptível. Um dos centros comerciais mais famosos a surgir no revigorado mundo medieval foi o do condado de Champagne, a leste de Paris. A partir do século XII, esse condado — que se agarrou ferrenhamente à sua independência da supervisão real francesa — tornou-se palco de uma série de feiras comerciais anuais. As seis feiras principais eram realizadas nas cidades de Lagny, Bar-sur-Aube, Provins e Troyes, seguindo um cronograma em que cada uma delas durava de seis a oito semanas. Eram muito mais do que bazares para os habitantes de Champagne fazerem suas compras semanais. Champagne tinha uma localização geográfica conveniente, onde fabricantes de tecidos dos Países Baixos podiam se misturar a vendedores de artigos de luxo estrangeiros importados via Bizâncio e Itália e comerciantes de peles do Báltico.[27] Todos eram protegidos pela autoridade dos condes de Champagne, que ao licenciarem as feiras também assumiam a responsabilidade de garantir que

---

* Em 1290, o rei Eduardo I da Inglaterra expulsou judeus de seu reino. Na França, vários reis aprovaram leis que expulsavam os judeus por longos períodos: Filipe II fez isso em 1182, Luís IX em 1254, Filipe IV em 1306 e Carlos IV em 1322. Em 1492, os judeus foram expulsos de Aragão e Castela.

fossem mantidas livres de burlas ou brigas e de fazer com que houvesse um processo justo para resolver disputas e de cobrar os que protelavam suas dívidas. As feiras de Champagne logo atraíram comerciantes a centenas de quilômetros de distância, animados pela promessa de um local estável, seguro e fixo onde negócios poderiam ser realizados em grande quantidade.

De início os participantes traziam grandes estoques e amostras, que podiam ser guardados em armazéns construídos para esse fim dentro ou no entorno dessas cidades. Mas, com o passar do tempo, as feiras de Champanhe evoluiriam para algo mais próximo do que hoje chamaríamos de "bolsa de valores", com moeda, créditos e contratos mudando de mãos e com mercadorias sendo entregues (ou não) em algum momento futuro, com muitos negócios sendo feitos por agentes especializados em nome de empresas ricas, bancos e governos. No final do século XIII, quem fosse às feiras em Champagne poderia encontrar representantes de consórcios italianos negociando com agentes representando diversos produtores de lã e tecidos do Noroeste da Europa, com contratos com pagamentos parcelados com dívidas a serem saldadas em feiras futuras meses ou até anos à frente.[28] As feiras de Champagne não eram os únicos mercados desse tipo — perto de Flandres, cidades como Ypres também movimentavam um grande comércio, onde uma promissora indústria de tecidos surgira no final da Idade Média. Mas as feiras de Champagne e Flandres foram as mais duradouras e mais conhecidas da época: um sinal do alvorecer do comércio internacional.

Ascensão das repúblicas

Muitos dos principais clientes das feiras de Champagne e de Flandres chegavam através dos Alpes, vindos das repúblicas italianas, das quais a mais notavelmente agressiva era Veneza. A cidade apelidada de *La Serenissima* nem sequer existia nos tempos de Roma, mas, no século VI, um assentamento se desenvolveu ao redor da lagoa e de suas ilhas. De início era governado por Constantinopla (via o exarcado de Ravena), mas no século IX os *doges* de Veneza se libertaram da supervisão bizantina e começaram a exercer seus poderes de maneira independente ao longo das margens do Adriático. Nos primeiros anos, os venezianos produziam sal e vidro, mas no decorrer da Idade Média descobriram que havia melhores negócios a serem feitos como intermediários profissionais, que aproveitavam as vantagens da geografia e a necessidade de ganhar a vida sem depender de terras agrícolas, ligando os mercados do Norte da África árabe, da Bizâncio grega e do Ocidente latino, importando e exportando mercadorias e artigos de luxo.

Paralelamente a essa expansão comercial havia a cunhagem de moedas, realizada em uma casa da moeda veneziana chamada Zecca.* A construção naval também era importante para uma cidade portuária. Isso acontecia no estaleiro Arsenal, que recebia encomendas do governo da cidade, de seus mercadores e de clientes potenciais de regiões mais distantes, que incluíam não menos que duques e reis dos séculos XII e XIII em busca de frotas para transportar seus exércitos em alguma cruzada. Como o mar do Mediterrâneo podia ser violento e difícil, os venezianos se aperfeiçoaram em conflitos navais, fosse para defender seus comboios, expulsar embarcações árabes e gregas hostis ou simplesmente para a prática da pirataria. A separação entre comércio e invasão sempre foi tênue na Idade Média; os venezianos tinham um pé em cada lado desse limite. O santo padroeiro da cidade era (e é) São Marcos Evangelista, a quem a famosa basílica de Rialto é dedicada, mas em certo sentido até ele foi um artigo roubado. Em 828, dois mercadores venezianos surrupiaram as relíquias de Marcos da cidade egípcia de Alexandria, contrabandeando os ossos do santo pela alfândega dentro de um barril de carne de porco, que deduziram — com razão — que os inspetores muçulmanos não examinariam muito de perto.

Por volta da virada do milênio, Veneza e um punhado de outras cidades italianas, principalmente na costa da longa península, começaram a decolar economicamente. O motor do sucesso era sua propensão inata para a aventura. Em vez de simplesmente negociar no interior das muralhas de suas cidades, as colônias de mercadores italianos abriram lojas em todas as cidades comerciais importantes que os acolhessem, em geral morando juntos como vizinhos em bairros protegidos, onde tinham autorização para

---

* Zecca era o nome comum de duas casas da moeda venezianas distintas, provavelmente em edifícios adjacentes na praça de São Marcos. Uma cunhava o *grosso* de prata, a moeda veneziana produzida desde a época do *doge* Enrico Dandolo no final do século XII e conhecida ao menos no início por seu alto teor de prata. A segunda cunhava o *ducado* de ouro puro, produzido a partir de meados do século XIII, que competia com o *florin* florentino no status de moeda-ouro padrão da Europa. Para a história da Zecca, *ver* Alan M. Stahl, *Zecca: The Mint of Venice in the Middle Ages* (Baltimore, 2000).

observar seus ritos religiosos, usar seus próprios pesos e medidas e serem isentos de uma série de impostos e pedágios locais. O status favorecido e o estilo de vida insular de expatriados nem sempre eram bem-vistos, e manifestações mortais contra comerciantes italianos foram um evento regular no final da Idade Média. Em 1182, Constantinopla foi palco do terrível Massacre dos Latinos, quando dezenas de milhares de mercadores italianos foram mortos ou escravizados em um frenesi assassino antiocidental incentivado pelo governo imperial. Na ocasião, a cabeça do representante papal foi decepada e arrastada pelas ruas amarrada ao rabo de um cachorro.

Portanto, o comércio não era isento de riscos. Mas a recompensa evidentemente valia o perigo, e foi por isso que, ao longo dos séculos XI e XII, mercadores italianos disseminaram-se pelo Ocidente. Nos portos do Mediterrâneo oriental eles faziam negócios com turcos, árabes e outros mercadores que percorriam a Rota da Seda para a Ásia Central — uma situação que se tornou consideravelmente mais lucrativa quando Estados cruzados se estabeleceram na Síria e na Palestina. O mar Negro, onde genoveses tinham um interesse especial, dava acesso aos Bálcãs, à Ásia Menor, ao Cáucaso e aos territórios da Rus. Durante o século XI, mercadores pisanos se interessaram especialmente pelos portos do Norte da África, e navios de pisanos desembarcaram tropas para saquear Cartago e Mahdia, numa tentativa de submetê-las ao governo de Pisa. Enquanto isso, mercadores de uma quarta cidade-Estado italiana, Amalfi, também podiam ser vistos na maioria dos principais portos do Mediterrâneo, embora sua atuação tenha diminuído drasticamente a partir dos anos 1130, quando foram derrotados em uma guerra com Pisa. Havia uma intensa competição entre essas cidades italianas, e nenhuma delas jamais seguiu quaisquer princípios morais. Durante o século XIII, comerciantes genoveses do porto de Caffa, no mar Negro, fecharam um acordo para mandar escravos capturados no Cáucaso pelos mongóis aos governantes mamelucos do Egito, despachando-os para o delta do Nilo via mar Negro e Mediterrâneo, após o que, os escravos eram obrigados a se alistar no exército mameluco. Na prática, isso significava que os genoveses cristãos eram diretamente responsáveis por fornecer trabalhadores a uma potência que fazia o possível para destruir os Estados cruzados ocidentais da Síria e da Palestina. Enquanto isso, embora Veneza não tivesse escravos para negociar com os mamelucos, eles faziam acordos de rotas exclusivas entre Alexandria e os portos ocidentais, garantindo que o Estado mameluco recebesse boa parte dos lucros do comércio de longa distância entre o Extremo Oriente e a Europa. Veneza e Gênova lucraram muito apoiando a economia e as forças armadas egípcias numa época em que o objetivo declarado do Egito era varrer os Estados cruzados do mapa.

Nada disso passaria incólume por um escrutínio ético. No entanto, a exemplo do que acontece nos dias de hoje, os mercados não eram suscetíveis a dores de consciência. E tampouco os comerciantes. No período das conquistas mongóis, quando Marco Polo vivia suas aventuras na corte de Kublai Khan, as cidades-Estados da Itália ocupavam um lugar de destaque no comércio mediterrâneo e estavam naturalmente bem posicionadas para se beneficiar da abertura das rotas comerciais para o Extremo Oriente. O historiador persa Ata-Malik Juvaini escreveu sobre o Império Mongol, onde o temor imposto pelos cãs tornava as estradas tão seguras que "uma mulher com um vaso dourado na cabeça poderia andar sozinha [por elas] sem medo ou terror".[29] Os italianos não transportavam vasos de ouro na cabeça, mas se aproveitaram de todas as vantagens das condições vigentes.

Porém, ao mesmo tempo, as viagens de Marco Polo e de outros demonstraram o principal obstáculo enfrentado pelos aspirantes a comerciantes no Oriente: a grande distância. A família Polo levou três anos para abrir o caminho desde Veneza até a China; o custo físico implicado nesse empreendimento a um comerciante, por mais bem abastecido que pudesse estar, bastava para fazer qualquer um pensar seriamente antes de fazer essa viagem mais de uma vez. O mesmo se aplicava em escala menor, mas ainda significativa, a transações comerciais em qualquer lugar: o comerciante tinha uma chance muito maior de lucrar se ficasse em sua base e deixasse que alguém movimentasse suas mercadorias. Foi aí que entrou o outro lado da Revolução Comercial medieval. Durante os séculos XIII e XIV, surgiram novas ferramentas e instituições financeiras que podiam ajudar empresários a realizar o objetivo de ganhar dinheiro sem os desconfortos de viajar pelo mundo pessoalmente. Esses novos dispositivos para fazer dinheiro deram aos comerciantes um poder enorme, tanto em suas cidades natais como fora delas. A melhor maneira de entender como isso funcionou é dissecar um exemplo do auge da Revolução Comercial, quando o poder do dinheiro mercantil forjou a estrutura política de um reino. Os mercadores em questão eram banqueiros negociantes de lã da cidade de Florença. O reino era o da Inglaterra.

Ouro branco

Na virada do século XIV, a lã inglesa era considerada a melhor do mundo. Produzida por ovelhas criadas nas exuberantes pastagens de regiões como Lincolnshire, Northamptonshire e Cotswolds, podia ser trançada num tecido grosso, durável e de boa qualidade. E havia lã em abundância. Mesmo quando o Noroeste da Europa foi atingido por uma fome terrível, nos anos de 1315 a 1317, que exigiu uma mortandade de ovelhas e de outros animais, a lã inglesa continuou sendo invejada pelos fabricantes de tecidos e indústrias secundárias de todo o Ocidente. Dezenas de milhares de sacos de lã eram exportados todos os anos dos portos do litoral sul e leste da Inglaterra, e a receita obtida da tributação do comércio de lã era uma parte vital das finanças nacionais da Inglaterra. As exportações estavam sujeitas a um imposto permanente cobrado pela Coroa sobre as vendas, introduzido pelo rei Plantageneta Eduardo I, para financiar suas dispendiosas guerras de conquista na Escócia e no País de Gales e campanhas defensivas contra o rei francês na Gasconha e arredores. O imposto sobre a lã era um dos mais importantes. Era ouro branco. E não apenas enriqueceu a Coroa. Graças à demanda pela lã inglesa, criadores de ovelhas prosperaram. Alguns dos maiores produtores de lã eram mosteiros: para dar apenas um exemplo, os monges de Rievaulx, em Yorkshire, a primeira abadia cisterciense da Inglaterra, fundada em 1132, tornaram-se incrivelmente ricos graças aos enormes rebanhos de ovelhas que pastavam em seus milhares de hectares de terra. (Essa riqueza produzida pela lã ainda é visível nos grandiosos remanescentes da abadia, desmontada com a Reforma inglesa.) Consta que em 1297 — com um pequeno exagero — 50% da riqueza da Inglaterra provinha da lã.[30]

Toda essa fabulosa fonte de lucro foi acumulada porque as ovelhas da Inglaterra estavam na ponta da produção de uma longa cadeia econômica. Os sacos de lã produzidos em terras como as de Rievaulx que saíam do país eram transportados pelo Canal da Mancha para oficinas flamengas. A lã em estado bruto era transformada em tecido e este era comercializado por atacadistas nas feiras de Champagne (ou nas de Flandres). Muitas vezes era comprado por mercadores italianos, que o levavam através dos Alpes, onde podia ser tingido e cortado, antes de finalmente ser vendido aos consumidores de roupas e acessórios. Naquela época, como agora, a alta-costura e a decoração das casas dependiam de matérias-primas de qualidade — e, no caso da lã, tudo começou na Inglaterra.

Em cada etapa dessa cadeia econômica havia dinheiro a ser ganho. Mas, nas primeiras décadas do século XIV, mercadores italianos mais perspicazes perceberam que havia muito *mais* dinheiro em jogo se conseguissem tornar o processo mais curto. Seria muito mais simples, consideraram, se pudessem eliminar intermediários: comprar lã na fonte, transportá-la da Inglaterra para ser fiada na Itália ou usar os trabalhadores de tecidos diretamente em Flandres. Mas, para isso, os italianos precisavam de alguém na Inglaterra. Também precisavam de um meio para transportar com segurança grandes quantidades de lã em uma direção e grandes quantias de dinheiro na outra. O sistema a que chegaram, que floresceu nas primeiras quatro décadas do século XIV, representou o melhor da engenharia comercial medieval.

Florença não era uma cidade marítima. Mesmo assim tornou-se sede de uma próspera comunidade mercantil durante a explosão econômica do final dos séculos XII e XIII. Os florentinos eram habilidosos em muitas tarefas (e ainda o são), mas o que fizeram de melhor foi o banco mercantil. O primeiro desse tipo no Ocidente foi criado em Veneza no século XII. Mas no início do século XIV as casas mais bem-sucedidas eram a Bardi, a Peruzzi e a Frescobaldi, todas com sede em Florença. (A dinastia bancária mais famosa que a Idade Média produziu foi a dos Médici — financistas florentinos que no século XV se tornaram uma dinastia de oligarcas, papas e rainhas.)* Essas "superempresas" familiares compravam e vendiam ações, operavam depósitos bancários para clientes grandes e pequenos e ofereciam uma série de serviços financeiros secundários, inclusive financiamento e investimento de empreendimentos comerciais, empréstimos de longo prazo, transferência de crédito e cobrança de impostos como agentes licenciados de papas e reis.** Para administrar seus negócios sem problemas, essas

---

* Entre 1475 e 1630, os Médici produziram quatro papas (Leão X, Clemente VII, Pio IV e Leão XI) e duas rainhas da França (Catarina de Médici e Maria de Médici). Ver capítulos 15 e 16.

** Muitas dessas funções foram iniciadas pelos cavaleiros templários. Eles arrecadaram o imposto papal que financiou a Quinta Cruzada; resgataram Luís IX da França quando foi feito prisioneiro em sua cruzada para Damieta com um grande empréstimo em dinheiro sacado de depósitos individuais dos cruzados; forneceram serviços de contabilidade privada para a Coroa

empresas florentinas (e outras do tipo) seguiram o exemplo de genoveses, venezianos e pisanos, alocando agentes em cidades em todo o Ocidente, da França à Inglaterra, de Flandres à Síria e de Chipre às maiores ilhas gregas, chegando até o Oriente em Khanbaliq e Kin-sai, Sarai e Délhi.[31]

Não surpreende que tenha havido uma forte presença florentina em Londres, capital da Inglaterra, e um centro comercial florescente no Noroeste da Europa. Representantes de Florença tiveram de fato um sucesso notável em Londres nos anos 1270, quando agentes bancários florentinos, inclusive de Bardi e de Frescobaldi, ajudaram Eduardo I a financiar suas guerras. Conquistada a confiança do rei, logo foram subcontratados para outras funções financeiras do governo, inclusive a cobrança de direitos alfandegários e outros impostos em nome da Coroa.[32] Era reconhecidamente um negócio arriscado: em 1311, durante uma rebelião baronial contra o filho e sucessor de Eduardo I, Eduardo II, Amerigo Frescobaldi, chefe da filial inglesa da empresa, foi expulso do país como "inimigo do rei e do reino".[33] Sua enorme conta de créditos devidos pela Coroa não foi paga, um golpe de infortúnio que deixou a Frescobaldi falida por um breve período. Contudo, apesar da possibilidade óbvia de prejuízos quando os ventos políticos sopravam contra os interesses dos banqueiros, as recompensas resultantes da prestação desses serviços eram estupendas. Quando a rebelião baronial foi contida, o lugar de Amerigo Frescobaldi foi ocupado pelo genial Francesco Balducci Pegolotti, representante da Bardi, outra "superempresa" florentina. Em um guia de finanças escrito no final de sua vida, Pegolotti fez um inventário detalhado dos melhores lugares na Inglaterra para se comprar lá e os preços a que poderia ser adquirida.[34] Pegolotti sabia bem do que estava falando. De 1317 até 1340, a Bardi esteve fortemente integrada aos negócios ingleses.

O conjunto entrelaçado de interesses ingleses que atraiu tanto os Frescobaldi quanto os Bardi era considerável. O mais óbvio foram os grandes empréstimos feitos pelos banqueiros italianos aos reis ingleses: no início somas relativamente pequenas — alguns milhares de libras aqui e ali —, e depois, a partir de 1310, quantias enormes, equivalentes a múltiplos da

---

da França e funções de tesouraria subcontratadas, incluindo funcionários públicos pagantes. Mas em 1307-1314 os templários foram dissolvidos e seus membros perseguidos em um processo conduzido pelo rei Filipe IV da França e por um papa nascido na Gasconha, Clemente V.

receita anual da Coroa, reembolsáveis com as receitas do comércio da lã, que os florentinos tinham licença para recolher diretamente.³⁵ Os banqueiros italianos também faziam negócios com grandes magnatas e proprietários de terras ingleses. Às vezes isso estava ligado à indústria da lã: por exemplo, quando queriam construir novas igrejas, os abades cistercienses podiam garantir grandes somas globais dos florentinos, reembolsáveis em estoques de lã futuros ou descontos nas compras.³⁶ Em outras ocasiões, eram apenas negócios. Um dos favoritos de Eduardo II, o extravagante e corrupto Hugo Despenser, o Jovem, foi amplamente recompensado por sua amizade com o rei na forma de doações de terras e outras receitas; Hugo usou os Bardi e os Peruzzi para depositar seus lucros ilícitos e obter empréstimos contra seus ativos. Quando Hugo foi enforcado, arrastado e esquartejado por traição em 1326, pouco antes do golpe de Estado que pôs fim ao tumultuoso reinado de Eduardo e o forçou a deixar o trono, ele devia a Bardi quase oitocentas libras esterlinas,* mas tinha um crédito de quase duzentas libras com Peruzzi.³⁷

Além de tudo isso, a Bardi também tinha um acordo com o pontífice para recolher impostos papais na Inglaterra. Era uma operação complexa, para dizer o mínimo, mas dava aos florentinos mais uma participação na vida econômica e política da Inglaterra, que nos anos 1320 representava um círculo financeiro virtuoso. Graças ao relacionamento com os produtores de lã, os florentinos conseguiam preços com grandes descontos antes de a lã inglesa chegar oficialmente ao mercado de exportação. E graças aos seus empréstimos à Coroa, lucravam diretamente com os direitos alfandegários cobrados de cada saco de lã que saía do país, qualquer que fosse o seu destino. Quando precisavam de dinheiro vivo para gastar em lã ou para emprestar a clientes na Inglaterra, eles já o tinham, fosse na forma de depósitos de homens como Hugo Despenser ou de impostos papais. E quando o papa pedia os recibos de sua arrecadação de impostos, os representantes do banco em Roma utilizavam depósitos de outros clientes e lucros obtidos com a venda de lã e tecidos. De uma forma ou de outra, isso significava que tanto a *lã* inglesa quanto o *dinheiro* inglês fluíam para a Itália, enquanto o

---

* Para uma comparação aproximada, uma libra nessa época equivalia a cerca de três meses de salário de um artesão especializado, como um pedreiro ou carpinteiro.

crédito italiano fluía para a Inglaterra. Era uma situação que atendia muito bem a ambas as partes — pelo menos por algum tempo.

No século XIV, assim como agora, até mesmo negócios financeiros moderadamente complexos corriam riscos. Estes iam desde o perigo de lidar com atores políticos (como Amerigo Frescobaldi aprendeu da maneira mais difícil quando foi expulso da Inglaterra em 1311) até problemas práticos do transporte de dinheiro e de ações pelo mundo ocidental. Não havia muito como se prevenir a respeito do primeiro problema: as questões de Estado eram delicadas, e por isso lucrativas. Mas a logística da transferência de dinheiro e ações certamente poderia ser melhorada. Na verdade, grande parte da Revolução Comercial medieval se deu como resultado direto da melhoria dos sistemas de transferência de dinheiro e mercadorias.

A movimentação de dinheiro foi uma das primeiras questões a serem resolvidas pelos financistas medievais, com a invenção de um sistema de transferência de crédito sem dinheiro, que operava com as chamadas "letras de câmbio". Eram o equivalente medieval dos cheques de viagem, com o perdão pela analogia grosseira: prometiam pagar ao portador uma quantia fixa em um destino distante do local da emissão, e muitas vezes em outra moeda. Os templários foram os pioneiros desse sistema nos séculos XII e XIII, ao criar documentos que permitiam aos peregrinos que viajavam ao Oriente fazer empréstimos dando como garantia suas propriedades e bens domésticos e sacar esses fundos de casas templárias na Terra Santa. Banqueiros italianos usaram muito esse sistema, e por boas razões. Hoje, para nós, esses instrumentos financeiros são corriqueiros — mas na Idade Média foram revolucionários. Representavam uma maneira segura de movimentar crédito por longas distâncias e podiam ser resguardados contra fraudes com selos e palavras-código. Permitiram aos comerciantes cristãos contornarem a proibição estrita da usura pela Igreja Romana — pois quando o dinheiro era trocado em outra moeda as taxas de câmbio podiam ser manipuladas artificialmente a favor do credor, permitindo efetivamente que o lucro fosse incorporado ao comércio sem ser oficialmente definido como juros. Melhor ainda, as letras de câmbio também podiam ser negociadas e transferidas — vendidas com desconto a terceiros. Isso permitiu que acordos flexíveis fossem fechados em longas distâncias. Grupos de comerciantes podiam atuar como entidades internacionais, com extensas redes de atividade comercial, mas com pouca necessidade de viagens internacionais além do transporte de mercadorias. O comerciante que se valesse dessas inovações financeiras do século XIV estava mais livre que nunca para se tornar "sedentário" — sediado em uma cidade, mas capaz de fazer negócios em muitas outras. Foi um grande salto à frente.

Houve muitos outros dispositivos que facilitaram os avanços financeiros dos séculos XIII e XIV — e que afetaram diretamente as redes comerciais como a do comércio de lã da Inglaterra com Florença. Um dos principais problemas era o transporte marítimo, pois os navios às vezes naufragavam, em geral perdendo sua valiosa carga, além das tripulações. Por essa razão, a partir dos anos 1340, os comerciantes de Gênova começaram a redigir contratos de seguro, que seriam pagos se a carga fosse perdida em trânsito. Quase ao mesmo tempo, empresários começaram a formalizar maneiras pelas quais pudessem trabalhar juntos para investir capital em empreendimentos comerciais, dividindo assim riscos e lucros entre eles. Foi uma parte vital no desenvolvimento do conceito de "empresa": a prática do compartilhamento das riquezas de uma só entidade comercial abstrata entre múltiplos sócios e investidores, com a adesão de novos investidores quando a empresa desejava expandir e a implantação de registros sobre o desempenho da empresa, seus ativos e passivos, e como seu sucesso (ou fracasso) poderia ser projetado no futuro.

O conceito de registro contábil não se originou na Idade Média: remonta pelo menos à República Romana. Mas a contabilidade de entradas e saídas — na qual ativos e passivos são sistematicamente listados em colunas opostas e comparados para descrever numericamente a situação da empresa — só se tornou uma norma comercial ocidental no século XIV, quando foi adotada por comerciantes italianos e aplicada em seus negócios, dando-lhes a vantagem competitiva de acompanhar o próprio desempenho comercial, e potencial, de acordo com um padrão estabelecido. A contabilidade, a noção de risco empresarial e os negócios sedentários foram os alicerces sobre os quais se construíram empresas como a Bardi, a Peruzzi e a Frescobaldi. E continuam sendo componentes centrais do capitalismo moderno.

O perseverante e viajado comerciante Francesco di Marco Datini, que nasceu em Prato, não muito longe de Florença, na segunda metade do século XIV, deixou mais de seiscentos livros contábeis e quase 150 mil peças de correspondência comercial quando morreu em 1410.[38] (Também deixou 70 mil florins de ouro como capital para um fundo para aliviar a pobreza em Prato, fundo que até hoje rende juros.) Datini foi, sob muitos aspectos, o garoto-propaganda do novo mundo comercial luminoso e agitado do final da Idade Média. Abria seus livros de contas com seu lema pessoal, que resumia sua abordagem da vida. "Por Deus e pelo lucro", escrevia. Mas o lucro, como Deus, pode ser caprichoso, como os comerciantes e financistas às vezes descobrem com grande custo. Enquanto a Idade Média os presenteava com uma nova e maravilhosa caixa de dispositivos para aumentar sua riqueza, havia períodos em que os mercados e eventos contribuíam para prejudicar seus empreendimentos. Para ilustrar isso, é possível retornar às empresas Bardi e Peruzzi, que lucraram tão generosamente explorando o comércio de lã inglês e atendendo às necessidades dos esbanjadores reis Plantagenetas na primeira metade do século XIV.

Em 1327, Eduardo II foi forçado a abdicar de sua coroa. Foi posteriormente assassinado na prisão no castelo de Berkeley, uma reviravolta nos acontecimentos que levou seu filho adolescente Eduardo ao trono. Eduardo II foi um monarca fraco, corruptível, inepto e azarado; poucos lamentaram vê-lo partir. Mas pouquíssimos poderiam ter previsto a rapidez com que seu filho Eduardo III lançaria a Inglaterra em uma nova era. Em pouco tempo Eduardo atingiu idade suficiente para exercer o poder real de forma independente, e assim começou a planejar, instaurar e gastar quantias prodigiosas na guerra contra os reis da Escócia e da França em busca de seu direito — como ele via — não só de governar os antigos domínios Plantagenetas na Normandia e na Aquitânia, mas de reivindicar a própria Coroa francesa. Assim começou a Guerra dos Cem Anos, que os historiadores em geral datam entre 1337 e 1453. Foi cara no início e nunca se tornou muito mais barata. A partir de 1340, Eduardo perdia dinheiro mês após mês, principalmente ao pagar a nobres continentais para se aliarem a ele contra os franceses e ao mobilizar soldados para os exércitos com contratos e pagamentos a prazo fixo que podia enviar em campanhas expedicionárias anuais.

À medida que seus compromissos financeiros aumentavam, Eduardo passou a contar cada vez mais com os banqueiros florentinos, que começaram a operar em parceria, como uma *joint venture*, para atender suas necessidades. Também tomava emprestado de outras fontes: da mesma maneira que um viciado em compras dos dias modernos com a carteira cheia com cartões de crédito estourados, Eduardo tinha dívidas com credores de Florença, Veneza, Asti, Lucca e de muitos outros lugares. Aumentou os impostos na Inglaterra o máximo que pôde, e algumas vezes negociou com comerciantes domésticos em Londres por uma participação no lucro de um ano inteiro de estoque de lã, forçado a ser comprado e vendido em mercados estrangeiros, com os rendimentos sendo divididos entre os comerciantes que realizaram as transações e o governo.[39] Bancos italianos recebiam seus pagamentos regulares pelos empréstimos à Inglaterra na forma de receitas fiscais e descontos nas vendas de lã, mas, em meados dos anos 1340, tanto Eduardo quanto seus credores italianos se viram em dificuldades. Foi o prenúncio de uma "tempestade perfeita". Em Florença, a agitação política e social levou a uma série de mudanças rápidas no governo, nas quais Bardi apoiou o candidato errado. Entrementes, as guerras na Toscana, que eles parcialmente financiaram, também acabaram mal. A partir de 1341, Bardi e Peruzzi lutavam para atender à demanda de fundos do rei inglês. Em 1341, deixaram de realizar um pagamento acordado com mercadores flamengos em nome de Eduardo; sob os termos de um acordo firmado entre as partes, Eduardo foi obrigado a entregar seus amigos aristocráticos, os condes de Derby e Warwick, como reféns aos flamengos.[40] Uma humilhação para todos os envolvidos.

Desde então as coisas não melhoraram. Eduardo continuou gastando; banqueiros mercantes continuaram emprestando. Mas dos dois lados as contas pareciam cada vez mais insustentáveis. Em 1343 os Peruzzi faliram em meio a uma série de mudanças rápidas de diretores, alegações de corrupção política contra membros do conselho e repetidos calotes das dívidas dos ingleses.[41] Em seguida, em 1346, os Bardi também foram forçados a decretar falência. Embora não estivessem totalmente arruinados — e na verdade continuaram emprestando grandes quantias à Coroa inglesa trinta anos depois, nos anos 1370 —, a crise os deixou quase na total bancarrota. O banqueiro e cronista Giovanni Villani estimou que, quando Bardi afundou, Eduardo tinha uma dívida de aproximadamente 1,5 milhão de florins de ouro — cerca de 250 mil libras, ou mais ou menos cinco anos da receita anual do reino. Mesmo que fosse um exagero grosseiro — e pode muito bem ter sido —, Eduardo III estava atolado em dívidas até o pescoço.[42]

No entanto, curiosamente, isso não o perturbou. Apesar do colapso financeiro — agravado, se não causado diretamente pelo fracasso de Eduardo em honrar suas dívidas —, a Inglaterra vinha obtendo vitórias espetaculares na guerra que o rei se esforçava para bancar. Em agosto de 1346, Eduardo venceu a primeira e talvez a maior de suas batalhas terrestres da Guerra dos Cem Anos, destruindo um exército francês na Batalha de Crécy e inaugurando uma breve era de ouro para a supremacia militar inglesa no Norte da Europa. O grande economista do século XX, John Maynard Keynes, costuma ser creditado por popularizar a ideia de que "se você deve 100 libras ao banco, o problema é seu. Se você deve 100 milhões de libras, o problema é do banco". Uma afirmação tão verdadeira nos anos 1340 quanto em qualquer época.

Dinheiro e poder

Os mercadores medievais exerciam o poder de várias maneiras. A riqueza era obviamente uma forma de poder em si. E pelo simples domínio de recursos e de reservas de ouro e prata, cidades italianas como Veneza, Gênova e Pisa ganharam um predomínio comercial que muito contribuiu para garantir sua independência política de reis e imperadores e permitiu que agissem como Estados, apesar da pouca presença geográfica: ir à guerra, aliar-se e até liderar cruzadas, invadir territórios inimigos e colonizar espaços não cristãos. Ao mesmo tempo, diplomatas como Marco Polo influenciaram a maneira como os ocidentais eram vistos longe de casa: funcionavam como embaixadores culturais, além de enviados diplomáticos. E como vimos no caso da Inglaterra, os comerciantes e suas empresas podiam exercer um enorme domínio econômico sobre aspectos essenciais da economia de uma nação.

E isso não era verdade apenas na Itália, ainda que, sem dúvida, as cidades-Estados italianas tenham sido a casa das máquinas da Revolução Comercial. No Norte da Europa, onde a península da Dinamarca se projetava para o Báltico como uma espécie de imagem espelhada geográfica da bota italiana no Mediterrâneo, um grupo menor, mas igualmente ativo, de cidades-Estados mercantis também surgiu na região do Norte da Alemanha. A Veneza do norte era a cidade de Lübeck, abrigada por uma baía onde o rio Trave deságua no mar Báltico. Outrora um assentamento pagão, foi refundada como uma cidade cristã em 1143 por Adolfo II, conde de Schauenburg e Holstein, e em 1226 recebeu o status de "cidade livre" do imperador Frederico II Hohenstaufen do Sacro Império Romano.

A geografia fez de Lübeck um movimentado porto ligando Estados cristãos do Norte da Europa ao território recém-colonizado em torno do Báltico, explorando as grandes possibilidades comerciais de uma região abundante em madeira, peles, âmbar e resina. As ambições dos mercadores que lá viviam e trabalhavam garantiram que ao longo dos anos Lübeck se tornasse a localidade mais influente de um aglomerado de cidades-Estados ao redor do Báltico e em outras regiões, que incluíam Danzig, Riga, Bergen, Hamburgo, Bremen e até Colônia. Em meados do século XIV, esses centros se uniram em uma tênue parceria comercial conhecida como Liga Hanseática. O eixo de comércio para os mercadores da Liga se estendia de Londres e Bruges, no Ocidente, até Novgorod, no Oriente, uma região comercial onde agentes hanseáticos trabalhavam para a defesa dos interesses de seu bloco. Esse poder mercantil coletivo possibilitou a liberdade da influência política de forasteiros; e assim como os italianos, a Liga estava preparada para defender seus interesses comerciais, mobilizando tropas e indo à guerra, como fizeram contra a Dinamarca nos anos 1360 e 1370. No final do século XIV, essa liga passou a ser acossada por uma violenta gangue de piratas conhecida como Irmãos Victual, que fustigava os portos costeiros hanseáticos com seus ataques e se identificava por seu lema: "Amigo de Deus e inimigo de todo o mundo". Mas essa ameaça acabou afastada, e no século XV a Liga Hanseática era rica e poderosa a ponto de se envolver em questões de outros Estados, como aconteceu nos anos 1460 e 1470, em uma disputa com mercadores ingleses nativos que arrastaram os hanseáticos às Guerras das Rosas.

À medida que a Liga Hanseática crescia e as cidades-Estados italianas consolidavam sua hegemonia no Mediterrâneo, os mercadores como classe se tornavam cada vez mais visíveis em todo o Ocidente. A prática comercial não era considerada uma atividade refinada, mas no final da Idade Média a riqueza e a onipresença dos mercadores começaram a comprar respeitabilidade social e cultural. O comércio podia ser uma carreira inesperadamente igualitária; na Paris do início do século XIV, os dois comerciantes de linho mais bem-sucedidos eram mulheres: Jeanne

Fouacière e Erembourc de Moustereul. Ou podia ser um caminho para o status. Na Itália, já no século XIII, uma família de mercadores podia ingressar na alta sociedade, casar seus filhos com os filhos de príncipes e de outros magnatas e reivindicar um espaço no mundo aristocrático. Na verdade, mercadores se integraram tanto na hierarquia da nobreza que começaram a se comportar como nobres. Em Veneza, por exemplo, muitas famílias de comerciantes ascenderam ao poder graças ao valor conferido pela cidade aos negócios em detrimento da linhagem. Porém, no século XIV, essas famílias ricas, que dominavam o governo de Veneza, aprovaram uma série de leis que proibiam dinastias não nobres de participarem do comércio de galés de longa distância — efetivamente assumindo o setor mais lucrativo da economia veneziana e reprimindo a mobilidade social no processo.[43]

Enquanto isso, na Inglaterra, onde mercadores italianos ajudaram a financiar as primeiras campanhas da Guerra dos Cem Anos, as alavancas do poder continuavam sendo acionadas tanto por homens ricos quanto por bem-nascidos. Uma série de mercadores baseados em Londres e em York desempenharia um papel de destaque na administração do esforço de guerra no decorrer do século, assumindo um risco pessoal considerável. Nos anos 1340, o comerciante de lã e vinho que se tornou agiota, sir John Pulteney, emprestou muito dinheiro e regularmente à Coroa para serviços denominados apenas como "assuntos secretos do rei"; ao mesmo tempo, foi designado como funcionário público para auditar as contas dos banqueiros italianos, participar de comissões judiciais, mobilizar tropas e supervisionar a manutenção das defesas londrinas. Exerceu o mandato de um ano como prefeito de Londres. Nesse processo, Pulteney acumulou um belo portfólio de propriedades, com uma magnífica mansão com vista para o Tâmisa chamada Coldharbour (depois ocupada pelo filho de Eduardo, o Príncipe Negro) e uma magnífica mansão rural fortificada, a Penshurst Place em Kent, que até hoje conserva seu impressionante salão nobre medieval, com o telhado de vigas de castanheira instalado pelo próprio Pulteney. Mas todo esse grande luxo e fortuna podiam ter custo político, além de financeiro. Quando a sorte do rei na guerra diminuiu momentaneamente, no início dos anos 1340, Pulteney foi classificado como um bode expiatório, preso e encarcerado no castelo de Somerton, em Lincolnshire, onde cumpriu sentença de dois anos.[44]

Foi sem dúvida algo desagradável, mas, comparado ao que aconteceu com comerciantes londrinos posteriores que se envolveram em assuntos públicos, Pulteney teve um castigo relativamente leve. Em 1376, três comerciantes londrinos que trabalharam como administradores da cidade e conselheiros do governo central — Richard Lyons, Adam Bury e John Pecche — foram levados perante o "Bom Parlamento" e destituídos por fraude, corrupção e peculato, severamente censurados e privados de muitos de seus cargos. Lyons acabou morto por uma turba durante o levante populista conhecido como Revolta Camponesa de 1381. Seu quase contemporâneo, o comerciante de tecidos e exportador de lã Nicholas Brembre, foi três vezes prefeito de Londres e conseguiu grandes empréstimos para o rei Ricardo II, tanto do próprio bolso como na forma de crédito corporativo em nome da cidade. A recompensa de Brembre pelo excesso de lealdade a um rei incapaz e impopular foi ser enforcado, arrastado e esquartejado por traição por nobres revoltosos em 1388.

Tais eram os riscos inerentes ao envolvimento dos comerciantes na política. E talvez não seja surpreendente que naqueles tempos — como agora — empresários que buscavam ou aceitavam cargos políticos ficassem expostos a acusações de corrupção, prevaricação e de inevitáveis conflitos de interesse.* De todo modo, no final do século XIV, era impossível negar que os mercadores haviam chegado à maioridade na Europa Ocidental e estavam deixando sua marca na sociedade e na cultura em geral. Parte desse legado foi físico: ainda podemos visitar o salão de tecidos de Ypres, do início do século XIV (reconstruído meticulosamente depois de ser destruído pela artilharia na Primeira Guerra Mundial), e apreciar as extraordinárias relíquias arquitetônicas de cidades transformadas pela Revolução Comercial do século XIII. Quem for a Veneza pode visitar o palácio Ca' da Mosto, do século XIII, mais conhecido como local de nascimento do explorador e escravista Alvise da Cadamosto do século XV, mas na verdade construído em gerações anteriores por seus ricos antepassados mercadores. Até mesmo os turistas que passarem pela não tão glamourosa cidade costeira inglesa de Southampton verão a estrutura de madeira da Merchant's House, que data do final do século XIII,

---

* Ver Donald J. Trump.

e perceberão o que os comerciantes de lã medievais fizeram em prol da prosperidade de seu mundo.

Mas a atividade comercial não foi apenas lavrada em pedra; também deixou sua marca em páginas. Quando Geoffrey Chaucer escreveu seus *Contos de Canterbury* nos anos 1390, intitulou uma de suas histórias mais atrevidas e estranhas de "O conto do mercador".* Não foi surpresa que um comerciante figurasse no turbulento compêndio de Chaucer, pois o autor tinha uma longa experiência nos negócios. Seu pai era um comerciante de vinhos, e viajava muito a negócios. Quando menino, Chaucer foi criado em Vintry Ward, então o distrito mais cosmopolita de Londres, habitado por alemães, franceses, italianos e flamengos, muitos em Londres com o único propósito de fechar negócios, e uma ala ribeirinha onde navios mercantes carregados de mercadorias de todo o mundo atracavam regularmente durante todo o ano.[45] Quando adulto, Chaucer serviu como funcionário da alfândega da Coroa Inglesa e viveu por mais de uma década em apartamentos acima do Aldgate, um dos principais pontos de entrada e saída das muralhas de Londres e portal movimentado para comerciantes que se aproximavam da cidade pelo leste. Em 1372-1373 foi mandado ao exterior, para Gênova e Florença como enviado comercial, com a tarefa de negociar uma base para mercadores italianos em uma das cidades na costa sul da Inglaterra.[46] Assim como a poesia, os negócios estavam no seu sangue.

Chaucer não foi influenciado pelo florescente mundo medieval do comércio e intercâmbio apenas nesse sentido direto e literal. Seus *Contos de Canterbury* também sofreram a influência de uma cultura artística internacional de elite, na qual ideias e histórias eram comercializadas com tanto entusiasmo — e de maneira tão ampla — como especiarias indianas e lãs inglesas, principalmente porque a Revolução Comercial permitia. As histórias de Chaucer surgiram de uma cultura literária internacional com expoentes famosos como o historiador e poeta Petrarca e o escritor

---

* Em "O conto do mercador", um comerciante velho, rico e risível chamado Januarie casa-se com uma mulher muito mais jovem, May, que acaba com um de seus escudeiros. Januarie fica cego e é enganado para facilitar um encontro sexual entre o escudeiro e sua esposa, que acontece no local improvável de uma pereira. Por meio de uma intervenção dos deuses (clássicos), Januarie recupera a visão e vê a esposa em conluio com seu escudeiro; graças também a um presente dos deuses, May se safa da situação dizendo ao marido que seus olhos o estão enganando, uma manipulação que hoje poderíamos chamar de "abuso psicológico".

florentino Giovanni Boccaccio, autor do *Decameron*. A educação clássica de Chaucer, sua fluência em francês e italiano e a perspectiva europeia serviram como base, bem como sua carreira nos negócios e na burocracia. Não é exagero dizer que a grande explosão cultural ocorrida no final da Idade Média deveu muito de sua força ao florescimento mercantil que a precedeu.

Examinaremos a cultura renascentista e o poder da arte e da literatura na baixa Idade Média com mais detalhes no capítulo 14. Porém, antes de deixarmos o mundo dos negócios, há outro comerciante que merece atenção. Ele foi indiscutivelmente o empresário inglês de maior sucesso de sua época, tendo vivido sob cinco reis ingleses na virada do século XV. Embora seja mais conhecido — na Inglaterra, pelo menos — como um personagem de pantomima, que vagava pelas ruas de Londres com uma mochila no ombro e um gato pródigo nos calcanhares, a realidade é bem diferente. Prefeito de Londres quatro vezes e prefeito de Calais uma, era um financista e comerciante por excelência, que transitou no mundo político com mais habilidade que muitos de seus contemporâneos e deixou uma impressão marcante na paisagem física e mental de sua cidade adotiva de formas que podem ser sentidas até hoje. Seu nome é sir Richard Whittington, embora seja mais conhecido nos palcos de hoje como o velho "Dick".

"Dick" Whittington

Se Richard Whittington tivesse nascido um século antes, poderia ter sido um homem da Igreja. Chegou ao mundo por volta de 1350, terceiro filho de um cavaleiro de Pauntley, em Gloucestershire, que lutava para pagar suas dívidas e cuja propriedade seria de qualquer forma insuficiente para prover ao jovem Richard um futuro seguro como aristocrata e proprietário de terras.[47] O caminho tradicional teria sido uma educação rigorosa e uma paciente ascensão na hierarquia do clero. Mas Whittington era uma criança do século XIV. Havia outras oportunidades — e ele as agarrou com as duas mãos.

Quando Whittington ainda era garoto, a lã de Cotswold era conhecida como a mais macia e desejável da Inglaterra, e por extensão a melhor do mundo. O tecido — ou sua matéria-prima — estava ao seu redor. Portanto, era natural que um rapaz de Gloucestershire gravitasse em torno do comércio de tecidos. Na adolescência, Whittington foi aprendiz de *mercer*: o nome comum na Inglaterra para comerciantes que importavam sedas finas, linhos e tecidos semelhantes, e exportavam lã e seus subprodutos. Foi mandado para Londres, onde os melhores e mais bem-sucedidos comerciantes faziam negócios. Aos poucos ficou claro que tinha um talento especial para o trabalho. Em 1379, quando devia estar com quase trinta anos, Whittington já era próspero o suficiente para emprestar dinheiro às autoridades da cidade; uma década depois, começou a buscar e ocupar cargos políticos menores: primeiro como membro do conselho distrital local, depois como vereador.* Em 1393, foi convidado a um ano de mandato como um dos dois xerifes da cidade. Logo depois, foi nomeado diretor da recém-constituída Mercers' Company** — uma associação comercial criada para promover e proteger os interesses dos fabricantes de roupas em toda a cidade. Como seu contemporâneo Geoffrey Chaucer, Whittington foi se tornando um cidadão respeitável de uma movimentada capital europeia.

Não por coincidência, também estava fazendo grandes negócios. O jovem rei Ricardo II era apaixonado pelos ornamentos mais refinados da realeza, e cercou-se de cortesãos que compartilhavam seus gostos dispendiosos. A corte não era uma fonte de governança competente ou constante. Mas era um lugar muito bom para um comerciante de tecidos. Whittington fez suas conexões e se aproveitou delas. Vendia sedas e outros tecidos no valor de milhares de libras por ano para alguns dos nobres mais ricos e poderosos do reino: os tios do rei John de Gaunt, duque de Lancaster, e Thomas de Woodstock, duque de Gloucester; para seu primo Henry Bolingbroke, conde de Derby, e para seu melhor amigo, Robert de Vere, conde de Oxford. O mais lucrativo de tudo é que, nos anos 1390, Whittington tinha como cliente o próprio rei. Ricardo era um homem

---

* A Londres medieval era dividida em pequenos bairros, chamados *wards*, cada um com seu próprio conselho administrativo. Cada bairro também elegia anualmente vereadores para atuar no conselho municipal de Londres. O governante oficial da cidade era o lorde prefeito, também eleito uma vez a cada ano.

** The Worshipful Company of Mercers, que hoje é uma das empresas mais ricas e proeminentes da cidade de Londres, fundada em 1394, é uma das dezenas de empresas que têm suas origens medievais como juntas de comércio, mas agora prestam serviços de caridade mais amplos e funcionam como um fórum para que profissionais de Londres com ideias semelhantes se encontrem para jantar e fazer contatos. Outras empresas notáveis ainda existentes incluem a Fishmongers, a Grocers, a Skinners, a Merchant Tailors e a Goldsmith.

alto e forte, com traços delicados e ligeiramente afeminados: era bonito, e sabia disso, e gostava de se vestir para realçar sua aparência. Além de praticar os passatempos tradicionais da realeza, como caçar com pássaros, com cães e com armas, Ricardo gostava muito de jantares finos, roupas e acessórios caros. (Foi, ao que parece, o primeiro rei inglês a usar lenço.[48]) Whittington conseguia e fornecia a Ricardo os tecidos mais luxuosos do mercado: veludo, veludo brocado, tecidos de ouro, damasco e tafetá.[49] Em um ano, na metade do reinado de Ricardo, Whittington vendeu tecidos no valor de quase 3.500 libras esterlinas para a corte. E foi recompensado por seus serviços com mais do que dinheiro.

Outros mercadores — o infeliz Nicholas Brembre, por exemplo — caíram em desgraça com frequentadores da corte de Ricardo, que era regularmente assolada por conflitos, muitos deles decorrentes do estilo incompetente, parcial e rancoroso do próprio rei. Ainda assim, de alguma forma Whittington não foi devorado pela corte nem odiado por inimigos do rei. Manteve uma proximidade profissional com Ricardo e recebeu um alto cargo político. No entanto, nunca se deixou macular por essa associação. Em 1397, quando o então lorde prefeito de Londres, Adam Bamme, morreu no cargo, Ricardo exigiu que seu mercador favorito, Whittington, fosse nomeado para concluir o mandato de Bamme. No ano seguinte, 1398, Whittington foi eleito para um segundo mandato completo. Isso poderia ter parecido pintar Whittington em cores ricardianas. Mas não foi o que aconteceu. Em 1399, o reinado de Ricardo caiu num despotismo frágil e o rei foi deposto e assassinado numa revolução liderada por seu primo Bolingbroke. Whittington não caiu junto com seu cliente e patrono mais famoso. Na verdade, quando Bolingbroke — agora Henrique IV — nomeou seu primeiro conselho real, escolheu ninguém menos que Whittington como um de seus membros. Seja por meio de ambivalência profissional, força de caráter ou pura sorte, Whittington passou incólume pela conturbada transição de monarcas. Ganharia dinheiro — e se sentiria ainda mais pressionado pelo dever cívico — sob o novo regime de Henrique IV do que jamais ganhara sob o antigo rei.

Nas peças teatrais e histórias bordadas e romantizadas de "Dick" Whittington, que começaram a circular no início do século XVII e continuam sendo representadas até hoje, a ascensão de Whittington ao poder e à fama foi bem diferente de tudo isso. Na ficção, ele costuma ser um menino pobre que chega a Londres como aprendiz, arranja um gato, se vê maltratado e decide fugir, mas muda de ideia no caminho para o norte ao passar por Highgate,* onde ouve os sinos da St. Mary-le-Bow, no leste de Londres, tocando e anunciando que ele está destinado à grandeza se continuar na cidade. Despacha seu gato num navio mercante para uma terra estrangeira, onde mata os camundongos e ratos que incomodam o rei local; recebe uma grande quantia de dinheiro em agradecimento e exerce o cargo de prefeito de Londres por três vezes. Tudo isso pode ser visto como um emocionante conto de fadas, mas pouca coisa é verdade. No começo do século XV, Whittington estava no auge do poder; um poeta o chamou de "da mercadoria aquela estrela-guia e a principal flor escolhida".[50] Mas seu sucesso e reputação não tinham nada a ver com gatos, ratos ou sinos, e sim com sua notável tenacidade e seu talento como comerciante e administrador cívico.

Com certeza tudo isso o favoreceu nos vinte anos seguintes de sua vida. Além de importar tecidos finos, Whittington se destacou no comércio de lã desde o início do reinado de Henrique IV. Recolhia o imposto sobre a lã em nome da Coroa, além de exportar pessoalmente um grande número de sacas. Emprestou grandes somas da riqueza que acumulou para a Coroa, inclusive um adiantamento substancial de mil marcos no inverno de 1400-1401, quando o imperador bizantino Manuel II Palialogos chegou a Londres para uma visita de Estado de dois meses e foi recepcionado por uma vistosa série de desfiles, torneios e festas, que custaram muito caro ao novo rei.[51] Whittington foi eleito mais duas vezes como prefeito de Londres, em 1406 e 1419. Também ocupou o cargo de prefeito de Calais, a cidade no Noroeste da França que era governada desde a Inglaterra e na qual um "grampo" — ou mercado de exportação compulsório — fora implantado. À medida que envelhecia e acumulava experiência, foi convocado para serviços fora de sua esfera de especialização comercial: em uma ocasião, serviu como coletor de impostos papal, e em outra fez parte de uma comissão real para investigar os hereges conhecidos como lolardos. Chegou

---

* Hoje, em Highgate Hill, perto de um pub chamado Whittington Stone e na mesma rua do hospital Whittington NHS Trust, há uma pouco notável estatueta de um gato, que é uma homenagem a essa jornada fictícia.

a ser nomeado para o comitê que supervisionou as reformas da abadia de Westminster, iniciadas sob Ricardo II e continuadas pelo novo rei.[52]

Talvez o mais espetacular, durante o reinado do filho irreprimível de Henrique IV, Henrique V, foi o envolvimento de Whittington em finanças de guerra. A Guerra dos Cem Anos ainda estava em pleno andamento nos primeiros anos do século XV, e no início de 1415 Henrique tinha planos de mobilizar um grande exército inglês para invadir e ocupar a Normandia: um empreendimento de vulto, que incluiria desembarcar um exército anfíbio do outro lado do Canal da Mancha, sitiando castelos e cidades, defendendo o que pudesse ser ganho e potencialmente enfrentando os franceses na batalha. Os custos ainda aumentaram pelo fato de Henrique querer levar canhões disparados com pólvora e artilharia especializada na campanha — uma inovação empolgante, mas muito cara para um exército medieval. Para arcar com tudo isso, Henrique recorreu a todas as fontes de financiamento possíveis — e Whittington fez sua parte, adiantando à Coroa um empréstimo de 1.600 libras esterlinas (cerca de 3% do orçamento dos primeiros três meses da guerra) e negociando linhas de crédito com outros comerciantes londrinos, garantidas contra joias reais, coleções de arte e artefatos de igrejas.[53] Durante o cerco de Harfleur, Whittington fez um empréstimo de emergência de quase quinhentas libras esterlinas para manter o esforço de guerra ativo.[54] Era mais que patriotismo: é justo dizer que, sem a boa vontade e o apoio financeiro de Whittington e de outros mercadores de Londres, a campanha da Normandia de 1415 não poderia ter sido realizada — e Henrique V nunca teria vencido a batalha mais famosa de toda a Guerra dos Cem Anos: Agincourt.

Depois da campanha de Agincourt, Whittington continuou interessado em finanças de guerra, enquanto se aventurava no mercado de resgates: o movimentado (ainda que moralmente discutível) comércio de prisioneiros de guerra. Quando um cavaleiro ou soldado era feito prisioneiro no campo de batalha, era legalmente considerado propriedade de seu captor, que tinha o direito de pedir um pagamento em dinheiro do rei, do lorde ou da família do homem em questão. Receber o resgate (e pagar uma parte do lucro à Coroa) exigia mais esforço do que um arqueiro ou um cansado homem de armas poderia dispor. Assim, ele podia vender o prisioneiro a um comerciante, que entraria em um acordo legal conhecido como fiança para pagar a taxa da Coroa, antes de iniciar o processo de recebimento do resgate. Depois de Agincourt, registros mostram que Whittington comprou um prisioneiro francês chamado Hugh Coniers, e depois o vendeu a um comerciante italiano, que pagou uma grande soma de 296 libras esterlinas.[55] Não sabemos se o italiano estava de fato atuando como fiador ou se pretendia revender o prisioneiro. Mas é um exemplo surpreendente de como mercadores como Whittington podiam lucrar com as guerras sem chegar perto de um castelo ou campo de batalha.

Por meio desses e de muitos outros meios, Whittington continuou ganhando dinheiro. Como agiota, era conhecido por sua liquidez e disposição para emprestar a clientes do alto escalão. Surpreendentemente, para sua classe e época, nunca investiu seriamente em propriedades fora de Londres. Casou-se com uma mulher de Dorset chamada Alice Fitzwarin, mas nunca tiveram filhos e ela morreu em 1410, mais de uma década antes dele. Whittington, portanto, mantinha quase toda sua fortuna em ativos: dinheiro, empréstimos concedidos a figuras de destaque e uma bela casa no centro de Londres, situada perto do Tâmisa, no bairro conhecido como Royal. Reconstruiu uma igreja na região, dedicada a São Miguel, e fez arranjos para anexar um colégio de padres e acadêmicos, para que pudessem estudar e orar pelas almas dos amigos e colegas de Whittington — inclusive o falecido rei Ricardo e sua rainha, Ana da Boêmia. Infelizmente, o colégio foi dissolvido nos anos 1540 durante a Reforma inglesa, e a igreja pegou fogo durante o grande incêndio de Londres de 1666. (A substituta, que está hoje no local, foi reconstruída por Christopher Wren.) Essas foram as únicas marcas pessoais que Whittington deixou na cidade onde fez fortuna. Mas elas não pretendiam ser monumentos, pois sob muitos aspectos Whittington foi o arquétipo e epítome do magnata de negócios tímido em relação à publicidade, para quem fama e fortuna são antíteses, não aliadas. Seu verdadeiro legado a Londres — e em outras partes — está na forma de grandes ações beneficentes e filantrópicas impessoais.

Quando Whittington morreu, no final de março de 1423, deixou uma herança de 7 mil libras esterlinas — uma grande quantia, quase toda em dinheiro. Era seu desejo expresso que cada centavo fosse doado à caridade. Em seu tempo de vida, gastou parte de sua fortuna em boas causas: consertando pontes, equipando banheiros públicos, fundando um lar para máes solteiras e construindo uma biblioteca para os franciscanos da igreja

Greyfriars de Londres, que no século XVI contava com um grande acervo de obras sobre história e filosofia e coleções de sermões. Depois de sua morte, a lista de suas obras aumentou: sua herança construiu bebedouros públicos e consertou as paredes do hospital de St. Bartholomew. Fundou uma segunda e nova biblioteca em Guildhall — o belo edifício gótico municipal que existe até hoje e que estava em meio a grandes obras de reconstrução quando Whittington morreu. Deixou dinheiro para a reforma da prisão de Newgate, uma cadeia apertada, esquálida e doentia na extremidade oeste da cidade, na qual os presos muitas vezes morriam por causa das condições precárias. Garantiu que sua escola na igreja de St. Michael tivesse uma situação financeira sólida. E financiou uma casa de caridade — um estabelecimento para cuidar dos pobres e destituídos de Londres.

Esse foi um grande e impressionante conjunto de projetos cívicos, incomuns em sua época e exemplares ao longo do tempo. Apesar de a cidade de Londres ter mudado radicalmente desde a morte de Whittington, sua influência ainda pode ser sentida. Por quase seiscentos anos, a Mercer's Company manteve a casa de caridade fundada por Whittington, agora longe do centro de Londres, situada perto de East Grinstead, em West Sussex, não muito distante do aeroporto de Gatwick. O Whittington's College, como agora é conhecido, é um condomínio de mais de cinquenta casas alugadas a preços subsidiados para aposentados, desde que sejam mulheres solteiras ou casais em dificuldades financeiras. Os moradores que passam por essas casas são beneficiários dos instintos beneficentes de sir Richard Whittington, comerciante, agiota, financista de guerra e amigo de reis, que ganhou dinheiro e exerceu o poder de várias maneiras sutis na Idade Média.

Mas esses moradores não são os únicos a colher frutos daquela época. As mudanças na sociedade e na economia medievais resultantes da Revolução Comercial lançaram as bases para a era de ouro do capitalismo ocidental que se seguiu muitos séculos depois. Qualquer um acostumado hoje com exportações da China, crédito bancário, seguro de viagem e investimento em fundos e ações deve algo à Idade Média. Estamos sobre ombros de gigantes.

11
ACADÊMICOS

"Quase todo monge parecia um filósofo..."
Crônicas normandas de Orderic Vitalis

No dia 14 de outubro de 1307, um sábado, um grupo com os mais eruditos acadêmicos da Universidade de Paris percorreu as ruas da cidade em direção à catedral de Notre-Dame para comparecer a uma audiência com Guilherme de Nogaret, ministro do rei francês Filipe IV. Foram convocados às pressas, pois Nogaret tinha assuntos urgentes a tratar. Quando chegaram ao imponente edifício gótico da catedral, foram conduzidos à sala de reuniões. Nogaret veio falar com eles pessoalmente.

O ministro era uma figura conhecida e controversa na sociedade francesa. Também era um acadêmico: formado em direito nos anos 1280 na Universidade de Montpellier, foi professor antes de deixar a academia para seguir carreira como um obstinado articulador político e solucionador de problemas. Sua reputação de ser um bruto pensante ia muito além da França. Em 1303, com a aprovação do rei Filipe, havia tentado sequestrar o papa Bonifácio VIII de sua vila na cidade italiana de Anagni, provocando uma desavença na qual o papa foi esbofeteado.* Nogaret era um homem

---

* A "bofetada de Anagni" foi o clímax melodramático de uma disputa sórdida entre Filipe IV e Bonifácio VIII. Sua origem foi a decisão do rei francês de cobrar impostos da Igreja em seu reino, mas suas raízes estão na antiquíssima questão da preeminência papal versus real. A resistência à autoridade papal era tradicionalmente reservada aos reis e imperadores alemães (por exemplo, durante a Controvérsia da Investidura de 1075-1122 e nas guerras entre guelfos e gibelinos subsequentes, que persistiram na Itália desde o início do século XII até o final do século XIV). Mas, na virada do século XIV, Filipe IV tornou-se brevemente o principal torturador papal. Quando

enérgico, que exigia ser levado a sério. Mas contava então aos acadêmicos parisienses uma história tão escandalosa que não merecia nenhuma credibilidade. Era uma história de sexo e pecado, blasfêmia e heresia. Dizia respeito aos cavaleiros templários — a ordem militar que estivera na linha de frente das cruzadas por quase duzentos anos.

Nogaret disse aos acadêmicos que os templários haviam sido objeto de uma longa e secreta investigação, conduzida pelo governo francês e supervisionada por ele próprio. Alegou ter descoberto uma corrupção imunda e endêmica que ia de cima a baixo na ordem. Sob a proteção papal, gerações de templários de alto escalão transformaram sua nobre organização em um viveiro de homossexualidade, idolatria e vício, em que os membros eram encorajados a desrespeitar o nome de Cristo. De acordo com um relato do encontro escrito pelo cronista Jean de St. Vitor, Nogaret alegou que nos rituais noturnos os templários cuspiam na cruz, pisoteavam as imagens de Cristo e negavam sua santidade.[1] Adoravam falsos ídolos e se envolviam em atos sexuais obscenos. Em declarações formais elaboradas pelo governo, os supostos atos dos irmãos foram descritos como "uma desgraça para a humanidade, um exemplo pernicioso de mal e um escândalo universal", e os próprios homens como "lobos em pele de cordeiro [...] filhos da infidelidade".[2]

À luz dessas revelações, os acadêmicos foram informados de que o governo francês havia agido de maneira rápida e decisiva. No dia anterior — sexta-feira, 13 de outubro — todos os templários na França, até e inclusive o grão-mestre da Ordem, Jacques de Molay, foram presos por agentes do governo. As propriedades da ordem foram confiscadas. Casas templárias (conhecidas como preceptorias ou comandarias) foram apreendidas e revistadas. Centenas de templários haviam sido enviados para a prisão. Podiam esperar uma punição condigna, pois era um caso que o próprio Filipe levava muito a sério. O rei vinha se queixando em

---

Bonifácio se opôs às tentativas de Filipe de afirmar a supremacia real, Nogaret viajou para a Itália, contratou um pequeno exército privado leal à poderosa família Colonna e sitiou a vila papal em Anagni, com o objetivo de raptar Bonifácio e levá-lo para a França, onde poderia ser posto em julgamento. Na confusão do cerco, Nogaret e seu principal aliado, Giacomo "Sciarra" Colonna, confrontaram Bonifácio. Sciarra deu um tapa na cara do papa. Em seguida prenderam e maltrataram o papa por três dias, que afinal foi resgatado pela população local. Bonifácio morreu pouco depois em decorrência de uma febre, quando se disse (incorretamente) que teria enlouquecido e mastigado as próprias mãos.

particular de suas suspeitas em relação aos templários pelo menos desde a primavera de 1305.³ Se *realmente* acreditava que a ordem estava crivada de má conduta sexual e corrupção ímpia não era — e ainda não é — certo. Mas estava definitivamente interessado na riqueza dos templários como recurso para impulsionar sua economia vacilante e financiar suas guerras no exterior, e gostava de posar como o flagelo da corrupção na Igreja. Era uma aposta certa que Filipe pediria o apoio dos universitários à medida que o processo avançasse. A universidade era uma das melhores do Ocidente, e seus acadêmicos estavam na vanguarda da pesquisa e do debate teológico. Seu julgamento coletivo ajudava a formar a opinião pública francesa e internacional. Foi por isso que Nogaret se esforçou para atualizá-los sobre o que acontecia o mais rápido possível. Gostando ou não, os acadêmicos estavam destinados a desempenhar um papel na sobrevivência dos templários — ou em sua destruição.⁴

O ataque francês aos templários, que começou em 1307, foi um dos eventos mais chocantes da história do Ocidente medieval. Como visto no capítulo 8, os templários eram famosos em todo o mundo cristão e em outras paragens. Por quase dois séculos, os irmãos templários desempenharam um papel importante em algumas das mais dramáticas batalhas e cercos no Oriente Próximo. Enfrentaram Saladino em Hattin em 1187, chafurdaram no delta do Nilo inundado nas desastrosas cruzadas egípcias de 1217-1221 e 1249-1250, e foram os últimos homens a resistirem quando os mamelucos invadiram Acre em 1291. Também desenvolveram grande experiência institucional em serviços financeiros como financistas, contadores e funcionários públicos; foram empregados pela Coroa francesa para lidar com aspectos importantes do tesouro. Os irmãos que não lutavam tinham casas no Ocidente, em praticamente todos os reinos, da Inglaterra à França e aos Estados da Alemanha, da Sicília e da Hungria, onde seus patronos incluíam reis, rainhas e a alta nobreza. Portanto, para os franceses, derrubar essa instituição não era uma tarefa fácil. Mas foi o que fizeram, com a conivência dos acadêmicos de Paris.

Cerca de duas semanas após o primeiro encontro com Nogaret na Notre--Dame, em 25-26 de outubro, os professores parisienses foram chamados para uma segunda conferência, realizada na própria sede dos templários na França — uma grande fortaleza urbana com torres na região de Paris hoje conhecida como Le Marais.* Dessa vez, foram chamados quase todos os acadêmicos da universidade: os mestres regentes (qualificados para ensinar alunos), os mestres não regentes (que haviam passado em todos os exames, mas não lecionavam) e os bacharéis (que tinham completado metade dos estudos). Tendo sido apresentados ao caso contra os templários, deveriam agora ouvir as evidências do governo, na forma de confissões lidas publicamente por dezenas de irmãos templários, inclusive o próprio grão-mestre De Molay.

As confissões foram obtidas sob tortura. Os templários foram interrogados por quinze dias pelos principais inquisidores do rei Filipe, liderados por seu confessor pessoal, o frade dominicano Guilherme de Paris. Foram algemados, isolados, espancados, privados de sono e passaram fome. Alguns foram queimados com ferro em brasa ou pendurados no *strappado* (dispositivo que erguia a vítima pelos braços amarrados nas costas). Foram física e psicologicamente alquebrados até confessarem a culpa. E então, numa longa e trágica sequência, esses homens assustados foram postos diante dos acadêmicos. Um por um, todos recitaram suas confissões. Depois foram levados de volta às suas celas. Quando os acadêmicos foram liberados para voltar aos seus estudos, depois de dois longos dias assistindo aquele espetáculo de terror, os acadêmicos saíram com as histórias horríveis de Molay e dos irmãos templários ecoando nos ouvidos. Mas essa não foi a última vez que ouviram falar do caso dos templários. Logo seriam chamados para dar seu julgamento oficial sobre o assunto.

Embora tenha demorado menos de três semanas para realizar as prisões iniciais e intimidar os líderes dos templários para confessarem seus supostos crimes, o caso logo saiu do controle. O papa da época, Clemente V (1305--1314), era um covarde nascido na Gasconha e eleito sob pressão política da França na expectativa de responder diretamente a Paris; passou todo o seu reinado na França.** Mas nem mesmo Clemente poderia simplesmente

---

* Já não existem vestígios desse magnífico edifício, usado pela última vez como prisão para Luís XVI e Maria Antonieta na Revolução Francesa, antes de ser demolido no século XIX. Seu local é marcado apenas com o nome da praça du Temple do Barão Haussmann.

** Em 1309, Clemente mudou oficialmente a sede do papado de Roma para a cidade de Avignon, teoricamente no reino independente de Arles, mas na realidade fortemente influenciado pela França. Sete papas, todos eles franceses, residiriam lá no que ficou conhecido como "Cativeiro Babilônico", até Gregório XI recuperar a cadeira papal para Roma, em 1376. Outros dois antipapas subsequentemente tentaram governar a Igreja de Avignon, entre 1378 e 1410.

fazer vista grossa e permitir que os templários fossem destruídos por um príncipe secular. Assim, tentou neutralizar o ataque de Filipe afirmando que cabia a ele investigar a suposta corrupção dos templários e estendendo a investigação para todos os territórios soberanos da cristandade ocidental.[5] Foram instituídas duas investigações paralelas — uma sobre a má conduta individual dos templários e outra sobre a ordem como um todo —, que levou vários anos para obter alguma resposta, de terras tão distantes como a Irlanda e Chipre. Durante esse tempo, os templários da França conseguiram organizar uma resposta legal coletiva.

No decorrer desse período, mais uma vez, os dois lados apelaram para a Universidade de Paris. Por volta do início de fevereiro de 1308, três meses após as primeiras prisões, uma carta aberta anônima conhecida como "Um Lamento para os templários" foi endereçada aos doutores e acadêmicos da universidade, protestando que as prisões haviam sido repentinas, arbitrárias e ultrajantes, afirmando que muitos templários morreram sob tortura e que seus corpos foram enterrados secretamente, e reiterando que as alegações contra a ordem eram falsas, ilógicas e absurdas. A carta informava que, no momento em que os templários franceses foram presos, cerca de cem irmãos padeciam em uma prisão egípcia, recusando todas as ofertas de conversão ao islamismo em troca da liberdade: dificilmente o comportamento de uma ralé anticristã. A carta era uma defesa vigorosa da ordem, provavelmente de autoria de um escrivão secular, e uma repreensão amarga às táticas de intimidação implantadas pelo governo francês.[6] Mas a carta precedeu — ou talvez tenha motivado — uma resposta direta na mesma moeda.

No final de fevereiro, um conjunto de sete questões técnicas escritas em nome do rei foi enviado aos mestres de teologia, regentes e não regentes, da universidade. Em densa linguagem jurídica, pediam aos mestres sua opinião coletiva sobre questões relativas ao direito — ou ao dever — da Coroa francesa de agir contra os hereges e apóstatas em território francês. Os acadêmicos foram convidados a ponderar se um governante secular era "obrigado a ou tinha permissão de" agir quando "ouvisse o nome do Senhor ser blasfemado e visse a fé católica rejeitada por hereges, cismáticos ou outros incréus". Foram convidados a opinar se os templários — "uma seita singular composta por muitos indivíduos tão horríveis, tão abomináveis" — poderiam ser julgados sob a lei secular como cavaleiros, em vez de apenas sob a lei canônica como clérigos. Foram questionados se o fato de "mais de quinhentos" templários terem confessado crimes naquele estágio significava que a própria ordem deveria ser considerada irremediavelmente corrupta, e se era possível saber a profundidade dessa corrupção (como foi alegado) quando os abusos cometidos foram tão históricos quanto recentes.[7] Essas e outras questões importantes foram colocadas diante dos teólogos de Paris, com a intenção óbvia de garantir seu apoio intelectual adicional para o que na realidade era uma conclusão já tomada.

Em 25 de março de 1308 veio a resposta. E deixou claro de que lado os acadêmicos estavam. Os mestres elogiaram "o mais sereno e cristão príncipe Filipe, pela graça de Deus ilustre rei dos francos", por estar "inflamado com o zelo da santa fé". Em seguida se lançaram numa manobra magistral de evasivas, sofismas e relativismos. Era difícil argumentar, disseram os mestres, que a Coroa tinha alguma função em julgar os templários, pois esse direito pertencia propriamente à Igreja. No entanto, as respostas subsequentes dos mestres incluíram tantas ressalvas que os ministros de Filipe poderiam passar uma carroça por cima delas. Definindo-se como os "capelães humildes e devotados [...] sempre prontos e dispostos a manifestar serviço grato e devotado a sua majestade real", os acadêmicos argumentaram que, apesar de o papa ter o direito final de julgar os templários, as confissões extraídas significavam que "uma suspeita muito forte foi gerada [...] que todos os membros da ordem são hereges ou simpatizantes [...] que a dita heresia era galopante na ordem [...] (e) isso deve ser suficiente para levar as pessoas a condená-los e odiá-los". Seus bens deveriam ser usados para promover a defesa da Igreja, disseram os mestres, mas "quanto a quem deveria cuidar deles, parece-nos que deveriam ser recolhidos da maneira que melhor servir ao fim". Em resumo, eles se equivocaram o suficiente para que Filipe pudesse alegar que havia procurado aconselhamento jurídico adequado e que tinha justificativas para fazer o que quisesse. Os mestres assinaram com o apelo de que "essas (respostas) sejam aceitáveis para sua majestade real". Esperavam, disseram, que "uma ferida tão escandalosa e horrível aos olhos de todo o cristianismo seja rapidamente vingada de acordo com seu santo desejo".[8] Foi uma amarelada política.

Talvez a resposta medrosa dos mestres fosse compreensível. O rei Filipe era sem dúvida um homem a ser temido, e em seu reinado, até aquele momento, não demonstrara nenhum escrúpulo em perseguir até a ruína ou a morte os que o desagradassem. Muitos dos mestres de teologia de Paris também eram membros de ordens monásticas que, como os templários, estavam sujeitas à supervisão papal, e portanto eram igualmente alvos potenciais do rei. Eles não desejavam ver os templários destruídos — mas também não tinham interesse em atrair mais ira para suas próprias ordens. Além do mais, eram religiosos pedantes, com uma tendência natural para ver heresia para onde quer que olhassem. Houve uma ou duas vozes divergentes dentro da universidade — como a de um acadêmico-eremita italiano mais velho que se autodenominava Augustine Triumphus, que escreveu um demolidor argumento contra o caso do governo contra os templários.[9] Mas, de maneira geral, deixaram o governo seguir com o duvidoso processo esperando que, depois de expressarem suas opiniões, fossem deixados em paz para continuar os estudos e as aulas. Não foram os primeiros acadêmicos da história a fazer de uma vida tranquila sua prioridade absoluta. Nem seriam os últimos.

Depois de uma longa e brutal disputa legal e política, Filipe IV conseguiu que os templários fossem liquidados. Em março de 1312, no conselho de Viena, o papa Clemente declarou a ordem irrecuperável. Em março de 1314, Jacques de Molay foi queimado vivo em Paris; morreu invocando Deus a vingá-lo. Sua morte foi o ato final de uma saga execrável que refletiu mal em todos os envolvidos. E é lembrada hoje como um ponto de virada na história medieval, quando um príncipe secular investiu contra o poder do papado e obteve uma vitória difícil, porém decisiva.

Nos relatos sobre o caso dos templários, em geral o papel da Universidade de Paris costuma ser mencionado de passagem. Mas a opinião de seus mestres foi considerada de importância crucial por todos os lados no debate. E não era de forma alguma inevitável. Embora tenha havido reuniões semiformais e comunidades de acadêmicos em Paris desde meados do século XII, a universidade só foi oficialmente fundada em 1231 pelo papa Gregório IX. Portanto, tinha menos de um século em 1307 e era uma das poucas universidades do mundo — suas rivais mais próximas sendo as de Oxford e Bolonha. No entanto, apesar de sua juventude, a instituição era considerada um importante pilar do poder, e as opiniões de seus mais brilhantes e melhores acadêmicos eram política e academicamente importantes. No grande esquema da Idade Média isso fazia diferença. A Universidade de

Paris tornou-se em pouco tempo um fórum onde grandes questões de teologia, sociedade e governo eram analisadas e respondidas.* Era também, aliás, um campo de recrutamento valioso para a administração real francesa, que de tempos em tempos convocava professores para atuar como funcionários públicos. A educação na universidade ainda não era um estágio-padrão do crescimento dos jovens das classes média e alta; tampouco era comum encontrar uma universidade em cada grande cidade. Contudo, no início do século XIV, universidades medievais como a de Paris começavam a se desenvolver na direção das instituições que conhecemos hoje. E também passaram a exercer um poder significativo, tornando-se centros de estudos e pesquisas intelectuais cujas descobertas moldaram o mundo fora de seus limites e cujo legado perdura até os dias atuais.** Para entender como isso aconteceu, devemos analisar a tradição intelectual e cultural que as produziu a partir do século VI d.C., quando o mundo clássico estava entrando em colapso e suas tradições e ousadia nos estudos acadêmicos pouco a pouco desapareceram no Ocidente.

A palavra de Deus

Quando jovem, Isidoro, futuro arcebispo de Sevilha e um dos maiores estudiosos do primeiro milênio, entrou para uma escola. Não era exatamente algo radical, mas era um privilégio. A educação no final do século VI era privilégio dos abastados, e só foi concedida a Isidoro porque seus pais eram membros da velha elite romano-espanhola. No início da Idade Média, a

---

* Antes de envolver os acadêmicos parisienses no caso dos templários, Filipe também os arrastou para a disputa com Bonifácio VIII em 1303, obrigando todos os membros da universidade a assinar documentos alinhados com sua posição discordante da do papa. Ver Crawford, "The University of Paris and the Trial of the Templars", p. 115.

** Hoje, a França tem cerca de cem universidades públicas e 250 *grandes écoles*. O Reino Unido tem mais de cem. A Alemanha tem pouco menos de quatrocentas. A Índia tem mais de mil. A China tem quase 3 mil. Nos Estados Unidos, existem mais de 5 mil universidades ou faculdades. Em praticamente todos os países do mundo, um curso de graduação, geralmente consistindo em pelo menos três anos de estudo em uma universidade (ou equivalente), é considerado um ativo pessoal importante, e quase sempre um pré-requisito essencial para uma carreira profissional pública ou privada. Hoje, as universidades são os motores de pesquisas em campos que vão desde direito, literatura e gestão de negócios até medicina, engenharia e computação. Tudo isso remonta diretamente à Idade Média.

península Ibérica estava sob o domínio dos visigodos, mas uma criança inteligente ainda podia ter uma educação antiquada, no "estilo romano". O jovem Isidoro teve sorte. E como a maioria dos grandes empreendedores ao longo da história, tinha a inteligência para somar um trabalho árduo à boa sorte. Aproveitou ao máximo seus estudos, devorando o aprendizado sem estabelecer limites para os seus interesses.

A sala de aula de Isidoro era na catedral de Sevilha, onde Leandro, seu irmão mais velho, era bispo. Mas o currículo que estudou não era estritamente cristão. Na verdade, o currículo básico ensinado em Sevilha e em todas as outras escolas semelhantes datava de mais de mil anos, muito antes do nascimento de Cristo. Era um programa clássico de estudo que teria sido tão familiar para Aristóteles no século IV a.C. quanto para Cícero no século I a.C., a Marco Aurélio no século II d.C. ou Boécio no século VI a.C. Seus pilares eram as chamadas sete artes liberais ("liberais" porque outrora eram consideradas adequadas para pessoas livres, não para escravos). Estas foram subdivididas em dois grupos. Primeiro veio o *trivium*, as artes da expressão e do argumento: gramática, lógica e retórica. Depois veio o *quadrivium*, que consistia nas artes de cálculo: aritmética, geometria, astronomia e música. Embora o *trivium* e o *quadrivium* não cobrissem todo o esquema do conhecimento humano — também se esperava que mentes jovens e ávidas se dedicassem à teologia, à medicina e ao direito —, eram as fundações de uma educação formal. Boécio definiu o *quadrivium* como a pedra fundamental sobre a qual se baseavam todas as pesquisas filosóficas sobre a natureza do mundo, e poucos pensadores medievais sérios se afastaram desse pressuposto.[*]

Isidoro aceitou sua educação com prazer. Não teve problemas com o *trivium* e o *quadrivium*. Também dominou a teologia. Estudou latim, hebraico e grego. Dedicou-se avidamente a tópicos que iam desde guerra, direito e teologia até navegação, geografia e economia doméstica. Quando adulto, acreditava que poderia ter todo o conhecimento do mundo na ponta dos dedos. Sua aptidão para o aprendizado deslumbrava os que o conheciam. Bráulio, amigo de Isidoro, o definiu como "um homem erudito

---

[*] Isidoro certamente não. Em seu livro mais famoso, *Etimologias*, as sete artes liberais foram a primeira coisa que discutiu, antes mesmo das letras do alfabeto. Ver Stephen A. Barney, W. J. Lewis, J. A. Beach, Oliver Berghof (orgs.), *The Etymologies of Isidore of Seville* (Cambridge, 2006), p. 39.

em todos os tipos de expressão, de modo que pela característica de seu discurso era acessível tanto pelo público ignorante como pelo erudito. Na verdade, era famoso por sua incomparável eloquência".[10]

Por si só, a inteligência natural de Isidoro o tornava notável. Escreveu pelo menos 24 livros durante a vida, que incluíam crônicas históricas, estudos de fenômenos científicos naturais, textos sobre matemática, biografias de patriarcas da Igreja, coletâneas de epigramas e seu *Etimologias*, uma gigantesca enciclopédia na qual pretendia descrever tudo aquilo que uma pessoa educada deveria saber, variando dos hábitos alimentares dos ouriços ao arranjo geográfico dos continentes do mundo.[11] (Não à toa, Isidoro é considerado hoje o santo padroeiro da internet.) Qualquer um desses teria sido um trabalho respeitável em si mesmo. Juntos, representaram um incrível corpo de estudos. E *Etimologias* foi uma verdadeira obra-prima, valorizada por gerações de futuros leitores pela amplitude e a sagacidade de sua visão. Foi um dos livros mais lidos e influentes do Oriente medieval.[12]

O imenso e duradouro sucesso do livro não foi um golpe de sorte. Apesar de ter sido educado na Igreja, Isidoro tinha um grande conhecimento prático de pensadores cristãos e pagãos, podendo citar Aristóteles, Catão, Platão e Plínio com a mesma liberdade com que se referia a Santo Ambrósio e Santo Agostinho. Sua capacidade de combinar os maiores escritores — juristas, teólogos, filósofos, poetas e polemistas — desde o ocaso da era clássica até o alvorecer do cristianismo está no cerne da sua genialidade. Isidoro percebeu que outros estudiosos de seu tempo tinham aversão a misturar fontes cristãs e não cristãs. Mas ele realmente não se importava com isso. Um poema atribuído a Isidoro abordava essas questões: "Você vê campinas cheias de espinhos e ricas em flores. / Se não quiser pegar os espinhos, pegue as rosas".[13] Isidoro entendia que um polímata não podia se dar ao luxo de ser muito dogmático.

Portanto, em termos puramente acadêmicos, Isidoro foi um acadêmico altamente influente. Mas também atuou na política. Seu irmão Leandro, que supervisionara sua escola, era tanto um estadista quanto um eclesiástico, que fez amizade com o papa Gregório, o Grande (outro esplêndido erudito), e com a família real visigótica que governava a Espanha; sob a orientação de Leandro, o rei Reccared I se converteu do cristianismo ariano ao catolicismo romano: mais tarde isso seria reconhecido como um evento fundamental na história da Espanha. E Isidoro manteve vivo o envolvimento da família na política. Quando Leandro morreu, Reccared nomeou Isidoro como seu sucessor para o bispado de Sevilha, e desde então Isidoro ficou próximo da corte real, onde seus doutos conselhos tiveram grande peso.[14]

Isidoro foi bispo de Sevilha por mais de trinta anos. Perto do fim de sua vida, em 633-634, presidiu uma conferência da Igreja conhecida como Quarto Concílio de Toledo, que estabeleceu políticas que teriam um impacto duradouro no espírito cultural e político da península Ibérica durante a Idade Média. Endureceu as leis discriminatórias contra os judeus espanhóis e prometeu laços estreitos entre a Igreja na Espanha e seus governantes cristãos seculares. Talvez o mais significativo para o próprio Isidoro, o conselho também estabeleceu que os bispos deveriam fundar escolas ao lado de suas catedrais, a exemplo da que preparou seu caminho para a proeminência acadêmica e política. Em parte, foi um reconhecimento de que todas as coisas boas na vida de Isidoro começaram com a educação. Mas também apontou o caminho a seguir num sentido muito mais amplo: para um mundo ocidental medieval, em que a Igreja Católica exerceria o monopólio da escolaridade, proporcionaria o ambiente institucional para intelectuais ocidentais e ditaria os caminhos de estudo — os permitidos e os proibidos.

Dos tempos de Isidoro no século VI até o final da Idade Média (e posteriormente), a Igreja exerceu controle firme sobre a educação e o conhecimento ocidentais. Mais do que qualquer outra coisa, era uma questão de praticidade. Assim como o judaísmo e, como logo se veria, o islamismo, o cristianismo era uma religião enraizada na palavra de Deus, e Sua palavra era transmitida principalmente sendo escrita, lida e ouvida. São Paulo, o apóstolo que fez mais que qualquer um para divulgar os ensinamentos de Cristo, era um homem culto, com um conhecimento prático de várias línguas e noções saudáveis de filosofia. Os quinhentos anos seguintes produziram muitos outros grandes pensadores e escritores semelhantes. Santos eruditos como Agostinho, Ambrósio e Jerônimo foram pilares de sustentação na arquitetura intelectual e litúrgica da Igreja — e, por extensão, na vida de milhões de cristãos medievais. No século V, São Jerônimo foi indagado por um amigo sobre como criar uma jovem chamada Paula, cujos pais a haviam destinado a uma carreira como abadessa. Jerônimo foi direto quanto à importância da educação: "Faça um conjunto de cartas de madeira de buxo ou marfim e diga a ela os seus nomes", escreveu. "Deixe-a brincar com elas, fazendo do jogo um caminho para o aprendizado [...] Ofereça prêmios por ortografia, tentando-a com presentes insignificantes como que para agradar criancinhas. Que também tenha companheiras em suas aulas, para competir com elas e serem estimuladas por qualquer elogio recebido."[15] A Igreja foi erigida por estudiosos, e nunca perdeu o interesse em produzi-los.

Porém, ela tinha mais a ganhar com o conhecimento do que simplesmente a transmissão de boas notícias. Desde o início da Idade Média, as instituições religiosas sempre foram grandes proprietárias de terras. Isso significava que tinham necessidades práticas, como transferências e administração de terras. Os papas precisavam recolher impostos e discutir com reis e imperadores a longa distância por meio de cartas. Os bispos administravam dioceses cheias de padres para os quais precisavam comunicar as últimas questões de reforma doutrinária ou comportamental. Os mosteiros tinham obrigações para com seus benfeitores passados e presentes, mantendo um registro das almas por quem deveriam orar em determinado dia. (Também havia coros, que precisavam de meninos que soubessem ler ou entender música para cantar os trechos com vozes mais agudas de seus ofícios diários e missas.) A burocracia era sem fim. Por isso a Igreja sempre precisou de pessoas alfabetizadas entre seus servidores em todos os níveis.

Obviamente, a maneira mais segura de manter um corpo de pessoas inteligentes e letradas em sintonia com a última doutrina aprovada era educá-las "em casa" — que foi exatamente como Isidoro conseguiu sua educação em Sevilha, e o motivo por que no Quarto Conselho de Toledo ele defendeu a implantação de um sistema formal de escolas em catedrais. Foi também por isso que o conhecimento continuou vivo no Ocidente quando o Império Romano se retirou para além dos Bálcãs. E era por isso que, onde quer que houvesse uma catedral ou mosteiro, normalmente haveria alguma forma de escola, um scriptorium e uma biblioteca.* E era por isso que a Regra de São Bento exigia que os monges passassem várias horas do dia lendo a Bíblia e outros textos religiosos.[16] Ao longo da Idade Média, alguns mosteiros e catedrais baseavam toda a sua "identidade de marca" em

---

* Algumas bibliotecas monásticas eram realmente muito grandes: em seu apogeu, a biblioteca da abadia de Cluny contava com quase seiscentos livros.

altos padrões de alfabetização. No século VI, o estadista romano Cassiodoro fundou a abadia de Vivarium (perto de Squillace, no Sul da Itália) como um centro de estudo e preservação de textos cristãos e clássicos; quinhentos anos depois, a recém-fundada abadia de Bec, na Normandia, foi considerada um grande ponto de atração para o aprendizado, o que levou o cronista Orderic Vitalis a dizer que "quase todo monge parecia um filósofo".[17]

Mas a Igreja não formava apenas filósofos. Apesar de o estudo ser uma base indispensável para uma carreira na Igreja, mosteiros e escolas de catedrais também passaram a ser campos de treinamento para quem precisasse ser alfabetizado, mesmo com ambições no mundo secular: praticar o direito, fazer negócios ou trabalhar como escribas nas burocracias civis que atendiam aos reis e outros proprietários de terras.* Um caminho bastante trilhado para o poder durante o período medieval foi combinar uma vida de erudito com a de ministro. O estudioso bíblico Agostinho, prior da abadia de Santo André em Roma, foi escolhido pelo papa Gregório I para liderar a famosa missão inglesa de 597, que persuadiu o rei Etelberto de Kent a adotar o cristianismo e deu o pontapé inicial na conversão da Inglaterra saxônica. O matemático e astrônomo Gerbert de Aurillac, que trouxe o ábaco para a Europa no final do século X e escreveu vários livros de matemática bem considerados, ascendeu ao papado, como papa Silvestre II. Em seguida, houve Alcuíno de York, o inglês que por muitos anos foi conselheiro de Carlos Magno. O cronista Einhard definiu Alcuíno como o homem mais culto de todo o mundo; mesmo que isso fosse uma hipérbole, ele foi sem dúvida o servidor público mais influente do reinado de Carlos Magno. O imperador levou a sério suas opiniões sobre a reforma clerical nos anos 780 e sobre o paganismo nos anos 790. Costumava consultá-lo sobre questões de doutrina herética. Alcuíno foi encorajado a seguir seu programa de cópia de manuscritos, que ajudou a disseminar textos eruditos por todo o império. E, assim como Isidoro, usou de maneira consciente seu poder político para servir à educação, cultivando um grupo de

---

* A experiência de frequentar uma escola, então como agora, pode ser agradável ou totalmente desagradável, muitas vezes dependendo das características dos professores. Uma freira que ensinava na escola para meninas de Wimborne Minster, no Sudoeste da Inglaterra, na virada do século VIII, era tão rude com as alunas que quando morreu elas dançaram sobre seu túmulo. Ver Nicholas Orme, *Medieval Schools: Roman Britain to Renaissance England* (New Haven, 2006), p. 24.

alunos particulares na escola do palácio em Aachen e fazendo reformas no currículo vigente que mais tarde foram imitadas por escolas monásticas e catedrais que floresceram durante e após a era carolíngia. Na virada do milênio, formava-se uma era de ouro da educação e do conhecimento. Foi um bom momento para ser estudante.

No entanto, paradoxalmente, também foi uma época ruim para ser um estudioso. Pois embora a erudição no Ocidente fosse encorajada, respeitada, patrocinada e protegida durante a era carolíngia, no início da Idade Média o mundo latino-cristão começou a se tornar cada vez mais introspectivo: desconfiado de outras religiões, outros modos de pensar e outras autoridades. Visto que a maioria dos estudiosos se encontrava em mosteiros e catedrais, a erudição como um todo adquiriu um sabor cristão cada vez mais concentrado, no qual textos de não cristãos e pré-cristãos eram vistos com crescente suspeita. Enquanto, no século VI, Isidoro de Sevilha vasculhava vorazmente por textos de pagãos gregos e romanos, bem como dos primeiros patriarcas da Igreja, na virada do milênio esse tipo de erudição onívora estava firmemente em desuso. Entre os séculos VI e XI, muito da sabedoria dos antigos foi gradualmente perdido para o mundo latino. O grego, que vinha decaindo no Ocidente mesmo durante o século VI, estava efetivamente morto para os escritores ocidentais do século XI. Filósofos seminais como Platão* eram praticamente desconhecidos.[18] Demorou até o século XII para as comportas intelectuais se reabrirem e o conhecimento pagão ser reavivado.

***

Tradução e Renascença

Apesar de a Europa Ocidental não se considerar intelectualmente atrasada por volta do final do primeiro milênio d.C., na verdade estava muito atrás de outras partes do mundo. A produção de manuscritos carolíngios

---

* Se Boécio não tivesse sido executado por traição em 524 (ver capítulo 2), a história poderia ter sido bem diferente: antes de sua morte precoce, ele planejava traduzir as obras completas de Platão e Aristóteles para o latim.

em Aachen, as escolas em catedrais espalhadas pela França, Inglaterra e Alemanha e as bibliotecas monásticas abastecidas basicamente com textos de escritores cristãos eram todas muito boas. Mas qualquer viajante que partisse para o Oriente em busca das grandes cidades do mundo árabe e persa logo perceberia onde se encontrava o verdadeiro motor da investigação intelectual global: nas terras dos califas e no reino do islã.

Embora o islã tenha começado como uma religião de mercadores, não era de forma alguma anti-intelectual. Desde a época da revolução abássida, em 750 d.C., a educação era altamente valorizada. Estudiosos eram generosamente patrocinados. E, o mais importante, o estudo foi desvinculado da religião, permitindo que cristãos e judeus orientais contribuíssem de maneira decisiva para o corpo coletivo de conhecimento dentro do império islâmico. Bibliotecas como a Casa da Sabedoria de Bagdá* compilaram coleções contendo centenas de milhares de manuscritos, traduzidos para o árabe de quase todas as línguas do mundo letrado. Outros centros de educação e estudo existiam em cidades como Córdoba e Sevilha na Andaluzia, Ctesiphon e Gundeshapur na Pérsia, Edessa e Nisibis na Síria e Palermo na Sicília. À medida que o período abássida avançava, as cidades governadas por muçulmanos também se tornaram sede de escolas religiosas, conhecidas como *madrassas* — a mais antiga, anexada a uma grande mesquita em Fez (no atual Marrocos), foi fundada pela filha de um rico comerciante, Fátima al-Fihri, em meados do século IX. Em termos de escala, amplitude e puro poder de curiosidade, pouco no mundo poderia se comparar às instituições acadêmicas do *Dar al-Islam*, que entre os séculos VII e XIII se estendeu como um colar de pérolas entre a Mesopotâmia no Oriente e a península Ibérica no Ocidente.

Esse rico ambiente intelectual alimentou alguns dos maiores pensadores da história do mundo, desde o matemático persa do século IX Al-Khwarizmi, conhecido como o "pai da álgebra",** e seu contemporâneo, o brilhante químico Jabir ibn-Hayyan, até o médico Ibn Sina ("Avicena"), do século XI, e gênios do século XII como o cartógrafo andaluz Muhammad

---

* Destruída com violência desenfreada em 1258 pelos mongóis sob o comando de Hulagu Khan (ver capítulo 9).
** O termo álgebra adotado no Ocidente é de origem árabe, derivando de *al-jabr*, significando vagamente "a reunificação de partes quebradas".

al-Idrisi e o filósofo Ibn Rushd ("Averroes"). Esse período é hoje conhecido como a era de ouro do islã, principalmente por suas realizações intelectuais. No entanto, apesar de o mundo islâmico ser fronteiriço dos reinos cristãos do Mediterrâneo, entre os séculos VIII e XI muito pouco foi difundido. Só na virada do século XII — não por coincidência no alvorecer da era das cruzadas, quando cidades islâmicas com comunidades eruditas como Toledo, Córdoba, Palermo e Antioquia ficaram sob controle cristão, e Damasco, Alexandria e Bagdá tornaram-se mais acessíveis — as fronteiras intelectuais erguidas entre os blocos árabe e cristão começaram a entrar em colapso e a erudição, tanto a nova quanto a esquecida, começou a fluir do mundo árabe para o Ocidente.

Um dos primeiros arautos dessa nova era de troca de informações foi um monge beneditino do século XI chamado Hermano, o Manco (*Hermannus Contractus*), que vivia em um mosteiro na ilha de Reichenau, no lago de Constança (hoje na fronteira entre Alemanha, Áustria e Suíça, nos Alpes do norte). Hermano nasceu por volta de 1013 e foi uma criança deficiente: com braços e mãos muito fracos, não conseguia andar; tinha a fala severamente atrofiada e precisava de ajuda até para mudar de posição numa cadeira.[19] Mas por volta de 1020, aos sete anos, seus pais o deixaram aos cuidados dos monges de Reichenau. E lá, apesar (ou mesmo por causa) de suas aflições físicas, Hermano se dedicou aos estudos e tornou-se um erudito brilhante. Nas palavras de seu biógrafo e discípulo Berthold de Reichenau, Hermano tinha "uma compreensão praticamente integral das dificuldades de todas as artes e das sutilezas da mitra poética". Como Isidoro antes dele, navegava com facilidade pela história, matemática e ciências naturais e era um excelente compositor de hinos. Além disso, foi um contador de histórias surpreendentemente habilidoso: Berthold notou que, apesar de a "boca, a língua e os lábios débeis de Hermano só produzirem sons entrecortados de palavras quase ininteligíveis [...] ele provou ser um professor eloquente e diligente, muito animado e bem-humorado".[20] Também era, segundo Berthold, paciente, modesto, casto e vegetariano. Um acadêmico exemplar.

Ainda que Hermano, o Manco, se sentisse em casa na maioria dos campos de estudo, uma de suas maiores paixões era a astronomia. Como visto, observar as estrelas era uma questão crucial no *quadrivium*; calcular os movimentos dos céus em relação à Terra exigia conhecimentos matemáticos avançados, mas prometia proporcionar uma compreensão profunda da estrutura do universo de Deus. E também podia ter aplicações práticas vitais, pois os astrônomos eram capazes de prever mudanças sazonais na duração dos dias e na proporção da alteração entre as horas do dia e da noite — muito útil, de fato, para monges que organizavam suas vidas em torno do canto regular de missas e ofícios. Hermano usou uma combinação de observações empíricas meticulosas e matemática avançada para trabalhar em problemas práticos relacionados à mensuração do tempo, calculando o diâmetro da Terra e a duração exata de um mês lunar e desenhando mapas estelares ilustrando as mudanças no céu mês a mês.

Ao longo da história da humanidade, muitos dispositivos, desde pedras sarsen até o relógio atômico, foram inventados para mapear, extrair modelos e acompanhar as alterações nos padrões celestes. Porém, na Idade Média o mais popular era o astrolábio — um dispositivo mecânico feito de metal ou madeira que permitia a um usuário treinado medir a posição das estrelas e planetas e calcular a hora local e a latitude geográfica. O astrolábio foi inventado pelos gregos nos séculos II ou III a.C., com diversas variações produzidas ao longo dos séculos por estudiosos de Bizâncio e do mundo árabe. Tinha um uso religioso específico para os muçulmanos, pois ajudava a determinar a direção de Meca a partir de qualquer lugar, permitindo a condução adequada das orações diárias. Era efetivamente um sistema GPS medieval perfeitamente refinado, atualizado e comentado por incontáveis homens e mulheres inteligentes em todo o mundo medieval.[*]

Até a virada do milênio, o astrolábio era um mistério para os estudiosos cristãos ocidentais. Mas em seu período em Reichenau, Hermano conseguiu obter um manuscrito incompleto descrevendo parcialmente seu funcionamento. Esse documento de alguma forma chegou à sua pequena ilha vindo do califado de Córdoba, provavelmente via o mosteiro de Santa Maria de Ripoll, cerca de cem quilômetros ao norte de Barcelona. Pode ter sido escrito por Gerbert de Aurillac, o acadêmico francês que se tornou o papa Silvestre II. Seja como for, continha um conhecimento científico bem conhecido no mundo islâmico, mas pouco conhecido ao norte dos Alpes e dos Pireneus. Foi um furo jornalístico de Hermano.

---

[*] Entre eles estava Geoffrey Chaucer, que no século XIV escreveu um livro inteiro, seu *Tratado sobre o astrolábio*, para descrever suas funções para o filho.

E ele se aproveitou ao máximo disso. Muito habilidoso, adepto de "construir relógios, instrumentos musicais e dispositivos mecânicos", usou as informações parciais do manuscrito para descobrir como um astrolábio poderia ser construído.[21] Assim, reformulou e completou o texto para registrar suas descobertas para a posteridade. Foi em si uma conquista importante para os estudos na Europa cristã, pois nos séculos seguintes o astrolábio iria transformar a cronometragem e a navegação, abrindo caminho para as viagens portuguesas de descobertas e a rota para o Novo Mundo. E no contexto imediato do século XI, o trabalho de Hermano no astrolábio foi muito importante, pois sinalizou uma revolução científica que se aproximava. Em sua época, a transmissão da erudição islâmica ao mundo cristão se encontrava em seus primórdios, e seu trabalho no astrolábio foi altamente incomum. Contudo, dentro de algumas gerações, trabalhos como os dele estariam na moda. Impulsionada por novas redes de compartilhamento de informações, a erudição cristã na Europa estava à beira de uma transformação radical.

Quase exatamente cem anos depois de Hermano, o Manco, mexer com astrolábios em Reichenau, outro talentoso estudioso partiu para o coração intelectual do mundo de língua árabe. Seu nome era Gerardo de Cremona, nascido, criado e educado no Norte da Itália. Assim como Hermano, Gerardo era fascinado pelos movimentos dos corpos celestes, e dedicou boa parte da vida ao estudo da astronomia. Mas, ao contrário de Hermano, cuja condição física o obrigava a ficar confinado ao mosteiro, Gerardo acreditava que, se desejasse se desenvolver como erudito, era preciso atravessar fronteiras. Ele ansiava por uma maneira de ler o grande cientista clássico Claudius Ptolomeu. Ptolomeu foi um súdito ou cidadão do Império Romano que viveu na Alexandria do século II d.C. e escreveu em grego. Seu trabalho fundamental em astronomia era conhecido como *Almagest*, que traçou um modelo matematicamente detalhado do sistema solar em que a Terra ficava no centro dos planetas, da Lua e do Sol em rotação. Claro que hoje sabemos que estava errado, mas esse sistema dominou o pensamento científico por mais de mil anos, até o final da Idade Média. Portanto, para Gerardo não havia maior autoridade disponível.

Por volta de 1100, quando Gerardo começou a se interessar por astronomia, o *Almagest* só era conhecido em segunda mão no Ocidente, e não existia em tradução latina. Mas existia em árabe. E, por sorte, um novo vasto corpo de literatura árabe acabara de cair nas mãos de um governante ocidental. Em 1085, o rei da Reconquista de Castela e Leão, Afonso VI, tomou a cidade de Toledo dos governantes muçulmanos. Outrora uma das melhores cidades da Andaluzia omíada, era repleta de bibliotecas, com edições no idioma árabe de textos clássicos inexistentes em qualquer outro lugar da Europa. Assim, nos anos 1140, Gerardo de Cremona mudou-se da Itália para Castela e rumou para Toledo. Quando chegou, logo pôs mãos à obra: aprendeu árabe e se juntou a uma comunidade acadêmica para traduzir os tesouros das bibliotecas da cidade para idiomas que poderiam ser lidos em todo o Ocidente.

Durante seu tempo em Toledo, traduziu quase cem estudos científicos importantes do árabe. Trabalhou muito e por muito tempo para produzir uma edição oficial do *Almagest*, que se tornaria a tradução-padrão em circulação pelo restante da Idade Média. Dedicou-se a tratados matemáticos de gigantes gregos como Arquimedes e Euclides, e a obras islâmicas originais de astrônomos como o matemático e engenheiro civil do século IX Al-Farghani e o filósofo e escritor jurídico do século X Al-Farabi. Traduziu o estimado médico Al-Razi e o físico e conhecido como o "pai da óptica" Ibn al-Haytham. E continuou em Toledo até morrer, em 1187, época em que seu trabalho havia contribuído enormemente para o crescimento da reputação da cidade. Segundo o filósofo inglês Daniel de Morley, que conheceu Gerardo em seu auge e conversou sobre astrologia com ele, Toledo no final do século XII era a sede "dos filósofos mais sábios de todo o mundo".[22]

Filósofos. O plural é importante. Pois Gerardo de Cremona nunca trabalhou sozinho. Fazia parte de uma efervescente comunidade acadêmica, em que todos traduziam avidamente para o latim e o catalão textos perdidos pelas mentes ocidentais por centenas de anos. Um inglês de nome Robert de Ketton foi a Castela para trabalhar com matemática e astronomia, mas acabou traduzindo textos religiosos islâmicos, inclusive o Corão e uma crônica dos feitos dos primeiros califas. Outro estudioso italiano, também chamado Gerardo, traduziu as obras de Avicena — inclusive sua monumental enciclopédia médica, o *Cânone da medicina*. Um escocês conhecido simplesmente como Michael Scot traduziu obras de escritores que iam de Aristóteles a Averroes; ele depois recebeu um grande patrocínio e um cargo na corte de Frederico II Hohenstaufen, o insaciavelmente curioso imperador do Sacro Império Romano, que sempre foi apaixonado por ciência, matemática e filosofia.* Entrementes, Toledo foi também um lugar fecundo para estudiosos judeus, especialmente durante o reinado esclarecido de Afonso X, o Sábio de Castela (1252-1284), que patrocinou os tradutores de Toledo, inclusive um grande número de judeus, encorajando-os a traduzir o máximo de material possível para o vernáculo castelhano em vez do latim. Com essa diretiva, ele — e os tradutores — ajudou a lançar as bases para a língua espanhola, falada hoje por cerca de meio bilhão de pessoas em todo o mundo. Com seu trabalho, os tradutores de Toledo estavam produzindo o núcleo textual de uma nova era do pensamento ocidental, que ganhou vida na Alta Idade Média.

Esse processo de traduções foi um evento fundamental, pois deu início a um período que os historiadores chamam de "renascença do século XII".[23] O retorno das obras clássicas à vertente ocidental — o que não teria sido possível sem pessoas como Gerardo de Cremona — abalou esferas inteiras de pensamento, transformando radicalmente disciplinas acadêmicas que incluíam filosofia, teologia e direito. Mas também teve efeitos concretos no mundo real, à medida que as tecnologias desenvolvidas com base nos novos conhecimentos e no espírito de uma nova era científica empolgante se inseriram na vida das pessoas comuns.

Nos centros de estudo tradicionais — mosteiros e escolas de catedrais —, houve uma explosão na produção de livros no século XII. Muitos deles eram cópias meticulosas de textos latinos antigos — a Bíblia, é claro, obras de padres da Igreja, missais para uso na igreja e as obras dos gênios da Idade Média como Boécio, Isidoro de Sevilha e o monge-historiador do Norte da Inglaterra, o Venerável Beda, que no início do século VIII escreveu o

---

* O interesse de Frederico por questões acadêmicas era lendário. Trocava problemas de matemática com o sultão Al-Kamil do Egito, escreveu seus próprios trabalhos sobre ciências naturais e, segundo o cronista italiano Salimbene di Adam, também realizava experiências empíricas bizarras e às vezes muito cruéis na corte. Em uma delas, teria feito um homem morrer de fome em um barril numa tentativa de conseguir detectar o momento em que a alma deixa o corpo; em outra, dois homens foram alimentados com refeições idênticas e despachados para cumprir atividades diferentes antes de serem mortos e o conteúdo dos estômagos de ambos fosse examinado; em uma terceira, ordenou que dois bebês gêmeos fossem criados sem que ninguém falasse ou se preocupasse com eles, para ver se falariam a linguagem primitiva do Éden. Os gêmeos morreram por falta de cuidados.

volumoso *História eclesiástica do povo inglês*. Mas, ao lado dessas, surgiam também obras de Aristóteles e Euclides, de Galeno e Proclus. Poetas romanos como Virgílio, Ovídio, Lucano e Terêncio, e retóricos como Cícero, Catão e Sêneca não precisaram de tradução, é claro — mas o interesse por eles foi revivido e suas obras copiadas e estudadas por gramáticos medievais, que se dedicaram a analisar o latim clássico e criar manuais linguísticos técnicos com base em suas descobertas.[24]

À medida que as obras antigas inundavam as bibliotecas ocidentais, as tendências da erudição e da escrita criativa também se transformavam. Na teologia e na filosofia, a influência de Aristóteles foi profundamente sentida com o surgimento da escolástica: uma abordagem do estudo bíblico que enfatizava a dedução lógica, estimulando leitores a questionar mais os textos e a reconciliar paradoxos e contradições usando o raciocínio e argumentos estruturados. No espírito de compilação de conhecimento e questionamento, um estudioso residente em Paris chamado Pedro Lombardo (morto em 1160) escreveu seu *Sentenças*, uma enorme coletânea de passagens bíblicas e material de apoio de outras autoridades da Igreja, organizada segundo temas cristãos fundamentais, desde a Criação até o mistério da Trindade. Desde sua conclusão, por volta de 1150, *Sentenças* se tornou o livro-texto fundamental para todos os estudantes de teologia até o fim da Idade Média. Futuras gerações de grandes eruditos medievais, inclusive Tomás de Aquino (ver abaixo), Duns Scotus e William de Ockham, começariam suas carreiras acadêmicas escrevendo comentários sobre *Sentenças*, e nenhum teólogo poderia se considerar um mestre até ter se engalfinhado com essa obra.

Mas não só o discurso acadêmico erudito mudou no século XII. Também foi uma época de escritos vigorosos em campos menos abstratos — principalmente narrativas romanescas e história. Como visto no capítulo 7, o século XII teve uma onda de romances de cavalaria e histórias épicas — e não por acaso muitos dos relatos criados e popularizados na alta Idade Média remontam aos tempos clássicos por causa de seus temas ou tramas. Atenas e Roma, cujas grandes figuras foram resgatadas da obscuridade pelos tradutores, passaram a inspirar histórias para serem contadas ao redor de fogueiras e nos salões da aristocracia, bem como as canções compostas por menestréis enquanto vagavam pela paisagem.

Ao mesmo tempo, houve uma nova voga de escrita de longas crônicas de acontecimentos políticos antigos e modernos. Hermano, o Manco, nosso pioneiro no interesse pelo astrolábio no século XI, escreveu uma história épica que narrava os mil anos que se passaram entre o nascimento de Cristo e sua própria época, com os últimos capítulos focados em questões da Alemanha e nas disputas entre imperadores e papas; a crônica foi continuada após sua morte por seu amigo Berthold de Reichenau. Muitos outros seguiriam seu exemplo. Os séculos XII e XIII viram a tradição historiográfica florescer, com gêneros que incluíam biografias, livros de viagens e tratados sobre um bom governo.

Na Bretanha, o acadêmico e cortesão Gerald de Wales escreveu muitos relatos eruditos, e às vezes hilários, sobre suas viagens pelo País de Gales e pela Irlanda e suas experiências na corte inglesa. *Grandes Chroniques de France*, de vários autores e compiladas a partir do século XIII na abadia francesa de St.-Denis, foi uma obra singular, traduzindo fontes medievais originais do latim para o francês e contando a história épica da França e dos reis franceses desde a (suposta) migração dos troianos para o Ocidente até os tempos de Luís IX, que encomendou o projeto. Nesse período, talvez o maior cronista tenha sido Matthieu Paris, um monge do século XIII do mosteiro inglês notavelmente erudito de St. Albans, cujas obras sobre a história da Inglaterra começavam com a Criação e iam até as agruras do rei Henrique III. Eram iluminadas com ilustrações e mapas belíssimos feitos à mão pelo próprio Paris.

Também houve avanços além dos domínios da ciência e da literatura. Não foi só o astrolábio que chegou ao Ocidente no decorrer do século XII. A partir dos anos 1180, começaram a aparecer na paisagem europeia os moinhos de vento — dispositivos que aproveitavam o que hoje chamamos de "energia renovável" para transformar o milho em farinha —, que dependiam de um impressionante grau de engenharia matemática para serem construídos.[25] Novos relógios foram inventados: dispositivos sofisticados movidos a água ou a pesos, que marcavam as horas sem alongá-las ou encurtá-las de acordo com a quantidade de luz do dia. A partir do século XIII, estudiosos como o inglês Roger Bacon começaram a registrar receitas para a pólvora — uma invenção cuja chegada ao Ocidente viria a ser associada simbolicamente ao fim da Idade Média. Todas essas invenções e muitas outras surgiram no revigorado século XII. Na base de todas elas estavam a educação, a erudição e o estudo — ainda em grande parte reservados aos clérigos, porém mais conectados que nunca ao mundo secular fora do claustro.

Ascensão das universidades

O acadêmico típico do início do século XII tendia a ser um indivíduo brilhante, geralmente trabalhando numa escola de mosteiro ou de catedral, itinerante e em contato com outros pensadores e escritores, mas ligado a uma instituição cujo único propósito era algo diferente da pura busca do conhecimento. Incluíam pessoas como a abadessa Hildegard de Bingen, uma genial freira alemã dada a magníficas visões sagradas e prolífica compositora de música litúrgica, peças de moralidade e tratados sobre medicina, ciências naturais, saúde, herbologia e teologia; Adelardo de Bath, que viajou em busca de conhecimento de sua cidade natal no Sudoeste da Inglaterra para a França, Sicília, Antioquia e Ásia Menor; e Leonardo "Fibonacci", filho de um mercador de Pisa do século XII, que dominou o sistema numérico hindu-arábico* quando o viu em uso em suas viagens comerciais pelo Mediterrâneo.

Todos esses merecem ser definidos como grandes pensadores. Mas, com o caminhar da Idade Média, outro tipo de erudito ganhou destaque: não o monge ou freira autônomos ou o comerciante errante, mas o mestre — que fazia parte de uma comunidade dedicada especificamente ao estudo, ao debate e à pesquisa, e ensinando em uma das grandes universidades fundadas por todo o Ocidente entre os séculos XI e XIV.

Segundo a tradição, a primeira universidade do Ocidente foi a de Bolonha, no Norte da Itália. No final do século XI, Bolonha estava espremida entre duas grandes esferas de influência: ao norte ficavam os Alpes e os territórios governados por imperadores germânicos; ao sul, os Estados papais. Como foram poucas as ocasiões no final da Idade Média em que papas e imperadores não brigaram, a partir do século X, Bolonha começou a atrair comunidades de advogados — especialistas em direito canônico ou civil — que encontraram na cidade uma base conveniente para atrair negócios.

Considera-se que a data oficial da fundação da Universidade de Bolonha é 1088, e embora isso se deva tanto à tradição quanto a um puro fato institucional, certamente é verdade que a partir de então os estudantes

---

* Isto é, usando os números de 1 a 9 e o 0 como marcadores, em vez de calcular com os desajeitados numerais romanos.

de direito tiveram muito sobre o que se debruçar por lá. Além do negócio prático de mediar e litigar os embates entre imperadores e papas, o grande Digesto do imperador bizantino Justiniano foi redescoberto nos anos 1070, para grande entusiasmo acadêmico entre os juristas do Norte da Itália. Como visto no capítulo 3, o Digesto foi uma proeza jurídica imponente quando foi compilado, e, juntamente com o Codex e as Institutas, forneceu um guia oficial para todo o corpo do direito romano, como entendido no século VI d.C. Agora, no final do século XI, esse vasto acervo de textos jurídicos oferecia uma nova e tentadora base para se pensar a justiça e a governança. Contudo, torná-los aplicáveis e úteis no contexto de um mundo que tinha mudado radicalmente em 550 anos exigia muita análise, comentários e interpretações. Portanto, havia muito com que os estudantes trabalharem, e não faltaram voluntários para isso.

Nos anos 1080, um jurista de Bolonha de nome Irnerius começou a "glosar" o direito romano — literalmente copiando-o e acrescentando seus comentários nas entrelinhas ou nas margens — e lecionando sobre seus muitos e diversos aspectos. Em 1084, Irnerius fundou uma escola de jurisprudência, que começou a atrair estudantes de toda a Europa. Em apenas uma geração, Bolonha seria conhecida como o melhor lugar do Ocidente para se formar como advogado, e Irnerius estava aplicando seu conhecimento no mundo político, a serviço do imperador germânico Henrique V. Quando o papa Pascoal II morreu, em 1118, Henrique quis impor seu próprio candidato como sucessor, apesar da forte oposição do colégio de cardeais. Durante a disputa política que se seguiu, Henrique contratou Irnerius para preparar argumentos legais em defesa de seus direitos como imperador e a legitimidade do seu candidato, o antipapa Gregório X. Ainda que Henrique tenha perdido a luta — Gregório foi excomungado pelo papa rival, Calisto II, depois capturado e aprisionado em um mosteiro até a sua morte —, o mero fato de Irnerius ter sido contratado foi um sinal da estima de que gozavam os juristas de Bolonha. Essa reputação, mais o simples fato de tantos advogados estarem reunidos em um só lugar, foi a base do que se tornou a universidade.

O mecanismo pelo qual Bolonha se tornou universidade foi essencialmente um processo de sindicalização. Como muitos — talvez a maioria — dos juristas de Bolonha a partir do século XI eram não cidadãos, não gozavam dos plenos direitos da cidadania e estavam sujeitos às severas leis impostas aos estrangeiros. Todos os imigrantes de outros países que moravam em Bolonha eram considerados uma entidade coletiva e punidos em massa se um deles infringisse as leis da cidade ou não pagassem suas dívidas: um conceito legal conhecido como direito de represália. Para reagir a isso, estudantes de Bolonha do século XI começaram a se organizar em sociedades de auxílio mútuo, conhecidas em latim como *universitas academicium*, que por sua vez poderiam atuar coletivamente como o *Studium*. Assim reunidos, conseguiram negociar seus direitos e liberdades coletivos com as autoridades da cidade — com a ameaça implícita de todos saírem da cidade e serem privados de suas vantagens econômicas se não conseguissem o que queriam. Os estudantes também acharam conveniente negociar em bloco com os professores, decidindo o que lhes seria ensinado e quanto os professores mereciam receber em pagamento, e advertindo ou demitindo professores que os ofendessem com um ensino abaixo dos padrões ou com opiniões pejorativas. Levou algum tempo para esse sistema informal de associação estudantil ser reconhecido como uma instituição legítima — só em 1158 Frederico Barbarossa, imperador do Sacro Império Romano, decretou a lei conhecida como *Authentica Habita*, que conferia privilégios e direitos permanentes aos estudantes de direito em Bolonha e outros lugares.[26] Mas as características básicas da universidade medieval já estavam criadas havia muito tempo — e logo seriam copiadas por toda a Europa.

À medida que as torneiras da aprendizagem clássica eram abertas no século XII, mais cidades começaram a ver grupos de estudantes colaborando, organizando e reivindicando privilégios institucionais para si mesmos de maneira semelhante aos estudiosos de Bolonha. A partir de 1096, mestres começaram a receber alunos na pequena instituição inglesa de Oxford. Em Paris, por volta de 1150, um corpo de estudantes e professores se separou da escola da catedral de Notre-Dame e fundou o que cinquenta anos depois foi reconhecido como uma universidade. Os destinos dessas duas ilustres instituições (hoje a Universidade de Oxford e onze diferentes universidades parisienses coloquialmente chamadas de Sorbonne) estavam entrelaçados desde o início. Oxford se beneficiou enormemente das disputas políticas anglo-francesas durante os reinados de Henrique II dos Plantagenetas e do monarca Luís VII dos Capeto: durante um período particularmente azedo nas relações entre os dois, em 1167, Henrique ordenou que todos os estudiosos ingleses deixassem seus estudos em Paris, e muitos deles cruzaram o Canal da Mancha, migraram para o vale do Tâmisa e se estabeleceram em Oxford, alimentando o perfil acadêmico e o desenvolvimento do local.

Houve muito mais. Nos anos 1130 surgiu uma universidade em Salamanca, uma bela cidade às margens do rio Tormes, em Castela-Leão. No início do século XIII, alunos e professores insatisfeitos migraram de Bolonha para 120 quilômetros ao norte para fundar uma nova instituição em Pádua. Na mesma época, em 1209, tumultos em Oxford fizeram com que grupos de acadêmicos apreensivos fossem para o Leste da Inglaterra, a um local mais seguro à beira dos pântanos de East Anglia, onde se tornaram os primeiros acadêmicos da Universidade de Cambridge. Especialistas em anatomia e medicina do Sul da Itália se reuniram em Salerno, que se tornou a principal escola de medicina da Europa. Em 1290, o rei-poeta Dinis de Portugal deu sua aprovação a uma universidade em Coimbra. E muitas outras proliferaram na Itália, na península Ibérica, na França e na Inglaterra. No século XIV havia universidades muito distantes desses quatro domínios: estudantes irlandeses podiam ir para a Universidade de Dublin, os boêmios para Praga, os poloneses para Cracóvia, os húngaros para Pécs, os albaneses para Durrës e os alemães para Heidelberg ou Colônia. Normalmente, cada uma dessas instituições, distantes e diversas, era conhecida como *Studium Generale* e ensinava as artes liberais, além de teologia, direito e medicina. Desde o começo havia um etos internacional, e estudantes e mestres viajavam entre essas universidades, com um diploma ou qualificação para lecionar adquirido em uma delas e considerado válido em todas as outras. Grupos de acadêmicos usando trajes clericais diferentes, com seus próprios códigos de disciplina independentes das leis comuns, tornaram-se uma visão comum em dezenas de "cidades universitárias" do Ocidente. O momento do acadêmico havia chegado. E não há melhor maneira de entender as oportunidades que uma universidade poderia oferecer a um jovem inteligente do que examinar brevemente a carreira de um dos mais famosos de toda a Idade Média: Tomás de Aquino.

Quando Tomás de Aquino — com certeza o maior erudito cristão do século XIII e normalmente citado como um dos maiores que o Ocidente já produziu — estava com cinco anos, em 1231, seus pais o enviaram para estudar no mosteiro de Monte Cassino. A abadia outrora presidida por São Bento estava então sob a supervisão do tio do jovem Tomás, Sinibald, e talvez a família sonhasse com o jovem Tomás crescendo e assumindo seu lugar. Mas o coração de Tomás de Aquino estava voltado a coisas maiores. Durante cerca de dez anos, dedicou-se diligentemente aos estudos no ambiente monástico ultratradicional. Mas, aos quinze anos, à beira da idade adulta, mudou de rumo. Anunciou a seus colegas de Monte Cassino que estava deixando a abadia para se juntar à nova ordem dos frades dominicanos, fundada pelo padre castelhano Domingos de Gusmão em 1216.[*]

Tornar-se dominicano implicava se dedicar a uma vida de pregação e ensino numa comunidade mais ampla, apoiada por intensos estudos e muita oração. Para se desenvolver como dominicano, um homem precisava de uma educação superior de ponta. Por isso, Tomás também disse que se mudaria para a nova universidade de Nápoles, recém-criada por Frederico como rival de Bolonha, que o imperador considerava irremediavelmente anti-imperial. A família de Tomás de Aquino não gostou, pois considerava a vida de estudante sinônimo de introspecção livresca, e a vida de um frade mais ainda: uma vida fundada nos dois grandes prazeres estudantis, o de vagabundear e dar opiniões sem ser consultado. Então, apesar de terem permitido, tentaram de tudo para dissuadi-lo — chegando a sequestrá-lo em Nápoles e prendê-lo por um ano no castelo da família em Roccasecca, onde os irmãos de Aquino quiseram pôr à prova suas credenciais dominicanas contratando prostitutas para seduzi-lo ao pecado.[27] Mas para Tomás de Aquino o cheiro dos livros era infinitamente mais atraente que o perfume das prostitutas. Manteve-se teimosamente em sua decisão, e depois de algum tempo sua família cedeu e deixou que voltasse aos dominicanos e a seus estudos. Em 1245, seus confrades pediram que ele saísse da Itália e fosse para o norte, para a Universidade de Paris, onde deveria dar glória a Deus iniciando uma carreira acadêmica.[28]

Não começou muito bem. Os primeiros colegas de Tomás de Aquino o apelidaram de "boi mudo", por causa de seu temperamento reservado. Mas, apesar da aparência tímida, Tomás era brilhante, e ganhou a confiança do principal luminar da faculdade, o professor de teologia bávaro e dominicano Albertus Magnus. Depois de um breve período

---

[*] Os dominicanos eram conhecidos como "frades negros", em referência às suas vestes escuras, que os distinguiam dos "frades cinzentos" franciscanos e dos "frades brancos" carmelitas.

em Paris, Albertus levou Tomás de Aquino para a universidade de sua cidade natal, Colônia, onde Tomás de Aquino trabalhou quatro anos como professor assistente, ensinando a Bíblia enquanto continuava seus próprios estudos. Em 1252, voltou a Paris para obter o grau de mestre em teologia, e quando concluiu o curso, em 1256, foi reconhecido como mestre regente, com responsabilidades em relação ao ensino. Já era então uma figura conhecida, tanto na faculdade de teologia de Paris quanto no sistema universitário ocidental em geral. Sua carreira madura estendia-se à sua frente.

O período de Tomás de Aquino como acadêmico sênior foi na verdade relativamente curto — menos de vinte anos —, mas foi o suficiente para produzir um corpo de textos formidável. Sua obra culminante foi a monumental *Summa Theologiae* — concebida como uma introdução e uma defesa de toda a fé cristã, escrita para o que hoje chamaríamos de estudantes de graduação, mas também acessível a leitores leigos.[29] A *Summa* tratava de tudo, desde a natureza do mundo à moral, à virtude, ao pecado e aos mistérios dos sacramentos; é ainda um texto essencial para estudantes de teologia e candidatos ao sacerdócio. Tomás de Aquino também escreveu folhetos longos e curtos sobre toda a panóplia de questões associadas à teologia da Baixa Idade Média: ciência natural, filosofia, economia, ética e magia. Foi autor de comentários bíblicos e notas sobre as obras de outros teólogos e filósofos, de Boécio às *Sentenças* de Pedro Lombardo — o primeiro livro da lista de leitura de qualquer estudante universitário. Viajou muito enquanto trabalhava — passou anos longe de Paris, em Nápoles, Orvieto e em Roma. Nunca negligenciou seus deveres como dominicano, pregando e proferindo sermões para transmitir aspectos de seu aprendizado a um público mais geral.

Tomás de Aquino foi um acadêmico dedicado ao que se conhece como método "escolástico" — a resolução de problemas intelectuais por meio de debates altamente estruturados, ou "raciocínio dialético". Porém, mais importante, foi o maior estudioso desde Isidoro de Sevilha a entender como a sabedoria dos antigos pagãos podia complementar a teologia cristã. Tomás de Aquino leu e absorveu Aristóteles (escreveu um comentário sobre a *Metafísica* e outras obras aristotélicas), e sua compreensão da filosofia aristotélica influenciou sua análise e exposição das Escrituras. Nem sempre foi fácil: em 1210, a Universidade de Paris tentou proibir o uso das obras de Aristóteles em sua faculdade de teologia, e diversos escritores pagãos foram proscritos nos anos subsequentes. Tomás de Aquino lidou habilmente com as proibições. Também reconheceu o trabalho de acadêmicos não cristãos posteriores, como o polímata muçulmano Averroes e o filósofo judeu Maimônides, nascido em Córdoba no século XII. Para complementar, em seus últimos anos de vida, Tomás de Aquino teve visões sagradas. Isso o convenceu a desistir de seu trabalho na *Summa Theologiae*, razão pela qual essa obra-prima ficou incompleta quando ele morreu em 1274, com apenas 44 anos. Mas, como intelectual cristão medieval, eles o transformaram num pacote mais ou menos perfeito. Tinha uma compreensão profunda das Escrituras e dos comentários cristãos, uma abrangência de conhecimentos capaz de triangular entre as obras de pagãos e religiosos e uma relação pessoal com o divino. Não à toa foi reconhecido no século XVI como um Doutor da Igreja — o primeiro a ser homenageado com esse título desde o santo papa Gregório I, o Grande.*

Além de Tomás de Aquino ter produzido obras teológicas seminais e atemporais, sua carreira foi importante por sintetizar o vigor intelectual vigente nas universidades da Europa no século XIII. Colheu os frutos do grande renascimento do aprendizado que caracterizou a Alta Idade Média. Aquino foi também o que poderíamos chamar de um acadêmico "puro". Passou a vida lendo, escrevendo, ensinando e pregando, principalmente em universidades. Como dominicano, não foi exatamente um homem numa torre de marfim. Mas também não sujou as mãos com a política. Coube a outros de seu tempo conectar o mundo intelectual ao político e mostrar como o poder desenvolvido ou exercido dentro da academia poderia moldar o mundo exterior.

***

Como as universidades tendiam a se desenvolver em cidades próximas às capitais políticas, não surpreende que tenham se tornado pontos de

---

* Os quatro Doutores da Igreja originais foram Gregório, Santo Ambrósio, Santo Agostinho e São Jerônimo. Tomás de Aquino foi reconhecido como Doutor em 1567. No momento em que escrevo, existem 36 Doutores, que incluem Isidoro de Sevilha, o Venerável Beda, Hildebrando de Bingen e o mentor de Tomás de Aquino, Albertus Magnus. O mais recente Doutor a ser reconhecido foi São Gregório de Narek, um poeta e monge místico armênio do século X a quem o status foi concedido pelo papa Francisco I em 2015.

recrutamento de servidores públicos e ministros. Na verdade, teria sido estranho se isso não ocorresse, pois na virada do século XIV, uma universidade como Oxford tinha cerca de 1.600 membros a qualquer momento — Cambridge contava com aproximadamente a metade, e Paris com muito mais.[30] Entre tantas pessoas inteligentes, era natural que alguns fossem pragmáticos e mundanos, aptos a se envolver nas manobras furtivas da sociedade secular.

No início deste capítulo, conhecemos o diabólico Guilherme de Nogaret, o jurista francês que se tornou um assassino de aluguel de Filipe IV e arquiteto dos julgamentos dos templários de 1307-1312. Nogaret não foi exceção. Alguns anos depois de sua morte, em 1313, o médico italiano Marsilius de Pádua, formado pela universidade de sua cidade natal e reitor da Universidade de Paris, também se envolveu numa disputa entre um governante secular e o papado quando foi recrutado para se tornar um intelectual e advogado na corte de Luís da Baviera, o imperador eleito do Sacro Império Romano, que estava em desacordo com o papa João XXII. Marsílio foi acompanhado na corte de Luís pelo notável estudioso e filósofo de Oxford William de Ockham (hoje mais conhecido pelo princípio filosófico da Navalha de Ockham); esses dois acadêmicos respeitados foram armas tão importantes quanto as utilizadas pelos exércitos quando imperadores e papas continuavam seus intermináveis conflitos.

No século XII, Pierre de Blois, um bretão que estudou direito em Bolonha e teologia em Paris, teve uma carreira política muito agitada: nomeado tutor-guardião do menino-rei Guilherme II da Sicília, foi expulso da ilha durante uma revolta populista; Pierre foi para a Inglaterra e serviu como diplomata do rei Plantageneta Henrique II da Inglaterra, transitando entre as cortes inglesa, francesa e papal em um momento particularmente febril nas relações entre as três. A certa altura, chegou a assumir a delicada tarefa de escrever uma carta advertindo a rainha da Inglaterra, Eleanor da Aquitânia, que liderava uma rebelião contra Henrique, dizendo que, "se não voltar ao seu marido, a senhora será a causa de um desastre generalizado. Embora a senhora seja agora a única delinquente, suas ações resultarão em ruína para todos no reino".[31]

E Pierre de Blois não foi absolutamente o único acadêmico a se envolver no mundo caótico da política Plantageneta. Thomas Becket, que foi ministro-chefe de Henrique II nos anos 1160, estudou o *trivium* e o *quadrivium* no priorado de Merton, em Surrey, e provavelmente na escola secundária anexa à catedral de St. Paul, em Londres. Contudo, graças à falência do pai no final dos anos 1130, não pôde estudar na Universidade de Paris para obter seu diploma em teologia e foi forçado a aceitar um emprego como balconista. Isso deixou Becket com uma ferida intelectual supurada e um grande senso de injustiça, o que teve consequências trágicas quando, nos anos 1160, Henrique II o promoveu — numa atitude muito controversa — a arcebispo da Cantuária. Numa tentativa de compensar sua inferioridade intelectual descumprindo seus deveres para com o rei, Becket tornou-se uma figura indesejável que bloqueava quaisquer tentativas de Henrique de controlar a Igreja inglesa. O resultado foi o seu assassinato por ordens indiretas de Henrique, no chão da catedral da Cantuária no Natal de 1170. Se tivesse continuado seus estudos e curado sua ferida intelectual, talvez isso nunca tivesse acontecido. Ou talvez sim, como mostrou a experiência de outro arcebispo Plantageneta. Stephen Langton, cardeal e acadêmico nascido na Inglaterra, foi uma das estrelas do departamento de teologia da Universidade de Paris, onde organizou a Bíblia nos capítulos que ainda hoje usamos para consulta. Mas quando foi nomeado arcebispo da Cantuária pelo papa Inocêncio III, durante o reinado do filho de Henrique II, o rei João, Langton também causou enormes problemas políticos: João se opôs veementemente à sua candidatura e foi forçado a uma espetacular queda de braço com Roma, durante a qual a Inglaterra ficou seis anos sob interdito papal e o rei foi pessoalmente excomungado.

Claro que nem todos os acadêmicos medievais saíam da universidade para entrar na arena como cães de briga. O grande cronista das cruzadas William, arcebispo de Tiro, estudou em Paris e em Bolonha no século XII, antes de voltar a sua cidade natal na Terra Santa, onde seus deveres seculares incluíam servir como tutor e mais tarde como chanceler do infeliz rei leproso Balduíno IV. O médico italiano Lanfranc de Milão, do século XIII, precisou abandonar seus estudos na Itália durante a turbulência política nos anos 1290 e refugiou-se na Universidade de Paris, onde escreveu sua *Chirurgia Magna*, destinada a se tornar um dos livros de medicina mais importantes do mundo.[*] No entanto, uma das consequências mais signifi-

---

[*] Outro grande escritor médico da época foi Trota de Salerno, um especialista em cirurgia do Sul da Itália, cujos textos sobre medicina da mulher, reunidos em um volume de vários autores conhecido como *Trotula*, circularam por toda a Europa no final da Idade Média.

cativas — embora não intencionais — da ascensão das universidades foi a transformação de instituições criadas para facilitar o estudo sério em escolas de aperfeiçoamento para políticos. No alvorecer do século XVI, uma carreira universitária começou a se tornar uma qualificação quase tão essencial para um cargo público quanto é hoje.

Ao mesmo tempo, as universidades tornaram-se foco de outro fenômeno que surpreendentemente continua entre nós até hoje, pois elas se tornaram um fórum para definir e identificar heresias: formas de pensar que não só eram erradas como também ilegais, puníveis com humilhação, ostracismo e até a morte.

O "politicamente correto" medieval

Assim como suas sucessoras modernas, as universidades medievais podiam às vezes ser ao mesmo tempo progressistas e terrivelmente conservadoras. A Universidade de Bolonha, por exemplo, foi a primeira a admitir uma mulher como professora: Bettisia Gozzadini lecionou direito lá a partir do final dos anos 1230, mas sempre com o rosto escondido por um véu, e abriu caminho para outras mulheres — como as irmãs Novella e Bettina d'Andrea, que no século XIV lecionaram também direito em Bolonha e em Pádua, respectivamente. Na Universidade de Paris, em 1229, os estudantes entraram em greve pelo direito de não serem fiscalizados pelas autoridades da cidade.* E como veremos no capítulo 16, foi na Universidade de Erfurt, no século XV, que o estudante Martinho Lutero começou a fazer perguntas sobre a ordem estabelecida desencadeando as monumentais convulsões religiosas e culturais da Reforma. Todos eles, de diferentes maneiras, falavam de um espírito de independência intelectual que até hoje continua um ideal supremo no ensino superior ocidental. No entanto, se por um lado as universidades medievais serviram como agrupamentos para o pensamento

---

* Não chegou a ser um episódio particularmente edificante para qualquer um dos envolvidos: uma briga de bêbados entre estudantes e cidadãos parisienses no início da Quaresma de 1229 levou a exigências de que os estudantes fossem punidos pelos tribunais seculares e não pelos tribunais da Igreja; vários estudantes foram mortos por guardas da cidade em retaliação, e todo o corpo discente abandonou as aulas por dois anos, até seus direitos serem garantidos por uma bula papal.

radical e o reexame de ortodoxias de longa data, por outro, podiam ser lugares onde o debate era sufocado e encerrado à força na tentativa de preservar as doutrinas predominantes.

Desde o início da renascença do século XII havia figuras poderosas dentro e fora das universidades que consideravam o novo espírito de investigação intelectual tanto uma ameaça quanto uma força para o bem. Entre elas, uma das mais importantes era Bernardo de Claraval. Sua ordem monástica, os cistercienses, era quase por definição hostil ao aprendizado de livros. E Bernardo em particular — um místico, não um erudito — era mais ou menos alérgico a qualquer sistema de estudo que se desviasse da adoração inquestionável das Escrituras. Seu desprezo pelo aprendizado inovador nunca foi mais evidente do que no final dos anos 1130, quando liderou o processo de acusação do teólogo bretão Pedro Abelardo por heresia.

Abelardo foi o maior acadêmico de sua época. Em filosofia, aplicou-se ao incômodo problema dos universais, que era a questão vigorosamente discutida sobre a relação entre linguagem e objetos. Como teólogo, combinou de forma brilhante o raciocínio lógico aristotélico com o estudo das Escrituras. Ajudou a desenvolver a doutrina católica do limbo como um reino da vida pós-morte onde se encontrariam as almas infelizes e também a dos bebês não batizados. Era um músico e poeta talentoso. Mas também um personagem controverso, e no final de sua vida, uma figura notória. Abelardo caiu em desgraça ainda jovem, quando era mestre da escola da catedral de Notre-Dame em Paris. Em 1115, conseguiu um emprego de meio período como tutor de uma menina chamada Heloísa, sobrinha de um dos cânones da catedral. Infelizmente, enquanto ensinava Heloísa, Abelardo a seduziu, a engravidou (de um filho que ela chamaria de "Astrolábio"*), casou-se com ela e depois a mandou para um convento. Enfurecido, o tio de Heloísa interpelou Abelardo e o castrou brutalmente. Afortunado por sobreviver à provação, Abelardo se aposentou para viver como monge na abadia de St.-Denis, de onde mais tarde foi obrigado a sair, por ter magoado repetidamente seus companheiros monges com seu comportamento e opiniões

---

* A tradição de gênios criativos darem nomes científicos estranhos aos filhos não é exclusiva da Idade Média. Considere Moon Unit Zappa [Unidade Lunar Zappa, filha do músico Frank Zappa], ou o nome do filho de Elon Musk com Grimes nascido enquanto este livro era escrito: X Æ A-12 Musk.

intencionalmente provocativos. Viveu por algum tempo como um eremita errante e fez palestras públicas sobre teologia nas ruas de Paris. Durante todo esse tempo, Abelardo continuou a escrever livros e tratados brilhantes, porém desafiadores, baseados em métodos aristotélicos de raciocínio que muitas vezes chegavam a conclusões que podiam ser classificadas como heréticas. No final dos anos 1130, já havia sido condenado publicamente por heresia uma vez (em 1121), ocasião em que foi obrigado a queimar uma coletânea de suas palestras, conhecida hoje como *Theologia "Summi Boni"*.

Bernardo considerou os métodos e conclusões teológicas de Abelardo totalmente inaceitáveis, e em 1140 fez pressão para que ele fosse processado mais uma vez. Expulsou Abelardo de Paris, fez que suas opiniões fossem condenadas por um concílio eclesiástico e pediu ao papa que acrescentasse a censura de Roma aos veredictos. É difícil saber até onde Bernardo teria ido se Abelardo não tivesse recebido guarida de Pierre, o Venerável, abade de Cluny (ver capítulo 6); mesmo assim, conseguiu alquebrar o espírito de Abelardo e causar o que provavelmente foi uma morte precoce em 1142. Assim, um dos pensadores mais originais e professores mais carismáticos de sua época foi "cancelado": sua reputação foi destruída não só em seu tempo de vida como também para gerações posteriores. E foi assim também que foi escrito um manual a ser seguido por futuros caçadores de hereges. E haveria um bocado deles no mundo intelectual do fim da era medieval.

***

Em 1277, Etienne Tempier, bispo de Paris, baixou um decreto oficial ameaçando excomungar qualquer um na universidade da cidade que afirmasse ou ensinasse um entre 219 pontos de vista errôneos. Não se sabe mais ao certo o motivo pelo qual escolheu esse momento específico para emitir sua condenação, e quais acadêmicos da universidade ele considerava especificamente culpados de corromper as próprias mentes e as dos alunos e mestres ao redor.[32] Mas seguia uma tradição de censura acadêmica que remontava a mais de meio século. Já em 1210, um grupo de acadêmicos da faculdade de artes da universidade havia sido oficialmente condenado por ler muito Aristóteles. Várias obras desse grande filósofo grego foram oficialmente proibidas, além de trabalhos de outros estudiosos, tanto antigos como modernos, que apresentavam comentários secundários sobre Aristóteles.

Em 1270, Tempier repetiu essa proscrição e especificou uma série de posições aristotélicas que passaram a ser consideradas inexprimíveis. Assim, em 1277, o bispo repetia o que era um policiamento de pensamento bem estabelecido e uma censura evidentemente malsucedida; se os eruditos de Paris tivessem obedientemente ignorado Aristóteles conforme solicitado, ele não precisaria emitir sua ordem. As condenações de 1277 em Paris não chegaram a reprimir de fato o estudo de Aristóteles; na verdade, tem sido argumentado que levaram os estudiosos ocidentais a pensar ainda mais sobre a base do conhecimento e da fé. Não houve incêndios nas ruas, nem livros ou acadêmicos foram queimados. Mas as condenações demonstraram que o que se dizia e se pensava nas universidades era visto como algo capaz de perturbar a ordem moral da sociedade. A partir desse momento, tanto em Paris quanto no mundo em geral, seria comum os acadêmicos se verem enredados na política da crença correta — ou incorreta.

Como visto, apenas trinta anos depois das condenações de 1277 os mestres da Universidade de Paris foram arrastados para um escândalo muito menos abstrato, quando a Coroa francesa exigiu que julgassem a questão dos cavaleiros templários. Durante o Grande Cisma do final do século XIV, quando houve papas em Roma e em Avignon, universidades de toda a Europa sofreram constantes pressões políticas para se posicionarem a favor de um lado ou de outro, assim como na Guerra dos Cem Anos, entre a Inglaterra e a França, as academias francesas se envolveram em incessantes discussões sobre realeza legítima, que alimentaram o interminável conflito.[33] Mas em nenhum lugar o emaranhado da academia com o mundo secular foi mais dramático do que em Oxford, onde, no final do século XIV, surgiu um tipo muito diferente de heresia, que não só dividiu a universidade como também causou abalos em toda a sociedade política. A heresia era conhecida como lollardismo, e sua figura inspiradora foi o teólogo e filósofo John Wycliffe.

Nascido em Yorkshire, dono de uma língua afiada e de um humor mordaz e nenhum grande otimismo sobre a bondade inata da humanidade, Wycliffe começou a trabalhar nos anos 1340 na Universidade de Oxford, onde teve a sorte de sobreviver à Peste Negra. Construiu uma carreira acadêmica de sucesso e foi mestre no Balliol College; mas nos anos 1370 foi atraído pela política, atuando como enviado real a Bruges, na Holanda, antes de cair na órbita de John de Gaunt, uma figura dominante na política inglesa durante os últimos anos de Eduardo III e a minoridade de Ricardo II. Também começou a defender várias ideias e posições radicais, traduzindo grandes trechos da Bíblia pela primeira vez para o inglês.

Uma das inúmeras ideias controversas que Wycliffe vinha formulando durante sua carreira acadêmica era a noção de não haver base para o papado nas Escrituras, que a transubstanciação (ou seja, a transformação literal de pão no corpo de Cristo na Eucaristia) era um absurdo, e que os poderes seculares tinham o direito de exigir a devolução das terras concedidas à Igreja. Nenhuma dessas posições era incontroversa, mas a última apelou a Gaunt por motivos políticos, e dali por diante o duque promoveu e patrocinou Wycliffe por muitos anos, protegendo-o pessoalmente da censura pública do bispo de Londres em 1377.

No final dessa década, Wycliffe havia se tornado uma minicelebridade, cujos pontos de vista sobre assuntos que variavam de teologia e filosofia até a situação dos pobres e o estado das relações internacionais eram objeto de escrutínio tanto dentro quanto fora do mundo acadêmico. Quando Londres e outras cidades da Inglaterra explodiram em tumultos populistas durante a chamada Revolta Camponesa de 1381,[*] as ideias e a pregação de Wycliffe foram acusadas de ter incitado o problema. Como o arcebispo da Cantuária da época foi assassinado durante esses tumultos, talvez fosse inevitável que, menos de doze meses depois, um concílio oficial da Igreja fosse convocado em Blackfriars, onde uma lista das doutrinas heréticas atribuídas a Wycliffe foi condenada.

Este foi efetivamente o fim da carreira de Wycliffe: ele se viu forçado a se aposentar e morreu dois anos e meio depois, no último dia de 1384. Mas não foi esquecido, nem pelos inimigos e nem tampouco pelos amigos. No século XV, sua sepultura foi exumada e seus ossos queimados, e pela autoridade papal suas opiniões foram condenadas quase em sua totalidade. Mas era tarde demais. Os argumentos de Wycliffe já haviam viralizado. Na Inglaterra, serviram de base para um movimento radical de reforma clerical conhecido como lollardismo, que foi considerado não

---

* Ver capítulo 13.

apenas herético como ativamente sedicioso, quando vários de seus seguidores foram associados a um atentado contra a vida do rei Henrique V em 1414. Ao mesmo tempo, suas ideias inspiraram outros escritores e ativistas anticlericais por toda a Europa, entre eles o reformador boêmio Jan Hus, condenado e queimado na fogueira em 1415. Em seguida, uma série de cinco cruzadas foram organizadas contra seus seguidores, que foram perseguidos com requintes de crueldade em uma campanha que durou mais de vinte anos. Wycliffe, o teólogo, fez muito mais do que agitação dentro da academia: despertou o fervor revolucionário em toda a Europa, cujos efeitos iriam influenciar diretamente as reformas protestantes que marcaram o fim da Idade Média.

Mas a história de Wycliffe não para por aí. Pois além de lavrar sua marca no mundo em geral, Wycliffe também deixou um importante legado para a cultura acadêmica nas universidades da Inglaterra. Em 1409, numa resposta direta ao wyclifftismo e ao lollardismo, o arcebispo inglês da Cantuária (e ex-aluno de Oxford) Thomas Arundel emitiu uma série de treze "constituições": decisões clericais dirigidas especificamente à Universidade de Oxford, que limitavam estritamente a liberdade de expressão e pesquisa entre acadêmicos, proibiam a pregação não licenciada e a tradução das Escrituras para o inglês, exigiam inspeções mensais por altos funcionários da universidade para impedir que qualquer opinião desfavorável fosse expressa e proibiam os professores de dizer qualquer coisa a seus alunos que não fosse parte da doutrina aprovada pela Igreja. As penalidades por violar essas restrições onerosas ao livre pensamento incluíam a destituição do cargo, a prisão e o açoitamento público. As constituições tiveram a aprovação real, conferindo-lhes peso de lei, com um efeito duradouro e deletério na capacidade de Oxford de funcionar como uma importante universidade ocidental. No curto prazo, a Universidade de Cambridge, até então uma potência de segunda categoria na vida acadêmica inglesa, se beneficiaria muito das lutas de Oxford com a censura e a perseguição de hereges, pois atraiu pensadores que preferiam um ambiente menos repressivo.[34] No longo prazo, contudo, definiu-se um modelo para a vida intelectual nas universidades ocidentais, em que duas ambições conflitantes estavam em jogo. Por um lado, as universidades deveriam ser instituições onde as pessoas intelectualmente mais vigorosas e destemidas da sociedade pudessem aprender, investigar e contestar o mundo como o encontraram.

Por outro, estavam sob pressão interna e externa para servir como baluartes de doutrinas politicamente aceitáveis. É perfeitamente possível olhar para as universidades de todo o mundo ocidental de hoje e considerar que, de maneira geral, isso não mudou muito.

12

CONSTRUTORES

> *"Ali ele viu uma grande cidade,*
> *com uma grande fortaleza dentro, com*
> *muitas torres altas de diferentes cores."*
> Mabinogion

Dafydd ap Gruffudd, príncipe de Gales, foi condenado à morte por um parlamento inglês reunido na cidade fronteiriça anglo-galesa de Shrewsbury em setembro de 1283. Sua morte seria cruel e incomum. Dafydd se considerava um combatente da liberdade, que defendia os direitos dos galeses nativos de viver como quisessem, de acordo com suas próprias leis e costumes, e não sob o domínio dos odiados vizinhos do leste. Os ingleses viam as coisas de outra forma. Por muitos anos, os reis normandos e Plantagenetas investiram tempo, dinheiro e sangue na conquista do País de Gales, e a resistência ferrenha liderada por homens como Dafydd começou a esgotar sua paciência. Cartas convocando magnatas ingleses para comparecer ao Parlamento de Shrewsbury reclamavam que "a língua do homem dificilmente pode contar os atos malignos cometidos pelos galeses [...] até onde a memória alcança no tempo", e definiam Dafydd como "o último sobrevivente de (uma) família de traidores".[1] Era hora de fazer dele um exemplo.

O Parlamento não demorou muito para decidir o destino de Dafydd. Com base em conspiração para matar o rei Eduardo I, Dafydd foi considerado culpado de traição. Foi condenado a ser a primeira pessoa na história da Grã-Bretanha a ser enforcada, arrastada e esquartejada. Era uma maneira horrível de morrer, como Dafydd descobriu em primeira mão. Depois de ser tirado de sua cela no castelo de Rhuddlan, no Norte do País de Gales, foi arrastado por um cavalo até o cadafalso de Shrewsbury, onde foi pendurado pelo pescoço e deixado esperneando e sufocando por um tempo. Em seguida foi retirado da forca pelo carrasco, um cidadão chamado Geoffrey, que começou a eviscerá-lo com uma faca de açougueiro. Só então Dafydd foi libertado de seu sofrimento: decapitado e cortado em quatro partes, cada uma delas despachada para uma cidade inglesa diferente como anúncio do ocorrido. Exatamente aonde as partes foram parar não foi registrado pelos cronistas. Mas a cabeça foi para o sul e fincada numa estaca na Torre de Londres — a taciturna fortaleza na capital da Inglaterra.[2]

A morte de Dafydd foi uma peça pavorosa do teatro político, que introduziu uma terrível nova punição na Inglaterra. Extinguiu uma grande linhagem de príncipes galeses e desferiu um duro golpe em suas esperanças de se livrar do domínio inglês. Esses foram importantes marcos políticos e culturais na história medieval da Britânia. No entanto, como demonstração de majestade real e hegemonia inglesa no País de Gales, a morte de Dafydd estava longe de ser a mais espetacular ou duradoura das punições decretadas por Eduardo I. Pois, ao mesmo tempo que Dafydd era torturado publicamente até a morte por um carrasco, a paisagem do Norte do País de Gales que ele reivindicava estava sendo remodelada para sempre por arquitetos e pedreiros. Para garantir seu legado no País de Gales, Eduardo I encomendou a construção de uma série de enormes castelos de pedra, a um custo assombroso, na bela paisagem montanhosa de Powys e Gwynedd. Os castelos eram instalações militares de última geração e totens do poder da monarquia inglesa. Custaram uma fortuna e empregaram milhares de pessoas por várias décadas. E eram objeto de ódio dos galeses subjugados, cuja identidade estava profundamente enraizada numa noção de liberdade que viam como remontando aos tempos de Roma e até anteriores.

Porém, à parte tudo isso, os castelos galeses de Eduardo I foram uma forte demonstração da crescente habilidade e visão dos construtores no final da Idade Média. Os séculos XIII e XIV representaram uma era de ouro da arquitetura monumental no Ocidente, quando surgiram alguns dos edifícios mais emblemáticos da história do mundo. Projetados por arquitetos civis e militares e executados por mestres pedreiros que exploraram novas maneiras de desafiar a gravidade, seus pináculos e torres subiam aos céus, contando histórias entrelaçadas de riqueza, poder, devoção e domínio.

Muitos dos castelos, catedrais góticas e palácios que surgiram nessa época continuam de pé, e servem como atração turística popular (e em alguns casos prédios comerciais) cujas silhuetas se tornaram praticamente sinônimos da Idade Média. Nenhum estudo do poder medieval estaria completo sem referência a essa gloriosa "idade da pedra".

A conquista do País de Gales

Se o programa de construção de castelos de Eduardo I teve início em um lugar específico, foi na pequena aldeia francesa de Saint-Georges--d'Espéranche, cinquenta quilômetros a sudeste de Lyon, no ano de 1273. Naquela época, Eduardo voltava para casa vindo da Terra Santa, onde estivera numa cruzada, tentando mobilizar forças cristãs em sua luta contra os mamelucos do Egito.

No tempo que passou no Oriente, viu e ouviu falar de muitos castelos extraordinários, como a gigantesca fortaleza concêntrica de Crac des Chevaliers, uma instalação militar do século XII, que guardava a perigosa estrada entre Trípoli e Homs, e o igualmente vasto castelo costeiro dos templários, o Château Pelèrin, uma base naval e guarnição de cavaleiros ao sul de Haifa, em Atlit, capaz de alojar 4 mil soldados e com escadas largas o suficiente para subir e descer a cavalo. Eram algumas das realizações de destaque dos construtores dos Estados cruzados, mas a Terra Santa era pontilhada de cima a baixo por torres defensivas e fortalezas de todas as formas e tamanhos. O principal modo de guerra era o cerco: um exército tentava capturar um castelo ou cidade fortificada por bombardeios, fome ou ataque às muralhas, enquanto os defensores faziam o possível para permanecer firmes até seus algozes irem embora. Assim, a disputa básica em tecnologia militar era entre engenheiros de castelo e projetistas de torres de cerco, aríetes e catapultas. Isso era verdade em todo o mundo ocidental, mas particularmente nos Estados cruzados, onde a guerra e a violência eram mais ou menos endêmicas — portanto, era natural que alguns dos melhores castelos do mundo se encontrassem dentro e ao redor do reino de Jerusalém.

Quando Eduardo parou em Saint-Georges-d'Espéranche, viu outro belo castelo em construção. Era uma encomenda do lorde local, conde

Philip de Savoy, um velho amigo da família. As obras eram supervisionadas por um jovem e brilhante engenheiro-arquiteto chamado Mestre James, que também estava envolvido em projetos semelhantes em outras partes das terras de Filipe. Seja lá o que tenha visto em Mestre James, Eduardo ficou impressionado. Quatro anos depois, com as guerras da Inglaterra contra os galeses em pleno vapor, ele o chamou para atravessar o Canal e o contratou para um enorme projeto.[3] Mestre James de St. George, como passou a ser conhecido, assumiu a direção e a supervisão criativa das obras dos castelos no Norte do País de Gales, em locais como Flint, Rhuddlan, Conwy, Builth, Harlech, Aberystwyth, Ruthin, Beaumaris e outros. (Ele também trabalharia para Eduardo na Gasconha e na Escócia.) Do verão de 1277 até sua morte, em 1309, James foi o principal engenheiro militar da Grã-Bretanha, encarregado de orçamentos inéditos para fortificações desde que Guilherme, o Conquistador, subjugou a Inglaterra saxã nos anos 1060 e 1070. Mestre James mudou a paisagem do País de Gales e estabeleceu um novo padrão para a arquitetura militar que não foi superado até o fim da Idade Média. Em nenhum outro lugar seus talentos foram mais bem exemplificados do que em sua obra-prima — um castelo no extremo noroeste do País de Gales continental, entre o estreito de Menai e as montanhas de Snowdonia, na cidade que hoje é conhecida como Caernarfon.

Caernarfon tinha sido um posto avançado de legionários romanos chamado Segontium. Embora nos anos 1280 não restasse muito daquele posto avançado imperial, a memória de uma conexão galesa com a Britânia romana ainda perdurava.[4] Caernarfon estava associado (ainda que dubiamente) a Constantino, o Grande, e ao imperador-usurpador ocidental Magnus Maximus, ambos declarados imperadores em várias regiões da Britânia.* (Ver capítulo 2.) Maximus — ou Maxen Wledig, em galês — era um personagem especialmente grandioso no folclore local. O grande romance conhecido como *Mabinogion* narrava em termos jactanciosos uma visão onírica vivida por Maximus:

> Ele se viu viajando [...] e embora sua jornada fosse longa, finalmente alcançou a foz do maior rio que qualquer um já vira. Lá viu uma grande cidade, com uma grande fortaleza dentro, com

---

* Na época dizia-se — incorretamente — que Maximus era o pai de Constantino, o Grande.

muitas torres altas de diferentes cores [...] Lá dentro Maxen viu um belo salão: o telhado parecia todo de ouro, as laterais de pedras luminosas igualmente preciosas, as portas todas de ouro. Com almofadas douradas e mesas prateadas [...] Na base de um pilar Maxen viu um homem de cabelos brancos sentado em uma cadeira de marfim de elefante, na qual havia uma imagem de duas águias em ouro vermelho...[5]

Esse foi o modelo para o castelo que Eduardo encarregou Mestre James de St. George de construir. O rei queria uma fortaleza que brilhasse com insígnias imperiais; que cooptasse os sonhos galeses de dignidade antiga, e os pusesse sob seu comando. Também queria algo transcendente — não apenas no tempo, mas no lugar. Mestre James entregou tudo isso e muito mais. No verão de 1283, mais ou menos na mesma época em que Dafydd ap Grufudd estava sendo julgado e eviscerado em Shrewsbury, operários começaram a construção da nova fortaleza. Fizeram fundações para torres poligonais e paredes que deveriam ser decoradas com faixas horizontais de pedra colorida. Uma das torres seria adornada com três torreões com águias esculpidas, e todo o lado sul do castelo se projetaria para a foz do rio Seiont, que desaguava no mar em Caernarfon.[6]

Era um castelo estranho e maravilhoso. Em parte, foi a realização de um conto de fadas. Mas também era um eco intencional de algo real: suas paredes com faixas lembravam as muralhas teodosianas de Constantinopla. Por certo Caernarfon era uma miniatura de Constantinopla: a cidade murada e a guarnição nunca acomodaram mais que algumas centenas de habitantes — muito aquém das centenas de milhares que fervilhavam pelas ruas da capital bizantina em seu auge. Mas a semelhança foi intencional e significativa. E Eduardo fez questão de enfatizar esse ponto. Durante escavações iniciais em 1283, os supostos restos mortais de Maximus/Maxen Wledig foram encontrados, desenterrados e reenterrados com honras numa igreja local. E em 1284, quando o castelo não era mais que um canteiro de obras com uma aldeia de barracos de madeira temporários para acomodar artesãos e trabalhadores, Eduardo enviou sua rainha grávida, Eleanor de Castela, a Caernarfon para dar à luz o último de seus muitos filhos, um dever que ela cumpriu em 25 de abril ao parir o futuro Eduardo II. Esse Eduardo cresceu como o primeiro príncipe de Gales inglês, com a reivindicação a esse nome justificada por suas origens na fortaleza quase imperial de Caernarfon.* Assim, houve uma colisão de propaganda política com estratégia militar no Noroeste do País de Gales, sob o olhar atento de Mestre James.

A construção de castelos não foi invenção da Alta Idade Média. O ancestral dessa linhagem de construções remonta à Idade do Ferro — posições militares em terreno elevado protegidas por terraplenagem e algumas defesas de madeira. Os fortes romanos (*castra*), geralmente com fundações de pedra, paliçadas de madeira e dependências externas, representaram um grande avanço na arquitetura militar — uma tradição mantida e desenvolvida no mundo islâmico durante o período omíada, quando os castelos do deserto (*qusur*) proliferaram no Oriente Médio, ao combinar funções militares com características mais luxuosas e palacianas, como edifícios rurais, casas de banho e mesquitas. No Ocidente, em comparação, as fortificações continuaram relativamente primitivas ao longo do primeiro milênio. Muito dinheiro e esforço humano eram gastos na construção de igrejas, enquanto a arquitetura militar era deixada para trás.

Por volta do ano 1000 d.C., no entanto, a Europa Ocidental viveu uma revolução na construção de castelos. O que motivou essa mudança incomodou gerações de historiadores: a resposta provavelmente está na instabilidade europeia após a dissolução do império carolíngio, nas ameaças externas aos reinos cristãos representadas por vikings, magiares e muçulmanos ibéricos e na crescente proeminência de cavaleiros no estilo franco, que precisavam de bases para operar. Muitas das melhorias na construção de castelos no Ocidente foram criadas pelos normandos — não apenas na Normandia, mas também na Inglaterra, na Sicília e nos Estados cruzados. Eles foram os primeiros a adotar o modelo de castelos de mota e pátio, em que um grande monte (a mota) era encimado por uma torre ou torre de menagem fortificada, a princípio feita de madeira, enquanto as dependências na área ao redor da mota (o pátio) eram defendidas por uma cerca ou vala. Do fim do século X até o final do século XI, essa foi a vanguarda em termos de projetos de castelos.

---

* O castelo de Caernarfon manteve essa tradição até a era moderna: em 1969, o filho mais velho de Elizabeth II, Charles, foi investido lá como Príncipe de Gales.

No início do século XII, contudo, os engenheiros já tinham abandonado o modelo de madeira pesada de mota e pátio e começaram a construir castelos de pedra. Maiores e mais elaborados — feitos com um material difícil, caro e mais trabalhoso, mas que produzia fortificações infinitamente mais fortes, a partir das quais o poder militar e político poderia ser projetado por quilômetros em todas as direções. De início esses castelos de pedra imitavam a estrutura dos de mota e pátio, mas no século XII surgiu o castelo "concêntrico": estruturas de pedra mais extensas e complexas, com pátios internos e externos, dois ou mais conjuntos de muralhas entremeadas de torres defensivas, múltiplas guaritas e pontes levadiças, fossos simples ou duplos e muitas vezes alojamentos nas partes mais seguras da fortaleza.

Esses castelos mais sofisticados só puderam ser concebidos — e construídos — por causa dos saltos na atividade econômica e na matemática ocorridos nos séculos XII e XIII. Mas também graças à disposição básica dos patronos medievais posteriores — da realeza, da nobreza e de clérigos — de cumular de dinheiro e ambição os engenheiros de castelos. Fizeram isso com o mesmo esbanjamento dos bilionários modernos do petróleo que constroem hotéis nos Estados do Golfo. E alguns castelos realmente impressionantes foram erguidos. Nos anos 1190, o tio-avô de Eduardo I, Ricardo Coração de Leão, gastou 12 mil libras — o equivalente a cerca de 50% da receita anual do reino da Inglaterra — em um único castelo de pedra na Normandia, o Château Gaillard, que se elevava à margem do Sena em Les Andelys, na tensa zona fronteiriça franco-normanda conhecida como Vexin.[7] (O Château Gaillard deveria ser inexpugnável, mas o irresponsável irmão e sucessor de Ricardo, João, conseguiu perdê-lo para os franceses em 1204, seis anos depois de concluído.) Enquanto isso, nos reinos da Reconquista espanhola, fortalezas luxuosas como Monzón e Calatrava surgiram para rivalizar com os vastos castelos islâmicos em Al-Andalus, como o Alcazaba de Málaga e o palácio de Alhambra em Granada. No Báltico, pouco antes do início dos trabalhos no castelo de Caernarfon, os cavaleiros teutônicos fundaram o castelo de Malbork nas margens do rio Nogat, a cerca de cinquenta quilômetros do porto báltico de Danzig (Gdansk). Projetado para controlar o território recém-conquistado das tribos pagãs da Prússia, no final da Idade Média o castelo de Malbork (na atual Polônia) tornou-se um centro de controle regional para os cavaleiros teutônicos que cobria quase cinquenta acres, com espaço para hospedar alguns milhares de cavaleiros em um dado momento. Da Terra Santa ao Atlântico, a construção de castelos tornou-se parte integrante da projeção do poder. Ao mesmo tempo, projetistas de armas e engenheiros de cerco reagiam aos avanços na tecnologia de castelos, construindo torres de sítio cada vez maiores e mais resistentes ao fogo para atacar muralhas, inventando catapultas capazes de arremessar pedras do tamanho de um pequeno automóvel moderno e aperfeiçoando a arte de solapar fundações para derrubar torres e muralhas.* Nesse contexto, construtores de castelos como Mestre James de St. George valiam seu peso em ouro.

O projeto de Mestre James em Caernarfon não foi realizado da noite para o dia. James era um gerente de projeto supertalentoso, que teve a sorte de contar com todos os recursos da Coroa inglesa. Mas não era um milagreiro, e, durante os trinta anos que passou servindo a Eduardo, em geral tinha pelo menos meia dúzia de castelos em construção em dado momento. Levar um projeto como Caernarfon da concepção à conclusão podia despender décadas, mesmo sem grandes pausas. A extração, a movimentação, o corte e o levantamento de pedras eram um processo lento, trabalhoso, sujo e extenuante. Só era possível construir muralhas e alvenaria cerca de oito meses por ano, pois as geadas do inverno não deixavam a argamassa secar. E as obras podiam facilmente ser prejudicadas a qualquer momento pelo mau tempo, por raios, incêndios, guerras e outros acasos do destino, inclusive por ataques de exércitos inimigos. Via de regra, terras pacíficas não precisavam de castelos gigantescos, por isso os engenheiros não dispunham do luxo de condições de trabalho tranquilas.**

Isso se aplicava especialmente no Norte do País de Gales. É claro que os galeses não gostaram da visão de castelos como o de Caernarfon sendo

---

* Como foi feito pelo exército do rei João em 1215 no cerco ao castelo de Rochester: sapadores escavaram uma galeria sob uma das torres do castelo, untaram as escoras de madeira com gordura de porco e atearam fogo. Quando desmoronou, a torre desabou junto. É por isso que o castelo de Rochester hoje tem três ângulos agudos e um arredondado, reconstruído em um estilo diferente depois do reinado de João.

** Um dos exemplos mais vívidos desse fato para a arqueologia encontra-se nas ruínas de um castelo templário no Vau de Jacó, cerca de 160 quilômetros ao norte de Jerusalém, para onde em agosto de 1179 o sultão aiúbida Saladino enviou tropas para atacar o local da construção. Os restos mortais dos trabalhadores e suas ferramentas foram encontrados espalhados onde os homens foram mortos.

erguidos em todas as suas amadas montanhas. As cicatrizes deixadas por Eduardo na paisagem eram profundas e permanentes. Para fazer marchar seus exércitos contra o País de Gales a partir de Chester, no noroeste da Inglaterra, Eduardo mandou seus engenheiros abrirem largas estradas pelas pastagens, que no decorrer dos anos 1280 e 1290 fervilharam não somente com cavaleiros e infantaria, como também com tráfego de materiais de construção para canteiros de obras de castelos no percurso. Um único castelo utilizava mão de obra e recursos naturais num ritmo vertiginoso. Por exemplo, nos primeiros dez meses de construção do castelo real de Denbigh, quase duzentas carroças de madeira foram extraídas das florestas locais.[8] Em Conwy, foram contratados duzentos lenhadores e cem escavadores só para as fundações; a construção do edifício começou: quatro anos de ferro, aço, pregos, estanho, pedra, chumbo, vidro, latão e mão de obra custaram a Eduardo mais de 11 mil libras — uma porcentagem considerável de sua receita real anual num momento em que também financiava guerras em duas frentes.[9] Construir seis ou mais fortalezas a qualquer momento exigia batalhões de operários e toneladas de materiais de construção. Madeira e pedra eram transportadas para Caernarfon em navios vindos de lugares tão distantes quanto Dublin, Calais e Yarmouth; as pedreiras de Anglesey foram dilapidadas de tudo que podiam fornecer; pedreiros experientes foram trazidos de Yorkshire para trabalhar no corte das pedras.[10] Era uma atividade disruptiva, barulhenta e perturbadora. O resultado final para a população local foi a opressão permanente à sombra dos fortes.

Em meados dos anos 1290, os galeses perderam a paciência, rebelando-se em setembro de 1294. Durante a revolta, os insurgentes tentaram acabar com as obras de Caernarfon — não exatamente deitando-se em frente às escavadeiras, mas partindo para queimar toda a construção. O local e a cidade construída ao redor foram saqueados e capturados. As muralhas recém-construídas da cidade foram derrubadas. Quando a rebelião foi por fim esmagada, Mestre James e seu representante no local, um pedreiro especializado chamado Mestre Walter de Hereford, ficaram consternados ao ver que as obras haviam sido atrasadas em meses, se não anos.

Mas a dedicação do rei à construção de castelos em geral não diminuiu. Muito pelo contrário. Eduardo não só concedeu a Mestre James e a Mestre Walter o dinheiro, o material e os homens de que precisavam para retomar a construção, como também encomendou outro grande projeto: o castelo anfíbio de Beaumaris, encravado do outro lado do estreito de Menai em frente a Caernarfon, na ilha de Anglesey, com um financiamento ainda mais generoso.

Em 1296, no auge das obras de Beaumaris, Mestre James informou ao Tesouro real que contava com "mil carpinteiros, ferreiros, estucadores e operários" trabalhando, protegidos por 130 soldados. Todos se dedicavam arduamente em condições climáticas que — como qualquer visitante da região montanhosa de Snowdonia hoje pode atestar — podiam mudar de lindas para brutais em poucos minutos. No total, cerca de 15 mil libras foram gastas em Beaumaris, mas ainda assim o castelo ficou inacabado depois da morte de Eduardo, em 1307, inacabado com a morte do Mestre James em 1309, e inacabado de fato nos anos 1320.[11] Mesmo sem nunca ter sido concluído arquitetonicamente, Beaumaris — um castelo mais funcional e estólido que o voo de fantasia mitológica em Caernarfon — continuou um testemunho da implacável ambição militar que ardia em Eduardo I: sua profunda necessidade de marcar seu poder de forma indelével no País de Gales por meio de castelos de pedra, capazes de resistir mais ou menos intactos por pelo menos quinhentos anos.

Fortaleza Europa

Nunca mais outro monarca inglês se dedicaria à construção de castelos com o mesmo vigor de Eduardo I, que, além de seus projetos galeses, também investiu pesadamente na reconstrução da Torre de Londres e de outras fortalezas dos Plantagenetas em Cambridge, Chester e em Corfe. Nesse sentido, o final do século XIII representou o auge da construção de castelos, pelo menos na Inglaterra. Contudo, os monumentais castelos de pedra continuaram uma característica da paisagem de todo o mundo medieval até o século XV, financiados com entusiasmo por reis, rainhas e ricos aristocratas. Um breve levantamento de alguns dos maiores projetos de castelos na época servirá para mostrar o quanto os governantes mais poderosos do Ocidente os consideravam essenciais.

Na Inglaterra do século XIV, Eduardo III refortificou os castelos costeiros da Inglaterra para se fortalecer contra os ataques franceses na Guerra dos Cem Anos, e gastou muito na construção de fortes-satélites ao redor da cidade de Calais, tomada dos franceses em 1347. Também investiu em grandes obras defensivas em Berwick, na fronteira com a Escócia. Eduardo estava sintonizado com o valor de boas fortificações e comandou cercos pessoalmente, principalmente em Calais. Mas as obras do castelo mais vistoso de Eduardo não estavam na linha de frente da batalha, e sim em Windsor, uma residência real de longa data que o rei reformou como um novo Camelot e centro nevrálgico da cavalaria inglesa revivida. Windsor não era um castelo no sentido tradicional — as coisas teriam dado muito errado se algum rei do século XIV precisasse de uma forte presença militar na zona rural de Berkshire. Mas, como palácio fortificado, servia a um propósito igualmente importante: contar uma história sobre a realeza marcial e o romantismo da realeza. Eduardo gastou 50 mil libras — uma quantia impressionante — em Windsor, com grandes suítes de apartamentos, escritórios e espaços de entretenimento. Hoje, o castelo de Windsor ainda serve como sede *de facto* da cavalaria inglesa, particularmente nas reuniões da Ordem da Jarreteira, em sua impressionante capela gótica de St. George (reconstruída no final do século XV por Eduardo IV e Henrique VII), ou na troca da guarda três vezes por semana — uma cerimônia pública que atrai centenas de curiosos e turistas.

Fora da Inglaterra a construção de castelos também esteve muito em voga em quase todo o Ocidente no final da Idade Média. Na Hungria, as invasões mongóis do século XIII ressaltaram a necessidade de castelos para se defender dos saqueadores do Oriente; apesar de muitos castelos mais antigos terem sido arrasados pelos mongóis, muitos foram reconstruídos e reforçados nas décadas após o desaparecimento dos temidos tártaros, por ordem do rei Bela IV, que exigiu um castelo em cada montanha do seu reino. Mais ao norte, um programa de construção de castelos igualmente abrangente foi realizado no século XIV no Sul da Polônia por Casimiro III, o Grande (reinou de 1333-1370) — filho do memorável Wladyslaw I, o Cotovelo-Alto (reinou de 1320-1333). Além de fundar a Universidade de Cracóvia, reformar o código legal da Polônia e ganhar a reputação de protetor dos judeus, aos quais ofereceu refúgio na Polônia numa época de antissemitismo generalizado, Casimiro esbanjou recursos com a defesa militar. Durante seu longo reinado, construiu ou reconstruiu cerca de duas dúzias de castelos em uma cadeia que se estende por 160 quilômetros entre a Cracóvia e Czestochowa, na sensível fronteira ocidental de seu reino, disputada pelos reis vizinhos com a Boêmia. Seus castelos, muitos dos quais empoleirados no alto de formações rochosas escarpadas da era jurássica, são conhecidos hoje como Ninhos das Águias.*

Na Alemanha (onde o termo Ninhos das Águias tem uma relação mais próxima com a Segunda Guerra Mundial que com a Idade Média), os castelos também decoravam a paisagem. A era de ouro da construção de castelos no país, a exemplo de outros lugares, ocorreu no século XII e no começo do século XIII, quando muitas fortalezas magníficas foram erguidas, entre elas os castelos de Heidelberg, de Eltz e de Hohenstaufen, aninhados em uma pequena montanha perto de Göppingen, no sudoeste do estado alemão de Baden-Württemberg, residência da família imperial de Frederico II Hohenstaufen. Os Hohenstaufen foram entusiastas da construção de castelos — e precisavam ser, já que sua principal característica dinástica era lutar contra outros governantes, particularmente papas. Contudo, seu castelo mais impressionante ainda em pé não está na Alemanha, mas no Sul da Itália, onde Frederico erigiu a cabana de caça fortificada de Castel del Monte numa montanha perto de Andria, na Apúlia. Com muralhas octogonais, cada uma ligada a uma torre octogonal, Castel del Monte era parte dos objetivos políticos e militares de Frederico, mas talvez fosse mais representativo do seu fascínio pela geometria e a matemática e seu grande interesse pelo islã. Em seu projeto, o Castel del Monte não difere muito do primeiro nível da Cúpula da Rocha de Jerusalém,** a cidade que Frederico devolveu ao controle cristão em sua cruzada de 1228-1229. Eduardo I não foi o único rei do século XIII a importar ideias de design do Mediterrâneo oriental.

Exemplos da prodigiosa construção de castelos podiam ser encontrados por toda a Europa medieval — com estruturas e estilos variando de região para região e de época para época, segundo o gosto da década em que foram projetados e construídos, e os interesses militares ou simbólicos do

---

* Vários dos Ninhos das Águias de Casimiro, o Grande, foram transformados em destinos turísticos, inclusive o castelo de Bobolice, reconstruído a partir de suas ruínas para refletir sua origem medieval. Para um veredicto acadêmico sobre o sucesso desse projeto (bem como outros estudos de caso poloneses), ver Michał Żemła e Matylda Siwek, "Between authenticity of walls and authenticity of tourists experiences: The tale of three Polish castles", em *Cogent Arts & Humanities 1* (2020).

** Ver capítulo 4.

governante ou aristocrata que os encomendavam. Um talentoso construtor de castelos como Mestre James de St. George nunca ficaria sem trabalho, principalmente se estivesse disposto a viajar pelo mundo e a exercer seu ofício em zonas de guerra. Para os que aguentavam as condições, o Ocidente medieval podia ser um playground. Mas os bons tempos nunca duram para sempre: com o advento da pólvora e os avanços na fabricação de grandes canhões no século XV, nenhum castelo poderia ser tão forte a ponto de resistir a um prolongado bombardeio de artilharia de fogo, em comparação aos sítios mecânicos. Enquanto os castelos construídos no século XIII eram projetados para resistir a sítios de um ano ou mais, em 1415 o rei inglês Henrique V levou apenas um mês para transformar em escombros as defesas fortificadas da cidade de Harfleur com doze grandes canhões. Com essa revolução na tecnologia do campo de batalha, no século XVI a construção de fortalezas já era uma arte obsoleta, e a era de ouro da maestria na construção de castelos havia acabado. Mas a essa altura homens como Mestre James já haviam deixado sua marca. A visão de um imponente castelo de pedra no alto de uma montanha alemã ou dominando o promontório num trecho da costa britânica tornou-se comum — e até reconfortante. E os governantes posteriores aproveitariam ao máximo esses castelos, mesmo se não os construíssem em grande número. Em um período em que se temia uma invasão da França à Inglaterra nos anos 1540, Henrique VIII fortaleceu consideravelmente a rede de fortalezas da costa sul. Quatrocentos anos depois, o maior castelo daquela região, em Dover, ainda era parte essencial da estratégia de defesa militar britânica: serviu como centro de comando das evacuações de Dunquerque no início da Segunda Guerra Mundial, e mais tarde foi adaptado para incluir um bunker antinuclear escavado na rocha, para ser usado no caso de uma Terceira Guerra Mundial travada com armas atômicas.

Assim, de certa forma os castelos foram um ícone das realizações arquitetônicas medievais. Combinavam perfeitamente forma e função — muitas vezes de maneira emocionante. Serviam a fins práticos e políticos. E foram um cenário recorrente na literatura da Alta Idade Média, exemplificada pelas histórias arturianas e pelos romances sobre o Santo Graal. A partir do século XIV, o "castelo do amor" tornou-se um lugar-comum como metáfora literária: o castelo podia representar a Virgem Maria, inexpugnável ao mundo e somente ao alcance de Deus, ou poderia ser um símbolo mais lúdico em folhetos e poemas sobre amores juvenis, vício e virtude. De um modo ou de outro, no final da Idade Média o castelo migrou da paisagem física para o reino da imaginação. Seu único rival na esfera da arquitetura monumental era a grande catedral gótica.

***

Entre o céu e a terra

Em 1239, duas gerações antes de Eduardo I remodelar o Norte do País de Gales, o rei Luís IX da França fez uma compra sensacional. De todos os reis da linhagem dos Capeto, Luís foi o mais ostensivamente devoto. No início de seu reinado, soube que uma importante relíquia religiosa estava no mercado. A relíquia era a Coroa de Espinhos de Cristo, oferecida a credores de Veneza por Balduíno II, o imperador latino de Constantinopla. Balduíno e seus amigos venezianos estavam dispostos a vendê-la ao comprador certo. Luís decidiu que o comprador deveria ser ele. Era uma oportunidade única na vida, e ele se dispôs a gastar o que fosse necessário. Assim, após algumas negociações, pela espantosa quantia de 150 mil libras, o rei comprou a Coroa de Espinhos, que foi despachada para a França via Veneza. O rei a recebeu na cidade de Villeneuve-l'Archevêque acompanhado por toda sua corte, descalço e penitente, só de camisa. Luís e seu irmão Robert, vestidos de forma semelhante, transportaram pessoalmente a coroa a Paris, onde se tornou a peça central de uma coleção de relíquias reais que mais tarde incluiria um pedaço da Vera Cruz, a ponta da Lança Sagrada que perfurou o corpo de Cristo e a Santa Esponja da qual Jesus sorveu seu último gole de vinagre antes de morrer.[12] Tratava-se do maior acervo de tesouros sagrados de todo o Ocidente. Só faltava a Luís um gabinete devidamente grandioso para exibir os troféus.

Depois de alguns anos de deliberações, decidiu que a melhor maneira de exibir suas relíquias seria em uma capela encomendada para esse fim, construída no estilo mais moderno, decorada com os melhores vitrais e imagens religiosas e guardada por um colegiado de clérigos. O resultado foi a Sainte-Chapelle da Île-de-la-Cité em Paris, uma obra-prima gótica de incomparável beleza e ainda uma das maiores maravilhas arquitetônicas de uma cidade em que não faltam belas construções. O edifício foi erguido no meio do complexo do palácio real da Île, de fácil acesso para cultos, em particular da família real e de seletos cortesãos. Os visitantes se sentiam realmente abençoados ao entrarem. A Sainte-Chapelle seguia as últimas tendências góticas: paredes imponentes, quase impossivelmente altas, sustentadas por colunas perigosamente alongadas, escoradas pelo lado de fora por arcobotantes ornamentados. Era composta por dois andares, e no superior o teto abobadado parecia se estender até o céu. O efeito visto de fora era o de uma graciosa aranha de pedra, erguida na ponta das patas compridas; o efeito no interior era quase sublime. Entre as colunas havia janelas altas e finas, encimadas por arcos pontiagudos e envidraçadas com alguns dos vitrais mais deslumbrantes já produzidos. Entrar na Sainte-Chapelle deveria ser como flutuar no céu — e continua sendo até hoje. Não poderia haver cenário mais perfeito para as relíquias tão caras a Luís; nem melhor vitrine para sua visão de si mesmo como um rei possuidor de todas as virtudes sacras. Porém, por mais magnífica que fosse, a Sainte-Chapelle era apenas um exemplo da ousadia e da genialidade técnica dos arquitetos góticos que trabalharam em edifícios religiosos no século XIII. Assim como os engenheiros militares elevavam a construção de castelos a níveis impensados, seus colegas civis estavam revolucionando a construção de igrejas.

Enquanto os castelos davam forma física ao poderio militar de senhores medievais individuais, catedrais, igrejas e capelas eram testemunhos tanto da fé de seus fundadores quanto da devoção coletiva da comunidade que vivia em seu entorno. Esse investimento — de dinheiro e emoção — em grandes construções religiosas remonta ao início da Idade Média.

Já encontramos algumas das magníficas estruturas que surgiram do impulso medieval de construir grandes obras em nome de Deus: a sala de audiências imperial de Constantino, o Grande, em Trier, a basílica de San Vitale em Ravena, a Hagia Sophia de Justiniano em Constantinopla, grandes mesquitas em Medina, em Damasco, em Jerusalém e em Córdoba, a capela Palatina de Carlos Magno em Aachen e a igreja do Santo Sepulcro. Contudo, se o desejo de construir grandes templos foi constante ao longo da Idade Média, sua apoteose na Europa cristã ocorreu entre os séculos XII e XIV, quando alguns dos projetos arquitetônicos mais ousados e visionários da história do Ocidente foram realizados por construtores que trabalhavam com um novo estilo radical, hoje conhecido como gótico. O movimento gótico — assim chamado pelos desdenhosos italianos do século XV em referência aos bárbaros da Antiguidade, que viam o movimento como uma perversão hedionda da estética elegante popular na Roma antiga — influenciou praticamente todos os aspectos das artes, da pintura e da escultura, dos bordados e da metalurgia. Mas em nenhum lugar foi mais duradouro e emocionante que no campo da arquitetura, especificamente em construções de cunho religioso. Na primeira metade da Idade Média, o estilo dominante na Europa Ocidental foi o românico: edifícios de paredes grossas sustentados por pilares elegantes e iluminados por janelas com arcos redondos.[13] O gótico afastou-se radicalmente desse modelo. Seu motivo principal era o arco pontiagudo, que permitia aos construtores aglomerar prédios grandes e altos em esqueletos de pedra, emoldurados por paredes quase impossivelmente finas e iluminados pelo que pareciam acres de vitrais: colossais, e ao mesmo tempo leves e deslumbrantes, eram a realização física de uma Nova Jerusalém, ou o "céu na terra".[14]

O primeiro projeto de construção gótica da Idade Média foi a igreja da abadia de St.-Denis, nos arredores de Paris.[15] Havia uma abadia no local desde os tempos carolíngios, e no início do século XII, durante o reinado de Luís VII, tornou-se o lar espiritual dos reis francos que afirmavam ser "os mais cristãos" (*les rois très chrétiens*) da Europa, se não do mundo. Infelizmente, a abadia estava em uma condição lamentável: pequena, degradada e precisando muito de uma reforma. Seu estado lamentável reuniu até mesmo arqui-inimigos como Bernardo de Claraval e Pedro Abelardo: Bernardo chamou St.-Denis de "sinagoga de Satanás" e Abelardo escreveu que era palco de "obscenidades intoleráveis".[16] Para reconstruir a igreja da abadia a partir do zero, nos anos 1130 e 1140, o grande estadista-abade Suger dedicou muito de seu tempo e energia para renová-la, tornando-a maior, mais grandiosa e muito mais bonita que qualquer outra na França.

Central para a visão de Suger era a construção de um novo coro de trinta metros de comprimento, onde, em suas palavras, missas perpétuas pudessem ser realizadas "sem a perturbação das multidões".[17] O coro levou três anos e três meses para ser construído, período em que o próprio Suger muitas vezes podia ser visto arregaçando as mangas no local, em certa ocasião liderando pessoalmente uma missão de reconhecimento em alguns bosques perto de Paris para encontrar uma viga de carga do tamanho que seus construtores precisavam.[18] Mas todo esse trabalho rendeu frutos, pois o coro de Suger ficou espetacular, com paredes e colunas milagrosamente esbeltas e enormes vitrais pintados "pelas mãos requintadas de muitos mestres de diferentes regiões".[19] O vidro retratava cenas do Velho e do Novo Testamento, a vida dos santos e os eventos das cruzadas — a segunda delas em andamento no mesmo período em que as obras de Suger aconteciam. Mas isso não era apenas uma questão de decoração. A igreja da abadia de Suger era um edifício de acordo com a suposta crença de St.-Denis de que Deus era luz, e que pela luz de Deus o mundo inteiro era iluminado para o homem.[20]

É claro que, como acontecia com qualquer grande igreja da Idade Média, a remodelada igreja da abadia de St.-Denis era repleta de joias ornamentais, esculturas sofisticadas, velas de cera caras, relíquias — inclusive o colar de ferro que acorrentou St.-Denis antes de seu martírio — e preciosidades seculares, como um colar que pertencera à rainha Nanthilda, cujo marido, o rei Dagoberto, teria sido o primeiro benfeitor da abadia. Também detinha a *Oriflamme* — o estandarte sagrado de guerra que representa a realeza francesa. Mas por mais impressionantes que fossem essas preciosidades, o mais inspirador era a forma arquitetônica do novo coro. Sua grandeza e unidade de visão sem precedentes, a altura maciça e exagerada, síntese de detalhes ornamentados e a elegância dos espaços diferenciavam St.-Denis de tudo o que houvera antes — exatamente o que Suger pretendia. (Não à toa o intrépido explorador e embaixador do reino dos mongóis, Guilherme de Rubruck, disse que St.-Denis era um edifício muito mais bonito que o palácio do Khan em Karakorum.) Quando foi consagrada, em 1144, lançou um desafio a qualquer outro bispo, arquiteto, engenheiro ou patrono da época: façam algo melhor que isso.[21]

E eles tentaram. A partir dos anos 1140, o estilo gótico decolou. A princípio, o novo movimento foi característico do Norte da França, onde influenciou principalmente os projetos de reconstrução próximos aos núcleos do poder real dos Capeto: o coro de Saint-Germain-des-Prés em Paris, uma nova catedral em Senlis e outra reconstruída em Sens, na Borgonha. Porém, no final do século, a novidade se difundiu por toda parte. Novas e extraordinárias catedrais eram erguidas em aldeias e cidades de todo o Noroeste da Europa, notadamente em Cambrai, Arras, Tournai e Rouen. Em Paris, abriu-se o terreno para o que se tornou talvez a catedral mais famosa do mundo inteiro: a Notre-Dame. Atingindo mais de 33 metros de altura, era a catedral mais alta já construída até então e um prodígio de engenharia, com uma série de arcobotantes engenhosamente posicionados que permitiam as paredes chegarem a uma altura de quatro andares.

A construção de Notre-Dame foi um feito colossal de construção: quase cem anos separaram o momento em que Luís VII lançou a pedra fundamental, na Páscoa de 1163, e a conclusão dos agora icônicos vitrais circulares em forma de rosa nas extremidades do transepto. Mesmo depois, grandes obras continuaram a ser realizadas até o final do século XIV.* O custo e o esforço foram prodigiosos — mas também a importância de Notre-Dame como símbolo de Paris e da sofisticação e da fé preeminentes do reino francês. Embora a catedral de Reims fosse preferida como local de coroação dos monarcas franceses, e St.-Denis servisse como seu mausoléu, Notre-Dame exalava poder cultural e religioso de cada grão de sua tessitura. Em um momento crítico, durante os últimos estágios da Guerra dos Cem Anos, quando os ingleses trouxeram seu menino-rei Henrique VI para ser coroado rei da França, escolheram Notre-Dame para a ocasião. Cada centímetro dela se mostrou apropriado para a magnífica cerimônia.

Naquela época, o estilo gótico já havia se difundido praticamente por toda a Europa. Na França, atingiu seu apogeu em Beauvais, onde o teto abobadado da nave se estendia quase cinquenta metros acima do nível do solo. Era um pouco mais alto do que o de uma catedral rival construída na mesma época em Amiens; ideia de um mestre pedreiro chamado Robert de Luzarches, Amiens tinha mais espaço interno do que qualquer outro edifício concluído em toda a Idade Média.[22] Mas a altura superior de Beauvais foi notada e valorizada, pois a disputa entre os bispos para encomendar projetos cada vez maiores se tornou o equivalente eclesiástico de uma corrida armamentista. (Infelizmente, em Beauvais, a busca pela altura provou ser uma arrogância: em 1284 as abóbadas do teto desabaram, provavelmente devido a erros de engenharia, e o telhado caiu, exigindo anos de

---

* No momento em que escrevo, a catedral está mais uma vez coberta de andaimes para a reparação dos danos causados por um grave incêndio em 2019 — um processo programado para demorar pelo menos uma década, mesmo para os construtores do século XXI.

dispendiosa reconstrução.²³) Mas, apesar de seu tamanho, Beauvais não chegou a se destacar. Outras belas catedrais góticas foram construídas em Chartres, para abrigar relíquias da Virgem Maria; em Bourges, onde uma enorme catedral ricamente decorada com esculturas góticas foi ampliada no século XV, com um extraordinário relógio astronômico; e em Albi, no sul, onde foi erguida uma catedral bizarra, parcialmente modelada numa fortaleza, após a repressão aos cátaros — sua fachada militar funcionando como um lembrete de que, apesar de gloriosa, a Igreja era também poderosa e não toleraria dissidências.

Tão maciços, elaborados e difíceis eram os planos para essas enormes igrejas — que ofuscavam a maioria dos outros edifícios medievais no mesmo grau que um elefante poderia se impor sobre uma vaca —, que ainda havia obras em andamento em algumas delas até o século XVI. Sucessivas gerações de mestres, trabalhadores e benfeitores, que muitas vezes mudavam a visão da forma final do edifício em meio à construção, se entrelaçaram através dos anos por sua contribuição ao que pareciam ser projetos intermináveis.

E não foi um fenômeno limitado à França. Na Alemanha, catedrais góticas particularmente gloriosas foram construídas em Colônia e Estrasburgo. No século XIV, o rei João da Boêmia e seu filho Carlos VI, imperador do Sacro Império Romano, empreenderam uma enérgica reconstrução de Praga, dando à cidade uma universidade de classe mundial e uma catedral condizente, pagas com uma taxa sobre os lucros das ricas minas de prata da Boêmia. A catedral abrigava um glorioso santuário contendo as relíquias de São Venceslau,* o duque-rei do século X que ajudou a promover a causa do cristianismo no reino até ser assassinado pelo irmão, Boleslav.²⁴ Essas catedrais inspiravam-se principalmente nas francesas (refletindo o que os historiadores da arquitetura agora chamam de estilo Rayonnant). Outras, no entanto, em cidades como Magdeburg, Regensburg e Ulm, não se apegaram aos estilos franceses, desenvolvendo uma marca gótica alemã, caracterizada por igrejas e catedrais com torres únicas e não com duas ou mais, e telhados muito amplos cobrindo a nave e a abside. Mas talvez a reviravolta mais surpreendente na estética gótica possa ser vista em edifícios como a abadia de Pelplin na Polônia, onde a partir de 1289 uma grande igreja foi construída com tijolos de argila

---

* O "bom rei" comemorado hoje na popular canção de Natal do século XIX.

vermelha cozida — uma necessidade, dada a raridade dos tipos de rocha adequados para projetos de construção de grande escala na orla do Báltico, mas um desvio do visual atraente do modelo francês.

No Sul da Europa, o quadro era mais diversificado. Os italianos não foram muito entusiastas da mania gótica, com a notável exceção da estranha e surpreendente catedral de Milão e sua grande fachada, iniciada no tempo dos duques Visconti no começo do século XIV, mas só concluída nos anos 1960, cerca de seiscentos anos depois. Na Espanha, contudo, o etos cristão que sustentava a forma gótica foi apenas mais um acréscimo a uma rica mistura de estilos arquitetônicos influenciados pela forte presença islâmica e judaica na península. Algumas catedrais — como as de Barcelona, de Burgos e de Palma, em Maiorca — poderiam à primeira vista ter sido transplantadas por anjos do Norte da Europa para a península Ibérica. Mas outras eram genuinamente locais: a catedral de Toledo, fundada nos anos 1220, foi uma tentativa idiossincrática de vestir a principal mesquita da cidade com uma roupagem gótica; a catedral de Sevilha, uma mesquita convertida no início do século XV, passou por uma transformação semelhante. Essas — e outras como as de Valência e Lleida — são construções estranhas e maravilhosas, produtos singulares da variedade histórica da Espanha. Também são testemunho do poder aparente do design e da decoração góticos de aproximar uma estrutura física de Deus.

Seria possível encher uma estante inteira de livros com histórias sobre a construção de cada uma dessas extraordinárias obras-primas medievais. Mas para entender em detalhes quanto esforço foi feito em uma delas, quais os poderosos interesses envolvidos e por que a despesa e o trabalho valiam a pena, vamos retornar à Inglaterra, para examinar mais detalhadamente a construção da catedral de Lincoln: um triunfo de construção gótica que produziu um edifício que por mais de dois séculos foi a estrutura mais alta do mundo.

Lincoln

A catedral de Lincoln originalmente foi fruto da vontade de Guilherme, o Conquistador. Quando invadiu a Inglaterra em 1066, o primeiro rei normando operou um rearranjo em larga escala no país. Construiu muitos castelos — inclusive a "Torre Branca" na margem norte do Tâmisa, que se tornou a Torre de Londres. Mas também fez rearranjos significativos na trama e na estrutura da Igreja da Inglaterra. Os bispos foram figuras integrantes do novo sistema de governo normando que Guilherme impôs de cima para baixo, e ele precisava se certificar de que estavam nos lugares certos. Assim, vários bispos receberam ordens de mudar quartéis-generais (ou "sedes") do campo para aldeias e cidades. A marca das mudanças de Guilherme ainda pode ser sentida em toda a Inglaterra: é por isso que há uma catedral em Salisbury e não em Old Sarum, em Norwich e não em Thetford, e em Chichester e não em Selsey; e que temos um bispo de Bath e um de Wells, e não um ou outro. Na maioria dos casos, o rearranjo operado por Guilherme em seus bispos ingleses e suas sedes não envolvia remoções de longa distância. Mas em um dos casos isso aconteceu. Em 1072, o papa Alexandre III concedeu permissão para Guilherme transferir o bispo de Dorchester-on-Thames, em Oxfordshire, 240 quilômetros a nordeste, para o extremo mais distante de sua diocese, em Lincoln.

Foi uma medida drástica, mas que fazia sentido: enquanto Dorchester era uma agradável cidade à margem do Tâmisa, ao pé das montanhas de Chiltern, Lincoln tinha uma importância estratégica e política muito maior. Fundada pelos romanos (como *Lindum Colonia*) e ocupada por dois séculos pelos vikings, localizava-se numa importante posição estratégica na estrada entre Londres e York, próxima a vários outros cursos de rios e vias da era romana. Ficava próxima da costa leste e era protegida por uma montanha alta e íngreme (hoje conhecida Steep Hill). E também se encontrava em território rebelde, precisando ser explorado: depois da conquista, a autoridade normanda na região sofreu forte resistência de um famoso nobre saxão, que depois ficou conhecido em histórias de fora da lei como Hereward the Wake.[25]

Guilherme construiu um castelo em Steep Hill. Logo depois, seu bispo Remigius, um monge beneditino da abadia de Fécamp, na Normandia, encomendou uma catedral bem ao lado. A igreja foi construída quase toda em calcário extraído do local, numa época em que os edifícios normandos costumavam ser feitos de pedras escavadas de Caen, na Normandia, e importadas para a Inglaterra em navios especialmente equipados.[26] Concluída em 1092, quando Remigius morreu, depois foi embelezada por um de seus sucessores, que instalou arcos lindamente esculpidos nas portas

— inspirados nas obras do abade Suger em St.-Denis.[27] Mas a catedral não ficou incólume por muito tempo. Foi queimada em um incêndio de 1124, danificada na batalha de Lincoln em 1141 (quando foi usada como forte improvisado) e abalada em suas fundações por um dos piores terremotos da história da Britânia, em 1185.[28] Isso foi azar. Mas, em termos arquitetônicos, foi bem sincronizado. Em 1186, foi eleito um novo bispo de Lincoln: um monge cartuxo francês conhecido em vida como Hugo de Avalon (mas depois da morte como São Hugo de Lincoln). Hugo veio para a Inglaterra com o objetivo de construir, tendo sido encarregado por sua ordem de erigir um convento cartuxo em Somerset.* Sua nomeação como bispo significava que poderia mirar muito mais alto — literalmente. Ele deu início às obras para reformar totalmente a catedral no alto de Steep Hill, que ao longo das seis décadas seguintes atingiria uma altura jamais vista no mundo desde os tempos dos faraós.

O nome do pedreiro (ou dos pedreiros) contratado por Hugo para supervisionar sua nova catedral foi perdido, mas sua equipe claramente incluía pelo menos um arquiteto-engenheiro de grande visão, familiarizado com as últimas e melhores tendências góticas. Estas incluíam as belas obras recém-concluídas no coro da catedral da Cantuária, reconstruído sob a direção do grande mestre William de Sens após um incêndio devastador em 1174; mas influências e talvez artesãos também chegaram a Lincoln vindos de mais longe, inclusive de Trondheim, do outro lado do mar do Norte, na Noruega, onde uma catedral gótica fora construída em meados do século XII. Agora não só calcário foi arduamente içado pela Steep Hill até o local da construção (provavelmente por carros de bois), mas também o mármore de Peterborough, mais distante da diocese, que conferia uma sensação luxuosa e sensual aos pilares em um interior que acabaria chegando a quase 150 metros de comprimento. A fachada oeste da catedral original, por onde a maioria dos visitantes se aproximava, já estava primorosamente decorada com um friso esculpido na tradição romanesca, retratando eventos do Velho e do Novo Testamento, desde a expulsão de Satanás do céu até a angustiante descida de Cristo ao inferno.[29] Tudo isso

---

* A construção desse convento foi responsabilidade financeira de Henrique II, um dever que assumira como uma de suas muitas penitências por ter causado a morte de Thomas Becket em 1170.

havia sobrevivido aos estragos do fogo, da guerra e do terremoto, e passara a dar o tom para um edifício que seria preenchido com estátuas, esculturas e lembretes, para todos que entrassem, tanto dos deleites da salvação como dos horríveis tormentos da condenação.

Era inevitável que um projeto na escala da nova catedral gótica de Lincoln fosse trabalho para mais de uma vida, e quando o bispo Hugo morreu, em 1200, o centro de Lincoln ainda era um enorme canteiro de obras que devia fervilhar de pedreiros e trabalhadores, carpinteiros e ferreiros, com a estrutura da nova catedral coberta de andaimes de madeira e guindastes acionados por roldanas. Mas, ao morrer, Hugo prestou um grande serviço à sua catedral.

Segundo um relato hagiográfico de sua vida, o bispo foi visto muitas vezes puxando blocos de pedra e argamassa de cal no local, auxiliado por um carregador de tijolos aleijado que foi milagrosamente curado por sua dedicação a trabalhar em nome do Senhor.[30] (O companheiro habitual do bispo era um cisne manso com que fez amizade no dia de sua consagração e manteve como animal de estimação.) No meio século que se seguiu à sua morte, sua reputação de santidade, probidade e sacralidade floresceu, até se tornar objeto de um culto miraculoso. Segundo Adam de Eynsham, que escreveu a biografia de Hugo nas primeiras décadas do século XIII, sua santidade ficou óbvia desde o momento em que um cirurgião abriu seu cadáver para remover os intestinos antes do enterro: os que assistiram a esse ritual macabro notaram com surpresa que as entranhas estavam vazias de "água ou fezes [...] tão limpas e imaculadas como se alguém já as tivesse cuidadosamente lavado e enxugado [...] os órgãos internos brilhando como vidro".[31] E isso foi só o começo. Durante o cortejo fúnebre, as velas do seu esquife não se apagavam, mesmo com ventos fortes. Um enlutado com um braço quebrado foi curado por um sonho milagroso, e um batedor de carteira que roubou uma mulher, ao prestar suas homenagens no caixão de Hugo, ficou cego e vagueou "trôpego e sem rumo como um bêbado" até ser capturado.[32]

Maravilhas como essas foram o suficiente para assegurar a santidade de Hugo em 1220. E assim, Lincoln tornou-se uma atração para turistas, com milhares de visitantes chegando todos os anos para venerar o santuário de Hugo (e um outro instalado para guardar sua cabeça). Essa nova movimentação exigiu novas obras de ampliação.[33] Assim, no extremo leste da catedral, foi acrescentado o "Coro dos Anjos" para abrigar os restos mortais de Hugo,* assim chamado devido às encantadoras esculturas de anjos que o decoravam — inspiradas pelo projeto da abadia de Westminster, que na época também passava por grandes reformas, sob o olhar atento do rei Henrique III.³⁴

Quando o Coro dos Anjos foi concluído, em 1280, Lincoln ocupava inquestionavelmente um lugar de destaque no primeiro escalão das catedrais inglesas — um clube seleto. Na Inglaterra, Westminster havia sido renovada, recentrada no santuário de Eduardo, o Confessor. Cantuária era uma sede imponente para o primado inglês, contendo o mundialmente famoso santuário de Thomas Becket. York Minster, sede do arcebispo do norte, passava por magníficas reformas. E havia gloriosos programas góticos de construção em andamento ou concluídos em todos os cantos: Exeter, Salisbury, Winchester, Gloucester e Wells no sul e no oeste; Ely e Norwich no leste; Durham e Carlisle no norte; Hereford e Worcester nas fronteiras galesas. Enquanto isso, no País de Gales havia obras importantes em St. David, em Llandaff e em St. Asaph; a sensibilidade gótica também havia chegado ao reino da Escócia, onde foi notadamente posta em prática nas catedrais de Dunblane e de Elgin e na abadia de Melrose.

Essas diversas obras desenvolveram uma visão distinta da arquitetura gótica. Hoje chamados de estilos Decorado e Perpendicular, foram marcas registradas da construção de catedrais inglesas no final da Idade Média.³⁵ Mas não foi o acaso que gerou tamanha criatividade e ambição nas ilhas britânicas. Como visto, no final do século XIII, a Inglaterra era um reino extremamente rico. A economia era turbinada pela indústria de lã em expansão; os clérigos eram donos de enormes extensões de terras lucrativas; os reis comandavam um Estado relativamente unificado e estavam muito interessados em construções monumentais de todos os tipos, não só na forma de castelos. A maioria dos monarcas Plantagenetas da Inglaterra estava profundamente sintonizada com o poder que poderiam projetar empregando

---

* Há ainda outro Hugo famoso enterrado na catedral. No século XIII, surgiu um culto em torno de uma criança conhecida como Pequeno Hugo de Lincoln, cujo suposto destino seria o de ser morto por judeus em uma cerimônia de sacrifício. A história da ascensão e veneração do Pequeno Hugo é um excelente exemplo do fenômeno pernicioso do "libelo de sangue", parte do tecido mais generalizado do antissemitismo inglês do final da Idade Média, que aumentou em 1290, quando Eduardo I expulsou todos os judeus do reino.

mestres-construtores de classe mundial — e é por isso que muitas catedrais inglesas têm uma tumba real em algum lugar em seu interior.

Certamente havia um grande interesse do reino em Lincoln. Parte da visão do bispo Hugo para sua catedral reformada era uma grande torre no centro do edifício, encimada por um pináculo. Infelizmente, durante as primeiras décadas da construção da torre, surgiram problemas com sua estrutura, e em 1237 o pináculo caiu, desmoronando pelo próprio peso. Os primeiros reparos foram feitos nos anos 1250 sob as ordens do rei Henrique III, cujo interesse pela arquitetura foi insuperável em comparação a qualquer outro rei de sua dinastia, exceto talvez Henrique VI, que no século XV fundou as majestosas capelas góticas do Eton College e do King's College, em Cambridge. Assim, no começo do século XIV, a torre de Lincoln foi ampliada e estendida a uma altura ainda maior. Quando concluída, em 1311, sua torre, feita de madeira e acabada em chumbo, tinha 160 metros de altura, cerca de onze metros mais alta que a grande pirâmide de Gizé em Quéops, no Egito — que por quase 4 mil anos foi a estrutura mais alta construída pelo homem. A catedral de Lincoln manteria esse status até a torre ser derrubada por um vendaval, em 1548.*

No momento em que Lincoln se tornou uma das maravilhas do mundo, também se tornou oficialmente o repositório de relíquias reais e sagradas. No início do inverno de 1290, a amada rainha de Eduardo I, Eleanor de Castela, morreu na aldeia de Harby, em Nottinghamshire, a apenas cinquenta quilômetros de Lincoln. Eleanor, como vimos, foi uma rainha impecavelmente dedicada, com seus serviços à Coroa estendendo-se até seu parto no canteiro de obras do castelo de Caernarfon. Eduardo ficou abalado com sua morte, e determinado a marcar com grande honra a volta da esposa a Londres, onde deveria ser enterrada. Na primeira noite dessa jornada, o corpo foi levado para um convento fora dos muros da cidade de Lincoln e suas entranhas removidas para lenta decomposição. Em 3 de dezembro, foram enterradas na catedral e depois ganharam um belo

---

* Mesmo assim, nada mais alto que a torre da catedral de Lincoln foi construído em qualquer lugar do mundo até a Torre Eiffel (trezentos metros), em 1887. Hoje, claro, 160 metros são considerados algo insignificante; o edifício mais alto no momento em que escrevi este livro era o Burj Khalifa em Dubai, que será substituído no devido tempo pela Torre de Jeddah na Arábia Saudita, prevista para atingir mil metros de altura.

túmulo perto do santuário de St. Hugh.* Na cidade, foi erguida a primeira de uma série de doze "Cruzes de Eleonor" — pilares de pedra esculpidos com ornamentos localizados principalmente nas praças da cidade, ressaltando que os restos mortais da rainha repousavam ali. A inspiração para essa elaborada e inusitada procissão de Eleonor deve ter vindo da França, onde vinte anos antes monumentos conhecidos como *montjoies* foram erguidos ao longo da rota do cortejo fúnebre de Luís IX — o rei que encomendou a Sainte-Chapelle de Paris para abrigar a Coroa de Espinhos.³⁶ As Cruzes de Eleonor foram projetadas por uma equipe dos melhores pedreiros-arquitetos da Inglaterra: John de Battle, Michael de Canterbury e Alexander de Abingdon. A maioria está agora destruída ou perdida, mas todas já foram obras-primas góticas — encomendadas por um rei que entendia, como todos os grandes governantes medievais, que um legado não poderia ser construído apenas com sangue, precisava também ser certificado e imortalizado na pedra.

Embora Eduardo fosse, como vimos, mais um construtor de castelos que um construtor de catedrais, ele garantiu seu lugar na extraordinária história da catedral de Lincoln. E Lincoln, por sua vez, conquistou seu próprio lugar no centro da história da aventura gótica medieval. Passar pela antiga porta do lado oeste numa tarde tranquila no século XXI, e atravessar a grande catedral até o Coro dos Anjos no extremo leste, admirando a riqueza quase infinita de decorações e esculturas, tão altas que poucas foram vistas nos 750 anos desde que os pedreiros medievais que as esculpiram desceram dos andaimes, é uma das experiências mais emocionantes que se pode desfrutar — e uma prova do poder duradouro de toda essa era da arquitetura ocidental.**

Mas antes de sairmos do reino dos construtores medievais, há um último caso a considerar, o de uma cidade que apresentava — e ainda apresenta — poucas influências da mania franco-gótica de intermináveis

---

* A tumba no Coro de Anjos atual é uma reprodução vitoriana da original, irrecuperavelmente vandalizada durante a Guerra Civil Inglesa no século XVII.

** O que pode, aliás, nos ajudar a entender por que o gótico teve um renascimento tão vigoroso no século XIX, quando os arquitetos vitorianos se agarraram a um estilo que parecia incorporar tudo o que era mágico e grandioso na história ocidental. O ponto alto da arquitetura neogótica e medieval é claramente o palácio de Westminster, em Londres, que abriga as Casas do Parlamento, reconstruído por Charles Barry depois do incêndio de 1834, que quase destruiu a estrutura medieval.

lâminas de vidro e telhados tocando as nuvens. É hora de fazer uma visita a Florença, que, na virada do século XIV, seria o local de uma grande catedral: adequada para uma cidade tão orgulhosa da própria riqueza e glória, mas desejosa de algo diferente dos arcos e pináculos que se elevavam por toda parte ao norte dos Alpes.

De torres a cúpulas

No início dos anos 1290, na época em que Eduardo da Inglaterra encomendava seus últimos castelos galeses, o artista e escultor italiano Arnolfo di Cambio estava em Roma, trabalhando em uma tumba. Localizava-se na antiga basílica de São Pedro, e seu ocupante seria o papa Bonifácio VIII — a *bête noire* do rei francês Filipe IV, destinatário da chamada Bofetada de Anagni.* Nessa época Bonifácio ainda estava vivo, mas era tradicional para qualquer magnata da Igreja ou do Estado que se prezasse supervisionar os trabalhos do próprio túmulo, ao menos para ter certeza de que o serviço o satisfaria. Arnolfo já havia criado um belo túmulo para um poderoso cardeal francês, Guillaume de Bray, em uma grande igreja nas proximidades de Orvieto. Antes disso, também serviu como escultor da corte de Carlos de Anjou, irmão de Luís IX e rei de Nápoles e Sicília (falecido em 1285) — criando uma estátua estranhamente realista do rei sentado em um trono com uma toga de senador romano. Portanto, Arnolfo tinha um conhecimento prático dos estilos e atitudes franceses, e a reputação de ser o principal escultor em atividade na Itália. Com certeza era um homem apto para construir o local de descanso de um papa. Mas Arnolfo tinha ambições maiores que estátuas e túmulos. Por volta de 1293, foi convidado a cumpri-las. Os cidadãos de Florença queriam uma nova catedral, e chamaram Arnolfo para construí-la.

Arnolfo já havia projetado uma catedral em Orvieto, onde planejara uma grande basílica romanesca cuja obra começou por volta de 1290. Em Florença, porém, as oportunidades eram muito maiores. A cidade tinha uma população de talvez 45 mil habitantes (o que a tornava maior que Londres), dominada por um governo oligárquico normalmente formado por famílias

---

* Ver capítulo 11.

ricas de comerciantes. Como muitas outras cidades italianas, durante a maior parte do século XIII foi palco violento de conflitos civis, primeiro entre uma facção imperial pró-Hohenstaufen conhecida como gibelinos e uma facção papal conhecida como guelfos, e posteriormente entre partidos conhecidos como Negros e Brancos.[37] Essas tensões muitas vezes deram origem a rixas, brigas, assassinatos, golpes, contragolpes, pequenas revoluções e até a guerra total. Mas não diminuíram o sentido geral de orgulho cívico e a capacidade de ganhar dinheiro dos florentinos. As ruas podiam não ser seguras à noite, mas eram limpas e bem organizadas, e os negócios cresciam à medida que comerciantes e banqueiros ambiciosos colhiam enormes lucros em todo o mundo.* Florença já estava produzindo ou atraindo grandes artistas, escritores e arquitetos, inclusive os artistas Cimabue e seu protegido, Giotto, o poeta Dante Alighieri e o pintor visionário Coppo di Marcovaldo. Os florentinos também tinham uma percepção particularmente arguta do poder político dos edifícios: uma atividade favorita no rescaldo de qualquer reviravolta política era a derrubada, pelo partido vitorioso, de casas e torres pertencentes aos rivais derrotados. Havia muito para Arnolfo fazer.

Segundo seu admirador e biógrafo, o pintor e arquiteto do século XVI Giorgio Vasari, Arnolfo construiu ou reconstruiu metade da cidade de Florença no tempo que esteve lá, incluindo as muralhas e o famoso Palazzo Vecchio, a prefeitura em forma de fortaleza com vista para a Piazza della Signori. É muito provável que Vasari estivesse exagerando. Mas Arnolfo assumiu pelo menos três grandes projetos mais ou menos simultaneamente. O primeiro foi a reconstrução da igreja da Badia — uma das mais importantes abadias beneditinas da cidade (e, segundo a tradição, o lugar onde o poeta mais famoso da cidade, Dante Alighieri, viu pela primeira vez sua musa poética Beatrice). O segundo foi reformar a igreja franciscana de Santa Croce. O terceiro, e o maior, foi começar uma reforma total de uma catedral milenar em ruínas dedicada à então patrona da cidade, Santa Reparata. E foi aqui que Arnolfo teve licença para deixar sua imaginação correr solta.

Se Arnolfo estivesse trabalhando em Paris, em Londres ou em Colônia, certamente seus projetos para esses edifícios seguiriam o estilo gótico francês. No entanto, na Itália, se desenvolvia em linhas diferentes. Os arcos

---

* Ver capítulo 10.

permaneceram arredondados, no estilo romanesco, em vez de pontiagudos. Sistemas elaborados de arcobotantes e torres vertiginosas eram raros. Paredes eram paredes — grossas, fortes e estruturalmente sólidas, não estruturas para vastas placas de vidro de cores vivas. E o reluzente calcário branco e amarelo, tão popular ao norte dos Alpes, raramente era preferido ao arenito e ao tijolo. Embora a altura, o tamanho e a ornamentação da decoração tivessem se tornado mais importantes nos projetos de construção italianos no século XIII, não houve pressão alguma para Arnolfo reproduzir em Florença sua versão da igreja da abadia de St.-Denis.[38] Arnolfo ficou livre para criar edifícios que seriam caracteristicamente florentinos, adotando elementos do movimento gótico, mas sem rigidez. Suas obras na Badia e na igreja dos franciscanos de Santa Croce eram elegantes, mas comparativamente simples e descomplicadas — embora a primeira se destaque hoje por sua torre em espiral, e a segunda por sua fachada neogótica decorada com mármore no século XIX. (Santa Croce se tornou o local de sepultamento de alguns dos moradores mais famosos de Florença, que incluíram Michelangelo, Galileu, Maquiavel e Gioachino Rossini.) Seu projeto para a nova catedral da cidade, no entanto, era ambicioso e potencialmente triunfante.

A catedral projetada por Arnolfo antecipou diretamente o edifício de renome mundial que agora ocupa a Piazza del Duomo, no centro de Florença: um dos lugares mais imediatamente reconhecíveis do mundo, peça central do icônico horizonte de Florença e uma grande atração para turistas modernos, que ficam horas na fila sob o sol escaldante dos verões toscanos para entrar por alguns minutos. Para isso, operários derrubaram uma área da cidade, inclusive a antiga catedral de Santa Reparata e outra igreja próxima, e exumaram um cemitério. No espaço desobstruído, Arnolfo lançou as bases de uma nave alongada, com 66 metros de comprimento e 21 metros de largura, com vãos de cada lado. Isso replicou, quase centímetro por centímetro, seu projeto para a igreja de Santa Croce, e provavelmente Arnolfo planejou sua catedral com um telhado de madeira como o da Santa Croce (em vez de uma abóbada de pedra). Mas os dois projetos diferiam no extremo leste, onde Arnolfo imaginou a catedral se erguendo em uma grande cúpula — ecoando a maravilha da engenharia clássica que encimava o Panteão de Roma. A cúpula ficaria sobre uma base octogonal, com três braços quase octogonais ao redor arrematando o projeto, ajudando a sustentar o peso previsto de uma estrutura tão complicada.³⁹ Seria um pouco maior que a cúpula que coroava a Santa Sofia de Constantinopla.⁴⁰ Era um plano majestoso. A pedra fundamental foi lançada em 1296.

Como visto, poucos arquitetos medievais viveram para ver suas catedrais concluídas. Arnolfo não foi exceção. Seus projetos e o início das obras certamente agradaram às autoridades florentinas — quatro anos depois do projeto, Arnolfo foi isento de impostos pelo resto da vida e elogiado nos documentos oficiais da cidade como "um mestre mais famoso e grande especialista em construção de igrejas que qualquer outro conhecido nas partes vizinhas".⁴¹ Arnolfo era um sinal ambulante de prestígio para a cidade. Mas em algum momento entre 1301 e 1310 ele morreu, e as obras de sua catedral pararam. Uma fachada no lado oeste (substituída no século XVI e agora em grande parte perdida) tinha esculturas de Arnolfo, representando figuras que iam da Virgem Maria ao papa Bonifácio; cerca de metade da nave também deve ter sido construída. Mas sem o mestre da catedral, o ímpeto para concluir seus projetos foi perdido.

Para ser justo, as circunstâncias políticas também não ajudaram. Em 1311, um novo e agressivo rei alemão, ainda que de vida curta, Henrique VII, marchou para a Itália para ser coroado imperador do Sacro Império Romano. Os florentinos o rejeitaram e tiveram de pegar em armas para defender a cidade contra as tropas imperiais. Henrique morreu de malária durante a campanha, mas Florença foi depois atacada pelo governante pró-imperial das vizinhas Pisa e Lucca. O fortalecimento das muralhas da cidade teve precedência sobre a conclusão da catedral. Em 1333, Florença também precisava de uma nova ponte, depois que inundações derrubaram a Ponte Vecchio existente. Nos anos 1330, o genial Giotto construiu um campanário alto, independente e inegavelmente gótico ao lado da nave da catedral de Arnolfo. Mas até meados do século não se fez mais nada muito importante. A catedral não era exatamente um elefante branco, mas retratava uma obra inacabada.

Demorou até o final dos anos 1360 para o comitê da catedral de Florença concordar em reiniciar as obras, seguindo um projeto revisado e elaborado pelo pedreiro mais respeitado da época, Neri di Fioravanti, que previa ampliar a cúpula ainda mais do que Arnolfo havia planejado — tornando-a maior que o Panteão — e terminando numa pequena torre. Foi um floreio gótico, mas a cúpula em si recendia à Roma antiga via Bizâncio e até mesmo à Jerusalém árabe. Também parecia ser impossível de construir. Neri criou um enorme modelo em escala da cúpula, que foi assentada na nave da catedral; todos os anos os membros do comitê de construção juravam encontrar uma maneira de concretizar o projeto.[42] Mas por décadas ninguém conseguiu ver como isso poderia ser feito. Só em 1418 — 122 anos após o lançamento da pedra fundamental da catedral original de Arnolfo — alguém apresentou uma solução de engenharia para o enigma do *Duomo* de Florença. Esse alguém foi um gênio matemático chamado Filippo Brunelleschi, que ganhou um concurso público da comissão, e precisou inventar sistemas de construção inteiramente novos e máquinas de elevação para colocar cerca de 4 milhões de tijolos em posição, num processo de construção que demorou quase duas décadas. Foi um final extenuante para um projeto dolorosamente prolongado. Mas quando Brunelleschi terminou a cúpula, a catedral conhecida como Santa Maria del Fiore foi instantaneamente reconhecida como uma maravilha raramente vista desde o ocaso do mundo clássico, um milênio antes. Hoje costuma ser celebrada como a conquista arquitetônica fundadora da Renascença italiana e precursora das cúpulas que adornavam muitos edifícios monumentais da era moderna, inclusive a catedral de St. Paul em Londres, Les Invalides em Paris e o Capitólio dos Estados Unidos em Washington. Mas, por essa razão, pertence a uma fase da Idade Média que ainda não havia raiado quando Arnolfo di Cambio começou seu trabalho em 1296.

Essa fase — o começo do fim do mundo medieval — teve início em 1347, quando Santa Maria del Fiore era uma curiosidade inacabada, nascida, mas ainda não crescida, esperando que um gênio a concluísse. O evento que virou o mundo de cabeça para baixo foi uma pandemia, que chegou à Europa Ocidental quando os navios aportados na Itália vindos do Oriente desembarcaram não somente especiarias e artigos de luxo exóticos, mas uma doença pior que qualquer outra desde os tempos de Justiniano. Era a Peste Negra, que matou cerca de 40% da população da Europa e mudou o mundo para sempre. A mortandade que causou no Ocidente e a reação dos vivos ao mistério da morte marcam o início da parte final da nossa história.

Parte IV
REVOLUÇÃO
c. 1348 d.C.–1527 d.C.

13

SOBREVIVENTES

> *"O passado nos devorou, o presente está roendo nossas entranhas..."*
> Gabriele de'Mussis,
> advogado e cronista da peste

No final do verão de 1314 caiu uma chuva pesada por todo o Noroeste da Europa. Choveu sem trégua quase durante todo o outono. Rios subiram e campos inundaram. Estradas e trilhas se enlamearam. Quando o inverno passou, as sementes tiveram de ser plantadas em campos alagados, e parecia certo que a colheita seria fraca. Então, em maio de 1315, as chuvas voltaram, e dessa vez caíram durante todo o verão. À medida que os céus de chumbo descarregavam, as temperaturas continuavam baixas — e com o passar do ano despencaram. A colheita foi um fracasso, e o inverno seguinte foi terrivelmente frio. Na Páscoa de 1316, as pessoas começaram a morrer de fome. Um cronista inglês registrou as terríveis condições de vida, pois o custo dos grãos flutuava descontrolada e imprevisivelmente, às vezes a 400% do nível normal. "Surgiu uma grande fome", escreveu. "Tal escassez nunca foi vista no nosso tempo, nem se ouviu falar por cem anos."[1]

Isso foi só o começo. O ano de 1316 seguiu o mesmo padrão: chuvas incessantes desde a primavera, um verão que nunca chegou e um inverno enregelante. Em 1317, as coisas melhoraram um pouco, embora mal houvesse grãos suficientes para semear; só em 1318 houve finalmente uma colheita digna do nome.[2] Mesmo assim, o problema não acabou. Os animais de criação que sobreviveram à umidade, ao frio e à escassez estavam tão fracos que foram vítimas de uma doença letal, altamente contagiosa e de rápida evolução, disseminada pelo Ocidente. Provavelmente era o vírus que hoje chamamos de peste bovina, que causava febres e diarreias terríveis no gado, apodrecia o tecido do nariz e da boca e (na maioria das vezes) causava sua morte em duas ou três semanas. Surgiu na Mongólia, se espalhou para o Ocidente e logo estava dizimando rebanhos na Alemanha, França, Dinamarca, Holanda, Inglaterra, Escócia e Irlanda. Em média, matou 60% do gado em todos esses lugares.[3] A peste chegou ao auge em 1319. Mas em 1320-1321, a volta de chuvas torrenciais e inundações arruinaram mais uma colheita e houve nova escassez de grãos.

Foi um período de sofrimento bíblico, no qual toda a base agrícola para a sobrevivência foi arrasada no Ocidente por seis anos, causando uma crise humanitária comparável às piores fomes do século XX.[*] Só no verão de 1316, morreram 10% dos habitantes de Ypres, em Flandres. Não era algo incomum.[4] Um cronista relatou as condições miseráveis na Inglaterra — que além da fome e da miséria também foi atormentada por uma inflação descontrolada, pela guerra com a Escócia e pelo infeliz governo do rei Eduardo II. "Os tipos normais de carne comestível eram muito escassos, por isso a carne de cavalo tornou-se preciosa e os cães gordos eram roubados. Dizia-se que em muitos lugares homens e mulheres comiam secretamente os próprios filhos..."[5] Outro analista concordou: "Muitos milhares morreram em diferentes lugares [...] cães e cavalos e outras coisas impuras foram consumidos como alimento. Ai, terra da Inglaterra! Você que com sua abundância ajudou outras terras, agora, pobre e necessitada, é forçada a mendigar!".[6] Esse último autor, testemunha ocular do que ficou conhecido como a Grande Fome, escreveu sua crônica no ano de 1325, ou antes. Não sabia que o pior ainda estava por vir.

***

---

[*] Entre 3% e 5% da população da Rússia morreu na fome em 1921-1922; a taxa de mortalidade da Grande Fome do início do século XIV pode ter sido duas ou três vezes maior, apesar de os números absolutos terem sido consideravelmente menores, dada a população menor da Europa à época.

Gelo e germes

O século XIV foi uma época de mudanças cataclísmicas, particularmente no Oeste da Europa. As mudanças começaram com o clima. Por várias centenas de anos posteriores a 900 d.C., as temperaturas globais aumentaram: foi o chamado Período Quente Medieval. Mas por volta de 1300, elas começaram a cair — e acentuadamente. Esse resfriamento rápido foi motivado por um período de intensa atividade vulcânica em todo o mundo, durante o qual explosões sísmicas expeliram dióxido de enxofre e outros aerossóis refletores de luz solar na estratosfera. O clima tornou-se tão perenemente frio que os cursos de água do mar Báltico ao rio Tâmisa e até o Chifre de Ouro em Constantinopla tendiam a congelar no inverno — fenômenos que fizeram o período entre 1300 e 1850 ser conhecido como a Pequena Era do Gelo.[7]

Mas a Pequena Era do Gelo não foi a única causa da Grande Fome de 1315-1321. As catástrofes humanas quase sempre são o resultado de uma interação delicada entre sociedades e ambiente, e na virada do século XIV, o Ocidente estava fadado a sofrer um choque. O crescimento populacional na Europa, que começou por volta do ano 1000, estimulou a atividade econômica, as invenções e o comércio. Contudo, ao mesmo tempo, criou fragilidades profundas. Melhorias tecnológicas na agricultura e na produção de alimentos — arados pesados, moinhos de água, moinhos de vento e sistemas de rotação de culturas — permitiram aos agricultores obter mais do solo, enquanto a prática de derrubar florestas e drenar pântanos abriu grandes novas extensões de terra para o cultivo. Mas havia limites — e por volta de 1300, a sociedade ocidental chegou ao limite.

Simplificando, havia gente demais para a tecnologia da época sustentar. A população da Inglaterra saltou de cerca de 1,5 milhão na época da conquista normanda para aproximadamente 6 milhões às vésperas da Grande Fome.* Esse padrão foi reproduzido em outros lugares, especialmente nas cidades da Europa e do Oriente Próximo, que quadruplicaram ou mais em tamanho a partir de meados do século XII, reunindo dezenas de milhares de pessoas em condições inevitavelmente restritas e pouco higiênicas. Enquanto isso, no campo, as pessoas cultivavam lotes de terra

---

* Foi um pico populacional que só se repetiu na Inglaterra no século XVIII.

cada vez menores, em áreas progressivamente marginais. O resultado foi uma superpopulação sistêmica, que tornou os países do Ocidente muito sensíveis a interrupções no fornecimento de alimentos. Ao mesmo tempo, o intenso aumento do comércio e das viagens globais, iniciado com as conquistas mongóis dos séculos XII e XIII, silenciosamente abriu a possibilidade de doenças transitarem tão livremente pelo mundo quanto seda, escravos e especiarias. A panzoótica bovina mostrou o que era possível para uma doença virulenta com um hospedeiro abundante e móvel. Como se veria, os humanos do século XIV eram tão vulneráveis quanto suas vacas.

A Peste Negra, como é conhecida a pandemia que ceifou a Ásia, a Europa, o Norte da África e algumas regiões da África Subsaariana a partir dos anos 1340, começou no mesmo lugar que a pandemia de peste bovina: entre os mongóis.[8] Como visto, a peste foi causada pelo bacilo *Yersinia pestis* (ou *Y. pestis*), que foi transmitido aos humanos por roedores das estepes, como ratos e marmotas, via picadas de pulgas.* Oitocentos anos antes, a pandemia justiniana matara milhões de pessoas por volta do século VI. O que surgiu no século XIV foi pior: uma nova mutação hiperinfecciosa da mesma doença, aparentemente capaz de se espalhar entre ratos, gatos, cães, pássaros e pessoas com uma facilidade incomum. Quando se alojava em um hospedeiro humano, causava sintomas medonhos, semelhantes aos da pestilência do século VI: febre, inchaços conhecidos como "bubões" na virilha, nas axilas e no pescoço, sangramento interno, vômitos incontroláveis e morte em poucos dias.[9] Provocava ainda uma tensão pneumônica que podia ser transmitida de humano a humano pela respiração.

Essa peste bubônica-pneumônica híbrida provavelmente já circulava entre os mongóis da Ásia Central no início dos anos 1330. Disseminou-se pelo mundo oriental nessa década, por toda a Transoxânia, pela China e a Pérsia, apesar de não ter impacto muito grave na Índia.[10] Em meados dos anos 1340, transitava livremente entre os mongóis da Horda Dourada, e, segundo narrativas tradicionais sobre a peste, foram eles que a transmitiram aos ocidentais durante um cerco ao porto de Caffa, no mar Negro, controlado pelos genoveses, em 1347. Um relato do cerco, escrito por um advogado italiano de Piacenza chamado Gabriele de'Mussis, descreveu como

---

* Ver capítulo 3.

a doença surgiu no exército mongol: "como se flechas estivessem chovendo do céu [...] todos os conselhos e atenções médicas eram inúteis; os tártaros morriam assim que os sinais da doença apareciam em seus corpos: inchaços na axila ou na virilha causados por humores coagulados, seguidos por febre pútrida".[11] Esgotados pela doença, os mongóis abandonaram o cerco, mas não antes de espalhar seus germes. Na narrativa vívida de Mussis, "eles ordenaram que os cadáveres fossem postos em catapultas e arremessados para a cidade, na esperança de que o fedor intolerável matasse todos lá dentro. O que pareciam montanhas de mortos foi lançado na cidade, e os cristãos não conseguiam se esconder, fugir ou escapar, embora tenham jogado o maior número possível de corpos no mar. E logo os cadáveres em decomposição contaminaram o ar e envenenaram o abastecimento de água [...] ninguém conhecia, nem pôde descobrir, um meio de defesa".[12]

É difícil dizer se isso era estritamente verdadeiro. A peste dos anos 1340 era sem dúvida perversamente infecciosa, mas o fedor por si só não é um vetor de doenças. Seja como for, logo após o cerco de Caffa, casos de peste começaram a aparecer na Itália, em Gênova e Veneza, trazidos a bordo por barcos mercantes e militares que podem muito bem ter passado pelo mar Negro. "Quando os marinheiros [chegaram] foi como se tivessem trazido espíritos malignos com eles", relatou Mussis. "Cada cidade, cada povoado, cada lugar eram envenenados pela pestilência contagiosa, e seus habitantes, homens e mulheres, morriam subitamente." Em cidades populosas, onde grandes famílias viviam sob o mesmo teto em ruas apertadas e onde ratos e outros animais portadores de pulgas abundavam, não havia como deter a propagação. "Quando uma pessoa contraía a doença, envenenava toda a sua família", escreveu Mussis. "Funerais em massa tiveram que ser realizados e não havia espaço suficiente para enterrar o crescente número de mortos. Padres e médicos, aos quais recaía a maior parte dos cuidados com os doentes, precisavam visitar os doentes e, infelizmente, no momento em que iam embora eles também haviam sido infectados e imediatamente seguiam os mortos ao túmulo."[13] A morte se espalhou num ritmo quase inimaginável, dilacerando todo o tecido do mundo normal no processo, deixando os sobreviventes tão atônitos quanto os moribundos. Foi realmente apocalíptico. Uma testemunha ocular na Irlanda deixou páginas em branco no final de sua crônica para o caso de, por algum milagre, sobrar algum humano no futuro para continuar seu trabalho. "O passado nos devorou, o presente está roendo nossas entranhas, o futuro ameaça com perigos ainda maiores", lamentou Mussis.[14] E não estava enganado.

Qualquer pessoa que tenha vivido uma pandemia letal e altamente móvel* reconhecerá em linhas gerais a situação angustiante e caótica descrita na Itália medieval, pois o avanço da doença virou a vida normal de ponta-cabeça. A Peste Negra parecia ter uma mente própria. Movia-se pelas populações à vontade, saltando de cidade em cidade e de país em país, até estar presente por toda parte. Em 1347, atravessou o mar Negro para Constantinopla e a Itália, de onde se expandiu pelo Mediterrâneo. Mercadores marítimos a levaram à Terra Santa, a Chipre e às ilhas gregas. Os que viajavam pelas estradas a levaram pelos Alpes até o Sacro Império Romano, inclusive à Boêmia.[15] Na primavera de 1348, a peste se espalhou pela França; no verão viajou para a Inglaterra; em 1349 estava se disseminando para o norte em direção à Escócia, chegando pelo leste à Escandinávia pelo mar, e a oeste até a Irlanda. Escritores medievais atribuíram a pestilência à ira de Deus, à prevalência do vício, à vinda do Anticristo, à iminente ressurreição de Frederico II Hohenstaufen, às roupas femininas excessivamente justas, ao desalinhamento dos planetas, à sodomia, a vapores malignos, à chuva, à conspiração judaica, à tendência de pessoas quentes e úmidas abusarem do sexo e de banhos e a vegetais pouco maduros, que os médicos tinham certeza de causar "úlceras ventosas".[16] Pessoas desesperadas apelavam para remédios que variavam de quarentena e laxantes a autoflagelações sangrentas e orações. Mas o fato triste foi que a propagação da praga só ilustrava a grande interconexão entre as comunidades medievais — e sua terrível vulnerabilidade a uma infecção que prosperava na mobilidade humana, na superlotação e em padrões limitados de higiene. A *Y. Pestis* seguia um único imperativo biológico: replicar-se em novos hospedeiros. Na ausência da biologia microbiana e da tecnologia de vacinas, não havia respostas médicas eficazes além de quarentena total e paciência, enquanto a doença seguia seu curso. Quando a Peste Negra irrompia, nada podia detê-la.

A primeira onda durou de 1347 a 1351. Durante esse período, nos países mais afetados, chegaram a morrer 60% da população local. Era uma taxa de mortalidade impressionante, que os cronistas compreensivelmente

---

* A mais recente é a disseminação global da Covid-19, em seu auge no momento em que escrevo.

exageraram ainda mais: alguns sugeriram que no final da pandemia somente uma em cada dez pessoas continuava viva. E a Peste Negra não levava apenas os pobres. É verdade que os ricos tinham meios mais eficazes de fugir das cidades infectadas para a relativa segurança de uma quarentena no campo, um fenômeno que o grande escritor italiano Giovanni Boccaccio imortalizou em seu *Decameron*, uma coleção de cem contos narrados por um grupo de dez jovens ricos que fugiram de Florença para evitar a infecção. Mas a riqueza por si só não garantia imunidade, nem da doença nem do trauma psicológico resultante da sobrevivência. A amada filha de Eduardo III da Inglaterra, Joana, foi morta pela peste em Bordeaux enquanto viajava para se casar em Castela, em 1348 — uma tragédia que levou seu pai a refletir que a morte "apreende jovens e velhos, não poupando ninguém e reduzindo ricos e pobres ao mesmo nível".[17] O futuro sogro de Joana, Afonso XI, também morreu, bem como Eleanor, rainha consorte do rei de Aragão. O imperador bizantino João VI Cantacuzeno perdeu seu filho mais novo.[18] O papa Clemente VI perdeu três cardeais e cerca de um quarto de seus empregados domésticos em pouco mais de um ano, quando a peste chegou à corte papal em Avignon. Petrarca, contemporâneo de Boccaccio, lamentou a perda de muitos amigos, inclusive Laura, sua amada e musa: em cartas escritas enquanto a Itália ainda estava nas garras da pandemia, resumiu a culpa que muitos dos sobreviventes devem ter sentido. Em uma missiva, amaldiçoou o ano de 1348, dizendo que "nos deixou sozinhos e desolados; pois tirou de nós riquezas que não podiam ser restauradas pelo Índico, pelo Cáspio ou pelo mar dos Cárpatos". Em outro texto, criado depois de ter sido abalado pela perda de mais um amigo, Petrarca escreveu como que num delírio: "A vida que vivemos é um sono, e são sonhos seja o que for que fazemos. Só a morte interrompe o sono e nos desperta do sonho. Gostaria de ter acordado antes disso".[19]

Como Petrarca não "acordou" por mais um quarto de século, ainda estava vivo para ver a Peste Negra voltar. Houve grandes surtos na Europa em 1361 e em 1369, durante os anos 1370 e novamente nos anos 1390. (O último desses ataques parece ter atingido particularmente meninos e homens jovens.) Essas ondas secundárias não foram tão severas quanto as primeiras, mas ainda assim causaram miséria e mortalidade generalizadas e impediram qualquer recuperação no número de habitantes, que permaneceu reduzido até o final da Idade Média, e posteriormente. Portanto, a Peste

Negra não foi de forma alguma um evento único, mesmo em termos epidemiológicos simples. Foi uma longa e prolongada pandemia que matou cerca de metade das pessoas na Europa e números comparáveis em outros lugares, lançou uma sombra sobre a imaginação popular que perdurou décadas e provocou uma reformulação radical da demografia, de estruturas políticas e sociais, de atitudes e ideias no Ocidente. Embora em certo sentido tenha sido uma aberração, uma catástrofe imprevisível, a peste expôs as fraquezas e vulnerabilidades da sociedade ocidental do século XIV, e direta ou indiretamente inspirou os sobreviventes a tentar mudar o mundo ao qual, por algum milagre, se apegavam.[20] A Peste Negra não foi apenas um golpe devastador do ancinho da morte: foi também uma vassoura que varreu o século XIV de forma radical. E depois dessa varrição, as coisas nunca mais foram as mesmas.

* * *

Depois da inundação

Em setembro de 1349, Robert de Avesbury, um escriturário que trabalhava para o arcebispo da Cantuária no palácio de Lambeth, saiu pelas ruas de Londres para assistir a uma procissão de flamengos se autoflagelando. Cerca de seiscentos desses curiosos personagens haviam aparecido recentemente na cidade, e agora eram uma visão frequente. Duas vezes por dia eles apareciam, vestindo uma camisola branca simples, aberta nas costas, e capuzes com cruzes vermelhas. "Cada um levava um açoite com três tiras de couro na mão direita", escreveu Robert. "Cada tira tinha um nó, muitos deles com pregos afiados. Eles marchavam em fila, um atrás do outro, açoitando-se nos corpos nus e ensanguentados. Quatro deles cantavam em sua própria língua e outros quatro ecoavam uma espécie de ladainha. Três vezes todos se jogavam ao chão [...] estendendo os braços em forma de cruz. A cantoria continuava enquanto, um a um, todos passavam por cima dos outros e davam um golpe com seu açoite no homem deitado no chão."[21]

A essa altura, a flagelação organizada havia se tornado uma espécie de mania. Começou nas cidades italianas por volta de 1260, em meio a um período de fome e de uma guerra destrutiva entre os guelfos e gibelinos.

Depois a prática pegou na Alemanha e no Noroeste da Europa. Os flagelantes procuravam expiar seus próprios pecados e os da humanidade em geral, por meio da automutilação.[22] Além de ser uma inversão interessante do imperativo cruzado de ferir outros em nome de Cristo, a flagelação também era algo sob medida para a Peste Negra, que parecia uma prova irrefutável de que Deus estava zangado e precisava ser apaziguado. Claro que, como visto, não teve qualquer efeito na propagação da pandemia. (Hoje, na verdade, podemos especular que reuniões diárias em larga escala sem protocolos robustos de distanciamento social provavelmente ajudaram a transmitir a peste ainda mais rapidamente.) Mas isso não impediu os participantes de tentar. Tampouco dissuadiu os clérigos em todas as terras afetadas pela peste de organizar procissões semanais ou quinzenais menos sangrentas, mas ainda abjetamente penitenciais, nas quais pessoas desesperadas clamavam a Deus para serem poupadas. Eduardo III explicou como isso funcionava em uma carta aos bispos ingleses em 1349, dizendo que "a oração, o jejum e o exercício da virtude" encorajariam Deus a "repelir a peste e a doença e conferir paz e tranquilidade e saúde ao corpo e à alma".[23] Muitos outros governantes pediram o mesmo, em vão. No entanto, os reflexos religiosos imediatos desencadeados pela Peste Negra foram apenas uma pequena parte da reação dos seres humanos.

A primeira consequência econômica da pandemia foi causar estragos nos preços e nos salários. Quando a população da Europa atingiu o pico, no início do século, havia trabalhadores em abundância, muitos presos legalmente à terra pelo status da servidão. Porém, o efeito de perder cerca de um de cada dois trabalhadores, praticamente de uma só vez, virou o mundo de cabeça para baixo e de repente valorizou muito a força de trabalho. O cronista Henry Knighton registrou que em 1349 "as colheitas pereceram nos campos por falta de colhedores"; mesmo nos lugares onde havia trabalhadores disponíveis, o custo da colheita para os proprietários de terras disparou.[24] O súbito declínio populacional também causou um colapso no preço dos arrendamentos de terras. Em uma situação tão grave, em que algumas aldeias foram exterminadas e abandonadas para sempre, de repente a terra ficou muito barata, e os proprietários lutavam por arrendadores. Não surpreende que o golpe duplo de salários em alta e arrendamentos em queda tenha causado pânico nas sociedades políticas, cujos membros mais poderosos começaram a pedir a seus governantes que ajudassem a salvá-los da ruína financeira.

Mapa da Europa

- NORUEGA
- DINAMARCA
- Mar do Norte
- ESCÓCIA
- IRLANDA
- INGLATERRA
- Dublin
- Hamburgo
- Londres
- Bruges
- IMPÉRIO GERMÂNICO
- Aachen
- Rouen
- Praga
- FRANÇA
- Baía Biscayne
- Milão
- Bordeaux
- Avignon
- Gênova
- Santiago de Compostela
- Marselha
- CASTELA
- ARAGÃO
- ITÁLIA
- Roma
- PORTUGAL
- Lisboa
- Sevilha
- Mar Mediterrâneo
- SICÍLIA

PRIMEIRA ONDA DA PESTE NEGRA
1347-51

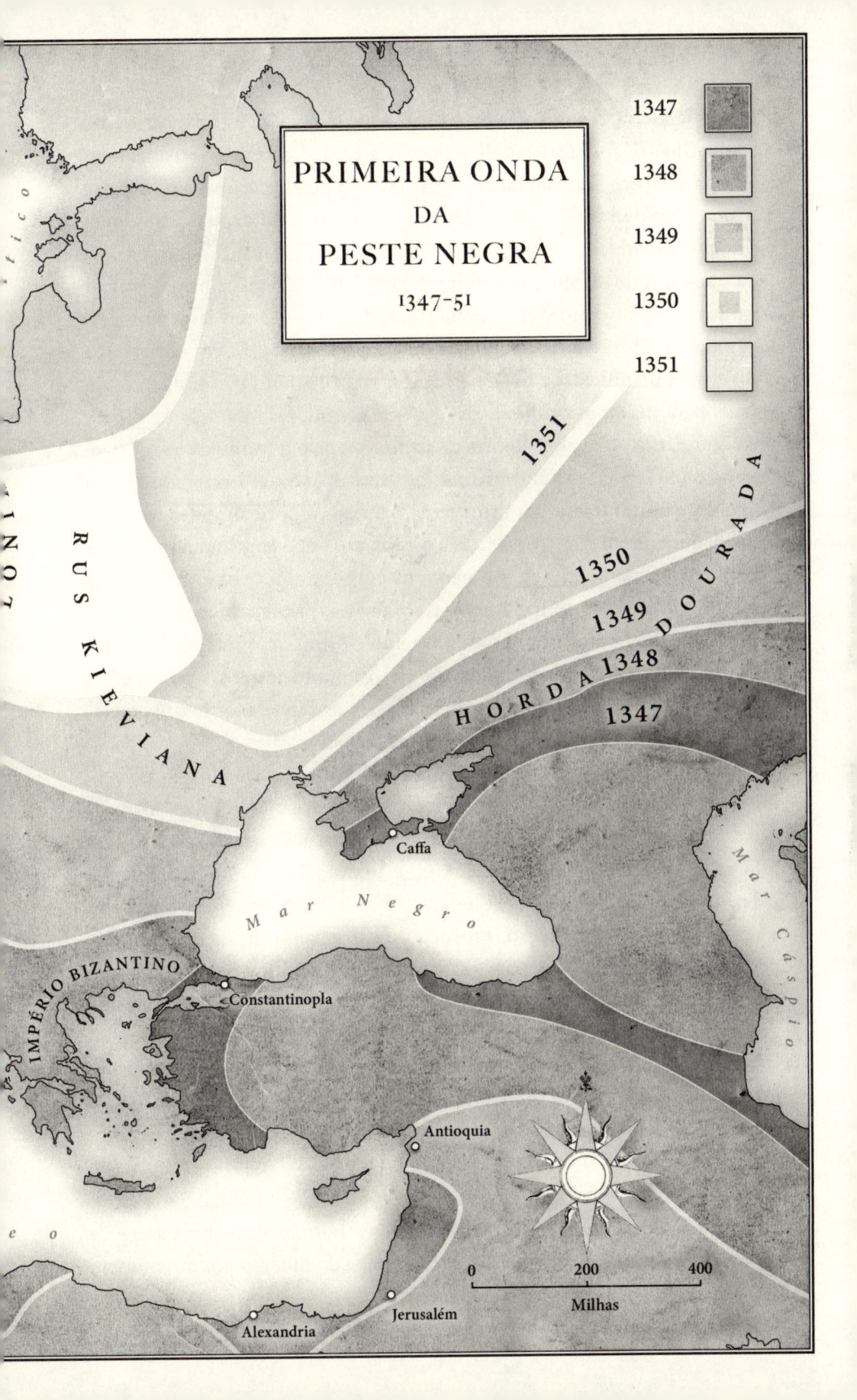

- 1347
- 1348
- 1349
- 1350
- 1351

RUS KIEVIANA

HORDA DOURADA

1351
1350
1349
1348
1347

Caffa

Mar Negro

Mar Cáspio

IMPÉRIO BIZANTINO

Constantinopla

Antioquia

0 200 400
Milhas

Alexandria Jerusalém

Na Inglaterra, o governo agiu rapidamente. Em 1349 e 1351, o governo de Eduardo III apressou uma legislação (a Ordenação dos Trabalhadores e o Estatuto dos Trabalhadores, respectivamente), que tornava ilegal a reivindicação de salários acima dos estipulados pré-pandemia. Estes eram especificados em lei: 5 pence por dia para cortar a grama; 3 pence por dia para trabalhos de carpintaria ou alvenaria; 2,5 pence por dia para debulhar trigo e assim por diante. Ao mesmo tempo, tornou-se um requisito legal que todas as pessoas aptas com menos de sessenta anos fossem obrigadas a trabalhar. A mendicidade foi proibida. Os trabalhadores não tinham autorização para deixar as propriedades e os empregadores foram proibidos de oferecer salários acima dos limites estabelecidos pelo governo. A lei foi rigorosamente aplicada. Segundo Knighton (que morava em uma abadia em Leicester, e portanto era um firme partidário dos proprietário de terras), os trabalhadores eram "tão arrogantes e obstinados" que continuaram a exigir altos salários, mantendo efetivamente os empregadores como reféns. Isso resultou em grandes multas impostas a "abades, priores, cavaleiros [...] e outros grandes e pequenos em todo o reino". Ao mesmo tempo, "o rei fez com que muitos trabalhadores fossem presos; muitos escaparam e fugiram para as florestas e os bosques por um tempo, e os capturados foram severamente punidos para mitigar 'a malícia dos servos'".[25][26]

Essa atitude — de desprezo aos pobres, a não ser quando ocasionalmente lembravam Jesus — era típica das sociedades hierárquicas lideradas por aristocratas do final da Idade Média. Contudo, nas garras de uma pandemia, também era uma atitude perigosa. A devastação do mundo ocidental pela Peste Negra foi mais do que apenas uma inconveniência financeira a ser resolvida pela legislação. Provocou um rearranjo drástico e instantâneo da demografia da Europa — que implicou súbitas oscilações do poder na direção das pessoas comuns. Como consequência, a segunda metade do século XIV viu um súbito aumento de violentos levantes populares em larga escala contra as autoridades estabelecidas. Essas revoltas começaram exatamente quando a primeira onda da Peste Negra começava a amainar, e continuaram até o final do "calamitoso" século XIV.[27]

Rebeliões populares aconteceram durante toda a Idade Média. Seria estranho se não ocorressem. A maioria dos seres humanos medievais era de camponeses rurais, suplementados após a virada do milênio por um número significativo de pobres urbanos.[28] O quinhão dessa gente em geral ficava pouco acima do terrível, e era inevitável que em alguns momentos na Idade Média grupos de despossuídos vissem essa situação como culpa de seus governantes, não somente como um fato da vida. Portanto, de tempos em tempos cidadãos comuns se organizavam para expressar sua raiva e tentar mudar a situação.

Foram muitos os exemplos. Durante os três séculos finais do Império Romano do Ocidente, o Sul da Gália e a Hispânia foram sujeitos a insurgências populares esporádicas, lideradas por grupos turbulentos conhecidos como bagaudas.[29] No século V, Constantinopla foi incendiada e ensanguentada pela Revolta de Nika. No século XII, houve graves distúrbios urbanos em cidades e aldeias italianas, francesas, flamengas e inglesas. No mesmo período, também ocorreram levantes nas zonas rurais da Sicília à Escandinávia. Geralmente envolviam desacordos entre proprietários e arrendatários ou camponeses: sobre o direito dos proprietários de impor sua autoridade a pessoas tradicionalmente "livres", ou (em lugares onde o senhorio era mais firmemente estabelecido) sobre o tipo e a quantidade de trabalho imposto aos camponeses como condição de sua existência. Mas enquanto alguns desses levantes eram puramente "populares" — orgias espontâneas de protestos, demonstrações de fúria e derramamentos de sangue praticados apenas pelos desfavorecidos —, muitos eram o que agora poderíamos chamar de populistas. Ou seja, tinham como modelo algo já existente na Roma republicana (e muito em voga no início do século XXI), em que políticos ricos e cínicos mobilizavam os pobres e tentavam direcionar sua justa revolta contra outras elites.

Revoltas com uma ou outra dessas características ocorreram na Saxônia durante os anos 840, na Noruega em 1030, em Castela em 1111 e na Frísia nos anos 1230.[30] Nos anos 1230 eclodiram revoltas nas cidades produtoras de tecido de Flandres, sucedidas por várias outras depois. Algumas tiveram consequências horríveis. Os rebeldes noruegueses mataram seu rei, Olaf Haraldsson, "o Santo", atingido na barriga por uma lança empunhada por um rebelde chamado Thorir, o Cão.[31] Os rebeldes frísios, conhecidos camponeses Stedinger, causaram tanto estrago que o papa Gregório IX pediu uma cruzada contra eles.[32] Em Bruges, em 1302, um grupo de mulheres da cidade prendeu um soldado francês e o fatiou "como um atum".[33] Era sempre assustador, e, para muitos, abominável, pois, em uma época anterior às noções modernas de democracia ou igualdade social, as demonstrações de poder popular eram algo que a maioria das elites detestava. O poeta inglês John Gower captou o sentimento comum entre os endinheirados e urbanos, de que a rebelião popular era uma forma de desastre natural, a ser temida, mas também esperada. "Existem três coisas cujas características produzem destruição impiedosa quando estão em vantagem", escreveu. "Uma é um dilúvio torrencial, outra é um incêndio devastador, e a terceira é o povaréu, a multidão comum; pois não podem ser detidas, nem pela razão nem pela disciplina."[34]

Gower escreveu no final dos anos 1370, e tinha boas razões para se sentir alarmado. Cerca de vinte anos antes, a metade norte do reino vizinho da França havia sido abalada por uma eclosão de insurreição popular conhecida como as Jacqueries. No final de maio de 1358, um bando de aldeões irados de Saint-Leu-d'Esserent, cerca de sessenta quilômetros ao norte de Paris, às margens do rio Oise, atacou nobres locais, matando-os ou expulsando-os de suas casas.[35] Segundo um relato escrito por um clérigo de Liège chamado Jean le Bel, os aldeões eram cerca de cem e estavam "sem armas além de bastões de ferro e facas".[36] Mesmo assim, obtiveram uma impressionante vitória sobre seus superiores na sociedade, provocando uma onda de violência que logo se espalhou pelo Norte da França e pela Normandia.

Durante os quinze dias seguintes, aldeões de toda a região se uniram sob a liderança de Guillaume Cale e atacaram alvos que representavam riqueza, poder, privilégio e governança incompetente. Os rebeldes — homens e mulheres que chegaram a dezenas de milhares — foram apelidados de "Les Jacques", uma alusão ao pseudônimo "Jacques Bonhomme" (Jacques Bom-homem), apelido que muitos adotaram ou ganharam dos inimigos.[37] Para os cronistas franceses, os Jacques eram "pessoas más [...] camponeses escuros, baixos e mal armados", caracterizados principalmente por sua ignorância e maldade abjetas.[38] E seus feitos eram, naturalmente, chocantes: incendiar e demolir residências, roubar à vontade, estuprar e matar.

Na verdade, parece que muitos dos Jacques se mostraram bem seletivos, concentrando seus furiosos ataques contra os que consideravam ter fracassado em governar com competência ou justiça. Contudo, quanto mais as notícias das Jacqueries se espalhavam, mais depravadas as histórias se tornavam. Um relato escrito no Norte da Inglaterra descreveu o bicho-papão "Jak Bonehomme" como "um homem altivo e arrogante com o coração de

Lúcifer", que comandou quase 200 mil rebeldes organizados em três batalhões marchando por todo o reino da França, "tomando grandes despojos da terra e não poupando nenhum cavalheiro ou dama". "Quando invadiam [...] castelos e cidades, tomavam as esposas dos nobres, belas damas e de grande renome, e dormiam com elas contra sua vontade [...] E em muitos lugares esse Jak Bonehomme arrancava bebês do ventre de suas mães e com o sangue desses bebês [os rebeldes] saciavam sua sede e ungiam seus corpos em menosprezo a Deus e aos santos."[39] Outro escritor afirmou que os rebeldes acendiam fogueiras e assavam cavaleiros em espetos nas chamas.

Até que ponto isso é verdade está aberto a debates. Com certeza os Jacques que se rebelaram em maio e junho de 1358 eram agressivos, numerosos e violentos. Mas não foram os únicos. Após exatamente duas semanas de desordem, foram esmagados por uma campanha militar curta e coordenada, liderada pelo rei Carlos II, "o Mau", de Navarra, um nobre particularmente desonroso e irresponsável, casado com a filha do rei francês, Joan. Guillaume Cale foi torturado e decapitado. E muitos dos acusados de participação foram arrastados por cavalos, tiveram casas destruídas e plantações queimadas. Os rebeldes não tinham o monopólio do terror.

Além disso, se quisermos ser escrupulosamente atentos às circunstâncias, podemos considerar que os Jacques foram muito injustiçados. No rescaldo da Peste Negra, a França estava em péssimas condições. Não só o reino fora assolado por quarenta anos de fome e peste, como também estava em meio à Guerra dos Cem Anos. Por uma geração, grandes áreas do Norte da França e da Gasconha sofreram com campanhas ruinosas de exércitos ingleses e empresas mercenárias conhecidas como "routiers". Na Batalha de Poitiers, em 1356, o rei francês Jean II foi feito prisioneiro; na época das Jacqueries ele estava detido em Londres. Em Paris, o poder se encontrava fragmentado entre facções concorrentes, lideradas pelo delfim Carlos, rei de Navarra, por um mercador parisiense chamado Etienne Marcel e pelo bispo de Laon. No momento em que as Jacqueries explodiram, Marcel e Carlos estavam à beira de uma guerra, com seus exércitos acantonados perto de Paris; há boas razões para acreditar que Marcel incentivou a insurreição no campo para promover sua causa na capital.

Pelos padrões de qualquer época, foi um período caótico. E em um reino que sofreu a pior pandemia em oitocentos anos e perdeu aproximadamente metade da sua população, essa incompetência era insuportável.

Um dos benefícios teóricos da Peste Negra foi que a vida deveria ser um pouco mais fácil para os sobreviventes, que poderiam vislumbrar um futuro com mais terras, arrendamentos mais baratos, salários mais altos e condições melhores. Porém, ao contrário, tudo na França parecia estar piorando. Pesquisas modernas mostram que os líderes das Jacqueries — Guillaume Cale e seus capitães — não eram servos miseráveis, mas sim proprietários, artesãos e profissionais relativamente ricos e educados, que esperavam mais do que vinham recebendo e conseguiam canalizar e articular a revolta de suas comunidades contra um sistema que não atendia às suas expectativas.[40] O fato de terem sido derrotados, e de a rebelião ter se tornado sinônimo de irresponsabilidade, derramamentos de sangue e barbarismo tosco, não significa que suas queixas não fossem razoáveis ou que sejam impossíveis de entendermos hoje.

Vermes da terra

Assim como a Peste Negra de 1347-1351 somou-se aos efeitos extenuantes da guerra para definir o contexto das Jacqueries em 1358, uma geração depois um padrão semelhante surgiu em outras partes da Europa. Dessa vez, não só a França foi abalada. Durante um prolongado período de fervor populista, cidades da Itália, Inglaterra, Flandres, Normandia e imediações foram convulsionadas por rebeliões. A maioria dessas revoltas não era coordenada, nem mesmo tinha qualquer relação entre si. No entanto, mostrou o quanto a ordem pública era frágil quando o século XIV chegou ao fim. Foi quando os habitantes de um mundo transformado entraram em conflito sobre como esse mundo deveria ser.

Na década que seguiu às Jacqueries, houve movimentos esporádicos de revoltas populares e populistas em todo o Ocidente. Muitas vezes o catalisador era o desacordo quanto à tributação, que os governos de toda a Europa vinham tentando generalizar cada vez mais havia várias décadas, para se aproveitar mais da riqueza de pessoas comuns que tradicionalmente tinham pouco a ver com os ricos. Em 1360, houve um motim fiscal em Tournai, quando prisões foram invadidas e casas de comerciantes ricos vandalizadas. No mesmo ano, um grupo de artesãos e trabalhadores de Pisa, cuja economia estava deprimida, planejou um violento levante no qual "matariam um grande número de figurões que controlava o governo da cidade onde e como pudessem ser encontrados, sozinhos ou juntos".⁴¹

Por volta da mesma época, começou no Sul da França a chamada Revolta dos Tuchins, quando trabalhadores rurais descontentes decidiram "não se submeter mais ao jugo dos subsídios [impostos]".⁴² Cansados de ser explorados, como poderíamos dizer hoje, eles formaram brigadas de salteadores juramentados e "declararam-se inimigos de clérigos, nobres e mercadores". Cronistas hostis divulgaram histórias de horror dos crimes dos tuchins: um enviado escocês chamado John Patrick teria sido capturado por um deles a caminho de Aragão. Seus captores "o assassinaram selvagemente e o coroaram com um tripé de ferro em brasa". Outra vítima, um padre que viajava para Roma, também foi torturado até a morte: "Eles cortaram as pontas de seus dedos, arrancaram a pele do corpo com tesouras e o queimaram vivo".⁴³ Essas e outras histórias dos terrores dos tuchins fervilharam no Sul da França durante vinte anos, ainda que, é claro, qualquer ato hediondo na época possa ter sido associado aos "tuchins", e que qualquer grupo de manifestantes ou malfeitores criminosos em busca de notoriedade rápida pudesse se autodenominar tuchin para reforçar sua reputação.* Seja qual for o caso, o movimento dos tuchins durou mais de vinte anos, e representou um prelúdio para o conjunto mais concentrado e generalizado de rebeliões violentas no período da Peste Negra, ocorridas entre 1378 e 1382.

Como visto, houve um significativo aumento de novas infecções pela peste nos anos 1370, após o primeiro grande choque nos anos 1340 e os surtos subsequentes nos anos 1360. A precariedade daqueles tempos deu origem a profecias e rumores populares de tipos estranhos e maravilhosos. Em Florença, um frade ficou famoso por prever que o ano de 1378 seria de "estranhas novidades, medos e horrores, de tal forma que os vermes da terra devorariam cruelmente leões, leopardos e lobos". O anticristo apareceria, disse o frade, os muçulmanos e os mongóis se aliariam para invadir a Itália, a Alemanha e a Hungria, Deus enviaria um dilúvio comparável ao de que Noé escapara na Arca, e os ricos cidadãos florentinos se aliariam aos cidadãos comuns para "matar todos os tiranos e falsos traidores".⁴⁴ Os vermes

---

* Uma versão do que vemos agora com organizações terroristas internacionais como a Al-Qaeda e o Estado Islâmico.

monstruosos não se manifestaram, nem o diabo nem o dilúvio, e o frade foi jogado na prisão pelo papa. Mas, na questão das rebeliões populares, ele provou que estava certo.

Em 1378, Florença viveu o início da Revolta dos Ciompi, uma longa luta na qual artesãos excluídos do sistema de guildas de sindicatos oligárquicos e fechados se aliaram a trabalhadores miseráveis de lã para se rebelar e assumir o controle do conselho municipal da cidade. Estabeleceram um governo revolucionário que durou quase três anos e meio sob várias formas, até finalmente ser derrubado por uma contrarrevolução liderada pelas famílias ricas e tradicionais de Florença. A Revolta dos Ciompi muitas vezes parecia — e foi — uma verdadeira luta de classes: seu primeiro líder foi um velho vendedor de hortaliças que agitou uma flâmula conhecida como bandeira da justiça e pronunciou pouca coisa digna de nota além do slogan revolucionário "Viva o *Popolo Minuto* [povo miúdo]". Não foi uma grande oratória, mas simbolizou as divisões sociais em Florença, que pareciam ser mais gritantes que nunca nos anos 1370.

Segundo o diário de um florentino anônimo e aristocrático, nos estágios iniciais da Revolta dos Ciompi, os rebeldes "construíram um cadafalso na Piazza della Signoria, que disseram ser para enforcar os ricaços", ao mesmo tempo que baixavam uma ordem para que qualquer um usando uma capa (uma maneira grosseira de definir alguém que pudesse ser considerado rico) "fosse morto sem julgamento ou aviso".[45] O cadafalso não foi usado, mas ainda assim a revolução tornou-se violenta. A certa altura, um infeliz notário que trabalhava para o governo da cidade, derrubado em 1378, foi linchado na rua por uma turba. Segundo o autor anônimo do diário, "alguém [...] desfechou um grande golpe com um machado na cabeça, cortando-o em dois; em seguida [a multidão] despedaçou-o pela axila com os miolos escorrendo e o sangue jorrando por toda a rua [...] arrastando-o pelo chão até a base do cadafalso na praça dos Priores, onde o penduraram pelos pés. Lá, todos cortaram pedacinhos dele e os espetaram em lanças e machados para levá-los pela cidade, pelas ruas e os subúrbios".[46] A revolução não continuou sangrenta durante toda sua longa duração, e quando os oligarcas voltaram ao poder, em 1382, foram surpreendentemente amenos, preferindo restaurar a unidade da cidade a vingar-se dos rebeldes. No entanto, a pequena população de Florença tinha mostrado o que era possível quando sentia que seus direitos estavam sendo pisoteados e os meios radicais que usariam se suas demandas não fossem reconhecidas.

E eles não estavam sozinhos. Na França, os últimos anos do reinado de Carlos V passaram por graves rebeliões fiscais em cidades do sul, como Le Puy, Montpellier e Béziers, onde as agitações aumentaram em 1379. Em 1380, a ascensão do filho de doze anos de Carlos, Carlos VI, provocou novos protestos, dessa vez nas aldeias e cidades do norte, onde burgueses de mentalidade populista (cidadãos abastados) e nobres uniram forças com a multidão. A cidade de Paris e a zona rural ao redor foram dominadas por graves tumultos, ataques a prédios públicos, a cobradores de impostos e a judeus e suas propriedades. Nos dois anos seguintes houve novos motins fiscais na capital normanda de Rouen, em Laon, na Picardia e em cidades como Utrecht, em Flandres. Em seguida, em janeiro de 1382, Paris eclodiu na chamada Revolta dos Maillotins, em que manifestantes anti-impostos usaram "marretas de ferro, aço e chumbo" para espancar funcionários reais e destruírem residências.

Durante esse período febril, um contemporâneo considerou que todo o reino estava à beira do precipício, pois "em todo o reino da França, o apetite pela liberdade e o desejo de se livrar do jugo dos subsídios estavam queimando; uma raiva ardente fermentando".[47] E provavelmente estava certo. A Jacquerie de 1358 foi debelada em um mês. Em comparação, algumas das rebeliões iniciadas em 1378 levaram vários anos para serem apaziguadas — e como as chamas da rebelião arderam por toda a Europa, ficou bem claro para os governos que no mundo pós-Peste Negra os pontos de vista e os interesses das pessoas comuns teriam de ser considerados, ou as consequências poderiam ser graves. Em nenhum lugar essa lição ficou mais clara que na Inglaterra, onde uma rebelião no verão de 1381 chegou perigosamente perto de deixar o governo real de joelhos.

O verão de sangue

Na Inglaterra, como visto, o governo do rei Eduardo III reagiu rapidamente aos efeitos econômicos da Peste Negra, aprovando leis trabalhistas que buscavam congelar os salários e impedir que a pandemia alterasse a relação básica entre os ricos proprietários e seus camponeses. Para garantir que essas leis fossem seguidas, os ministros de Eduardo criaram comissões trabalhistas para investigar o recebimento ilegal de salários e punir os que tentassem lucrar com o que hoje reconhecemos como mecanismos básicos de oferta e procura do mercado. Multas e sentenças de prisão foram decretadas para os infratores, não somente logo após a primeira onda da pandemia, mas por toda uma geração posterior.

Fazer cumprir as leis trabalhistas tornou-se uma espécie de obsessão oficial. Nos anos 1370, quando o reinado de Eduardo chegava ao fim, mais de dois terços dos casos das cortes reais diziam respeito a violações trabalhistas.[48] E não era a única maneira de atingir os trabalhadores. A Inglaterra tinha uma longa tradição de servidão, na qual os camponeses eram vinculados à terra desde o nascimento — tendo de trabalhar compulsoriamente ao seu senhor, precisando de permissão para se casar e herdar e sem liberdade de deixar suas propriedades se assim desejassem. Em meados do século XIV, esse sistema estava em declínio, mas foi revivido por muitos proprietários de terra depois da Peste Negra, com muitos nobres usando seus tribunais privados ("senhoriais") para impor aos camponeses obrigações antigas e esquecidas de trabalhar sem receber nada.[49] Os aldeões tentaram contestar, contratando advogados para obter exemplares do livro cadastral de Guilherme, o Conquistador,* na esperança de que os registros nele contidos provassem que estavam isentos de exploração por um direito antigo.[50] Mas foi em vão.

Durante todo esse tempo, o modelo do governo inglês estava à deriva. Em seu auge, Eduardo III foi um dos reis mais inteligentes, talentosos e inspiradores de toda a dinastia Plantageneta. Em meados dos anos 1370, no entanto, já estava no trono havia quase cinquenta anos: fisicamente decrépito, enlouquecendo e cercado por uma corte corrupta cuja decadência parecia ser simbolizada por sua amante inescrupulosa, Alice Perrers. A Guerra dos Cem Anos, que resultou numa sucessão de magníficas vitórias militares nos anos 1340 e 1350, custava então muito

---

* O levantamento abrangente de terras, pessoas e direitos realizado sob o comando de Guilherme após a conquista normanda e concluído em 1086. Um paralelo interessante nos tempos modernos é o boato que circulou na Inglaterra durante o locaute em razão da Covid-19 no outono de 2020: empresários convenceram uns aos outros de que, se postassem o texto da Magna Carta de 1215 em suas instalações, estariam isentos das orientações do governo para suspender as atividades.

mais que rendia. E parecia não haver uma proposta de solução. As receitas fiscais destinadas à guerra continuavam escoando para os cofres dos cortesãos. Piratas franceses assediavam os portos do sul e do leste da Inglaterra. Em 1376, o "Bom Parlamento" censurou severamente vários funcionários reais ingleses. No ano seguinte, Eduardo morreu. Seu filho mais velho, um talentoso guerreiro e herói de guerra conhecido hoje como o "Príncipe Negro", já estava morto. Com isso, a Coroa inglesa passou para o neto de Eduardo, Ricardo de Bordeaux, uma criança de nove anos. Assim como aconteceria na França em 1380, uma grande transição para um novo reinado ocorreu em um momento de profunda inquietação social e cansaço da guerra, e para um novo rei ainda garoto. Os problemas estavam se avolumando.

A rebelião na Inglaterra começou no início do verão de 1381, em um grupo de aldeias ao redor do estuário do Tâmisa, em Essex e Kent. Como em outras partes da Europa, o catalisador foi um imposto impopular. O governo do menino-rei Ricardo II vinha tentando havia alguns anos novas formas de explorar a riqueza do povo inglês, tendo instituído três impostos sucessivos, todos extremamente impopulares e amplamente evadidos. Por volta da Páscoa, um cobrador de impostos que trabalhava perto de Bicester, em Oxfordshire, levou uma surra. Para investigar a sonegação de impostos, bem como esse tipo de incidente, foram enviadas novas comissões judiciais para o campo. Mas isso só piorou as coisas. Começaram a circular rumores sobre a conduta grosseira de fiscais e coletores de impostos; dizia-se que funcionários públicos levantavam as saias de meninas para ver se tinham idade para pagar impostos. Em 30 de maio, em uma sessão judicial realizada na cidade mercantil de Brentwood, em Essex, a paciência com os coletores e seus (supostos) métodos se esgotou. Os aldeões reunidos na cidade para participar das sessões disseram aos funcionários reais que não pagariam mais impostos. No que parece ter sido um sinal pré-combinado, os aldeões expulsaram os oficiais da cidade. Em seguida, enviaram mensagens para seus amigos dos dois lados do Tâmisa para fazerem o mesmo. A ideia se alastrou como um incêndio florestal, e, na primeira semana de junho de 1381, todo o sudeste da Inglaterra estava em alvoroço.

Como foi o caso na França na Jacquerie, o levante inglês de 1381 não se restringiu aos mais pobres da sociedade.* Foi liderado pelos que pertenciam ao que poderíamos chamar de classe média — não exatamente composta por membros da nobreza, mas por uma elite que exercia papéis de responsabilidade trivial nas aldeias, como policiais e párocos. As fileiras constituíam-se basicamente de artesãos especializados, como carpinteiros, pedreiros, sapateiros, peleteiros e tecelões.⁵¹

Os líderes mais famosos eram Wat Tyler, que pode ter lutado na França em uma das campanhas da Guerra dos Cem Anos, e John Ball, um padre nascido em Yorkshire, bem conhecido pelas autoridades por seu longo histórico de pregação em prol de uma doutrina igualitária, motivo de ter sido encarcerado numa prisão da Cantuária por perturbação da ordem pública. Nesse levante, Tyler atuou como capitão *de facto* dos rebeldes de Kent e Essex, enquanto Ball serviu como líder espiritual. No começo de junho, Tyler, Ball e milhares de correligionários seguiram rio acima pelo Tâmisa em direção a Londres, onde planejavam se juntar com aprendizes e trabalhadores numa manifestação contra a incompetência do governo de Ricardo II e em favor das minorias. Tinham motivação, confiança e números — e nenhum latifundiário se atreveu a enfrentá-los no caminho.

Na quarta-feira, 12 de junho, os rebeldes de Kent e Essex acamparam em Blackheath, perto de Londres, onde tiveram um encontro com uma delegação de conselheiros municipais com uma mensagem do prefeito, William Walworth, dizendo que deveriam parar onde estavam. A mensagem não foi atendida. Em Blackheath, Ball proferiu um famoso sermão, cuja mensagem foi bem resumida pelo dístico: "Quando Adão vivia e Eva surgiu/ Quem foi o cavalheiro?". Essa pergunta retórica revelou a profundidade do sentimento antiaristocrático que caracterizava a rebelião, bem como a convicção de que Cristo estava do lado deles. Os rebeldes viam o jovem rei Ricardo com uma afeição ingênua, considerando-o uma vítima de funcionários corruptos, não como fonte da própria tirania. Afirmavam defender o "rei Ricardo e os verdadeiros comuns", e qualquer um que se

---

* O termo "Revolta dos Camponeses" para definir o levante de 1381 na Inglaterra só foi cunhado no século XIX. Uma alcunha mais contemporânea, que aludia deliberadamente à violência do futebol medieval, era "o tempo do arremesso".

interpusesse entre rei e povo — literal ou metaforicamente — estaria sujeito à punição.

Na manhã de quinta-feira, 13 de junho, Tyler e seus homens partiram de Blackheath para Rotherhithe. Lá, receberam a visita de seu jovem herói, o rei, e muitos de seus conselheiros mais próximos, vindos em uma barcaça rio abaixo desde a Torre de Londres. Mas a comitiva real não se atreveu a desembarcar para negociar com os rebeldes, que formavam uma cena intimidadora na margem do rio. Essa reticência frustrou a multidão, que começou a saquear Southwark, o grande subúrbio de Londres na margem sul do Tâmisa, antes de entrar pela Ponte de Londres. Deveria ter sido impossível invadir a cidade pelo sul, já que a ponte poderia ser bloqueada para quem quisesse passar. Infelizmente, contudo, simpatizantes dentro da cidade abriram as barreiras e dezenas de milhares de rebeldes entraram. Assim começaram dois dias e meio de caos semiorganizado que permaneceria por muito tempo na memória coletiva dos londrinos. As prisões foram abertas. Registros legais foram apreendidos e queimados em praça pública. O palácio de Savoy, a bela residência em Londres pertencente ao tio do rei, John de Gaunt, foi invadido e incendiado. Foi um pandemônio.

Na sexta-feira, 14 de junho, o rei Ricardo pediu aos rebeldes que mandassem uma delegação para se encontrar com ele em Mile Ende, fora dos portões da cidade. As exigências apresentadas foram as de um estatuto que efetivamente revolucionava as leis trabalhistas pós-Peste Negra: a servidão deveria ser oficialmente abolida, os arrendamentos limitados a quatro pence por acre e os contratos de trabalho sujeitos a negociações periódicas. Ricardo concordou com tudo. Garantiu também que seria feita justiça a qualquer traidor apresentado pelos rebeldes. Foi um equívoco desastroso, que custou vidas. Quando a notícia da promessa do rei foi transmitida à cidade, os protestos, que já eram violentos, tornaram-se homicidas. Os rebeldes invadiram a Torre de Londres e prenderam os dois membros mais antigos do conselho real lá escondidos: Simon Sudbury, o chanceler e arcebispo da Cantuária, e sir Robert Hales, o tesoureiro. Ambos foram decapitados, e suas cabeças fincadas em estacas.

A cidade ficou fora de controle, e mais vidas foram perdidas em meio ao caos. Os mortos incluíam vários servos de Gaunt (que por sorte estava no Norte da Inglaterra no momento dos tumultos), o guardião da prisão real de Southwark e, tragicamente, cerca de 150 mercadores flamengos, massacrados apenas por serem estrangeiros. A caça aos "traidores" continuou pela noite de sexta-feira, 14 de junho, e durante todo o sábado. Só na tarde de sábado, com os rebeldes bêbados, cansados e sem energia, as autoridades da cidade conseguiram controlar a situação. Mais uma vez, o rei ofereceu um encontro com os rebeldes em um campo de recreação fora dos muros de Londres, conhecido como Smithfield. Dessa vez, porém, havia um plano.

Na noite do dia 15, o rei ficou frente a frente com Wat Tyler, que apresentou uma série de exigências ainda mais radicais que as apresentadas em Mile End. Os rebeldes exigiam o fim absoluto de todos os direitos senhoriais, exceto os do rei, e o confisco e redistribuição de todas as terras da Igreja. Reiteraram sua demanda pelo fim da servidão. Foi um manifesto extraordinário — muito mais radical em sua visão revolucionária do que até mesmo o dos rebeldes de Ciompi em Florença. Compreensivelmente, Ricardo refugou, e, quando Tyler ficou nervoso, o prefeito Walworth assumiu o comando da situação. Tentou prender o líder rebelde, e na luta que se seguiu punhais foram sacados e Tyler esfaqueado. Morreu no hospital St. Bartholomew, ali perto, e a milícia da cidade de Walworth, que aguardava nos bastidores, finalmente atacou, cercou os rebeldes reunidos e os expulsou. Londres fora salva — mas por pouco.

Mas não foi o fim das agitações na Inglaterra. Enquanto Londres estava sendo pacificada, as revoltas se espalhavam por todo o país, de Somerset, no sudoeste, a Beverley, no nordeste. Muitas dessas ações foram coordenadas. Houve grandes distúrbios em East Anglia e nos condados próximos ao norte de Londres. Juízes reais e cobradores de impostos foram mortos, propriedades, vandalizadas. Em Cambridge, as vinganças entre os moradores da cidade e os acadêmicos da universidade resultaram em brigas e agressões em prédios da faculdade. Norwich viveu grandes tumultos, assim como York. Os distúrbios duraram semanas, com um impressionante grau de coordenação entre os rebeldes de todo o país, que compartilhavam uma filosofia igualitária e um interesse geral em anarquizar, causar problemas e destruir o sistema. John Ball só foi derrotado em meados de julho, e, ao ser capturado, em Midlands, já havia mandado dezenas de cartas abertas a seus contatos e outros rebeldes em toda a Inglaterra, instando-os em tom enigmático a "unir-se em nome de Deus" e "se resguardar contra a aflição".[52] Ball admitiu ter escrito essas palavras quando foi julgado em St. Albans. Desnecessário dizer que foi considerado culpado de crimes hediondos contra a Coroa e o país. Em 15 de julho, exatamente um mês após o término da insurreição em Londres, Ball foi enforcado, arrastado e esquartejado.

Nas operações de rescaldo que se seguiram, outros 1.500 rebeldes também foram mortos. No final do ano, a insurreição na Inglaterra afinal terminou, deixando um sentimento de vingança reacionária enraizado na corte: o rei e seu entourage queriam ter certeza de que nada disso aconteceria novamente. Segundo o cronista Thomas Walsingham, Ricardo, então com catorze anos, mostrou-se particularmente vingativo. Quando os homens de Essex enviaram um mensageiro ao rei para perguntar educadamente o que havia acontecido com as liberdades prometidas por Ricardo em Mile End, o adolescente respondeu com toda a severidade imperiosa de um cã mongol:

> Ó seus desprezíveis.
> Detestáveis na terra e no mar, os que buscam igualdade com os nobres não são dignos de viver [...] Como vieram aqui disfarçados de enviados, não morrerão agora e poderão conservar suas vidas [...] [Mas] passem esta mensagem do rei aos seus companheiros: Rústicos vocês são, e rústicos ainda são, e permanecerão em servidão, não como antes, mas incomparavelmente mais severa. Enquanto vivermos e, pela graça de Deus, governarmos o reino, lutaremos com mente, força e bens para reprimi-los, para que o rigor de sua servidão sirva de exemplo para a posteridade.[53]

Walsingham certamente injetou no suposto discurso de Ricardo muito do seu próprio desdém pelos rebeldes, que danificaram seriamente sua casa na abadia de St. Alban no levante de Hertfordshire. Mas o sentido subjacente era claro: quaisquer que fossem as misérias que as classes inferiores sofressem em um século de fome, peste, guerra constante e mudança climática, elas seriam punidas ainda mais cruelmente se ousassem de novo esquecer seu lugar. Não foi a primeira nem a última vez na história que uma revolução seria cruelmente esmagada. Na Inglaterra medieval, não haveria outro levante popular por quase setenta anos.

"Fora, traidores, fora!"

Como os leitores modernos sabem, às vezes as rebeliões ainda acontecem em rajadas: a chamada Primavera Árabe de 2011, na qual as populações dos Estados muçulmanos do Norte da África e do Oriente Médio se rebelaram, é um exemplo recente; se olharmos um pouco mais para trás, podemos pensar nas convulsões de 1848 ou nas grandes revoluções do final do século XVIII, que reconfiguraram a França, os Estados Unidos e o Haiti. O frenesi de rebeliões populares e populistas que tomou conta da Europa entre 1378 e 1382 merece ser pensado nessa categoria: como um "momento" revolucionário, quando muitas pessoas em muitos lugares e mais ou menos ao mesmo tempo tentaram mudar suas condições de vida tomando as ruas, reagindo a diferentes provocações locais e clamando por liberdade em diferentes línguas, mas ainda assim relacionadas temática e historicamente umas às outras.

É claro que os rebeldes do final do século XIV não mudaram o mundo como esperavam. Wat Tyler apostou em Ricardo II, mas acabou sendo cortado em tiras. Os Ciompi assumiram o controle de Florença por vários anos, mas desapareceram na obscuridade. No final do século XIV, o Sul da França ainda era atormentado por bandidos, mas as pessoas não falavam mais dos tuchins. No sentido mais estrito, todos esses rebeldes fracassaram.

Mas o mundo *estava* mudando. Graças à Peste Negra, a população da Europa passou por um ajuste de longo prazo que duraria séculos. A relação entre grandes proprietários de terras e camponeses, e entre líderes urbanos e trabalhadores nunca poderia retornar às normas medievais anteriores. À medida que as economias urbanas continuaram se desenvolvendo, o dinheiro foi confirmado como a principal moeda da obrigação social. Em reinos como a Inglaterra, no início do século XV, a servidão havia praticamente desaparecido. Os soldados eram praticamente todos recrutados com a promessa de contratos fixos e salários, em vez de obrigações impostas por relações senhoriais. Nas cidades, as pessoas reclamavam das exigências fiscais de seus governantes e ainda se revoltavam quando achavam que essa era a única maneira de serem ouvidas. Mas a cobrança de impostos de trabalhadores e proprietários ricos não era mais ultrajante. Além disso, a sensação geral de que o mundo estava à beira do apocalipse arrefeceu um pouco. Lamentavelmente, a peste, a guerra e a fome continuaram sendo características comuns da vida. Mas, à medida que o século XIV chegava ao fim, pareciam não agir com a mesma ferocidade de antes. Assim, apesar de revoltas e rebeliões continuarem sendo uma característica da sociedade medieval após o século XIV, pareciam então diferentes. Uma nova era estava chegando.

Algumas das agitações e revoltas do século XV nasceram da simples e tradicional tensão social — uma característica natural das aldeias e cidades em quase todas as épocas. As universidades, que floresceram no século após a Peste Negra, foram uma fonte particularmente regular de conflitos urbanos, pois estudantes e acadêmicos entravam em confronto, fosse com os moradores da cidade ou entre si. Os distúrbios estudantis foram uma característica da vida urbana desde pelo menos o ano de 1200, e continuaram a ocorrer até o final da Idade Média, e também depois. Na França, agitações relacionadas a acadêmicos foram registradas em Paris em 1404 e em Orléans em 1408. Na Itália, em Perugia, houve um confronto armado entre estudantes e o governador da cidade em 1459; em 1467 houve brigas em massa entre grupos rivais de estudantes alemães e borgonheses na Universidade de Pavia.[54] Em Pavia, em 1478, houve uma extraordinária rebelião de um homem só contra a sociedade, quando um estudante chamado Bernardino foi acusado de estuprar pelo menos duas meninas, começar uma briga de rua entre quatro homens numa disputa por uma prostituta, incitar um conflito em um bordel, aparecer fortemente armado para atrapalhar as comemorações do Carnaval, roubar livros, vinho, joias e até um rebanho de cabras e lutar contra os funcionários da alfândega em noites diferentes.[55] (O tio de Bernardino era o duque de Milão, e talvez ele pensasse que isso lhe dava o direito.) Mas as agitações estudantis geralmente eram uma questão de politicagem interna da universidade, ou o resultado de confrontos sobre privilégios devidos aos acadêmicos versus aqueles desfrutados por todos os outros. Raramente, ou nunca, os acadêmicos tentaram subverter qualquer ordem estabelecida mais geral.

O mesmo se pode dizer da maioria dos outros rebeldes do final da Idade Média. Em 1413, Paris foi mais uma vez palco de uma grande agitação pública, por ocasião da guerra civil irrompida durante o reinado de Carlos VI. Por grande parte de sua vida, Carlos foi atormentado por episódios de psicose que o levavam a esquecer o próprio nome e quem ele era, a acreditar que era feito inteiramente de vidro, a correr nu pelos palácios borrado pela própria sujeira e atacar seus servos e familiares. As facções que disputavam o poder durante os episódios mais loucos do rei eram conhecidas como borgonheses e armagnacs, e os dois lados procuravam envolver os cidadãos e a plebe de Paris em suas disputas. Nos distúrbios de 1413, milhares de cidadãos pegaram em armas, e durante boa parte da primavera e do verão Paris esteve no fio da navalha, com milícias populares nas ruas. Uma facção de proeminentes açougueiros e comerciantes de carne foi encorajada pelo duque da Borgonha a tomar o controle da cidade; o líder dos açougueiros, conhecido como Simon "Caboche", apresentou um extenso programa de reformas legais para combater os abusos do governo.

Para Caboche e seus "cabochiens", foi um sucesso em um nível com que Wat Tyler ou Guillaume Cale só poderia ter sonhado. No entanto, a revolta dos cabochiens foi marcadamente diferente dos levantes anteriores. Enquanto no final do século XIV os rebeldes buscavam derrubar as normas do mundo pós-Peste Negra, uma geração depois, a rebelião foi enquadrada nas estruturas e discursos políticos existentes na época. Os cabochiens não queriam reformular as bases do reino francês, só se manifestaram como uma voz poderosa em seus debates em andamento. Representavam essencialmente um movimento político, não social, e eram fortemente apoiados pelo próprio Borgonha, um dos nobres mais poderosos da França — na verdade, da Europa. Como escreveu um cronista, os açougueiros foram "incitados pelo duque [...] que desejava assumir o governo".[56] Eram atores políticos que podem ter sido violentos em sua característica, mas que jogavam de acordo com regras mutuamente combinadas.

O mesmo aconteceu na Inglaterra em 1450, quando uma rebelião eclodiu em Kent — uma das origens do levante de 1381. A rebelião de Jack Cade, como ficou conhecida, foi uma explosão sangrenta e assustadora, durante a qual os rebeldes do sudeste seguiram um curso surpreendentemente semelhante ao de Wat Tyler e John Ball 69 anos antes. Em meio a temores agudos de uma invasão francesa, e com a Inglaterra nos primeiros espasmos da prolongada série de guerras civis que ficaria conhecida como a Guerra das Rosas, cidadãos comuns que estavam reunidos em milícias para defesa do litoral se rebelaram sob a liderança de Cade — um capitão carismático, provavelmente de Suffolk.[57] Protestando contra o desafortunado governo formado pelo rei Henrique VI, marcharam pelo Tâmisa até Blackheath cantando uma canção com o refrão: "Fora, traidores, fora!".

Ao chegarem à capital, os rebeldes invadiram Southwark, entraram na cidade pela Ponte de Londres e montaram um tribunal popular em frente à Câmara Municipal, onde figuras desonradas do governo real foram julgadas. O tesoureiro, lorde Saye e Sele, foi decapitado; em Kent, uma força militar sob o comando do nobre sir Humphrey Stafford foi emboscada e ele foi morto. O rei — uma alma tímida, na melhor das hipóteses — foi retirado de Londres no início do levante, levado para a relativa segurança de Midlands. Coube a sua esposa, a rainha Margaret, ficar de olho na batalha por Londres, travada entre rebeldes e a milícia da cidade em 5 e 6 de julho. Cade acabou capturado, decapitado e esquartejado, mas Londres e o Sul da Inglaterra continuaram em agitação pelo resto do verão e até o outono. Foi a pior insurreição popular na Inglaterra durante todo o século XV, e abalou o governo da época.

No entanto, a rebelião de Cade, assim como o levante dos cabochiens em Paris, ficou muito longe do grande levante inglês anterior. Enquanto em 1381, Tyler e Ball imaginaram um mundo que poderia ser reconstruído a partir do zero, os rebeldes de Cade apresentaram um programa político menos idealista, e mais ambicioso na prática. Elaboraram um "projeto de lei" formal, reclamando de abusos específicos por parte de conselheiros nomeados e pedindo reformas detalhadas nas políticas reais em Kent e nos condados vizinhos. Solicitavam que o governo fosse assumido pelo primo do rei, "o grande e poderoso príncipe, o duque de York", e propuseram que a Coroa recuperasse todas as terras concedidas como presentes a nobres e cortesãos, com o objetivo de equilibrar os livros contábeis reais em tempos de guerra.[58] Não deram brados utópicos por uma terra em que a servidão fosse abolida, pela simples razão de que na prática a servidão já havia desaparecido por conta própria. As queixas dos rebeldes de Cade foram uma crítica ousada, unilateral, mas educada, dos muitos problemas da Inglaterra, vinda de uma classe de pessoas que agora estava totalmente engajada no processo político, em vez de tentar passar por cima do establishment. Elas ilustravam com precisão até que ponto o mundo havia se afastado das agonias do período da Peste Negra.

Sobreviver à Grande Fome e à Peste Negra não transformou o mundo inteiro em rebeldes. Mas os levantes populares e populistas surgidos na segunda metade do século XIV foram certamente os primeiros indicadores de algumas das maneiras pelas quais as catástrofes daquela época abalaram a sociedade medieval. As hierarquias foram vigorosamente confrontadas. Os estragos das guerras — civis ou externas — deixaram de ser aceitos como parte do trabalho penoso da existência humana, e quando sentiam que estavam sendo submetidas a mais miséria do que podiam aceitar, as pessoas se rebelavam e tentavam fazer com que suas vozes fossem ouvidas, ou usavam as condições caóticas da guerra como trampolim para lançar suas campanhas por melhores condições. Mas não demorou muito para que a fase mais estridente da insurreição pós-Peste Negra arrefecesse e que formas mais sofisticadas e avançadas de rebelião se tornassem a norma.

Ao mesmo tempo, é claro, as elites ocidentais atentaram para o poder potencial desses rebeldes e tentaram direcioná-los para seus próprios fins. Além dos exemplos já vistos, isso ficou particularmente evidente na guerra civil catalã de 1462-1472, quando uma revolta de trabalhadores em regime de servidão conhecidos como *payeses de remensa* desdobrou-se em uma luta entre o rei João II de Aragão e nobres catalães que tentavam limitar o poder real.[59] Só no século XVI, o Ocidente passou por outra revolta em grande escala com o alcance e o caráter das ocorridas entre 1358 e 1382. Foi a Guerra dos Camponeses na Alemanha de 1524-1525, provocada não pelos efeitos traumáticos do colapso demográfico, mas pela revolução religiosa que ocorria no Ocidente na forma da Reforma Protestante.*

O protestantismo, contudo, foi uma questão totalmente diferente, à qual nos voltaremos em breve, à medida que nossa jornada se aproxime do fim da Idade Média. Porém, antes disso, é hora de considerar as mudanças mais abrangentes ocorridas no mundo medieval depois da Peste Negra. Os últimos 150 anos da Idade Média não foram simplesmente caracterizados por turbulências políticas e agitações populares. Foram também uma época de revolução nas artes, na literatura, na filosofia, na poesia, na arquitetura, nas finanças e no planejamento urbano. Tendo sobrevivido ao ataque de *Y. Pestis*, o mundo foi subitamente inundado por novas ideias, descobertas e

---

* Ver capítulo 16.

tecnologias — algumas revividas da era clássica e outras reinventadas. O que alvoreceu no século XIV e floresceu no século XV foi a Renascença, uma época de beleza, genialidade, invenção e inspiração, mas com lama na barriga e sangue nas garras. É sobre esse momento glorioso e perigoso, de renascimento e renovação, que vamos agora lançar nosso olhar.

14
RENOVADORES

"Houve uma época mais feliz para os poetas."
Petrarca, poeta e humanista

Na semana anterior ao Natal de 1431, na grande catedral de Santa Maria del Fiore, em Florença, um acadêmico chamado Francesco Filelfo proferiu uma palestra sobre a poesia de Dante. Centenas de nobres florentinos foram ouvir. A catedral em que se reuniram passava por uma sensacional reforma: na ala leste, o grande *duomo* de Brunelleschi estava sendo montado, e, embora ainda fosse levar mais cinco anos para ser oficialmente concluído, seria um triunfo para a cidade. Filelfo era um personagem perfeitamente adequado a se apresentar no local. Trata-se de um dos pensadores mais empolgantes de sua época. Formado em Pavia, foi designado para ensinar as artes em Veneza com apenas dezoito anos. Mais tarde, viajou pelo mundo, aprendendo idiomas, lendo vorazmente e mergulhando na política. Aprendeu grego em Constantinopla, atuou como diplomata na corte de Murade II, sultão da emergente potência islâmica conhecida como Império Otomano,* e depois assumiu cargos como embaixador de Sigismundo, rei da Hungria, e de Ladislau II, rei da Polônia. Casou-se com uma princesa grega chamada Teodora e se estabeleceu na Itália para seguir carreira como estudioso, mudando-se para Florença no final dos anos 1420. Lá, Filelfo ensinou retórica, traduziu poesia clássica e proferiu palestras na universidade recém-criada (conhecida como *Studio*), falando sobre os escritores da

---
* Ver capítulo 15.

Grécia e de Roma.[1] Aos domingos e outros dias de festa cristã, declamava Dante em público. Conseguia ser uma figura magnética. Brilhante, articulado, intelectualmente vaidoso, pessoalmente espinhoso e obcecado por dinheiro, Filelfo era tão mulherengo que se gabava de ter nascido com três testículos. Fazia inimigos facilmente, sobretudo entre os acadêmicos, sendo chamado de "repulsivo" por um deles.[2] No entanto, quando Filelfo falava, a cidade parava.[3]

Dante era um assunto muito popular. O grande homem havia morrido 110 anos antes, e era considerado um semideus literário em Florença. Sua tumba, na verdade, situava-se em Ravena, onde ele vivera depois de ter sido exilado da sua cidade natal no decorrer das guerras entre Negros e Brancos. Não obstante, analisar a obra de Dante — em particular a *Commedia* (que hoje se costuma chamar de *A divina comédia*) — era o passatempo favorito dos intelectuais florentinos. A *Commedia* não era apenas um retrato vívido do inferno, do purgatório e do céu, escrito em linhas dançantes e entrelaçadas de *terza rima* italiana,* e não em latim; também era repleta de esboços fofoqueiros de homens e mulheres famosos da história antiga e recente, que foram julgados pela pena do poeta e sentenciados aos tormentos diabólicos ou às delícias do paraíso. Isso conferiu à *Commedia* — e aos seus comentários — considerável relevância contemporânea e não pouco potencial para causar problemas. Parentes e descendentes de muitos dos personagens de Dante continuavam ativos na alta sociedade florentina, e o poema referia-se às suas autoimagens, visões de mundo e disputas. Florentinos famosos podiam ser elogiados, alfinetados ou caluniados pelos comentários dantescos. Então, quando um mestre das letras — principalmente um dotado de língua ferina — falava sobre Dante na catedral histórica da cidade, suas palavras eram levadas a sério.

---

* *Terza rima*, que está inextricavelmente ligada a Dante, e é mais apropriada ao italiano, é um esquema em que as rimas se alternam e tropeçam umas sobre as outras. O padrão é ABA BCB CDC DED (e assim por diante), em geral encaminhando-se a um dístico final rimado. Dante é o primeiro grande poeta conhecido por ter trabalhado em *terza rima*. Embora não se adapte perfeitamente ao inglês (que tem muito menos palavras que rimam que o italiano), a forma foi usada por Geoffrey Chaucer, pelo poeta da era Tudor Thomas Wyatt, por John Milton e vários românticos do século XIX, inclusive por George Byron, Percy Shelley e Alfred Tennyson. Há fortes argumentos indicando que ele também inspirou o trabalho dos rappers mais verbalmente hábeis dos século XX e XXI – Notorious BIG, Jay-Z, Lauryn Hill, Eminem, MF Doom, Kendrick Lamar e outros, embora eu ainda não tenha encontrado o exemplo de um rapper empregando a estrita *terza rima* numa faixa inteira.

Em dezembro de 1431, Filelfo não fez apenas um julgamento textual sobre Dante. Também usou sua plataforma para lançar uma sombra sobre uma facção da cidade liderada pelo banqueiro Cosme de Médici, de 52 anos. Desde que assumira a direção do banco Médici do pai, onze anos antes, Cosme se tornara um dos homens mais ricos e poderosos de Florença. Estava fortemente envolvido no planejamento e financiamento de guerras com cidades-Estados próximas, inclusive contra Lucca e Milão. Era um operador instintivo e astuto, especializado em controlar a política dos bastidores. Mas não era universalmente apreciado, em especial por uma facção conservadora e oligárquica liderada por outro florentino muito rico, Rinaldo degli Albizzi, e por um dos patronos de Filelfo, Palla Strozzi. Em sua palestra na catedral, o acadêmico deixou claro de que lado estava. Sugeriu, meio indiretamente, que os partidários de Médici eram "ignorantes", que o invejavam e que nada sabiam sobre Dante. Acusou-os de nutrir por ele um "ódio persecutório" e de estar por trás de tentativas, no início daquele ano acadêmico, de exonerá-lo permanentemente de seu cargo de professor universitário.[4] Isso foi uma declaração de guerra. Que voltaria para assombrar Filelfo.

Sob a liderança de Cosme, a família Médici não só deu início à sua ascensão à hegemonia em Florença, como também ao papel de uma dinastia quase real, cujos filhos acabariam por incluir papas e grão-duques e cujas filhas se tornariam rainhas. E embora o auge de seus poderes estivesse longe, na primeira metade do século XVI eles já eram pessoas perigosas de se enfrentar. Um grande clã, com interesses em toda a cidade, os Médici ocupavam o centro de uma rede de florentinos conhecidos como *amici* ("amigos"), cujos membros variavam de magnatas e banqueiros a lojistas e pobres comuns.[5] Essa rede podia ser mobilizada para quaisquer tipos de tarefas, tanto nobres quanto dissimuladas. Enfrentar os Médici significava fazer muitos inimigos, que, se quisessem, poderiam prejudicar alguém de forma definitiva.

Filelfo sofreu o poder sombrio dos *amici* em maio de 1433. Aconteceu quase dezoito meses depois de ter iniciado seus ataques verbais aos Médici e seu grupo. Certa manhã, enquanto Filelfo caminhava para o trabalho no *Studio*, seguindo o rio Arno pelo Borgo S. Jacopo, foi abordado por um bandido chamado Filippo, que desembainhou uma espada e o atacou. Filelfo tentou se defender com os punhos, mas era um escritor e não um lutador. A agressão não foi fatal (talvez como planejado), mas correu muito sangue. Com um "ataque aterrorizante" da lâmina, Filelfo escreveu mais tarde, seu agressor conseguiu "não só cortar profundamente, mas também quase amputar toda a minha bochecha e a narina direitas".[6] Em seguida o bandido fugiu. Depois do choque inicial e da dor, Filelfo se recuperou, mas ficou desfigurado para sempre por uma cicatriz. Cosme nunca foi formalmente ligado ao crime — um dos colegas do *Studio* de Filelfo foi levado a julgamento pelas autoridades da cidade e torturado para admitir ter pagado Filippo pelo ataque. Mas Filelfo estava convencido de que o patriarca dos Médici estava por trás de tudo.

Nos meses que se seguiram ao ataque, Filelfo criticou Cosme e seus amigos. Quando os acontecimentos políticos se voltaram contra os Médici, em 1433 — com Cosme acusado, com alguma justificativa, de ter manipulado a condução das guerras de Florença contra Lucca para obter o máximo de lucros para o seu banco —, Filelfo ficou encantado. Pediu publicamente acusações formais de traição, que poderiam ter levado Cosme à morte. Mas não conseguiu convencer as autoridades da cidade. Cosme foi condenado por delitos relacionados a lucrar com a guerra, mas a pena foi o exílio em Veneza, de onde planejou um rápido retorno ao poder. E quando ele voltou a Florença, em 1434, Filelfo descobriu que tinha perdido o jogo. Foi a sua vez de ser expulso da cidade. Mas não foi absolutamente o fim de sua carreira: passou a ocupar cargos ilustres sob os duques de Milão e, por um breve período, o papa Sisto IV, um tipo depravado e corrupto, mas patrono entusiasta das artes. Trabalhou como professor e poeta da corte, sempre escrevendo folhetos exortando os príncipes da Europa a reviver o espetáculo de uma grande cruzada para derrotar os turcos otomanos. Mas continuou vivendo com as cicatrizes físicas, reputacionais e emocionais por ter desafiado Cosme nos anos 1430. Em 1436, tentou contratar um assassino para matar o chefe dos Médici. O plano fracassou e só serviu para garantir que, apesar de toda a sua fama e conexões, Filelfo não fosse bem-vindo em Florença por quase cinquenta anos.

Somente em 1481, o neto de Cosme, Lorenzo, "O Magnífico", convidou-o de volta para ensinar grego na universidade. A essa altura, porém, Filelfo já estava com 83 anos. Seu posto na cidade de Dante não durou quase nada. Contraiu disenteria assim que chegou e morreu em duas semanas. Filelfo teve uma carreira empolgante e diversificada, sendo considerado o maior erudito em grego no Mediterrâneo ocidental. Porém, sua língua afiada lhe custou sua aparência e quase a vida. Do seu ponto de vista, era um sujeito honrado, que se apegou a seus princípios e sofreu por isso: "A vergonha não me permitiu ser um parasita", escreveu certa vez. "Nem nunca aprendi a bajular, adular ou só saber dizer sim."[7] Outros viam de forma diferente. "Sua inteligência era ágil", escreveu um intelectual contemporâneo, secamente, "mas ele não sabia como mantê-la em ordem."[8]

Hoje, Francesco Filelfo não está entre os primeiros nomes lembrados do extraordinário mundo intelectual e artístico que floresceu no Ocidente no final da Idade Média. Com ou sem razão, seu gênio e erudição não capturaram a imaginação do público da mesma forma que alguns de seus contemporâneos, particularmente artistas plásticos. As superestrelas dessa época são homens como Leonardo da Vinci e Sandro Botticelli, Brunelleschi e Michelangelo, Rafael e Ticiano, Pico della Mirandola e Maquiavel, Jan van Eyck, Rogier van der Weyden e Albrecht Dürer. Filelfo não pertence ao primeiro escalão, talvez nem mesmo ao segundo. Contudo, há algo em sua história pouco conhecida que resume a natureza do período.

O final do século XIV viu florescer, primeiro na Itália e, logo depois, além dos Alpes, no Norte da Europa, um movimento cultural conhecido como Renascença. A Renascença foi uma época em que pessoas criativas descobriram novas (ou perdidas) abordagens na literatura, nas artes e na arquitetura. A partir disso, surgiram também novas teorias de filosofia política, ciências naturais, medicina e anatomia.

A Renascença reviveu um interesse intenso pelas glórias da cultura grega e romana antigas, com rápidos avanços técnicos na pintura e na escultura, e na disseminação de novas ideias sobre questões como educação e política. A arquitetura transformou as paisagens urbanas. O retrato presenteou os políticos com novas ferramentas de propaganda. A Renascença prosseguiu e se desenvolveu ao longo de muitas gerações: numa análise histórica mais longa, ela ainda estava acontecendo no início do século XVII. Desde o primeiro momento, alguns dos que passaram pelo período reconheceram estar vivendo em uma nova era. Entre os primeiros a afirmar isso estava Leonardo Bruni, que escreveu o épico *História do povo florentino*, em que identificou o colapso do Império Romano do Ocidente no século V como o fim de uma grande era, e o seu próprio tempo, no início do século XV, como a culminação de um longo caminho de volta à civilização.⁹ Essa noção ainda sustenta nosso senso dos limites da Idade Média — como mostra o escopo de livros como este.

A Renascença foi uma época em que muitos gênios surgiram. Mas os patronos eram tão importantes quanto os autores. Arte e invenção estavam intimamente entrelaçadas com dinheiro, poder e as ambições dos príncipes. Pessoas inteligentes e criativas recorriam aos ricos para financiar seus empreendimentos, enquanto os poderosos jogavam seu poder nos artistas para ajudá-los a enfatizar o bom gosto e a sofisticação cívica de suas cidades natais. Assim, para cada Filelfo havia um Cosme; cada um capaz de elevar ou frustrar o outro quase na mesma medida.

Durante séculos, as pessoas viram a Renascença como uma virada cultural marcante, que delimitava as fronteiras entre a Idade Média e a modernidade. Hoje, no entanto, alguns historiadores não gostam do termo, alegando que implica uma escassez de invenção ou quaisquer transformações no pensamento durante os séculos precedentes. Outros ainda preferiram cooptar e diluir o termo "renascença" aplicando-o a momentos anteriores da Idade Média; já passamos pela "renascença do século XII" na nossa jornada até este ponto.* Que seja. O fato é que, gostemos ou não do termo "renascença", só alguém tolo ou muito corajoso poderia negar que o século XV, em particular, foi um período de obras culturais e intelectuais marcantes, que produziu algumas das mais famosas obras de arte e literatura da história da humanidade, sob o patrocínio de clientes magnificentes, embora muitas vezes um tanto conspurcados. Portanto, é sobre essa época que agora vamos nos debruçar, analisando a explosão artística e humanística do final da Idade Média, bem como os disparates ocasionalmente sangrentos que a sustentaram.

O primeiro humanista

Na Sexta-Feira Santa de 1327, 104 anos antes de Filelfo se desentender com Cosme de Médici, o jovem poeta e diplomata Francesco Petrarca foi à igreja da cidade papal de Avignon. Como contou a história mais tarde,

---

* Ver capítulo 11.

foi lá, no dia mais solene de todo o calendário cristão, que Petrarca viu pela primeira vez uma mulher chamada Laura. Provavelmente se tratava (mas não é certo) de Laura de Noves, recém-casada com o conde Hugh de Sade.

Aos dezessete anos, Laura de Noves mal tinha saído da adolescência, ainda que isso fosse bastante normal para as noivas do século XIV. Seis anos mais velho, Petrarca se apaixonou. A atração foi em parte física. Um retrato póstumo (e parcialmente imaginado) de Laura de Noves, guardado na biblioteca Laurenziana de Florença, mostra uma mulher bonita, com um nariz afilado e elegante, olhos arredondados sob sobrancelhas arqueadas e boca e queixo pequenos. Mas sua beleza física não era tudo. Petrarca escreveu que quando lançava "os raios de seus lindos olhos" sobre ele, Laura criava "pensamentos de amor, ação e palavras".[10] Em um relacionamento casto e platônico iniciado logo depois, Laura tornou-se sua musa. Ao longo de sua longa vida e da vida curta de Laura, Petrarca escreveria centenas de poemas sobre e para ela.*

Assim como Dante, Petrarca redigiu a maior parte de sua melhor poesia em italiano, não em latim. Também aperfeiçoou a forma poética de catorze versos do soneto. Petrarca não criou o soneto. Se alguma vez foi realmente "inventado", o soneto surgiu na corte siciliana de Frederico II Hohenstaufen no início do século XIII. Mas foi Petrarca quem o moldou e dominou a tal ponto que hoje o "soneto petrarquiano" é um marco na poesia italiana, assim como o posterior "soneto shakespeariano" o é em inglês.[11]

O tema de Petrarca em seus sonetos (e em poesias anteriores) era mais que apenas o amor romântico por uma mulher inatingível. Petrarca também usou sua adoração por Laura como ponto de partida para uma investigação sobre os mistérios, os prazeres e as tristezas da vida. Por quase mil anos, a estrutura-padrão usada para discutir esses temas no Ocidente foi a contemplação de Cristo e sua Paixão. Petrarca virou esse modelo tradicional de cabeça para baixo. Era inquestionavelmente um cristão devoto — na verdade, oficialmente um clérigo. Mas buscava o sublime no indivíduo, não o contrário. Atribuiu à vida emocional e interior de uma pessoa o significado infinito e o poder de revelar a verdade superior. Tudo ainda remetia a

---

* Podemos hoje considerar Petrarca um pouco perseguidor. A linha entre a bajulação e a obsessão sempre foi tênue e porosa, principalmente para os poetas.

Deus. Mas o caminho era diferente. E a abordagem de Petrarca ocuparia o centro de uma filosofia estética e moral abrangente, conhecida como humanismo, que impulsionou as conquistas da Renascença. As gerações futuras o viam como o primeiro humanista.

Não demorou muito para Petrarca se destacar no século XIV. Era um belo escritor, um missivista entusiasmado e um viajante obsessivo. Quando adolescente, rejeitou o conselho do pai de se formar advogado, já sabendo que queria passar seus dias vagando pelo mundo, lendo e escrevendo, e não sentado à mesa em Bolonha preenchendo processos legais. E nos anos seguintes ao seu primeiro encontro com Laura, cedeu a esse desejo de viajar. Nos anos 1330, percorreu cidades da França, do Império Germânico, de Flandres e dos Países Baixos, sempre consultando estudiosos e bibliotecas onde pudesse ler manuscritos copiados de fontes clássicas. Retornava regularmente para a coisa mais próxima que tinha de um lar: uma pequena vila isolada chamada Vaucluse, escondida num vale trinta quilômetros a leste de Avignon. Mas nunca se estabeleceu totalmente lá. O mundo, com todo o seu esplendor natural, seus grandes edifícios e livros, era uma fonte de inspiração irresistível. Em 1337, Petrarca visitou Roma, e ao percorrer as ruínas da capital imperial ficou obcecado com as histórias das Guerras Púnicas. Depois disso, começou a escrever (em latim, não em italiano) um longo poema épico chamado *Africa*, narrando a Segunda Guerra Púnica, de 218-201 a.C., quando Aníbal de Cartago foi derrotado por Cipião Africano. *Africa* chegou a nove volumes e a quase 7 mil linhas, embora Petrarca nunca o tenha considerado concluído, impedindo que fosse amplamente divulgado enquanto viveu.[12]

Aos poucos, sua fama aumentou. Assim como seu círculo de amigos poderosos. Na primeira metade de sua carreira, Petrarca trabalhou para o cardeal Giovanni Colonna, membro da poderosa dinastia nobre romana que Petrarca definiu em um soneto como "Glorioso Colonna!".[13] Sempre circulou pela alta nobreza depois disso. Um de seus patronos mais famosos foi Roberto de Anjou, rei de Nápoles (1309-1343), cuja ambição era ser o governante preeminente da Itália e entendia perfeitamente o valor de projetar poder associando-se aos principais escritores e artistas de sua época. Em 1341, Roberto fez a Petrarca uma oferta tentadora: ir a Roma e ser coroado *poet laureate* — um antigo título revivido especificamente para reconhecer seu brilhantismo. Petrarca aceitou, acrescentando apenas a condição lisonjeira de que o rei Roberto deveria sujeitá-lo a três dias de *viva voce* em seu palácio, para garantir que estava em condições. Roberto corou com o elogio. Depois de aprovado no exame, Petrarca foi homenageado com uma coroa de louros no Monte Capitolino, na Páscoa de 1341. Foi uma cerimônia repleta de significado, com as ruínas da Cidade Eterna sugerindo tanto o colapso de um velho mundo quanto a iminente ressurreição do espírito dos antigos.[14] Em seu discurso de coroação, Petrarca cantou elogios efusivos aos romanos. Citando Lucano, disse ao seu público que "a tarefa do poeta é sagrada e grande". E continuou:

> Houve uma época mais feliz para os poetas, uma época em que eram tidos em alta honra, primeiro na Grécia e depois na Itália, e especialmente quando César Augusto dominava o império, sob o qual floresceram excelentes poetas, Virgílio, Varo, Ovídio, Horácio e muitos outros [...] Mas hoje, como vocês bem sabem, tudo isso mudou.[15]

A poesia, argumentou, havia sido desvalorizada. No entanto, os poetas eram capazes de revelar com suas palavras verdades tão profundas quanto qualquer uma daquelas extraídas das escrituras pelos teólogos — se o público as reconhecesse. Nas palavras de Petrarca:

> Poetas, sob o véu de ficções, expuseram verdades físicas, morais e históricas [...] a diferença entre um poeta por um lado, e um historiador ou um filósofo moral ou físico por outro, é a mesma diferença existente entre um céu nublado e um céu claro, pois em cada caso a mesma luz existe no objeto da visão, mas é percebida em diferentes graus segundo a capacidade dos observadores.[16]

A empolgante defesa de Petrarca do verso e sua reivindicação mais abrangente da arte como uma lente através da qual espionar o divino eram emocionantes e desafiadoras nos anos 1340. Levaria dois séculos para suas visões serem totalmente desvendadas por escritores, artistas e pensadores de todo o Ocidente. Mas seu discurso de coroação acabou sendo visto como um manifesto para toda a Renascença.[17]

Em retrospecto, a vida de Petrarca após sua coroação em Roma pode ser interpretada como um modelo para o novo mundo intelectual e cultural da Renascença, deflagrada no final da Idade Média. Petrarca foi poupado pela Peste Negra em 1348, mas sua amada Laura não, nem muitos de seus amigos.* À medida que envelhecia, tornava-se mais solitário e religioso. Em 1350, decidiu deixar de lado o máximo de prazeres mundanos e dedicar-se a uma vida reclusa, de contemplação e estudos.

Contudo, assim como todos os maiores pensadores medievais, Petrarca percebeu que mergulhar na doutrina cristã não implicava necessariamente o abandono dos clássicos. Com suas viagens e o seu trabalho, acumulou uma das maiores coleções particulares de livros da Europa, que incluía textos que não eram lidos havia muitos séculos, como uma série das cartas particulares de Cícero, que Petrarca descobriu em Verona. Petrarca também foi conscencioso em organizar os próprios textos: compilou seus sonetos em uma coletânea conhecida em italiano como *Canzoniere*; reuniu cartas que enviara ao longo dos anos a amigos como Boccaccio; e fez progressos constantes em uma ambiciosa coletânea de poemas líricos chamada *Trionfi* [Triunfos]. Essa coletânea era organizada em torno de seis grandes temas — amor, castidade, morte, fama, tempo e eternidade — e mapeava o curso mortal e espiritual da vida humana até a vida após a morte. Graças às grandes ideias com as quais lidava, suas representações vívidas de sofrimento, luta e celebração e as muitas participações especiais de personagens famosos, desde patriarcas do Velho Testamento a figuras quase contemporâneas como o sultão Saladino, *Triunfos* foi muito popular no final da Idade Média, e muito copiado, muitas vezes em manuscritos ricamente ilustrados.

O texto original levou quase vinte anos para ser concluído, e só foi terminado no início dos anos 1370. Na época ele estava morando na Itália, dividindo o tempo entre Pádua e seu retiro rural próximo, em Arquà. Manteve-se em contato com a corte papal, e, apesar de não aprovar todos os pontífices que ali reinaram, ficou encantado quando o papado começou a voltar para Roma do chamado "cativeiro babilônico" em Avignon, em 1367.** Infelizmente,

---

* Ver capítulo 13.
** O papado de Avignon começou em 1309 sob Clemente V. Em 1367, o papa Urbano V retornou a Roma, mas foi forçado a sair em 1370. Seis anos depois, Gregório XI voltou a Roma para não mais sair, apesar de a Igreja ter sido destruída por um cisma que se prolongou até 1417. Ver capítulo 16.

Petrarca não viveu para ver a restauração romana completa, pois morreu em sua mesa em Arquà um dia antes de completar setenta anos, em 19 de julho de 1374; supostamente, foi encontrado como se estivesse dormindo, com a cabeça apoiada em um manuscrito de Virgílio. Este costumava ser — e ainda é — mais intimamente ligado a Dante, que viveu uma geração antes de Petrarca. Pouco importa. Juntos, Dante e Petrarca foram os principais escritores italianos do século XIV. Foram, assim como os seus antepassados clássicos, muito admirados, os gigantes sobre cujos ombros muitos dos maiores artistas e escritores da Renascença se apoiariam.

Estudando a vida de Petrarca cerca de quinhentos anos depois de sua morte, um estudioso suíço chamado Jacob Burckhardt acreditou ser possível identificar o momento exato em que a Renascença "começou". Foi num sábado, 26 de abril de 1326, quando um jovem Petrarca e seu irmão decidiram escalar o Mont Ventoux, não muito longe de Vaucluse — um pico de quase 2 mil metros de altura, hoje famoso como uma das subidas mais difíceis da rota do Tour de France. Segundo o próprio Petrarca, ele sonhava em escalar essa montanha desde a infância, para enxergar o que era visível do topo. Nem o fato de ser "uma montanha íngreme com penhascos rochosos e quase inacessíveis", nem os avisos específicos para não subir dados por um velho pastor conseguiram dissuadir os irmãos. E eles subiram.[18]

Obviamente a subida foi terrível. Mas os dois persistiram. No decorrer do caminho de ida e volta, Petrarca meditou sobre os textos de Santo Agostinho. Depois escreveu que o episódio lhe mostrou a importância da introspecção e do esforço físico como fonte de revelação religiosa. "O que pode ser encontrado dentro, [as pessoas] procuram fora", escreveu. Segundo Burckhardt, essa percepção e a ideia de escalar a montanha com o simples propósito de vivenciar a natureza por si só nunca teriam ocorrido a ninguém antes do tempo de Petrarca — assim como ambos os conceitos pareceriam inteiramente normais para as gerações que o seguiram.[19] Foi isso que tornou Petrarca especial, afirmou o historiador.

Hoje, poucas pessoas concordam com a avaliação de Burckhardt sobre quando a Renascença começou. Mesmo assim, após a morte de Petrarca, em 1374, houve um boom inegável na grande literatura, sentido nos reinos de todo o Ocidente. Boccaccio, que morreu em 1375, concluíra seu *Decameron* vinte anos antes. Na Inglaterra, Geoffrey Chaucer começou seus *Contos de Cantuária* por volta de 1387 e trabalhou nele até sua morte, em 1400. (Chaucer também traduziu a poesia de Petrarca para o inglês e adaptou uma de suas histórias latinas, *Griselda*, como *The Clerk's Tale* [O conto do secretário].) Na França, a poeta, historiadora e cortesã nascida em Veneza Christine de Pisan ganhou destaque como estrela da corte francesa do louco Carlos VI, onde teceu uma nova e convincente história da origem troiana do povo franco, além de escrever o que foi sem dúvida a primeira história feminista de todos os tempos, *A cidade das damas*: um compêndio vernacular francês sobre as vidas e feitos de grandes mulheres ao longo da história. Vinte anos depois de Christine de Pisan ter concluído esse livro, Leonardo Bruni e Filelfo estavam trabalhando na Itália. Não muito tempo depois, provavelmente nos anos 1440, Donatello esculpiu seu famoso bronze de David — geralmente considerado a primeira escultura masculina de um nu naturalista da Idade Média. Nem tudo isso foi obra de Petrarca — direta ou indiretamente. Porém, considerada em conjunto, trata-se de uma cena extraordinária.

Voltaremos à Itália em breve. Porém, antes disso, vamos olhar para outro centro vibrante de inovação artística e criativa do início do século XV, localizado ao norte dos Alpes, na Borgonha. O ducado da Borgonha foi o Estado sucessor do reino desaparecido de mesmo nome, anexado ao Estado franco no século VI d.C. Sob uma família de duques independentes do século XV, o reino se estendia desde as margens norte do lago Genebra até a costa de Flandres no mar do Norte. Seus governantes não haviam esquecido que poderiam, em outras circunstâncias, ter sido monarcas de pleno direito, e procuraram enfatizar esse fato de todas as maneiras possíveis. Atuaram como mediadores nos capítulos finais da Guerra dos Cem Anos entre a Inglaterra e a França, e assumiram a cruz e lutaram como cruzados contra os otomanos. Mas também foram patronos pródigos e generosos das artes, e no século XV sua corte ducal tornou-se um centro de gênios criativos de toda a Europa.

O bom, o mau e o adorável

No Noroeste da Europa, o inverno de 1434-1435 foi extremamente frio. Na Inglaterra, o Tâmisa congelou até o estuário. Por toda a Escócia, o gelo era tão espesso que durante semanas as rodas das fresas pararam de girar, causando uma grande escassez de farinha e pão. E em Arras, em Flandres, onde a neve caiu implacavelmente por quatro meses, os habitantes da cidade construíram elaborados bonecos de neve representando figuras míticas, sobrenaturais, políticas e históricas. Em uma das ruas viam-se os Sete Adormecidos de Éfeso. Em outra, esqueletos gelados saltitavam numa horripilante *danse macabre*. A figura alegórica do Perigo guardava a entrada do *Petit Marché*. E no meio de tudo isso erguia-se do gelo uma mulher comandando um pequeno grupo de bonecos de neve armados.[20] Era Joana d'Arc (*Jeanne d'Arc*), instantaneamente reconhecível por qualquer pedestre que passasse por ela nas ruas cobertas de neve.

Por um breve período na década anterior, Joana — uma jovem aldeã de Domrémy, no coração da Borgonha, no Leste da França — foi a mulher mais famosa da Europa. Em 1425, com cerca de treze anos, foi visitada por arcanjos, que lhe disseram para ir em busca do filho e herdeiro sem coroa do falecido Carlos VI, conhecido como Delfim, e ajudá-lo a expulsar da França os exércitos ingleses que invadiram e conquistaram grande parte da metade norte do país.* Surpreendentemente, Joana cumpriu a missão, e no final dos anos 1420, então aos dezessete anos, marchou ao lado dos exércitos do Delfim na luta contra os ingleses. Às vezes, vestia uma armadura masculina e, apesar de não lutar, despontava como uma visão esplêndida do favor de Deus, parecendo inspirar a vitória onde estivesse. Em 1429, portou uma bandeira ao lado das tropas francesas quando venceram o cerco de Orléans. No ano seguinte, estava ao lado do Delfim na catedral de Reims, usando

---

* A essa altura, pode ser útil resumir brevemente o estado da França e a Guerra dos Cem Anos. Como mencionado (ver capítulo 13), durante o longo e conturbado reinado de Carlos VI (1380-1422), a França se dividiu em dois campos rivais, conhecidos como armagnacs e borgonheses. Aproveitando-se desse cisma político, Henrique V da Inglaterra (1413-1422) invadiu e derrotou um exército franco-armagnac na Batalha de Agincourt (25 de outubro de 1415), conquistando depois a Normandia e grande parte do norte do reino. Sob o Tratado de Troyes (1420), os franceses reconheceram Henrique e herdeiros como sucessores legítimos de Carlos VI, garantindo efetivamente o objetivo final da Guerra dos Cem Anos, que era combinar as Coroas da Inglaterra e da França. Isso deserdou o filho mais velho de Carlos VI, o Delfim, que estava do lado dos armagnacs. Nada disso teria sido possível sem o apoio da Borgonha aos ingleses. No início dos anos 1430, Henrique V e Carlos VI estavam mortos, e o jovem filho de Henrique, Henrique VI, teoricamente havia sucedido a ambos. A França foi efetivamente dividida em três: o setor norte controlado pelos ingleses, o Armagnac sul e uma faixa da Borgonha, que incluía a própria Borgonha, Flandres e os Países Baixos. Uma aliança entre quaisquer das duas potências ativas era altamente desvantajosa para a terceira.

uma armadura brilhante e levando seu estandarte quando seu senhor foi coroado Carlos VII.[21]

Em maio de 1430, no entanto, Joana foi capturada no cerco de Compiègne e levada presa para Arras. Seu captor era um nobre chamado Jean de Luxemburgo, que lutava do lado inglês em Compiègne. Era leal ao aliado mais importante da Inglaterra, Filipe, o Bom, duque da Borgonha, que mediou a venda de Joana aos ingleses. Um ano depois, período em que um tribunal da Igreja a condenou por heresia, Joana foi queimada na fogueira em Rouen. O duque de Borgonha não estava na cidade para vê-la morrer. Mas se encontrou com Joana enquanto ela estava na prisão e, apesar de nunca ter revelado as palavras trocadas entre os dois, não mostrou nenhum escrúpulo em intermediar a venda dessa mulher vulnerável para pessoas que ele devia saber que acabariam por matá-la.

Tampouco, como se viu, o duque se preocupou muito com sua lealdade aos aliados ingleses. De fato, no inverno gelado de 1434-1435, quando a falecida Joana foi erigida em efígie de neve em Arras, Filipe, o Bom, estava se preparando para abandonar totalmente os ingleses. Seis meses depois de as neves afinal derreterem, em setembro de 1435, Filipe concordou com o Tratado de Arras com Carlos VII. Retirou todo o seu apoio aos ingleses na França, repudiou a alegação de o jovem rei inglês Henrique VI se denominar rei da França e se juntou a uma coalizão de países fortemente hostis à Inglaterra, incluindo os reinos da Escócia e Castela. Foi um golpe estonteante, do qual a causa inglesa não se recuperaria. Isso acabou levando à sua derrota final na Guerra dos Cem Anos na Batalha de Castillon, em 1453. Assim, no curto e mesmo no médio prazo, o Tratado de Arras foi uma demonstração do poder que o duque de Borgonha poderia exercer sobre o palco europeu.

Historiadores diplomáticos e militares passaram muito tempo analisando os termos e as consequências do tratado, mas isso não nos interessa aqui. O que importa é que Filipe, o Bom, foi um grande duque, vindo de uma grande linhagem de duques. Mas sua ambição era ser rei. Reconhecia que parte do trabalho de um grande potentado era exercer astúcia política e destreza na batalha, garantindo assim ser respeitado como uma força genuína nos perenes jogos diplomáticos disputados entre os reinos europeus. Contudo, tinha plena consciência de que a percepção do poder ia muito além da ação de embaixadores e exércitos. Era também uma questão de ostentação e espetáculo da corte. Portanto, não é coincidência que, nos anos 1430, Filipe, o Bom, estivesse se posicionando como mais do que apenas um agente do poder. Estava também conquistando um papel como o principal patrono das artes da Europa, rodeado por um círculo de pessoas criativas e deslumbrantes. Os esforços desse duque entusiasta das artes renderam frutos. O maior deles — um pintor reconhecido ainda em seu tempo de vida por ter mudado o curso da arte ocidental para sempre — foi Jan van Eyck.

Por ocasião do Tratado de Arras, Van Eyck estava na casa dos cinquenta anos e era um dos confidentes e amigos íntimos de Filipe. Nasceu por volta de 1390, provavelmente em Maaseik (atual Bélgica). Parece provável que tivesse um irmão mais velho chamado Hubert, também pintor — e os historiadores da arte debateram longamente sobre a contribuição específica de Hubert para o cânone de Van Eyck. O que está claro é que Jan era inequivocamente o melhor dos dois. Quando jovem, Jan van Eyck viajou por Flandres e pelos Países Baixos praticando seu ofício, morou em Liège e em Ghent e de início trabalhou em cenas religiosas bastante convencionais, de influência gótica, representando o Cristo e a Virgem Maria em vários episódios dos Evangelhos. No início dos anos 1420, seu patrono era um bispo que se tornou nobre com o nome de Jean, o Impiedoso — assim chamado por ter reprimido uma rebelião em Liège em 1408, quando massacrou os rebeldes sem deixar nenhum vivo. Seu cúmplice nessa execrável carnificina foi ninguém menos que o pai de Filipe, o Bom, Jean, o Destemido. Mas em 1425 Jean, o Destemido, e Jean, o Impiedoso, foram ambos assassinados (o Destemido foi espancado até a morte sobre uma ponte, e o Impiedoso foi assassinado com um livro de orações envenenado). Assim, Filipe era proeminente dentro e nos arredores de Flandres, e Van Eyck caiu naturalmente em sua órbita. Na primavera desse ano, Jan passou a receber cem *livres parisis* (libras parisienses) — um belo salário — para servir como valete de Filipe e pintor em geral, ligado à corte ducal, mas autorizado a trabalhar como autônomo fora dela. Os papéis combinavam perfeitamente com ele.

A corte ducal em que Jan van Eyck entrou em 1425 era um lugar vibrante, ostentoso e, às vezes, obsceno. Filipe, que tinha mais ou menos a mesma idade de Van Eyck, era uma figura marcante e carismática, definida por um cronista como alto e magro, com veias salientes por todo o corpo. Tinha o nariz aquilino característico de sua família, um rosto bronzeado de sol e "sobrancelhas espessas, que se destacavam como chifres quando estava com raiva".[22] Um retrato feito pelo grande contemporâneo de Van Eyck, Rogier van der Weyden, confirma a descrição. Também apoia a afirmação do cronista de que o duque "vestia-se com elegância e ostentação"; no retrato de Van der Weyden, Filipe traja uma luxuosa toga preta, o colar de joias preciosas dos Cavaleiros da Ordem do Tosão de Ouro e um grande *chaperon* preto em forma de turbante.

Van Eyck deve ter percebido logo que aquele nobre notável combinava uma devoção convencional com excessos extravagantes. O duque ouvia missa todos os dias, mas tinha autorização papal para fazer isso entre duas e três horas da tarde (e não de manhã), já que gostava de banquetear, beber, dançar e festejar à noite, às vezes até o amanhecer, e acordava tão tarde que enviados oficiais podiam não ser recebidos se chegassem enquanto ainda estava dormindo.[23] Seus modos eram impecáveis, principalmente com as mulheres, que ele dizia serem quase sempre as verdadeiras governantes de suas casas e que precisavam ser encantadas. Além de três esposas, Filipe acumulou entre 20 e 33 amantes e gerou pelo menos onze filhos ilegítimos.

O duque também tinha um senso de humor marcadamente surreal, até pastelão. Assinava suas cartas particulares com a frase "adeus cagalhão". Chegou a pagar mil libras a um dos colegas artistas de Van Eyck na corte para decorar alguns quartos em seu castelo de Hesdin com travessuras e armadilhas: estátuas que esguichavam água em cortesãos que passavam; uma engenhoca com uma luva de boxe numa porta "que esmurra qualquer um que atravessa a soleira na cabeça e nos ombros"; jatos de água escondidos no chão para borrifar as saias das senhoras; e uma sala com um eremita de madeira falante, uma máquina de chuva no teto para forjar tempestades nos visitantes e um abrigo contra a chuva com fundo falso: quem tentasse fugir do molhado cairia num grande saco de penas.[24]

Essas engenhocas representavam o lado maluco e ligeiramente cruel do duque. Mas também diziam do amor sem limites de Filipe por invenção e arte. Gastava fortunas em tapeçarias, sofisticados trajes religiosos, relicários cravejados de joias e requintados manuscritos.[25] Empregava músicos, pintores, ourives, escritores e outros artesãos em escala maior que qualquer governante de sua época fora da Itália. Segundo o guardião de seu tesouro, ver todas as suas joias levaria três dias.[26] E, claro, um desses contratados foi Van Eyck, que floresceu sob seu patrocínio, tornando-se o que o escritor do século XVI Giorgio Vasari chamou de alquimista artístico; o homem que efetivamente inventou a pintura a óleo.[27]

Van Eyck não passava todo o seu tempo com o duque Filipe. Seu contrato não exigia que ele morasse na corte, pois permitia que trabalhasse em seu próprio estúdio, onde Filipe às vezes aparecia. Mas os dois se encontravam em várias ocasiões, pois o trabalho de Van Eyck estava ligado à ambição política de Filipe, e o duque confiava muito nele. Desde o início de seu emprego, Van Eyck foi usado como diplomata em embaixadas sensíveis: em 1426, foi enviado em uma missão listada nos registros do duque como uma "peregrinação" — possivelmente uma missão discreta de averiguação a Aragão para sondar o rei Afonso V sobre uma aliança matrimonial e trazer retratos de noivas em potencial.[28] Van Eyck com certeza cumpriu uma missão desse tipo em Portugal em 1428: uma viagem que fez de Isabela, infanta de Portugal de trinta anos, a terceira esposa de Filipe. Na corte portuguesa, Van Eyck pode ter pintado dois retratos em tela da infanta, que foram mandados a Borgonha para que o duque decidisse se gostava ou não dela. Evidentemente Van Eyck fez bem o seu trabalho, pois os dois se casaram. E seus bons serviços não só renderam belos pagamentos de bônus, mas também a amizade e a admiração de Filipe. Na época do Tratado de Arras, em 1435, Filipe foi padrinho do primeiro filho de Van Eyck com Margaret e deu ao pintor um aumento de 700% — um aumento que Filipe disse a seus irritados contadores ser totalmente justificado, uma vez que "não encontraríamos outro tão do nosso agrado, nem tão excelente em sua arte e ciência".[29] Tal era o poder do homem com o pincel.

A essa altura, seguro com o apoio de Filipe, Van Eyck estava chegando ao auge do seu talento. Um provável autorretrato, exposto na National Gallery de Londres, mostra um homem de meia-idade, de rosto um tanto severo, usando um sofisticado *chaperon* vermelho; é uma pintura a óleo impressionante e realista, eletrizante no uso de luz e sombra para acentuar a pele, as linhas do rosto do modelo e o brilho que dança atrás de seus olhos. Algo revolucionário para sua época. Van Eyck atingiu a maioridade em um momento em que as formas planas, idealizadas ou icônicas de retratos humanos que caracterizavam a maior parte da pintura medieval começaram a dar lugar a esse estilo de trabalho muito mais realista, vivo, com profundidade e cores vívidas. Assim como Petrarca usou a poesia para iluminar a alma, os pintores do século XV tentavam captar por meio do retrato a verdade interior — a essência do indivíduo. Nos anos 1430, Van Eyck estava levando essa tendência a novos patamares a cada pintura.

Muito do seu talento vinha do olhar aguçado, do extraordinário domínio do pincel, da compreensão de como aplicar cores, do amor pelos mínimos detalhes e de sua inigualável coordenação mão-a-olho. Mas também houve um salto técnico. Van Eyck descobriu como diluir a tinta a óleo com outros óleos essenciais, produzindo um meio excepcionalmente fluido e sutil, que permitia ao artista captar no rosto de seus modelos fios de cabelos, pequenas espinhas, capilares rompidos e lábios rachados. Van Eyck era então capaz de retratar perfeitamente o brilho fugaz de uma joia. Podia imitar a forma como a luz caía sobre as dobras das roupas, assim como as crateras da lua. Era capaz de cristalizar uma andorinha batendo as asas num pedaço de céu longínquo e fixar exatamente a maneira como a luz do sol incidia sobre as pétalas graciosas de uma flor de íris. Conseguia recriar o horror frio da luz do dia refletindo na curvatura das placas ensanguentadas da armadura de um cavaleiro, ao mesmo tempo que captava a expressão brutalizada nos olhos dele a mil jardas de distância. Não à toa o escritor humanista e contemporâneo de Van Eyck, o italiano Bartolomeo Fazio, o definiu como o pintor mais proeminente de sua época, argumentando que sua obra merecia ser considerada, ao lado da literatura, como uma forma elevada de arte, uma obra de um homem ilustre.[30] Van Eyck foi um gênio da técnica. Em 1434-1435, concluiu duas das maiores pinturas de sua época.

Em 1432, Van Eyck terminou um retábulo de vinte peças para a catedral de São Bavo de Ghent (atual Bélgica). Conhecido como um "políptico" (um trabalho com vários painéis de dupla face), o retábulo de Ghent pode ter começado em colaboração com seu irmão Hubert; mas o pedante debate histórico sobre quem fez o que torna-se irrelevante diante da majestade da obra como um todo.* O painel central é conhecido como *A adoração do cordeiro sagrado*, no qual anjos, bispos, santos, reis, rainhas, damas,

---

* O retábulo de Ghent foi restaurado recentemente e de forma brilhante, com a remoção das repinturas e do verniz de várias restaurações anteriores. Tornou-se a versão mais fiel em séculos da obra concluída por Van Eyck em 1432.

soldados, mercadores e eremitas estão reunidos em torno de um altar onde o cordeiro de Deus sangra de uma ferida no peito em um cálice de ouro. Nos painéis superiores, vê-se Cristo, entronizado e glorioso, ladeado pela Virgem Maria e por João Batista e com anjos cantando ou tocando instrumentos musicais. Em cada "ala" do retábulo estão Adão e Eva, nus exceto pelas folhas de figueira; no caso de Eva, tentando timidamente, mas sem conseguir, esconder o que às vezes é citado como a primeira representação medieval conhecida de pelos pubianos. Nos painéis traseiros do políptico — visíveis quando o retábulo articulado é fechado —, Van Eyck pintou cenas da Anunciação, imagens de São João Batista e São João Evangelista e retratos de Joost Vijdt, prefeito de Ghent, e sua esposa Lysbet, que encomendaram o retábulo.

Pouco depois de completar o trabalho, Van Eyck criou outra obra-prima bem diferente: *O retrato de Arnolfini*. Trata-se do retrato do comerciante italiano Giovanni Arnolfini, um tecelão que fazia comércio entre Lucca e Bruges, e sua jovem esposa. O casal está de mãos dadas em um quarto iluminado por uma única vela, os sapatos jogados no chão e um cachorrinho marrom e atrevido posando entre seus pés. Lindo, mas um tanto inquietante, um espelho na parede reflete duas outras pessoas em pé na sala, onde se presume que o artista estaria. No espelho, a sala é deformada e alongada, encurtando a perspectiva de profundidade da pintura, ao mesmo tempo que subverte a direção de todas as outras linhas significativas do retrato, que correm verticalmente. Além de uma demonstração da perícia geométrica aplicada à imagem e da atenção requintada a detalhes quase microscópicos, o quadro é também uma obra-prima da arte humanista. As pálpebras semicerradas do mercador impossibilitam uma interpretação precisa do seu olhar, enquanto o peso do tempo sobre os dois parceiros, que parecem diferentes em idade e formação, se abate claramente nos rostos.

O retábulo de Ghent e o retrato de Arnolfini confirmaram Van Eyck como o pintor mais talentoso de sua época. Curiosamente, nenhum dos dois foi encomendado por Filipe, o Bom, o patrono que pagou uma fortuna ao artista. Mas, de todo modo, ambos estavam ligados à corte. Ghent era uma cidade controlada pela Borgonha, e sua glória municipal se refletia no duque. Arnolfini ajudou Filipe, o Bom, a aumentar o prestígio da Borgonha na corte papal nos anos 1420, provendo seis belas tapeçarias para mandar de presente ao papa Martinho V.[31] Talvez Filipe tenha insistido em reter Van Eyck a um custo tão alto precisamente porque o pintor poderia escolher o patrono que desejasse em toda a Europa. Para o duque, que acumulava belas coisas em um ritmo e volume igualados por poucos ou nenhum outro magnata do Ocidente, estar associado a esse artista virtuoso — e saber que ninguém mais poderia reivindicar seu status de patrono — era o suficiente. Ao longo do final dos anos 1430, Filipe continuou pagando muito bem para que Van Eyck representasse a Borgonha, enviando-o a outras embaixadas diplomáticas onde seu pincel e seus olhos poderiam ser necessários. O acordo parecia rezar que outros clientes seriam bem-vindos para contratar Van Eyck, e foi o que fizeram: o lúgubre embaixador da Borgonha na Inglaterra, Baudouin de Lannoy, foi um deles; o rico ourives Jan de Leeuw, de Bruges, foi outro. Mas eles nunca poderiam ter a exclusividade do artista.

Van Eyck morreu em 1441, enquanto trabalhava em uma pintura conhecida como *A Madona do reitor Van Maelbeke*, encomendada para exibição em um mosteiro em Ypres (hoje conhecida apenas em réplica). O pintor foi enterrado duas vezes — primeiro no adro e depois dentro da igreja da catedral de São Donaciano em Bruges, que não existe mais, tendo sido destruída após a Revolução Francesa. Sua associação com a corte de Filipe, o Bom, durou dezesseis anos, e, apesar de ter produzido a maioria de seus melhores trabalhos para outros clientes, sempre esteve ligado a Borgonha. Van Eyck foi lembrado nas cortes de toda a Europa como "um mestre requintado na arte da pintura", enquanto outros artistas — inclusive italianos — viajavam centenas de quilômetros até as cidades de Flandres e dos Países Baixos, controladas pela Borgonha, para estudar seu trabalho, na esperança de aprender a recriar seus maiores feitos.[32] Afinal, foi por isso que Filipe, o Bom, o contratou. Van Eyck situou a Borgonha no mapa de uma maneira tão destacada quanto quaisquer jogadas políticas secretas ou negociações ambíguas entre os ingleses e os armagnacs o fariam.

Filipe sobreviveu ao seu melhor artista por duas décadas e meia, morrendo aos setenta anos, em 1467. No final do século XV, seus descendentes se mostraram incapazes de transformar Borgonha em um reino, ou até mesmo de mantê-la como um Estado independente: nos anos 1490, Borgonha foi dividida e grande parte de seu território se transformou no que se tornaria o Sacro Império Romano dos Habsburgo. Mas a reputação desse fugaz quase reino europeu de se impor como força cultural muito acima de seu poderio perduraria por séculos. E o modelo de Filipe de acumular magnificência por meio do clientelismo se difundiu.

"Gênio universal"

Por volta de 1482, o pintor de trinta anos Leonardo da Vinci escreveu uma carta a Ludovico Sforza, apelidado de "Il Moro" (O Mouro), governante da cidade-Estado de Milão. Leonardo pediu um emprego a Ludovico. Passou os anos antes de escrever a carta trabalhando em uma oficina de artistas altamente conceituada em Florença, dirigida por Andrea del Verrocchio. Era um lugar maravilhoso para aprender, pois Verrocchio era um artista muito habilidoso, que tinha entre seus clientes as mais ricas e prestigiosas famílias florentinas, inclusive os Médici. Seu estúdio produzia belas pinturas, trabalhos em metal, esculturas, armaduras cerimoniais e têxteis, tendo manufaturado a cintilante bola de cobre batido que coroava a cúpula de Brunelleschi — uma façanha de arte e engenharia que exigiu tochas de solda produzidas por espelhos côncavos que concentravam a luz e o calor do sol em um só ponto.[33] Enquanto trabalhava com Verrocchio, Leonardo teve importantes oportunidades para demonstrar suas habilidades: ele e seu mestre colaboraram em belos retratos como *Tobias e o anjo* (hoje na National Gallery de Londres) e *Madona e o menino* (atualmente no Staatliche Museen de Berlim). Porém, quando completou trinta anos, Leonardo estava mirando mais alto. Não desejava apenas ser um artista independente, ou ter sua própria oficina em Florença. Queria ser algo muito maior. Em sua carta a Ludovico Sforza, Leonardo explicou o que poderia fazer.

"Eu projetei pontes extremamente leves e fortes, adaptadas para ser facilmente transportadas", escreveu. "Sei como, durante um cerco, retirar a água das trincheiras [...] Tenho métodos para destruir qualquer fortaleza, mesmo que fundadas em rocha sólida. Tenho canhões [...] que podem arremessar pequenas pedras quase parecendo uma tempestade de granizo." Jactou-se de poder construir armas navais, projetar minas e túneis, e "fazer carroças armadas intacáveis, que podem penetrar nas fileiras do inimigo com sua artilharia". Disse que poderia fabricar armamentos, catapultas, "e outras máquinas eficazes que não são de uso comum". Além da engenharia militar, Leonardo afirmou ser um mestre em "arquitetura e na composição de edifícios públicos e privados, e em transportar água de um lugar para outro". Escreveu que seria capaz de concluir um famoso projeto de arte pública milanês em discussão e construir um cavalo de bronze gigante em homenagem ao falecido pai de Ludovico, o duque Francesco Sforza. E ainda mencionou, quase como um pós-escrito: "Assim como posso fazer tudo o que for possível na pintura, tão bem quanto qualquer outro homem, seja ele quem for".[34]

Essa carta de Leonardo, preservada em forma de rascunho em seus cadernos, mostra em corte transversal a mente versátil de um homem medieval com grandes pretensões de ser considerado o maior gênio da história. Leonardo não estabelecia limites para os seus interesses e havia muito pouco que não pudesse fazer. Além de pintar várias das obras mais famosas de todos os tempos — *Mona Lisa*, *A última ceia*, *A Virgem das rochas* e *Salvator Mundi*[*] — e desenhar o icônico *Homem vitruviano*, dominou aspectos de anatomia, ótica, astronomia, física e engenharia. As invenções que projetou em seus cadernos — entre elas aeronaves e tanques — eram muitas vezes tão ambiciosas que só foram concretizadas centenas de anos após a sua morte. Suas anotações particulares, em grande parte mantidas em uma escrita espelhada para canhotos, abrangiam uma vasta paisagem de tópicos intelectuais e práticos. Leonardo era um polímata e um pensador destemido. E sabia disso. Por isso escreveu a Ludovico Sforza. Acreditava que suas habilidades, nascidas de uma mente insaciavelmente curiosa e sustentadas por uma grande autoconfiança, seriam inestimáveis para um patrono político, guerreiro e esteta como Il Moro. E estava certo. Depois da carta, Leonardo passou dezessete anos trabalhando em Milão. E isso foi apenas parte de uma longa carreira, durante a qual Leonardo serviu a muitos grandes mestres na Itália e na França. Todos tiveram a sorte de tê-lo, pois ele era, como disse Vasari, "maravilhoso e celestial".[35]

Leonardo nasceu na pequena cidade de Vinci, a cerca de um dia a cavalo de Florença, em 1452. Seu pai era tabelião. A mãe, uma camponesa de

---

[*] *Salvator mundi* é uma adição relativamente recente à lista das maiores obras de Leonardo; em parte, deve sua posição nesta lista ao fato de que em 2017 foi vendida em leilão por pouco mais de 450 milhões de dólares, tornando-se (no momento em que escrevo) a obra de arte mais cara da história.

dezesseis anos. Não eram casados, mas, naquela época, a ilegitimidade não era exatamente uma desgraça. Significava simplesmente que Leonardo foi criado por seus avós e não teve uma rigorosa educação latina. Aos doze anos mudou-se de Vinci para Florença com o pai, e dois anos depois já era aprendiz de Verrocchio, cujo círculo também pode ter incluído o brilhante pintor Sandro Botticelli.[36] Sob Verrocchio, os alunos não aprendiam apenas a pintar e esculpir. Estudavam geometria prática e anatomia e literatura clássica, para entender melhor as questões envolvidas nas obras de arte que produziam. Leonardo devorava tudo.

Quando chegou à idade adulta, no início dos anos 1470, Florença era um lugar ainda melhor para ser um artista do que fora quarenta anos antes, nos dias de Cosme de Médici e Francesco Filelfo. O governante efetivo da cidade era agora Lorenzo, "o Magnífico" de Médici, que assumira os negócios da família em 1469. Embora as finanças do banco Médici estivessem quebrando — depois de perdas catastróficas na filial de Bruges nos anos 1470, quando um gerente local e desonesto fez empréstimos maciços e não garantidos a Carlos, o Temerário, duque da Borgonha, filho e sucessor de Filipe, o Bom —, o empenho de Lorenzo em usar seu dinheiro com generosidade fez de seu mandato uma era de ouro da Renascença.

Um rápido levantamento dos artistas que trabalharam e surgiram em Florença nos anos 1470 e 1480 forma uma lista de alguns dos mais geniais da história do mundo. Além de Verrocchio, Botticelli e Leonardo, a cidade abrigou Domenico Ghirlandaio e os irmãos Pollaiuolo. O poeta e estudioso de grego Angelo Ambrogini (conhecido como Poliziano) combinava seus deveres como tutor dos filhos de Lorenzo de Médici com a tradução da *Ilíada* de Homero para versos latinos. Em 1484, o erudito Giovanni Pico della Mirandola ("um homem de gênio quase sobrenatural", segundo Maquiavel) chegaria em busca do patrocínio de Lorenzo, gabando-se de poder defender novecentas teses, sobre temas que iam do dogma cristão à feitiçaria, contra todo e qualquer que ousasse desafiá-lo.[37] Alguns anos depois, Michelangelo Buonarroti, de treze anos, foi aprendiz na oficina de Ghirlandaio, e se tornaria o rival mais próximo de Leonardo como o melhor pintor italiano da Renascença.

A riqueza da família Médici apoiou grande parte desse investimento criativo: Lorenzo seguiu a tradição familiar, estabelecida pelo seu avô, e investia anualmente o que hoje seriam dezenas e até centenas de milhões de dólares em empreendimentos culturais. E fez isso porque ele e quase todos os demais cuja opinião importava achavam que era um dinheiro bem gasto. Por um lado, o consumo ostensivo era satisfatório por si só — como continua sendo para os bilionários de hoje. Por outro, Lorenzo estava preocupado em cultivar sua reputação como patrono das artes, principalmente para encobrir alguns de seus negócios mais obscuros na cidade. E o patrocínio também podia ser útil na diplomacia. Ocasionalmente, artistas florentinos eram "emprestados" a outros grandes potentados para cultivar seus favores. Na época em que tentava garantir um cargo de cardeal para um de seus filhos, Lorenzo enviou o pintor Filippo Lippi a Roma para decorar a capela particular de outro cardeal; e talvez tenha também encorajado Leonardo a buscar favores com a família Sforza em Milão.

Mas seus patrocínios não eram apenas puro cálculo. Acumular grandes obras de arte, particularmente obras exibidas em ambientes públicos, também refletia a virtude interior da República de Florença. Maquiavel afirmou que Lorenzo gastou grandes quantias em coisas bonitas para "manter a cidade abastecida em abundância, o povo unido e a nobreza honrado".[38] Com certeza Lorenzo tinha razões pessoais para isso — mas uma delas era um verdadeiro orgulho cívico, que no século XV se tornara inseparável das questões de liderança.

No entanto, embora a Florença de Lorenzo, a cidade que produziu Leonardo da Vinci, fosse abundante em coisas belas, também era violenta e perigosa — talvez ainda mais do que na época de Cosme. Os conflitos entre facções na cidade ainda podiam se transformar rapidamente em espetaculares banhos de sangue — como aconteceu em 1478 na Conspiração dos Pazzi, quando assassinos da família Pazzi, apoiados pelo papa Sisto IV, tentaram assassinar Lorenzo e seu irmão Giuliano na catedral de Santa Maria del Fiore. A rivalidade entre famílias era algo profundamente arraigado na cultura política florentina, e deixou sua marca em Leonardo: em seus cadernos há um memorável esboço a tinta de um dos conspiradores de Pazzi, Bernardo Bandini dei Baroncelli, pendurado morto na forca. (O esboço é acompanhado das notas divertidas de Leonardo sobre as cores das vestes de Baroncelli.) Viver e trabalhar no mundo vibrante e generosamente financiado da Renascença significava aceitar suas realidades macabras e a onipresença do derramamento de sangue, do crime e da guerra. Portanto, não foi por acaso que Leonardo se posicionou para Ludovico Sforza como um homem que poderia fazer mais do que somente pintar como um anjo. Ele sabia que ser realmente grande exigia certa dose de pragmatismo — ser capaz de direcionar a ingenuidade de alguém para todos os tipos de fins, inclusive os diabólicos, se necessário.

Os dezessete anos de Leonardo em Milão foram ativos e produtivos. Bonito e encantador — "um homem de beleza extraordinária e graça infinita", escreveu Vasari —, Leonardo também tinha uma alma boa. Adorava animais e nunca comia carne. Ao mesmo tempo inescrutável e gregário, fazia amigos com facilidade, embora seu associado mais próximo fosse seu jovem assistente Gian Giacomo Caprotti da Oreno, mais conhecido como Salaì, que foi seu aprendiz aos dez anos de idade, em 1490. Bonito, indisciplinado e possuidor de uma veia cleptomaníaca, Salaì combinava os papéis de musa, ajudante, protegido, filho e (muito provavelmente) amante de Leonardo, tendo vivido ao seu lado por um quarto de século. Passou toda a adolescência junto de Leonardo em Milão.

Durante o tempo em que morou na cidade, Leonardo ganhou grandes contratos, embora fossem principalmente no espaço cívico, não no campo da engenharia militar. Prestou consultoria em obras de melhoria da enorme, porém estruturalmente precária, catedral gótica de Milão. Passou muitas horas projetando dispositivos teatrais para diversão dos cortesãos de Ludovico. Pintou as duas versões de *A Virgem das rochas* (hoje no Louvre de Paris e na National Gallery de Londres). Produziu os retratos lindos, íntimos e seculares conhecidos hoje como *Retrato de um músico*, *Dama com arminho* e *La Belle Ferronnière*. E dedicou mais de dois anos para pintar *A última ceia* — um mural no refeitório da igreja do convento de Santa Maria delle Grazie, aonde cidadãos curiosos iam vê-lo o dia todo em cima de um andaime, perdido em sua pintura. Enquanto isso, em particular, estudou anatomia, tanto animal quanto humana. Seu *Homem vitruviano*, um desenho científico que ilustra as proporções geométricas da forma humana, também data desse período. Nunca deixou de encher seus cadernos com projetos de máquinas, observações sobre matemática, estudos de movimento natural e muito mais. Foi um período maravilhosamente frutífero. Mas não duraria para sempre.

De todas as propostas ousadas apresentadas por Leonardo a Ludovico Sforza em sua carta de 1482, a que ele chegou mais perto de realizar foi a produção de um grande cavalo de bronze — o tão falado monumento ao pai de Ludovico, duque Francesco Sforza. Nos primeiros meses de 1489, Leonardo afinal conseguiu o contrato e montou um estúdio, com meia dúzia de assistentes, onde fez planos para a maior estátua equestre que o mundo já vira — que teria três vezes o tamanho natural, pesaria 75 toneladas e anunciaria a grandeza da dinastia Sforza, que só estava no poder em Milão desde 1401 e ansiava por maneiras espetaculares de compensar a falta de pedigree.[39] Os planos de Leonardo para esse gigantesco monumento eram mais que audaciosos: eram visionários. Seu desejo era forjá-lo em uma única peça — um processo que nenhum outro homem vivo teria concebido ou ousado. No final de 1493, Leonardo já havia resolvido os problemas estruturais de moldagem, fundição e resfriamento, e estava quase pronto para começar.

Mas o grande cavalo nunca se materializou. Pois exatamente naquele momento, exércitos franceses se preparavam para invadir o Norte da Itália. Foi o início de 65 anos de guerras ferozes pelo controle da península Italiana, travadas principalmente entre a França e um reino recém-unificado da Espanha. Dali por diante, as cidades-Estados italianas estariam sob constante ameaça militar. E Ludovico Sforza não podia mais se dar ao luxo de desperdiçar bom metal em grandes estátuas equestres. Despachou o bronze destinado à estátua de Leonardo 250 quilômetros a leste, para a cidade de Ferrara, onde foi usado para fabricar canhões. E assim foi. Uma decepção, embora Leonardo fosse pragmático o suficiente para saber que nada poderia ser feito. "Eu conheço esses tempos", escreveu.[40] O mapa da Europa estava mudando, abrupta e drasticamente. Artistas e artesãos tiveram de responder da melhor maneira possível. Leonardo nunca mais teria o luxo de passar dezessete anos numa corte. Mas agora tinha ainda mais opções de patronatos que antes, já que a guerra aumentara o valor de sua experiência artística e de engenharia.

Em 1499, outro exército francês marchou sobre os Alpes, invadiu o Norte da Itália e depôs Ludovico Sforza (que acabou morrendo numa masmorra francesa em 1508). Leonardo fugiu. Voltou para Florença, parando brevemente em Mântua para conhecer (e esboçar) a jovem e obstinada patrona das artes daquela cidade, Isabella d'Este, e em Veneza para dar orientações sobre engenharia defensiva para proteger a cidade contra uma possível invasão pelos otomanos. Mas em 1500 já estava em casa, trabalhando numa nova série de projetos.

Por um breve período, foi contratado por César Bórgia: um capitão militar e pretenso príncipe perigoso, sádico e violento, devasso e extremamente astuto, cujo pai era o papa Alexandre VI, um pervertido e maníaco sexual. César passou os primeiros anos do século XVI conquistando cidades menores nas proximidades de Florença, e só não tomou a própria Florença por ter recebido dinheiro para não atacá-la. Leonardo foi contratado como conselheiro militar e cartógrafo, e passou quase um ano servindo Bórgia, mesmo enquanto ele sitiava, massacrava e matava por toda a Itália. Havia um traço frio e pragmático na genialidade de Leonardo, que contrastava estranhamente com seus interesses mais bondosos e humanísticos.[41] Ao que parecia, um patrono era um patrono. Servir a Bórgia permitia a Leonardo desenvolver seus talentos em cartografia, construção de pontes e projetos de fortificações. Aparentemente, era o suficiente para que ele ignorasse quaisquer misérias morais.[42]

Mas talvez não fosse possível aturar César Bórgia por muito tempo. Em 1503, Leonardo deixou seu serviço e passou a década seguinte indo e voltando entre Toscana e Lombardia — a Florença dos Médici e a Milão ocupada pelos franceses —, adaptando-se às rápidas mudanças políticas e reviravoltas da sorte que passaram a caracterizar a região. A turbulência e a agitação constante poderiam ter abalado um personagem menos robusto ou mundano. Mas Leonardo continuou seguindo em frente, mantendo a qualidade de seu trabalho no mais alto nível, apesar das dificuldades da época. Provavelmente foi em Florença, entre 1503 e 1506, que começou um retrato de Lisa Gherardini del Giocondo — a *Mona Lisa* — no qual continuaria trabalhando pelo resto da vida.[43] Também trabalhou em um mural (hoje perdido) para o Palazzo Vecchio, que mostrava um emaranhado de homens e cavalos em combate na Batalha de Anghiari: um confronto entre forças lideradas por milaneses e florentinos ocorrido em 1440. Junto com assistentes, criou inúmeras edições de uma pintura chamada *Madonna de Yarnwinder*. Em Milão, em 1509, começou a trabalhar no extraordinário *São João Batista* meio andrógino, e também em grandiosos projetos de engenharia civil e militar não realizados. Tinha planos para desviar o curso do rio Arno para causar uma seca em Pisa, por ter rejeitado a soberania florentina. Queria drenar os pântanos ao redor da cidade de Piombino para construir uma fortaleza inexpugnável no terreno recuperado. Os planos não deram em nada — mas Leonardo nunca deixou de sonhar.

Enquanto sonhava, foi envelhecendo, e no alvorecer do século XVI percebeu que estava velho. Um autorretrato esboçado quando completou sessenta anos, em 1512, mostra uma figura grisalha, calva e de nariz comprido, com uma barba esvoaçante e ombros levemente curvados. Mas Leonardo foi um grande mestre, em uma das épocas mais grandiosas. Seus pares incluíam Michelangelo, o gênio eriçado, combativo, sexualmente travado e muitas vezes francamente irritado, que desvelou sua estátua *David* em Florença em 1504 — mas até ele precisou pedir permissão a Leonardo e a outros anciãos florentinos para sua obra ser exposta fora do Palazzo Vecchio. Sua estrela continuava brilhando, e seus patronos agora incluíam as figuras mais poderosas de seu mundo. Em 1513, um dos filhos de Lorenzo de Médici, Giovanni, foi eleito papa Leão X, e achou que poderia usar Leonardo na corte papal, onde algumas reformas luxuosas estavam em andamento. Em setembro daquele ano, Leonardo trocou Florença por Roma e começou a última etapa de sua vida.

O tempo de Leonardo sob o patrocínio de um papa Médici não foi tão glorioso quanto talvez ele esperasse. Por um lado, não fez parte dos projetos mais marcantes na Cidade Santa. Michelangelo recebeu a tarefa de decorar o teto da Capela Sistina, concluído em 1512. Rafael (Raffaello Sanzio) pintou os aposentos papais. Eram homens muito mais jovens, mas o trabalho de construção da nova basílica de São Pedro, que foi sem dúvida o maior contrato arquitetônico do mundo, foi para o contemporâneo de Leonardo, Donato Bramante, em 1506. Assim, embora ocupasse bons alojamentos no palácio papal do Vaticano, Leonardo foi deixado mais ou menos para tocar seus interesses pessoais: estudar geometria e reflexão; domar um lagarto, para o qual fez um casaco de escamas cobertas de mercúrio; dissecar corpos humanos e fazer anotações sobre anatomia. Eram trabalhos fascinantes, e ele recebia um bom salário para não fazer muita coisa. Mas aquilo não era o suficiente.

Assim, em 1516 Leonardo deixou Roma e saiu da Itália pela primeira vez em sua longa vida, para servir a outro patrono: Francisco I, o jovem e carismático novo rei da França. Mais de quarenta anos mais novo que Leonardo, Francisco era um verdadeiro filho da Renascença. Como seu contemporâneo Henrique VIII da Inglaterra, Francisco era imponente, alto, bonito e sentia um amor instintivo por coisas belas e os ricos frutos do humanismo.

Ascendeu ao trono com vinte anos, no primeiro dia de 1515, e conheceu Leonardo com o papa no final do mesmo ano. Fez tudo para atrair Leonardo para a França, onde o hospedou na pitoresca aldeia de Amboise. Foi uma oportunidade inestimável de enviar ao mundo uma mensagem sobre os valores da nova monarquia francesa. E também uma chance para Francisco estudar pessoalmente com o maior polímata vivo.

Nos três anos seguintes, Leonardo e Francisco conviveram muito bem na companhia um do outro. Assim como fizera em seus muitos anos em Milão, Leonardo projetava entretenimentos para a corte. Continuou burilando suas grandes pinturas, inclusive a *Mona Lisa*. Trabalhou em projetos para o novo palácio e cidade renascentista de Romorantin. Estudou matemática e o movimento da água. E continuou envelhecendo, gradual e graciosamente. Depois de uma série de derrames, Leonardo morreu em 2 de maio de 1519. Uma tradição, iniciada por Vasari, dizia que morreu com Francisco ao lado de sua cama — mais precisamente, que ele "expirou nos braços do rei". Para Vasari, era um fim nobre e apropriado para um homem de tal vulto. Leonardo "adornou e honrou, em cada ação, não importa o quão pobre e simples moradia", escreveu. "Florença recebeu um grande presente com o nascimento de Leonardo, e uma perda inestimável com sua morte."[44] E não só Florença. Todos os patronos que contrataram Leonardo, do assassino César Bórgia ao cosmopolita Francisco I, foram abençoados por seu gênio; o mundo ficou muito menos grandioso com o seu falecimento.

Uma era de ouro

Leonardo da Vinci foi o homem definitivo da Renascença — tanto que muitas vezes é difícil concebê-lo como produto da Idade Média. No entanto, ele nasceu no mesmo ano que o rei Ricardo III da Inglaterra; morreu muitas décadas antes de o cientista polonês Nicolau Copérnico propor que o Sol, e não a Terra, ficava no centro dos céus.* Muitos dos projetos de Leonardo — de helicópteros a sinos de mergulho — foram tão avançados que não

---

* Copérnico só publicou seu texto-chave sobre esse tema, *De revolutionibus orbium coelestium*, em 1543, ano de sua morte.

pertenciam ao seu tempo, mas ao nosso. Trata-se de um personagem essencialmente liminar — alguém que pertence aos nossos dois mundos, com o poder de nos ligar emocional e intelectualmente à Idade Média.

Em seu tempo, porém, Leonardo foi essencialmente um *primus inter pares* [o primeiro entre seus iguais]. Mesmo se nunca tivesse vivido — se tivesse sido filho legítimo de seu pai e mandado para uma educação convencional e uma sólida carreira como notário —, ainda poderíamos falar da Renascença como um marco, uma era de transição na história do Ocidente e do mundo, ponto de partida para uma torrente de novas ideias, métodos e estilos, na literatura, nas artes e nas ciências humanas. Os pares de Leonardo — de Botticelli e Donatello a Michelangelo e Rafael — teriam assegurado isso. E também não houve apenas representantes italianos. Pois embora a principal fonte da Renascença se encontrasse na Itália, no século XVI a revolução cultural começou a se difundir por quase todos os domínios do Ocidente.

Na Inglaterra, o escritor humanista Thomas More trabalhava na corte de Henrique VIII, publicando livros como *Utopia*, sua obra satírica de comentários sociais e filosofia política. Na França, o lugar de Leonardo como pintor mais talentoso da corte de Francisco I foi ocupado por Jean Clouet, e depois por seu filho François Clouet, cujas pinturas de figuras da corte francesa como Francisco e sua nora Catarina de Médici se tornaram tão icônicas quanto as pinturas da corte inglesa feitas nos anos 1530 por Hans Holbein, o Jovem. Na Polônia, o poeta Mikołaj Rej começou a escrever no idioma polonês, e Stanisław Samostrzelnik fez experiências com novos estilos de iluminura manuscrita e afresco, seguindo tendências trazidas para o leste por estrangeiros como o italiano Bartolomeo Berrecci e o pintor e vitralista alemão Hans von Kulmbach.

Essas pessoas criativas — e muitas outras — continuaram a florescer ao longo do século XVI e no início do XVII. E o que permaneceu constante durante todo esse longo período foi a estreita interdependência entre patronos e artistas. De fato, uma das razões pelas quais a magnífica criatividade da Renascença durou tanto tempo após sua gênese no século XIV é que os homens e mulheres mais poderosos da Europa estavam ficando cada vez mais ricos, ganhando acesso a novas fontes de ouro e bens preciosos, muito além da imaginação de qualquer geração anterior. E, via de regra, sempre se sentiam felizes em gastar suas riquezas em coisas belas.

Mas de onde veio toda essa riqueza? A resposta estava no Ocidente. No ano em que Leonardo morreu, o pintor e gravurista alemão Albrecht Dürer estava trazendo muitas das técnicas e abordagens do desenho e da pintura renascentistas para Nuremberg. Dürer era um viajante ávido, com uma curiosidade insaciável e um poder intelectual não muito diferentes dos de Leonardo. Aprendeu muito sobre pintura, gravura, anatomia e geometria em suas viagens pela Itália e Holanda. Correspondia-se com outras figuras eruditas e talentosas por toda a Europa, e como Petrarca, muito antes dele, pensou muito sobre a essência elusiva da beleza em si. Sentia-se tão feliz fazendo retratos de magníficos monarcas como o imperador Maximiliano I do Sacro Império Romano quanto criando imagens de animais exóticos de terras longínquas. (A xilogravura de um rinoceronte de Dürer, hoje na National Gallery of Art de Washington, é realmente sublime.) Sua inspiração vinha de recantos remotos e era capaz de analisar e entender tudo aquilo que seus olhos viam.

No entanto, quando fez uma viagem com a esposa aos Países Baixos da Borgonha, no final do verão de 1520, Dürer viu coisas que não conseguiu explicar facilmente, nem absorver no seu trabalho. Viajando por Bruxelas, o casal visitou a prefeitura, visitou uma exposição de tesouros de ouro e prata cuja beleza quase desafiava qualquer explicação. As obras pertenciam ao imperador Carlos V do Sacro Império Romano, a quem viera pedir patrocínio nos Países Baixos. Dürer anotou em seu diário as coisas que viu:

> [...] um sol todo de ouro de uma braça inteira, e uma lua toda de prata do mesmo tamanho, também dois quartos cheios de armaduras [...] e todos os tipos de armas maravilhosas [...] trajes muito estranhos, colchas, e todos os tipos de objetos maravilhosos de uso humano, muito mais dignos de serem vistos do que prodígios. Essas coisas eram todas tão preciosas que estão avaliadas em 100 mil florins. Todos os dias de minha vida não vi nada que alegrasse tanto meu coração quanto essas coisas [...] e me maravilhei com a sutil [criatividade] de homens de terras estrangeiras.[45]

A estimativa aproximada de Dürer de que o tesouro valia 100 mil florins era em si quase incrível: o estipêndio anual que recebia do antecessor do imperador Carlos do Sacro Império Romano era de trezentos florins

— uma quantia considerável. Mas sua apreciação do artesanato exótico em exibição era ainda mais importante. Pois naquele ano em Bruxelas, Dürer estava vendo obras de artistas intocados pela Renascença. O tesouro em exibição fora trazido do México para a Europa por Hernán Cortés — um aventureiro e conquistador que atravessara o Atlântico e chegara à megacidade de Tenochtitlán (atual Cidade do México). O tesouro era um presente do governante asteca Montezuma II, e apenas uma pequena amostra das vastas riquezas existentes nas novas terras que Cortés e outros europeus começaram a explorar nas Américas. Portanto, era a riqueza que financiaria o estágio seguinte da Renascença — e muito mais além disso. No início do século XVI, o mundo estava ficando maior, mais rico — e mais sangrento. O mapa do globo se expandia. E todas as regras estavam prestes a mudar.

15

NAVEGADORES

*"Faz muito tempo que não há
uma expedição cruzada no exterior."*
Sir John Mandeville,
escritor de viagens do século XIV

O canhão era tão grande que exigiu uma equipe de sessenta bois e duzentos soldados para movê-lo. Construído por um engenheiro húngaro, que foi muito bem pago para deixar sua imaginação correr solta,[1] o cano da arma tinha oito metros de comprimento* e um diâmetro capaz de disparar pedras de mais de meia tonelada. Era tão trabalhoso de ser carregado que em combate só podia ser disparado sete vezes por dia. Mas a lentidão do carregamento era recompensada quando o monstro rugia. Segundo um cronista que ouviu um disparo, a explosão foi tão alta que deixou os espectadores sem fala e provocou abortos em grávidas.[2] As muralhas de cidades e castelos do final da Idade Média foram construídas para resistir ao impacto de catapultas, manganelas, torres de sítio ou escavações. Mas sob um ataque de um canhão de campo completo, carregado com pólvora fabricada a partir de "salitre, enxofre, carbono e ervas", elas simplesmente se desintegraram.[3] Foi por isso que, na primavera de 1453, o sultão otomano Mehmed II, um jovem de 21 anos, ordenou que suas tropas transportassem seu maior canhão

---

* Consideravelmente mais longo que o cano de um obuseiro M777, peça de artilharia de campanha calibre 155 mm usada hoje por tropas terrestres dos Estados Unidos, da Austrália, do Canadá e da Índia. O cano do M777 tem pouco mais de cinco metros de comprimento.

por mais de duzentos quilômetros em direção ao leste, desde seu quartel-general em Adrianópolis (Edirne) até os arredores de Constantinopla. O exército de Mehmed contava com pelo menos 80 mil homens. Somado a sua frota naval, constituía uma força suficiente para manter a capital bizantina isolada. Mas o sultão precisava de mais do que recursos humanos para ter uma chance real de derrubar as famosas muralhas duplas da Rainha das Cidades. "Uma coisa muito assustadora de se ver e totalmente inacreditável", escreveu sobre o canhão o cronista Michael Kritovoulos de Imbros, que conhecia e admirava Mehmed e visitou Constantinopla após o ataque.[4]

Quando sitiou Constantinopla, o sultão Mehmed tinha o comando exclusivo do Império Otomano havia dois anos.[5] Mas já exercia o poder e tomava decisões militares desde os doze anos de idade. Fora programado para lutar. E motivado pelo mesmo desejo de seu falecido pai, Murad II, e de muitos sultões anteriores: expandir as fronteiras e a gloriosa reputação do Império Otomano para o Oriente Próximo e os Bálcãs. O belicoso Estado islâmico foi fundado em 1299 por Osman I, um pequeno senhor da guerra turco baseado na Ásia Menor, ao sul de Constantinopla. Em meados do século XV, os descendentes de Osman governavam uma superpotência em ascensão. Controlavam grande parte do antigo território bizantino nos Bálcãs e mais ou menos metade da Ásia Menor, onde formavam um baluarte entre a Europa e os mongóis. Tomar Constantinopla confirmaria sua afirmação como autoridade suprema no Mediterrâneo oriental e abriria a possibilidade de uma maior expansão até reinos como Sérvia, Hungria e Albânia. A hegemonia regional encontrava-se tentadoramente ao alcance do jovem Mehmed.

O bombardeio de artilharia sofrido por Constantinopla pelo canhão maravilhoso de Mehmed e outras peças de bronze menores foi nada menos que aterrorizante. Kritovoulos não viu a barragem pessoalmente, mas ouviu comentários sobre o disparo da maior arma. "Houve um rugido assustador e um tremor de terra num grande raio, e um barulho como nunca ouvido antes", escreveu. "Então, com um trovejar espantoso e um estrondo assustador e uma chama que iluminou todos os arredores e depois os deixou pretos [...] uma rajada de ar quente e seco impulsionou violentamente a pedra em movimento [...] E a pedra, carregada com tremenda força e velocidade, atingiu a parede, que imediatamente estremeceu e foi derrubada, quebrada em muitos fragmentos e espalhada, arremessando os pedaços por toda parte e matando os que estavam por perto."⁶ Sempre que uma explosão como essa derrubava uma seção da muralha, uma torreta ou uma torre, os cidadãos corriam para tapar o buraco da melhor maneira possível com os escombros. Por algum tempo, essa estratégia de remendos improvisados impediu Mehmed de mandar tropas para invadir a cidade. Mas não era uma solução de longo prazo.

Na noite de 28 de maio de 1453, depois de 47 dias de cerco, os homens de Mehmed passaram pelas muralhas então muito fragilizadas de Constantinopla. Dentro da cidade, uma força de defesa composta por tropas gregas, genovesas e venezianas, sob o alto-comando do imperador bizantino Constantino XI Palaiologos, de 49 anos, lutou bravamente, sob projéteis de canhões e um céu escuro de onde choviam flechas, setas e fogo grego.⁷ "Houve muitos gritos de ambos os lados — os sons misturados de blasfêmia, insultos, ameaças, de agressores, de defensores, de atiradores, dos que eram alvejados, matadores e moribundos, dos que com raiva e ira faziam todos os tipos de coisas terríveis", escreveu Kritovoulos.⁸ Mas, ao amanhecer, os defensores foram superados e vencidos. Havia uma confusa evacuação marítima em andamento na costa, enquanto nas ruas os saques eram selvagens. Soldados otomanos e o corpo de guarda-costas de elite do sultão (conhecidos como janízaros) não encontravam resistência.

Foi uma cena lamentável, horrível. Segundo Kritovoulos, os otomanos "mataram para amedrontar toda a cidade e aterrorizar e escravizar todos pela matança". Igrejas foram saqueadas e santuários profanados. Manuscritos inestimáveis foram empilhados e queimados nas ruas. Mulheres foram arrancadas de suas casas e arrastadas como escravas. "Homens com espadas, as mãos manchadas de sangue e mortes, exalando raiva, matando indiscriminadamente, ruborizados com todas as piores coisas [...] como animais selvagens e ferozes, invadiam as casas, retirando [os gregos] sem piedade, dilacerando, forçando, arrastando-os vergonhosamente pelas vias públicas, insultando-os e fazendo todas as maldades."⁹

É possível que 50 mil habitantes locais tenham sido capturados nos dias que se seguiram. Outros milhares morreram. Entre os tombados estava o imperador Constantino, que caiu lutando corpo a corpo junto com seus homens. Seu corpo nunca foi recuperado — embora vários observadores alegassem ter visto sua cabeça decepada desfilar na ponta de uma lança no caos da queda da cidade.¹⁰ Enquanto isso, Mehmed II entrou em Constantinopla em esplendor, montando um cavalo branco, admirando pontos turísticos e ordenando que seus seguidores se abstivessem de danificá-los. (Mehmed bateu pessoalmente na cabeça de um soldado que esmagava o piso de mármore da Hagia Sophia.) Examinou os cativos e escolheu as meninas e meninos mais bonitos para seu prazer. Festejou e se embebedou. E começou a fazer planos para reconstruir e regenerar a cidade, que antes mesmo de sua chegada estava subpovoada e em estado avançado de decadência urbana.

Tudo isso era então prerrogativa de Mehmed, como vitorioso. Constantinopla vinha sendo governada por imperadores cristãos há mais de 1.100 anos — romanos, bizantinos ou latinos. Esses dias haviam acabado. Constantinopla era otomana. O Império Romano estava morto. Como escreveu Kritovoulos, "a grande cidade de Constantino, elevada a uma grande altura de glória, domínio e riqueza em sua época, ofuscando em um grau infinito todas as cidades ao redor, famosa por sua glória, autoridade, poder e grandeza, e todas as suas outras qualidades [...] chegava assim ao seu fim".[11]

Mesmo descontando-se a hipérbole poética, foi um momento decisivo na história de Constantinopla — e na história do Ocidente. Depois da queda, o mundo todo seria transformado.

A conquista de Constantinopla em 1453 foi um choque para a Europa cristã, da mesma forma que a captura de Jerusalém por Saladino em 1187. Não surpreende. Para milhares de comerciantes italianos e peregrinos aventureiros, Constantinopla era uma porta de entrada vital e gloriosa para a metade oriental do mundo. Para outros milhões, Constantinopla era uma ideia. Representava a presença duradoura do Império Romano e uma continuidade histórica que remontava a tempos inimagináveis. Por mais de um milênio foi um pilar do mundo cristão, que parecia sempre capaz de manter os turcos e os exércitos do islã à distância. Na verdade, é claro, Bizâncio era uma entidade política muito frágil para fazer algo do gênero por muitas gerações: mesmo antes de sua captura em 1453, a cidade já estava isolada, cercada por territórios conquistados pelos otomanos, com seus imperadores reduzidos a pouco mais que vassalos otomanos. Contudo, assim como Berlim Ocidental após a Segunda Guerra Mundial, o simbolismo da sobrevivência de Constantinopla era tão importante quanto a realidade. Se podia cair, qual seria a próxima? Correram rumores no Ocidente de que, quando Mehmed entrou em Constantinopla pela primeira vez, agradeceu a Maomé pela vitória e acrescentou: "Rezo para que ele me permita viver o suficiente para capturar e subjugar a Velha Roma, como fiz com a Nova Roma".[12]

Era um pensamento assustador. O espectro de exércitos islâmicos martelando os portões do Vaticano havia muito assombrava os pesadelos dos europeus cristãos. (Não à toa, foi um dos pilares da propaganda da Al-Qaeda e do Estado Islâmico no começo do século XXI.) Com certeza causava arrepios nos italianos do século XV. E, como se viu, seus temores pareciam fundamentados na realidade. Mehmed foi uma figura ambígua. Por um lado, permitiu que cristãos, judeus e comerciantes estrangeiros continuassem vivendo mais ou menos sem ser molestados na cidade, e se interessava por artistas renascentistas: em 1479-1480, "tomou emprestado" o talentoso pintor veneziano Gentile Bellini, e o fez realizar a tarefa um tanto anti-islâmica de pintar seu retrato.[13] Por outro lado, Mehmed mudou o nome de Constantinopla para Istambul e transformou a Hagia Sophia em uma mesquita. Embora fosse capaz de amabilidades esclarecidas e estivesse muito longe de ser um fanático religioso, ainda assim era um turco. Seus seguidores o chamavam de *Fatih* — Conquistador. Mas o papa Nicolau V chamou Mehmed de "filho de Satanás, da perdição e da morte", e o papa Pio II o chamou de "dragão venenoso".[14]

Mehmed continuou seu programa de expansão depois de 1453. Lançou os olhos — e seus navios e tropas — na conquista de territórios na Europa Oriental, no mar Negro e nas ilhas gregas. Em 1454-1459, mandou exércitos para a Sérvia, anexando-a ao Império Otomano. Nos anos 1460, anexou a Bósnia, a Albânia e o Peloponeso. De 1463 a 1479 travou uma longa e dura guerra contra a República de Veneza. Assim que isso foi resolvido, em 1480 Mehmed invadiu o Sul da Itália, em Otranto, que seus homens saquearam e queimaram; no ano seguinte, foi necessária a convocação de uma pequena cruzada para recuperar a cidade. Tudo isso foi mais que suficiente para convencer os europeus de que a ameaça turca não era apenas premente, mas existencial. Do século XV até o XVII, o turco foi o bicho-papão embaixo da cama da Europa cristã.*

---

* A médio prazo, a investida otomana na Europa só terminou quando foram derrotados fora dos muros de Viena, na Áustria, em 1683. Mesmo depois disso, o Império Otomano permane-

Se os otomanos realmente mereceram ou não essa reputação é um ponto discutível, mas não precisamos nos deter nele aqui. O que realmente importava no final do século XV era o efeito da ascensão dos otomanos nos padrões mais amplos de comércio global, viagens e exploração. Nesse sentido, eles viraram as certezas seculares de cabeça para baixo.

Por um lado, a ascensão otomana parecia para alguns anunciar a chegada do apocalipse, que segundo estimativas na Rússia estava programado para acontecer antes do final do século XV.[15] Por outro, concentrou-se em perdas mais genéricas na cristandade: especificamente, o fato de Jerusalém, assim como Constantinopla, também estar em mãos não cristãs, e por gerações muito pouco ter sido feito para tentar sua reconquista. E também havia certas dificuldades práticas em realizar negócios. Os grandes Estados comerciais medievais do Mediterrâneo estavam em ótimas condições em meados do século XV, mas não tinham relações exatamente harmoniosas com os otomanos: Veneza esteve em guerra total com os turcos por uma década e meia, e perdeu para eles seu posto comercial crítico em Negroponte; Gênova foi despojada de seu porto mais importante do mar Negro, Caffa; certos setores específicos — como o lucrativo comércio de transporte de escravos turcos capturados no entorno do mar Negro para o Egito mameluco — foram totalmente interrompidos.[16] Os otomanos não bloquearam repentinamente o Mediterrâneo oriental, mas tornaram os negócios um pouco menos atraentes que antes, numa base tanto financeira como ética.

Como consequência, os aventureiros mercantes europeus do século XV, em aliança com novas monarquias ambiciosas, particularmente da Espanha e de Portugal, começaram a considerar ramificar-se em outras rotas de comércio e elaborar esquemas para obter ajuda na luta contra o perverso turco. Muitos deles passaram a olhar para o oeste, para o outro lado do oceano Atlântico. Não estava muito claro o que havia lá. Mas muitos exploradores e patronos se dispuseram a descobrir. Seu desejo mais fervoroso era que a navegação no Atlântico pudesse revelar uma nova passagem para o Oriente, que contornaria a zona otomana. Mas, como se sabe, eles encontraram algo muito diferente: as ilhas e o continente das

---

ceu objeto de suspeita e algum medo até ser finalmente destruído pela Primeira Guerra Mundial.

Américas e os territórios abundantes, mortais, frágeis e maravilhosos de um Novo Mundo.

Santos, nórdicos e navegadores

As pessoas vivem nas Américas há pelo menos 13 mil anos, talvez mais que o dobro disso.[17] Embora os arqueólogos não concordem com a época exata da chegada dos humanos, a maioria afirma que, em algum momento durante a última Era do Gelo, os colonos vieram por terra do nordeste da Ásia, atravessando o que era então uma ponte terrestre entre a Sibéria e o Alasca, antes de seguir para o sul, ao longo da costa do Pacífico ou por um corredor descongelado para o interior americano. Os primeiros povos desse vasto continente sobreviveram coletando plantas e caçando, fabricando ferramentas e pontas de lança de pedra e abrigando-se em cavernas. Em um sítio no Chile, pesquisadores modernos encontraram remanescentes de uma grande tenda comunitária de madeira protegida por peles de animais, fogueiras, ferramentas, restos de nozes e sementes, e evidências de que pessoas da Idade da Pedra que moravam lá plantavam batatas, algumas para comer e outras para negociar com outros grupos a mais de duzentos quilômetros de distância. (Eles estimam que a caverna foi habitada há 14.500 anos.)[18] Assim, os primeiros "americanos" viveram como outros humanos da Idade da Pedra do mundo todo. Mas fizeram isso sozinhos. A partir do momento em que as grandes camadas de gelo derreteram e a ponte terrestre entre a Sibéria e o Alasca submergiu sob os mares em ascensão, os habitantes das Américas ficaram basicamente isolados do resto do globo. Delimitados pelos dois maiores oceanos do mundo, evoluíram por caminhos não afetados pelos desenvolvimentos em outras partes da Terra por mais de 10 mil anos.

Já se pensou que os primeiros viajantes medievais a fazer contato com as Américas foram os europeus do sul, no século XV. Hoje sabemos que não foi assim. Ao longo da Idade Média houve contatos — ou reivindicações de contato — com muitos outros povos. O monge irlandês do século VI, São Brandão, navegou ao redor das Ilhas Britânicas, e talvez tenha chegado às Ilhas Faroé.[19] De acordo com a lenda, que circulou amplamente em manuscritos a partir do século X, Brandão se lançava ao mar em um pequeno barco com estrutura de madeira coberto com "pele de boi curtida esticada sobre casca de carvalho" e untada com gordura. Nessa embarcação, ele e alguns companheiros navegaram por toda parte, sob os rigores da fome e da sede e esquivando-se de monstros marinhos que vomitavam fogo, até que, depois de muitos anos, descobriram uma ilha "tão grande que quarenta dias de peregrinação ainda não os levaram à margem mais distante".[20] Alguns deduziram que isso significava que Brandão atravessou o Oceano Atlântico. Na verdade, a grande ilha na lenda de São Brandão parece ser uma alegoria para o Éden, não uma descrição literal do continente americano. No entanto, existia uma ideia clara de que deveria haver *algo* a oeste da Irlanda, mesmo que ninguém soubesse exatamente o que era. Alguns pensavam que havia uma ilha chamada "Brasil", onde o Rei Artur estava enterrado. Para o brilhante geógrafo árabe do século X Al-Masudi, o oceano Atlântico era o "mar de escuridão", que não tinha "limites nem em suas profundezas nem em extensão, pois seu fim é desconhecido".[21] (Al-Masudi relatou rumores na Espanha de que um jovem marinheiro de Córdoba, chamado Khoshkhash, uma vez enfrentou esse mar e voltou "carregado de rico butim" — mas como e para onde ele teria ido exatamente era um mistério.)[22] Uma tradição de Mali dizia que um *mansa* (mais ou menos equivalente a um rei ou imperador) do século XIV chamado Abu Bakr II abdicou do trono para dedicar sua vida à travessia do Atlântico e desapareceu, presumivelmente perdido no mar. Tudo isso era muito empolgante. Mas não passava de histórias e sonhos arquitetados.

Os primeiros povos medievais que se sabe terem atravessado o Atlântico* e chegado às Américas foram os vikings dos séculos X e XI.[23] Os escandinavos medievais eram um dos povos mais aventureiros e exploradores do mundo,** e navegavam pelo Atlântico Norte e outros mares do planeta. No século IX, os vikings se estabeleceram na Islândia. Nos anos 980, um fora da lei exilado conhecido como Erik, o Vermelho, deu o pontapé inicial na colonização da Groenlândia.[24] Na mesma época, as sagas nórdicas

---

* O Pacífico é outra história. Há evidências arqueológicas intrigantes de que marinheiros polinésios viajaram para o continente sul-americano por volta do ano 1000 d.C., deixando batatas-doces e ossos de galinha como lembranças involuntárias de sua visita.

** Ver capítulo 5.

afirmavam que várias centenas de viajantes, liderados por um casal chamado Thorfinn Karlsefni e Gudríd Thorbjarndóttir, ou por um explorador chamado Leif Eriksson, chegaram a um lugar chamado Vinlândia. Lá, encontraram povos nativos que chamaram ironicamente de *skrælingar* (vagamente, "selvagens"), com quem negociavam e lutavam, e dos quais sequestravam crianças e contraíam doenças. Os historiadores suspeitam que esses *skrælingar* eram parentes do agora extinto povo das Primeiras Nações conhecido como Beothuk.[25] Mas não é fácil saber ao certo.

O que é certo, contudo, é que por volta do ano 1000 d.C. havia um pequeno e efêmero povoado viking na Terra Nova, num local chamado L'Anse aux Meadows. As evidências arqueológicas sugerem que, por um tempo, cerca de cem nórdicos viveram lá, derrubando árvores e talvez usando o local como base para explorar outros pontos da costa, chegando ao que é hoje Quebec e o Maine. É quase certo que L'Anse aux Meadows, ou a região em geral, era a Vinlândia. E embora os vikings que lá ficaram não pudessem saber a extensão do vasto continente que encontraram, o fato é que pisaram em seu solo, trocaram mercadorias e flechas com os locais e mandaram notícias de sua existência para casa. Isso foi muito importante. Esses exploradores completaram, ainda que de forma breve e tênue, uma cadeia de interação humana que ligou as sociedades humanas das Américas ao Extremo Oriente.[26]

Contudo, 550 anos depois de os vikings derrubarem árvores na Vinlândia medieval, ainda não havia um intercâmbio transatlântico significativo. A colônia nórdica de L'Anse aux Meadows, composta por estruturas de madeira e casas de capim cortado, fora abandonada e queimada uma geração depois de fundada. Os nórdicos também se retiraram da Groenlândia. Assim, enquanto o mar Negro, o mar Báltico e o Mediterrâneo fervilhavam com a navegação comercial, no final da Idade Média o Atlântico continuava um grande ponto de interrogação no mapa do mundo. Representava uma barreira, muito mais que uma ponte.

No século XV, porém, as coisas começaram a mudar. O processo pelo qual o lado "distante" do Atlântico foi aberto ao tráfego europeu regular foi gradual e demorado. Mesmo assim, aconteceu. E talvez a figura mais importante na exploração no Atlântico tenha sido um príncipe português conhecido na história como Henrique, o Navegador.

Henrique era o filho mais novo de João I, rei de Portugal, com sua esposa inglesa, Filipa de Lancaster. Nasceu em 1394 e cresceu numa corte borbulhante de ambições políticas.[27] João I foi o primeiro rei de uma nova dinastia chamada Avis, e queria alçar Portugal à categoria de grande potência europeia.[28] Interveio na Guerra dos Cem Anos e assinou um tratado de paz perpétuo com a Inglaterra,* abriu sua capital, Lisboa, aos bancos italianos e aos mercadores flamengos, promovendo Portugal como ponto de parada naval entre os portos da Flandres e da Inglaterra e os do Mediterrâneo, e preparou sua família para participar de seu grande projeto.[29] Os filhos tiveram uma educação de primeira qualidade e bons casamentos: como já vimos, a infanta Isabel era casada com Filipe, o Bom, o astuto duque de Borgonha, patrocinador de muitos artistas, inclusive Jan van Eyck.** Nesse processo, Henrique e seus irmãos foram encorajados a disseminar a influência portuguesa fora dos limites do reino, muitas vezes na ponta da espada.

A expansão territorial estava profundamente arraigada na história e na identidade portuguesas. A própria existência do reino deveu-se aos esforços de gerações de cruzados, que lutaram na Reconquista para formar seu Estado longo e estreito na costa atlântica da península Ibérica, esculpido ano após ano em guerras contra os almorávidas, os almóadas e os reis *taifa* de Al-Andalus. Foi um processo longo e difícil. Lisboa só foi tomada de mãos islâmicas na Segunda Cruzada, em 1147. Demorou mais cem anos para estabelecer o reino propriamente dito e estender suas fronteiras até o Algarve. Mas afinal aconteceu. E na época de Henrique, o Navegador, não havia mais nada a conquistar no continente. O futuro estava no mar.

No verão de 1415, com 21 anos, Henrique acompanhou o pai a Ceuta, na costa norte do Marrocos, na foz do Estreito de Gibraltar: o portal ligando o Mediterrâneo ao Atlântico, outrora famoso como a localização dos Pilares de Hércules. Ceuta era governada pelo sultão do Marrocos, mas exercia um grande fascínio econômico para os portugueses, até porque era um terminal costeiro para as caravanas de camelos que cruzavam o Norte da África, trazendo toneladas de ouro todos os anos através do Saara das minas de

---

* A aliança anglo-portuguesa selada pelo Tratado de Windsor (1386), que casou João I com a filha mais velha de João de Gante, Filipa, estabelecendo assim a concórdia entre os dois reinos, costuma ser citada como o acordo de paz mais longevo da história, uma vez que Inglaterra e Portugal se mantiveram em paz desde então.

** Ver capítulo 14.

uma região conhecida como Sudão Ocidental.[30] Ceuta era uma cidade de domínio muçulmano, o que combinava bem com a história de expansão de Portugal por terras tomadas de infiéis. Para conquistar a cidade, o rei João preparou uma enorme frota com dezenas de milhares de soldados e comandada por ele próprio. Seus planos para a captura da cidade foram meticulosos, e quando lançou seu ataque, em 21 de agosto, a cidade caiu com o mínimo de combate, em um só dia. Henrique foi ferido na batalha, mas não gravemente. Quando tudo acabou, os portugueses converteram a mesquita de Ceuta em uma igreja improvisada e celebraram uma missa. Henrique foi feito cavaleiro com sua armadura — "uma coisa esplêndida de se ver", escreveu um observador — e seu pai o nomeou tenente da cidade.[31] Isso conferiu ao jovem uma grande motivação para manter Ceuta como possessão portuguesa (um status frequentemente sob ameaça quando os marroquinos indignados tentavam reconquistá-la) e um fascínio por estender os interesses portugueses pelo longo e rico litoral da África Ocidental.

Apesar de não ser na prática o "navegador" indicado por seu apelido histórico, Henrique era um grande patrono e admirador dos marinheiros que ousavam se aventurar no sul em busca de terras desconhecidas. Não era segredo que havia recursos naturais fabulosos além do Saara: um famoso atlas mundial, produzido em Maiorca em 1375, mostrava as terras centrais da África povoadas por reis negros enfeitados com ouro e elegantes condutores de escravos montados em camelos, usando longas e luxuosas vestes. O principal problema era o acesso, que dependia essencialmente de intermediários islâmicos. O objetivo para os portugueses era eliminar os comboios de camelos do Saara e abrir rotas marítimas que pudessem trazer toda a riqueza da África Ocidental diretamente para o Mediterrâneo. Se conseguissem, raciocinou Henrique, todos ganhariam uma fortuna. (Sua comissão pessoal sobre os empreendimentos que patrocinava era de 20% dos lucros totais.) Os meios estavam disponíveis. A tecnologia dos navios vinha melhorando: o século XV viu o desenvolvimento da caravela, uma embarcação leve e ágil, com velas triangulares (bujarronas), capaz de navegar longas distâncias, mantendo-se manobrável em enseadas, portos e orlas costeiras. A vela triangular também permitia que os marinheiros navegassem contra o vento, algo quase impossível com uma vela quadrada.[32] Ao mesmo tempo, uma melhor compreensão dos padrões dos ventos do Atlântico fez com que os navegadores soubessem como voltar para casa de viagens até ou além do equador: tendo rumado para o sul, era possível retornar ao norte navegando pelo Atlântico e contornar a península Ibérica, em vez de fazer o caminho de volta ao longo da costa. Graças a esses importantes avanços marítimos, não faltaram voluntários prontos para partir rumo ao desconhecido.

As primeiras expedições sob os auspícios de Henrique partiram logo após a Batalha de Ceuta e desembarcaram, meio por acaso, no arquipélago da Madeira, que Henrique reivindicou para Portugal. Pouco depois, no final dos anos 1420 e início dos anos 1430, as ilhas dos Açores também foram colonizadas. Nos anos 1450, um explorador veneziano e comerciante de escravos chamado Alvise Cadamosto reivindicou as ilhas de Cabo Verde durante uma expedição ao longo da costa da Guiné. Exploradores que mapearam essas ilhas viram muitas coisas que os encantaram e surpreenderam no percurso. Quando Cadamosto passou pela Madeira, maravilhou-se com a natureza fértil e abundante da terra, de onde se podiam extrair muitas espécies de madeiras úteis, além de ser propícia para a cultura da cana-de-açúcar e da uva.* "Muitos dos habitantes são ricos, como o próprio país", escreveu Cadamosto, "pois a ilha se assemelha a um jardim e tudo o que cresce ali é como ouro." As promessas oferecidas por esse território virgem eram óbvias. "Por causa da perfeição do país para a agricultura, [as pessoas] dizem ter visto uvas maduras na Semana Santa [ou seja, na Páscoa], que é a coisa mais incrível do que qualquer outra que já vi", registrou.[33]

Enquanto isso, navios portugueses, muitos deles sob o patrocínio de Henrique, também atracavam no continente africano, avançando um pouco mais para o sul a cada nova temporada de navegação. Assim, em meados do século, o golfo da Guiné (o litoral da atual Costa do Marfim, de Gana, de Togo e de Benin) estava ao alcance. As relações comerciais estabelecidas pelos portugueses com os comerciantes nas cidades costeiras da África Ocidental foram muito frutíferas, embora muitas delas nos pareçam hoje moralmente abomináveis. Um dos comércios mais antigos da África era o de escravos humanos, e os portugueses tiveram poucos escrúpulos em entrar no negócio. Já exploravam esse mercado via Ilhas Canárias, controladas pelos castelhanos, desde o final do século XIV. Mas, à medida

---

* A exportação mais famosa da Madeira continua sendo o vinho licoroso, produzido a partir de uvas introduzidas no tempo de Henrique, o Navegador.

que seus contatos na África Ocidental se multiplicavam, o mesmo acontecia com o emprego e a cobiça de cativos africanos, que em algumas regiões podiam ser trocados por cavalos europeus na proporção de nove a catorze humanos para um animal. A partir dos anos 1440, a visão de africanos sendo desembarcados como carga no porto português de Lagos (na costa do Algarve) tornou-se tristemente familiar. A imoralidade do comércio incomodou pelo menos alguns observadores: em 1444, o cronista Gomes Eanes de Zurara registrou seus sentimentos conflitivos ao ver caravelas em Lagos desembarcando 235 homens, mulheres e crianças africanas, cruelmente divididas, com famílias desfeitas e mães separadas dos filhos, cada um levado para uma vida de servidão involuntária, a centenas de quilômetros de sua terra natal.

> Que coração, por mais duro que possa ser, não se deixaria transpassar por um sentimento de pena ao ver aquela companhia? Alguns de cabeça baixa com o rosto banhado em lágrimas, olhando-se entre si. Outros gemendo tristemente, olhando para o alto do céu, os olhos fixos e chorando alto, como se pedissem ajuda ao Pai da Natureza. Outros batendo no rosto com a palma das mãos, atirando-se ao chão. Outros fazendo suas lamentações como uma canção segundo o costume de seu país e, apesar de não conseguirmos entender as palavras de sua língua, pareciam refletir a extensão de sua tristeza.[34]

Gomes sentia-se tremendamente aflito com a tortura emocional e física representada por esse comércio. Mas esses pensamentos não pareciam incomodar Henrique, o Navegador, que supervisionava a divisão dos despojos humanos.

> O infante estava lá, montando um imponente cavalo e acompanhado de sua comitiva, distribuindo seus favores como um homem buscando apenas obter um pequeno lucro de sua parte; fez uma distribuição muito rápida das 46 almas que constituíam seu quinto [ou seja, a comissão de 20% sobre o lucro], pois suas principais riquezas eram seu propósito, e ele refletia com grande prazer sobre a salvação daquelas almas que de outra forma teriam sido perdidas.[35]

Para Henrique, novas terras significavam mais lucros. Os incrédulos eram para o batismo. Os fins justificavam os meios. A mente de Henrique estava mergulhada nas tradições de cruzadas e conquistas, e nenhuma delas era uma atividade para os fracos de coração. Era grão-mestre da Ordem de Cristo, uma versão portuguesa da Ordem do Templo, e sua ordem se envolveu intensamente na colonização de novos territórios para Portugal. Henrique também contava com o apoio de Roma aos seus navegadores, conquistadores e escravistas. Em 1452 e 1456, os portugueses receberam licença papal para "invadir, conquistar, lutar [e] subjugar os sarracenos e os pagãos, e outros infiéis e inimigos de Cristo", para conquistar suas terras e "conduzir seus povos em servidão perpétua".[36] Confundir o acirrado clima anti-islâmico de meados do século XV com o espírito de aventura e conquista de incrédulos distantes da Terra Santa não exigia um grande salto de imaginação. Mas foi uma valiosa sanção divina a um projeto econômico-militar de um tipo não visto desde a criação dos Estados cruzados na Palestina e na Síria no século XII.

Quando Henrique, o Navegador, morreu, em novembro de 1460, exploradores portugueses se aventuraram ao longo da costa africana até Serra Leoa. (Quarenta anos depois, já tinham percorrido todo o trajeto até o Cabo da Boa Esperança.) Portugal estava bem posicionado para ser a nação comercial mais poderosa da Europa Ocidental, rivalizada apenas por Castela. No início do século XVI, o experiente navegador Duarte Pacheco Pereira (apelidado de "o Aquiles português") atribuiu diretamente a Henrique o crédito por esse extraordinário programa de expansão. "Os benefícios conferidos a [Portugal] pelo virtuoso Infante Dom Henrique são tais que os seus reis e povo lhe devem muito", escreveu, "pois na terra que descobriu grande parte do povo português ganha hoje a sua subsistência e os reis [de Portugal] extraem grandes lucros desse comércio."[37] Sobre os que sofreram — e iriam sofrer — a infelicidade individual e sistêmica por gerações posteriores, Pereira não disse uma palavra.

Cristóvão Colombo

No dia 2 de janeiro de 1492, uma cerimônia solene transcorreu no sul da Espanha. No magnífico palácio da Alhambra, situado entre as colinas de

Granada, o último governante islâmico da Espanha continental abandonou formalmente seu sultanato e sua residência. O reinado de Muhammad XII — ou "Boabdil", como era conhecido pelos cristãos — tinha iniciado dez anos antes. Mas acabou espremido implacavelmente pelos reinos ao redor. Ao longo dos séculos, as guerras da Reconquista reduziram o pouco que restava da Al-Andalus muçulmana, e, em 1469, a Espanha cristã se unificou efetivamente em um super-reino, quando o rei Fernando II de Aragão se casou com a rainha Isabel I de Castela. Foi a sentença de morte do sultanato de Granada, que ainda resistiu por mais vinte anos, mas finalmente chegou ao fim.

Pouco depois do amanhecer de 2 de janeiro, Boabdil, com pouco mais de trinta anos, entregou cerimonialmente Alhambra a um oficial militar espanhol. Em seguida cavalgou até os arredores de Granada, onde se encontrou com o rei Fernando e a rainha Isabel e entregou as chaves da cidade. Ele disse a Fernando em árabe: "Deus o ama muito, senhor, estas são as chaves deste paraíso. Eu e os que estão dentro somos seus". Presentes foram trocados e o filho de Boabdil, que fora refém na corte espanhola por nove longos anos, foi devolvido ao pai. E Boabdil partiu. No final do ano, estaria morando no Marrocos, onde passaria a vida no exílio.[38] Partiu para sua nova casa com lágrimas escorrendo no rosto.

Um dos que assistiam aos acontecimentos em Granada naquele dia era um aventureiro genovês chamado Cristoforo Colombo — ou, como é conhecido hoje, Cristóvão Colombo.[39] Depois de viver quase vinte anos na península Ibérica, mudou-se para Lisboa nos anos 1470. Na época, Colombo já era um lobo do mar do Atlântico, navegando regularmente para os novos postos avançados das ilhas portuguesas nos Açores e da Madeira, e se aventurando ainda mais longe — pela costa da Guiné e (segundo afirmou) até o Atlântico Norte e até mesmo à Islândia.

Mais que isso, porém, ele vinha pensando muito sobre a forma do mundo e os mistérios de suas partes desconhecidas. Colombo era um leitor ávido, estudou obras de viajantes históricos, desde o antigo polímata grego Ptolomeu até Marco Polo, o aventureiro veneziano do século XIII.* Também tinha lido um fantasioso diário de viagem do século XIV — em parte derivado de outras fontes, em parte imaginário — supostamente escrito por um

---

* Ver capítulo 10.

cavaleiro inglês chamado sir John Mandeville. O autor afirmava ter escrito o diário "porque faz muito tempo que não há uma expedição cruzada no exterior, e porque muitos homens anseiam por ouvir sobre aquela terra [isto é, o antigo reino de Jerusalém] e vários países próximos". Descreveu regiões desde a Ásia Menor até a Índia e reciclou velhos mitos, como os contos de Preste João.[40]

Colombo devorou esses escritos. E a partir do que leu, combinado com suas experiências pessoais no mar, chegou a duas grandes conclusões. A primeira era que havia riquezas abundantes do outro lado do Atlântico. Se, como argumentou Ptolomeu, a Terra era uma esfera, uma viagem que Colombo (incorretamente) calculou em menos de 5 mil quilômetros deveria levar um homem ao Extremo Oriente, cujas riquezas vertiginosas Marco Polo e Mandeville descreveram detalhadamente. A segunda aposta de Colombo era que, chegando ao Oriente, poderia reviver o projeto de converter um cã ou algum outro grande rei oriental ao cristianismo, que acreditava ser ainda a melhor estratégia para combater a "idolatria" e as "doutrinas de perdição" praticadas por muçulmanos na região do Mediterrâneo.[41]

Com o passar do tempo, Colombo foi se tornando cada vez mais obsessivo com seu grande esquema, como muitos fanáticos da história. Só precisava de alguém que o apoiasse. E foi aí que entraram Fernando e Isabel — conquistadores de sultões muçulmanos, governantes em conjunto do maior reino da península Ibérica, agora se autodenominando os "Reis Católicos". Quando apresentou seu esquema à corte espanhola, em janeiro de 1492, depois de muitos anos de insistentes pedidos infrutíferos na Espanha, em Portugal e outros lugares, Isabel finalmente concordou em apoiá-lo, concedendo a Colombo o direito de se chamar Grande Almirante e ficar com 10% dos lucros de sua viagem. Para todos os envolvidos, foi uma aposta. Mas valeu a pena.

Desde o lendário retorno de Odisseu das Guerras de Troia para casa em Ítaca até a missão Apollo 11 à Lua em 1969, provavelmente não houve jornada mais famosa na história humana que a primeira viagem de Colombo para o oeste, em 1492. Os detalhes são bem conhecidos, pois Colombo manteve um diário de bordo (o original foi perdido, mas sua essência está preservada num resumo feito pelo historiador Bartolomeu de las Casas). Segundo esse relato, em 3 de agosto, "meia hora antes de o nascer do sol", Colombo partiu de Palos, na costa sul da Espanha, com suas três caravelas — *Niña, Pinta* e *Santa Maria* — para as Ilhas Canárias. Ali, os habitantes locais asseguraram que sua jornada provavelmente seria curta, pois todos os dias ao pôr do sol "eles viam terra a oeste".[42] Se fosse verdade, significava que as Américas estariam entre cinco e trinta quilômetros de distância. Claramente, não era verdade.

Após ter feito reparos em seus navios e esperado um bom vento, Colombo partiu para o oeste das Canárias no sábado, 8 de setembro. Ele e sua tripulação navegaram pelo mês seguinte, mantendo-se atentos a pássaros, algas marinhas, caranguejos, baleias e golfinhos, que Colombo afirmava serem sinais de que a terra estava próxima. Mas ela nunca chegava, e, à medida que sua tripulação foi ficando inquieta, Colombo começou a mentir sobre a distância que haviam percorrido, minimizando o fato cada vez mais óbvio de estarem a centenas de léguas de qualquer lugar. Ao todo, eles passaram 33 dias no mar. Só em 11 de outubro, com a tripulação à beira de um motim, um marinheiro chamado Rodrigo avistou terra — uma ilha de corais nas Bahamas que eles chamaram de San Salvador. "Todos respiraram novamente e se alegraram", escreveu Colombo. Naquela noite ancoraram ao largo, e na manhã seguinte Colombo e um pequeno grupo de sua tripulação desembarcaram em um barco armado, com uma bandeira com as iniciais de Fernando e Isabel e uma cruz no estilo das cruzadas.[43]

Foram recebidos na praia por um grupo de homens e mulheres, nus e muito entusiasmados, a quem Colombo presenteou com "gorros vermelhos e contas de vidro [...] também muitas outras ninharias". Encantados, os ilhéus retribuíram com "papagaios e novelos de fios de algodão e lanças [...] trocaram de bom grado tudo o que tinham".[44] Foi um encontro feliz: "Eles se tornaram maravilhosamente amigáveis conosco", escreveu Colombo.[45]

A visão daquele povo provocou em Colombo emoções conflitivas. Certamente eram bonitos e jovens, com pele morena clara, "pernas muito retas e sem barriga, mas corpos bem formados". No entanto, pareciam quase comicamente primitivos — andando com nada mais que pinturas corporais, remando longas canoas escavadas em troncos de árvores, mostrando um total desconhecimento de armas tão básicas quanto espadas e parecendo muito ingênuos sobre o comércio. Colombo viera em busca de uma cultura superior, uma corte que se comparasse à do grão-cã. Em vez disso, era tratado como um alienígena de uma espécie superior.[46]

Mas logo lhe ocorreu um pensamento. Ainda que aqueles ilhéus claramente não fossem os parceiros comerciais com quem os Reis Católicos poderiam fundar uma nova ordem mundial, "eles deveriam ser bons servidores e muito inteligentes [...] e acredito que facilmente se tornariam cristãos, pois me pareceram não ter religião". E decidiu fazer seis deles prisioneiros para levar a Fernando e Isabel, "para que aprendam a falar".[47] Fincou a bandeira da Espanha na ilha para sinalizar sua posse em nome dos Reis Católicos. Depois zarpou para descobrir o que mais havia para se apossar.

Nas semanas seguintes, Colombo e sua tripulação exploraram as ilhas próximas. Ainda acreditando que pudesse estar em algum lugar muito mais a leste do que realmente estava — em alguma ilha longínqua do arquipélago do Japão —, Colombo procurava o continente de "Cathay". Em vez disso, o que encontrou foram várias outras pequenas ilhas do Caribe, e no final de outubro e começo de novembro as massas de terra muito maiores de Cuba e do Haiti (que ele chamou de Hispaniola). Sua tripulação ficou intrigada, prelibando as coisas exóticas existentes por toda parte: pérolas e ouro, ervas e especiarias, novos tubérculos, frutas doces e suculentas, nódulos de algodão e "certas ervas perfumadas" que se revelaram como folhas de tabaco. Mas também ficaram chocados com alguns costumes locais. O filho de Colombo, Ferdinando, escreveu que "os índios* estão acostumados a comer coisas impuras, como aranhas grandes e gordas e vermes brancos que se reproduzem na madeira podre [...] Comem peixe quase cru, imediatamente depois de pescá-los. Antes de cozinhá-los, eles arrancam seus olhos e os comem na hora. Comem muitas coisas que não só fariam qualquer espanhol vomitar, mas o envenenariam se comesse".[48] Era bem o jeito desse mundo: uma alternância entre o fascinante e o grotesco. Colombo afirmou que muitas vezes dizia a sua tripulação que seria impossível descrever para os outros todas as coisas que viram quando voltassem para casa, pois "minha língua não podia transmitir toda a verdade sobre eles, nem minha mão descrevê-la". Ao mesmo tempo, as pessoas que encontrava também demonstravam a mesma sensação de admiração meio estupefata. Em Hispaniola, um dignitário sugeriu a Colombo que seus patronos "devem

---

* Esse era o termo genérico para o povo do Novo Mundo — derivado, é claro, do fato de que os primeiros navegadores acreditavam estar nas Índias do leste.

ser príncipes muito grandiosos, por terem me enviado destemidamente de tão longe no céu".[49]

Colombo ficou nas novas terras até a época do Natal. Em 24 de dezembro perdeu uma de suas caravelas, a *Santa Maria*, que se chocou com um recife em águas rasas ao largo de Hispaniola. Colombo ordenou que a tripulação construísse um forte improvisado com a madeira recuperada dos destroços. Fez um de seus homens demonstrar fogo de mosquete aos índios, para impedi-los de atacar a fortaleza. Designou três dúzias de homens para guarnecer; eles seriam o núcleo de uma cidade que ele chamou de Porto do Natal (Puerto de la Navidad), "a primeira cidade cristã e país instituídos no mundo ocidental".[50] Em 16 de janeiro de 1493, zarpou com suas duas caravelas restantes rumo à Espanha para mostrar tudo o que havia visto e feito. Foi mais uma longa viagem, e desta vez a *Niña* e a *Pinta* foram separadas por tempestades. Porém, nos primeiros dias de março, em meio a "um mar terrível e ventos fortes, todo o céu [...] rasgado por trovões e relâmpagos", Colombo chegou ao porto de Lisboa. Fez uma breve parada na corte do rei português João II (o bisneto de João I), regalando o monarca com histórias e assegurando que não havia infringido os interesses portugueses na África.* Pouco depois, seguiu em frente para encontrar seus patronos.

Dessa vez viajou por terra. Em meados de abril, chegou à corte espanhola em Barcelona, onde foi recebido pessoalmente pelo rei Fernando. Desfilaram pela cidade lado a lado, como se Colombo fosse um príncipe de sangue azul. Os Reis Católicos ficaram emocionados, disse Colombo: iluminados "com infinita alegria e satisfação".[51] Depois de anos de esforços, a convicção de Colombo de haver algo maravilhoso do outro lado do Atlântico fora provada. O capelão e historiador da corte de Fernando, Pedro Mártir, não soube como interpretar aquelas descobertas, e escreveu: "É preciso falar de um novo mundo, muito distante e desprovido de civilização e religião".[52] Mas Colombo tinha certeza de que todos os bons cristãos deviam agradecê-lo "pelo grande triunfo que terão, com a conversão de tantos povos à nossa santa fé e pelos benefícios temporais que se

---

* A visita de Colombo ao rei português acelerou o Tratado de Tordesilhas, que traçou uma linha demarcatória fictícia e vertical 370 léguas a oeste das ilhas de Cabo Verde (o Meridiano de Tordesilhas); a leste da linha, todas as descobertas eram consideradas pertencentes a Portugal; a oeste da linha, a Castela/Espanha.

seguirão, não apenas para a Espanha, mas para toda a cristandade".[53] Era a vitória que havia sonhado por tanto tempo.

Uma leitura atenta das cartas e cadernos de Colombo não revela uma figura especialmente atraente. "O Almirante", como gostava de ser conhecido, era um fanfarrão, e às vezes um mentiroso descarado. Enganou a tripulação sobre suas intenções e o progresso da expedição. Reivindicou créditos por ter sido o primeiro a localizar terras nas Bahamas, quando não havia feito tal coisa. Aproveitou a boa índole dos povos que conheceu nas novas terras; qualquer interesse antropológico passageiro que tivesse por eles era sempre velado por seu olhar cínico quanto às maneiras como ele e futuras expedições espanholas poderiam explorar seus recursos e força de trabalho. E quando voltou à Espanha, exagerou suas conquistas e o potencial de suas descobertas, afirmando que Hispaniola era maior que toda a península Ibérica, já repleta de belos portos e ricas minas de ouro (não era); e que Cuba era "maior que a Inglaterra e a Escócia juntas".[54]

Apesar de tudo isso, não há dúvidas sobre a escala de sua realização em 1492. Considerados os padrões comparativos da tecnologia medieval, o contato entre as Américas e a Europa só poderia vir de uma direção. E apesar do fato de que, se Colombo não tivesse feito sua viagem, alguém a teria feito logo depois, a verdade é que foi ele quem teve a coragem, o plano e a pura sorte de ir em frente e conseguir. A história não precisa ser feita por pessoas legais; aliás, nossa viagem pela Idade Média até este ponto demonstra que isso raramente acontece. Assim, quaisquer que sejam as falhas de caráter, seus defeitos e preconceitos, que certamente estão ainda mais fora de sintonia com as convicções do século XXI do que com as de seu próprio tempo, Colombo foi — e continua sendo — uma das figuras mais importantes da toda a Idade Média. E no momento em que voltou do Caribe, ficou claro que havia inaugurado uma nova era na história da humanidade.

Assim que retornou à Espanha, em 1493, Colombo não perdeu tempo em planejar suas próximas viagens para o oeste. Seriam três ao todo. Em 1493-1496, comandou uma grande missão de dezessete navios, chegando ao Caribe pelas ilhas das Antilhas, antes de seguir para Porto Rico e Jamaica. Em 1498-1500 aventurou-se mais ao sul, passando por Trinidad e desembarcando por um breve período no continente sul-americano, onde hoje é a Venezuela. E em sua aventura final, em 1502-1504, explorou o litoral da América Central (as atuais Honduras, Nicarágua e Costa Rica). Passou muitos anos no mar e em terras estrangeiras, onde tomou consciência dos perigos das doenças, do clima volátil do Caribe e a política venenosa do colonialismo. Durante esses anos, enfrentou calmarias, furacões, foi atacado por tribos hostis e acometido por doenças. Em sua terceira viagem, foi acusado de ter abusado de seus poderes como "vice-rei almirante e governador-geral" das novas terras, aprisionado e mandado de volta à Espanha acorrentado — uma experiência que o deixou amargurado até o fim de seus dias. Mas se Colombo se sentiu maltratado, ele não foi o único. Pois suas missões iniciais de reconhecimento deram origem a muitas outras expedições para se apossar e colonizar, dando início aos horrores que viriam a ser parte intrínseca da expansão europeia para o Novo Mundo.

Aquelas novas terras sempre foram selvagens. O destino da primeira guarnição deixada por Colombo em Hispaniola em 1493 fora um alerta. Assim que o almirante partiu, seus homens começaram a investir contra as tribos locais em busca de ouro e mulheres, e a brigar entre si. Não demorou para que todos fossem mortos por um líder local chamado Caonaobó.[55] Quando voltou à Hispaniola em sua segunda missão, Colombo não se vingou de imediato pelas mortes. Mas também não foi um visitante benevolente. Apesar de ter recebido ordens específicas para não maltratar os nativos, foi o que Colombo fez: exigiu tributos em ouro, sequestrou e escravizou os nativos e construiu fortalezas em suas terras. A certa altura, escreveu uma carta dizendo aos Reis Católicos que a melhor estratégia para obter sucesso econômico nas novas terras seria impor a servidão em massa às populações locais e a conversão forçada ao cristianismo. Ferdinando e Isabel não se entusiasmaram com essas táticas de mão pesada. Mas, no longo prazo, a decisão não foi deles. O cinismo brutal de Colombo era fundamentado na fria realidade de praticamente todos os programas coloniais da história. Crueldade e desumanidade sempre foram as táticas da expansão imperial. Não havia razão para o Novo Mundo ser diferente.

As levas de pretensos colonos e caçadores de fortunas que vieram no rastro de Colombo para estabelecer postos avançados em Hispaniola e em Cuba foram bem diferentes. Quando "o Almirante" foi preso em sua terceira expedição, o novo vice-rei espanhol, um cavaleiro cruzado chamado Nicolás de Ovando, tomou medidas intransigentes contra a população local conhecida como taínos, agora irritada com a presença espanhola. Ele trouxe centenas de soldados para as ilhas e atacou os desafortunados taínos. Alguns foram massacrados. Sua rainha, Anacaona, foi enforcada em praça pública. Muitos outros foram feitos prisioneiros, e Ovando seguiu a velha lógica dos cruzados ao lidar com eles: os incréus capturados na guerra mereciam ser escravizados. Foram obrigados a trabalhar para os colonos, que no final da primeira década do século XVI eram milhares. Além disso, também começou a importar escravos negros africanos para trabalhar nas minas de ouro encontradas pelos colonos em Hispaniola. O projeto de colonização começava a tomar forma. Algo muito distante do clima de curiosidade e animação manifestadas na praia de San Salvador quando Colombo desembarcou pela primeira vez. Se houve um breve período de inocência no Novo Mundo, isso acabara antes mesmo de começar.

Cristóvão Colombo nunca mais voltou ao Caribe depois de 1504. Sua estrela passou a brilhar menos depois da terceira expedição, e ele passou a culpar outros por sua queda, principalmente o rei Fernando, que passou a considerar muito menos amigo que Isabel, morta em 1504. Se isso era ou não verdade não é importante aqui. Muito mais relevante que os rancores mesquinhos de Colombo era o irrefreável impulso da iniciativa que esses três haviam começado. Colombo morreu em 20 de maio de 1506. Segundo seu filho, sofrendo de "gota e outros males e tristeza por se ver tão caído de sua alta condição".[56] Mas, quando morreu, a exploração colonialista, na qual desempenhou um papel fundamental, estava encaminhada.

Em meados dos anos 1520, exploradores e guerreiros espanhóis e portugueses conhecidos como conquistadores invadiram não apenas o Caribe, mas também as terras continentais que conhecemos como o México, a Guatemala, a Flórida e o litoral do Brasil. Chegaram com armaduras pesadas, pistolas e canhões — cujos estrondos provocavam pânico entre os indígenas, que nunca haviam visto ou ouvido a pólvora. Um desses conquistadores foi Hernán Cortés, o espanhol obstinado que se apossou de enormes quantidades de ouro do México após suas campanhas de 1519-1521, quando suas tropas destruíram o Império Asteca, depondo e provavelmente assassinando seu último imperador, Montezuma II. Parte desse ouro era o tesouro que Albrecht Dürer viu exibido na prefeitura de Bruxelas em 1520, mas representava apenas uma fração do que seria saqueado do Novo Mundo, onde se descobriu que o continente abrigava megacidades como a capital asteca Tenochtitlán, que muitos que a viram consideraram tão gloriosa quanto Veneza. Utilizando tecnologia e armas superiores e disseminando doenças como a varíola, à qual os indígenas americanos tinham pouca ou nenhuma resistência, os conquistadores destruíram os antigos reinos das Américas, estabelecendo em seu lugar seus impérios transatlânticos, que sugaram o que podiam para aumentar a glória de seus países de origem na Europa. O surgimento desses impérios no Novo Mundo é uma das grandes mudanças que os historiadores usam hoje para estabelecer um ponto final para a Idade Média.

À Índia e além

Nos anos entre as incursões do início do século XV pela costa da África e as aventuras colombianas no Caribe, os navegadores do final do período medieval aprenderam muito sobre a geografia do mundo. Identificaram novas fontes valiosas de matérias-primas, que variaram do ouro à madeira e ao bacalhau. O que não fizeram, no entanto, foi resolver o problema fundamental que existia desde os tempos de Ptolomeu: se era possível chegar às Índias indo em direção oeste, em vez de leste.

Nada nas primeiras viagens transatlânticas de descobertas mudou isso. Desde as aventuras de Colombo, todos os marinheiros que se dirigiam para o oeste na latitude das Canárias ou de Cabo Verde acabavam chegando às ilhas do Caribe e, além delas, às Américas (assim chamadas no início do século XVI por Américo Vespúcio, um navegador florentino que mapeou a costa do Brasil em 1501-1502). Dirigir-se mais para o norte fazia pouca diferença. Em 1497, Giovanni Caboto, um marinheiro veneziano a soldo do primeiro rei Tudor da Inglaterra, Henrique VII, partiu de Bristol em busca de uma "passagem noroeste" para o Extremo Oriente. Também não deu certo: as terras encontradas provavelmente eram a Terra Nova (local do antigo assentamento viking em L'Anse aux Meadows). Em 1508-1509, o filho de Caboto, Sebastian, fez outra tentativa, avistando o que mais tarde seria chamado de baía de Hudson, antes de optar por virar para o sul e explorar a costa norte-americana até Chesapeake. Tudo isso se tornaria historicamente muito importante, principalmente quando as primeiras colônias norte-americanas foram estabelecidas, no final do século XVI. Mas nada indicava às potências europeias um atalho para a terra dos cãs.

Em 1488, contudo, um capitão português chamado Bartolomeu Dias apresentou evidências tentadoras da existência de outra rota. Dias foi encarregado por João II de seguir ao longo da costa africana e chegar mais longe do que qualquer marinheiro europeu antes dele. Ao cabo de uma batalha com os mares que durou quase dezoito meses, ele conseguiu. Em fevereiro de 1488, Bartolomeu contornou o Cabo da Boa Esperança, que ele chamou de Cabo das Tormentas, e chegou a Algoa Bay (a enseada a leste de Port Elizabeth, na atual África do Sul). Foi quando sua tripulação afirmou francamente que cortaria seu pescoço de orelha a orelha se fosse obrigada a seguir mais além. Sua missão era a confirmação da viabilidade — mesmo que difícil — de contornar a África; se fosse possível, seguia-se que uma viagem em direção ao nordeste acabaria chegando à Índia. Isso literalmente mudaria o mundo: os mapas mundiais produzidos depois da viagem de Dias teriam de ser corrigidos para levar em conta que o oceano Índico não era, como pensava Ptolomeu, isolado por territórios inexplorados, e que poderia ser acessado pelo sul. Armados com esse conhecimento e estimulados, depois de 1493, pelas conquistas de Cristóvão Colombo no Atlântico ocidental, os portugueses se dispuseram a ultrapassar o marco de Dias.

O nome mais memorável na história da navegação medieval depois de Colombo é o de Vasco da Gama. Em 1497, Gama tinha trinta e poucos anos e era membro da cruzadista Ordem de Santiago. Por essa razão, foi favorecido pelo rei João II, o grão-mestre da ordem, e despachou Vasco da Gama para explorar o oceano Índico até onde pudesse. O capitão partiu de Lisboa em julho com quatro navios, 170 homens e a permissão do novo rei português Manuel I (1495-1521) para fazer o que fosse necessário para "realizar descobertas por mar [a] serviço de Deus e [em] nosso benefício próprio".[57]

Vasco da Gama executou suas instruções ao pé da letra. Navegou para o sul ao longo da costa africana até Serra Leoa, de onde com muita coragem, e talvez uma dose de loucura, continuou para o Atlântico aberto, confiando na afirmação de Dias de que uma brisa de oeste acabaria levando sua frota de volta à ponta sul do continente africano. Bartolomeu Dias estava certo, mas foi preciso uma imensa força de vontade e de sobrevivência, bem como três meses no mar sem vislumbrar nenhuma terra em qualquer direção. Passavam-se semanas, e Vasco da Gama e sua tripulação não viam nada além de ondas, baleias e às vezes algumas aves marinhas.

Ninguém na história registrada jamais havia passado tanto tempo no mar. Mas no sábado, 4 de novembro, finalmente, terra à vista. A tripulação de Gama registrou: "Vestimos nossos uniformes de gala, saudamos [o capitão] disparando nossas bombardas e enfeitamos os navios com bandeiras e estandartes".[58] Estavam a caminho.

No final de novembro de 1497, a frota contornou o Cabo das Tormentas. No Natal, estava negociando com negros africanos nas praias por onde passava, trocando contas de vidro, gorros e pulseiras por bois gordos para assar e panos de linho por metal. Viram pássaros que zurravam como jumentos e grandes leões marinhos com a pele tão dura que não podiam ser arpoados. Identificaram fontes aparentemente abundantes de minerais como cobre, sal, estanho e presas de elefante. Mas as tentativas de evangelização em nome de Cristo foram um fracasso total: a tripulação parou para erguer um pilar e uma cruz sagrada numa baía africana, mas quando a embarcação se afastou todos viram uma dúzia de descontentes membros da tribo despedaçando o pilar e a cruz.[59]

Na virada do ano, Vasco da Gama e sua tripulação começaram a ter mais problemas. Foram forçados a pôr a pique (ou seja, afundar de propósito) um de seus navios. Muitos homens sofreram de escorbuto, "com os pés e as mãos inchando e as gengivas crescendo sobre os dentes, de modo que não podiam comer".[60] Em Moçambique, encontraram uma população muçulmana abastada, que desprezou suas oferendas de paz, e souberam que, apesar de estar relativamente perto, Preste João vivia no meio do deserto, num lugar onde só se podia chegar depois de uma longa viagem no lombo de camelos. Quando chegaram a Mombasa (atual Quênia), uma recepção que parecia amigável logo se tornou traiçoeira, pois foram designados nadadores para sabotar os navios ancorados. Ao contrário do Caribe, o Índico era uma zona de comércio marítimo sofisticada e altamente desenvolvida; embora o canhão de Vasco da Gama tenha se mostrado uma defesa eficaz quando ocasionalmente eram obrigados a disparar, a pólvora estava velha e os portugueses não dispunham das vantagens tecnológicas que beneficiaram Cristóvão Colombo. Por fim, Gama conseguiu recrutar um navegador local experiente que o ajudou a traçar um curso para longe da costa africana, para retornar a mar aberto em direção ao mar da Arábia.

Em 20 de maio, chegaram à costa sudoeste da Índia e ancoraram em águas próximas a Calicute (*Kozhikode*, atual Kerala), na costa de Malabar.

Quando o governante local, conhecido como Samorin, enviou mensageiros para perguntar o que eles queriam, Gama foi direto ao assunto: "Cristãos e especiarias". Só conseguiu parte do que desejava. Percebeu que Zamorin ficou totalmente decepcionado com seu status pessoal e com seus termos de troca. Ele e a tripulação acreditavam que havia muitos cristãos naquelas terras. Mas nenhum deles parecia ser o Preste João. O diário apócrifo de um de seus tripulantes registrou:

> [Os homens] são de pele morena. Alguns têm grandes barbas e cabelos compridos, enquanto outros cortam o cabelo curto ou raspam a cabeça, deixando somente um topete na coroa como sinal de que são cristãos. Também usam bigodes. Furam as orelhas e usam muito ouro no corpo. Andam nus até a cintura, cobrindo as extremidades inferiores com tecidos de algodão muito finos. Mas só os mais respeitáveis fazem isso, pois os outros só fazem o que podem. As mulheres deste país, via de regra, são feias e de baixa estatura. Usam muitas joias de ouro no pescoço, inúmeros braceletes nos braços e anéis cravejados de pedras preciosas nos dedos dos pés. Todas essas pessoas são bem-intencionadas e aparentemente de temperamento brando. À primeira vista, parecem gananciosas e ignorantes.[61]

Porém, "gananciosas e ignorantes" era uma definição que se aplicava igualmente aos recém-chegados, que saíram perdendo em praticamente todas as tentativas de fechar um acordo comercial com os mercadores e autoridades de Calicute, apesar de terem ficado lá de maio até o fim de agosto. No entanto, apesar de não ter produzido riquezas instantâneas, a expedição cumpriu o principal objetivo designado a Vasco da Gama. Provou ser possível chegar à Índia sem ter de atravessar o congestionado e perigoso Mediterrâneo otomano, nem seguir os passos de Marco Polo em uma árdua jornada por terra pela Ásia Central.

Mesmo assim, não era fácil. A viagem marítima de Vasco da Gama a Portugal demorou quase um ano, período em que o escorbuto, a sede e doenças levaram à morte de cerca de metade dos seus homens, o que o forçou a pôr a pique um segundo navio. Mas quando os dois navios restantes finalmente chegaram a Portugal, em julho de 1499, foram recebidos com aplausos e celebrações públicas. O rei, Manuel I, escreveu triunfante aos Reis Católicos Fernando e Isabel, anunciando que seus navegadores

> chegaram e descobriram a Índia e outros reinos e senhorios fronteiriços; que entraram e navegaram em seu mar, encontrando grandes cidades, grandes construções e rios, e grandes populações, entre as quais se realiza todo o comércio de especiarias e pedras preciosas, que são enviados em navios [...] a Meca, e de lá ao Cairo, de onde se distribuem pelo mundo todo. Destes [especiarias etc.], eles trouxeram uma quantidade, incluindo canela, cravo, gengibre, noz-moscada e pimenta [...] também muitas pedras preciosas de todos os tipos, como rubis e outras. E também chegaram a um país onde há minas de ouro, que [o ouro], como as especiarias e pedras preciosas, eles não trouxeram tanto quanto poderiam ter trazido [...]

Os espanhóis podem ter liderado as incursões ao Novo Mundo do Oeste, mas os portugueses não ficaram muito atrás.

Após a primeira expedição de Vasco da Gama, os portugueses enviaram um fluxo constante de missões para a Índia. A segunda grande expedição, muito maior que a de Gama, foi capitaneada por Pedro Álvares Cabral, que em 1500 empreendeu uma grande viagem marítima, primeiro para a costa do Brasil, em seguida para leste até o Cabo da Boa Esperança e, via Moçambique, a Calicute e a outro ponto na costa de Malabar na Índia: o reino de Cochin. Na volta, Cabral e sua tripulação passaram por tempestades e lutaram contra mercadores árabes na Índia, que não gostaram dos recém-chegados. Mas estavam carregados de especiarias, que foram vendidas com enorme lucro na Europa.

Ao perceber que o truque não só era bom como podia ser repetido, armadas anuais passaram a ser mandadas por uma rota que ficou conhecida por centenas de anos como a Carreira da Índia. Aproveitando os ventos alísios no Atlântico e a variação das monções no oceano Índico, as frotas portuguesas tornaram-se uma visão regular indo de Lisboa a Cabo Verde, para o sudoeste ao Brasil, voltando ao extremo sul da África e de lá para a Índia, às vezes através do canal entre Moçambique e Madagascar, outras contornando Madagascar. As frotas podiam ser de poucos navios ou mais de uma dúzia, com departamentos do governo real português dedicados à supervisão das exigências logísticas. O Estado se empenhou em patrocinar e subscrever os custos do que se tornou, de fato, um negócio nacional. E essa atividade mercantil foi sendo cada vez mais apoiada por forças militares. Os portugueses fecharam acordos para construir fortes ao longo da costa sudoeste da Índia, e castigavam governantes indianos hostis com seus canhões. Batalhas marítimas entre esses intrusos europeus e mercadores nativos do Índico tornaram-se cada vez mais frequentes. Contudo, no final da primeira década do século XVI, os portugueses já estavam nomeando governadores permanentes para seus postos avançados no continente indiano e montando um assentamento centrado em Goa.

Cento e cinquenta anos depois, os portugueses tinham conquistado centenas de quilômetros da costa da Índia, grande parte do Sri Lanka, faixas das atuais Bangladesh e Mianmar e a pequena península e arquipélago de Macau, no Sul da China. Seus navios traziam a Lisboa pimenta-do-reino, canela, cravo e noz-moscada; no Oriente, negociavam tecidos de algodão e barras de ouro ou prata. Com o tempo, se posicionariam como intermediários comerciais entre os impérios japonês e chinês, tão hostis entre si que o comércio direto entre eles era ilegal. Entrementes, do outro lado do mundo, os portugueses também controlavam o Brasil, ponto de parada da primeira etapa da Carreira da Índia. Portugal chegou a ser realmente um império mundial, com seus fortes, portos, entrepostos, manufaturas e guarnições se estendendo pelo mundo conhecido como um colar de pérolas (que em parte durou até os tempos modernos: Goa só foi devolvida à Índia em 1961, e Macau em 1999). O jogo estava acabando.

O círculo completo

A viagem que resolveu o persistente enigma de navegar em direção ao oeste para chegar ao leste foi realizada pelo explorador português Fernão de Magalhães, que partiu de Sevilha em agosto de 1519 com a intenção de dar a volta ao mundo. Magalhães — um homem reservado e extremamente devoto que, como Colombo, enganava sua tripulação sobre seu destino e o que esperava alcançar — não viveu para ver o fim de sua jornada.[62] A viagem foi concluída por um de seus oficiais, um castelhano chamado

Juan Sebastián Elcano. A aventura épica de três anos levou seus intrépidos membros através do Atlântico, ao redor do extremo sul da América do Sul e através do Pacífico até as Filipinas e a Indonésia. Quando Magalhães morreu, numa batalha com os nativos da ilha de Mactan, que não aceitaram prontamente a fé cristã, Elcano voltou para casa atravessando o oceano Índico, contornando o Cabo da Boa Esperança e chegando à Espanha. O patrono da viagem, Carlos V, ficou tão emocionado que concedeu a Elcano um brasão com o lema "O primeiro a me circundar".

A viagem teve um preço terrível para os participantes: dos quase trezentos homens que partiram, menos de vinte voltaram. Mas foi um feito excepcional da navegação e um marco simbólico no progresso humano. A Terra, cujo formato e natureza eram tema de especulação e mistério desde o início da história registrada, estava agora ao alcance do homem. E apesar de muitos lugares continuarem desconhecidos e inexplorados pelos ocidentais — inclusive o continente da Australásia, a maior parte da África central, a floresta amazônica, o interior das Américas, a Antártida e os picos do Himalaia —, mapear esses lugares tornou-se uma questão que começava com a palavra "quando", não "se" ou "como". A linha entre a circum-navegação de Magalhães e Elcano e a chegada do capitão Cook à Austrália, a escalada do monte Everest por Tenzing Norgay e Edmund Hillary e a nossa era atual de pesquisas por satélite e Google Earth era longa, porém direta. Antes do século XV, das viagens de descoberta europeias, os mapas do mundo eram quebra-cabeças parcialmente concluídos. Dali por diante, nenhum lugar acima do nível do mar estaria além dos limites para exploradores e navegadores.

Assim, as viagens de descoberta europeias foram um fator crítico para encerrar a Idade Média. Além da conquista geográfica e psicológica da circum-navegação de Magalhães, deram origem a uma nova era de impérios globais europeus. Espanha e Portugal foram as primeiras grandes potências marítimas a colonizar terras a milhares de quilômetros de distância, mas logo foram seguidas pelos ingleses, franceses e holandeses, entre outros. Os assentamentos nesses domínios distantes mudaram drasticamente a natureza do comércio global, esfacelando e redesenhando antigas estruturas de poder em todos os continentes do mundo. Renderam riqueza e prosperidade inimagináveis para alguns indivíduos e reinos, mas impingiram misérias infernais, escravidão e sofrimento a outros. O legado do imperialismo continua sendo objeto de debate feroz e altamente emocional no século XXI. A história completa da era do imperialismo colonial europeu e seu legado está muito além do escopo deste livro — mas não podemos negar que teve suas origens na Idade Média, quando aventureiros como Cristóvão Colombo e Vasco da Gama partiram em busca de novas maneiras de viajar pelo mundo e depararam com maravilhas tão encantadoras quanto as descobertas por Marco Polo no apogeu dos cãs mongóis.

Tudo isso nos deixa com apenas mais um caminho a explorar em nossa longa jornada pelo mundo medieval. Pois enquanto a natureza do mundo estava mudando no século XV, o mesmo acontecia com a forma da Igreja. Ao mesmo tempo que novos continentes e novas rotas para o Oriente reformulavam decisivamente as ideias sobre a terra medieval, uma revolução bem diferente estava prestes a demolir ideias sobre os céus. Tal foi a Reforma Protestante, que começou na Alemanha nos anos 1430, quando um ourives chamado Johannes Gutenberg descobriu como imprimir um livro.

16
PROTESTANTES

"A Palavra enfraqueceu tanto o papado que nunca um príncipe ou imperador infligiram tanto dano ao papa."
Martinho Lutero

No outono de 1455, dois ourives compareceram ao tribunal da cidade alemã de Mainz. A disputa entre eles ouvida pelas autoridades eclesiásticas da cidade no refeitório de um convento franciscano era sobre dinheiro. O primeiro ourives, Johannes Gutenberg, tomara um empréstimo de 1.600 florins — uma pequena fortuna — para investir em equipamentos, mão de obra e seu próprio tempo para construir uma máquina que imaginava iria mudar a natureza da escrita. O segundo ourives, Johann Fust, emprestara o dinheiro na esperança de que o retorno de seu investimento o tornasse rico. Mas vários anos se passaram sem que Gutenberg gerasse qualquer lucro. A paciência de Fust tinha então se esgotado e ele estava processando seu parceiro de negócios. Queria seu dinheiro de volta senão invadiria a oficina de Gutenberg em busca de equipamentos e mercadorias no valor da dívida. Para Fust, o caso era uma questão de orgulho e decoro. Para Gutenberg, uma questão de sobrevivência ou derrota.

A invenção em que Gutenberg vinha trabalhando era uma prensa tipográfica. Ao longo da Idade Média, os textos eram geralmente produzidos por copistas que escreviam à mão, com penas e potes de tinta à base de goma em peles de animais esticadas e tratadas, conhecidas como pergaminhos ou velinos. Os melhores escribas eram copistas eficientes ou artistas talentosos — e às vezes ambos. Mas nenhum era sobre-humano. Todos trabalhavam página por página, um manuscrito por vez. Um texto longo — uma Bíblia, um livro sobre a vida dos santos, um tratado de Aristóteles ou de Ptolomeu — levava centenas ou mesmo milhares de horas para ser concluído.

Gutenberg considerava esse processo tremendamente trabalhoso, e passou grande parte de sua vida adulta tentando revolucionar a produção de manuscritos. Não foi o primeiro a conceber a impressão: o primeiro pergaminho impresso da China (a cópia de um texto budista chamado *Sutra do diamante*) foi feito com blocos de madeira em 868 d.C., enquanto tipos de metal já eram usados na Coreia desde o século XIII. Mas era uma tecnologia desconhecida no Ocidente — até então. A prensa de Gutenberg permitiria que uma pequena equipe de impressores configurasse e replicasse páginas em uma quantidade até então inimaginável. As letras individuais (conhecidas como tipos móveis) seriam moldadas em metal e depois organizadas na forma de palavras, frases e parágrafos. Depois seriam molhadas com tinta à base de óleo e pressionadas em folhas de velino ou de papel feito na Itália (outra invenção chinesa medieval, importada recentemente para o Ocidente) quantas vezes fossem necessárias, imprimindo folhas idênticas. Embora se tratasse de um processo caro e difícil, que exigia considerável cuidado e atenção por parte de um metalúrgico habilidoso, tinha o potencial, pensou Gutenberg, de tornar obsoletas as velhas formas de cópia de manuscritos e inaugurar uma nova e ousada era para a palavra escrita.

O problema, semelhante a todos os empreendedores tecnológicos da história, era que a amplitude da ambição e da imaginação de Gutenberg só se comparava a sua capacidade de gastar o dinheiro dos outros. Assim, quando Fust exigiu a devolução do empréstimo, foi um desastre para a "startup" de Gutenberg. Em novembro de 1455, o tribunal de Mainz decidiu em favor de Fust, que logo depois foi autorizado a confiscar as prensas de Gutenberg, seus tipos e sua oficina. Pior ainda, Fust levou o estoque comercial de Gutenberg. Ele vinha trabalhando havia vários anos em uma edição impressa em dois volumes da Bíblia: a Vulgata Latina do século IV de São Jerônimo, que receberia um toque tecnológico do século XV. Estava quase concluindo a impressão, e planejava vender duas versões — uma impressa em papel e uma edição em velino, mais luxuosa e resistente. Rumores sobre o lançamento iminente da Bíblia circulavam pela alta sociedade europeia: em março de 1455, um agente papal na Alemanha chamado Enea Silvio

Piccolomini * escreveu a um cardeal espanhol para dizer que havia visto folhas soltas e não encadernadas, que estava muito impressionado, mas achava ser quase impossível comprar um exemplar antes de esgotarem. ("A escrita é extremamente limpa e legível, nada difícil de acompanhar", observou Piccolomini. "Vossa Graça seria capaz de ler sem esforço, e até sem óculos."[1]) Mas então Fust, junto com um dos aprendizes de Gutenberg, Peter Schoeffer, assumiu e supervisou o projeto até a sua conclusão.

A Bíblia de Gutenberg foi devidamente publicada por Fust e Schoeffer, e lançada antes de agosto de 1456. Era um livro grande, projetado para ser lido de um púlpito. Os dois volumes tinham mais de 1.200 páginas, dispostas em colunas duplas de 42 linhas numa tipologia em preto, azul e vermelho, com belas letras ressaltadas aqui e ali e ocasionais ilustrações nas margens.[2] A Bíblia de Gutenberg era muito parecida com um manuscrito. Mas não era. Trata-se do primeiro grande livro impresso no Ocidente. Foi um marco na história da escrita e da edição. Mais que isso, foi o ponto de partida de uma revolução nas comunicações medievais. A impressão mecanizada mudou a cultura ocidental no século XV de forma profunda e decisiva, tanto quanto a invenção do smartphone na virada do século XXI. Originou grandes desenvolvimentos na literatura e na alfabetização, na educação e na política popular, na cartografia, na história, na publicidade, na propaganda e na burocracia.[3] Analisando o século XVII retrospectivamente, o filósofo-político sir Francis Bacon afirmou que a impressão, a pólvora e a bússola de navegação mudaram "a aparência e o estado do mundo todo".[4]

Porém, o mais importante para os nossos propósitos é que a imprensa teve um papel crucial na Reforma — a revolução que esfacelou a Igreja Romana no século XVI. Primeiro, impressores como Gutenberg forneceram as ferramentas que mergulharam o papado de cabeça numa crise de ética e corrupção institucional, possibilitando que a dissidência contra a ordem estabelecida se espalhasse pela Europa a uma velocidade vertiginosa. O resultado foi que, em poucas décadas, a Europa medieval foi engolfada pela turbulência religiosa e política, enquanto um novo movimento — o protestantismo — se enraizava, gerando o primeiro desafio sério ao catolicismo em mil anos. Traçar os primórdios da Reforma Protestante é nossa

---

* O futuro papa Pio II.

última tarefa antes de encerrarmos nossa história da Idade Média. É uma jornada que nos levará da oficina do ourives Johannes Gutenberg em Mainz a uma rebelião nas ruas em frente ao palácio papal e a um segundo saque de Roma que mudaria uma época.

O escândalo das indulgências

O mais antigo documento ocidental ainda existente a ser impresso com uma prensa móvel — ou pelo menos o primeiro com uma data identificável — não é uma Bíblia ou qualquer outro livro,* mas sim um documento conhecido como uma carta papal de indulgência. Foi produzida em ou perto de Mainz — talvez pelo próprio Gutenberg, mas ninguém sabe com certeza — e foi uma das muitas cartas idênticas impressas na mesma época. A indulgência consiste de 31 linhas de texto impressas em uma folha de velino; as únicas palavras impressas são os detalhes individualizantes, que foram inseridos à mão, e nos dizem que foi entregue a uma mulher chamada Margarethe Kremer em 22 de outubro de 1454.[5]

No texto, a indulgência afirma claramente a que serve. É endereçada por um nobre cipriota chamado Paulinus Chappe, que se declara porta-voz do rei de Chipre. Em 1454, esse monarca estava sendo duramente pressionado pelo sultão otomano Mehmed II, que após sua recente conquista de Constantinopla começava a voltar os olhos para outros territórios cristãos no Mediterrâneo oriental. A indulgência explica que, como o rei de Chipre precisava desesperadamente de dinheiro, o papa Nicolau V concordava em que, por três anos, qualquer um que doasse à Igreja teria o direito de procurar um confessor e reivindicar perdão total por todos os seus pecados terrenos. Claro que tratava-se de um grande negócio. Não sabemos quais os pecados cometidos por Margarethe Kremer que ela achava que não poderia (ou não desejava) expiar com penitências ou outras boas ações. Desde 1215, a confissão era obrigatória uma vez por ano para os cristãos latinos comuns, que em geral a faziam de maneira semipública, em cerimônias durante a Páscoa. Pecado e castigo na vida após a morte eram conceitos reais.[6] Por isso, a oferta de remissão era atraente, razão pela qual

---

* Tecnicamente, os livros impressos antes de 1500 são conhecidos como *incunabula*.

Margarethe abriu sua bolsa para um representante papal e comprou seu certificado de indulgência, datado e personalizado. Desde que o entregasse a um confessor da Igreja até o final do prazo da indulgência (nesse caso, 30 de abril de 1455), confessasse seus pecados e se arrependesse verdadeiramente, Margarethe poderia considerar sua alma retornada a um estado de devoção imaculada.[7] Se fosse atingida por um raio, pisoteada por uma vaca, ceifada pela peste ou assassinada por bandidos antes de ter cometido outro pecado, sua passagem para o céu estaria garantida. Ao comprar a indulgência, pagou sua passagem para o paraíso.

Indulgências desse tipo eram comuns em toda a Europa no final da Idade Média. No fundo, o propósito de uma indulgência era simples. Era uma mistura entre um passe-livre espiritual e uma nota promissória bancária: uma carta emitida ou subscrita pelo papa que dava ao portador o direito de pedir perdão por seus pecados. A vantagem do pecador ou pecadora ao comprar esse documento era simples: reduzia o tempo de condenação a sofrer as agonias do purgatório. As vantagens para a Igreja em vendê-lo eram igualmente claras: lucro e autoridade, já que cultivar um mercado baseado na culpa e no arrependimento tinha implicações óbvias no controle social. As indulgências eram emitidas em massa — mais ou menos como as ações modernas, títulos do governo ou bilhetes de loteria — e vendidas individualmente em dinheiro vivo.

Por si só, a indulgência impressa de Mainz emitida para Margarethe Kremer pode ser considerada como uma curiosidade: um artefato importante na história da edição. Mas seu significado vai muito além do seu papel na história da palavra impressa. Pois a venda de indulgências papais foi uma questão que no final do século XV assumiu uma importância crucial nas críticas à Igreja Romana como um todo — usada por reformadores no Norte da Europa para questionar a autoridade papal e a confiança do público em todos os aspectos do catolicismo. Para entender como e por que isso aconteceu, precisamos olhar um pouco para trás e situar as origens da indulgência papal num contexto histórico mais abrangente da Igreja no fim da Idade Média.

A apoteose do poder papal na Idade Média se deu no início do século XIII, durante o reinado de Inocêncio III. Por um curto período, quando Inocêncio estava no auge de seus poderes — organizando cruzadas contra novos inimigos, tanto pagãos quanto cristãos, excomungando monarcas que o desagradavam e fazendo amplas reformas nas leis, na prática e na governança da Igreja no Quarto Concílio de Latrão —, o papado parecia estar a caminho de converter sua autoridade espiritual em supremacia política em todos os lugares, desde a Terra Santa até a costa do Atlântico.*

Depois de Inocêncio, no entanto, nenhum papa encontrou uma forma de completar o trabalho. De fato, o legado para seus sucessores foi uma noção tremendamente exagerada da posição adequada da Igreja na direção das grandes questões do Ocidente. E à medida que os monarcas europeus aprofundavam e ampliavam os próprios poderes nos séculos XIII e XIV, na maioria das vezes os papas se viam em guerra com seus súditos. Durante a primeira metade do século XIII, lutaram com os governantes Hohenstaufen da Alemanha e da Sicília (particularmente com o imperador Frederico II). Essa disputa se estendeu às longas guerras dos guelfos contra os gibelinos, que assolaram as cidades-Estados da Itália até o século XV. Ao mesmo tempo, o violento confronto de Bonifácio VIII com Filipe IV da França, nos anos 1290 e início dos anos 1300, culminou não apenas na morte de Bonifácio, mas na transferência do papado de Roma para Avignon, onde os papas permaneceram 67 anos na órbita da Coroa francesa — um período que Petrarca chamou de "cativeiro babilônico" do papado. O papado de Avignon durou de 1309 a 1376, mas seu fim não melhorou muito as coisas. Dois anos depois, a Igreja ocidental foi detonada por um cisma: uma série de papas italianos sediou-se em Roma, enquanto antipapas franceses e espanhóis governavam a partir de Avignon. Em 1410, outro antipapa assumiu o cargo em Pisa, o que significa que, por um breve período, três homens reivindicaram o papado. Foi um caos.

O Grande Cisma foi finalmente resolvido no Concílio de Constança, em 1414-1418, que designou a tiara papal para a cabeça do advogado italiano Martinho V. Contudo, o prejuízo residual à reputação do papado foi duradouro e grave. Todos os eleitos para o cargo seguiram afirmando ser o herdeiro direto de São Pedro e líder de todos os fiéis cristãos. Os papas continuaram a exercer julgamento sobre assuntos de importância para mudar o mundo — como o tratamento dos não cristãos nos territórios do Novo Mundo. As bênçãos de papas e cardeais ainda eram requisitadas por

---

* Ver capítulo 9.

novas fundações religiosas, inclusive universidades e catedrais. E no auge da Renascença, os papas gastaram grandes somas glorificando Roma, dotando a sede palaciana do Vaticano de algumas das obras de arte mais sublimes produzidas em toda a história da humanidade. No entanto, no final do século XV, acabou-se o tempo em que os papas estavam além de críticas ou reprovações.

À medida que a autoridade dos papas foi sendo corroída, contestada e reprovada, os críticos se sentiram cada vez mais livres para expressar seu desdém pelo cargo e a insatisfação com a Igreja Romana em geral. Nos anos 1320 e 1330, o filósofo e frade inglês William de Ockham achou por bem condenar o papa João XXII como herege, desdenhando os papas em geral como nada mais que homens com chapéus vistosos. "Ninguém é obrigado a acreditar no papa em assuntos de fé, a menos que possa demonstrar a razoabilidade do que diz pela regra da fé", escreveu.[8] No início do século XIV, o herege Jan Hus da Boêmia (que foi influenciado pelo notório teólogo de Oxford John Wycliffe*) criticou a corrupção papal; Hus, ou alguém de seu círculo, produziu uma polêmica em latim conhecida como *Anatomia do Anticristo*, que explicava minuciosamente por que o papa era na verdade o diabo: uma "abominação da desolação", o "anjo do abismo", um "bode" e "príncipe malvado e profano".[9] Hus foi queimado na fogueira em 1415, e seus partidários foram massacrados por cruzados. Mas muito antes do século XVI, momento ainda considerado como o do início da Reforma, a supremacia papal já havia sido rebaixada de pressuposto a uma mera questão de opinião.

Quando Hus denunciou a corrupção em Roma, uma de suas principais acusações foi a venda de indulgências. O conceito de indulgência era antigo: surgiu na época das cruzadas no século XI, quando a remissão dos pecados foi concedida pela primeira vez em troca de uma árdua peregrinação, e depois em grande escala aos exércitos que marchavam para lutar contra os inimigos de Cristo.[10] Dali por diante, as indulgências ganharam vida própria, muito ajudadas pela invenção do purgatório — que se estabeleceu como doutrina católica entre 1160 e 1180. Durante os séculos XII e XIII, as indulgências sem obrigação de combate a sarracenos ou pagãos eram vendidas casuisticamente para clientes por toda a Europa. E em 1343

---

* Ver capítulo 14.

o papa Clemente VI oficializou o sistema, confirmando efetivamente que as indulgências podiam ser compradas em dinheiro de clérigos regulamentados. Assim, criou-se um mercado movimentado, que Hus e muitos outros consideravam um símbolo da intolerável espoliação monetária que caracterizava a Igreja Romana.

Nos anos 1390, Geoffrey Chaucer satirizou as indulgências e outras fraudes clericais em seus *Contos de Canterbury*, em que o cínico e venal Pardoner (termo comum para designar um vendedor de indulgências) prefacia sua história com uma pseudoconfissão, gabando-se de enganar o povo cristão vendendo falsas relíquias, e censurando-os tanto por seus pecados quanto pela ânsia de comprar indulgências e torná-lo um homem rico. "Pois minha intenção é só de ganhar/ e não de corrigir pecados", declara.[11] Com seu humor irônico característico, Chaucer retratava o que era em sua época uma caricatura desgastada do vigarista papal. Duas décadas depois, Hus — mais furioso que Chaucer, que não era tão desapegado a ponto de morrer por sua causa — tocou no mesmo tema. Denunciou que "paga-se pela confissão, pela missa, pelo sacramento, por indulgências, pela ação de graças a uma mulher,* por uma bênção, por enterros, por serviços fúnebres e orações. O último centavo que uma velha escondeu na trouxa por medo de ladrões ou roubos não será poupado. O padre ignóbil irá se apossar dele".[12] Demoraria mais de um século para que queixas como essas saíssem do reino da sátira e deixassem de ser resmungos e rebeliões pontuais para assumir a forma de uma revolução total. Mas as sementes estavam plantadas.

Dado o potencial lucrativo das indulgências, deve estar claro por que o advento da impressão mecanizada nos anos 1450 pareceu uma bênção para a Igreja. Os ingressos para a salvação, que antes tinham de ser escritos à mão, podiam ser produzidos em massa. E assim o foram. No quarto de século que se seguiu à publicação da Bíblia de Gutenberg, foram montadas gráficas por toda a Europa: em Oxford, Londres, Paris, Lyon, Milão, Roma, Veneza, Praga e Cracóvia; pouco tempo depois havia gráficas em funcionamento em Portugal, nos reinos espanhóis, na Suécia e em Istambul. As

---

* Ação de graças a uma mulher era a cerimônia em que uma mãe recente era recebida em sua congregação cristã ao fim do período de abstenção após o parto.

tiragens das indulgências costumavam variar de 5 mil a 20 mil cópias por vez, e arrecadavam dinheiro tanto para os cofres papais quanto para projetos locais — geralmente obras de construção de luxo. Em 1498, o impressor Johann Luschner, de Barcelona, imprimiu 18 mil indulgências para beneficiar a abadia de Montserrat — bem como folhetos baratos descrevendo milagres ocorridos numa batalha entre otomanos e cavaleiros hospitalários: uma história inspiradora, criada para motivar os frequentadores a contribuir para a causa.[13] Na mesma época, um número extraordinário de 50 mil indulgências foi vendido em poucos meses para arrecadar fundos para um mosteiro austríaco em Vorau.[14]

Assim, as tiragens estavam aumentando — bem como o comércio do perdão. Os vendedores de indulgências tinham na ponta dos dedos um meio de comunicação de massa com o qual podiam argumentar, vender seus produtos e encher os bolsos. Ademais, as pessoas comuns aceitaram a mudança dos tempos. Os perdoadores não estavam impingindo um produto indesejado a pessoas recalcitrantes. Muito pelo contrário.[15] A exemplo dos usuários de mídia social do século XXI, homens e mulheres medievais correram para se engajar em um sistema que oferecia algo que eles realmente queriam, que transformava cada um deles em um elo da cadeia lucrativa de um sistema maior do que poderiam compreender. E não devemos julgá-los com muita severidade por isso. Em um mundo ocidental que fora devastado pela Peste Negra e assolado por incessantes guerras mesquinhas, esse novo meio de compensar os pecados e de se proteger das torturas da danação eterna deve ter parecido necessário e bem-vindo. Só gradualmente, ao longo de mais de meio século, a indústria de indulgências se tornou alvo de reclamações acadêmicas generalizadas, bem antes de provocar uma revolução cultural total.

No fundo, o que rebaixou o negócio de indulgências de um serviço a um escândalo foi a pura ganância. Nos anos 1470, o papa Sisto IV, um pontífice notório por seu nepotismo e extravagância — cujos inimigos o acusavam de diversas modalidades de predação sexual e de distribuir chapéus de cardeal a meninos de quem gostava —, descobriu que suas despesas estavam fugindo ao controle. As guerras italianas exigiram um programa de construção de castelos nos Estados papais. Os otomanos continuaram a ameaçar a cristandade. Em termos domésticos, Sisto tinha um grande plano para a glorificação de Roma, que incluía restaurar ou construir dezenas de igrejas, pavimentar e alargar as ruas da cidade, construir uma ponte sobre o Tibre e restaurar a capela papal no Vaticano. (A Capela Sistina, com o mundialmente famoso teto pintado por Michelangelo, deve seu nome a Sisto.)

Um dos métodos preferidos de Sisto para levantar fundos para esse trabalho era a venda de indulgências, e não somente em benefício dos vivos. Calculando que o mercado poderia crescer exponencialmente se as indulgências estivessem disponíveis para todas as almas, onde quer que residissem, Sisto foi o primeiro papa a declarar que as indulgências podiam ser compradas em nome dos mortos. Ele inseriu esse novo conceito em uma adjudicação papal de 1476, que confirmou uma indulgência existente para reconstruir a catedral na cidade francesa de Saintes. Encorajado em seus planos por um teólogo e futuro cardeal chamado Raymond Peraudi, Sisto reformulou a indulgência de Saintes: agora poderia ser usada como "intercessão" — o que significava que os parentes de almas presumivelmente no purgatório poderiam comprá-la para entes queridos falecidos e não só para si próprios; o dinheiro arrecadado seria dividido entre a catedral de Saintes e um fundo para a cruzada contra os turcos.[16] Na prática, Sisto ficaria com uma boa parte dos rendimentos dessa indulgência para alimentar os cofres papais. Uma vez lá, ninguém sabia o que acontecia com o dinheiro.

De maneira um pouco previsível, essa ampliação dramática do escopo das indulgências levantou suspeitas, inclusive dos teólogos da Universidade de Paris.[17] Mas Sisto não se abalou. Tinha coisas mais importantes que a desaprovação de acadêmicos com que se preocupar; e a venda de indulgências era uma fonte de renda papal muito útil para ser ignorada. Assim, o sistema foi ampliado e estendido, e as indulgências continuaram a ser concedidas por Roma, impressas às dezenas de milhares e vendidas a ávidos consumidores em todo o Ocidente — particularmente no Norte da Europa, onde o apetite pela remissão dos pecados e a intercessão pelos mortos parecia ficar mais forte a cada ano. Assim, o papado de Sisto transcorreu sem grande oposição. As gráficas continuaram a produzir indulgências, e os apostadores a comprá-las. Só no início do século XVI, o descontentamento com um sistema cada vez mais corrupto se transformou em ataques diretos ao papado e à Igreja. A indulgência que provocou o problema foi lançada em uma bula conhecida como *Sacrosanctis*. Foi emitida pelo papa Leão X (o segundo filho de Lorenzo "o Magnífico" de Médici) com o objetivo de financiar a reconstrução extremamente cara da basílica de São Pedro em Roma. E causou uma tempestade. O homem cujas objeções a esse esquema acenderam o fogo que se tornou a Reforma foi Martinho Lutero, um jovem professor da Universidade de Wittenberg, que fez tanto quanto Gutenberg e Colombo para decretar a morte da Europa medieval.

***

As 95 teses

No final do século XV, as gráficas imprimiam diversos outros materiais além de Bíblias e folhetos de indulgências. Por volta do ano 1500, havia cerca de 27 mil livros impressos em toda a Europa.[18] E os livros eram apenas uma parte do material impresso. O próprio Gutenberg imprimia calendários, que detalhavam festivais religiosos ou os melhores dias do mês para administrar sangrias e laxantes.[19] Os primeiros jornais começaram a circular, publicando eventos maravilhosos: em 1492, um noticioso alemão informou que um grande meteorito tinha caído na Terra perto da cidade de Ensisheim; no ano seguinte, jornais em latim eram impressos em Paris, na Basileia e em Roma, contando as aventuras de Colombo no "Mar Índico".[20] Na mesma década, o imperador alemão Maximiliano I fazia anúncios políticos por todos os seus domínios em cartazes impressos, e mais tarde em seu reinado passaria a encomendar panfletos de propaganda incitando o povo de Veneza a se rebelar contra seus governantes, a serem lançados sobre os exércitos venezianos no campo por balão, da mesma forma que material de operações psicológicas seria lançado de aeronaves durante as grandes guerras do século XX.[21]

É nesse contexto que devemos entender a publicação das famosas *95 Teses* de Martinho Lutero, um manifesto de indignação com a prática da venda de indulgências que o autor publicou em Wittenberg, no outono de 1517. As *Teses* eram uma série de proposições eruditas relativas ao estado da Igreja ocidental, prefaciadas com um convite a todos os que discordassem para ir debatê-las com Lutero.[22] E foram criadas para consideração pública. Como Lutero formulou sua crítica à Igreja na forma de um convite aberto para um debate acadêmico, era uma questão de protocolo que fizesse cópias e as distribuísse a partes potencialmente interessadas. Segundo a tradição protestante posterior, Lutero fez isso pregando uma cópia na porta de sua igreja local. Provavelmente trata-se de um mito. Na verdade, a cópia mais antiga que temos das *Teses* é uma que Lutero enviou a Alberto, arcebispo de Mainz, em 31 de outubro. Mas, de qualquer forma, o efeito foi extraordinário.

Naturalmente, a maneira mais fácil de replicar as *Teses* no início do século XVI era imprimi-la na universidade em que Lutero ensinava. Contudo, após sua primeira publicação, Lutero perdeu o controle do processo de cópias e reimpressão. Quando passaram ao domínio público, suas *Teses* tocaram na ferida. E viajaram. As pessoas ouviam falar delas, queriam ler e os impressores as reproduziam. Em algumas semanas, como diríamos agora, Lutero viralizou. Nos últimos meses de 1517, centenas de exemplares de suas *Teses* foram impressos na Alemanha, alguns no original em latim e outros em tradução vernácula. Em um ano, os textos de Lutero eram conhecidos por intelectuais e livreiros na Inglaterra, na França e na Itália.[23] A fama nunca foi a ambição ou intenção de Lutero, que mais tarde declarou ter ficado surpreso com o furor causado por suas *Teses*. Mas é claro que a história moderna de coisas que se tornam virais nos diz que a publicidade exponencial pode ser tanto acidental quanto intencional. Em 1517, o gênio saiu da garrafa.

Lutero certa vez se definiu como filho, neto e bisneto de camponeses, que só teve chance de ter uma boa educação porque seu pai saiu da aldeia em que a família morava e se tornou um bem-sucedido fundidor de cobre em Mansfeld, no atual estado alemão de Saxônia-Anhalt, cerca de cem quilômetros a noroeste de Leipzig, onde Lutero nasceu em 1483; quando cresceu, foi estudar na escola da catedral em Magdeburg, e depois na faculdade de Erfurt. Em 1505, aos 22 anos, obteve o grau de mestre e foi ordenado frade agostiniano.* Três anos depois, começou a ensinar teologia em Wittenberg, onde concluiu seu doutorado em teologia um ano antes de completar trinta

---

* Ou, mais propriamente, a Ordem dos Eremitas de Santo Agostinho, também conhecida como Frades de Austin, diferente dos Cânones Agostinianos. Lutero era um frade, não um cônego ou monge (apesar de muitas vezes ser assim definido). A importância dessa diferenciação — dado o papel dos frades em envolver a comunidade não apenas com pregação, mas também ouvindo confissões — é discutida em Diarmaid MacCulloch, "The World Took Sides", *London Review of Books* 38 (2016).

anos. Especializou-se nos Salmos e nas cartas de São Paulo aos romanos. Na superfície, não havia nada de muito incomum nele.

Porém, no decorrer de suas investigações teológicas, Lutero se interessou cada vez mais pela natureza do perdão de Deus, que ele acreditava ser uma questão de fé, e não algo que deveria ser obtido através de gestos. Hoje isso pode parecer uma diferença técnica e enigmática. Com certeza deve ter se originado da obsessão pessoal quase neurótica de Lutero com sua própria alma imperfeita. Porém, à medida que elaborava seus pensamentos, o professor chegou a conclusões que teriam sérias ressonâncias políticas. Em um mundo onde a Igreja Romana acumulava sua riqueza baseada na ideia de que a salvação era algo a ser adquirido, seja fazendo penitência ou comprando o caminho mais curto para a salvação, a afirmação de Lutero de que o caminho para o céu passava pela fé, não por ações, pegou muito mal. Se só era preciso acreditar, se arrepender, amar o próximo e orar pela graça, ficava difícil ver o sentido de indulgências papais como as oferecidas pela bula *Sacrosanctis*, promulgada em 1515 e pregada agressivamente nos Estados alemães por um frade dominicano chamado Johann Tetzel — no momento em que Lutero mergulhava nas profundezas de sua pesquisa teológica.

Assim, as *Teses* de Lutero podem ser vistas como produto de seu próprio corpo a corpo teológico, que acabou por eleger como alvo a pregação de indulgências de Tetzel. Como resultado, elas se revelaram politicamente incendiárias. "O papa não pode reduzir qualquer culpa", propôs Lutero na sexta de suas *Teses*, e continuou: "Pregadores de indulgências afirmam falsamente que é possível se livrar de todos os castigos e ser salvo pelas indulgências do papa [...] [mas] o papa não pode reduzir as penas das almas no purgatório". Era uma referência a um bordão popularmente associado a Tetzel, uma cantiga simples que dizia: "Quando a moeda no cofre toca, a alma do purgatório se solta". Absurdo, escreveu Lutero: na verdade o sistema de indulgências era uma farsa na qual tanto os vendedores quanto os compradores eram culpados. "Aquele que compra indulgências honestamente é tão raro quanto quem é honestamente contrito", escreveu. Não era uma crítica totalmente nova. Já no século XII, o escritor Pierre de Poitiers argumentara que era ultrajante pensar que a salvação pudesse simplesmente ser comprada. ("[Deus] não considera o quanto é dado, mas [...] com que intenção", escreveu.[24]) Mas Lutero foi mais franco e pessoal sobre isso. "Aqueles que acreditam na certeza de sua salvação por terem cartas de indulgência serão condenados pela eternidade, junto com seus professores."[25] Claramente, isso iria causar problemas.

Uma das razões pelas quais as *95 Teses* de Lutero capturaram a atenção em 1517 foi que o papa que Lutero criticou, Leão X, não era apenas um esbanjador inveterado, mas também genuinamente corrupto. Claro que Leão era um Médici — e na Itália isso sempre foi um agravante na política e na religião. Ele também tinha um radar muito defeituoso para fazer a coisa certa. E era um generoso patrono das artes, sem dúvida, e um intelectual erudito. Mas parecia não entender o quanto ele comprometia tanto a si mesmo quanto o ofício papal com seus esforços para arrecadar dinheiro para seus vários projetos — desde a reconstrução da basílica de São Pedro até a luta contra os otomanos.

A indulgência pregada na Alemanha era um exemplo clássico da atitude *blasé* de Leão se transmutando em pura torpeza fiscal. Basicamente, a *Sacrosanctis* representava a exploração: os pobres sendo sugados para pagar pelos prazeres dos ricos. ("Por que o papa, cuja riqueza é hoje maior que a do mais rico Crasso, não constrói essa basílica de São Pedro com seu próprio dinheiro?", perguntou Lutero, retoricamente, em suas *Teses*.)[26] Mas ainda havia mais. A *Sacrosanctis* era de fato a feição pública de uma conspiração corporativa entre os líderes de três poderosas famílias europeias: os Médici (na forma do papa Leão); Jakob Fugger, diretor da dinastia bancária e mineradora dos Augsburgo, às vezes considerado como tendo sido o homem mais rico da história da humanidade; e Albert, arcebispo de Mainz, membro da dinastia Hohenzollern, politicamente influente e (não por coincidência) o homem a quem Lutero enviou a primeira cópia de suas *Teses*.

A natureza do acordo entre esses três era basicamente o seguinte: Albert, que já era arcebispo de Magdeburg, fora autorizado pelo papa a ser também o arcebispo de Mainz — o que o tornava o clérigo mais proeminente da Alemanha, além de controlar dois dos sete votos eleitorais que determinavam a identidade do imperador alemão. (Seu irmão já controlava um terceiro.) Roma recebia grandes dividendos na forma de impostos para nomear alguém para o cargo de arcebispo — mas Albert podia pagar, graças a um empréstimo de Fugger, que adiantou o dinheiro para ter os Hohenzollern e seus votos eleitorais no bolso. Albert, por sua vez, prometeu a Leão que faria todo o possível para que os cristãos alemães comprassem o maior número possível de indulgências, em parte porque sua comissão poderia pagar sua dívida com Fugger, e em parte para alimentar os fundos de Leão em Roma para a conclusão da basílica de São Pedro. Para as partes envolvidas, era um arranjo engenhoso, em que todos conseguiam o que queriam — desde que os fiéis fizessem sua parte e continuassem injetando dinheiro em indultos.[27] Para os observadores, no entanto — particularmente os príncipes alemães, que se preocupavam com o poder excessivo dos Hohenzollern —, era um negócio execrável, que exigia oposição.

Essa relação íntima entre a alta política e a alta teologia é uma das razões pelas quais as *Teses* de Lutero se tornaram o assunto do momento na Europa em 1517 e nos anos seguintes. À medida que Lutero continuou a escrever, a pregar e explorar os campos mais abrangentes do pecado, do perdão e da natureza do amor de Deus, argumentos que em outros tempos poderiam ter sido de interesse apenas para estudiosos humanistas e outros acadêmicos tornaram-se altamente pertinentes à política eleitoral alemã e ao papado dos Médici. Ademais, os textos de Lutero continuaram a circular impressos. Lutero publicou mais que qualquer outro homem de sua geração — com a possível exceção do brilhante humanista holandês Erasmo de Roterdã. Era como se ele não conseguisse parar. A edição moderna de suas obras completas chega a mais de cem volumes, sobre os mais diversos assuntos, basicamente relacionados ao tema de sua recusa em dissimular ou esconder o que ele acreditava ser a verdade sobre o amor de Deus pela humanidade. Várias vezes, enquanto suas palavras irritavam os defensores da ordem estabelecida, ele argumentou estar interessado somente na divindade e na graça, não nas preocupações mundanas. Mas com o tempo passou a aceitar que as palavras que escrevia eram marcantes. "Enquanto eu dormia ou tomava cerveja de Wittenberg", escreveu certa vez, "a Palavra enfraqueceu o papado em patamares sem paralelo com qualquer dano infligido por príncipe ou imperador."[28]

Assim, levou apenas um ano para esse obscuro acadêmico alemão cair diretamente na mira do establishment da Igreja. Em outubro de 1518, Lutero foi convocado a Augsburg para debater com um cardeal italiano, Tomás Cajetan, especialista em Tomás de Aquino, o grande erudito do século XIII, cujos textos eram considerados um pilar intelectual da ortodoxia da Igreja. Apesar de estar ciente de já haver ameaças à sua liberdade e até mesmo à sua vida, Lutero foi para Augsburg sob a proteção de Frederico III, o Sábio, eleitor da Saxônia e um dos principais nobres opositores aos Hohenzollern na Alemanha. Mas depois de três dias de acalorados debates com Cajetan, Lutero se convenceu de que, se continuasse na cidade, estaria se arriscando a ser preso por heresia. Por isso, fugiu e voltou aos seus livros.

Contudo, a controvérsia não o deixaria em paz, nem ele deixou de pensar no assunto. No verão de 1519, compareceu a um debate na Universidade de Leipzig, onde deixou sua língua correr solta, a ponto de negar a autoridade papal em questões das Escrituras e afirmar que o falecido e odiado herege boêmio Jan Hus poderia ter exagerado um pouco, mas que no geral era um bom cristão. Não surpreende que no verão seguinte Lutero tenha sido oficialmente condenado por Leão, em uma bula papal chamada *Exsurge Domine* ("Levantai-vos, ó Senhor"). Em resposta, Lutero queimou uma cópia da bula em frente aos portões da cidade de Wittenberg. E assim as linhas de batalha foram traçadas. Em uma obra escrita naquele mesmo ano, Lutero chamou os "romanistas" — Leão, seus partidários e todos os que discordavam dele — de "a comunidade do anticristo e do diabo", que não tinha "nada de Cristo a não ser o nome".[29] E tudo isso foi feito em público, por meio de cartas e livros impressos e distribuídos na língua acadêmica universal do latim. No final de 1520, a paciência do papa chegou ao limite. Em 3 de janeiro de 1521, Leão excomungou Lutero, tornando-o um inimigo formal da Igreja e de todos os seus fiéis. Cabia então a todos os que se autodenominavam governantes cristãos se oporem ao acadêmico precoce. Porém, se a intenção era a de silenciar Lutero, a medida fez exatamente o oposto. Leão não poderia saber, mas a catástrofe se avizinhava.

***

O julgamento dos reis

Na primavera de 1521, o rei da Inglaterra, Henrique VIII, rubricou sua bela assinatura em um livro intitulado *Assertio Septem Sacramentorum* ("Asserção dos sete sacramentos"). Aos 29 anos, Henrique se considerava o paradigma da realeza renascentista: tivera uma excelente educação e se engalfinhava com grandes escritores humanistas como Erasmo desde a infância. Também estava perenemente empenhado em encontrar maneiras de melhorar o que um cortesão chamou de sua "virtude, glória e imortalidade".[30] Quando os livros de Lutero foram proibidos pela Igreja, Henrique deu sua aprovação para que fossem queimados em massa nas cidades inglesas. Enquanto isso, em particular, o rei viu uma oportunidade de polir sua reputação como pensador e estadista, contribuindo pessoalmente para o debate teológico. Sua *Assertio* — uma edição assinada e encadernada se encontra atualmente na coleção real britânica — foi uma resposta à obra de Lutero *Do cativeiro babilônico da Igreja*, de 1520. Nela, o professor alemão argumentou que a maioria dos sete sacramentos da Igreja (batismo, eucaristia, crisma, penitência, unção dos enfermos, matrimônio e ordem) eram pura loucura e invenção. Só os dois primeiros, ressaltou, tinham qualquer base nas Escrituras. Era claramente uma afronta a séculos de tradição cristã. Assim, o rei Henrique — auxiliado por um painel de eminentes acadêmicos das universidades de Oxford e Cambridge e o grande escritor humanista Thomas More — pegou a caneta e suou para escrever sua réplica.[31] Chamou Lutero de "lobo infernal" e um "grande membro do Diabo". Disse que Lutero arrastara do próprio inferno "heresias que deveriam estar nas trevas eternas".[32]

Em agosto, o ministro-chefe do rei, Thomas Wolsey, enviou 27 cópias impressas do *Assertio* a um secretário inglês da corte papal em Roma. Na carta de apresentação, Wolsey pediu que uma delas fosse coberta por um tecido de ouro e entregue ao papa Leão. O funcionário foi instruído a fazer isso num momento em que o papa estivesse cercado pelo maior número de pessoas possível, para que as palavras da fé e do intelecto do rei inglês circulassem. Uma vez feito isso, disse Wolsey, o funcionário deveria pedir um favor a Leão. O rei Henrique ansiava por um título oficial que anunciasse sua magnificência cristã. Fernando e Isabel da Espanha (sogros de Henrique) eram conhecidos como "os Reis Católicos". Os governantes franceses, inclusive o contemporâneo e rival de Henrique, Francisco I, se autodenominavam "os reis mais cristãos". Henrique queria ser conhecido como "o grande defensor da fé católica da Igreja de Cristo".[33]

Graças a Wolsey e ao seu representante em Roma, Henrique conseguiu mais ou menos o que desejava. O papa Leão leu o *Assertio* naquele verão. No dia seguinte concedeu formalmente a Henrique o direito de anexar a sua designação real as palavras latinas *Fidei Defensor* — "Defensor da Fé". (O título existe até hoje, gravado com o nome do monarca nas moedas britânicas.) E a aprovação de Leão transformou o *Assertio* em um pequeno best-seller. O livro teve dez reimpressões e atingiu um grande público na Europa, principalmente quando foi traduzido do latim para o alemão. Enquanto isso, outras obras de teólogos ingleses como John Fisher, bispo de Rochester e chanceler da Universidade de Cambridge, ajudaram a reforçar a reputação da Inglaterra como um bastião da ortodoxia antiluterana, onde hereges e reformadores não eram bem-vindos. Em meados dos anos 1520, autoridades inglesas estavam ostensivamente em alerta máximo contra a heresia luterana: mercadores alemães podiam ter suas casas invadidas; pregavam-se sermões regularmente contra hereges em Londres; e o governo preparava um plano para resistir à chegada de uma edição impressa em língua inglesa do Novo Testamento, produzida em Colônia por um acadêmico expatriado chamado William Tyndale.

Em retrospecto, fica clara a enorme ironia histórica de tudo isso. Durante seu longo reinado, Henrique VIII não se revelou como o defensor da fé católica que havia prometido ser. No fim dos anos 1520, resolveu anular seu casamento com a rainha Catarina de Aragão, com quem não conseguira gerar um herdeiro do sexo masculino para a Coroa inglesa. Quando não conseguiu obter a aprovação papal para uma anulação (por razões que logo se tornarão claras), Henrique realizou uma surpreendente reviravolta religiosa. Reinterpretando liberalmente seu papel como *Fidei Defensor*, decidiu que proteger a fé cristã não exigia de fato sua obediência ao papa, mas o contrário. Em 1534, eximiu a Inglaterra de sua antiga fidelidade a Roma e instituiu uma Igreja inglesa independente, tendo ele como chefe supremo. No decorrer de tudo isso, Henrique descartou a rainha Catarina, tratando-a de forma atroz, e matou sua substituta, Ana Bolena, três anos depois de ter se casado com ela. Wolsey foi destituído e morreu como um homem alquebrado. O bispo Fisher e Thomas More foram executados por se recusarem a reconhecer a supremacia real. E o próprio Henrique, outrora o flagelo escrupuloso e ortodoxo da heresia luterana, tornou-se o garoto-propaganda da política antipapa, uma reviravolta que no início dos anos 1520 teria parecido tão implausível a ponto de ser hilária. Embora a religião popular na Inglaterra tenha continuado obstinadamente tradicional por várias gerações, a Inglaterra dos Tudor chegou ao fim do século XVI como a nação protestante mais poderosa da Europa, virulentamente hostil aos católicos até a campanha de emancipação do final do século XVIII e início do XIX. No grande esquema da história inglesa, o rompimento com Roma foi o momento que contemporâneos como o historiador e polemista protestante John Foxe viram como o fim da Idade Média e o início de uma nova era moderna.*

No entanto, por mais importantes que tenham sido esses acontecimentos na Inglaterra (e, na era do Brexit, ainda possam parecer), o monarca cuja postura em relação a Lutero teve o efeito mais decisivo e duradouro na história ocidental não foi Henrique, mas um de seus contemporâneos: Carlos V, imperador do Sacro Império Romano, rei da Espanha, Alemanha, Nápoles e Sicília, arquiduque da Áustria e governante dos Estados da Borgonha na Holanda. Não obstante as pretensões de Henrique e a ambição de Francisco I, Carlos foi de longe o monarca europeu mais poderoso de seu tempo, uma figura fundamental na história de reinos que vão desde o império dos Habsburgo na Europa Central ao reino do México. Após sua morte, Carlos foi lembrado (por um amigo, diga-se de passagem) como "o maior homem que já viveu".[34] Mas muito antes disso, nos anos 1520, as posições que adotou em relação a Lutero, ao luteranismo e ao papado foram de importância crucial no turbilhão político e religioso que marcou o ocaso do mundo medieval.

No final de janeiro de 1521, poucos meses antes de Henrique VIII publicar seu *Assertio* contra Lutero, Carlos V convocou uma Dieta imperial — uma assembleia política — na cidade autônoma de Worms, pouco ao sul de Frankfurt, às margens do rio Reno. A Dieta assinalava a coroação de Carlos como imperador alemão em Aachen no outono anterior: uma cerimônia gloriosa, na qual o jovem se posicionou como um novo Carlos Magno, mas que também levantou inúmeras questões embaraçosas sobre a forma e a estrutura de seu futuro governo.** Dezenas de questões delicadas foram consideradas na Dieta, incluindo questões do direito alemão, preocupações

---

* Ver Introdução.
** Nascido em 1500, Carlos já havia se tornado governante dos Países Baixos da Borgonha ainda criança, em 1506. Assumiu o comando dos tronos espanhóis conjugados em 1516, exercendo o poder em nome de sua mãe, Joana, "a Louca" (uma das duas filhas dos reis católicos Fernando e Isabel; a outra foi a rainha Catarina de Aragão, mulher de Henrique VIII), e governou a Áustria após a morte de seu avô Maximiliano, em 1519.

sobre política econômica e temas técnicos sobre a relação entre o império e o restante dos extensos territórios de Carlos. Mais tarde, porém, a Dieta só seria lembrada por uma coisa: a cena dramática em que Lutero, usando seu hábito de frade e inflado quase até explodir com sua habitual ira dos justos, explicou pessoalmente ao novo imperador por que ele insistia em arrastar o bom nome do papa e da Igreja Romana na lama.

A audiência de Lutero na Dieta ocorreu ao longo de vários dias, tendo início na tarde de 17 de abril em uma sessão especial convocada nos cômodos dos aposentos de Carlos, que normalmente eram a residência oficial do bispo local. Como no passado, Lutero recebeu um salvo-conduto para ir a Worms, e sua segurança pessoal foi garantida por seu patrono, o eleitor Frederico da Saxônia. Foi-lhe prometido que, se comparecesse, não seria preso e mandado a Roma para enfrentar o papa Leão. No entanto, ficou claro desde sua chegada que Carlos esperava induzir Lutero a renegar suas opiniões e seus textos mais chocantes. Não era a receita para um final feliz: como sempre, Lutero não poderia ser silenciado pela força, e não se deixaria silenciar pela razão.

Ao longo de várias apresentações em latim e alemão (que Carlos, cuja língua nativa era o francês, acompanhou com dificuldade), Lutero revelou exatamente o formidável debatedor e estudioso que havia se tornado. Rapidamente dissipou qualquer esperança de que pudesse desmoronar se confrontado pelo imperador — ou por qualquer outra pessoa. Por fim, fez um resumo mordaz dos motivos de sua obstinação aparentemente infinita. "Enquanto minha consciência estiver cativa da palavra de Deus", declarou, "não posso e nem vou me retratar, pois não é seguro nem certo agir contra a consciência. Que Deus me ajude."[35] Vários dias depois, foi dado o veredicto inevitável. Carlos tinha visto pessoalmente que Lutero era incorrigível, e que teria de lidar com isso. A bula papal condenando Lutero teria de ser mantida, e o professor e todos os que o seguiam seriam considerados inimigos do império, assim como da Igreja. "Perseguiremos Martinho e seus adeptos com excomunhão e usaremos outros métodos disponíveis para liquidá-los", prometeu Carlos.[36] Não foi a primeira vez que Lutero fugiu.

Apesar das palavras ferozes de Carlos, contudo, Lutero estaria seguro enquanto Frederico da Saxônia o mantivesse sob sua guarda. O novo imperador desejava fervorosamente que Lutero calasse a boca, mas não estava disposto a entrar em guerra com seus novos súditos alemães por causa disso.

Assim, no começo de maio, Lutero foi abrigado sob proteção saxônica na fortaleza do eleitor Frederico de Wartburg, em Eisenach, onde ficou quase um ano trabalhando em livros que desconstruíam a base dos votos monásticos, da confissão pública forçada e até da missa como era geralmente realizada no Ocidente. Também estava traduzindo o Novo Testamento para o alemão, escrevendo hinos e imaginando maneiras de forçar os judeus europeus a se converterem ao cristianismo. Embora essa última reflexão indicasse alguns preconceitos medievais tão arraigados que nem mesmo a mente revolucionária de Martinho Lutero fora isentada, no mais ele começava a escrever os documentos sobre os quais se construiria uma Igreja inteiramente nova.

Entrementes, fora dos muros do seu castelo, os amigos e apoiadores de Lutero começaram a pôr suas teorias em prática: celebravam missas sem sacerdotes ordenados, defendiam a pregação livre da palavra de Deus, vandalizavam estátuas de santos esmagando suas cabeças e mãos e exigindo que as autoridades municipais tomassem medidas contra estabelecimentos imorais como bares e bordéis. Novos pregadores — alguns muito mais radicais até que Lutero, e muitos deles incendiários — se dedicavam a despertar o entusiasmo popular pela nova mentalidade religiosa, com seu foco rígido no indivíduo e sua rejeição aos símbolos tradicionais da autoridade pública. Os reformadores mais radicais — liderados pelo pregador suíço Ulrico Zuínglio — começaram a questionar até mesmo sacramentos como o batismo infantil. (Por isso ficaram conhecidos como anabatistas.) Assim, deixando de ser um cesto de compras de posições teológicas e heréticas, o luteranismo começava a assumir as características de um movimento social. No entanto, ao fazê-lo, estava desenvolvendo um caráter altamente rancoroso, intolerante a qualquer resistência. Erasmo observou isso quando escreveu sobre o luteranismo, em 1524, afirmando que, entre os novos pensadores, "vejo alguns adeptos tão incontrolavelmente apegados à própria opinião que não conseguem aceitar qualquer coisa discordante", ponderando sobre aonde tudo isso levaria. "Minha pergunta é que espécie de julgamento sincero pode haver quando as pessoas se comportam dessa maneira?", escreveu. "Quem poderá aprender algo frutífero com esse tipo de discussão — além do fato de cada um deixar o encontro manchado com a sujeira do outro?"[37] Não demorou muito para que essas frases parecessem proféticas.

"Hordas de assassinos e ladrões"

Quando decidiu sair da fortaleza de Wartburg e retornar a Wittenberg, na primavera de 1522, Lutero acreditava que o mundo — ou ao menos o pequeno pedaço onde vivia — estava pronto para uma reforma geral. Voltou a lecionar na universidade e continuou a escrever, às vezes febrilmente, criando sua nova Igreja e publicando livros e panfletos, confiando que o desejo das autoridades de censurar a prensa não correspondia em nada a sua capacidade de controlar o fluxo de informações.* Encorajou com entusiasmo outros intelectuais reformistas na Saxônia, em Zurique e em Estrasburgo a desmantelar as práticas da fé católica e estabelecer novos ritos de culto e grupos eclesiásticos fora do controle de Roma. Tornou-se um grande defensor do casamento clerical — inclusive para si mesmo. Em 1525, casou-se com Catarina de Bora, uma das dezenas de freiras que ajudou a fugir de um convento perto da cidade de Grimma, libertando-as do confinamento na traseira de uma carroça carregada com arenque. Foi um marco importante na vida pessoal de Lutero e em seu progresso como reformador, para quem nada além da palavra literal das Escrituras era sagrado. No entanto, no mesmo ano em que Lutero se casou, as consequências não intencionais de sua guerra contra antigas certezas tornaram-se horrivelmente aparentes, quando uma rebelião popular irrompeu na Alemanha.

A Guerra dos Camponeses de 1525 foi o amálgama de uma série de protestos separados e díspares no Sul da Alemanha, fermentados lentamente no outono de 1524 e que tiveram como resultado grandes tumultos populares que abalaram propriedades e cidades em toda a Europa Central na primavera seguinte. A exemplo das insurreições populares do século XIV,** os primeiros movimentos da rebelião tiveram inúmeras causas locais que, no entanto, convergiam para um sentimento de descontentamento generalizado e sistêmico contra ricos e poderosos; e também foram instigados — não surpreendentemente — pelo espírito da nascente Reforma Luterana, que foi iconoclasta em diversos sentidos. Diferentemente dos rebeldes do século XIV, contudo, os insurgentes de 1525 estavam bem

---

* Não por coincidência, o problema da aplicação prática do desejo de censura dos governos atuais é uma característica crucial na nossa era de revolução nas comunicações.

** Ver capítulo 13.

servidos pela prensa, que permitia aos grupos rebeldes fazer circular propaganda e literatura de protesto.[38] A mais notória foi o folheto *Doze artigos*, lançado no início de março em nome de um grupo de rebeldes de aldeias na Suábia e escrito por um panfletário e pregador luterano chamado Sebastian Lotzer.[39] O manifesto foi um clamor ardente e articulado por liberdade em todas as suas formas, carregado com apelos à reforma religiosa. Os rebeldes exigiam o direito de os aldeões nomearem pregadores que se apegassem às Escrituras, o fim da servidão e a devolução das terras comunais confiscadas pelos nobres para uso privado.[40] Cópias dos *Doze artigos* transbordavam das prensas e eram distribuídas por toda a Alemanha, com dezenas de milhares circulando durante os meses em que a rebelião esteve em seu auge.

Apesar de rebeldes como os da Suábia considerarem que agiam dentro do espírito devoto e crítico da época, Lutero se assombrou diante dos meios utilizados por muitos deles em seu nome. Em Erfurt, no final de abril, cerca de 11 mil camponeses invadiram a cidade, desenharam com giz "uma relha de arado, uma foice e uma enxada coroada por uma ferradura" nos portões do palácio do bispo e ordenaram que "doravante fosse chamado de Palácio do País" e depois tentaram introduzir à força a missa luterana nas igrejas da cidade.[41] Enquanto isso, em Weinsberg (pouco ao norte de Stuttgart), as coisas foram mais sangrentas. Segundo um pároco local, em meados de abril um bando de camponeses chegou ao castelo de Weinsberg, escalou as muralhas, sequestrou a esposa e os filhos do governante local, o conde Ludwig von Helfenstein, saqueou seus bens e partiu para encontrar o próprio conde na cidade vizinha. Como eram luteranos, os moradores deixaram os rebeldes entrar. Nas palavras do pároco: "Lúcifer e todos os seus anjos foram soltos; pois eles se enfureceram e invadiram como se fossem loucos e possuídos por todos os demônios. Primeiro prenderam o conde, depois a nobreza e a cavalaria, e alguns foram esfaqueados ao resistir". Um cidadão abastado tentou se refugiar na torre de uma igreja. Mas "quando pediu misericórdia aos camponeses, oferecendo-lhes dinheiro, alguém disparou contra ele e o acertou, depois subiu e o jogou pela janela".

Depois disso, o conde, sua família e os servos — mais de vinte pessoas ao todo — foram levados para um campo fora da cidade e assassinados. "O conde ofereceu um barril de dinheiro se o deixassem vivo, mas não houve outra saída senão morrer", escreveu o pároco. "Quando o conde viu isso, ficou parado até que o esfaqueassem [...] Assim, todos foram transpassados por lanças [...] e depois arrastados nus e deixados ali [...] Depois de tudo isso, [os camponeses] incendiaram e queimaram o castelo e foram embora de Würzburg."[42]

Certamente Lutero não previu cenas como essa quando começou seus estudos sobre a base bíblica das indulgências. Horrorizado com os crimes perpetrados em nome do movimento da reforma que havia iniciado, tentou cada vez mais se distanciar das ações dos rebeldes. Seu primeiro esforço foi um panfleto chamado *Exortação à paz*, que aconselhava os rebeldes a se acalmar e a negociar por melhores condições. Mas quando sua mensagem não foi atendida, Lutero escreveu um texto muito menos conciliador, intitulado *Contra as hordas de camponeses assassinos e ladrões*. Neste, condenou os camponeses por se apropriarem indevidamente da causa da reforma da Igreja e usá-la como cobertura para cometer pecados e crimes horríveis, e defendeu uma forte repressão de seus superiores sociais. Claramente Lutero ficou abalado com o que viu. Mas já estava tudo fora de seu controle.

À medida que a Guerra dos Camponeses se alastrava, outros reformadores que se destacaram na esteira de Lutero — notadamente um pregador radical chamado Thomas Müntzer — se lançaram na luta ao lado dos rebeldes. Mas Lutero não conseguiu se aliar a eles e acabou ficando do lado da nobreza, que não era um lugar bonito para estar. Em maio de 1525, após um período de paralisia, a aristocracia alemã se uniu e esmagou a revolta camponesa com força bruta e grande senso de vingança.[43] Em uma série de inclementes ataques militares por toda a Alemanha, dezenas de milhares de camponeses foram massacrados; líderes pregadores como Müntzer foram capturados e torturados até a morte. Em 21 de maio, Lutero recebeu uma carta de um conselheiro de sua cidade natal de Mansfeld, relatando punições aplicadas na área local.

> Em Heldrungen, cinco padres foram decapitados. Depois que a maior parte dos cidadãos de Frankenhausen foi morta e outros feitos prisioneiros, os que continuaram vivos foram libertados a pedido das mulheres da cidade, mas com a condição de que as mulheres punissem os dois padres que ainda estavam lá. Os dois padres foram espancados com porretes por todas as mulheres no mercado, diz-se, até meia hora depois de terem morrido; foi um ato lamentável.

> Quem não se compadece de tal ato não é verdadeiramente um ser humano. Temo que pareçam estar agindo como o profeta do senhor [...] Há tantos castigos que receio que a Turíngia e o condado só se recuperem gradualmente [...] Roubos e assassinatos estão na ordem do dia aqui.[44]

Foi um final brutal para um episódio chocante — o levante popular mais sangrento da história da Europa antes da Revolução Francesa do final do século XVIII. Uma Dieta imperial de 1526, convocada por Carlos V para discutir a reação oficial à rebelião, concluiu que "o homem comum lamentavelmente se esqueceu de si mesmo", mas recomendou clemência para evitar novos surtos de rebeliões populares.[45] Esse foi um raro gesto de leniência. Mas não foi absolutamente o fim do derramamento de sangue e dos tumultos que os protestos de Lutero causariam.

Embora a Guerra dos Camponeses tenha sido uma grande perturbação da paz no coração de seu império, Carlos V delegou grande parte da resposta política ao seu irmão mais novo Ferdinando, arquiduque da Áustria, seu representante de fato na Europa Central e Oriental. Não foi por falta de interesse, mas por Carlos estar imerso nos eventos das guerras italianas. Havia trinta anos, desenvolvia-se na Itália uma luta intermitente entre as grandes potências da Europa pela supremacia abaixo dos Alpes. Em 1525, enquanto os camponeses alemães pegavam em armas, Carlos parecia sentir o cheiro da possibilidade de uma vitória total.

O aroma emanava do ducado de Milão. Em 24 de fevereiro, um exército imperial, liderado pelo experiente comandante Charles de Lannoy, atacou um exército francês que sitiava a cidade de Pavia. O objetivo de Lannoy era expulsar os franceses de todo o ducado. Mas acabou fazendo muito mais que isso. Em quatro horas de batalha, o exército imperial derrotou o inimigo, matando muitos nobres franceses. Melhor ainda, um dos prisioneiros feitos no campo de batalha era o próprio rei Francisco I. O monarca rendeu-se dignamente no campo, mas acabou tratado com pouca gentileza. Foi levado da Itália para Madri, onde ficou por quase um ano. Só foi libertado em março de 1526, quando cedeu a Carlos nos termos e em porções territoriais num tratado extremamente favorável ao império. Francisco foi obrigado a transferir para o imperador seus direitos sobre a

Borgonha, Milão e Flandres, e a entregar seus dois filhos como garantia. Uma humilhação total.

Parecia um triunfo estrondoso de Carlos. No entanto, como se viu a seguir, não foi bem assim. Em primeiro lugar, o custo dos longos anos de luta que precederam a vitória em Pavia foi astronômico: no dia em que Pavia e Francisco foram capturados, Carlos já devia 600 mil ducados aos seus exércitos em salários atrasados — uma quantia enorme.[46] Em segundo lugar, o rei Francisco não tinha a menor intenção de cumprir os termos do acordo.

Quase imediatamente após sua libertação, o ofendido rei francês deixou clara sua intenção de ignorar o Tratado de Madri, ao afirmar ter sido uma paz vergonhosa feita sob coação. Para angariar apoio moral e político, Francisco escreveu para a corte papal. A essa altura, o papa Leão já havia morrido. Seu sucessor, Adriano VI, durou menos de dois anos antes de também falecer. Assim, o novo papa era outro Médici: Giulio, primo em primeiro grau de Leão, um clérigo de carreira e com muita experiência, que adotou o nome de Clemente VII. Ele se mostrou quase tão cauteloso com Carlos V quanto Francisco. Por essa razão, liberou oficialmente Francisco de quaisquer compromissos que fizera enquanto prisioneiro imperial. E não só isso. Clemente não apenas isentou Francisco de suas promessas, como também comprometeu o papado com uma aliança formal com a França, cujo objetivo era expulsar Carlos e sua influência imperial de toda a península Italiana. Essa aliança foi chamada de Liga de Cognac; seus membros incluíam a França, o papado, Veneza, Milão e Florença. Claro que sua simples existência era uma grande afronta a Carlos. Ao perceber o vazio de sua vitória e a obrigação de continuar lutando uma guerra que já estava além de seus meios, Carlos ficou deprimido: "Cheio de tristeza e reflexões solitárias", escreveu o embaixador inglês na corte imperial.[47] Mas havia pouco tempo para lamentações. Havia outra rodada de guerras na península Italiana em andamento.

O saque de Roma

Na Páscoa de 1527, um pregador louco, seminu e de rosto corado, conhecido como Brandano, perambulou pelas ruas de Roma profetizando a danação iminente. Brandano — que usara as vestes de um frade agostiniano, como Martinho Lutero por tanto tempo — era especialista em prognósticos sombrios, tendo sido preso e libertado da cadeia várias vezes ao longo da vida, como castigo por perturbação da paz. Mas lá estava ele de novo: quando Clemente VII apresentou-se aos fiéis na basílica de São Pedro na Quinta-Feira Santa, Brandano sacudiu uma estátua de São Paulo e começou a gritar para o papa se arrepender. Chamou Clemente de "bastardo de Sodoma" e advertiu a multidão reunida de que, se todos os romanos não se arrependessem de seus monstruosos pecados, no prazo de duas semanas Deus mandaria um castigo digno do Velho Testamento.[48] Não demorou muito para Brandano ser mais uma vez preso. Mas ele tinha passado a sua mensagem e, mais ainda, suas palavras se mostrariam verdadeiras.

Naquela primavera, os exércitos imperiais estavam à solta na Itália, marchando em direção à Cidade Sagrada. Longe de assustar Carlos V da Itália, a formação da Liga de Cognac estimulou o imperador a aumentar a aposta. As notícias do Oriente também eram preocupantes. Depois de derrotar um exército húngaro na Batalha de Mohács, em 1526, os otomanos estavam invadindo o Sudeste da Europa, sob o comando do sultão Suleiman, o Magnífico. Se Carlos quisesse defender a Europa dos turcos, subjugar seus inimigos na Itália parecia ser essencial. Ainda não estava muito claro como as tropas de Carlos na Itália seriam pagas, ou mesmo alimentadas, mas seus conselheiros raciocinaram que, se havia algum lugar na Europa onde fosse possível viver de pilhagem e da terra, era a Itália. Ademais, Carlos descobriu uma maneira ardilosa e oportunista de aumentar suas tropas e também a pressão sobre Clemente VII. Insinuou que poderia suspender as penalidades contra luteranos impostas na Dieta de Worms seis anos antes.[49] E mandou para a Itália uma enorme força de *landsknechte* — ferozes unidades mercenárias de língua alemã equipadas com lanças e armas de fogo, muitas das quais não eram apenas experientes tropas de assalto, mas simpatizantes de Lutero. Seria uma combinação mortal.

Os soldados imperiais na Itália — 20 mil ao todo, divididos em facções espanholas, italianas e alemãs — marchavam sob o comando de um general conhecido como Charles, duque de Bourbon: um traidor francês que passou para o lado do imperador depois de se desentender com Francisco I. Infelizmente para todos os envolvidos, na primavera de 1527, Bourbon havia mais ou menos perdido o controle sobre o exército. Não remunerados, doentes e famintos, tendo passado o inverno no campo, amotinados e ansiosos por pilhagens, era difícil saber quem comandava quem. Tendo passado por Milão no outono anterior, flertaram com o ataque a Florença em abril, mas decidiram que seria muito difícil tomar a cidade. A verdadeira pilhagem, concluíram Bourbon e suas tropas, estava em Roma, onde havia duas formas de serem compensados: obrigar Clemente a enfiar a mão no bolso ou tomar a cidade como espólio de guerra. No final de abril, partiram da Toscana em direção à Cidade Sagrada. Deslocaram-se rapidamente, vadeando rios e percorrendo as estradas romanas a um ritmo de mais de trinta quilômetros por dia. Menos de duas semanas depois — exatamente como o pregador louco Brandano havia previsto —, estavam às portas de Roma.

Era 5 de maio, quando Bourbon e seus 20 mil guerreiros chegaram a Roma, e, apesar de numericamente superiores, as probabilidades pareciam estar contra eles, já que não tinham uma artilharia decente e metade dos homens estava à beira da inanição. Mas o desespero era uma motivação poderosa em si. Avançaram sobre a cidade com tal velocidade que, nas palavras de Luigi Guicciardini, um talentoso historiador florentino associado aos Médici, "os que estavam dentro não estavam preparados para eles, nem fisicamente nem em espírito, absolutamente não organizados para a batalha".[50] Além disso, quando o exército imperial acampou para passar a noite, um nevoeiro desceu sobre Roma, reduzindo a visibilidade para menos de dois metros — impossibilitando os defensores da cidade de disparar seus canhões pesados.[51] Por algumas horas, o confronto ficaria mais ou menos equilibrado.

Por volta do amanhecer de 6 de maio, Bourbon jogou um manto branco sobre sua armadura e ordenou um ataque armado às muralhas de Roma com escadas. Em seu discurso antes da batalha, ofereceu incentivos às várias companhias de tropas espanholas, italianas e alemãs reunidas. Falou de espólios e glória, da "inestimável riqueza em ouro e prata" dentro da cidade. De olho nos espanhóis, prometeu que se Roma caísse seria o início de uma conquista mundial, que se estenderia à Itália e à França, após o que Carlos V lideraria seus exércitos contra os otomanos antes de "[marchar] com vocês na conquista da Ásia e da África [...] [onde] todos terão mil oportunidades para mostrar a todo o universo que superaram em muito a glória e as riquezas dos incomparáveis exércitos de Dario, de Alexandre, o Grande, ou de qualquer outro governante conhecido na história". Em seguida, voltando-se para os alemães, Bourbon denunciou a corrupção ímpia do clero católico de Roma, que induzia os cidadãos "a passatempos lascivos e efeminados […] totalmente comprometidos em acumular prata e ouro com fraudes, pilhagens e crueldade, sob a bandeira da fé cristã". Tomar Roma, declarou, realizaria o sonho do qual "nosso profeta infalível, Martinho Lutero, falou muitas vezes".[52] Houve promessas para todos. Bourbon deixou seus homens em frenesi e ordenou o ataque.

Na confusão da espessa neblina do início da manhã, os famintos soldados imperiais levaram menos de três horas para romper as muralhas de Roma. Fizeram isso com uma combinação antiquada de subir pelas escadas e puxar pedras com as mãos. Porém, no momento da invasão, aconteceu um desastre. Bourbon estava no meio da ação, segurando-se numa escada e exortando os homens acima dele a chegarem ao topo das muralhas. De repente, em meio à pressão dos corpos e da neblina, Bourbon foi atingido na cabeça por uma bala disparada de uma arma longa conhecida como arcabuz. Morreu na hora. Ao seu redor, nos dois lados das defesas romanas, uma combinação de pânico e sede de sangue se instalou. Bourbon já mal comandava suas tropas quando estava vivo. Morto, ninguém poderia orientá-las. Enquanto o sangue escorria do crânio perfurado do general, as tropas imperiais que haviam escalado as muralhas de Roma e se esgueirado pelos buracos dos disparos de canhão abriam os portões. A cidade foi tomada à força, e começou o tumulto. Mais de mil anos depois do cataclismo de 410 d.C., os bárbaros finalmente retornavam.

O saque de Roma de maio de 1527 durou mais de uma semana. Gritando "Espanha! Espanha! Matar! Matar!", as tropas imperiais invadiram a cidade e estabeleceram a barbárie. Eliminaram rapidamente os poucos milhares de defensores militares, inclusive a maioria da guarda suíça do papa, morta em frente à basílica de São Pedro. Depois disso, a cidade era toda deles. Clemente fugiu para o castelo Sant'Angelo, a fortaleza mais segura da cidade, onde se escondeu junto com vários cardeais e um bando heterogêneo de cidadãos que invadiu o local antes que a ponte levadiça fosse erguida. Clemente e os que o acompanharam foram afortunados. Fora da fortaleza, todos os que não conseguiram fugir de Roma antes de os portões serem trancados de novo estavam em apuros.

Segundo Guicciardini, quando o exército imperial percebeu que "todos os defensores haviam fugido e que eles estavam realmente no controle da cidade, as tropas espanholas começaram a capturar casas (junto com todos e tudo o que havia nelas) e fazer prisioneiros. Os alemães, no entanto, estavam obedecendo aos artigos de guerra e cortando em pedaços qualquer um que encontrassem".[53] Foi uma cena infernal. Mulheres e crianças eram tão vulneráveis quanto os homens, e o clero foi morto junto com os laicos. Aliás, os clérigos eram mais visados. Consta que no início do ano o antigo comandante da *landsknechte*, Georg von Frundsberg (que partiu da Itália alquebrado quando as tropas começaram a se amotinar na primavera), andava com um nó de forca de ouro, para o caso de ter a chance de enforcar o papa.

Agora os mercenários alemães tinham a chance de canalizar toda essa violência. Relíquias que incluíam as cabeças de São Pedro, São Paulo e Santo André, bem como fragmentos da Vera Cruz e da Coroa de Espinhos, foram "vergonhosamente pisoteadas naquela fúria".[54] As tumbas dos papas foram saqueadas. Um grupo vestiu um burro com trajes sacerdotais e matou um clérigo que se recusou a realizar a eucaristia com o animal.[55] O longo e lúgubre relato de Guicciardini sobre o saque deixou claro o quanto as tropas imperiais eram violentamente anticlericais — e com que facilidade os ataques aos símbolos da riqueza papal se transformaram em pura desumanidade.

> Na rua não se via nada além de bandidos e malfeitores com grandes trouxas das mais ricas vestimentas e ornamentos eclesiásticos e enormes sacos cheios de vasos de ouro e prata — ressaltando mais as riquezas e pompas vazias da cúria romana do que a pobreza humilde e a verdadeira fé da religião cristã. Via-se um grande número de cativos de todos os tipos, gemendo e gritando, sendo levados para prisões improvisadas. Nas ruas havia muitos cadáveres. Muitos nobres jaziam ali retalhados em pedaços, cobertos de lama e do próprio sangue, e muita gente quase morta jazia miseravelmente no chão.[56]

Freiras foram estupradas. Padres foram mortos em altares. Apesar de algumas discussões ocasionais entre espanhóis e alemães sobre até que ponto as igrejas deveriam ser despojadas, nada disso serviu como utilidade ou consolo para os clérigos, que, se não fossem mortos de imediato, podiam ser vistos vagando pelas ruas "com camisas rasgadas e ensanguentadas, [com] cortes e hematomas por todo o corpo causados pelas chicotadas e espancamentos indiscriminados que receberam. Alguns tinham barbas espessas e gordurosas. Alguns tiveram seus rostos marcados; e em outros faltavam dentes; outros não tinham nariz nem orelhas".[57]

Durante todo esse tempo, companhias armadas iam de casa em casa, torturando pessoas para que revelassem o paradeiro de seus objetos de valor. Nobres foram obrigados a esvaziar fossas com as próprias mãos para mostrar se tinham escondido algum espólio no esgoto. Alguns tiveram seus narizes cortados. Outros foram obrigados a engolir os próprios genitais. Para os invasores tudo era muito fácil. "Os romanos foram surpreendidos, saqueados e massacrados com incrível facilidade e enorme lucro", escreveu Guicciardini. E estava certo.

Demorou para os tormentos dos romanos começarem a diminuir. Os terrores do saque duraram cerca de dez dias, e mesmo depois, Roma continuou sendo uma cidade ocupada. O papa e seu círculo permaneceram barricados no castelo Sant'Angelo por um mês, só capazes de comprar sua segurança em 7 de junho, ao preço de 400 mil ducados. Mesmo assim, apesar de a maioria dos confinados na fortaleza ter conseguido sair, o próprio Clemente precisou ficar por lá para sua própria segurança. O papa só foi libertado no começo de dezembro — sob o manto da escuridão, por medo de enfurecer as fileiras do exército de ocupação. A essa altura, cerca de 8 mil romanos haviam sido mortos pelas tropas imperiais em fúria. E talvez duas vezes mais tenham morrido de outras causas: doenças contraídas pela população romana, disseminadas pelo exército invasor e pelas condições miseráveis de uma cidade destruída.[58]

Foi sem dúvida o nadir do papado de Clemente. E apesar de ser mantido pessoalmente em segurança, passou a ser controlado por Carlos V. O imperador ficou encantado, quase em êxtase, quando as primeiras notícias do saque chegaram à sua corte: um observador afirmou que Carlos riu tanto que mal conseguiu jantar.[59] O papa era dele. A Itália também poderia ser. Ainda haveria muitos desafios sérios durante o seu longo reinado, mas essa foi uma conquista que definiu uma geração. Em 22 de fevereiro de 1530, Carlos foi a Bolonha, onde o papa Clemente o coroou com a Coroa de Ferro da Lombardia, tomada pela primeira vez pelo império muitos séculos antes por Carlos Magno. Dois dias depois, ao completar trinta anos, Carlos foi oficialmente coroado imperador do Sacro Império Romano. Desfilou pela cidade com Clemente ao seu lado. Uma nova década maravilhosa — na verdade, uma nova era — se estendia diante dele.

O saque de Roma de 1527 teve consequências importantes, muitas das quais permanecem até hoje. É mais conhecido na Inglaterra por ter descarrilado os planos de Henrique VIII de anular seu casamento com a rainha Catarina de Aragão. Os ministros de Henrique apresentaram o pedido de isenção papal para o divórcio quando Clemente definhava sob prisão domiciliar em Roma, no outono de 1527; como Catarina era tia de Carlos, não havia como o pedido ser atendido. Em consequência, Henrique arremeteu como um touro por outro lado, muito mais destrutivo: como já vimos, retirou a Inglaterra da Igreja Romana, anunciou sua supremacia em assuntos tanto da Igreja quanto do Estado e deixou o luteranismo entrar em um reino onde até então era proibido. Uma página fora virada na história da Inglaterra — e na história da Grã-Bretanha e da Irlanda —, e o reinado de Henrique ainda marcara a fronteira entre os mundos medieval e moderno.

Mas é claro que a Inglaterra era apenas uma parte da história. Houve consequências graves em todo o Ocidente. Na Itália, Roma ficou quase arruinada, com a população literalmente dizimada. Quaisquer sonhos de uma Itália unificada e independente, comuns em algumas regiões nos anos 1530, se desvaneciam, e só seriam revividos no *Risorgimento* do século XIX. Ao mesmo tempo, o apelo da península como um centro para artistas renascentistas ficou em frangalhos. Em retrospecto, pode-se argumentar que o auge da Renascença italiana acabou com a morte de Rafael, em 1520 (apesar de Michelangelo ainda estar trabalhando na Capela Sistina nos anos 1540); mas o trauma psicológico e financeiro do saque certamente impediu que houvesse novos desenvolvimentos desse movimento maravilhoso. Os espanhóis, por outro lado, estavam em ascensão: a combinação de suas conquistas no Novo e no Velho Mundo com a unificação formal das Coroas aragonesas e castelhanas inaugurou uma nova era de ouro na península Ibérica. Essa nova era acabou personificada pelo filho e sucessor de Carlos V, Filipe II, sob cujo patrocínio Madri e o grande palácio de El Escorial se tornaram o coração pulsante da sofisticação europeia.

Os franceses, por sua vez, confusos com os acontecimentos de 1527 e à procura de um novo parceiro contra o império, buscaram uma aliança com o Império Otomano. Esse movimento teria surpreendido gerações de cruzados medievais franceses, mas foi emblemático de uma era vindoura. A aliança franco-otomana, nascida no final da Idade Média, durou de meados do século XVI até o reinado de Napoleão, garantindo que os Bálcãs e a Europa Oriental, até as fronteiras da Áustria, gravitassem em torno de Constantinopla até às vésperas da Primeira Guerra Mundial. Mas a conciliação com a principal potência islâmica do mundo não foi o único legado dos eventos de 1527 na França. As consequências religiosas foram igualmente significativas. No rescaldo da queda de Roma, um crescente movimento de reforma floresceu a partir dos anos 1530, estimulado por reformadores locais como João Calvino. Em meados do século, grupos de protestantes conhecidos como huguenotes começaram a causar sérios problemas para a Coroa francesa, e as tensões acabaram eclodindo nas Guerras Religiosas da França, que se prolongaram dos anos 1560 aos anos 1590, custaram dezenas de milhares de vidas e deixaram feridas religiosas na sociedade francesa que ainda sangravam no século XVIII.

Em termos teológicos, o saque de Roma também teve um efeito profundo na Igreja Católica. Carlos V desejava havia algum tempo realizar um concílio ecumênico para decidir sobre uma estratégia de toda a Igreja para combater as heresias luteranas e a florescente Reforma. Com o papado sob seu comando, ele finalmente conseguiu o que queria. O doloroso e prolongado Concílio de Trento, realizado em várias sessões entre 1545 e 1563, basicamente reafirmou e redesenhou a doutrina da Igreja Católica de uma forma que durou trezentos anos. Muitas reformas havia muito necessárias foram promulgadas — as indulgências não foram vetadas, mas sua venda acabou proibida em 1567. Contudo, o Concílio de Trento também deixou muito claro que não poderia haver reconciliação com os protestantes. Assim, o cisma na Igreja ocidental que perdura até hoje foi instituído — e embora nem Lutero (que morreu em 1546), nem Carlos (que o seguiu em 1558) tenham vivido para ver essa confirmação, os dois e seus grupos de apoiadores sobrepostos desempenharam um papel fundamental para garantir que assim fosse. Suas lutas resultaram no fato de hoje um oitavo da população mundial — mais de 900 milhões de pessoas — ser formado por membros de uma congregação protestante.[60]

Claro, tudo isso é apenas o mais simples resumo do mundo que estava surgindo quando as tropas imperiais se retiraram das ruas ensanguentadas de Roma em 1527. Dizer mais significaria aumentar em muito as páginas deste livro já volumoso. Mas espero que isso, somado aos capítulos anteriores, seja suficiente para vermos que nos anos 1530 o mundo ocidental não podia mais ser reconhecido como medieval. A ascensão da palavra impressa, as descobertas do Novo Mundo, o colapso e a fratura da Igreja militante, os rearranjos demográficos causados pelos surtos da Peste Negra, as revoluções humanísticas e artísticas da Renascença — tudo isso e muito mais reformularam o formato e o pensamento do Ocidente de maneiras que os contemporâneos reconheceram explicitamente, mesmo enquanto o processo ocorria. A Idade Média não morreu exatamente nas ruas de Roma em 1527 — mas deixou muito claro que algo havia se perdido e nunca mais voltaria.

Vivendo no início do século XXI, em meio ao nosso próprio tempo de marcantes mudanças globais, podemos reconhecer um pouco disso. O mundo ao nosso redor também está sendo remodelado por meio da combinação de uma mudança climática mundial, doenças pandêmicas, progressos tecnológicos, uma revolução nas comunicações e no mercado editorial, migrações em massa rápidas e incontroláveis e uma reformulação dos valores culturais centrados na celebração do indivíduo. Não será possível que as pessoas que viveram na Idade Média de pernas para o ar não atraiam só o nosso interesse, mas também nossa solidariedade? Ou isso seria anti-histórico? Vou deixar a resposta para os leitores. Pois já é tarde. Escrevi muito, e está na hora de parar. Martinho Lutero enunciou muito bem isso na conclusão de uma carta que escreveu em 1530, escondido de Carlos V em um local secreto que ele designou apenas como Floresta: "Isto está ficando muito longo [...] deixo mais para outra ocasião", escreveu. "Perdoe-me por esta longa carta [...] Amém."[61]

BIBLIOGRAFIA DE OBRAS CITADAS NO TEXTO

Fontes primárias

Andrea, Alfred J. (trad.), *The Capture of Constantinople: The Hystoria Constantinopolitana of Gunther of Pairis*, Filadélfia: University of Pennsylvania Press, 1997.

anon., *The Ecclesiastical History of Socrates... Translated from the Greek, with some account of the author, and notes selected from Valesius*, Londres: Henry G. Bohn, 1853.

Babcock, Emily Atwater e Krey, A. C. (trad.), *A History of Deeds Done Beyond the Sea: By William Archbishop of Tyre* (2 vols.), Nova York: Columbia University Press, 1943.

Bale, Anthony (org.), *John Mandeville / Book of Marvels and Travels*, Oxford: Oxford University Press, 2012.

Barber, Malcolm e Bate, Keith (org. e trad.), *The Templars: Selected Sources*, Manchester: Manchester University Press, 2002.

Barber, Malcolm e Bate, Keith (orgs.), *Letters from the East: Crusaders, Pilgrims and Settlers in the 12th–13th Centuries*, Farnham: Ashgate, 2013.

Barney, Stephen A., Lewis, W. J., Beach, J. A. e Berghof, Oliver (orgs.), *The Etymologies of Isidore of Seville*, Cambridge: Cambridge University Press, 2006.

Barton, Simon e Fletcher, Richard, *The World of El Cid: Chronicles of the Spanish Reconquest*, Manchester: Manchester University Press, 2000.

Bédier, J. e Aubry, P. (orgs.), *Les Chansons de Croisade avec Leurs Melodies*, Paris: Champion, 1909.

Bernardo, Aldo (trad.), *Francesco Petrarch / Letters on Familiar Matters (Rerum Familiarium Libri): Vol. 1: Books I–VIII*, Nova York: Italica Press, 1975.

Berry, Virginia Gingerick, *Odo of Deuil / De Profectione Ludovici VII in Orientam*, Nova York: W. W. Norton, 1948.

Bettenson, Henry (trad.), *Saint Augustine / City of God*, Londres: Penguin Classics, 2003.

Bird, Jessalyn, Peters, Edward e Powell, James M. (orgs.), *Crusade and Christendom: Annotated Documents in Translation from Innocent III to the Fall of Acre, 1187-1291*, Filadélfia: University of Pennsylvania Press, 2013.

Blankinship, Khalid Yahya (trad.), *The History of al-Tabari Vol. XI: The Challenge to the Empires*, Nova York: State University of New York Press, 1993.

Bouquet, Martin (org.), *Receuil des historiens des Gaules et de la France 21*, Paris: V. Palmé, 1855.

Boyle, J. A. (trad.), *Genghis Khan: The History of the World-Conqueror / 'Ala-ad-Din 'Ata Malik Juvaini* (org.), Manchester: Manchester University Press, 1997.

Brehaut, Earnest (trad.), *Gregory bishop of Tours / History of the Franks*, Nova York: Columbia University Press, 1916.

Brewer, J. S. (org.), *Letters and Papers, Foreign and Domestic, Henry VIII, Volume 3, 1519-1523*, Londres, HM Stationery Office, 1867.

Burgess, Glyn (trad.), *The Song of Roland*, Londres, Penguin Classics, 1990.

Chabot, J-B (trad.) *Chronique de Michel le Syrien, patriarche jacobite d'Antioche, 1166-1199*, Vol. 2, Paris: E. Leroux, 1901.

Christiansen, Eric (trad.), *Dudo of St. Quentin / History of the Normans*, Woodbridge: The Boydell Press, 1998.

Church, Alfred John e Brodribb, William Jackson (trad.), Lane Fox, Robin (intro.), *Tacitus / Annals and Histories*, Nova York: Alfred A. Knopf, 2009.

Cohen, J. M. (trad.), *Christopher Columbus / The Four Voyages*, Londres: Penguin Classics, 1969.

Cohn Jr, Samuel K. (trad.), *Popular Protest in Late Medieval Europe*, Manchester: Manchester University Press, 2004.

Colbert, Benjamin (org.), *The Travels of Marco Polo*, Ware: Wordsworth Editions, 1997.

Cowdrey, H. E. J. (trad.), *The Register of Pope Gregory: 1073-1085: An English Translation*, Oxford: Oxford University Press, 2002.

Cross, Samuel Hazzard e Sherbowitz-Wetzor, Olgerd P. (trad.), *The Russian Primary Chronicle: Laurentian Text*, Cambridge, Mass.: The Medieval Academy of America, 1953.

Dass, Nirmal (trad.), *Viking Attacks on Paris: The Bella parisiacae urbis of Abbo of Saint--Germain-des-Prés*, Paris: Peeters, 2007.

Davis, Raymond (trad.), *The Lives of the Eighth-Century Popes (Liber Pontificalis)*, Liverpool: Liverpool University Press, 1992.

Dewing, H. B. (trad.), *Procopius / History of the Wars, I, Books 1-2*, Cambridge, Mass.: Harvard University Press, 1914.

Dewing, H. B. (trad.), *Procopius / History of the Wars, II, Books 3-4*, Cambridge, Mass.: Harvard University Press, 1916.

Dewing, H. B. (trad.), *Procopius / On Buildings*, Cambridge, Mass.: Harvard University Press, 1940.

Dobson, R. B. (org.), *The Peasants' Revolt of 1381* (2a. ed.), Londres: The Macmillan Press Ltd., 1983.

Douie, Decima L. e Farmer, David Hugh, *Magna Vita Sancti Hugonis / The Life of St Hugh of Lincoln* (2 vols.), Oxford: Clarendon Press, 1985.

Dümmler, Ernst (org.), *Poetae latini aevi Carolini* I, Berlim: Apud Weidmannos, 1881.

Edgington, Susan (trad.), *Albert of Aachen / Historia Ierosolominitana: History of the Journey to Jerusalem*, Oxford: Clarendon Press, 2007.

Evans, Allan (org.), *Francesco Balducci Pegolotti / La Practica della Mercatura*, Cambridge, Mass.: The Medieval Academy of America, 1936.

Fischer Drew, Katherine (trad.), *The Laws of the Salian Franks*, Filadélfia: University of Pennsylvania Press, 1991.

Fishbein, Michael, *The History of al-Tabari, Vol. VIII: The Victory of Islam*, Nova York: State University of New York Press, 1997.

Forell, George W. e Lehmann, Helmut T. (orgs.), *Luther's Works* vol. 32, Filadélfia: Muhlenberg Press, 1958.

Fremantle, W. H. (trad.) *Saint Jerome / Select Letters and Works*, Nova York: Christian Literature Company, 1893.

Friedmann, Yohanan, *The History of al-Tabari, Vol. XII: The Battle of al-Qadisiyyah and the Conquest of Syria and Palestine*, Nova York: State University of New York Press, 1991.

Fry, Timothy (trad.), *The Rule of St. Benedict In English*, Collegeville: Liturgical Press, 2018.

Füssel, Stephan (org.), *The Gutenberg Bible of 1454: With a commentary on the life and work of Johannes Gutenberg, the printing of the Bible, the distinctive features of the Göttingen copy, the Göttingen Model Book and the "Helmasperger Notarial Instrument"*, Köln: Taschen, 2018.

Gantz, Jeffrey (trad.), *The Mabinogion*, Londres: Penguin Classics, 1973.

Ganz, David (trad.), *Einhard and Notker the Stammerer: Two Lives of Charlemagne*, Londres: Penguin Classics, 2008.

Gardner, Edmund G. (org.), *The Dialogues of Saint Gregory the Great*, Merchantville: Evolution Publishing, 2010.

Garton, Charles (trad.), *The Metrical Life of St Hugh of Lincoln*, Lincoln: Honywood Press, 1986.

George, William e Waters, Emily (trad.), *Vespasianio da Bisticci / The Vespasiano Memoirs: Lives of Illustrious Men of the XVth Century*, Londres: George Routledge & Sons, 1926.

Gibb, H. A. R. (trad.), *Ibn Battuta / Travels in Asia and Africa 1325-1354*, Londres: Routledge & Kegan Paul Ltd., 1929.

Given, John (trad.), *The Fragmentary History of Priscus: Attila, the Huns and the Roman Empire, AD 430-476*, Merchantville: Evolution Publishing, 2014.

Graves, Robert (trad.) e Rives J. B. (rev. e intro), *Suetonius / The Twelve Caesars*, Londres: Penguin Books, 2007.

Greenia, M. Conrad (trad.), *Bernard of Clairvaux / In Praise of the New Knighthood* (org.), Trappist: Cistercian Publications, 2000.

Hamilton, Walter (trad.) e Wallace-Hadrill (intro.), *Ammianus Marcellinus / The Later Roman Empire (A.D. 354-378)*, Londres: Penguin Books, 1986.

Hammond, Martin (trad.), *Marcus Aurelius / Meditations*, Londres: Penguin Classics, 2014.

Hankins, James (trad.), *Leonardo Bruni / History of the Florentine People Volume I: Books I-IV*, Cambridge, Mass.: Harvard University Press, 2001.

Hildinger, Erik (trad.), *Giovanni da Pian del Carpine, Archbishop of Antivari, d. 1252 / The story of the Mongols who we call the Tartars*, Boston: Branden Publishing Company, 1996.

Hill, John Hugh e Hill, Laurita L. (trad.), *Raymond d'Aguilers / Historia Francorum Qui Ceperunt Iherusalem*, Filadélfia: American Philosophical Society, 1968.

Hill, Rosalind (org.), *Gesta Francorum et Aliorum Hierosoliminatorum: The Deeds of the Franks and the Other Pilgrims to Jerusalem*, Oxford: Clarendon Press, 1962.

Holden, A. J. (ed.), Gregory, S. (trad.) e Crouch, D., *History of William Marshal (3 vols.)*, Londres: Anglo-Norman Text Society, 2002–06.

Holland, Tom (trad.), *Herodotus / The Histories*, Londres: Penguin, 2013.

Hollander, Lee M. (trad.), *Snorri Sturluson / Heimskringla: History of the Kings of Norway*, Austin: University of Texas Press, 1964.

Horrox, Rosemary (trad. e org.), *The Black Death*, Manchester: Manchester University Press, 1994.

Humphreys, R. Stephen (trad.), *The History of al-Tabari, Vol. XV: The Crisis of the Early Caliphate*, Nova York: State University of New York Press, 1990.

Huygens, R. B. C. (trad.), *Lettres de Jacques de Vitry*, Edition Critique, Leiden: Brill, 1960.

Jackson, Peter (org.), *The Mission of Friar William of Rubruck*, Londres: Hakluyt Society, 1990.

Jeffreys, Elizabeth, Jeffreys, Michael e Scott, Roger (orgs.), *The Chronicle of John Malalas*, Leiden: Brill, 1986.

Jenks, Stuart (org.), *Documents on the Papal Plenary Indulgences 1300-1517 Preached in the Regnum Teutonicum,* Leiden: Brill, 2018.

Johnson, Allan Chester, Coleman-Norton, Paul R. e Bourne, Frank Card (orgs.), *Ancient Roman Statutes: A Translation With Introduction, Commentary, Glossary, and Index,* Austin: University of Texas Press, 1961.

Jones, Horace Leonard (trad.), *The Geography of Strabo,* vol. VI, Cambridge, Massachusetts: Harvard University Press, 1929.

Jones, John Harris (trad.), *Ibn Abd al-Hakam / The History of the Conquest of Spain,* Nova York: Burt Franklin, 1969.

Juynboll, Gautier H. A. (trad.), *The History of al-Tabari vol. XIII: The Conquest of Iraq, Southwestern Persia and Egypt,* Nova York: State University of New York Press, 1989.

Kenney, E. J. (trad.), *Apuleius / The Golden Ass* (org.), Londres: Penguin Books, 2004.

Kibler, William W. (org.), *Chrétien de Troyes / Arthurian Romances* (org.), Londres: Penguin Classics, 2001.

Kline, A. S. (trad.), *Petrarch / The Complete Canzoniere,* Poetry in Translation, 2001.

Latham, Ronald (trad.), *Marco Polo / The Travels,* Londres: Penguin Books, 1958.

Lewis, Robert E. (org.), *Lotario dei Segni (Pope Innocent III) / De Miseria Condicionis Humane,* Atenas, GA: University of Georgia Press, 1978.

Luard, H. R. (org.), *Annales Monastici* vol. 4, Londres: Longmans, Green, Reader and Dyer, 1869.

Lumby, J. R. (org.), *Chronicon Henrici Knighton vel Cnitthon, Monachi Leycestrensis* II, Londres: Rolls Series, 1895.

Mabillon, Jean (org.), *Annales ordinis S. Benedicti occidentalium monachorum patriarchæ,* vol. 4., Paris, 1707.

Magoulias, Harry J. (trad.), *O City of Byzantium, Annals of Niketas Choniates,* Detroit: Wayne State University Press, 1984.

Magoulias, Harry J. (trad.), *Decline and Fall of Byzantium to the Ottoman Turks,* Detroit: Wayne State University Press, 1975.

Mango, Cyril e Scott, Roger (trad.), *The Chronicle of Theophanes Confessor: Byzantine and Near Eastern History AD 284-813,* Oxford: Clarendon Press, 1997.

Mariev, Sergei (trad.), *Ioannis Antiocheni Fragmenta quae supersunt Omnia,* Berlin: W. de Gruyter, 2008.

McCauley, Leo P. et al., *Funeral Orations by Saint Gregory and Saint Ambrose (The Fathers of the Church, Volume 22),* Washington: The Catholic University of America Press, 2010.

McDermott, Timothy (org.), *Aquinas / Selected Philosophical Writings,* Oxford: Oxford University Press, 2008.

McGregor, James H. (trad.), *Luigi Guicciardini / The Sack of Rome*, Nova York: Ithaca Press, 1993.

Michael, Maurice (trad.), *The Annals of Jan Długosz: Annales Seu Cronicae Incliti Regni Poloniae*, Chichester: IM Publications, 1997.

Michell, Robert e Forbes, Nevill (trad.), *The Chronicle of Novgorod 1016-1471*, Londres: Camden Society Third Series, 1914.

Middlemore, S. (trad.), *Burckhardt, Jacob / The Civilization of the Renaissance in Italy*, Londres: Penguin Classics, 1990.

Montagu, Basil (trad.), *The Works of Francis Bacon, Lord Chancellor of England: A New Edition* vol. 14, Londres: William Pickering, 1831.

Moyle, John Baron (trad.), *The Institutes of Justinian*, Oxford: Clarendon Press, 1906.

Myers, A. R. (org.), *English Historical Documents IV, 1327-1485*, Londres: Eyre & Spottiswoode, 1969.

Newitt, Malyn (org.), *The Portuguese in West Africa, 1415-1670: A Documentary History*, Cambridge: Cambridge University Press, 2010.

O'Donovan, Louis (org.), *Assertio Septem Sacramentorum or Defence of the Seven Sacraments by Henry VIII, king of England*, Nova York: Benziger Brothers, 1908.

Panofsky, Erwin e Panofsky-Soergel, Gerda (orgs.), *Abbot Suger on the Abbey Church of St.-Denis and its Art Treasures* (2a. ed.), Princeton: Princeton University Press, 1979.

Peters, Edward (org.), *Christian Society and the Crusades 1198-1229. Sources in Translation including "The Capture of Damietta" by Oliver of Paderborn*, Filadélfia: University of Pennsylvania Press, 1971.

Platnauer, Maurice (trad.), *Claudian* (2 vols), Nova York: G. P. Putnam's Sons, 1922.

Poupardin, René (org.), *Monuments de l'histoire des Abbeyes de Saint-Philibert*, Paris: Alphones Picard et Fils, 1905.

Radice, Betty (trad.), *The Letters of the Younger Pliny*, Londres: Penguin Books, 1969.

Ravenstein, E. G. (trad.), *A Journal of the First Voyage of Vasco da Gama, 1497-1499*, Londres: Hakluyt Society, 1898.

Richards, D. S. (trad.), *The Chronicle of Ibn al-Athir for the Crusading Period from al-Kamil fi'l Ta'rikh* (3 vols.), Farnham: Ashgate, 2006.

Richter, Irma A. e Wells, Thereza (orgs.), *Leonardo da Vinci / Notebooks*, Oxford: Oxford University Press, 2008.

Ridley, Ronald T. (trad.), *Zosimus / New History*, Leiden: Brill, 1982.

Riggs, Charles T. (trad.), *Mehmed the Conqueror / by Kritovoulos*, Princeton: Princeton University Press, 1954.

Riley, H. T. (org.), *Chronica Monasterii S. Albani III*, Londres: Rolls Series, 1866.

Riley, Henry Thomas (org.), *The Comedies of Plautus* vol. 1, Londres: Henry G. Bohn, 1912.

Riley-Smith, Jonathan e Louise (orgs.), *The Crusades: Idea and Reality, 1095-1274*, Londres: Edward Arnold, 1981.

Robinson, George W. (trad.), *Eugippius / The Life of Saint Severinus*, Cambridge, Mass: Harvard University Press, 1914.

Robinson, I. S. (trad.), *Eleventh Century Germany: The Swabian Chronicles*, Manchester: Manchester University Press, 2008.

Robinson, James Harvey (org.), *Readings in European History* vol. 1, Boston: Ginn & Company, 1904.

Rothwell, Harry (org.), *English Historical Documents III: 1189-1327*, Londres: Routledge, 1996.

Rudd, Niall (trad.), *Cicero / The Republic and The Laws*, Oxford: Oxford University Press, 1998.

Rupp, E. Gordon e Watson, Philip S. (trad.), *Luther and Erasmus: Free Will and Salvation*, Londres: John Knox Press, 1969.

Ryan, Frances Rita e Fink, Harold S. (orgs.), *Fulcher of Chartres: A History of the Expedition to Jerusalem, 1095-1127*, Knoxville: University of Tennessee, 1969.

St. Clare Byrne, Muriel (org.), *The Letters of King Henry VIII*, Nova York: Funk & Wagnalls, 1968.

Schroeder, H. J. (trad.), *Disciplinary Decrees of the General Councils: Text, Translation and Commentary*, St Louis: B. Herder, 1937.

Scott, Tom, e Scribner, Bob (trad.), *The German Peasants' War: A History in Documents*, Amherst: Humanity Books, 1991.

Sewter, E. R. A. (trad.) e Frankopan, Peter (intro.), *Anna Komnene / The Alexiad* (org.), Londres: Penguin Classics, 2009.

Sherley-Price, Leo (trad.), *Bede / A History of the English Church and People* (org.), Harmondsworth: Penguin Classics, 1968.

Sitwell, G. (trad.), *St. Odo of Cluny: being the Life of St. Odo of Cluny / by John of Salerno. And, the Life of St. Gerald of Aurillac by St. Odo*, Londres: Sheed & Ward, 1958.

Sprenger, Aloys (trad.), *El-Masudi's Historical Encyclopaedia Entitled Meadows of Gold and Mines of Gems* vol. I, Londres: Oriental Translation Fund of Great Britain and Ireland, 1841.

Sweetenham, Carole (trad.), *Robert the Monk's History of the First Crusade: Historia Iherosolimitana*, Abingdon: Routledge, 2016.

Thompson, Edward Maunde (org.), *Adae Murimuth Continuatio Chronicarum / Robertus De Avesbury De Gestis Mirabilibus Regis Edwardi Tertii*, Londres: Rolls Series, 1889.

Wace, Henry e Buccheim, C. H. (trad.), *Luther's Primary Works: Together with his Shorter and Larger Catechisms*, Londres: Hodder & Stoughton, 1846.

Wallace-Hadrill, J. M. (trad.), *The Fourth Book of the Chronicle of Fredegar, with its continuations*, Westport: Greenwood Press, 1960.

Waterfield, Robin (trad.), *Polybius / The Histories*, Oxford: Oxford University Press, 2010.

Watts, Victor (trad.), *Boethius / The Consolation of Philosophy*, Londres: Penguin Books, 1999.

Webb, J. F. (trad.), *The Age of Bede*, Londres: Penguin Classics, 1998.

Weiskotten, Herbert T. (trad.), *The Life of Augustine: A Translation of the Sancti Augustini Vita by Possidius, Bishop of Calama*, Merchantville, NJ.: Evolution Publishing, 2008.

West, David (trad. e org.), *Virgil / The Aeneid*, Londres: Penguin Books, 2003.

Whitelock, Dorothy (org.), *English Historical Documents I 500-1042* (2a. ed.), Londres: Routledge, 1979.

Wilkinson, John, Hill, Joyce e Ryan, W. F., *Jerusalem Pilgrimage 1099-1185*, Londres: The Hakluyt Society, 1988.

William R. (trad.), *Martin Luther / The Ninety-Five Theses and Other Writings*, Nova York: Penguin Classics, 2017.

Williamson, G. A. (trad.), *Eusebius / The History of the Church*, Londres: Penguin Books, 1989.

Williamson, G. A. e Sarris, Peter (trad.), *Procopius / The Secret History*, Londres: Penguin, 2007.

Wilson, William Burton (trad.), *John Gower / Mirour de l'Omme (The Mirror of Mankind)*, Woodbridge: Boydell & Brewer, 1992.

Winterbottom, Michael (trad.), *Gildas / The Ruin of Britain and other works*, Chichester: Phillimore, 1978.

Witakowski, Witold (trad.), *Pseudo-Dionysius of Tel-Mahre, Chronicle (known also as the Chronicle of Zuqnin) part III*, Liverpool: Liverpool University Press, 1996.

Wolf, Kenneth Baxter (trad.), *Conquerors and chroniclers of early medieval Spain*, Liverpool: Liverpool University Press, 1990.

Womersley, David (org.), *Edward Gibbon / The History of the Decline and Fall of the Roman Empire*, vol. III, Londres: Penguin Classics, 1996.

Wright, F. A. (trad.), *Jerome / Select Letters*, Cambridge: Harvard University Press, 1933.

Zenokovsky, Serge (org.), *Medieval Russia's Epics, Chronicles and Tales*, Nova York: E. P. Dutton, 1974.

Fontes secundárias

Abu-Lughod, Janet L., *Before European Hegemony: The World System A.D. 1250-1350*, Nova York: Oxford University Press, 1991.

Adiele, Pius Onyemechi, *The Popes, the Catholic Church and the Transatlantic Enslavement of Black Africans 1418-1839*, Hildesheim: Georg Olms Verlag, 2017.

Angold, Michael, *The Fourth Crusade: Event and Context*, Abingdon: Routledge, 2014.

Asbridge, Thomas, *The Greatest Knight: The Remarkable Life of William Marshal, the Power Behind Five English Thrones*, Londres: Simon & Schuster, 2015.

Ashe, Geoffrey, *Land to the West: St Brendan's Voyage to America*, Londres: Collins, 1962.

Aurell, Jaume, *Medieval Self-Coronations: The History and Symbolism of a Ritual*, Cambridge: Cambridge University Press, 2020.

Babinger, Franz, *Mehmed the Conqueror and His Time*, Princeton: Princeton University Press, 1978.

Bagge, Sverre, Gelting, Michael H. e Lindkvist, Thomas (orgs.), *Feudalism: New Landscapes of Debate*, Turnhout: Brepols, 2011.

Bak, Janos (org.), *The German Peasant War of 1525*, Abingdon: Routledge, 2013.

Barber, Malcolm, *The New Knighthood: A History of the Order of the Temple*, Cambridge: Cambridge University Press, 1994.

Barber, Richard, *The Knight and Chivalry*, Woodbridge: Boydell Press, 1995.

Beach, Alison I. e Cochelin, Isabelle (orgs.), *The Cambridge History of Medieval Monasticism in the Latin West* (2 vols.), Cambridge: Cambridge University Press, 2020.

Beard, Mary, *SPQR: A History of Ancient Rome*, Londres: Profile Books, 2015.

Benjamin, Craig (org.), *The Cambridge World History vol. 4: A World with States, Empires and Networks, 1200 BCE-900 CE*, Cambridge: Cambridge University Press, 2015.

Bentley, Jerry H., Subrahmanyam, Sanjay e Weisner-Hanks, Merry E., *The Cambridge World History VI: The Construction of a Global World 1400-1800 C.E. / Part I: Foundations*, Cambridge: Cambridge University Press, 2015.

Bergreen, Laurence, *Columbus: The Four Voyages 1492-1504*, Nova York: Viking, 2011.

Bergreen, Laurence, *Over the Edge of the World: Magellan's Terrifying Circumnavigation of the Globe*, Nova York: William Morrow, 2003.

Blouw, Paul Valkema et al., *Dutch Typography in the Sixteenth Century: The Collected Works of Paul Valkema Blouw*, Leiden: Brill, 2013.

Bony, Jean, *French Gothic Architecture of the 12th and 13th Centuries*, Berkeley: University of California Press, 1983.

Bowersock, G. W., *The Crucible of Islam*, Cambridge, Mass.: Harvard University Press, 2017.

Bowlus, Charles R., *The Battle of Lechfeld and its Aftermath, August 955*, Aldershot: Ashgate, 2006.

Boynton, S. e Reilly D. J. (orgs.), *Resounding Image: Medieval Intersections of Art, Music, and Sound*, Turnhout: Brepols, 2015.

Bumke, Joachim, *The Concept of Knighthood in the Middle Ages*, Nova York: AMS Press, 1982.

Cameron, Averil et al. (orgs.), *The Cambridge Ancient History XIV: Late Antiquity, Empire and Successors, A.D. 42-600*, Cambridge: Cambridge University Press, 2000.

Castor, Helen, *Joan of Arc: A History*, Londres: Faber & Faber, 2014.

Chazan, Robert, *In the Year 1096: The First Crusade and The Jews*, Filadélfia: Jewish Publication Society, 1996.

Christiansen, Eric, *The Northern Crusades* (2a. ed.), Londres: Penguin, 1997.

Clark, James G., *The Benedictines in the Middle Ages*, Woodbridge: Boydell Press, 2011.

Cohn, Norman, *The Pursuit of the Millennium: Revolutionary Millenarians and Mystical Anarchists of the Middle Ages*, Londres: Temple Smith, 1970.

Collins, Roger, *Charlemagne*, Basingstoke: Palgrave Macmillan, 1998.

Collinson, Patrick, *The Reformation*, Londres: Weidenfeld and Nicholson, 2003.

Colvin, H. M. (org.), *The History of the King's Works I: The Middle Ages*, Londres: HM Stationery Office, 1963.

Crouch, David, *Tournament*, Londres: Hambledon & London, 2005.

Crowley, Roger, *Constantinople: The Last Great Siege, 1453*, Londres: Faber & Faber, 2005.

Curry, Anne, *Agincourt*, Oxford: Oxford University Press, 2015.

De la Bédoyère, Guy, *Roman Britain: A New History*, Londres: Thames & Hudson, 2013.

De la Vassière, Étienne, *Sogdian Traders: A History*, Leiden: Brill, 2005.

De Rachewiltz, Igor, *Papal Envoys to the Great Khans*, Londres: Faber & Faber, 1971.

De Ridder-Symoens, H., *A History of the University in Europe* I, Cambridge: Cambridge University Press, 1992.

DeVries, Kelly e Smith, Robert Douglas, *Medieval Military Technology* (2a. ed.), Ontario: University of Toronto Press, 2012.

Disney, A. R., *A History of Portugal and the Portuguese Empire* vol. I, Cambridge: Cambridge University Press, 2009.

Donner, Fred M., *The Articulation of Early Islamic State Structures*, Londres: Routledge, 2017.

Drayton, Elizabeth, *The Moor's Last Stand: How Seven Centuries of Muslim Rule in Spain Came to an End*, Londres: Profile Books, 2017.

Eisenstein, Elizabeth, *The Printing Press as an Agent of Change: Communications and Cultural Transformations in Early-Modern Europe*, Cambridge: Cambridge University Press, 1979.

Erlande-Brandenburg, Alain, *The Cathedral Builders of the Middle Ages*, Londres: Thames & Hudson, 1995.

Ettinghausen, Richard, Grabar, Oleg e Jenkins-Madina, Marilyn, *Islamic Art and Architecture 650-1250* (2a. ed.), New Haven/Londres: Yale University Press, 2001.

Falk, Seb, *The Light Ages: A Medieval Journey of Discovery*, Londres: Allen Lane, 2020.

Ferguson, Robert, *The Hammer and the Cross: A New History of the Vikings*, Londres: Allen Lane, 2009.

Firnhaber-Baker, Justine, *The Jacquerie of 1358: A French Peasants' Revolt*, Oxford: Oxford University Press, 2021.

Firnhaber-Baker, Justine e Schoenaers, Dirk, *The Routledge History Handbook of Medieval Revolt*, Abingdon: Routledge, 2017.

Fletcher, Richard, *The Quest for El Cid*, Oxford: Oxford University Press, 1989.

Foyle, Jonathan, *Lincoln Cathedral: The Biography of a Great Building*, Londres: Scala, 2015.

Frankopan, Peter, *The First Crusade: The Call From the East*, Londres: Vintage, 2012.

Frankopan, Peter, *The Silk Roads: A New History of the World*, Londres: Bloomsbury, 2015.

Freely, John, *The Grand Turk: Sultan Mehmet II – Conqueror of Constantinople, Master of an Empire and Lord of Two Seas*, Londres: I. B. Taurus, 2010.

Fried, Johannes, *Charlemagne*, Cambridge, Mass.: Harvard University Press, 2016.

Füssel, Stephan, *Gutenberg and the Impact of Printing*, Aldershot: Ashgate, 2003.

Garnsey, Peter e Saller, Richard (orgs.), *The Roman Empire: Economy, Society and Culture* (2a. ed.), Londres/Nova York: Bloomsbury Academic, 2014.

Ghosh, K. e Gillespie, V. (orgs.), *After Arundel: Religious Writing in Fifteenth-Century England*, Turnhout: Brepols, 2011.

Gibbon, Edward, *The History of the Decline and Fall of the Roman Empire: Abridged Edition*, Londres: Penguin Classics, 2000.

Gilson, Simon, *Dante and Renaissance Florence*, Cambridge: Cambridge University Press, 2005.

Goodman, Martin, van Kooten, George H. e van Buiten, J. T. A. G. M. (orgs.), *Abraham, the Nations, and the Hagarites: Jewish, Christian, and Islamic Perspectives on Kinship with Abraham*, Leiden: Brill, 2010.

Grabar, Oleg, *The Dome of the Rock*, Cambridge, Mass.: Belknap Press, 2006.

Haldon, John, *The Byzantine Wars*, Stroud: The History Press, 2008.

Halsall, Guy, *Barbarian Migrations and the Roman West 376-568*, Cambridge: Cambridge University Press, 2007.

Hansen, Valerie, *The Year 1000: When Explorers Connected the World – and Globalization Began*, Londres: Viking, 2020.

Harper, Kyle, *The Fate of Rome: Climate, Disease, & the End of an Empire*, Princeton/Oxford: Princeton University Press, 2017.

Harper, Kyle, *Slavery in the Late Roman World, AD 275-425*, Cambridge: Cambridge University Press, 2011.

Harris, Jonathan, *Constantinople: Capital of Byzantium* (2a. ed.), Londres: Bloomsbury, 2017.

Harris, William V. (org.), *The Ancient Mediterranean Environment Between Science and History*, Leiden: Brill, 2013.

Harriss, Gerald, *Shaping the Nation: England 1360-1461*, Oxford: Oxford Univeristy Press, 2005.

Haskins, Charles Homer, *The Renaissance of the Twelfth Century*, Cambridge, Mass: Harvard University Press, 1927.

Heather, Peter, *The Fall of the Roman Empire: A New History of Rome and the Barbarians*, Oxford: Oxford University Press, 2006.

Heather, Peter, *The Goths*, Oxford: Blackwell Publishing, 1996.

Hendrix, Scott H., *Martin Luther: Visionary Reformer*, New Haven: Yale University Press, 2015.

Hibbert, Christopher, *Florence: The Biography of a City*, Londres: Penguin, 1993.

Hollaender, A. E. J. e Kellaway, William, *Studies in London History*, Londres: Hodder & Staunton, 1969.

Hollingsworth, Mary, *The Medici*, Londres: Head of Zeus, 2017.

Holton, R. H. e Aston, T. H., *The English Rising of 1381*, Cambridge: Cambridge University Press, 1984.

Hook, Judith, *The Sack of Rome 1527* (2a. ed.), Basingstoke: Palgrave Macmillan, 2004.

Hornblower, Simon, Spawforth, Anthony e Eidinow, Esther (orgs.), *The Oxford Classical Dictionary* (4a. ed.), Oxford: Oxford University Press, 2012.

Hoyland, Robert G., *In God's Path: The Arab Conquests and the Creation of an Islamic Empire*, Oxford: Oxford University Press, 2015.

Hunt, Edwin S., *The Medieval Super-Companies: A Study of the Peruzzi Company of Florence*, Cambridge: Cambridge University Press, 1994.

Hunt, Edwin S. e Murray, James M., *A History of Business in Medieval Europe, 1200-1550*, Cambridge: Cambridge University Press, 1999.

Hunt, Noreen, *Cluny Under Saint Hugh, 1049-1109*, Londres: Edward Arnold, 1967.

Hunt, Noreen (org.), *Cluniac Monasticism in the Central Middle Ages*, Londres: Macmillan, 1971.

Hyland, Ann, *The Medieval Warhorse: From Byzantium to the Crusades*, Londres: Grange Books, 1994.

Isaacson, Walter, *Leonardo da Vinci: The Biography*, Londres: Simon & Schuster, 2017.

Jackson, Peter, *The Mongols and The West, 1221-1410*, Abingdon: Routledge, 2005.

Jacoby, David, *Medieval Trade in the Eastern Mediterranean and Beyond*, Abingdon: Routledge, 2018.

Johns, Catherine, *The Hoxne Late Roman Treasure: Gold Jewellery and Silver Plate*, Londres: The British Museum Press, 2010.

Johnston, David (org.), *The Cambridge Companion to Roman Law*, Nova York: Cambridge University Press, 2015.

Jones, Dan, *Crusaders: An Epic History of the Wars for the Holy Lands*, Londres: Head of Zeus, 2019.

Jones, Dan, *The Templars: The Rise and Fall of God's Holy Warriors*, Londres, Head of Zeus, 2017.

Jones, Dan, *Summer of Blood: The Peasants' Revolt of 1381*, Londres: William Collins, 2009.

Jones, Dan, *The Hollow Crown: The Wars of the Roses and the Rise of the Tudors*, Londres: Faber & Faber, 2014.

Jones, Terry L. et al. (orgs.), *Polynesians in America: Pre-Columbian Contacts with the New World*, Lanham: AltaMira Press, 2011.

Jordan, William C., *The Great Famine: Northern Europe in the Early Fourteenth Century*, Princeton: Princeton Universtiy Press, 1996.

Kaeigi, Walter, *Muslim Expansion and Byzantine Collapse in North Africa*, Cambridge: Cambridge University Press, 2010.

Kaeuper, Richard W., *Medieval Chivalry*, Cambridge: Cambridge University Press, 2016.

Kedar, Benjamin Z. e Weisner-Hanks, Merry E. (orgs.), *The Cambridge World History Vol. 5: Expanding Webs of Exchange and Conflict, 500 C.E.-1500 C. E.*, Cambridge: Cambridge University Press, 2013.

Keen, Maurice, *Chivalry*, New Haven/Londres: Yale University Press, 1984.

Kelly, Christopher, *Attila the Hun: Barbarian Terror and the Fall of the Roman Empire*, Londres: The Bodley Head, 2008.

Kemp, Martin, *Leonardo by Leonardo*, Nova York: Callaway, 2019.

Kennedy, Hugh, *The Great Arab Conquests*, Londres: Weidenfeld & Nicolson, 2007.

Kim, Hyun Jin, *The Huns*, Londres/Nova York: Routledge, 2016.

King, Peter, *Western Monasticism: A History of the Monastic Movement in the Latin Church*, Kalamazoo: Cistercian Publications, 1999.

King, Ross, *Brunelleschi's Dome: The Story of the Great Cathedral in Florence*, Londres: Penguin Books, 2000.

Klibancky, Raymond, *The Continuity of the Platonic Tradition during the Middle Ages, Outlines of a Corpus Platonicum Medii Aevi*, Londres: Warburg Institute, 1939.

Licence, Tom, *Edward the Confessor*, New Haven/Londres: Yale University Press, 2020.

Lings, Martin, *Muhammad: His Life Based on the Earliest Sources*, Cambridge: The Islamic Texts Society, 1991.

Lloyd, T. H., *The English Wool Trade in the Middle Ages*, Cambridge: Cambridge University Press, 1977.

Loengard, J. S. (org.), *Magna Carta and the England of King John*, Woodbridge: Boydell & Brewer, 2010.

Lopez, Robert S., *The Commercial Revolution of the Middle Ages, 950-1350*, Cambridge: Cambridge University Press, 1976.

Luttwak, Edward N., *The Grand Strategy of the Roman Empire: From the First Century A.D. to the Third*, Baltimore/Londres: The Johns Hopkins University Press, 1976.

Maas, Michael (org.), *The Cambridge Companion to The Age of Attila*, Cambridge: Cambridge University Press, 2015.

Maas, Michael (org.), *The Cambridge Companion to the Age of Justinian*, Cambridge: Cambridge University Press, 2005.

MacCulloch, Diarmaid, *A History of Christianity*, Londres: Allen Lane, 2009.

MacCulloch, Diarmaid, *Reformation: Europe's House Divided 1490-1700*, Londres: Allen Lane, 2003.

Macek, Josef, *The Hussite Movement in Bohemia*, Praga: Orbis, 1958.

MacGregor, Neil, *A History of the World In 100 Objects*, Londres: Allen Lane, 2010.

Mallia-Milanes (org.), *The Military Orders, Volume 3: History and Heritage*, Londres: Routledge, 2008.

Marani, Pietro C., *Leonardo da Vinci: The Complete Paintings*, Nova York: Abrams, 2019.

Martens, Maximiliaan et al. (orgs.), *Van Eyck*, Londres: Thames & Hudson, 2020.

Martin, Janet, *Medieval Russia, 980-1584* (2a. ed.), Cambridge: Cambridge University Press, 2007.

Mattingly, David, *An Imperial Possession: Britain in the Roman Empire*, Londres: Allen Lane, 2006.

McCormick, Michael, *Origins of the European Economy: Communications and Commerce, A.D. 300-900*, Cambridge: Cambridge University Press, 2001.

McKitterick, Rosamond, *Charlemagne: The Formation of a European Identity*, Cambridge: Cambridge University Press, 2008.

McKitterick, Rosamond, *The Frankish Kingdoms under the Carolingians*, Londres/Nova York: Longman, 1983.

McKitterick, Rosamond (org.), *The New Cambridge Medieval History II c. 700-c. 900*, Cambridge: Cambridge University Press, 1995.

McLynn, Frank, *Genghis Khan: The Man Who Conquered the World*, Londres: Bodley Head, 2015.

Merrills, A. H. (org.), *Vandals, Romans and Berbers: New Perspectives on Late Antique North Africa*, Abingdon: Routledge, 2016.

Merrills, Andy e Miles, Richard, *The Vandals*, Oxford: Blackwell Publishing, 2010.

Moore, R. I., *The First European Revolution, c. 970-1215*, Oxford: Blackwell Publishing, 2000.

Morris, Colin, *The Papal Monarchy: The Western Church, 1050-1250*, Oxford: Clarendon Press, 1989.

Morris, Marc, *A Great and Terrible King: Edward I*, Londres: Hutchison, 2008.

Mullins, Edwin, *In Search of Cluny: God's Lost Empire*, Oxford: Signal Books, 2006.

Nicholson, Helen, *The Knights Hospitaller*, Woodbridge: The Boydell Press, 2001.

Noble, Thomas F. X. e Smith, Julia M. H., *The Cambridge History of Christianity III: Early Medieval Christianities c. 600-c. 1100*, Cambridge: Cambridge University Press, 2008.

Norman, Diana (org.), *Siena, Florence and Padua: Art, Society and Religion 1280-1400 Volume II: Case Studies*, New Haven: Yale University Press, 1995.

O'Callaghan, Joseph F., *A History of Medieval Spain*, Ithaca: Cornell University Press, 1975.

Orme, Nicholas, *Medieval Schools: Roman Britain to Renaissance England*, New Haven: Yale University Press, 2006.

Ormrod, Mark, *Edward III*, New Haven: Yale University Press, 2011.

Parker, Deborah, *Commentary and Ideology: Dante in the Renaissance*, Durham/Londres: Duke University Press, 1993.

Parker, Geoffrey, *Emperor: A New Life of Charles V*, New Haven: Yale University Press, 2019.

Parry, J. H., *The Age of Reconnaissance: Discovery, Exploration and Settlement, 1450-1650*, Londres: Weidenfeld and Nicholson, 1963.

Phillips, Jonathan, *The Second Crusade: Extending the Frontiers of Christianity*, New Haven: Yale University Press, 2008.

Phillips, Jonathan, *The Life and Legend of the Sultan Saladin*, Londres: Bodley Head, 2019.

Phillips, Jonathan, *The Fourth Crusade and the Sack of Constantinople*, Londres: Jonathan Cape, 2011.

Pope-Hennessy, John, *Italian Gothic Sculpture*, Londres: Phaidon Press, 1955.

Power, E., *The Wool Trade in Medieval English History*, Oxford, 1941.

Price, Neil, *The Children of Ash and Elm: A History of the Vikings*, Londres: Allen Lane, 2020.

Putnam, B. H., *The Enforcement of the Statutes of Labourers During the First Decade After the Black Death, 1349-59*, Nova York: Columbia University Press, 1908.

Reeve, Benjamin, *Timothy Richard, D.D., China Missionary, Statesman and Reformer*, Londres: S. W. Partridge & Co., 1912.

Riley-Smith, Jonathan, *The First Crusaders, 1095-1131*, Cambridge: Cambridge University Press, 1997.

Robin, Diana, *Filelfo in Milan*, Princeton: Princeton University Press, 2014.

Rubies, Joan-Pau, *Medieval Ethnographies: European Perceptions of the World Beyond*, Abingdon: Routledge, 2016.

Russell, P. E., *Henry the Navigator: A Life*, New Haven/Londres: Yale University Press, 2000.

Ryrie, Alec, *Protestants: The Faith that Made the Modern World*, Nova York: Viking, 2017.

Sainty, Guy Stair e Heydel-Mankoo, Rafal (orgs.), *World Orders of Knighthood and Merit* (2 vols.), Wilmington: Burke's Peerage & Gentry, 2006.

Sarti, Laury, *Perceiving War and the Military in Early Christian Gaul (c. 400-700 A.D.)*, Leiden: Brill, 2013.

Schwoebel, Robert, *The Shadow of the Crescent: The Renaissance Image of the Turk, 1453-1517*, Nova York: St Martin's Press, 1967.

Scott, Robert A., *The Gothic Enterprise: A Guide to Understanding the Medieval Cathedral*, Berkeley: University of California Press, 2003.

Shaver-Crandell, Annie e Gerson, Paula, *The Pilgrim's Guide to Santiago de Compostela: A Gazetteer with 580 Illustrations*, Londres: Harvey Miller, 1995.

Smith, M. L., *The Early History of the Monastery of Cluny*, Oxford: Oxford University Press, 1920.

Stahl, Alan M., *Zecca: The Mint of Venice in the Middle Ages*, Baltimore: Johns Hopkins University Press, 2000.

Stalley, Roger, *Early Medieval Architecture*, Oxford: Oxford University Press, 1999.

Strathern, Paul, *The Artist, the Philosopher and the Warrior: Leonardo, Machiavelli and Borgia: A Fateful Collusion*, Londres: Jonathan Cape, 2009.

Strickland, Matthew, *Henry the Young King*, New Haven/Londres: Yale University Press, 2016.

Stump, Eleonore, *Aquinas*, Londres: Routledge, 2003.

Sumption, Jonathan, *Cursed Kings: The Hundred Years War* IV, Londres: Faber & Faber, 2015.

Swanson, R. N. (org.), *Promissory Notes on the Treasury of Merits Indulgences in Late Medieval Europe*, Leiden: Brill, 2006.

Taleb, Nassim Nicholas, *The Black Swan: The Impact of the Highly Improbable*, Londres: Penguin, 2008.

Taylor, Arnold, *Studies in Castles and Castle-Building*, Londres: The Hambledon Press, 1985.

Tuchman, Barbara, *A Distant Mirror: The Calamitous Fourteenth Century*, Nova York: Albert A. Knopf, 1978.

Turner, Denys, *Thomas Aquinas: A Portrait*, New Haven: Yale University Press, 2013.

Turner, Marion, *Chaucer: A European Life*, Princeton: Princeton University Press, 2019.

Vallet, Françoise e Kazanski, Michel (orgs.), *La noblesse romaine et les chefs barbares du IIIe au VIIe siècle*, Paris: AFAM and Museée des Antiquiteés Nationales, 1995.

Vaughan, Richard, *Philip the Good: The Apogee of Burgundy*, Woodbridge: Boydell Press, 2002.

Weatherford, Jack, *Genghis Khan and the Quest for God*, Nova York: Viking, 2016.

West, Charles, *Reframing the Feudal Revolution: Political and Social Transformation between the Marne and the Moselle, c.800-c.1100*, Cambridge: Cambridge University Press, 2013.

Wheatley, Abigail, *The Idea of the Castle in Medieval England*, Woodbridge: York Medieval Press, 2004.

White, Jr., Lynn, *Medieval Technology & Social Change*, Oxford: Oxford University Press, 1962.

Whitehead, F., Divernes, A. H. e Sutcliffe, F. E. (orgs.), *Medieval Miscellany Presented to Eugène Vinaver*, Manchester: Manchester University Press, 1965.

Wickham, Chris, *The Inheritance of Rome: A History of Europe from 400 to 1000*, Londres: Penguin Books, 2010.

Woolf, Greg, *Rome: An Empire's Story*, Oxford: Oxford University Press, 2012.

Artigos publicados e teses

Ailes, Marianne, "Charlemagne 'Father of Europe': A European Icon in the Making", *Reading Medieval Studies* 38 (2012).

Andersen, Thomas Barnebeck, Jensen, Peter Sandholt e Skovsgaard, Christian Stejner, "The heavy plough and the agricultural revolution in medieval Europe", *Discussion Papers of Business and Economics* (University of Southern Denmark, Department of Business and Economics: 2013).

Aston T. H., "Oxford's Medieval Alumni", *Past & Present* 74 (1977).

Barjamovic, Gojko, Chaney, Thomas, Cosar, Kerem e Hortaçsu, Ali, "Trade, Merchants and the Lost Cities of the Bronze Age", *The Quarterly Journal of Economics* 134 (2019).

Barratt, Nick, "The English Revenue of Richard I", *The English Historical Review* 116 (2001).

Barrett, James A., "What caused the Viking Age?", *Antiquity* 82 (2008).

Bartsocas, Christos S., "Two Fourteenth Century Greek Descriptions of the Black Death", *Journal of the History of Medicine and Allied Sciences* 21 (1966).

Baug, Irene, Skre, Dagfnn, Heldal, Tom e Janse, Øystein J., "The Beginning of the Viking Age in the West", *Journal of Maritime Archaeology* 14 (2019).

Besnier, G., "Quelques notes sur Arras et Jeanne d'Arc", *Revue du Nord* 40 (1958).

Blegen, Nick, "The earliest long-distance obsidian transport: Evidence from the ~200 ka Middle Stone Age Sibilo School Road Site, Baringo, Kenya", *Journal of Human Evolution* 103 (2017).

Blockmans, Wim, "Transactions at the Fairs of Champagne and Flanders, 1249-1291", *Fiere e mercati nella integrazione delle economie europee secc. XIII-XVIII – Atti delle Settimane di Studi* 32 (2001).

Blumenthal, H. J., "529 and its sequel: What happened to the Academy?", *Byzantion* 48 (1978).

Bodel, John, "Caveat emptor: Towards a Study of Roman Slave Traders", *Journal of Roman Archaeology* 18 (2005).

Brown, Elizabeth A. R., "The Tyranny of a Construct: Feudalism and Historians of Medieval Europe", *The American Historical Review* 79 (1974).

Buck, Lawrence P., "Anatomia Antichristi: Form and Content of the Papal Antichrist", *The Sixteenth Century Journal* 42 (2011).

Bury, J. B, "The Nika Riot", *The Journal of Hellenic Studies* 17 (1897).

Campbell, Bruce M. S., "Nature as historical protagonist: environment and society in pre-industrial England", *The Economic History Review* 63 (2010).

Cantor, Norman F., "The Crisis of Western Monasticism, 1050-1130", *The American Historical Review* (1960).

Carty, Carolyn M., "The Role of Gunzo's Dream in the Building of Cluny III", *Gesta* 27 (1988).

Cassidy-Welch, Megan, "The Stedinger Crusade: War, Remembrance, and Absence in Thirteenth-Century Germany", *Viator* 44 (2013).

Conant, Kenneth J., "The After-Life of Vitruvius in the Middle Ages", *Journal of the Society of Architectural Historians* 27 (1968).

Constantelos, Demetrios J., "Paganism and the State in the Age of Justinian", *The Catholic Historical Review* 50 (1964).

Davies, Jonathan, "Violence and Italian universities during the Renaissance", *Renaissance Studies* 27 (2013).

Davies, Martin, "Juan de Carvajal and Early Printing: The 42-line Bible and the Sweynheym and Pannartz Aquinas", *The Library* 17 (1996).

De Mowbray, Malcolm, "1277 And All That – Students and Disputations", *Traditio* 57, (2002).

Dull, Robert A. et al., "Radiocarbon and geologic evidence reveal Ilopango volcano as source of the colossal 'mystery' eruption of 539/40 CE", *Quaternary Science Reviews* 222 (2019).

Eisenstein, Elizabeth L., "Some Conjectures about the Impact of Printing on Western Society and Thought: A Preliminary Report", *The Journal of Modern History* 40 (1968).

Epstein, S. R., "Regional Fairs, Institutional Innovation, and Economic Growth in Late Medieval Europe", *Economic History Review*, 47 (1994).

Firnhaber-Baker, Justine, "The Social Constituency of the Jacquerie Revolt of 1358", *Speculum* 95 (2020).

Frankopan, Peter, "Why we need to think about the global Middle Ages", *Journal of Medieval Worlds* 1 (2019).

Fryde, E. B., "The Deposits of Hugh Despenser the Younger with Italian Bankers", *The Economic History Review* 3 (1953).

Galili, Ehud, Rosen, Baruch, Arenson, Sarah, Nir-El, Yoram e Jacoby, David, "A cargo of lead ingots from a shipwreck off Ashkelon, Israel 11th-13th centuries AD, *International Journal of Nautical Archaeology* 48 (2019).

Gatward Cevizli, Antonia, "Bellini, bronze and bombards: Sultan Mehmed II's requests reconsidered", *Renaissance Studies* 28 (2014).

Greatrex, Geoffrey, "The Nika Riot: A Reappraisal", *The Journal of Hellenic Studies* 117 (1997).

Green, Monica H., "Putting Africa on the Black Death map: Narratives from genetics and history", *Afriques* 9 (2018).

Green, William A., "Periodization in European and World History", *Journal of World History* 3 (1992).

Grendler, Paul F., "The University of Florence and Pisa in the High Renaissance", *Renaissance and Reformation* 6 (1982).

Gruhn, Ruth, "Evidence grows for early peopling of the Americas", *Nature* 584 (agosto 2020).

Hahn, Cynthia, "Collector and saint: Queen Radegund and devotion to the relic of the True Cross", *Word & Image* 22 (2006).

Harrison, Stuart, "The Original Plan of the East End of St Hugh's Choir at Lincoln Cathedral Reconsidered in the Light of New Evidence", *Journal of the British Archaeological Association* 169 (2016).

Hill, Brian E., "Charles the Bald's 'Edict of Pîtres' (864): A Translation and Commentary", Dissertação não publicada, University of Minnesota (2013).

Hinds, Martin, "The Murder of the Caliph 'Uthman'", *International Journal of Middle East Studies* 3 (1972).

Holum, Kenneth G., "Archaeological Evidence for the Fall of Byzantine Caesarea", *Bulletin of the American Schools of Oriental Research* 286 (1992).

Hunt, Edwin S., "A New Look at the Dealings of the Bardi and Peruzzi with Edward III", *The Journal of Economic History* 50 (1990).

Ing, Janet, "The Mainz Indulgences of 1454/5: A review of recent scholarship", *The British Library Journal* 9 (1983).

Innes, Matthew, "Land, Freedom and the Making of the Medieval West", *Transactions of the Royal Historical Society* 16 (2006).

Jackson, Peter, "The Crusade against the Mongols", *Journal of Ecclesiastical History* 42 (1991).

Jamaluddin, Syed, "Samarqand as the First City in the World under Timur", *Proceedings of the Indian History Congress* 56 (1995).

Jones, Dan, "Meet the Americans Following in the Footsteps of the Knights Templar", *Smithsonian* (jul. 2018)

Kershaw, Ian, "The Great Famine and Agrarian Crisis in England 1315-1322", *Past & Present* 59 (1973).

Kılınç, Gülşah Merve et al., "Human population dynamics and Yersinia pestis in ancient northeast Asia", *Science Advances* 7 (2021).

Kulikowski, Michael, "Barbarians in Gaul, Usurpers in Britain", *Britannia* 31 (2000).

Livesey, Edwina, "Shock Dating Result: A Result of the Norman Invasion?", *Sussex Past & Present* 133 (2014).

MacCulloch, Diarmaid, "The World Took Sides", *London Review of Books* 38 (2016).

Macmaster, Thomas J., "The Origin of the Origins: Trojans, Turks and the Birth of the Myth of Trojan Origins in the Medieval World", *Atlantide* 2 (2014).

Mengel, David C., "A Plague on Bohemia? Mapping the Black Death", *Past & Present* 211 (2011).

Moderchai, Lee e Eisenberg, Merle, "Rejecting Catastrophe: The Case of the Justinianic Plague", *Past & Present* 244 (2019).

Moore, John C., "Innocent III's De Miseria Humanae Conditionis: A Speculum Curiae?", *The Catholic Historical Review* 67 (1981).

Musson, R. M. W., "A History of British seismology", *Bulletin of Earthquake Engineering* 11 (2013).

Musson, R. M. W., "The Seismicity of the British Isles to 1600", *British Geological Survey Open Report* (2008).

Mustard, Wilfrid P., "Petrarch's Africa", *The American Journal of Philology* 42 (1921).

Oppenheimer, Clive, "Climatic, environmental and human consequences of the largest known historic eruption: Tambora volcano (Indonesia) 1815", *Progress in Physical Geography: Earth and Environment* 27 (2003).

Pederson, Neil, Hessl, Amy E., Baatarbileg, Nachin, Anchukaitis, Kevin J. e Di Cosmo, Nicola, "Pluvials, droughts, the Mongol Empire, and modern Mongolia", *Proceedings of the National Academy of Sciences* (25 mar. 2014).

Pow, Stephen, "Fortresses that Shatter Empires: A Look at Möngke Khan's Failed Campaign Against the Song Dynasty, 1258-9", *Annual of Medieval Studies at CEU* 23 (2017).

Pratt, Kenneth J., "Rome as Eternal", *Journal of the History of Ideas* 26 (1965).

Puga, Diego e Trefler, Daniel, "International Trade and Institutional Change: Medieval Venice's Response to Globalization", *The Quarterly Journal of Economics* 129 (2014).

Rex, Richard, "The English Campaign against Luther in the 1520s: The Alexander Prize Essay", *Transactions of the Royal Historical Society* 39 (1989).

Robin, Diana, "A Reassessment of the Character of Francesco Filelfo (1398-1481)", *Renaissance Quarterly* 36 (1983).

Roland, Alex, "Secrecy, Technology, and War: Greek Fire and the Defense of Byzantium, 678-1204", *Technology and Culture* 33 (1992).

Sea, Thomas F., "The German Princes' Responses to the Peasants' Revolt of 1525", *Central European History* 40 (2007).

Sherer, Idan, "A bloody carnival? Charles V's soldiers and the sack of Rome in 1527", *Renaissance Studies* 34 (2019).

Slavin, Philip, "The Great Bovine Pestilence and its economic and environmental consequences in England and Wales, 1318-50", *The Economic History Review* 65 (2012).

Slavin, Philip, "Market failure during the Great Famine in England and Wales (1315-1317)", *Past & Present* 222 (2014).

Smith, Preserved, "Luther and Henry VIII", *The English Historical Review* 25 (1910).

Smith, Terence, "The English Medieval Windmill", *History Today* 28 (1978).

Sreenivasan, Govind P., "The Social Origins of the Peasants' War of 1525 in Upper Swabia", *Past & Present* 171 (2001).

Sussman, George D., "Was the Black Death in India and China?", *Bulletin of the History of Medicine* 85 (2011).

Swift, Emerson H., "Byzantine Gold Mosaic", *American Journal of Archaeology* 38 (1934).

Taylor, A. J., "Master James of St. George", *The English Historical Review* 65 (1950).

Taylor, David, "The Early West Front of Lincoln Cathedral", *Archaeological Journal* 167 (2010).

Toker, Franklin, "Arnolfo's S. Maria del Fiore: A Working Hypothesis", *Journal of the Society of Architectural Historians* 42 (1983).

Trimble, Jennifer, "The Zoninus Collar and the Archaeology of Roman Slavery", *American Journal of Archaeology* 120 (2016).

Ugent, Donald, Dillehay, Tom e Ramirez, Carlos, "Potato remains from a late Pleistocene settlement in southcentral Chile", *Economic Botany* 41 (1987).

Underwood, Norman, "When the Goths Were in Egypt: A Gothic Bible Fragment and Barbarian Settlement in Sixth-Century Egypt", *Viator* 45 (2014).

Vopřada, David, "Quodvultdeus' Sermons on the Creed: a Reassessment of his Polemics against the Jews, Pagans, and Arians", *Vox Patrum* 37 (2017).

Wang, Xiaofeng, Yang, Bao e Ljungqvist, Fredrik Charpentier, "The Vulnerability of Qilian Juniper to Extreme Drought Events", *Frontiers in Plant Science* 10 (2019).

Watts, Edward, "Justinian, Malalas, and the End of Athenian Philosophical Teaching in A.D. 529", *The Journal of Roman Studies* 94 (2004).

Werkmeister, O. K., "Cluny III and the Pilgrimage to Santiago de Compostela", *Gesta* 27 (1988).

Wilkins, Ernest H., "Petrarch's Coronation Oration", *Transactions and Proceedings of the Modern Language Association of America* 68 (1953).

Wolfe, Maury I. e Mark, Robert, "The Collapse of the Vaults of Beauvais Cathedral in 1284", *Speculum* 51 (1976).

Wood, Jamie, "Defending Byzantine Spain: frontiers and diplomacy", *Early Medieval Europe* 18 (2010).

Żemła, Michał e Siwek, Matylda, "Between authenticity of walls and authenticity of tourists' experiences: The tale of three Polish castles", *Cogent Arts & Humanities* 1 (2020).

Zhou, TianJun, Li, Bo, Man, WenMin, Zhang, LiXia, e Zhang, Jie, "A comparison of the Medieval Warm Period, Little Ice Age and 20th century warming simulated by the FGOALS climate system model", *Chinese Science Bulletin* 56 (2011).

NOTAS

Introdução

[1] O *Oxford English Dictionary* remonta o primeiro uso da palavra "medieval" (inicialmente grafada como "mediæval") a 1817.

[2] Ver, por exemplo, Olstein, Diego, "'Proto-globalization' and 'Proto-glocalizations' in the Middle Millennium", em Kedar, Benjamin Z. e Wiesner-Hanks, Merry E. *The Cambridge World History V: State Formations* (Cambridge: 2015).

[3] Wickham, Chris, *The Inheritance of Rome: A history of Europe from 400 to 1000* (Londres: 2010).

[4] Muitas pesquisas interessantes sobre a Idade Média fora da Europa são publicadas no relativamente novo *Ed. rev. Medieval Worlds*. Para sua declaração de princípios, Frankopan, Peter, "Why we need to think about the global Middle Ages", *Medieval Worlds* I (2019), pp. 5-10.

Capítulo 1

[1] Cerca de quarenta quilos, se incluídos o baú de madeira e o tesouro. Johns, Catherine, *The Hoxne Late Roman Treasure: Gold Jewellery and Silver Plate* (Londres: 2010), p. 201.

[2] De la Bédoyère, Guy, *Roman Britain: A New History* (Londres: 2013), pp. 226-7. Mattingly, David, *An Imperial Possession: Britain in the Roman Empire* (Londres: 2006), pp. 294-5. Outro historiador estima o preço de um escravo em valores de hoje como "o de um carro novo". Woolf, Greg, *Rome: An Empire's Story* (Oxford: 2012), p. 91.

[3] Johns, *The Hoxne Late Roman Treasure*, pp. 168-9.

⁴ Sobre o solo, ibid., p. 9.

⁵ Hamilton, Walter (trad.) e Wallace-Hadrill (intro.), *Ammianus Marcellinus / The Later Roman Empire (A.D. 354-378)* (Londres: 1986), pp. 45-6.

⁶ A continuidade do conceito de Roma como um império perpétuo é resumida por Pratt, Kenneth J., "Rome as Eternal", *The History of Ideas* 26 (1965), pp. 25-44.

⁷ West, David (trad. e org.), *Virgil / The Aeneid* (Londres: 2003), 1.279, p. 11.

⁸ De Sélincourt, Aubrey (trad.), *Livy / The Early History of Rome* (Londres: 2002), p. 122.

⁹ *Ammianus Marcellinus*, p. 46.

¹⁰ Gibbon, Edward, *The History of the Decline and Fall of the Roman Empire: Abridged Edition* (Londres: 2000), p. 9.

¹¹ O melhor exemplo de atividade vulcânica provocando crises políticas e sociais em todo o mundo foi a erupção do vulcão Tambora na Indonésia, em abril de 1815. Ver Oppenheimer, Clive, "Climatic, environmental and human consequences of the largest known historic eruption: Tambora volcano (Indonesia) 1815", *Progress in Physical Geography: Earth and Environment 27* (2003), pp. 230-59.

¹² Ibid., pp. 44-9.

¹³ Graves, Robert (trad.) e Rives, J. B. (rev. e intro.), *Suetonius / The Twelve Caesars* (Londres: 2007), pp. 15, 3.

¹⁴ Esta descrição é segundo Suetônio: ibid., pp. 88-9.

¹⁵ Church, Alfred John e Brodribb, William Jackson (trad.), Lane Fox, Robin (intro.), *Tacitus / Annals and Histories* (Nova York: 2009), pp. 9-10.

¹⁶ Graves, *Suetonius / Twelve Caesars*, p. 59.

¹⁷ *Aeneid*, VI. 851-54. Esta tradução, West, *Virgil / The Aeneid,* p. 138.

¹⁸ Waterfield, Robin (trad.), *Polybius / The Histories* (Oxford: 2010), pp. 398-9.

¹⁹ *Tacitus / Annals and Histories*, p. 648.

²⁰ Ibid., pp. 653-4.

²¹ Luttwak, Edward N., *The Grand Strategy of the Roman Empire: From the First Century A.D. to the Third* (Baltimore/Londres: 1976), p. 3.

²² O texto do discurso de Claudio está preservado numa placa de bronze na cidade de Lyon; um relato detalhado, incluindo os resmungos do senado, está em *Tacitus / Annals and Histories*, pp. 222-4.

²³ Para uma discussão concisa de cidadania no contexto de identidade, Woolf, *Rome: An Empire's Story*, pp. 218-29; no contexto de hierarquia social, Peter e Saller, Richard, *The Roman Empire: Economy, Society and Culture* (2a. ed.) (Londres/Nova York: 2014), pp. 131-49.

[24] Johnson, Allan Chester, Coleman-Norton, Paul R. e Bourne, Frank Card (orgs.), *Ancient Roman Statutes: A Translation With Introduction, Commentary, Glossary, and Index* (Austin: 1961), p. 226.

[25] Bodel, John, "Caveat emptor: Towards a Study of Roman Slave Traders", *Ed. rev. Roman Archaeology* 18 (2005), p. 184.

[26] Sobre o contexto global do escravismo romano, Hunt, Peter, "Slavery" em Benjamin, Craig (org.), *The Cambridge World History vol. 4: A World with States, Empires and Networks, 1200BCE–900CE* (Cambridge: 2015), pp. 76-100.

[27] *Levítico* 25:44.

[28] Hornblower, Simon, Spawforth, Anthony e Eidinow, Esther (orgs.), *The Oxford Classical Dictionary* (4a. ed.) (Oxford: 2012), p. 1375.

[29] Trimble, Jennifer, "The Zoninus Collar and the Archaeology of Roman Slavery", *American Ed. rev. Archaeology* 120 (2016), pp. 447-8.

[30] Kenney, E. J. (trad.), *Apuleius / The Golden Ass* (Londres: 2004), p. 153.

[31] Jones, Horace Leonard (trad.), *The Geography of Strabo* vol. VI (Cambridge, Mass: 1929), pp. 328-9.

[32] Esta tradução, Harper, Kyle, *Slavery in the Late Roman World, AD 275-425* (Cambridge: 2011), pp. 35-6.

[33] Harper, *Slavery in the Late Roman World*, p. 33.

[34] Richardson, John, "Roman Law in the Provinces" em Johnston, David (org.), *The Cambridge Companion to Roman Law* (Cambridge: 2015), pp. 52-3.

[35] Rudd, Niall (trad.), *Cicero / The Republic, and The Laws* (Oxford: 1998), p. 69.

[36] Radice, Betty (trad.), *The Letters of the Younger Pliny* (Londres: 1969), 10.96, pp. 293-5.

[37] Williamson, G. A. (trad.), *Eusebius / The History of the Church* (Londres: 1989), p. 265.

[38] MacCulloch, Diarmaid, *A History of Christianity* (Londres: 2009), p. 196.

[39] Hammond, Martin (trad.), *Marcus Aurelius / Meditations* (Londres: 2014), p. 48.

Capítulo 2

[1] *Ammianus Marcellinus*, p. 410.

[2] Ridley, Ronald T. (trad.), *Zosimus / New History* (Sydney: 2006), p. 79.

[3] Bettenson, Henry (trad.), *Saint Augustine / City of God* (Londres: 2003), pp. 43-4.

[4] *Ammianus Marcellinus*, p. 410.

[5] Para detalhes sobre as primeiras organizações políticas dos hunos ver Kim, Hyun Jin, *The Huns* (Londres/Nova York: 2016), pp. 12-36. Para uma visão mais cética das ligações entre Xiongnu e os hunos do século IV do que a apresentada aqui e em outras fontes,

ver Heather, Peter, *The Fall of the Roman Empire: A New History of Rome and the Barbarians* (Oxford: 2006), pp. 148-9.

[6] De la Vaissière, Étienne, "The Steppe World and the Rise of the Huns" in Maas, Michael (org.), *The Cambridge Companion to The Age of Attila* (Cambridge: 2014), pp. 179-80.

[7] De la Vaissière, Étienne, *Sogdian Traders: A History* (Leiden: 2005), pp. 43-4.

[8] *Ammianus Marcellinus*, pp. 411-2.

[9] Ibid.

[10] Cook, Edward R. "Megadroughts, ENSO, and the Invasion of Late-Roman Europe by the Huns and Avars" em Harris, William V. (org.), *The Ancient Mediterranean Environment between Science and History* (Leiden: 2013), pp. 89-102. Ver também Wang, Xiaofeng, Yang, Bao e Ljungqvist, Fredrik Charpentier, "The Vulnerability of Qilian Juniper to Extreme Drought Events", *Frontiers in Plant Science* 10 (2019) doi: 10.3389/fpls.2019.01191.

[11] Carta citada em Reeve, Benjamin, *Timothy Richard, D.D., China Missionary, Statesman and Reformer* (Londres: 1912), p. 54.

[12] *Zosimus*, p. 79.

[13] *Ammianus Marcellinus*, p. 416.

[14] Ibid., p. 417.

[15] Sobre esta discussão, ver Halsall, Guy, *Barbarian Migrations and the Roman West 376-568* (Cambridge: 2007), pp. 172-5.

[16] *Ammianus Marcellinus*, p. 418.

[17] Ibid., p. 423.

[18] Ibid., pp. 424-5.

[19] Ibid., p. 433.

[20] Ibid., p. 434.

[21] Ibid., p. 435.

[22] Uma estimativa mais precisa do número dos dois lados pode ser encontrada em Heather, *The Fall of the Roman Empire*, p. 181.

[23] *Ammianus Marcellinus*, p. 435.

[25] Ibid., p. 437.

[26] Este boletim meteorológico é de Santo Ambrósio, cuja oração no funeral de Teodósio atribuiu as chuvas e a escuridão que acompanharam a morte do imperador a um sinal de que o próprio universo estava de luto. Ver McCauley, Leo P. et al., *Funeral Orations by Saint Gregory and Saint Ambrose (The Fathers of the Church, Volume 22)* (Washington: 2010), p. 307.

[27] Platnauer, Maurice (trad.), *Claudian / Volume II (Book 1)* (Nova York: 1922), p. 367.

[28] Comparar, por exemplo, a narrativa apresentada em Heather, *The Fall of the Roman Empire*, pp. 203-5 com Kim, *The Huns*, pp. 76-7.

[29] *Zosimus*, p. 113.

[30] Ibid.

[31] Alguns estudiosos contestam esta data, preferindo situar a invasão em 405, que coincidiria com o ataque de Radagaiso à península da Itália. Ver Kulikowski, Michael, "Barbarians in Gaul, Usurpers in Britain", *Britannia* 31 (2000), pp. 325-45.

[32] Fremantle, W. H. (trad.), *Saint Jerome / Select Letters and Works* (Nova York: 1893), p. 537.

[33] Sobre Orientius, ver Halsall, *Barbarian Migrations*, p. 215.

[34] *Claudian / Volume II (Book 2)*, p. 173.

[35] Non est ista pax sed pactio servitutis — registrado por *Zosimus*, p. 114.

[36] *Zosimus*, p. 117.

[37] *Zosimus*, p. 125.

[38] *Livy / The Early History of Rome*, p. 419.

[39] Kneale, Matthew, *A History of Rome in Seven Sackings* (Londres: 2017), p. 24.

[40] *Saint Jerome / Select Letters and Works*, p. 577; cf. *Psalms* 79.

[41] Winterbottom, Michael (trad.), *Gildas / The Ruin of Britain and other works* (Chichester: 1978), pp. 23-4.

[42] *Gildas*, p. 28.

[43] *Gildas*, p. 28.

[44] *Gildas*, p. 28.

[45] *Gildas*, p. 29.

[46] Dewing, H. B. (trad.), *Procopius / History of the Wars*, vol. 2 (Cambridge, Mass.: 1916), pp. 30-3.

[47] Weiskotten, Herbert T. (trad.), *The Life of Augustine: A Translation of the Sancti Augustini Vita by Possidius, Bishop of Calama* (Merchantville, NJ, 2008), pp. 44-56.

[48] Sobre recentes estudos dos vândalos no Norte da África, ver os ensaios reunidos em Merrills, A. H. (org.), *Vandals, Romans and Berbers: New Perspectives on Late Antique North Africa* (Abingdon: 2016), esp. pp. 49-58.

[49] *Procopius / History of the Wars*, vol. 2, pp. 46-9.

[50] Para uma discussão sobre a retórica de Quodvultdeus e sua religião e contexto político, ver Vopřada, David, "Quodvultdeus' Sermons on the Creed: a Reassessment of his Polemics against the Jews, Pagans, and Arians", *Vox Patrum* 37 (2017), pp. 355-67.

[51] Ver Cameron, Averil et al. (orgs.), *The Cambridge Ancient History XIV: Late Antiquity, Empire and Successors, A.D. 425-600* (Cambridge: 2000), p. 554.

[52] Procópio, *History of the Wars*, vol. 2, pp. 256-7.

⁵³ Mierow, Charles C., *Jordanes / The Origin and deeds of the Goths* (Princeton University, tese de doutorado, 1908), p. 57.

⁵⁴ Kelly, Christopher, *Attila the Hun: Barbarian Terror and the Fall of the Roman Empire* (Londres: 2008), p. 189.

⁵⁵ Kelly, Christopher, "Neither Conquest nor Settlement: Attila's Empire and its Impact" em Maas, Michael (org.), *The Age of Attila* (Cambridge: 2015), p. 195.

⁵⁶ Lenski, Noel, "Captivity among the Barbarians and its Impact on the Fate of the Roman Empire" em Maas, Michael (org.), *The Age of Attila* (Cambridge: 2015), p. 234

⁵⁷ Ibid., p. 237.

⁵⁸ Cameron, Averil et al. (orgs.), *The Cambridge Ancient History XIV: Late Antiquity, Empire and Successors, A.D. 425-600* (Cambridge: 2000), p. 15.

⁵⁹ Brehaut, Earnest (trad.), *Gregory bishop of Tours / History of the Franks* (Nova York: 1916), pp. 33-4.

⁶⁰ Sarti, Laury, *Perceiving War and the Military in Early Christian Gaul (ca. 400-700 A.D.)*, (Leiden: 2013), p. 187.

⁶¹ Robinson, James Harvey, *Readings in European History. Vol 1.* (Boston: 1904), p. 51.

⁶² Given, John (trad.), *The Fragmentary History of Priscus: Attila, the Huns and the Roman Empire, AD 430-476* (Merchantville: 2014), p. 127.

⁶³ Ibid., p. 129.

⁶⁴ Robinson, George W. (trad.), *Eugippius / The Life of Saint Severinus* (Cambridge, Mass.: 1914), pp. 45-6.

⁶⁵ Mariev, Sergei (trad.), *Ioannis Antiocheni Fragmenta quae supersunt Omnia* (Berlim: 2008), p. 445.

⁶⁶ Heather, Peter, *The Goths* (Oxford: 1996), p. 221.

⁶⁷ Watts, Victor (trad.), *Boethius / The Consolation of Philosophy* (Londres: 1999), pp. 23-4.

Capítulo 3

¹ Chabot, J-B. (trad.), *Chronique de Michel le Syrien, patriarche jacobite d'Antioche, 1166--1199*, vol. 2 (Paris: 1901), pp. 235-8. Ver também Witakowski, Witold (trad.), *Pseudo-Dionysius of Tel-Mahre, Chronicle (também conhecido como Chronicle of Zuqnin) part III* (Liverpool: 1996), pp. 74-101.

² Jeremias 9:21.

³ Cf. Deuteronômio 8:20.

⁴ Dewing, H. B. (trad.), *Procopius / History of the Wars, Books I and II* (Londres: 1914), pp. 455-6.

[5] Keller, Marcel et al., "Ancient Yersinia pestis genomes from diversification during the First Pandemic (541-750)", *Proceedings of the National Academy of Sciences* 116 (2019). Ver também Wiechmann, I. e Grupe, G., "Detection of Yersinia pestis DNA in two early medieval skeletal finds from Aschheim (Upper Bavaria, 6th century A.D.)", *American Journal of Physical Anthropology* 126 (2005), pp. 48-55.

[6] Moderchai, Lee e Eisenberg, Merle, "Rejecting Catastrophe: The Case of the Justinianic Plague", *Past & Present* 244 (2019), pp. 3-50.

[7] Procópio, *The Secret History*, p. 36.

[8] Cisson, C. H. (trad.), *Dante Alighieri, The Divine Comedy* (Oxford: 1993), *Paradiso*, pp. 5130-9.

[9] Jeffreys, Elizabeth, Jeffreys, Michael e Scott, Roger, *The Chronicle of John Malalas* (Leiden: 1986), p. 245.

[10] Williamson, G. A. e Sarris, Peter (trad.), *Procopius / The Secret History* (Londres: 2007), pp. 33-5.

[11] *The Chronicle of John Malalas*, pp. 254-5.

[12] *Procopius / The Secret History*, pp. 37-9.

[13] Moyle, John Baron (trad.), *The Institutes of Justinian* (Oxford: 1906), p. 1.

[14] Para mais do que se segue, ver Johnston, David (org.), *The Cambridge Companion to Roman Law* (Nova York: 2015), pp. 119-48, 356-7 e 374-95.

[15] Dewing, H. B. (trad.), *Procopius, On Buildings* (Cambridge, Mass.: 1940), pp. 7-8.

[16] Kelley, Donald R., "What Pleases the Prince: Justinian, Napoleon and the Lawyers", *History of Political Thought* 23 (2002), p. 290.

[17] Uma orientação acessível ao contexto e o curso abrangente dessa disputa pode ser encontrada em MacCulloch, *A History of Christianity*, pp. 222-8.

[18] *The Chronicle of John Malalas*, p. 253.

[19] A cronologia deste processo é concisamente traçada em Constantelos, Demetrios J., "Paganism and the State in the Age of Justinian", *The Catholic Historical Review* 50 (1964), pp. 372-80.

[20] *The Chronicle of John Malalas*, p. 264. Para uma discussão completa do que Malalas quis dizer exatamente com isso, e o contexto em que se manifestou, ver Watts, Edward, "Justinian, Malalas, and the End of Athenian Philosophical Teaching in A.D. 529", *The Journal of Roman Studies* 94 (2004), pp. 168-82.

[21] Sobre a sobrevivência do neoplatonismo em Bizâncio, ver Blumenthal, H. J., "529 and its sequel: What happened to the Academy?", *Byzantion* 48 (1978), pp. 369-85, e Watts, Edward, "Justinian, Malalas, and the End of Athenian Philosophical Teaching in A.D. 529", *The Journal of Roman Studies* 94 (2004), pp. 168-82.

²² Os dois artigos mais importantes em inglês sobre Justiniano, as facções do Hipódromo e a Revolta de Nika estão em Bury, J. B, "The Nika Riot", *The Journal of Hellenic Studies* 17 (1897), pp. 92-119, e Greatrex, Geoffrey, "The Nika Riot: A Reappraisal", *The Journal of Hellenic Studies* 117 (1997), pp. 60-86.

²³ Os descontentamentos dos aristocratas imperiais podem ter influenciado a agitação — algumas das reclamações alegadas são repetidas em *Procopius / The Secret History*, pp. 51, 80.

²⁴ *Procopius, History of the Wars, I Books 1-2*, pp. 224-5.

²⁵ *The Chronicle of John Malalas*, pp. 277-8.

²⁶ *Procopius, History of the Wars, I Books 1-2*, pp. 230-1.

²⁷ *The Chronicle of John Malalas*, p. 280.

²⁸ *Procopius / On Buildings*, p. 12.

²⁹ Downey, G., "Byzantine Architects: Their Training and Methods", *Byzantion* 18 (1946--8), p. 114.

³⁰ *Procopius / On Buildings*, p. 13.

³¹ Swift, Emerson H., "Byzantine Gold Mosaic", *American Journal of Archaeology* 38 (1934), pp. 81-2.

³² Magdalino, Paul et al., "Istanbul" in *Grove Art Online* (publicado online 2003), https://doi.org/10.1093/gao/9781884446054.article.T042556 III.1

³³ Cross, Samuel Hazzard e Sherbowitz-Wetzor, Olgerd P. (trad.), *The Russian Primary Chronicle: Laurentian Text* (Cambridge, Mass.: 1953), p. 111.

³⁴ Dewing, H. B. (trad.), *Procopius / History of the Wars, II, Books 3-4* (Cambridge, Mass.: 1916), pp. 88-91.

³⁵ Uma narrativa concisa recente está em Merrills, Andy e Miles, Richard, *The Vandals* (Oxford: 2010) pp. 228-33.

³⁶ *Procopius / History of the Wars, II, Books 3-4*, pp. 178-9.

³⁷ *Procopius / History of the Wars, II, Books 3-4*, p. 267.

³⁸ *Procopius / History of the Wars, II, Books 3-4*, pp. 282-3.

³⁹ Ecclesiastes, 1:2.

⁴⁰ *Procopius / History of the Wars, II, Books 3-4*, p. 329.

⁴¹ Sobre o Ilopango, ver Dull, Robert A. et al., "Radiocarbon and geologic evidence reveal Ilopango volcano as source of the colossal 'mystery' eruption of 539/40 CE", *Quaternary Science Reviews* 222 (2019), acessível online https://doi.org/10.1016/j.quascirev.2019.07.037

⁴² *Procopius / History of the Wars, II, Books 3-4*, p. 329.

⁴³ Este caso é ressaltado por Harper, *The Fate of Rome*, p. 232.

44 Ibid., pp. 234-5.
45 *Procopius / The Secret History*, p. 123.
46 Dewing, H. B. (trad.), *Procopius / History of the Wars, V, Books 7.36-8* (Cambridge, Mass.: 1928), pp. 374-5.
47 *Procopius / On Buildings*, pp. 34-7.

Capítulo 4

1 Muito da suposta cronologia abaixo vem de Donner, Fred M., *The Early Islamic Conquests* (Princeton: 1981), pp. 11-55, que discute as inúmeras possíveis reconstruções dos acontecimentos.
2 Sobre esta descrição física, ver Blankinship, Khalid Yahya (trad.), *The History of al-Tabari Vol. XI: The Challenge to the Empires* (Nova York: 1993), pp. 138, 152.
3 Blankinship, *al-Tabari XI*, pp. 113-4; ver também Donner, *Early Islamic Conquests*, pp. 121-2.
4 Kennedy, Hugh, *The Great Arab Conquests* (Londres: 2007), pp. 79-80; ver também Donner, *Early Islamic Conquests*, p. 131.
5 Blankinship, *al-Tabari XI*, p. 160.
6 Wallace-Hadrill, J. M. (trad.), *The Fourth Book of the Chronicle of Fredegar, with its continuations* (Westport: 1960), p. 55.
7 *al-Tabari XI*, pp. 87-8.
8 *The Fourth Book of the Chronicle of Fredegar*, p. 55.
9 Hoyland, Robert G., *In God's Path: The Arab Conquests and the Creation of an Islamic Empire* (Oxford: 2015), p. 45.
10 Holum, Kenneth G., "Archaeological Evidence for the Fall of Byzantine Caesarea", *Bulletin of the American Schools of Oriental Research* 286 (1992), pp. 73-85.
11 Hoyland, *In God's Path*, p. 45.
12 Bowersock, G. W., *The Crucible of Islam* (Cambridge, Mass., 2017), pp. 48-9.
13 Donner, *Early Islamic Conquests*, pp. 51-2.
14 Sobre esta tradição, e uma história "tradicional" mais geral de Meca e de Maomé, ver Lings, Martin, *Muhammad: his life based on the earliest sources* (Cambridge: 1991), p. 3.
15 Bowersock, *Crucible of Islam*, pp. 50-1.
16 Lings, *Muhammad*, p. 26.
17 *Gênese* 16:12. Para comentários, ver Hilhorst, Anthony, "Ishmaelites, Hagarenes, Saracens", Goodman, Martin, van Kooten, George H. e van Buiten, J. T. A. G. M. (orgs.),

[17] *Abraham, the Nations, and the Hagarites Jewish, Christian, and Islamic Perspectives on Kinship with Abraham* (Leiden: 2010).

[18] Hoyland, *In God's Path*, p. 94.

[19] Juynboll, Gautier H. A. (trad.), *The History of al-Tabari vol. XIII: The Conquest of Iraq, Southwestern Persia and Egypt* (Nova York: 1989), p. 7.

[20] Ibid., p. 27.

[21] Ibid., p. 189.

[22] Hoyland, *In God's Path*, pp. 96-7.

[23] Fishbein, Michael (trad.), *The History of al-Tabari vol. VIII: The Victory of Islam* (Nova York: 1997), pp. 35-6.

[24] Friedmann, Yohanan (trad.), *The History of al-Tabari vol. XII: The Battle of al-Qadisiyyah and the Conquest of Syria and Palestine* (Nova York: 1991), pp. 127-8.

[25] *The Hadith* (pp. Sahih Bukhari, Vol. 4, Book 52, Hadith 46).

[26] *The Hadith* (pp. Sahih Bukhari, Vol. 5, Book 57, Hadith 50).

[27] Humphreys, R. Stephen (trad.), *The History of al-Tabari, vol. XV: The Crisis of the Early Caliphate* (Nova York: 1990), pp. 252-3.

[28] Ibid., pp. 207-11.

[29] Para uma narrativa conveniente, Hinds, Martin, "The Murder of the Caliph "Uthman", *International Journal of Middle East Studies* 3 (1972), pp. 450-69.

[30] *al-Tabari XV*, p. 216.

[31] Ettinghausen, Richard, Grabar, Oleg e Jenkins-Madina, Marilyn, *Islamic Art and Architecture 650-1250* (2a. ed.) (New Haven/Londres: 2001), pp. 15-20.

[32] Grabar, Oleg, *The Dome of the Rock* (Cambridge, Mass., 2006), pp. 1-3.

[33] Mango, Cyril e Scott, Roger (trad.), *The Chronicle of Theophanes Confessor: Byzantine and Near Eastern History ad 284-813* (Oxford: 1997), p. 493.

[34] Ibid., pp. 493-4. Sobre os nomes e mudanças de fórmula do "Fogo Grego", Roland, Alex, "Secrecy, Technology, and War: Greek Fire and the Defense of Byzantium, 678--1204", *Technology and Culture* 33 (1992), pp. 655-79 e esp. p. 657.

[35] Ibid., p. 494.

[36] Ibid., p. 548.

[37] Ibid., p. 550.

[38] *al-Tabari XV*, pp. 281-7. Ver também Kaeigi, Walter, *Muslim Expansion and Byzantine Collapse in North Africa* (Cambridge: 2010), p. 260.

[39] Wolf, Kenneth Baxter, *Conquerors and chroniclers of early medieval Spain* (Liverpool: 1990), p. 132.

[40] Ibid., p. 132.

⁴¹ Grierson, Philip, "The Monetary Reforms of Abd al-Malik: Their Metrological Basis and Their Financial Repercussions", *Journal of the Economic and Social History of the Orient* 3 (1960), pp. 16-7.

⁴² Sobre esta questão, ver também Bates, Michael L., "The Coinage of Syria Under the Umayyads, 692-750 A.D." em Donner, Fred M., *The Articulation of Early Islamic State Structures* (Londres: 2017).

⁴³ Sura 17:35.

⁴⁴ Ettinghausen e Jenkings-Madina, *Islamic Art and Architecture, 650-1250*, pp. 24-6.

⁴⁵ Jones, John Harris (trad.), *Ibn Abd al-Hakam / The History of the Conquest of Spain* (Nova York: 1969), p. 33.

⁴⁶ Sobre a lenda de São Martinho, ver Ryan, William Granger (trad.) e Duffy, Eamon (intro.), *Jacobus de Voragine, The Golden Legend: Readings on the Saints* (Princeton e Oxford: 2012), pp. 678-86.

⁴⁷ Segundo Gregório de Tours, a basílica da era merovíngia — há muito desaparecida — tinha "160 pés de comprimento e 60 de largura e 45 de altura até a abóbada; tinha 32 janelas na parte ao redor do altar, 20 na nave; 41 colunas; em toda a construção, 52 janelas, 120 colunas; 8 portas, três na parte ao redor do altar e cinco na nave". *Gregory bishop of Tours / History of the Franks*, p. 38.

⁴⁸ *The Fourth Book of the Chronicle of Fredegar*, pp. 90-1.

⁴⁹ Stearns Davis, William (org.), *Readings in Ancient History: Illustrative Extracts from the Sources*, II (Boston: 1913) pp. 362-4.

⁵⁰ Sherley-Price, Leo (trad.), *Bede / A History of the English Church and People* (Harmondsworth: 1968), p. 330.

⁵¹ Womersley, David (org.), *Edward Gibbon / The History of the Decline and Fall of the Roman Empire*, vol. III (Londres: 1996), p. 336.

⁵² *The Occidental Quarterly* pode ser rapidamente encontrado on-line com uma busca no Google, mas preferi não dar aqui uma referência completa a essa execrável publicação.

Capítulo 5

¹ Ganz, David (trad.), *Einhard and Notker the Stammerer: Two Lives of Charlemagne* (Londres: 2008), p. 19.

² Wallace-Hadrill (org.), *Chronicle of Fredegar*, p. 102.

³ Ailes, Marianne, "Charlemagne 'Father of Europe': A European Icon in the Making", *Reading Medieval Studies* 38 (2012), p. 59.

[4] Para um resumo do apelo duradouro e extraordinário de Carlos Magno aos pretendentes a titãs europeus, ver McKitterick, Rosamond, *Charlemagne: The Formation of a European Identity* (Cambridge: 2008), pp. 1-5.

[5] Uma questão que encontrei pela primeira vez em MacCulloch, *A History of Christianity*, p. 348.

[6] Um processo que teria também proporcionado as origens dos turcos e dos macedônios. Ver Macmaster, Thomas J., "The Origin of the Origins: Trojans, Turks and the Birth of the Myth of Trojan Origins in the Medieval World", *Atlantide* 2 (2014), pp. 1-12.

[7] Quanto aos artigos do túmulo, ver Brulet, Raymond, "La sépulture du roi Childéric à Tournai et le site funéraire", em Vallet, Françoise e Kazanski, Michel (orgs.), *La noblesse romaine et les chefs barbares du IIIe au VIIe siècle* (Paris: 1995), pp. 309-26.

[8] Disponível em tradução para o inglês moderno: Fischer Drew, Katherine (trad.), *The Laws of the Salian Franks* (Filadélfia: 1991).

[9] *Einhard and Notker the Stammerer*, p. 19.

[10] Ibid.

[11] Frankish Royal Annals. Esta tradução, Dutton, Paul Edward, *Carolingian Civilization: A Reader* (2a. ed.) (Ontario: 2009), p. 12.

[12] Aurell, Jaume, *Medieval Self-Coronations: The History and Symbolism of a Ritual* (Cambridge: 2020), pp. 128-30.

[13] *Chronicle of Fredegar*, p. 104.

[14] Davis, Raymond (trad.), *The Lives of the Eighth-Century Popes (Liber Pontificalis)* (Liverpool: 1992), p. 63.

[15] Fried, Johannes, *Charlemagne* (Cambridge, Mass., 2016), p. 43. Ver também McKitterick, Rosamond (org.), *The New Cambridge Medieval History II c. 700-c. 900* (Cambridge: 1995), pp. 96-7.

[16] *Chronicle of Fredegar*, p. 106.

[17] Ibid., p. 120.

[18] *Einhard and Notker the Stammerer*, pp. 34-6.

[19] Façanhas de Carlos Magno por Notker em Ganz (trad.), *Einhard and Notker the Stammerer*, p. 109.

[20] Costambys, Marios, Innes, Matthew e MacLean, Simon, *The Carolingian World* (Cambridge: 2011), pp. 67-8.

[21] Collins, Roger, *Charlemagne* (Basingstoke: 1998), p. 62.

[22] Ganz (trad.), *Einhard and Notker the Stammerer: Two Lives of Charlemagne*, p. 25.

[23] Burgess, Glyn (trad.), *The Song of Roland* (Londres, 1990), p. 85.

[24] Ibid., pp. 104-5.

[25] Ganz (trad.), *Einhard and Notker the Stammerer: Two Lives of Charlemagne*, p. 36.

[26] "Aachen" em *Grove Art Online*, https://doi.org/10.1093 gao/9781884446054.article. T000002

[27] Ver Fouracre, Paul, "Frankish Gaul to 814" em McKitterick (org.), *The New Cambridge Medieval History*, p. 106.

[28] Dutton, *Carolingian Civilization: A Reader* (2a. ed.), pp. 92-5.

[29] Ganz (trad.), *Einhard and Notker the Stammerer: Two Lives of Charlemagne*, p. 36.

[30] Davis (trad.), *Lives of the Eighth-Century Popes*, pp. 185-6.

[31] Sobre este ponto, Fried, *Charlemagne*, p. 414.

[32] Dümmler, Ernst (org.), *Poetae latini aevi Carolini* I (Berlim: 1881), p. 379.

[33] Davis, *Lives of the Eighth-Century Popes*, p. 188.

[34] Ver Dümmler, Ernst, como acima. Esta tradução em inglês, Dutton, *Carolingian Civilization: A Reader* (2a. ed.), p. 65.

[35] Ganz (trad.), *Einhard and Notker the Stammerer: Two Lives of Charlemagne*, p. 38.

[36] Ibid., p. 35, e Fried, *Charlemagne*, p. 425.

[37] Ibid.

[38] Esta tradução, Dutton, *Carolingian Civilization: A Reader* (2a. ed.), pp. 146-7.

[39] Todos estes portentos foram registrados por Einhard. Ganz (trad.), *Einhard and Notker the Stammerer: Two Lives of Charlemagne*, p. 41.

[40] Tradução de Dutton, *Carolingian Civilization: A Reader* (2a. ed.), p. 157.

[41] Mais de um historiador sugere que foi a vergonha de não ter sido mencionado em *Ordinatio Imperii* que mais instigou Bernard. Ver McKitterick, Rosamond, *The Frankish Kingdoms Under the Carolingians* (Londres/Nova York: 1983), p. 135.

[42] O texto de *Ordinatio Imperii* de 817 está bem traduzido em Dutton, *Carolingian Civilization: A Reader* (2a. ed.), pp. 199-203.

[43] Traduzido em ibid., p. 205.

[44] Sobre a identificação de Ragnar como Ragnar Lodbrok, ver por exemplo Price, Neil, *The Children of Ash and Elm: A History of the Vikings* (Londres: 2020), p. 344.

[45] Ermentarius de Noirmoutier em Poupardin, René (org.), *Monuments de l'histoire des Abbeyes de Saint-Philibert* (Paris: 1905), pp. 61-2.

[46] Whitelock, Dorothy (org.), *English Historical Documents I 500-1042* (2a. ed.) (Londres: 1979), pp. 775-7.

[47] Poupardin (org.), *Monuments de l'histoire des Abbeyes de Saint-Philibert*, pp. 61-2.

[48] Para um útil resumo das, e referências bibliográficas sobre, numerosas pesquisas sobre a localização de "Thule", ver McPhail, Cameron, "Pytheas of Massalia's Route of Travel", *Phoenix* 68 (2014), pp. 252-4.

⁴⁹ Para uma evocativa descrição recente disso, Price, *The Children of Ash and Elm*, pp. 31--63. Ver também Ferguson, Robert, *The Hammer and the Cross: A New History of the Vikings* (Londres: 2009), pp. 20-40.

⁵⁰ Um resumo e bibliografia das muitas teses propostas para a migração dos vikings estão em Barrett, James H., "What caused the Viking Age?", *Antiquity* 82 (2008), pp. 671-85.

⁵¹ Baug, Irene, Skre, Dagfnn, Heldal, Tom e Janse, Øystein J., "The Beginning of the Viking Age in the West", *Journal of Maritime Archaeology* 14 (2019), pp. 43-80.

⁵² DeVries, Kelly e Smith, Robert Douglas, *Medieval Military Technology* (2a. ed.) (Ontario: 2012), pp. 291-2.

⁵³ Whitelock (org.), *English Historical Documents I 500-1042* (2a. ed.), pp. 778-9.

⁵⁴ Price, Neil, *The Children of Ash and Elm: A History of the Vikings*, pp. 438-9.

⁵⁵ Uma tradução para o inglês moderno do édito está em Hill, Brian E., *Charles the Bald's "Edict of Pîtres" (864): A Translation and Commentary* (Tese MA não publicada, Universidade de Minnesota: 2013).

⁵⁶ *Annals of St Vaast*, esta tradução em Robinson, James Harvey, *Readings in European History* vol 1. (Boston: 1904), p. 164.

⁵⁷ Christiansen, Eric (trad.), *Dudo of St. Quentin / History of the Normans* (Woodbridge: 1998), p. 22.

⁵⁸ Price, *Children of Ash and Elm*, p. 350.

⁵⁹ *Annals of St Vaast*, p. 163.

⁶⁰ Dass, Nirmal (trad.), *Viking Attacks on Paris: The Bella parisiacae Urbis of Abbo of Saint--Germain-des-Près* (Paris: 2007), pp. 34-5.

⁶¹ *Dudo of St. Quentin / History of the Normans*, pp. 28-9.

⁶² Ibid., p. 46.

⁶³ Ibid., p. 49.

⁶⁴ Price, *Children of Ash and Elm*, p. 497.

⁶⁵ Licence, Tom, *Edward the Confessor* (New Haven/Londres: 2020), p. 48, e ver n. 30.

Capítulo 6

¹ Smith, M. L., *The Early History of the Monastery of Cluny* (Oxford: 1920), p. 10.

² Ibid., pp. 11-2.

³ Rosè, Isabella, "Interactions between Monks and the Lay Nobility (from the Carolingian Era through the Eleventh Century)", em Beach, Alison I. e Cochelin, Isabelle (orgs.),

The Cambridge History of Medieval Monasticism in the Latin West I (Cambridge: 2020), esp. pp. 579-83.

[4] Smith, *Early History of the Monastery of Cluny*, p. 14, n. 5.

[5] Mateus 19:21.

[6] Voraigne, Jacobus de, *The Golden Legend*, p. 93.

[7] Ibid., p. 96.

[8] Clark, James G., *The Benedictines in the Middle Ages* (Woodbridge: 2011), pp 8-9.

[9] Para um resumo do "problema" do ascetismo na Caledônia, ver Helvétius, Anne-Marie e Kaplan, Michael, "Asceticism and its institutions", em Noble, Thomas F. X. e Smith, Julia M. H., *The Cambridge History of Christianity III: Early Medieval Christianities c. 600-c.1100* (Cambridge: 2008), pp. 275-6.

[10] Gardner, Edmund G. (org.) *The Dialogues of Saint Gregory the Great* (Merchantville: 2010), p. 51.

[11] Ibid., p. 99.

[12] Fry, Timothy (trad.), *The Rule of St Benedict in English* (Collegeville: 2018), p. 15.

[13] *The Dialogues of Saint Gregory the Great*, p. 99.

[14] Esta tradução, Coulton, C. G. (org.), *Life in the Middle Ages* IV (Cambridge: 1930), p. 29.

[15] Diem, Albrecht e Rousseau, Philip, "Monastic Rules (Fourth to Ninth Century)", em Beach, Alison I. e Cochelin, Isabelle (orgs.), *The Cambridge History of Medieval Monasticism in the Latin West* I (Cambridge: 2020), pp. 181-2.

[16] MacCulloch, *History of Christianity*, p. 354.

[17] Cantor, Norman F., "The Crisis of Western Monasticism, 1050-1130", *The American Historical Review* (1960), p. 48.

[18] Sitwell, G. (trad.), *St. Odo of Cluny: being the Life of St. Odo of Cluny / by John of Salerno. And, the Life of St. Gerald of Aurillac by St. Odo* (Londres: 1958), p. 16.

[19] Sherley-Price (trad.), *Bede / A History of the English Church and People*, p. 256.

[20] Ibid., p. 254.

[21] Ver Morghen, Raffaello, "Monastic Reform and Cluniac Spirituality", Hunt, Noreen (org.), *Cluniac Monasticism in the Central Middle Ages* (Londres: 1971), pp. 18-9.

[22] Sobre novas conversões, ver Raaijmakers, Janneke, "Missions on the Northern and Eastern Frontiers", Beach, Alison I. e Cochelin, Isabelle (orgs.), *The Cambridge History of Medieval Monasticism in the Latin West* I (Cambridge: 2020), pp. 485-501 e Jamroziak, Emilia, "East-Central European Monasticism: Between East and West?", ibid. II, pp. 882-900.

[23] Clark, *The Benedictines in the Middle Ages*, pp. 53-4.

[24] Zhou, TianJun, Li, Bo, Man, WenMin, Zhang, LiXia e Zhang, Jie, "A comparison of the Medieval Warm Period, Little Ice Age and 20th century warming simulated by the FGOALS climate system model", *Chinese Science Bulletin* 56 (2011), pp. 3028-41.

[25] Uma tese totalmente desenvolvida por White, Jr., L., *Medieval Technology & Social Change* (Oxford: 1962), e recentemente bem apoiada por Andersen, Thomas Barnebeck, Jensen, Peter Sandholt e Skovsgaard, Christian Stejner, "The heavy plough and the agricultural revolution in medieval Europe", *Discussion Papers of Business and Economics* (University of Southern Denmark, Department of Business and Economics: 2013).

[26] Um estudioso chamou isso de "competir em boas ações". Ver Moore, R. I., *The First European Revolution, c.970-1215* (Oxford: 2000), p. 75.

[27] Smith, *Early History of the Monastery of Cluny*, pp. 143-6, que se baseia no quase contemporâneo *Life of Odilo* de Jotsaldus.

[28] Para um resumo sucinto dos trabalhos de construção em Cluny durante este período, o ponto de partida é Bolton, Brenda M. e Morrison, Kathryn, "Cluniac Order", *Grove Art Online*, https://doi.org/10.1093/gao/9781884446054.article.T018270

[29] Fry, Timothy (org.), *The Rule of St Benedict In English* (Collegeville: 2018), pp. 52-3.

[30] Sobre canto beneditino em geral, ver Clark, *The Benedictines in the Middle Ages*, pp. 102-5.

[31] Biay, Sébastien, "Building a Church with Music: The Plainchant Capitals at Cluny, c. 1100", Boynton, S. e Reilly D. J. (orgs.), *Resounding Image: Medieval Intersections of Art, Music, and Sound* (Turnhout: 2015), pp. 221-2.

[32] Hunt, Noreen, *Cluny under Saint Hugh, 1049-1109* (Londres: 1967), p. 105.

[33] King, Peter, *Western Monasticism: A History of the Monastic Movement in the Latin Church* (Kalamazoo: 1999), p. 128. Ver também Hunt, *Cluny under Saint Hugh*, pp. 101-3.

[34] Shaver-Crandell, Annie e Gerson, Paula, *The Pilgrim's Guide to Santiago de Compostela: A Gazetteer with 580 Illustrations* (Londres: 1995), pp. 72-3.

[35] Mullins, Edwin, *In Search of Cluny: God's Lost Empire* (Oxford: 2006), pp. 72-3.

[36] Mabillon, Jean, *Annales Ordinis S. Benedicti Occidentalium Monachorum Patriarchæ vol. IV* (Paris, 1707), p. 562.

[37] Sobre a Vera Cruz em Poitiers, ver Hahn, Cynthia, "Collector and saint: Queen Radegund and devotion to the relic of the True Cross", *Word & Image* 22 (2006), pp. 268-74.

[38] Werkmeister, O. K., "Cluny III and the Pilgrimage to Santiago de Compostela", *Gesta* 27 (1988), p. 105.

[39] Sobre este sonho, Carty, Carolyn M., "The Role of Gunzo's Dream in the Building of Cluny III", *Gesta* 27 (1988), pp. 113-23.

[40] As proporções vitruvianas de Cluny III foram descritas pela primeira vez por Conant, Kenneth J., "The after-Life of Vitruvius in the Middle Ages", *Journal of the Society of Architectural Historians* 27 (1968), pp. 33-8.

[41] Bolton e Morrison, "Cluniac Order", *Grove Art Online*.

[42] Mullins, *In Search of Cluny*, pp. 79-80.

[43] Hunt, Noreen, *Cluny under Saint Hugh, 1049-1109* (Londres: 1967), pp. 145-6.

[44] Mullins, *In Search of Cluny*, pp. 197-205.

[45] Ibid., p. 221.

[46] Cânone 12 do Quarto Concílio de Latrão. Os cânones estão impressos e traduzidos por inteiro em Schroeder, H. J., *Disciplinary Decrees of the General Councils: Text, Translation and Commentary* (St. Louis: 1937), pp. 236-96.

[47] Greenia, M. Conrad, *Bernard of Clairvaux / In Praise of the New Knighthood* (Trappist: 2000), p. 37.

Capítulo 7

[1] As partículas de poeira estelar, conhecidas como Lágrimas de São Laurêncio, foram causadas pela passagem da Terra pela cauda de um cometa. Esta interpretação vem da fonte essencial em inglês sobre a batalha de Lechfeld: Bowlus, Charles R., *The Battle of Lechfeld and its Aftermath, August 955* (Aldershot: 2006). Muito do que se seguiu em Lechfeld é informado pela narrativa reconstruída por Bowlus desta batalha tensa e complicada, e em suas traduções de fontes-chave contemporâneas reunidas nos apêndices de seu livro.

[2] *Widukind's Deeds of the Saxons*, trad. ibid., p. 180.

[3] Ibid., pp. 181-2.

[4] *Gerhard's Life of Bishop Ulrich of Augsburg*, traduzido em ibid., p. 176.

[5] Ibid.

[6] Ibid., p. 181.

[7] Archer, Christon I., Ferris, John R., Herwig, Holger H. e Travers, Timothy H. E., *World History of Warfare* (Lincoln: 2002), pp. 136-7.

[8] *Xenophon / On Horsemanship* 12.6

[9] Hyland, Ann, *The Medieval Warhorse: From Byzantium to the Crusades* (Londres: 1994), p. 3.

[10] Sewter, E. R. A. (trad.), Frankopan, Peter (intro.), *Anna Komnene / The Alexiad* (Londres: 2009), p. 378.

[11] Keen, Maurice, *Chivalry* (New Haven/Londres: 1984), p. 23.

[12] Hyland, *Medieval Warhorse*, p. 11.

[13] Ver, por exemplo, a cópia deste maravilhoso documento exposta na British Library, shelfmark Add MS 11695, f.102 v. Pode ser visto on-line em www.bl.uk/catalogues/illuminatedmanuscripts/record.asp?MSID=8157&CollID=27&NStart=11695

[14] A Grande Controvérsia do Estribo é essencialmente uma discussão sobre a tese de Lynn White Jr., que argumentou nos anos 1960 que o advento do estribo na Europa medieval não só mudou a maneira como se lutava a cavalo, mas causou também a ascensão do feudalismo. Para uma rápida e útil discussão historiográfica ver Kaeuper, Richard W., *Medieval Chivalry* (Cambridge: 2016), pp. 65-8.

[15] Keen, *Chivalry*, p. 25.

[16] Se o "feudalismo" ou um "sistema feudal" chegou a existir formalmente fora da cabeça de historiadores é um dos maiores e mais persistentes debates na história medieval, em vigor em sua forma corrente desde os anos 1950. O arquiteto da ideia de uma "revolução" feudal foi Georges Duby — ver, por exemplo, Duby, Georges, *The Chivalrous Society* (Berkeley: 1977); um importante ensaio para se entender a demolição do argumento está em Brown, Elizabeth A. R., "The Tyranny of a Construct: Feudalism and Historians of Medieval Europe", *The American Historical Review* 79 (1974), pp. 1063-88. Para um retrato mais recente da historiografia do feudalismo na Europa, ver também os ensaios em Bagge, Sverre, Gelting, Michael H. e Lindkvist, Thomas (orgs.), *Feudalism: New Landscapes of Debate* (Turnhout: 2011). Para um estudo local focado no noroeste da Europa, ver West, Charles, *Reframing the Feudal Revolution: Political and Social Transformation between the Marne and the Moselle, c.800-c.1100* (Cambridge: 2013).

[17] Christon et al., *World History of Warfare*, p. 146.

[18] Sobre a Hungria, ver Bak, Janos M., "Feudalism in Hungary?", em Bagge, Gelting e Lindkvist (orgs.), *Feudalism: New Landscapes of Debate*, pp. 209-12.

[19] *Historia Roderici* traduzido em Barton, Simon e Fletcher, Richard, *The World of El Cid: Chronicles of the Spanish Reconquest* (Manchester: 2000), p. 99.

[20] Ibid., p. 100.

[21] Kaeuper, *Medieval Chivalry*, p. 69.

[22] Ibid., p. 101.

[23] Ibid.

[24] Ibid., p. 109.

[25] Ibid., pp. 111-2.
[26] Ibid., p. 113.
[27] Ibid., p. 117.
[28] Ibid., p. 133.
[29] Ibid., p. 136.
[30] Ibid., p. 137.
[31] Fletcher, Richard, *The Quest for El Cid* (Oxford: 1989), p. 172.
[32] Barton e Fletcher, *World of El Cid*, p. 138.
[33] *El Canto de mio Cid*, versos 1722-6, tradução via https://miocid.wlu.edu/
[34] Fletcher, *The Quest for El Cid*, p. 174.
[35] O poeta árabe-hispânico Ibn Bassam, traduzido em ibid., p. 185.
[36] Livesey, Edwina, "Shock Dating Result: A Result of the Norman Invasion?", *Sussex Past & Present* 133 (2014), p. 6.
[37] *Song of Roland*, p. 154.
[38] Ibid. ch. 245.
[39] No momento em que escrevo as mais recentes adaptações para a tela das lendas arturianas são *Rei Arthur – A Lenda da Espada* de Guy Ritchie (2017), e a série da Netflix *Cursed – A lenda do lago* de Frank Miller e Tom Wheeler (2020).
[40] Kibler, William W., *Chrétien de Troyes / Arthurian Romances* (Londres: 2001), pp. 382-3. Esta passagem também inspira as primeiras páginas de Barber, Richard, *The Knight and Chivalry* (Woodbridge: 1995), p. 3.
[41] Por exemplo, Asbridge, Thomas, *The Greatest Knight: The Remarkable Life of William Marshal, the Power Behind Five English Thrones* (Londres: 2015), que é a biografia--padrão vigente.
[42] Holden, A. J. (org.), Gregory, S. (trad.) e Crouch, D., *History of William Marshal* I (Londres: 2002), pp. 30-1.
[43] Ibid., pp. 38-9.
[44] Ibid.
[45] Ibid., pp. 52-3.
[46] Ibid., pp. 60-1.
[47] Crouch, David, *Tournament* (Londres: 2005), p. 8.
[48] Traduzido em Strickland, Matthew, *Henry the Young King* (New Haven/Londres: 2016), p. 240.
[49] *History of William Marshal* I, pp. 186-7.
[50] Kibler (trad.), *Chrétien de Troyes / Arthurian Romances*, pp. 264-5.
[51] Holden et al. (orgs.), *History of William Marshal* I, pp. 268-9, 276-7.

[52] Ibid., pp. 448-9.
[53] Holden et al. (orgs.), *History of William Marshal* II, pp. 60-3.
[54] Esta tradução, Gillingham, J., "The Anonymous of Béthune, King John and Magna Carta", em Loengard, J. S. (org.), *Magna Carta and the England of King John* (Woodbridge: 2010), pp. 37-8.
[55] Holden et al. (orgs.), *History of William Marshal* II, pp. 406-7.
[56] Morris, Marc, *A Great and Terrible King: Edward I* (Londres: 2008), p. 164.
[57] Ibid.
[58] Um vasto assunto, bem introduzido no contexto inglês por Harriss, Gerald, *Shaping the Nation: England 1360-1461* (Oxford: 2005), pp. 136-86.
[59] Como anunciado e pesquisado exaustivamente em Sainty, Guy Stair, Heydel-Mankoo, Rafal, *World Orders of Knighthood and Merit* (2 vols.) (Wilmington: 2006).
[60] Jones, Dan, "Meet the Americans Following in the Footsteps of the Knights Templar", *Smithsonian* (julho 2018), arquivado on-line em www.smithsonianmag.com/history/meet-americans-following-footsteps-knights-templar–180969344/.

Capítulo 8

[1] Para uma narrativa da batalha de Manzikert, Haldon, John, *The Byzantine Wars* (Stroud: 2008), pp. 168-81.
[2] Para um esboço deste tópico, ver Jones, Dan, *Os templários: Ascensão e queda dos guerreiros sagrados de Deus* (Rio de Janeiro: 2021). Para um tratamento mais detalhado, Morris, Colin, *The Papal Monarchy: The Western Church, 1050-1250* (Oxford: 1989).
[3] Ver Cowdrey, H. E. J., "The Peace and the Truce of God in the Eleventh Century", *Past & Present* 46 (1970), pp. 42-67.
[4] A melhor análise das motivações da Primeira Cruzada como uma resposta a apelos de Bizâncio é Frankopan, Peter, *The First Crusade: The Call From the East* (Londres: 2012).
[5] Esta tradução, Robinson, I. S., *Eleventh Century Germany: The Swabian Chronicles* (Manchester: 2008), p. 324.
[6] Cowdrey, H. E. J. (trad.), *The Register of Pope Gregory: 1073-1085: An English Translation* (Oxford: 2002), pp. 50-1.
[7] Ryan, Frances Rita e Fink, Harold S. (orgs.), *Fulcher of Chartres: A History of the Expedition to Jerusalem, 1095-1127* (Knoxville: 1969), pp. 65-6.

[8] Sweetenham, Carole (trad.), *Robert the Monk's History of the First Crusade: Historia Iherosolimitana* (Abingdon: 2016), p. 81.

[9] Ver Chazan, Robert, *In the Year 1096: The First Crusade and The Jews* (Filadélfia: 1996).

[10] Edgington, Susan (trad.), *Albert of Aachen / Historia Ierosolimitana: History of the Journey to Jerusalem* (Oxford: 2007), pp. 52-3.

[11] *Anna Komnene / The Alexiad*, pp. 274-5.

[12] Ibid., pp. 383-4.

[13] Edgington (trad.), *Albert of Aachen / Historia Ierosolimitana*, p. 145.

[14] Hill, Rosalind (org.), *Gesta Francorum et Aliorum Hierosoliminatorum: The Deeds of the Franks and the Other Pilgrims to Jerusalem* (Oxford: 1962), pp. 19-20.

[15] Edgington (trad.), *Albert of Aachen / Historia Ierosolimitana*, pp. 284-5.

[16] Hill, John Hugh e Hill, Laurita L. (trad.), *Raymond d'Aguilers / Historia Francorum Qui Ceperunt Iherusalem* (Filadélfia: 1968), p. 127.

[17] Richards, D. S. (trad.), *The Chronicle of Ibn al-Athir for the Crusading Period from al--Kamil fil Tarikh* I (Farnham: 2006), p. 22.

[18] A jornada é narrada de forma divertida nas sagas nórdicas. Ver Hollander, Lee M. (trad.), *Snorri Sturluson / Heimskringla: History of the Kings of Norway* (Austin: 1964), pp. 688-701.

[19] Wilkinson, John, Hill, Joyce e Ryan, W. F., *Jerusalem Pilgrimage 1099-1185* (Londres: 1988), p. 100.

[20] Ibid., p. 171.

[21] Riley-Smith, Jonathan, *The First Crusaders, 1095-1131* (Cambridge: 1997), pp. 169-88.

[22] Jacoby, David, *Medieval Trade in the Eastern Mediterranean and Beyond* (Abingdon: 2018), pp. 109-16.

[23] Galili, Ehud, Rosen, Baruch, Arenson, Sarah, Nir-El, Yoram e Jacoby, David, "A cargo of lead lingots from a shipwreck off Ashkelon, Israel 11th-13th centuries AD", *International Journal of Nautical Archaeology* 48 (2019), pp. 453-65.

[24] Ryan e Fink (orgs.), *Fulcher of Chartres: A History of the Expedition to Jerusalem*, p. 150.

[25] A bula cruzadista de Eugênio *Quantum Praedecessores* (1145), traduzida em Riley--Smith, Jonathan e Louise (orgs.), *The Crusades: Idea and Reality, 1095-1274* (Londres: 1981), pp. 57-9.

[26] Berry, Virginia Gingerick, *Odo of Deuil / De Profectione Ludovici VII in Orientam* (Nova York: 1948), pp. 8-9.

[27] Bédier, J. e Aubry, P. (orgs.), *Les Chansons de Croisade avec Leurs Melodies* (Paris: 1909), pp. 8-10.

[28] O melhor apanhado introdutório da Segunda Cruzada está em Phillips, Jonathan, *The Second Crusade: Extending the Frontiers of Christianity* (New Haven: 2008).

[29] Babcock, Emily Atwater e Krey, A. C. (trad.), *A History of Deeds Done Beyond the Sea: By William Archbishop of Tyre* II (Nova York: 1943), p. 180.

[30] A melhor introdução ao tópico está em Christiansen, Eric, *The Northern Crusades* (2a. ed.) (Londres: 1997).

[31] A mais recente biografia em Phillips, Jonathan, *The Life and Legend of the Sultan Saladin* (Londres: 2019).

[32] Broadhurst, Roland (trad.), *The Travels of Ibn Jubayr* (Londres: 1952), p. 311.

[33] Barber, Malcolm e Bate, Keith, *Letters from the East: Crusaders, Pilgrims and Settlers in the 12th-13th Centuries* (Farnham: 2010), p. 76.

[34] Lewis, Robert E. (org.), *De miseria condicionis humane / Lotario dei Segni (Pope Innnocent III)* (Atenas, GA: 1978).

[35] McGrath, Alister E., *The Christian Theology Reader*, p. 498.

[36] Bird, Jessalyn, Peters, Edward e Powell, James M., *Crusade and Christendom: Annotated Documents in Translation from Innocent III to the Fall of Acre, 1187-1291* (Filadélfia: 2013), p. 32.

[37] Os textos essenciais sobre a Quarta Cruzada estão em Phillips, Jonathan, *The Fourth Crusade and the Sack of Constantinople* (Londres: 2011) e Angold, Michael, *The Fourth Crusade: Event and Context* (Abingdon: 2014).

[38] Andrea, Alfred J. (trad.), *The Capture of Constantinople: The "Hystoria Constantinoplitana" of Gunther of Pairis* (Filadélfia: 1997), p. 79.

[39] Magoulias, Harry J. (trad.), *O City of Byzantium, Annals of Niketas Choniates* (Detroit: 1984), p. 316.

[40] Riley-Smith, *The Crusades: Idea and Reality*, p. 156.

[41] Ibid., pp. 78-9.

[42] Ibid., p. 81.

[43] Ver Barber, Malcolm, *The Trial of the Templars* 2a. edição (Cambridge: 2006); Jones, Dan, *Os templários: Ascensão e queda dos guerreiros sagrados de Deus* (Rio de Janeiro: 2021).

Capítulo 9

[1] Peters, Edward (org.), *Christian Society and the Crusades 1198-1229. Sources in Translation including The Capture of Damietta by Oliver of Paderborn* (Filadélfia: 1971), p. 113.

[2] O texto dos detalhes da carta de Jacques de Vitry em "King David" é conhecido como *Relatio de Davide* e pode ser lido (em francês) em Huygens, R. B. C. (trad.), *Lettres de Jacques de Vitry, Edition Critique* (Leiden: 1960), pp. 141-50.

[3] A famosa carta forjada de Preste João ao imperador bizantino Manuel I Comneno está traduzida em Barber, Malcolm e Bate, Keith, *Letters from the East: Crusaders, Pilgrims and Settlers in the 12th-13th Centuries* (Farnham: 2013), pp. 62-8.

[4] Sobre a relação de Preste João e o "rei David", ver Hamilton, Bernard, "Continental Drift: Prester John's Progress through the Indies", em Rubies, Joan-Pau, *Medieval Ethnographies: European Perceptions of the World Beyond* (Abingdon: 2016).

[5] Smith, Richard, "Trade and commerce across Afro-Eurasia", em Kedar, Benjamin Z. e Weisner-Hanks, Merry E., *The Cambridge World History Vol. 5: Expanding Webs of Exchange and Conflict, 500 C.E-1500 C.E.* (Cambridge: 2013), p. 246.

[6] de Rachewiltz, Igor (trad.), *The Secret History of the Mongols: A Mongolian Epic Chronicle of the Thirteenth Century* I (Leiden: 2006), p. 1.

[7] Ibid., p. 13.

[8] Pederson, Neil, Hessl, Amy E., Baatarbileg, Nachin, Anchukaitis, Kevin J. e Di Cosmo, Nicola, "Pluvials, droughts, the Mongol Empire, and modern Mongolia", *Proceedings of the National Academy of Sciences* (25 de março de 2014).

[9] Biran, Michael, "The Mongol Empire and inter-civilizational exchange", em Kedar, Benjamin Z. e Weisner-Hanks, Merry E., *The Cambridge World History Vol. 5: Expanding Webs of Exchange and Conflict, 500 C.E-1500 C.E.* (Cambridge: 2013), p. 538.

[10] Ibid., p. 546.

[11] de Rachewiltz (trad.), *The Secret History of the Mongols*, p. 133.

[12] Ibid., p. 116.

[13] Ibid., p. 179.

[14] Boyle, J. A. (trad.), *Genghis Khan: the history of the world conqueror / by "Ala-ad-Din Ata-Malik Juvaini* (Manchester: 1997), p. 107.

[15] McLynn, Frank, *Genghis Khan: The Man Who Conquered the World* (Londres: 2015), p. 299.

[16] Tradução, Ibid., p. 327.

[17] Michell, Robert e Forbes, Nevill (trad.), *The Chronicle of Novgorod 1016-1471* (Londres: 1914), p. 64.

[18] Ibid., p. 66.

[19] Richard, D. S., *The Chronicle of Ibn al-Athir for the Crusading Period from al-Kamil fil Tarikh* III, (Farnham: 2006), p. 215.

²⁰ Para uma pitoresca discussão sobre as diversas causas possíveis da morte de Genghis, ver McLynn, Frank, *Genghis Khan*, pp. 378-9.

²¹ Colbert, Benjamin (org.), *The Travels of Marco Polo* (Ware: 1997), p. 65.

²² Michael, Maurice (trad.), *The Annals of Jan Długosz: Annales Seu Cronicae Incliti Regni Poloniae* (Chichester: 1997), p. 180.

²³ Um detalhado relato da cruzada contra os mongóis está em Jackson, Peter, "The Crusade against the Mongols", *Journal of Ecclesiastical History* 42 (1991), pp. 1-18.

²⁴ Ibid., p. 15, n. 72.

²⁵ Martin, Janet, *Medieval Russia, 980-1584* (2a. ed.) (Cambridge: 2007), p. 155.

²⁶ Zenokovsky, Serge, *Medieval Russia's Epics, Chronicles and Tales* (Nova York: 1974), p. 202. Ver também Martin, *Medieval Russia*, p. 151.

²⁷ Para a narrativa do diário da viagem de Giovanni, Hildinger, Erik (trad.), *Giovanni da Pian del Carpine, Archbishop of Antivari, d. 1252 / The story of the Mongos who we call the Tartars* (Boston: 1996), pp. 88-113. Esta citação, p. 91.

²⁸ Ibid., p. 93.

²⁹ Ibid., p. 95.

³⁰ Ibid., p. 34.

³¹ Ibid., p. 39.

³² Ibid., p. 48.

³³ Ibid., p. 99.

³⁴ Ibid., p. 107.

³⁵ Para uma discussão entediante das missões enviadas ao Oriente, muitas delas pelo então papa Inocêncio IV, ver De Rachewiltz, Igor, *Papal Envoys to the Great Khans* (Londres: 1971).

³⁶ Jackson, Peter (org.), *The Mission of Friar William of Rubruck* (Abingdon: 2016), p. 291.

³⁷ Ibid., p. 303.

³⁸ Ibid., p. 316.

³⁹ Para uma discussão sobre as várias causas propostas para a morte de Mongke e suas fontes originais, Pow, Stephen, "Fortresses That Shatter Empires: A look at Möngke Khan's failed campaign against the Song Dynasty, 1258-9", em Jaritz, Gerhard, Lyublyanovics, Kyra, Rasson, Judith A. e Reed, Zsuzsanna (orgs.), *Annual of Medieval Studies at CEU* 23 (2017), pp. 96-107.

⁴⁰ Barber e Bate, *Letters from the East*, pp. 157-9.

⁴¹ Martin, *Medieval Russia*, p. 156.

⁴² Gibb, H. A. R. (trad.), *Ibn Battuta: Travels in Asia and Africa 1325-1354* (Londres: 1929), p. 166.

⁴³ Jackson, Peter, *The Mongols and the West, 1221-1410* (Abingdon: 2005), p. 236.

⁴⁴ Ibid., p. 237.

⁴⁵ Jamaluddin, Syed, "Samarqand as the First City in the World under Temür", *Proceedings of the Indian History Congress* 56 (1995), pp. 858-60.

⁴⁶ Biran, "The Mongol Empire and inter-civilizational exchange", pp. 553-4.

⁴⁷ Weatherford, Jack, *Genghis Khan and the Quest for God* (Nova York: 2016).

Capítulo 10

¹ Latham, Ronald (trad.), *Marco Polo / The Travels* (Londres: 1958), p. 33.

² Ibid., p. 112.

³ Ibid., p. 113.

⁴ Ibid., p. 41.

⁵ Ibid., p. 74.

⁶ Ibid., p. 76.

⁷ Ibid., p. 79.

⁸ Ibid., p. 88.

⁹ Ibid., p. 90.

¹⁰ Ibid., p. 194

¹¹ Ibid., p. 256.

¹² Ibid., p. 261.

¹³ Ibid., p. 287.

¹⁴ Ibid., pp. 299-303.

¹⁵ Ibid., pp. 213-31.

¹⁶ Ibid., p. 61.

¹⁷ Ibid., p. 149.

¹⁸ Ibid., p. 155.

¹⁹ Blegen, Nick, "The earliest long-distance obsidian transport: Evidence from the ~200 ka Middle Stone Age Sibilo School Road Site, Baringo, Kenya", *Journal of Human Evolution* 103 (2017), pp. 1-19.

²⁰ Barjamovic, Gojko, Chaney, Thomas, Cosar, Kerem e Hortaçsu, Ali, "Trade, Merchants and the Lost Cities of the Bronze Age", *The Quarterly Journal of Economics* 134 (2019), pp. 1455-503.

²¹ Holland, Tom (trad.), *Herodotus / The Histories* (Londres: 2013), p. 318.

²² Lopez, Robert S., *The Commercial Revolution of the Middle Ages, 950-1350* (Cambridge: 1976), p. 8.

²³ McCormick, Michael, *Origins of the European Economy: Communications and Commerce, A.D. 300-900* (Cambridge: 2001), pp. 729-34.

²⁴ Hunt, Edwin S. e Murray, James, *A History of Business in Medieval Europe, 1200-1550* (Cambridge: 1999), pp. 20-3.

²⁵ Hunt e Murray, *History of Business in Medieval Europe*, p. 26.

²⁶ Lopez, *Commercial Revolution*, pp. 60-1.

²⁷ Sobre outras feiras regionais, particularmente depois de 1350, ver Epstein, S. R., "Regional Fairs, Institutional Innovation, and Economic Growth in Late Medieval Europe", *The Economic History Review* 47 (1994), pp. 459-82.

²⁸ Blockmans, Wim, "Transactions at the Fairs of Champagne and Flanders, 1249-1291", *Fiere e mercati nella integrazione delle economie europee secc. XIII-XVIII — Atti delle Settimane di Studi* 32, pp. 993-1000.

²⁹ Boyle, J. A. (trad.), *The History of the World-Conqueror / Ala-ad-Din Ata Malik Juvaini* (Manchester: 1997), p. 272.

³⁰ Lloyd, T. H., *The English Wool Trade in the Middle Ages* (Cambridge: 1977), pp. 1-3.

³¹ O conselho do banqueiro da Bardi Francesco Balducci Pegolotti aos mercadores florentinos que faziam negócios com os chineses foram parte do seu manual dos mercadores *La Practica della Mercatura*. Ver Evans, Allan (org.), *Francesco Balducci Pegolotti / La Practica della Mercatura* (Cambridge, Mass.: 1936). Ver também Lopez, *Commercial Revolution*, pp. 109-11 e Hunt, Edwin S., *The Medieval Super-Companies: A Study of the Peruzzi Company of Florence* (Cambridge: 1994), pp. 128-9.

³² Hunt, Edwin S., "A New Look at the Dealings of the Bardi and Peruzzi with Edward III", *The Journal of Economic History* 50 (1990), pp. 151-4.

³³ As Ordenanças de 1311, traduzidas em Rothwell, Harry (org.), *English Historical Documents III: 1189-1327* (Londres: 1996), p. 533.

³⁴ Evans, Allen (org.), *Francesco Balducci Pegolotti / La Practica della Mercatura* (Cambridge, Mass: 1936), pp. 255-69.

³⁵ Hunt, "A New Look at the Dealings of the Bardi and Peruzzi with Edward III", pp. 149-50.

³⁶ Power, Eileen, *The Wool Trade In Medieval English History* (Oxford: 1941), p. 43.

³⁷ See Fryde, E. B., "The Deposits of Hugh Despenser the Younger with Italian Bankers", *The Economic History Review* 3 (1951), pp. 344-62.

³⁸ Ibid. Claro que o perigo para o historiador é, diante de uma abundância de novos registros, supor que há uma revolução em prática; mas mesmo levando isso em consideração, é evidente que houve um grande aumento do comércio no final da Idade Média.

[39] Lloyd, *The English Wool Trade in the Middle Ages*, pp. 144-50.

[40] Ormrod, Mark, *Edward III* (New Haven: 2011), p. 230.

[41] Hunt, *Medieval Super-Companies*, pp. 212-6.

[42] Hunt, "A New Look at the Dealings of the Bardi and Peruzzi with Edward III", é muito cético sobre a estimativa de Villani do endividamento de Eduardo e a aceitação pelos historiadores.

[43] Puga, Diego e Trefler, Daniel, "International Trade and Institutional Change: Medieval Venice's Response to Globalization", *The Quarterly Journal of Economics* 129 (2014), pp. 753-821.

[44] Axworthy, Roger L., "Pulteney [Neale], Sir John (d. 1349)", *Oxford Dictionary of National Biography*.

[45] Turner, Marion, *Chaucer: A European Life* (Princeton: 2019), pp. 22-8.

[46] Ibid., pp. 145-7.

[47] Barron, Caroline M., "Richard Whittington: The Man Behind the Myth", in Hollaender, A. E. J. e Kellaway, William, *Studies in London History* (Londres: 1969), p. 198.

[48] Saul, Nigel, *Richard II* (New Haven: 1997), pp. 448-9.

[49] Barron, "Richard Whittington: The Man Behind the Myth", p. 200.

[50] Ver Sumption, Jonathan, *Cursed Kings: The Hundred Years War IV* (Londres: 2015), p. 208.

[51] Barron, "Richard Whittington: The Man Behind the Myth", pp. 206, 237.

[52] Sutton, Anne F., "Whittington, Richard [Dick]", *Oxford Dictionary of National Biography* (2004).

[53] Sumption, *Cursed Kings*, pp. 419-21.

[54] Barron, "Richard Whittington: The Man Behind the Myth", p. 237.

[55] Curry, Anne, *Agincourt* (Oxford: 2015), pp. 189-90.

Capítulo 11

[1] Bouquet, Martin (org.), *Receuil des historiens des Gaules et de la France* 21 (Paris: 1855), p. 649. Ver também Crawford, Paul F., "The University of Paris and the Trial of the Templars", em Mallia-Milanes (org.), *The Military Orders, Volume 3: History and Heritage* (Londres: 2008), p. 115.

[2] Ibid., pp. 244-5.

[3] Segundo Clemente V, Filipe o encurralou com a questão dos templários na coroação papal em Lyon em 1305. Ver Barber, Malcolm e Bate, Keith (org. e trad.), *The Templars* (Manchester: 2002), p. 243.

[4] Barber, Malcom, *The Trial of the Templars* (2a. ed.) (Cambridge: 2006), p. 80.

[5] Em uma bula conhecida como *Pastoralis Praeeminentiae*, emitida em novembro de 1307. Para uma narrativa mais detalhada dos eventos na queda dos templários, ver Barber, *The Trial of the Templars* ou Jones, *The Templars*.

[6] Cheney, C. R., "The Downfall of the Templars and a Letter in their Defence", em Whitehead, F., Divernes, A. H. e Sutcliffe, F. E., *Medieval Miscellany Presented to Eugène Vinaver* (Manchester: 1965), pp. 65-79.

[7] Estas traduções em Barber e Bate, *The Templars*, pp. 258-60.

[8] Barber e Bate, *The Templars*, p. 262.

[9] Crawford, "The University of Paris and the Trial of the Templars", p. 120.

[10] Esta tradução em Barney, Stephen A., Lewis, W. J., Beach, J. A. e Berghof, Oliver (orgs.), *The Etymologies of Isidore of Seville* (Cambridge: 2006), p. 7.

[11] Sobre os ouriços, ver Eddy, Nicole e Wellesley, Mary, "Isidore of Seville's Etymologies: Who's Your Daddy?", *British Library Medieval Manuscripts Blog* (2016), https://blogs.bl.uk/digitisedmanuscripts/2016/04/isidore-of-seville.html

[12] Falk, Seb, *The Light Ages: A Medieval Journey of Discovery* (Londres: 2020), p. 83.

[13] Barney et al. (orgs.), *The Etymologies of Isidore of Seville*, p. 16.

[14] Ibid., p. 7.

[15] Wright, F. A. (trad.), *Jerome / Select Letters* (Cambridge, Mass.: 1933), pp. 344-7.

[16] Haskins, Charles Homer, *The Renaissance of the Twelfth Century* (Cambridge, Mass: 1927), p. 34.

[17] Sobre Bec, ibid., p. 38.

[18] Para um apanhado introdutório a este tópico, Spade, Paul Vincent, "Medieval Philosophy", em Edward N. Zalta (org.), *The Stanford Encyclopedia of Philosophy* (Edição do verão de 2018), e para mais detalhes, Klibancky, Raymond, *The continuity of the Platonic tradition during the middle ages, outlines of a Corpus platonicum medii aevi* (Londres: 1939).

[19] Um dos diagnósticos retrospectivos é o de paralisia cerebral. Para uma descrição contemporânea da doença de Hermann, ver Robinson, I. S., *Eleventh Century Germany: The Swabian Chronicles* (Manchester: 2008), p. 108.

[20] Ibid.

[21] Ibid., p. 110. Ver também Falk, *The Light Ages*, pp. 49-50.

[22] Ver Burnett, Charles, "Morley, Daniel of", em *Oxford Dictionary of National Biography*.

[23] Segundo Haskins, *The Renaissance of the Twelfth Century*.

[24] Ibid., pp. 129-31.

[25] Smith, Terence, "The English Medieval Windmill", *History Today* 28 (1978).

[26] Ver Nardi, Paolo, "Relations with Authority", De Ridder-Symoens, H. (org.), *A History of the University in Europe* I (Cambridge: 1992), pp. 77-9.

[27] Turner, Denys, *Thomas Aquinas: A Portrait* (New Haven: 2013), p. 12.

[28] A sequência de acontecimentos retratada aqui e abaixo baseia-se no resumo biográfico em Stump, Eleonore, *Aquinas* (Londres: 2003), pp. 3-12.

[29] Partes dessa enorme obra podem ser consultadas no facilmente acessível McDermott, Timothy, *Aquinas / Selected Philosophical Writings* (Oxford: 2008).

[30] Aston, T. H., "Oxford's Medieval Alumni", *Past & Present* 74 (1977), p. 6.

[31] Esta tradução de Markowski, M., extraída de https://sourcebooks.fordham.edu/source/eleanor.asp

[32] De Mowbray, Malcolm, "1277 and All That — Students and Disputations", *Traditio* 57 (2002), pp. 217-38.

[33] De Ridder-Symoens, *A History of the University in Europe* I (Cambridge: 1992), pp. 100-1.

[34] Muitas das implicações das Constituições de Arundel são exploradas em Ghosh, K. e Gillespie, V. (orgs.), *After Arundel: Religious Writing in Fifteenth-Century England* (Turnhout: 2011). Meus agradecimentos ao dr. David Starkey — um herege condenado dos dias atuais — por me levar a pensar neste contexto.

Capítulo 12

[1] *Calendar of Various Chancery Rolls: Supplementary Close Rolls, Welsh Rolls, Scutage Rolls, A.D. 1277-1326* (Londres: 1912), p. 281.

[2] Os detalhes da execução foram registrados pelo cronista de Oxfordshire Thomas Wykes. Ver Luard, H. R., *Annales Monastici* vol. 4 (Londres: 1869), p. 294.

[3] Para uma biografia de Mestre James, ver Taylor, A. J., "Master James of St. George", *The English Historical Review* 65 (1950), pp. 433-57.

[4] Sobre isto e um excelente relato da construção de Caernarfon, Colvin, H. M. (org.), *The History of the King's Works I: The Middle Ages* (Londres: 1963), pp. 369-95.

[5] Gantz, Jeffrey (trad.), *The Mabinogion* (Londres: 1973), pp. 119-20.

[6] Para um plano do castelo, Colvin (org.), *History of the King's Works* I, p. 376.

[7] Barratt, Nick, "The English Revenue of Richard I", *The English Historical Review* 116 (2001), p. 637.

[8] Colvin, *History of the King's Works* I, p. 333.

[9] Ibid., p. 344.

[10] Ibid., pp. 371-4.

[11] Ibid., pp. 395-408.

[12] Bradbury, J. M., *The Capetians: Kings of France 987-1328* (Londres: 2007), p. 205.

[13] Para uma introdução a este tópico, ver Stalley, Roger, *Early Medieval Architecture* (Oxford: 1999).

[14] Bony, Jean, *French Gothic Architecture of the 12th and 13th Centuries* (Berkeley: 1983), p. 61. Agradecimentos especiais também à dra. Emma Wells por sua orientação nesse gigantesco tópico, e por compartilhar comigo trechos de seu futuro livro: Wells, Emma, *Heaven on Earth* (Londres: 2022).

[15] Ver por exemplo Clark, William W., "Early Gothic", *Oxford Art Online*, https://doi.org/10.1093/gao/9781884446054.article.T024729

[16] Panofsky, Erwin e Panofsky-Soergel, Gerda (orgs.), *Abbot Suger on the Abbey Church of St.-Denis and its Art Treasures* (2a. ed.) (Princeton: 1979), p. 6.

[17] Ibid., pp. 48-9.

[18] Erlande-Brandenburg, Alain, *The Cathedral Builders of the Middle Ages* (Londres: 1995), pp. 141-2.

[19] Panofsky e Panofsky-Soergel, *Abbot Suger on the Abbey Church of St.-Denis*, pp. 72-3.

[20] Scott, Robert A., *The Gothic Enterprise: A Guide to Understanding the Medieval Cathedral* (Berkeley: 2003), p. 132.

[21] Wilson, Christopher, *The Gothic Cathedral: The Architecture of the Great Church, 1130--1530* (Londres: 2000), p. 44.

[22] Erlande-Brandenburg, *Cathedral Builders of the Middle Ages*, p. 47.

[23] Para especulações sobre a causa exata do fracasso das abóbadas de Beauvais, Wolfe, Maury I. e Mark, Robert, "The Collapse of the Vaults of Beauvais Cathedral in 1284", *Speculum* 51 (1976), pp. 462-76.

[24] Wilson, *The Gothic Cathedral*, p. 224.

[25] Foyle, Jonathan, *Lincoln Cathedral: The Biography of a Great Building* (Londres: 2015), p. 19.

[26] Erlande-Brandenburg, *Cathedral Builders of the Middle Ages*, pp. 105-7.

[27] Foyle, *Lincoln Cathedral*, pp. 34-5.

[28] Apesar de não estar situada em nenhuma grande fenda sísmica, a Inglaterra tem uma história relativamente agitada de terremotos. Ver Musson, R. M. W., "A History of British seismology", *Bulletin of Earthquake Engineering* 11 (2013), pp. 715-861, que faz menções de passagem ao tremor de 1185. Ver também Musson, R. M. W., "The Seismicity of the British Isles to 1600", *British Geological Survey Open Report* (2008), p. 23.

[29] Sobre a velha fachada do oeste, Taylor, David, "The Early West Front of Lincoln Cathedral", *Archaeological Journal* 167 (2010), pp. 134-64.

[30] Garton, Charles (trad.), *The Metrical Life of St Hugh* (Lincoln: 1986), p. 53.

[31] Douie, Decima L. e Farmer, David Hugh, *Magna Vita Sancti Hugonis / The Life of St Hugh of Lincoln* II (Oxford: 1985), p. 219.

[32] Ibid., p. 231.

[33] A respeito, ver Harrison, Stuart, "The Original Plan of the East End of St Hugh's Choir at Lincoln Cathedral Reconsidered in the Light of New Evidence", *Journal of the British Archaeological Association* 169 (2016), pp. 1-38.

[34] Wilson, *The Gothic Cathedral*, p. 184.

[35] Ibid., pp. 191-223.

[36] Ibid., p. 192.

[37] Para um resumo destes conflitos sobrepostos, ver Hibbert, Christopher, *Florence: The Biography of a City* (Londres: 1993), pp. 18-34.

[38] Para uma discussão sobre por que a Itália rejeitou o movimento gótico tão prevalente em outras partes, ver Wilson, *The Gothic Cathedral*, pp. 258-9.

[39] A análise mais detalhada do projeto de Arnolfo, bem como um argumento definindo-o como o verdadeiro arquiteto da grande catedral de Florença, está em Toker, Franklin, "Arnolfo's S. Maria del Fiore: A Working Hypothesis", *Journal of the Society of Architectural Historians* 42 (1983), pp. 101-20.

[40] King, Ross, *Brunelleschi's Dome*: The Story of the Great Cathedral in Florence (Londres: 2000), p. 6.

[41] Ver Poeschke, Joachim, "Arnolfo di Cambio", em *Grove Art Online,* https://doi.org/10.1093/gao/9781884446054.article.T004203

[42] King, *Brunelleschi's Dome*, p. 10.

Capítulo 13

[1] Childs, Wendy R. (trad.), *Vita Edwardi Secundi* (Oxford: 2005), pp. 120-1. Sobre flutuações de preços, ver Slavin, Philip, "Market failure during the Great Famine in England and Wales (1315-1317)", *Past & Present* 222 (2014), pp. 14-8.

[2] O trabalho de referência sobre a Grande Fome está em Jordan, William C., *The Great Famine: Northern Europe in the Early Fourteenth Century* (Princeton: 1996). Ver também Kershaw, Ian, "The Great Famine and Agrarian Crisis in England 1315--1322", *Past & Present* 59 (1973), pp. 3-50 e, mais recentemente, Campbell, Bruce

M. S., "Nature as historical protagonist: environment and society in pre-industrial England", *The Economic History Review* 63 (2010), pp. 281-314.

[3] Slavin, Philip, "The Great Bovine Pestilence and its economic and environmental consequences in England and Wales, 1318-50", *The Economic History Review* 65 (2012), pp. 1240-2.

[4] Kershaw, "The Great Famine", p. 11.

[5] Johannes de Trokelowe, em Riley, H. T. (org.), *Chronica Monasterii S. Albani* III (Londres, 1865), pp. 92-5. Há relatos de canibalismo também na Irlanda. Kershaw, "The Great Famine", p. 10 fn. 41.

[6] Childs (trad.), *Vita Edwardi Secundi*, pp. 120-3.

[7] Ver, por exemplo, Miller, Gifford H. et al., "Abrupt onset of the Little Ice Age triggered by volcanism and sustained by sea-ice/ocean feedbacks", *Geophysical Research Letters* 39 (2012), https://doi.org/10.1029/2011GL050168; Zhou, TianJun et al., "A comparison of the Medieval Warm Period, Little Ice Age and 20th century warming simulated by the FGOALS climate system model", *Chinese Science Bulletin* 56 (2011), pp. 3028-41.

[8] Recentes pesquisas indicam fortemente a existência da Peste Negra ao sul do Saara na Idade Média. Ver Green, Monica H., "Putting Africa on the Black Death map: Narratives from genetics and history", *Afriques* 9 (2018), https://doi.org/10.4000/afriques.2125

[9] Ver por exemplo a descrição de sintomas e transmissão via animais e pássaros em Bartsocas, Christos S., "Two Fourteenth Century Greek Descriptions of the 'Black Death'", *Journal of the History of Medicine and Allied Sciences* 21 (1966), p. 395.

[10] Horrox, Rosemary (trad. e org.), *The Black Death* (Manchester: 1994), p. 9. Sobre a aparente falta de infecções na Índia, ver Sussman, George D., "Was the Black Death in India and China?", *Bulletin of the History of Medicine* 85 (2011), pp. 332-41.

[11] Esta tradução, Horrox, *The Black Death*, p. 17.

[12] Ibid.

[13] Ibid., p.19.

[14] Ibid.

[15] A noção de que a Boêmia passou milagrosamente impune pela Peste Negra foi popular por muito tempo, porém foi desmentida recentemente. Ver Mengel, David C., "A Plague on Bohemia? Mapping the Black Death", *Past & Present* 211 (2011), pp. 3-34.

[16] Horrox, *The Black Death*, pp. 111-84, *passim*.

[17] Ibid., p. 250.

[18] Bartsocas, "Two Fourteenth Century Greek Descriptions", p. 395.

[19] Ibid., pp. 248-9.
[20] Refiro-me a um evento "Cisne Negro" definido genericamente em Taleb, Nassim Nicholas, *The Black Swan: The Impact of the Highly Improbable* (Londres: 2008).
[21] Thompson, Edward Maunde (org.), *Adae Murimuth Continuatio Chronicarum / Robertus De Avesbury De Gestis Mirabilibus Regis Edwardi Tertii* (Londres: 1889), pp. 407-8.
[22] Cohn, Norman, *The pursuit of the millennium: revolutionary millenarians and mystical anarchists of the Middle Ages* (Londres: 1970), p. 125.
[23] Horrox, *The Black Death*, p. 118.
[24] Lumby, J. R. (org.), *Chronicon Henrici Knighton vel Cnitthon, Monachi Leycestrensis* II (Londres: 1895), p. 58.
[25] Ibid.
[26] Para um trecho e resumo em inglês do Estatuto dos Trabalhadores, ver Myers, A. R. (org.), *English Historical Documents IV, 1327-1485* (Londres: 1969), pp. 993-4.
[27] Como rotulado por Tuchman, Barbara, *A Distant Mirror: The Calamitous Fourteenth Century* (Nova York: 1978).
[28] Wickham, Chris, "Looking Forward: Peasant revolts in Europe, 600-1200", em Firnhaber-Baker, Justine e Schoenaers, Dirk, *The Routledge History Handbook of Medieval Revolt* (Abingdon: 2017), p. 156.
[29] Wickham, Chris, *Framing the Early Middle Ages*, pp. 530-2.
[30] Wickham, "Looking Forward", pp. 158-62.
[31] Hollander, Lee M. (trad.), *Snorri Sturluson / Heimskringla: History of the Kings of Norway* (Austin: 1964), p. 515.
[32] Ver Cassidy-Welch, Megan, "The Stedinger Crusade: War, Remembrance, and Absence in Thirteenth-Century Germany", *Viator* 44 (2013), pp. 159-74.
[33] Cohn Jr., Samuel, "Women in Revolt in Medieval and Early Modern Europe", em Firnhaber-Baker e Schoenaers, *The Routledge History Handbook of Medieval Revolt*, p. 209.
[34] Wilson, William Burton (trad.), *John Gower / Mirour de l'Omme (The Mirror of Mankind)* (Woodbridge: 1992), pp. 347-8.
[35] Um resumo curto e clássico desta rebelião está em Cazelles, Raymond, "The Jacquerie", em Hilton, R. H. e Aston, T. H., *The English Rising of 1381* (Cambridge: 1984), pp. 74-83. O novo trabalho de referência em inglês é Firnhaber-Baker, Justine, *The Jacquerie of 1358: A French Peasants' Revolt* (Oxford: 2021).
[36] Esta tradução, Cohn Jr., Samuel K. *Popular Protest in Late Medieval Europe* (Manchester: 2004), pp. 150-1.

[37] Sobre a referência a Jacques, Firnhaber-Baker, Justine, "The Eponymous Jacquerie: Making revolt mean some things", em Firnhaber-Baker e Schoenaers, *The Routledge History Handbook of Medieval Revolt*, pp. 55-75.

[38] Jean Froissart, tradução de Cohn Jr., *Popular Protest in Late Medieval Europe*, pp. 155-8.

[39] *Anonimalle Chronicle* traduzido em ibid., pp. 171-3.

[40] Firnhaber-Baker, Justine, "The Social Constituency of the Jacquerie Revolt of 1358", *Speculum* 95 (2020), pp. 697-701.

[41] Cohn Jr., *Popular Protest in Late Medieval Europe*, p. 121.

[42] Ibid., p. 99.

[43] Ibid., p. 100.

[44] Ibid., p. 235.

[45] Ibid., p. 217.

[46] Ibid., p. 219.

[47] Ibid., p. 269.

[48] Ver Putnam, B. H., *The enforcement of the statutes of labourers during the first decade after the Black Death, 1349-59* (Nova York: 1908).

[49] Ver Jones, Dan, *Summer of Blood: The Peasants' Revolt of 1381* (Londres: 2009), pp. 15-6.

[50] Faith, Rosamond, "The 'Great Rumour' of 1377 and Peasant Ideology", em Hilton e Aston, *The English Rising of 1381*, pp. 47-8.

[51] Prescott, Andrew, "'Great and Horrible Rumour': Shaping the English revolt of 1381", em Firnhaber-Baker e Schoenaers, *The Routledge History Handbook of Medieval Revolt*, p. 78.

[52] As cartas de Ball estão bem organizadas em Dobson, R. B., *The Peasants' Revolt of 1381* (2a. ed.) (Londres: 1983), pp. 380-3.

[53] Esta tradução, ibid., p. 311.

[54] Cohn Jr., *Popular Protest in Late Medieval Europe*, pp. 341-6; Davies, Jonathan, "Violence and Italian universities during the Renaissance", *Renaissance Studies* 27 (2013), pp. 504-16.

[55] Davies, "Violence and Italian universities during the Renaissance", p. 504.

[56] Cohn Jr., *Popular Protest in Late Medieval Europe*, p. 345.

[57] Para um breve resumo do contexto das Guerras das Rosas, ver Jones, Dan, *The Hollow Crown: The Wars of the Roses and the Rise of the Tudors* (Londres: 2014), pp. 111-9.

[58] As exigências de Cade estão em Dobson, *The Peasants' Revolt*, pp. 338-42.

[59] O'Callaghan, Joseph F., *A History of Medieval Spain* (Ithaca: 1975), pp. 614-5.

Capítulo 14

[1] Para uma breve história do Studio, Grendler, Paul F., "The University of Florence and Pisa in the High Renaissance", *Renaissance and Reformation* 6 (1982), pp. 157-65.

[2] Sobre a personalidade de Filelfo, ver Robin, Diana, "A Reassessment of the Character of Francesco Filelfo (1398-1481)", *Renaissance Quarterly* 36 (1983), pp. 202-24.

[3] Havia propostas, de fato, de erguer uma cadeira especial na catedral onde Filelfo poderia se sentar para ler Dante em voz alta. Ver Parker, Deborah, *Commentary and Ideology: Dante in the Renaissance* (Durham: 1993), p. 53.

[4] Gilson, Simon, *Dante and Renaissance Florence* (Cambridge: 2005), p. 99.

[5] Hollingsworth, Mary, *The Medici* (Londres: 2017), pp. 80-1.

[6] Esta tradução, Robin, Diana, *Filelfo in Milan* (Princeton: 2014), pp. 19-20.

[7] Ibid., p. 45.

[8] George, William e Waters, Emily, *Vespasiano da Bisticci / The Vespasiano Memoirs* (Londres: 1926), p. 409.

[9] Hankins, James (trad.), *Leonardo Bruni / History of the Florentine People Volume I: Books I-IV* (Cambridge, Mass.: 2001), xvii-xviii, pp. 86-9.

[10] Soneto 9 — "Quando 'l pianeta che distingue l'ore", Kline, A. S. (trad.), *Petrarch / The Complete Canzoniere* (Poetry in Translation, 2001), p. 26.

[11] Claro que em seus sonetos Shakespeare estava em parte reagindo à convenção de Petrarca. Agradeço ao dr. Oliver Morgan por me informar sobre Petrarca e a poesia renascentista.

[12] Mustard, Wilfrid P., "Petrarch's Africa", *The American Journal of Philology* 42 (1921), p. 97.

[13] Soneto 10 — "Gloriosa columna in cui s'appoggia"— *Petrarch / The Complete Canzoniere*, p. 27.

[14] Regn, Gerhard e Huss, Bernhard, "Petrarch's Rome: The History of the Africa and the Renaissance Project", *MLN* 124 (2009), pp. 86-7.

[15] Traduzido por Wilkins, Ernest H., "Petrarch's Coronation Oration", *Transactions and Proceedings of the Modern Language Association of America* 68 (1953), pp. 1243-4.

[16] Ibid., p. 1246.

[17] Ibid., p. 1241.

[18] Bernardo, Aldo (trad.), *Francesco Petrarch / Letters on Familiar Matters (Rerum Familiarium Libri) Volume 1: Books I-VIII* (Nova York: 1975), p. 168.

[19] Middlemore, S. (trad.), *Burckhardt, Jacob / The Civilization of the Renaissance in Italy* (Londres: 1990), pp. 194-7.

[20] Vaughan, Richard, *Philip the Good: The Apogee of Burgundy* (Woodbridge: 2002), p. 67, extraído de Besnier, G., "Quelques notes sur Arras et Jeanne d'Arc", *Revue du Nord* 40 (1958), pp. 193-4.

[21] A melhor biografia moderna de Joana é de Castor, Helen, *Joan of Arc: A History* (Londres: 2014). Sobre a coroação do Delfim, ver pp. 126-7.

[22] George Chastellain, traduzido em Vaughan, *Philip the Good*, p. 127.

[23] Ibid., p. 128.

[24] Ibid., p. 138. Van Eyck pode ter contribuído com essas salas de piadas: com certeza deu seu toque nas reformas de Hesdin. Ver Martens, Maximiliaan et al. (orgs.), *Van Eyck* (Londres: 2020), p. 74.

[25] Martens, Maximiliaan et al. (orgs.), *Van Eyck* (Londres: 2020), p. 22.

[26] Vaughan, *Philip the Good*, p. 151.

[27] De Vere, Gaston (trad.), *Giorgio Vasari / Lives of the Most Excellent Painters, Sculptors and Architects* I (Londres: 1996), p. 425.

[28] Martens et al. (orgs.), *Van Eyck* (Londres: 2020), p. 70.

[29] Ibid., p. 74.

[30] Ibid., p. 141.

[31] Vaughan, *Philip the Good*, p. 151.

[32] Martens, Maximiliaan et al. (orgs.), *Van Eyck* (Londres: 2020), p. 22.

[33] Kemp, Martin, *Leonardo by Leonardo* (Nova York: 2019), p. 10.

[34] Richter, Irma A. (org.), *Leonardo da Vinci / Notebooks* (Oxford: 2008), pp. 275-7.

[35] De Vere (trad.), *Giorgio Vasari / Lives of the Most Excellent Painters*, p. 625.

[36] Isaacson, Walter, *Leonardo da Vinci: The Biography* (Londres: 2017), p. 34.

[37] *Machiavelli / The History of Florence,* Book 8, cap. 7.

[38] Ibid.

[39] Isaacson, *Leonardo*, pp. 160-2.

[40] Ibid., p. 169.

[41] Sobre o relacionamento em geral entre Leonardo e César, ver Strathern, Paul, *The Artist, the Philosopher and the Warrior: Leonardo, Machiavelli and Borgia: A fateful collusion* (Londres: 2009).

[42] Ver Richter, *Leonardo da Vinci / Notebooks*, pp. 318-24.

[43] Marani, Pietro C., *Leonardo da Vinci: The Complete Paintings* (Nova York: 2019), p. 179.

[44] De Vere (trad.), *Giorgio Vasari / Lives of the Most Excellent Painters*, p. 639.

[45] Esta tradução, Hess, Peter, "Marvellous Encounters: Albrecht Dürer and Early Sixteenth-Century German Perceptions of Aztec Culture", *Daphnis* 33 (2004), p. 163, n. 5.

Capítulo 15

[1] Magoulias, Harry J. (trad.), *Decline and Fall of Byzantium to the Ottoman Turks* (Detroit: 1975), pp. 200, 207.

[2] Ibid., p. 201.

[3] Receitas de pólvora vinham circulando no mundo mediterrâneo desde meados do século XIII, provavelmente trazidas para o Ocidente durante as conquistas mongóis. Sobre esta fórmula específica, ver Riggs, Charles T. (trad.), *Mehmed the Conqueror / by Kritovoulos* (Princeton: 1954), p. 46.

[4] Riggs, *Mehmed the Conqueror / by Kritovoulos*, p. 43. Ver também Harris, Jonathan, *Constantinople: Capital of Byzantium* (2a. ed.) (Londres: 2017), p. 192.

[5] A biografia clássica de Mehmed em inglês é de Babinger, Franz, *Mehmed the Conqueror and his time* (Princeton: 1978).

[6] Riggs, *Mehmed the Conqueror / by Kritovoulos*, p. 45.

[7] Para uma narrativa vívida das horas noturnas do cerco, Crowley, Roger, *Constantinople: The Last Great Siege, 1453* (Londres: 2005), pp. 203-16.

[8] Riggs, *Mehmed the Conqueror / by Kritovoulos*, p. 69.

[9] Ibid., pp. 72-3.

[10] Crowley, *Constantinople*, p. 230.

[11] Riggs, *Mehmed the Conqueror / by Kritovoulos*, p. 69.

[12] Schwoebel, Robert, *The Shadow of the Crescent: The Renaissance Image of the Turk, 1453--1517* (Nova York: 1967), p. 11. Ver também Crowley, *Constantinople*, p. 241.

[13] Para uma discussão sobre o significado diplomático e cultural do retrato de Bellini, Gatward Cevizli, Antonia, "Bellini, bronze and bombards: Sultan Mehmed II's requests reconsidered", *Renaissance Studies* 28 (2014), pp. 748-65.

[14] Freely, John, *The Grand Turk: Sultan Mehmet II — Conqueror of Constantinople, Master of an Empire and Lord of Two Seas* (Londres: 2010), pp. 12-3.

[15] Frankopan, *The Silk Roads* (Londres: 2015), p. 199.

[16] Balard, Michel, "European and Mediterranean trade networks", Kedar e Weisner-Hanks, *Cambridge World History V*, p. 283.

[17] Para um resumo do estado da pesquisa, Gruhn, Ruth, "Evidence grows for early peopling of the Americas", *Nature* 584 (agosto 2020), pp. 47-8.

[18] Ugent, Donald, Dillehay, Tom e Ramirez, Carlos, "Potato remains from a late Pleistocene settlement in southcentral Chile", *Economic Botany* 41 (1987), pp. 17-27.

[19] Para um estudo divertido, ainda que idiossincrático, de São Brandão, ver Ashe, Geoffrey, *Land to the West: St Brendan"s Voyage to America* (Londres: 1962).

[20] Webb, J. F. (trad.), *The Age of Bede* (Londres: 1998), pp. 236, 266.

[21] Sprenger, Aloys (trad.), *El-Masudi's Historical Encyclopaedia Entitled "Meadows of Gold and Mines of Gems"* I (Londres: 1841), pp. 282-3.

[22] Ibid.

[23] Para um resumo dos atuais trabalhos sobre o contato entre a Polinésia e a América na Idade Média, ver Jones, Terry L. et al. (orgs.), *Polynesians in America: Pre-Columbian Contacts with the New World* (Lanham: 2011).

[24] Um excelente relato das explorações vikings na Islândia, Groenlândia e na América do Norte pode ser encontrado em Price, *Children of Ash and Elm*, pp. 474-94.

[25] Ibid., p. 491.

[26] Sobre a ideia de um mundo "globalizado" por volta de 1000 d.C., ver Hansen, Valerie, *The Year 1000: When Explorers Connected the World — and Globalization Began* (Londres: 2020).

[27] A biografia de referência em inglês de Henrique, o Navegador, é de Russell, P. E., *Henry the Navigator: A Life* (New Haven/Londres: 2000).

[28] Para um breve resumo das circunstâncias da ascensão de João I, Disney, A. R., *A History of Portugal and the Portuguese Empire I* (Cambridge: 2009), pp. 122-8.

[29] Cervantes, Fernando, *Conquistadores: A New History* (Londres: 2020), p. 6.

[30] Mais de trinta toneladas de ouro foram trazidas para o Mediterrâneo por ano das minas da África. Ver Kea, Ray A. "Africa in World History, 1400-1800", Bentley, Jerry H., Subrahmanyam, Sanjay e Weisner-Hanks, Merry E. *The Cambridge World History VI: The Construction of a Global World 1400-1800 C.E. / Part I: Foundations* (Cambridge: 2015), p. 246.

[31] Gomes Eanes de Zurara, traduzido em Newitt, Malyn, *The Portuguese in West Africa, 1415-1670: A Documentary History* (Cambridge: 2010), p. 27.

[32] Sobre a tecnologia das velas no século XV, Parry, J. H., *The Age of Reconnaissance: Discovery, Exploration and Settlement, 1450-1650* (Londres: 1963), pp. 53-68, 88.

[33] Alvise da Cadamosto, traduzido em Newitt, *The Portuguese in West Africa*, pp. 55-7.

[34] Gomes Eanes de Zurara traduzido em ibid., p. 150.

[35] Ibid., p. 151.

[36] Esta tradução, Adiele, Pius Onyemechi, *The Popes, the Catholic Church and the Transatlantic Enslavement of Black Africans 1418-1839* (Hildesheim: 2017), pp. 312-3.

[37] De *Esmeraldo de Situ Orbis* de Pereira, traduzido em Newitt, *The Portuguese in West Africa*, p. 44.

[38] Sobre este episódio, inclusive com discurso relacionado, Drayton, Elizabeth, *The Moor's Last Stand: How Seven Centuries of Muslim Rule in Spain Came to an End* (Londres: 2017), pp. 113-27.

³⁹ Cohen, J. M. (trad.), *Christopher Columbus / The Four Voyages* (Londres: 1969), p. 37.
⁴⁰ Bale, Anthony (org.), *John Mandeville / Book of Marvels and Travels* (Oxford: 2012).
⁴¹ Ibid., p. 37.
⁴² Cohen (trad.), *Christopher Columbus / The Four Voyages*, p. 40.
⁴³ Ibid., p 53.
⁴⁴ Ibid.
⁴⁵ Ibid., p. 55.
⁴⁶ Bergreen, Laurence, *Columbus: The Four Voyages 1492-1504* (Nova York: 2011), p. 14.
⁴⁷ Cohen (trad.), *Christopher Columbus / The Four Voyages*, p. 56.
⁴⁸ Ibid., p. 81.
⁴⁹ Ibid., p. 89.
⁵⁰ Ibid., p. 96.
⁵¹ Ibid., p. 114.
⁵² Esta tradução, Parry, *The Age of Reconnaissance*, p. 154.
⁵³ Cohen (trad.), *Christopher Columbus / The Four Voyages*, p. 123.
⁵⁴ Ibid., pp. 117-9.
⁵⁵ Cervantes, *Conquistadores* (Londres: 2020), p. 31.
⁵⁶ Cohen (trad.), *Christopher Columbus / The Four Voyages*, p. 319.
⁵⁷ Ravenstein, E. G. (trad.), *A Journal of the First Voyage of Vasco da Gama, 1497-1499* (Londres: 1898), p. 113.
⁵⁸ Ibid., p. 5.
⁵⁹ Ibid., p. 13.
⁶⁰ Ibid., p. 21.
⁶¹ Ibid., pp. 49-50.
⁶² Sobre Magalhães, Bergreen, Laurence, *Over the Edge of the World: Magellan's Terrifying Circumnavigation of the Globe* (Nova York: 2003).

Capítulo 16

¹ Esta tradução, Davies, Martin, "Juan de Carvajal and Early Printing: The 42-line Bible and the Sweynheym and Pannartz Aquinas", *The Library* 17 (1996), p. 196.
² Leitores podem ver páginas digitais das edições em papel e velino no site da British Library. Ver www.bl.uk/treasures/gutenberg/. Também disponível em uma bela edição fac-símile de dois volumes: Füssel, Stephan (org.), *The Gutenberg Bible of 1454: With a commentary on the life and work of Johannes Gutenberg, the printing of*

the Bible, the distinctive features of the Göttingen copy, the "Göttingen Model Book" and the "Helmasperger Notarial Instrument" (Köln: 2018).

[3] Eisenstein, Elizabeth L., "Some Conjectures about the Impact of Printing on Western Society and Thought: A Preliminary Report", *The Journal of Modern History* 40 (1968), pp. 1-56.

[4] Bacon, Francis, "Novum Organum", in Montagu, Basil (trad.), *The Works of Francis Bacon, Lord Chancellor of England: A New Edition* vol. 14 (Londres: 1831), p. 89.

[5] Ing, Janet, "The Mainz Indulgences of 1454/5: A review of recent scholarship", *The British Library Journal* 9 (1983), p. 19.

[6] Não obstante, houve interessantes variações regionais no entusiasmo popular pelo purgatório e por ações penitenciais. Ver MacCulloch, Diarmaid, *Reformation: Europe's House Divided 1490-1700* (Londres: 2003), pp. 10-6.

[7] Eisermann, Falk, "The Indulgence as a Media Event: Developments in Communication through Broadsides in the Fifteenth Century", em Swanson, R. N. (org.), *Promissory Notes on the Treasury of Merits Indulgences in Late Medieval Europe* (Leiden: 2006), pp. 312-3.

[8] Sobre Ockham e sua tradução, MacCulloch, *A History of Christianity*, p. 559.

[9] Buck, Lawrence P. "'Anatomia Antichristi': Form and Content of the Papal Antichrist", *The Sixteenth Century Journal* 42 (2011), pp. 349-68.

[10] Para uma história concisa, Shaffern, Robert W., "The Medieval Theology of Indulgences", em Swanson (org.), *Promissory Notes*, pp. 11-36.

[11] *Geoffrey Chaucer / The Canterbury Tales* (Londres: 1996), p. 315.

[12] Macek, Josef, *The Hussite Movement in Bohemia* (Prague: 1958), p. 16.

[13] Eisenstein, Elizabeth, *The Printing Press as an Agent of Change: Communications and Cultural Transformations in Early-Modern Europe* (Cambridge: 1979), p. 375.

[14] Eisermann, "The Indulgence as a Media Event", p. 327, n. 50.

[15] MacCulloch, *Reformation*, p. 15; Duffy, Eamon, *The Stripping of the Altars: Traditional Religion in England 1400-1580* (New Haven: 1992), p. 288.

[16] O texto está em Jenks, Stuart (org.), *Documents on the Papal Plenary Indulgences 1300--1517 Preached in the Regnum Teutonicum* (Leiden: 2018), pp. 224-66.

[17] Croiset Van Uchelen, Ton e Dijstelberge, Paul, "Propaganda for the Indulgence of Saintes", em Blouw, Paul Valkema et al., *Dutch Typography in the Sixteenth Century: The Collected Works of Paul Valkema Blouw* (Leiden: 2013), p. 25.

[18] Collinson, Patrick, *The Reformation* (Londres: 2003), pp. 34-5.

[19] Füssel, Stephan, *Gutenberg and the impact of printing* (Aldershot: 2003), p. 149.

[20] Ibid., pp. 151-2.

21 Ibid., pp. 155-6.

22 Para um texto em inglês das 95 Teses, Russell, William R. (trad.), *Martin Luther / The Ninety-Five Theses and Other Writings* (Nova York: 2017), pp. 3-13.

23 Smith, Preserved, "Luther and Henry VIII", *The English Historical Review* 25 (1910), p. 656.

24 Traduzido em Shaffern, "Medieval Theology of Indulgences", p. 15.

25 Russell (trad.), *Martin Luther / The Ninety-Five Theses,* pp. 4-6.

26 Ibid., p. 12.

27 MacCulloch, *Reformation*, p. 121.

28 Ver Collinson, Patrick, *The Reformation* (Londres: 2003), p. 27.

29 Wace, Henry e Buccheim, C. H. (trad.), *Luther's Primary Works: Together with his Shorter and Larger Catechisms* (Londres: 1846), p. 175.

30 St. Clare Byrne, Muriel (org.), *The Letters of King Henry VIII* (Nova York: 1968), p. 11.

31 Sobre a questão controversa da autoria real do *Assertio*, ver Rex, Richard, "The English Campaign against Luther in the 1520s: The Alexander Prize Essay", *Transactions of the Royal Historical Society* 39 (1989), pp. 85-106.

32 O'Donovan, Louis (org.), *Assertio Septem Sacramentorum or Defence of the Seven Sacraments by Henry VIII, king of England* (Nova York: 1908), pp. 188-9.

33 Brewer, J. S., (org.), *Letters and Papers, Foreign and Domestic, Henry VIII, Volume 3, 1519-1523* (Londres: 1867), No. 1510, p. 622.

34 Luis Quijada, traduzido em Parker, Geoffrey, *Emperor: A New Life of Charles V* (New Haven: 2019), p. xvii.

35 Forell, George W., Lehmann, Helmut T. (orgs.), *Luther's Works* vol. 32 (Philadephia: 1958), pp. 112-3.

36 Esta tradução, Hendrix, Scott H., *Martin Luther: Visionary Reformer* (New Haven: 2015), p. 105.

37 Rupp, E. Gordon e Watson, Philip S. (trad.), *Luther and Erasmus: Free Will and Salvation* (Londres: 1969), p. 37.

38 Graus, František, "From Resistance to Revolt: The Late Medieval Peasant Wars in the Context of Social Crisis", em Bak, Janos (org.), *The German Peasant War of 1525* (Abingdon: 2013), p. 7.

39 Cohn, Henry J., "The Peasants of Swabia, 1525", em ibid., p. 10. Ver também Sreenivasan, Govind P., "The Social Origins of the Peasants' War of 1525 in Upper Swabia", *Past & Present* 171 (2001), pp. 30-65.

40 Uma tradução em inglês está disponível em ibid., pp. 13-8.

[41] Relato oficial dos distúrbios em Erfurt, esta tradução, Scott, Tom e Scribner, Bob (trad.), *The German Peasants' War: A History in Documents* (Amherst: 1991), pp. 185-8.

[42] Traduzido em ibid., pp. 157-8.

[43] Sobre a reação da aristocracia à rebelião, Sea, Thomas F., "The German Princes' Responses to the Peasants' Revolt of 1525", *Central European History* 40 (2007), pp. 219-40.

[44] Traduzido em ibid., p. 291.

[45] Ibid., p. 318.

[46] Hook, Judith, *The Sack of Rome 1527* (2a. ed.) (Basingstoke: 2004), p. 46.

[47] Ver Parker, *Emperor*, p. 162.

[48] Hook, *Sack of Rome*, p. 156.

[49] Parker, *Emperor*, p. 168.

[50] McGregor, James H. (trad.), *Luigi Guicciardini / The Sack of Rome* (Nova York: 1993), p. 78.

[51] Kneale, *Rome: A History in Seven Sackings*, p. 194.

[52] McGregor, *Luigi Guicciardini*, pp. 81-2. Ver também Hook, *Sack of Rome*, p. 161.

[53] McGregor, *Luigi Guicciardini*, p. 97.

[54] Ibid., p. 98.

[55] Kneale, *Rome: A History in Seven Sackings*, p. 201.

[56] McGregor, *Luigi Guicciardini*, p. 98.

[57] Ibid., p. 114.

[58] Sherer, Idan, "A bloody carnival? Charles V's soldiers and the sack of Rome in 1527", *Renaissance Studies* 34 (2019), p. 785. Ver também Hook, *Sack of Rome*, p. 177.

[59] Parker, *Emperor*, p. 172.

[60] Sobre o legado mais abrangente do protestantismo aos valores e sistemas políticos, Ryrie, Alec, *Protestants: The Faith that Made the Modern World* (Nova York: 2017), pp. 1-12.

[61] Russell (trad.), *Martin Luther / The Ninety-Five Theses* p. 121.

Editora Planeta Brasil | 20 ANOS

Acreditamos nos livros

Este livro foi composto em Adobe Garamond Pro e impresso pela Geográfica para a Editora Planeta do Brasil em março de 2023.